Kompendium Management in Banking & Finance

Udo Steffens Markus Gerhard (Hg.)

Kompendium Management in Banking & Finance

Band 1 – Grundlagen und strategische Positionierung

7., überarbeitete und erweiterte Auflage

Bibliografische Information Der Deutschen Nationalbibliothek

Die Deutsche Nationalbibliothek verzeichnet diese Publikation in der Deutschen Nationalbibliografie; detaillierte bibliografische Daten sind im Internet über http://dnb.d-nb.de abrufbar.

Legende:

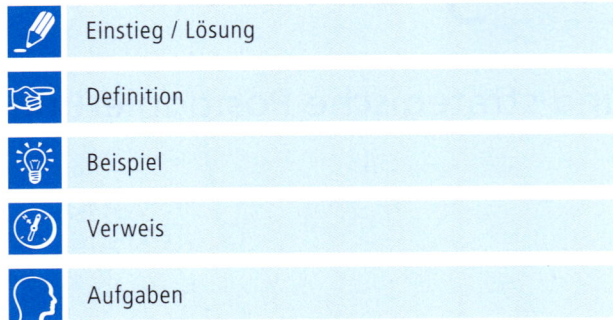

✏️	Einstieg / Lösung
👉	Definition
💡	Beispiel
🧭	Verweis
👤	Aufgaben

Besuchen Sie uns im Internet: http://www.frankfurt-school-verlag.de

Das Werk einschließlich aller seiner Teile ist urheberrechtlich geschützt. Jede Verwertung außerhalb der engen Grenzen des Urheberrechtsgesetzes ist ohne Zustimmung des Verlages unzulässig und strafbar. Das gilt insbesondere für Vervielfältigungen, Mikroverfilmungen und die Einspeicherung und Verarbeitung in elektronischen Systemen.

Printed in Germany
Satz und Druck: Kessler Druck + Medien, Bobingen
ISBN 978-3-933165-49-7 (Gesamtwerk)
ISBN 978-3-937519-87-6 (Band 1)

7., überarbeitete und erweiterte Auflage, 2009 © Frankfurt School Verlag GmbH, Sonnemannstraße 3-5, 60314 Frankfurt am Main

Vorwort

Die Frankfurt School of Finance & Management legt die nunmehr siebte Neuauflage ihres Kompendiums Management in Banking & Finance vor.

Das bereits in der sechsten Auflage auf zwei Bände erweiterte Kompendium ist insbesondere für Studierende des Management-Studiums der Frankfurt School konzipiert. Dieses Studium bildet den Abschluss des in der deutschen Bankindustrie fest etablierten und in allen drei Säulen – private Banken, genossenschaftliche Institute und Sparkassen – hoch anerkannten Qualifikationswegs, bestehend aus Bankfachwirt, Bankbetriebswirt und Management-Studium. Das berufsbegleitende dreistufige Studienmodell eröffnet engagierten Mitarbeitern von Kredit- und Finanzdienstleistungsinstituten vielfältige und attraktive Möglichkeiten, sich für anspruchsvolle Fach- und Führungsaufgaben zu qualifizieren.

Darüber hinaus richtet sich das Kompendium Management in Banking & Finance an Studierende und Lehrende anderer Hochschulen und sonstiger Weiterbildungseinrichtungen des Banken- bzw. des Managementbereiches sowie an interessierte Praktiker aus Banken, Sparkassen, Versicherungen oder sonstigen Finanz- oder finanznahen Unternehmen. Ihnen allen bietet das vorliegende Kompendium dezidierte Antworten auf aktuelle management-relevante Fragestellungen im Allgemeinen und deren Auswirkungen und Anwendung im Banken- und Finanzbereich im Besonderen.

Die beiden Bände des Kompendiums behandeln die klassischen Managementfunktionen der (strategischen) Planung, der Organisation, des Personaleinsatzes, der Führung und der Kontrolle. Die Darstellung und Analyse dieser Managementbereiche erfolgt unter Einbezug aktueller Themenstellungen und Entwicklungen der Banking- und Finance-Industrie. Globalisierung, Strukturwandel, Fusionen, Outsourcing, Neudefinition der Kerngeschäfte und die damit verbundenen Wandlungsprozesse werden aufgegriffen und mit Konzepten und Umsetzungsvorschlägen unterlegt. Gerade den Führungskräften und dem Führungsnachwuchs als Träger des Wandels – als Unternehmer im Unternehmen der Zukunft – bietet sich eine Fülle von Ansatzpunkten und Anregungen zur Optimierung ihrer Aufgabenbereiche.

Das Kompendium zeichnet sich durch eine hohe Praxisrelevanz sowie durch eine wissenschaftliche Fundierung der einzelnen Beiträge aus. Wir freuen uns sehr, dass für die vorliegende Auflage erneut hochkarätige Vertreter aus der Bankenpraxis sowie aus banknahen wissenschaftlichen Einrichtungen als Autoren gewonnen werden konnten.

Allen Lesern wünschen wir eine inspirierende und wertbringende Lektüre.

Prof. Dr. Udo Steffens
Präsident der
Frankfurt School of Finance & Management

Ingolf Jungmann
Vizepräsident der
Frankfurt School of Finance & Management

Vorworte

Grußwort Alumni

Das Kompendium Management in Banking & Finance ist ein ideales und unverzichtbares Lern- und Nachschlagewerk für Fach-, Führungs- und Nachwuchskräfte aus der Banken- und Finanzbranche.

Es ist nicht nur für Studierende, sondern auch für Praktiker gut geeignet, um ihr Wissen aufzufrischen und ihre Erfahrung zu vertiefen. Der hohe Praxisbezug erleichtert die Lektüre und hilft, Problemstellungen im Berufsalltag besser zu bewältigen.

Für das berufliche Weiterkommen ist nicht nur das theoretische Rüstzeug von Bedeutung, sondern auch praktisches Wissen, persönliche Kontakte sowie der regelmäßige Austausch von Erfahrungen.

Ehemalige Absolventen des Management-Studiengangs haben daher im Jahr 2002 ein Netzwerk gegründet, das Kontakt und Austausch unter den Studenten und Absolventen aus der Banken- und Finanzbranche organisiert – inzwischen ist der Frankfurt School of Finance & Management/Bankakademie Alumni e.V. mit weit über 1000 Mitgliedern eines der größten Branchennetzwerke in Deutschland.

Unser Alumni-Verein ist ein gemeinsames Netzwerk für Absolventen, Studierende, Freunde und Förderer der Frankfurt School of Finance & Management. Ordentliche Mitglieder können Absolventen des Management-Studiengangs, der Studiengänge Real Estate Finance, Ship Financing und Financial Planner sowie auch Absolventen der akademischen Studiengänge an der Frankfurt School of Finance & Management werden. Zudem haben Studierende dieser Studiengänge die Möglichkeit, bereits mit dem Beginn ihres Studiums unserem Netzwerk als Gastmitglieder beizutreten – so werden Kontakte zu Absolventen geknüpft und der Erfahrungsaustausch untereinander gefördert. Wir sind für Sie da, wenn Sie während Ihres Studiums Tipps und Ratschläge benötigen, bieten Ihnen Hilfe und Unterstützung beispielsweise bei der Erstellung Ihrer Seminararbeit oder bei der Themenfindung für Ihre Diplomarbeit an. Wir sehen uns darüber hinaus als Interessenvertretung der Studierenden und Absolventen. Nutzen Sie die Möglichkeit, die Ihnen unser Alumni-Netzwerk bietet!

Bundesweit gibt es derzeit flächendeckend 13 regionale Förderkreise, die die Arbeit vor Ort organisieren, zu regelmäßigen Veranstaltungen einladen, Seminare und Workshops durchführen und damit den persönlichen Kontakt und fachlichen Austausch untereinander ermöglichen. Förderkreise bestehen in Berlin, Bremen, Dortmund, Hamburg, Hannover, Frankfurt, Trier, Mannheim, München, Stuttgart, Ulm, Sachsen und im Rheinland. Gründungen weiterer Förderkreise sind in Vorbereitung. Unsere Treffen und regionalen Aktivitäten sorgen für einen starken Zusammenhalt und vertiefen den Kontakt untereinander. Fachliche Vorträge erweitern den Horizont und das berufliche Wissen. Für einige Veranstaltungen werden Creditpoints vergeben.

Vorworte

Wir bieten darüber hinaus unseren Mitgliedern einen echten Mehrwert – und zwar im persönlichen und beruflichen Bereich. Eine Mitgliedschaft hat geldwerte und finanzielle Vorteile – profitieren Sie davon und schließen Sie sich unserem Netzwerk an. Alles, was Sie über uns wissen sollten, finden Sie unter www.fs-alumni.de.

Wir wünschen Ihnen eine informative Lektüre des Kompendium Management in Banking & Finance – und vor allem viel Erfolg beim anschließenden Vermehren der Erkenntnisse und des Erlernten.

Bettina Mayr
Vorstandsvorsitzende
Frankfurt School of
Finance & Management/
Bankakademie Alumni e.V.

Kerstin Musculus
Vorstand
Frankfurt School of
Finance & Management/
Bankakademie Alumni e.V.

Zum Gebrauch des Kompendiums

Die siebte Auflage des Kompendiums Management in Banking & Finance erscheint in einer Zeit, in der wir die tiefgreifendste Banken- und Wirtschaftskrise seit den 30er-Jahren des letzten Jahrhunderts erleben. Die „Finanzkrise" und ihre gravierenden realökonomischen Folgen erfordern es, dass wir viele Aspekte des Banking grundlegend überdenken. Viele Implikationen der Finanzkrise auf Themenkomplexe wie z.B. Bankstrategie, Führung, Risikomanagement, Vertrieb und Unternehmenskommunikation sind noch nicht vollständig absehbar. Es wird späteren Auflagen vorbehalten bleiben, dies in Gänze zu reflektieren. Gleichwohl haben wir in der siebten Auflage des Kompendiums Management in Banking & Finance viele Kapitel gründlich überarbeitet und aktualisiert. Der Text zum Vertriebsmanagement wurde durch Dr. Alexander Westenbaum und Udo Wendt neu erstellt. Zwei neue Texte wurden in das Kompendium aufgenommen, die das im Buch behandelte Themenspektrum sinnvoll ergänzen und abrunden: einerseits ein Aufsatz zur „Strategieumsetzung" von Prof. Dr. Wieland Achenbach sowie andererseits – vor dem Hintergrund der aktuellen Krisen- und Vertrauensdebatte – ein Aufsatz zum Thema „Vertrauen" von Prof. Dr. Bernd Lahno.

Seit der sechsten Auflage liegt das Kompendium in zwei Bänden vor. Band 1 des Kompendiums Management in Banking & Finance trägt den Titel „Grundlagen und strategische Positionierung". Zunächst werden hier der Begriff und die verschiedenen Facetten des Managements sowie die Globalisierung und die Weltwirtschaftsstruktur als Rahmenbedingungen unternehmerischer Tätigkeit beleuchtet. Der zweite Teil des ersten Kompendium-Bandes befasst sich mit Fragen des strategischen Denkens und Handelns. Unternehmensethische und Shareholder Value-Aspekte werden hier ebenso behandelt wie die Grundpositionen, Konzepte und Instrumente des strategischen Bankmanagements. Ein Hauptaugenmerk wird in diesem Zusammenhang auf die integrative, unternehmenskulturelle und strukturelle Aspekte berücksichtigende Umsetzung der strategischen Konzepte gelegt.

Band 2 heißt „Prozesssteuerung und Führungsverhalten". Hierbei geht es zunächst um verschiedene Teilbereiche des Projekt- und Prozessmanagements, wie zum Beispiel um die Analyse und Steuerung von Geschäftsprozessen, Methoden des Qualitätsmanagements oder um die Organisation und Kontrolle des Vertriebsmanagements in Finanzinstituten. Ferner werden Aspekte des organisatorischen Wandels behandelt. Der sich anschließende zweite Hauptteil umfasst Themenbereiche der Kommunikation und der Führung, wie etwa die Unternehmenskommunikation, die Gestaltung von Gesprächen und Verhandlungen, das Personalmanagement sowie die Mitarbeiterführung.

Das Kompendium Management in Banking & Finance versteht sich als Sammlung aktueller wissenschaftlicher Fachtexte, die eine ausgeprägte Praxisorientierung und Anwenderfreundlichkeit aufweisen. Letzteres wird in einer durchgängig erkennbaren klaren Sprachführung und Strukturierung der Einzeltexte deutlich sowie in einer Vielzahl von Fallbeispielen, Merksätzen, Querverweisen und Wiederholungs- und Vertiefungsaufgaben. Das Kompendium richtet sich in erster Linie an Studierende des Management-Studiums an der Frankfurt School of Finance & Management. Es umfasst inhaltlich das komplette Curriculum des Management-Studiums, stattet somit die Studierenden in den einzelnen Themenkomplexen mit einem soliden Grundlagenwissen aus, das – dem Blended-Learning-Ansatz folgend – in den Präsenzveranstaltungen vertieft und angewandt wird. Durch den hohen Praxisbezug ist das Kompendium Management aber auch für den Bankpraktiker geeignet, um Kenntnisse aufzufrischen und Erfahrungswissen zu fundieren.

Bei der Abfassung der siebten Auflage des Kompendiums Management hat eine Vielzahl von Beteiligten mitgewirkt, denen nachfolgend gedankt werden soll. In allererster Linie gilt allen Autoren mein Dank für ihre engagierte und ausdauernde Mitarbeit bei der Erstellung resp. Überarbeitung der einzelnen Beiträge. Ohne ihre Kompetenz und Mitarbeit hätte das Kompendium Management nicht erstellt werden können. Ich möchte ferner dem Frankfurt School Verlag, insbesondere Frau Mechthild Eckes, für die tatkräftige Unterstützung bei der Erstellung des Buches danken.

Dr. Markus Gerhard
Programm Manager
Frankfurt School of Finance & Management

Inhalt

Kompendium Management in Banking & Finance: Inhaltsübersicht

Bd. 1 Grundlagen und strategische Positionierung

Vorworte (Vorstand, Alumni, Herausgeber)
Inhaltsverzeichnis Band 1

A Grundlagen und Rahmenbedingungen

I **Management – eine Einführung**
Markus Thomae

II **Internationalisierung**
Horst Löchel, Marc Piazolo

B Strategisches Denken und Handeln

I **Unternehmensethik in Banken**
Volkmar Kese

II **Vertrauen**
Bernd Lahno

III **Wertorientiertes Finanzmanagement**
Andreas Horsch, Joachim Bonn

IV **Strategisches Management in Finanzinstituten**
Wieland Achenbach, Thomas A. Lange, Udo Steffens

V **Strategieumsetzung**
Wieland Achenbach

VI **Strategische Repositionierung**
Rolf Ernst Pfeiffer

Stichwortverzeichnis Band 1
Autorenverzeichnis Band 1

Inhalt

Bd. 2 Prozesssteuerung und Führungsverhalten

Vorworte (Vorstand, Alumni, Herausgeber)
Inhaltsverzeichnis Band 2

C Management von Projekten und Prozessen

I **Projekt- und Teamentwicklung**
Volker Gollin, Gertraud Baldauf

II **Geschäftsprozessmanagement**
Matthias Hilgert, Jürgen Moormann

III **Qualitätsmanagement**
Werner Pepels, Markus Weinmann

IV **Vertriebsmanagement**
Udo Wendt, Alexander Westenbaum

V **Organisatorischer Wandel – der Weg zur lernenden Organisation**
Thomas Biermann

D Kommunikation und Führung

I **Public Relations und interne Kommunikation**
Nicolette Strauss

II **Verhandlungsmanagement**
Henric Seeboth

III **Personalmanagement**
Erich Barthel

IV **Führung**
Tobias Braun, Robert Dabitz

Stichwortverzeichnis Band 2
Autorenverzeichnis Band 2

Inhaltsverzeichnis Band 1
Grundlagen und strategische Positionierung

Vorwort V
Grußwort Alumni VII
Zum Gebrauch des Kompendiums IX
Inhaltsübersicht XI

A Grundlagen und Rahmenbedingungen

I Management – eine Einführung
Markus Thomae

1 Grundlagen des Managements 5
2 Kernfunktionen des Managements 12
3 Organisationskultur als Rahmenbedingung des Managements . 22
4 Neue Anforderungen an das Management 28
5 Gruppen als Ort des Managementalltags 32
6 Literatur 39

II Internationalisierung

1 Die Globalisierung der Wirtschaft und die globale Finanzkrise 45
   Horst Löchel

2 Die Struktur der Weltwirtschaft 74
   Marc Piazolo

B Strategisches Denken und Handeln

I Unternehmensethik in Banken
Volkmar Kese

1 Einführung in das Thema 103
2 Grundlagen (je)der Unternehmensethik 105

3	Unternehmensethik im Bankensektor	126
4	Ethikmanagement als Controlling der Ethikkompetenz	147
5	Implementierungskonzepte für Ethikmanagementsysteme	160
6	Konzeptelemente eines Ethikmanagementsystems in Banken	169
7	Kurzvorstellung ausgewählter Implementierungsinstrumente	174
8	Integritätskultur als ständiger Arbeitsprozess	178
9	Literatur	179

II Vertrauen
Bernd Lahno

1	Erste Annäherung	185
2	Schritte zur Vertrauenswürdigkeit	187
3	Gefühle	188
4	Vertrauen, eine emotionale Einstellung	189
5	Vertrauen im wirtschaftlichen Austausch	191
6	Vertrauen schafft Vertrauenswürdigkeit	193
7	Auch der Markt braucht ein normatives Einverständnis	194
8	In erster Linie ist nicht Regulierung, sondern das Einverständnis über die Regeln wichtig	195

III Wertorientiertes Finanzmanagement
Andreas Horsch, Joachim Bonn

1	Einleitung	199
2	Rahmenbedingungen des wertorientierten Finanzmanagements	201
3	Wertorientierte Transparenz- und Performanceansprüche an das Finanzmanagement	231
4	Zusammenfassung	279
5	Literatur	280

IV Strategisches Management in Finanzinstituten
Wieland Achenbach, Thomas A. Lange, Udo Steffens

1	Strategisches Management im Zeichen der Finanzkrise	291
2	Strategische Unternehmensführung	303

3	Basiskonzepte des strategischen Managements	309
4	Der strategische Managementprozess in Banken	312
5	Die Entwicklung von Vision und Leitbild	315
6	Die Umweltanalyse – Ermittlung von Chancen und Risiken	320
7	Unternehmensanalyse – Aufdecken von Stärken und Schwächen	354
8	Strategische Optionen	364
9	Literatur	393

V Strategieumsetzung
Wieland Achenbach

1	Strategische Planungen verwirklichen	411
2	Von der strategischen Wahl zur Bestimmung der Erfolgsfaktoren der Strategieumsetzung	418
3	„Operationalisierung" des strategischen Konzeptes	430
4	Entwicklung von Funktionalstrategien: Pläne, Programme, Budgets, Reporting und Maßnahmen	435
5	Strategische Kontrolle	465
6	Fazit	467
7	Literatur	468

VI Strategische Repositionierung
Rolf Ernst Pfeiffer

1	Vision, Strategie, operative Planung	475
2	Vorgehensweise der Strategischen Repositionierung	476
3	Entwicklungsmöglichkeiten der Geschäftsfelder	480
4	Wesentliche Erklärungsfaktoren für den Erfolg oder Misserfolg einer strategischen Repositionierung	485
5	Literatur	486

Stichwortverzeichnis Band 1	487
Autorenverzeichnis Band 1	493

Inhalt

A   Grundlagen und Rahmenbedingungen

I   Management – eine Einführung
Markus Thomae

II   Internationalisierung
Horst Löchel, Marc Piazolo

I Management – eine Einführung

Markus Thomae

1 Grundlagen des Managements 5
    1.1 Aufgaben des Managements 5
    1.2 Träger des Managements 7
    1.3 Felder des Managements 9
    1.4 Beratung, Forschung und Praxis des Managements 10

2 Kernfunktionen des Managements 12
    2.1 Strategisches Management 12
    2.2 Organisationsgestaltung 13
    2.3 Personalmanagement 16
    2.4 Mitarbeiterführung 19

3 Organisationskultur als Rahmenbedingung des Managements ... 22
    3.1 Organisationskultur als Phänomen 22
    3.2 Organisationskultur als Managementvariable 23
    3.3 Organisationskultur und Wandel 25
    3.4 Organisationskultur und Gesellschaftskultur 26

4 Neue Anforderungen an das Management 28
    4.1 Management und gesellschaftlicher Wandel 28
    4.2 Management und Internationalisierung 29

5 Gruppen als Ort des Managementalltags 32
    5.1 Strukturen in Gruppen 32
    5.2 Prozesse in Gruppen 34

6 Literatur 39

Inhalt

1 Grundlagen des Managements

1.1 Aufgaben des Managements

Der Begriff Management begegnet uns mittlerweile in den unterschiedlichsten Zusammenhängen: Man spricht von Fonds-Management (und meint die Verwaltung von Investmentfonds), von Motoren-Management (dahinter verbirgt sich die Abstimmung von Automotoren), ja sogar von Body-Management (so werben Fitness-Studios für ihr Angebot). Dennoch – und das macht diese Auswahl bereits deutlich – ist es schwer, Management eindeutig zu definieren.

Einen ersten Anhaltspunkt liefert die Unterscheidung zwischen **funktionalem** und **institutionellem Management-Begriff**: Im funktionalen Sinn bedeutet Management eine bestimmte Tätigkeit (prinzipiell unabhängig von der Position des Ausführenden), so wie es beispielsweise im Begriff „Strategisches Management" vorkommt. Institutionell verstanden, bezieht sich Management auf eine bestimmte Gruppe von Personen, so wie es beispielsweise im Begriff „Top Management" gebraucht wird. Im weiteren Verlauf steht der funktionale Management-Begriff im Mittelpunkt.

Doch auch im Rahmen dieses funktionalen Verständnisses existieren eine ganze Reihe unterschiedlicher Vorschläge dazu, was unter Management zu verstehen ist:

„Management ist ein Komplex von Steuerungsaufgaben, die bei der Leistungserstellung und -sicherung in arbeitsteiligen Systemen erbracht werden müssen."
(Steinmann/Schreyögg, 2002)

„Management can be defined as working with human, financial, and physical resources to determine, interpret, and achieve organizational objectives by performing the functions of planning, organizing, staffing, leading, and controlling."
(Megginson, 1989)

„Management bedeutet Gestalten und Lenken von Institutionen der menschlichen Gesellschaft."
(Ulrich, 1984)

„We define management as the process of getting things done through the efforts of other people."
(Mondy u. a., 1986)

„Management ist die Konstruktion organisationaler Wirklichkeiten."
(Probst, 1989)

Management – eine Einführung

„We define management as the process of designing and maintaining an environment in which individuals, working together in groups, accomplish efficiently selected aims."
(Koontz/Weihrich, 1988)

„Die Aufgabe des Management besteht darin, alle anderen bei der Arbeit zu stören."
(Baecker, 1994)

„Management expresses the belief in the possibility of controlling man's livelihood through systematic organization of economic resources. It expresses the belief that economic change can be made into the most powerful engine for human betterment and social justice."
(Drucker, 1955)

Gemeinsames Merkmal dieser Definitionen ist, dass sie **Management als Steuerungsvorgang** beschreiben und von der **Leistungserstellung in Organisationen** als dessen **Steuerungsobjekt** ausgehen. In Unternehmen beispielsweise bezieht sich Management auf die Entwicklung, die Produktion und den Vertrieb der Produkte bzw. Dienstleistungen, mit denen gehandelt wird. Der dahinter stehende Steuerungsvorgang lässt sich wiederum in drei Teilaktivitäten gliedern. Da sie idealtypisch gedacht eine Abfolge bilden (sollten), spricht man auch vom **Management-Prozess**:

Aktivitäten im Management-Prozess

1. Die *Planung* bildet den Ausgangspunkt jedes Steuerungsvorgangs in Organisationen. Dabei geht es um die Bestimmung von Zielen und Programmen sowie Verfahrensweisen zu deren Realisierung.

2. Aus den Planungen ergeben sich konkrete Aufgaben. Sie gilt es, im Rahmen der *Organisationsgestaltung* zu strukturieren. Dies geschieht durch Aufgabendifferenzierung nach dem Prinzip der Arbeitsteilung und Aufgabenintegration im Spannungsfeld von Fremd- oder Selbstorganisation.

3. Zur Erfüllung der aus den Planungen abgeleiteten Aufgaben sind Mitarbeiter notwendig. *Personalmanagement* sorgt dafür, dass diese in ausreichender Quantität und Qualität bereitstehen.

4. Mit Hilfe der *Mitarbeiterführung* sollen nun die Mitarbeiter dazu veranlasst werden, übergeordnete Ziele zu verfolgen. Auf diese Weise erhält die Aufgabenerfüllung in einer Organisation Dynamik, und ihr innerer Zusammenhalt wird gesichert.

Management – eine Einführung

Aktivitäten im Management-Prozess (Fortsetzung)

> 5. Seinen Abschluss findet der Steuerungsvorgang in der *Kontrolle*. Hier geht es darum, ob und in welchem Umfang die anfänglichen Planungen realisiert werden konnten. Mit den dabei produzierten Informationen bildet die Kontrolle den Ausgangspunkt für neuerliche Planungen.

(Quelle: In Anlehnung an Koontz/O'Donnell, 1955)

1.2 Träger des Managements

In der praktischen Ausführung lassen sich die einzelnen Managementaktivitäten nicht exakt trennen. Vielmehr ergeben sich sowohl in sachlicher wie zeitlicher Hinsicht Interdependenzen zwischen dem Planen, Gestalten und Kontrollieren einer Managementintervention. Arbeitsaktivitäts-Studien haben sogar ergeben, dass das tatsächliche Tagesgeschäft von Managern in der Regel ganz anderen Tätigkeiten als den (erhofften) Managementfunktionen gewidmet ist. Die Ursache dafür liegt in unterschiedlichen **Restriktionen**, denen das tatsächliche **Managerverhalten** unterworfen ist:

Restriktionen des Managerverhaltens

> - *Handlungszwänge* leiten sich aus den Pflichten im Rahmen der Stellenbeschreibung ab; dazu gehören z. B. die Berichterstattung oder die Budgeterstellung.
> - *Handlungsbeschränkungen* ergeben sich aus den äußeren Rahmenbedingungen zur Aufgabenerfüllung; dies sind z. B. Betriebsvereinbarungen, Technologien.
> - *Handlungsmöglichkeiten* leiten sich aus den Freiräumen ab, die sich im Spannungsfeld von Pflichten und Rahmenbedingungen eröffnen; dazu gehören z. B. der Arbeitsstil oder das Führungsverhalten.

(Quelle: Stewart, 1982)

Als Folge dieser Restriktionen schlüpfen **Manager**, häufig gar nicht einmal bewusst, in bestimmte **Rollen**, um ihr Tagesgeschäft zu bewältigen:

Managerrollen

- Als *Galionsfigur* tritt der Manager immer dann auf, wenn es darum geht, seinen Bereich nach außen zu vertreten.
- *Vorgesetzter* ist der Manager bei der Zusammenstellung und Anleitung seiner Mitarbeiter.
- Als *Vernetzer* betätigt sich der Manager, wenn es um die Pflege von Kontakten innerhalb und außerhalb seines Bereichs geht.
- *Empfänger* ist der Manager bei der Sammlung und Verarbeitung neuer Informationen.
- Als *Sender* tritt der Manager auf, wenn er diese Informationen an seinen Bereich bzw. das gesamte Unternehmen übermittelt.
- *Politiker* ist der Manager bei Vertretung seines Bereichs bzw. des Unternehmens gegenüber der Umwelt.
- Als *Innovator* betätigt sich der Manager, wenn es um die Initiierung und Realisierung von organisationalen Veränderungsprozessen geht.
- *Problemlöser* ist der Manager bei der Schlichtung von Konflikten innerhalb seines Bereichs oder mit der Umwelt.
- Als *Ressourceninhaber* tritt der Manager auf, indem er Kompetenzen und damit verbundenen Finanzmittel verwaltet und ggf. zuteilt.
- *Moderator* ist der Manager bei Verhandlungen innerhalb seines Bereichs bzw. zwischen seinem Bereich und anderen Bereichen.

(Quelle: Mintzberg, 1980)

Es ginge an der Realität vorbei, würde man die im Rahmen des Managements anfallenden Steuerungsleistungen ausschließlich bei den aufgrund ihrer Position dafür vorgesehenen Führungskräften vermuten. Vielmehr gibt es eine ganze Reihe von **Bezugsgruppen**, die (potenziell) Einfluss auf das tatsächliche Management einer Organisation nehmen:

Management – eine Einführung

Bezugsgruppen des Managements

- *Führungskräfte* sind die originären Träger von Managementfunktionen, allerdings schwindet ihr formeller Einfluss mit der zunehmenden Enthierarchisierung in Unternehmen.
- Im Zuge wachsender Teamorientierung gewinnen die *Mitarbeiter* nachhaltigen Einfluss auf Steuerungsaufgaben vor allem im unmittelbaren Umfeld des Arbeitsplatzes.
- Im Zuge der Shareholder-Value-Politik werden die Investitionsentscheidungen der *Kapitalgeber* zu einer zentralen Stellgröße innerhalb der Unternehmensführung.
- Mit der immer schärferen Konkurrenz wächst der (indirekte) Einfluss der *Wettbewerber* auf unternehmerische Entscheidungen.
- Immer dynamischere Märkte führen dazu, dass die *Kunden und Abnehmer* (indirekt) erheblichen Einfluss auf die Unternehmenspolitik gewinnen.
- Angesichts der Konzentrationstendenzen in vielen Branchen (Fusionen, Allianzen, Benchmarking-Partnerschaften) werden *Kooperationspartner* zu einem wichtigen Faktor unternehmenspolitischer Entscheidungen.
- Besonders im Zusammenhang mit personalbezogenen Entscheidungen (z. B. Arbeitszeit- und Einkommensregelungen) haben die Rahmenvorgaben der *Tarifparteien* erhebliche Bedeutung.
- Im Zuge ihrer Gesetzgebung kann die *Politik* erheblichen Einfluss sowohl auf Rahmenbedingungen als auch auf die Unternehmenspolitik selbst nehmen (z. B. Sozialpolitik, Umweltpolitik).
- Die Darstellung von Unternehmen in den *Medien* kontrolliert deren Wahrnehmung durch wiederum andere Interessenträger, vor allem Kunden und Politik.
- *Supranationale Einrichtungen* (z. B. EU) gewinnen angesichts der Internationalisierungsbestrebungen vieler Unternehmen bei gleichzeitiger globaler Verflechtung der Politik an Bedeutung.

(Quelle: in Anlehnung an Freeman, 1984)

1.3 Felder des Managements

Bezugsobjekt des Managements sind **Organisationen** (s. Managementdefinitionen). Sie unterscheiden sich von bloßen Menschenansammlungen dadurch, dass sie ein gemeinsames Ziel haben, aus dem Aufgaben abgeleitet werden können, die nach bestimmten Absprachen erledigt werden, und dadurch, dass sie eine gewisses Maß an Beständigkeit aufweisen. Zur Verdeutlichung mag ein Beispiel dienen:

Management – eine Einführung

Der Unterschied zwischen den 50 Mitarbeitern einer Frankfurter Software-Firma und 50 Menschen in einer Frankfurter Fußgängerpassage besteht genau darin, dass es sich im ersten Fall um eine Organisation und im zweiten Fall um eine bloße Menschenansammlung handelt, beliebig ausgewählt, ohne gemeinsames Ziel und abgegrenzte Aufgabenstellungen.

Das Bezugsobjekt „Organisationen" weist drei potenzielle Ansatzpunkte auf: Eine Managementintervention kann sich auf Teilbereiche einer Organisation erstrecken. Das ist z. B. bei Fragen der Mitarbeiter- oder Teamführung der Fall. Sie kann die Organisation als Ganzes zum Gegenstand haben, wie z. B. im Rahmen strategischen Managements. Schließlich kann sie sich auch auf die Beziehungen einer Organisation zu anderen Organisationen beziehen. Dies kommt z. B. im Rahmen von Unternehmensfusionen vor.

Die Steuerungsaktivitäten im Rahmen des Managementprozess (Planung, Organisationsgestaltung, Personalmanagement, Mitarbeiterführung und Kontrolle) bilden den Bereich des **generellen Managements**. Denn sie fallen unabhängig, ob es sich um Unternehmen, öffentliche Verwaltungen oder Vereine und Verbände handelt, immer an, wenn es um die Steuerung von Organisationen geht. Sie können deshalb auch als Kernfunktionen des Managements bezeichnet werden.

Darüber hinaus gibt es auch noch den Bereich des **speziellen Managements**. Er umfasst die Steuerungsaktivitäten, die abhängig von der sektoralen oder auch nur Branchenzugehörigkeit einer Organisation zusätzlich notwendig sind. Im Fall von Unternehmen als Organisationen im privatwirtschaftlichen Sektor können dies das Risk-Management (in der Kreditwirtschaft), das Supply Chain-Management (in Industrieunternehmen) oder das Fund-Management (in spendenfinanzierten Organisationen wie z. B. Wohlfahrtsorganisationen) sein. Im weiteren Verlauf stehen Fragen des generellen Managements im Vordergrund.

1.4 Beratung, Forschung und Praxis des Managements

Die Situation, in der sich Management befindet, lässt sich mithilfe eines Vergleichs illustrieren: Die **Managementpraxis** kann man mit einem Spiel vergleichen; Inhalt des Spiels ist die Steuerung von Organisationen (*vgl. 1.1*). Der Erfolg eines Managers hängt vom Verständnis der Spielregeln ab. Dies umfasst deren Kenntnis und das entsprechend regelkonforme Verhalten. Aufgabe der **Managementforschung** ist es, diese Spielregeln transparent zu machen, wozu die Formulierung dieser Spielregeln und die Definition von entsprechenden Spielausschlusskriterien gehören. Auf diese Weise produziert sie managementrelevantes Wissen und stellt ihren Nutzen für die Managementpraxis unter Beweis.

Solches managementrelevante Wissen wird allerdings nicht nur in der Managementforschung, sondern auch in der Managementpraxis und in der **Managementberatung** produziert: Während es sich in der Managementpraxis dabei um die Tricks und Kniffe handelt, die Manager im Laufe wachsender Spielpraxis entwickeln, wählt die Managementberatung einen systematischeren Zugang. In gewisser Weise spielt sie den Grenzgänger zwischen Praxis und Theorie, indem sie konkrete Managementprobleme (in Form von Mandaten) aufgreift und mit Rückgriff auf Beratungskonzepte spezifische Lösungen entwickelt.

Alle drei Quellen managementrelevanten Wissens stehen bei der Beantwortung der Frage, was gutes Management ist, in einer mehr oder weniger starken Konkurrenzbeziehung. Leider machen Managementpraxis und -beratung dabei häufig gemeinsame Sache: Der Praktiker sucht vor allem schnelle Lösungen zu seinen Problemen, der Berater will diese möglichst sofort parat halten. Beides ist verständlich, denn dem einen droht die Ablösung, dem anderen der Mandatsverlust.

Folge der Interessenkonvergenz von Praxis und Beratung ist die Entstehung von **Managementmoden**. Typische Beispiele dafür bilden „Lean Management", „Ich-AG" oder „Gemeinkosten-Wertanalyse". Wesentliche Bestandteile solcher Managementmoden sind die Beschreibung eines Schlüsselfaktors, die Forderung seiner unbedingten Anwendung, die kritiklose Darstellung einzelner Beispiele aus der Praxis, das Versprechen unglaublicher Leistungssteigerungen und schließlich griffige Schlagworte bei gleichzeitig unklaren Handlungsanweisungen.

Darüber hinaus gibt es einen wesentlichen Mangel, der allen Managementmoden eigen ist: das Fehlen jeder Form von Wissenschaftlichkeit. Statt auf theoretische Grundlagen und methodisch gewonnene empirische Belege setzen Managementmoden allenfalls auf Plausibilitäten, in der Regel jedoch auf ein Gemisch aus gesundem Menschenverstand einerseits und Mystifizierungen andererseits.

Die Entwicklung einer solchen Managementmode weist regelmäßig denselben Verlauf auf (*Kieser, 1996*): Die Kerngedanken liegen in einem Bestseller vor. Beratungsfirmen greifen die Ideen auf und verpacken sie in leicht abgewandelter Form in einem Beratungsprodukt. Seminare und Kongresse zum neuen Thema unterstreichen dessen Wichtigkeit und tragen zu dessen weiterer Verbreitung bei. Die Praxis beginnt die Managementmode zu übernehmen. Je nachdem, wie schnell ihre Leerformeln aufgedeckt werden (Stichwort „Alter Wein in neuen Schläuchen") bzw. Erfolge auf sich warten lassen, verschwindet die Managementmode wieder.

Aufgaben

1. Inwiefern erfassen Managementdefinitionen unterschiedliche Facetten der Managementrealität?
2. Wer sind die wichtigsten Stakeholder Ihres Unternehmens? Welche Interessen verfolgen sie und wie nehmen sie Einfluss?
3. Inwiefern haben die Ihnen bekannten Managementkonzepte „modischen Charakter"?

Management – eine Einführung

2 Kernfunktionen des Managements

2.1 Strategisches Management

Die klassischen Funktionen der Planung und Kontrolle werden – modern interpretiert – durch das strategische Management wahrgenommen, indem es diese beiden Funktionen systematisch verzahnt. Im Mittelpunkt stehen dabei Zielformulierung und -umsetzung unter Gesichtspunkten des Wettbewerbs mit den Konkurrenten um Kunden und Märkte.

Der Notwendigkeit einer solchen wettbewerbsorientierten Integration von Planung und Kontrolle liegen eine Reihe von Beobachtungen zugrunde. Bereits Ende der 1950er Jahre wies *Penrose (1959, 75 f.)* – gegen die bisher dominierende betriebswirtschaftliche Lehre von der Homogenität von Ressourcen und somit auch von Unternehmen – auf deren Einzigartigkeit hin, die sich gerade aus der Heterogenität ihrer Mittel ergibt. Wenig später konnte *Chandler (1962)* die zentrale Bedeutung der Strategie für die Entwicklung eines Unternehmens beweisen und sein Schüler *Andrews (1965)* erläuterte die dabei ablaufenden Prozesse der Strategieformulierung und -implementierung. *Ansoff (1965)* schließlich betonte schon früh die Bedeutung der Umwelt und die damit verbundenen Veränderungen der Unternehmensstrategie. Im Mittelpunkt des strategischen Managements steht die **Strategie** eines Unternehmens. Jenseits ihrer ursprünglichen, aus dem Militär kommenden Bedeutung eines Schlachtplans beinhaltet sie im Kontext von Unternehmen mehrere **Funktionen**. *Mintzberg (1987)* bezeichnet diese als die fünf „P's of strategy" (plan, ploy, pattern, position, perspective).

Funktionen einer Strategie

- Als *Plan* steht eine Strategie dafür, was ein Unternehmen erreichen und wie es dies realisieren will.

- Den Charakter eines *Spielinstruments* (ploy) hat die Strategie insofern, als sie im Wettkampf gegen Konkurrenten eingesetzt wird.

- Gleichzeitig kommt in der Strategie auch immer ein *Muster* (pattern) zum Ausdruck, wie in einem Unternehmen entschieden und gehandelt wird.

- Alle diese Funktionen tragen dazu bei, dass die Strategie auch für eine Position steht, die ein Unternehmen in seiner Umwelt (zu Kunden, gegenüber *Wettbewerbern*, auf Märkten) einnimmt.

- Damit korrespondiert, dass die Strategie in das Unternehmen hinein als *Perspektive* wirkt, wie die Umwelt wahrgenommen wird

(Quelle: Mintzberg, 1987)

Die unterschiedlichen Funktionen, die eine **Strategie** erfüllt, führen dazu, dass ihre Formulierung und Umsetzung im Rahmen strategischen Managements unterschiedliche **Dimensionen** aufweist.

Dimensionen des strategischen Managements

- Zur Positionierung eines Unternehmens in seiner Umwelt muss strategisches Management immer ein *Prozess der Analyse* (der Gegebenheiten), *der Konzeption* (möglicher Antworten) und der *Planung* (notwendiger Aktivitäten) sein.

- Da es im Rahmen strategischen Managements um den Wettbewerb um Kunden geht, ist es zugleich aber immer auch ein originär *unternehmerischer Prozess*, der die Entwicklung von Visionen und Geschäftsmodellen beinhaltet.

- Gleichzeitig zielt strategisches Managements darauf ab, langfristig das Überleben eines Unternehmens auf bestimmten Märkten zu sichern. Hierbei handelt es sich letztlich um einen *ökologischen Prozess,* der verhindern soll, dass ein Unternehmen vom Markt selektioniert wird.

- Genauso wie die Umwelt nehmen aber auch die Organisationsmitglieder Einfluss auf strategisches Management. Sie machen es zu einem *Prozess der Identitätsbildung*, der von ihren Wertmustern geprägt ist und diese wiederum prägt.

Dieses Zusammenspiel der Außen- und Innenperspektive macht strategisches Management schließlich zu einem *kollektiven Lernprozess,* im Rahmen dessen Reaktionen beobachtet, reflektiert und zum Anlass neuer Handlungen gemacht werden.

(Quelle: In Anlehnung an Mintzberg et al., 1998)

2.2 Organisationsgestaltung

Im Zentrum der **Organisationsgestaltung** steht die Strukturierung der in einem Unternehmen anfallenden Aufgaben. Organisationsstrukturen haben zwei Funktionen: Sie dienen der Aufgabendifferenzierung nach dem Prinzip der Arbeitsteilung durch und der Aufgabenintegration im Spannungsfeld von Fremd- und Selbstorganisation.

Organisationsmodelle versuchen Antworten auf die damit verbundenen Fragen zu geben. Klassischerweise setzen sie auf die Bildung von fixen Stellen (Abteilungen, Hauptabteilungen usw.) und deren hierarchische Verknüpfung. Abhängig davon, nach welchen inhaltlichen Kriterien dies erfolgt, kann man die **Funktional-** (Strukturierung nach Verrichtungen), die **Divisional-** (nach Produkten), die **Regional-** (nach geographischen Märkten) und die **Matrixorganisation** (nach Kunden/-gruppen) unterscheiden.

Management – eine Einführung

In den letzten Jahren ist allerdings zunehmend Kritik an diesen „klassischen" Organisationsmodellen aufgekommen. Angesichts des erhöhten Veränderungsdrucks auf Unternehmen macht sie sich vor allem an deren Hang zur Überstabilisierung fest. Neuere Organisationsmodelle zielen dementsprechend auf die Flexibilisierung von Organisationsstrukturen. Am bekanntesten sind Projekt-, Prozess- und Netzwerkorganisation. Alle drei brechen mit dem Primat von Stellenbildung und Hierarchien, allerdings auf jeweils unterschiedliche Weise.

Merkmal der **Projektorganisation** ist, dass hierarchische Über- und Unterordnungsbeziehungen nicht mehr dauerhaft festgelegt werden, sondern fallweise. Man spricht in diesem Zusammenhang von Heterarchien und meint damit „fluktuierende Hierarchien". Kriterien für deren Bildung sind zeitlich terminierte, meist innovative und komplexe Aufgaben. Projektorganisationen werden deshalb in der Regel als Sekundärstruktur geführt, d. h. sie ergänzen die zur Abwicklung des Alltagsgeschäfts dienende, hierarchische Primärstruktur.

Die **Netzwerkorganisation** geht noch einen Schritt weiter: Anstelle des Koordinationsprinzips Hierarchie tritt hier das der Selbstabstimmung. Die in einem Netzwerk zusammengefassten Einheiten (einzelne Mitarbeiter, Abteilungen, Unternehmen) sind (einer News Group oder einer Net Community im Internet vergleichbar) eher durch gemeinsame oder sich ergänzende Interessen als durch Weisungszusammenhänge miteinander verbunden. Insofern stellen Netzwerkorganisationen eine Koordinationsform zwischen (auf Macht basierender) Hierarchie und (auf Angebot und Nachfrage basierendem) Markt dar.

An einem anderen Problem „klassischer" Organisationsmodelle setzt die **Prozessorganisation** an: Sie macht die dort infolge der Bildung von Stellen, Abteilungen etc. wachsende Arbeitsteilung rückgängig, indem die im Rahmen der Leistungserstellung notwendigen Prozesse zum organisatorischen Grundprinzip erhoben werden. Dabei wird zwischen Kern- und Unterstützungsprozessen unterschieden, abhängig vom Ausmaß des Wertschöpfungsbeitrags (direkt/indirekt, hoch/niedrig), den sie leisten.

Angesichts der Vielzahl unterschiedlicher Organisationsmodelle wird die Wahl der im Einzelfall jeweils geeigneten zu einer zentralen Frage. Die Antwort darauf hängt auf der Ebene der **Makroorganisation** (Organisation des Gesamtunternehmens) von internen und externen Faktoren ab (*Mintzberg, 1979*). Vor allem sind es die Komplexität der Umwelt einerseits und das Leistungsprogramm des Unternehmens andererseits, die dafür ausschlaggebend sind, dass man mindestens fünf situationsspezifisch geeignete Organisationstypen unterscheiden kann:

Typen der Makroorganisation

	Konfiguration	Externe Situation	Interne Situation
Einfache Struktur	wenig formalisiert, wenig spezialisiert	übersichtlich-dynamisch	Kleinunternehmen
Maschinelle Bürokratie	stark formalisiert, stark spezialisiert	übersichtlich-stabil	große Industrieunternehmen
Professionelle Bürokratie	mäßig formalisiert, stark spezialisiert	komplex-stabil	große Dienstleister
Divisionale Struktur	stark formalisiert, mäßig spezialisiert	übersichtlich-stabil	Mischkonzerne
Adhocratie	wenig formalisiert, stark spezialisiert	komplex-dynamisch	Beratungsfirmen

(Quelle: in Anlehnung an Mintzberg, 1979)

Auf der Ebene der **Mikroorganisation** (Organisation der einzelnen Stellen) schlägt *Perrow (1970)* vor, sich an der Gleichförmigkeit und der Definiertheit der zu organisierenden Aufgabe zu orientieren. Es lassen sich vier Grundtypen bilden: Routineaufgaben mit hoher Gleichförmigkeit und Definiertheit (z. B. Bandarbeit), Handwerksaufgaben mit hoher Gleichförmigkeit und geringer Definiertheit (z. B. Schuhmacher), Ingenieursaufgaben mit geringer Gleichförmigkeit und hoher Definiertheit (z. B. Programmierung) sowie Ausnahmeaufgaben mit geringer Gleichförmigkeit und geringer Exaktheit (z. B. Forschung). Zu jedem dieser Aufgabentypen passt eine organisationsstrukturelle Lösung:

Prinzipien der Mikroorganisation

	Formalisierung	Zentralisation	Kontrollspanne	Koordination
Routine	hoch	hoch	groß	Regeln und Programme
Handwerk	mittel	niedrig	groß/mittel	Selbstabstimmung
Ingenieur	niedrig	hoch	mittel	Selbstabstimmung
Nichtroutine	niedrig	niedrig	klein/mittel	Gruppenabstimmung

(Quelle: in Anlehnung an Perrow, 1970)

2.3 Personalmanagement

> Die Aufgabe des **Personalmanagements** besteht darin, die Mitarbeiter, die zur Erfüllung der im Rahmen der Organisationsgestaltung formulierten Aufgaben notwendig sind, in ausreichender Quantität und Qualität bereitzustellen.

Zur regelrechten Humanressource des Unternehmenserfolgs (neben Kapital, Gütern, Betriebsanlagen etc.) werden die Mitarbeiter durch die von ihnen erbrachte Leistung. So wie sich die elektrische Leistung aus Stromstärke (in Ampere) und -spannung (in Volt) zusammensetzt, ist die menschliche Leistung das Produkt aus persönlicher Leistungsfähigkeit und -bereitschaft. Die Leistungsfähigkeit eines Mitarbeiters bestimmt sich nach seiner Qualifikation, seine Leistungsbereitschaft nach seiner Motivation (*Klimecki/Gmür 2001*).

Qualifikation ist die Befähigung zum Handeln und umfasst alle für eine Handlung notwendigen Kenntnisse und Fertigkeiten. Gängig unterscheidet man vier Qualifikationsarten: fachliche Kompetenz zum inhaltlichen Verständnis einer Problemlösung, methodische Kompetenz zu deren praktischer Realisierung, soziale Kompetenz zum Erfassen von deren Auswirkung auf andere, emotionale Kompetenz zum Umgang mit dafür notwendigen eigenen und fremden Motiven.

Den Antrieb zum Handeln bezeichnet man als **Motivation**. Sie drückt sich durch ein Ziel oder einen Beweggrund aus. Es lassen sich fünf Motivationsarten unterscheiden: ökonomische Orientierung als Streben nach ökonomischen Vorteilen, Statusorientierung als Streben nach gesellschaftlichem Ansehen, Machtorientierung als Streben nach sozialem Einfluss, soziale Orientierung als Streben nach Anerkennung, Selbstverwirklichungsorientierung als Streben nach Entwicklung der persönlichen Anlagen.

Wie bei jeder andere Ressource gilt es den Beitrag der Humanressourcen zum Unternehmenserfolg zu optimieren. Denn ein Mitarbeiter stellt erst einmal nur ein Potenzial dar, das im Sinne eines Wertschöpfungsprozesses gehoben werden muss. Diese Aufgabe fällt den einzelnen Funktionen des **Personalmanagements** zu, die dementsprechend analog zum Prozess der personellen Wertschöpfung **als** eigener **Geschäftsprozess** modelliert werden können. Im Mittelpunkt steht dabei die Steigerung der Produktivität der Humanressourcen mit ihren beiden Komponenten Qualifikation und Motivation.

Personalmanagement als Geschäftsprozess

- Der *Personalplanung* kommt bei der Optimierung der Humanressourcen die Aufgabe zu, den Investitions- (ggf. auch Desinvestitions-)Bedarf zu kalkulieren. Dies geschieht in quantitativer Hinsicht durch Planung des zukünftigen Personalbestands und in qualitativer Hinsicht durch Planung der Qualifikations- und Motivationsstruktur.

Personalmanagement als Geschäftsprozess (Forts.)

- Im Rahmen der *Personalbeschaffung* werden die Humanressourcen bereitgestellt durch die Suche nach Bewerbern auf internen und externen Arbeitsmärkten sowie die Auswahl einzustellender Mitarbeiter für bestimmte Positionen.

- Der *Personaleinsatz* stellt die Logistik der Humanressourcen sicher im Sinn einer optimalen Integration von Mitarbeiter und Arbeitsplatz. Die relevanten Dimensionen sind dabei Arbeitsinhalt, Arbeitszeit, Arbeitsort und Arbeitsumfeld.

- Aufgabe der *Personalbeurteilung* ist die Qualitätsprüfung der Humanressourcen durch regelmäßige Beobachtung der Leistungen in der Vergangenheit, des gegenwärtigen Verhaltens und der Potenziale für die Zukunft.

- Vor dem Hintergrund der Ergebnisse der Personalbeurteilung zielt die *Personalanreizgestaltung* auf die Steigerung der Produktivität der Humanressourcen ab. Mit Hilfe materieller und immaterieller Elemente von Gehalt und betrieblichen Nebenleistungen setzt sie dabei an der Motivation der Mitarbeiter an.

- Die Qualifikation der Mitarbeiter ist Bezugspunkt der *Personalentwicklung*, die diese einem systematischen Training unterzieht. Insofern leistet auch die Personalentwicklung einen Beitrag zur Steigerung der Produktivität der Humanressourcen.

- Der Beitrag der *Personalfreisetzung* zur Optimierung der Humanressourcen besteht darin, Investitionen in Humanressourcen, die sich nicht mehr auszahlen, zurückzuschrauben. Dies kann sowohl unter Maßgaben einer Reduzierung als auch Beibehaltung des Personalbestands geschehen.

(Quelle: In Anlehnung an Scholz, 2001)

Anders als die vor allem in Deutschland zu beobachtende Tendenz zur Spezialisierung erwarten lässt, handelt es sich beim Personalmanagement sehr wohl um eine originäre Aufgabe des Managers und nicht allein um die einer Fachabteilung. Erst in jüngster Zeit kann man eine schrittweise Rückeingliederung der lange an Stabsbereiche ausgegliederten Funktionen in die Linie beobachten. Ursachen für diese Entwicklung sind die zunehmende Individualisierung, die einheitliche personalpolitische Lösungen immer schwerer macht, der wachsende ökonomische Druck, durch den die integrierte Behandlung aller Managementprobleme vor Ort immer wichtiger wird, die wachsende Fähigkeit von Mitarbeitern und Vorgesetzten zur selbstständigen Lösung personeller Probleme bei gleichzeitigem Vertrauensverlust in die Angebote von Zentralbereichen.

Die Realität des **Personalmanagements** ist von einer Reihe **gesellschaftlicher Rahmenbedingungen** geprägt. Sie legen ganz wesentlich seinen Gestaltungsspielraum fest und variieren von Land zu Land erheblich:

Gesellschaftliche Rahmenbedingungen des Personalmanagements

- Die *Wirtschaftsstruktur* prägt das Personalmanagement vor allem indirekt durch die Bedeutung unterschiedlicher Sektoren und die dort jeweils gepflegten personalpolitischen Muster. In Deutschland und Japan hat der industrielle Sektor eine nach wie vor große Bedeutung. Dagegen dominieren in den USA und Großbritannien Dienstleistungsunternehmen. In Frankreich schließlich hat der staatliche Sektor eine zentrale Rolle.

- Die *Bevölkerungsstruktur* ist insofern von Bedeutung, als sie ein mehr oder weniger differenziertes Personalmanagement erfordern kann. Deutschland und Japan weisen eine immer noch vergleichsweise homogene ethnische Zusammensetzung auf. Das klassische Einwanderungsland USA vereint dagegen sehr heterogene Bevölkerungsgruppen. In Frankreich und Großbritannien ist der Anteil ethnischer Minderheiten erst in den letzten Jahrzehnten deutlich gestiegen.

- Das *Bildungssystem* legt einen wichtigen Grundstein für die betriebliche Aus- und Weiterbildung. Lediglich Deutschland verfügt über ein duales System der Berufsausbildung. In allen anderen Ländern liegt diese ausschließlich in den Händen der einzelnen Unternehmen. Akademische Abschlüsse sind in Japan der erwartete Standard, in Deutschland und Frankreich von entscheidender Bedeutung für die berufliche Karriere. In den USA und Großbritannien spielen sie dagegen eine geringere Rolle.

- Vom *Rechtssystem* werden vor allem Fragen der Personalrekrutierung und -freisetzung tangiert. Während Deutschland, Frankreich und Japan ein streng kodifiziertes Recht aufweisen und damit verbunden eine hohe juristische Regelungsdichte, handelt es sich in Großbritannien und den USA um ein fallweises Richterrecht, das vergleichsweise wenige dauerhafte Vorschriften kennt.

- Die *industriellen Beziehungen* können über tarifvertragliche Regelungen in nahezu alle Bereiche des Personalmanagements eingreifen. In den USA und Japan dominieren betriebliche Regelungen, in Frankreich und Großbritannien überbetriebliche, in Deutschland das Zusammenspiel zwischen beiden Ebenen. Während die Aushandlungsprozesse in USA, Frankreich und Großbritannien eher konfrontativ verlaufen, sind sie in Deutschland und Japan eher verständigungsorientiert.

(Quelle: Klimecki/Gmür, 2001)

Der Erfolg des Personalmanagements hängt wesentlich davon ab, ob es gelingt, unternehmenspolitische Ziele und Interessen der Mitarbeiter aufeinander abzustimmen. Diese Beobachtung macht sich das Konzept des **Personalmarketings** zu eigen. Es verfolgt dabei eine ähnliche Idee, wie das klassische Produkt- bzw. Dienstleistungsmarketing: Hier wie dort geht es darum, eine möglichst enge und langfristige Bindung zwischen Anbieter und Nachfrager herzustellen. Im Fall von Personalarbeit besteht dabei das vertriebene Produkt in personalbezogenen Dienstleistungen, die Kunden sind die gegenwärtigen und zukünftigen Mitarbeiter. Um diese Ziele zu erreichen, bedient sich das Personalmarketing einer Reihe dem Produktmarketing entlehnter Instrumente:

Stellenanzeigen, Imagekampagnen, Hochschulkontakte, personalpolitische Leitbilder oder Unternehmenskommunikation.

2.4 Mitarbeiterführung

> Die **Mitarbeiterführung** sichert schließlich Dynamik und inneren Zusammenhalt der Aufgabenerfüllung in einem Unternehmen, indem sie die Mitarbeiter dazu veranlasst, übergeordnete Ziele zu verfolgen.

Dabei beruht erfolgreiche Mitarbeiterführung entgegen gängiger Annahme nicht auf einer Reihe bestimmter Eigenschaften, über die der Vorgesetzte verfügt, sondern vielmehr auf einer ausgeglichenen Transaktionsbeziehung zwischen ihm und seinen Mitarbeitern. Deren Leistung besteht in der Aufgabenerfüllung, die Gegenleistung des Vorgesetzten in der Erfüllung bestimmter Erwartungen, die die Mitarbeiter an das Verhalten eines Vorgesetzten richten.

Insofern können auch ganz unterschiedliche **Typen von Vorgesetzten** jeweils auf ihre Weise erfolgreich führen. Ihr Geheimnis besteht darin, dass sie einen Führungsstil pflegen, bei dem die Quelle ihres Einflusses auf die Mitarbeiter, und deren Motiv, den Vorgaben des Vorgesetzten zu folgen, jeweils zueinander passen.

Führungstypen

	Autokrat	**Broker**	**Charismatiker**	**Teamleader**
Führungsstil	Anordnung	Überredung	Vermittlung von Visionen	Führung zur Selbstführung
Einflussquelle	Position	Belohnung	Inspiration	Delegation
Motive der Geführten	Vermeidung negativer Folgen	Kalkulation von Kosten und Nutzen	Hingabe an eine Idee	Übernahme von Verantwortung

(Quelle: In Anlehnung an Manz/Sims, 1980)

Vor dem Hintergrund der Beobachtung, dass Führungserfolg in der Transaktion zwischen Vorgesetztem und Mitarbeiter entsteht, versuchen Führungsmodelle Antworten darauf zu geben, wie diese Transaktionsbeziehung systematisch beeinflusst werden kann.

Bereits in den 40er-Jahren durchgeführte Studien an der Ohio State University unterscheiden dazu zwei grundsätzlich denkbare **Dimensionen des Führungsverhaltens**: Vorgesetzte, die dominierend aufgabenorientiert handeln, richten ihr Hauptaugenmerk auf technische Abläufe und die Erfüllung gestellter Leistungsanforderungen. Merkmale eines solchen Führungsverhaltens sind das Verteilen von Aufgaben, die Planung des Aufgabenvollzugs, das Abschirmen von die Aufgabe störenden Einflüssen sowie die Kontrolle des Aufgabenvollzugs und der Ergebnisse. Im Gegensatz dazu stehen für personenorientierte Vorgesetzte der Mitarbeiter und dessen Interessen im Vordergrund des Handelns. Ihr Verhalten manifestiert sich in menschlicher Wärme, Vertrauen in und Respekt vor den Mitarbeitern sowie Rücksicht auf deren persönliche Sorgen.

Blake und Mouton (1978) haben vor diesem Hintergrund ein **Verhaltensgitter der Führung** entwickelt, in dem Aufgaben- und Personenorientierung in unterschiedlich starker Ausprägung (1 als niedrigster Wert, 9 als höchster Wert) auftreten. Absolut erstrebenswertes Ideal ist der so genannte 9.9-Führungsstil, der hohes Leistungsbewusstsein und starke Berücksichtigung der Mitarbeiterbelange kombiniert.

Trotz der großen Attraktivität, die das Führungsmodell von *Blake* und *Mouton* noch heute hat, ist seine Aussage weder empirisch belegt noch logisch haltbar. So weist *Reddin (1977)* darauf hin, dass grundsätzlich jede Kombination von Aufgaben- und Personenorientierung im Führungsverhalten eines Vorgesetzten in einer effektiven und ineffektiven Variante auftreten kann. Ein Vorgesetzter, der im von *Blake* und *Mouton* empfohlenen 9.9-Führungsstil hoch aufgaben- und personenorientiert führt, kann dies demzufolge als souveräner „Integrator" aber auch als unsicherer „Kompromissler".

Noch weiter geht die Relativierung im Rahmen der **situativen Führungskonzepte**. *Fiedler (1967)* beispielsweise zeigt auf, dass die Eignung eines bestimmten Führungsverhaltens von einer Reihe externer Faktoren abhängt. Dies sind der positionsbedingte Einfluss (stark oder schwach), der Charakter der Aufgabe (strukturiert oder unstrukturiert) und die Beziehung zwischen Vorgesetztem und Mitarbeiter (gut oder schlecht). *Hersey* und *Blanchard (1977)* rücken die Persönlichkeit des Mitarbeiters in den Mittelpunkt. Von seiner Reife (Fähigkeit und Bereitschaft zur Aufgabenübernahme in vier unterschiedlichen Stadien) hängt das jeweils geeignete Führungsverhalten ab.

So sehr sich die Konzepte im Einzelnen unterscheiden, argumentieren sie doch alle auf der Basis des Transaktionsmodells der Führung (s. o.). Erst in den letzten Jahren hat sich vor allem aus führungspraktischer Sicht unter dem Schlagwort des „New Leadership Paradigm" zunehmend Kritik daran festgemacht. Zentrales Argument ist dabei, dass Führung, die auf dem Prinzip von „Leistung und Gegenleistung" basiert, über kurz oder lang für den Geführten berechenbar wird. Nicht von ungefähr wird dem ein „neues romantisches Führungsverständnis" (*Baecker, 1997*) entgegengestellt. Es artikuliert sich in den Konzepten der Superleadership und der Transformationalen Führung, die beide Identifikation anstelle von Kalkulation zum Dreh- und Angelpunkt der Mitarbeiterführung machen.

Superleadership setzt ganz auf die Identifikation der Geführten mit der von ihnen zu erfüllenden Aufgabe (*Manz, 1992*). Liegt sie vor, sind Teams zum „Self Leadership" fähig, d. h. in der Lage, sich weitgehend selbst zu koordinieren. Dies macht den Vorgesetzten allerdings nicht vollständig überflüssig, sondern weist ihm eine neue Rolle zu. Sie wird mit der eines Coaches verglichen und besteht in der Unterstützung und Förderung der Geführten. Superleadership verspricht größeren Führungserfolg als andere Führungskonzepte mit dem Argument, die Mitarbeiter zu „Mit-Unternehmern" zu machen.

Ebenfalls mit der Identifikation der Geführten, allerdings nicht im Hinblick auf die Aufgabe, sondern auf die Person des Vorgesetzten, arbeitet **transformationale Führung** (*Bass, 1985*). Grundlage hierfür ist eine nahezu charismatische Beziehung zwischen beiden Parteien. Der Vorgesetzte muss dazu neue Bedürfnisse und Anspruchsniveaus formulieren, organisationale Tabus in Frage stellen und individuelle Entwicklungsmöglichkeiten in Aussicht stellen. Transformationale Führung leitet ihre Überlegenheit anderen Führungskonzepten gegenüber aus der nahezu bedingungslosen Gefolgschaft der Mitarbeiter ab.

Aufgaben

1. Inwiefern kommen die „5 P's of strategy" in der Strategie Ihres Hauses zum Ausdruck?
2. Wie würden Sie den Charakter der Aufgaben beschreiben, die Sie im Rahmen Ihrer Arbeit erfüllen? Sind die mikroorganisatorischen Parameter richtig gestellt?
3. Worin bestehen die originären Personalmanagementaufgaben eines Linienmanagers in Ihrem Unternehmen? Welche Aufgaben könnten sinnvollerweise noch hinzukommen?
4. Wie kann Superleadership und transformationale Führung in der Führungssituation eines Abteilungsleiters umgesetzt werden?

3 Organisationskultur als Rahmenbedingung des Managements

3.1 Organisationskultur als Phänomen

Lange Zeit war die Managementtheorie und -praxis von der Vorstellung dominiert, dass Unternehmen wie **„triviale Maschinen"** funktionieren, bei denen der Output auf einen bestimmten Input exakt berechnet werden kann und somit Unternehmen auch problemlos zu steuern sind. Nicht von ungefähr geht dieses Paradigma auf das Konzept des „Scientific Management" *(Taylor 1911)* zurück. Seit einiger Zeit ist dieses Bild allerdings immer mehr ins Wanken geraten. Vieles spricht dafür, dass Unternehmen eine hohe Eigendynamik aufweisen, die ihre Steuerungsfähigkeit eingrenzt. Sie ähneln darin eher **„nicht-trivialen Maschinen"**, die einen Input nach eigenen Regeln zu einem nur schwer zu berechnenden Output transformieren *(Vester 1991)*.

Die Entwicklung, die ein Unternehmen nimmt, hängt nämlich nicht allein von den in ihrer Wirkung durchaus prognostizierbaren Managementsystemen ab.

Einen erheblichen Einfluss hat auch die **Organisationskultur**: Sie bildet ein System spezifischer, gemeinsam geteilter Normen, Einstellungen und Ideale und liefert dadurch ein Orientierungsmuster, dass den Umgang der Organisationsmitglieder miteinander, aber auch im Kontakt mit der Umwelt nachhaltig prägen kann. So ähnelt sie in vielen Punkten Landeskulturen:

Merkmale von Organisationskulturen

- Organisationskulturen sind ein *implizites Phänomen*; sie haben keine direkt beobachtbare Existenz.
- Organisationskulturen werden *unbewusst gelebt*; eine reflektierte Auseinandersetzung mit ihnen ist die Ausnahme.
- Organisationskulturen sind ein *kollektives Phänomen*; der Einfluss des einzelnen Organisationsmitglieds auf sie ist gering.
- Organisationskulturen sind *historisch gewachsen*; sie sind das Ergebnis kollektiver Erfahrungen und Lernprozesse.
- Organisationskulturen sind *wirklichkeitskonstruierend*; sie filtern die Wahrnehmung der Organisationsumwelt.

(Quelle: Schreyögg, 2002)

Organisationskultur ist ein facettenreiches Phänomen und tritt in unterschiedlichen Ausprägungen auf. *Schein (1985)* vergleicht sie mit einem Eisberg und trennt einen sichtbaren von einem unsichtbaren Teil. Auf beide Bereiche verteilen sich, je nachdem, wie tief sie abgelagert sind, drei **Kulturebenen**, die sich wechselseitig beeinflussen.

Kulturebenen

Ebene	Ausprägungen	Großbanken
Symbole	Umgangsformen, Rituale, Leitbilder, Technologien, Architektur	Anzug als Dresscode, Bankenhochhäuser, Anglizismen, Ethikkodexe
Werte	Vorstellungen über ... – Organisationsziele – Leistungserstellung – Zusammenarbeit	Beratungsqualität, Kundenorientierung, Ertragsorientierung, Zentralismus, Kundensegmentierung
Basisannahmen	Überzeugungen über ... – Märkte – Mitarbeiter – Gesellschaft	Seriosität im Geschäftsleben, Marktwirtschaft, wirtschaftsethische Mindeststandards

(Quelle: In Anlehnung an Schein, 1985)

3.2 Organisationskultur als Managementvariable

Auch wenn jede Organisation über eine spezifische Kultur verfügt, kristallisieren sich doch bestimmte **Kulturtypen** heraus:

Kulturtypen

- In der *Alles-oder-Nichts-Kultur* wird das Risiko geliebt; der Erfolg bestimmt alles. Entsprechend eindeutig ist das Verhalten untereinander, man kennt nur Lob und Tadel, Gewinner und Verlierer.

- Merkmal der *Bürokratischen Kultur* ist, dass sich alles auf das störungsfreie Funktionieren der Alltagsarbeit konzentriert. Hier gilt: Ordnung ist alles. Entsprechend ist das Verhalten untereinander von persönlicher Absicherung und Misstrauen gegenüber den anderen geprägt.

- Im Vordergrund der *Spaß-Kultur* steht das Motto „Ist das Klima o. k., macht auch die Arbeit Spaß!". Entsprechend wird viel Wert auf unkompliziertes, offenes Auftreten gelegt. Der Zurückhaltende steht dagegen im Verdacht, auch weniger zu leisten.

- In der *Professionellen Kultur* hält man sich viel darauf zugute, alle von außen kommenden Probleme routiniert lösen zu können; Fachkompetenz ist hochgeachtet. Entsprechend dominiert wissenschaftlich-technische Rationalität den Umgang miteinander.

(Quelle: In Anlehnung an Deal/Kennedy, 1982)

Zum Erfolgsfaktor können Organisationskulturen werden, wenn sie eine deutliche Ausprägung haben und dadurch eine starke Bindewirkung ausüben. Unter solchen Umständen können sie bei der Steuerung von Organisationen die immer wieder beschworene „Autopilot-Funktion" übernehmen. Kriterien zur Beurteilung, ob eine Kultur stark oder schwach ausgeprägt ist, sind ihre Prägnanz, Konsistenz, Verbreitung und Verankerung: Die **Prägnanz** zeigt sich daran, wie klar die vermittelten Orientierungsmuster sind. Starke Organisationskulturen liefern eindeutige Ursache-Wirkungs-Zusammenhänge und setzen konsistente Standards. Das Kriterium **Konsistenz** misst die innere Schlüssigkeit einer Organisationskultur. Stimmen ihre Ausprägungen auf allen Kulturebenen überein, kann man von einer starken Organisationskultur sprechen. Das Kriterium **Verbreitung** stellt auf das Ausmaß ab, in dem die Kultur von den Organisationsmitgliedern geteilt wird. Von einer starken Organisationskultur kann man dementsprechend dann sprechen, wenn sie das Handeln möglichst vieler Mitarbeiter leitet. Die **Verankerung** einer Organisationskultur schließlich zeigt an, inwieweit die in ihr enthaltenen Orientierungsmuster in das alltägliche Handeln eingegangen sind. Starke Organisationskulturen sind internalisiert und weisen deshalb eine große Dauerhaftigkeit auf.

Auf die positive Wirkung starker Organisationskulturen haben zum ersten Mal *Peters* und *Waterman (1984)* aufmerksam gemacht. „Auf der Suche nach Spitzenleistungen" – so der Titel ihres gleichnamigen Bestsellers – kamen sie zu dem Ergebnis, dass der Erfolg der untersuchten Unternehmen wesentlich auf die starke Unternehmenskultur zurückzuführen ist. Auch wenn der Zusammenhang zwischen **Unternehmenskultur** und Unternehmenserfolg nicht immer so einfach ist, wie *Peters* und *Waterman* dies nahe legen, gibt es doch eine Reihe **positiver Effekte**:

Positive Effekte starker Organisationskulturen

- Starke Organisationskulturen liefern den einzelnen Organisationsmitgliedern eine zusätzliche *Handlungsorientierung* und können dadurch formale Regelungen entlasten.
- Starke Organisationskulturen fördern eine *reibungslose Kommunikation* und vereinfachen so die Abstimmungs- und Entscheidungsprozesse.
- Starke Organisationskulturen sorgen für eine *einheitliche Problemwahrnehmung* und erleichtern dadurch die Implementierung von Entscheidungen.
- Starke Organisationskulturen geben den Organisationsmitgliedern *Stabilität* und fördern so die Identifikation des Einzelnen mit der Organisation.
- Starke Organisationskulturen schaffen eine kollektive *Identität* und lassen dadurch eine hohe Bereitschaft entstehen, sich für die Organisation zu engagieren.

(Quelle: Schreyögg, 2002)

3.3 Organisationskultur und Wandel

Organisationskulturen können sich aber auch zu einer Gefahr für das Unternehmen entwickeln. *Kets de Fries* und *Miller (1986)* haben im Rahmen ihrer Studien eine Reihe **pathologischer Kulturtypen** identifiziert:

Kulturpathologien

> - Unternehmen mit einer *paranoiden Kultur* sind durch ein Klima von Misstrauen und Angst gekennzeichnet, was zu einer Überbetonung von Kontrollaktivitäten führt und alles Neue verdächtig erscheinen lässt.
>
> - In *depressiven Kulturen* herrscht ein Klima der Hoffnungslosigkeit und Apathie. Pessimistische Zukunftsprognosen bilden den Grundtenor des Umgangs; Initiativen kommen, wenn überhaupt, von außen.
>
> - Im Fall einer *neurotischen Kultur* ist die Zusammenarbeit von übertriebenem Perfektionismus und Detailbesessenheit bestimmt. Dies führt dazu, dass Pläne und Regeln sakrosankt sind und Innovationen abgeblockt werden.
>
> - Merkmal *dramatischer Kulturen* ist die Fixierung auf eine meist charismatische, das Unternehmen nach innen und außen verkörpernde Führungsfigur. Ihre Allgegenwart führt zur Unselbstständigkeit oder auch Selbstaufgabe der übrigen Mitarbeiter

(Quelle: Kets de Fries/Miller, 1986)

Wenn es also gute Gründe dafür gibt, Unternehmenskulturen zu ändern, stellt sich die Frage, inwieweit ein solcher **Culture Change** gestaltet werden kann. Die Meinungen dazu gehen weit auseinander: Die Position der „Kuluringenieure" unterstellt, dass man Organisationskulturen ähnlich wie andere Managementsysteme gezielt einsetzen und planmäßig verändern kann. Dieser Sichtweise völlig ablehnend stehen die „Kulturpfleger" gegenüber. Sie betrachten Organisationskulturen als gewachsenes Gebilde, das sich jedem gezielten Eingriff entzieht. „Kulturtherapeuten" schließlich verstehen sich als Initiatoren und Begleiter organisationskultureller Veränderungen.

Diese mittlere Position erhält besondere Bedeutung, wenn man sich die eingangs angesprochene Eisbergmetapher vor Augen führt. Die Grenzen, Kulturwandel direkt zu steuern, werden schlagartig klar: Sieht man von eher oberflächlichen (und dementsprechend wenig nachhaltigen) Maßnahmen wie der Einführung neuer Leitbilder und Führungsgrundsätze ab, verläuft Culture Change, der Tiefenwirkung haben soll, über weite Strecken als „Spiel über die Bande".

Eine Methode, die diese Beobachtung berücksichtigt, ist die der schrittweisen **Kulturtransformation**. Sie strebt eine evolutionäre Veränderung des Wertesystems in einem Unternehmen an, wobei deren Eigendynamik positiv kanalisiert wird:

Phasen der Kulturtransformation

1. Als Anlass für einen Culture Change wird die *Krise* der herkömmlichen kulturellen Muster genommen.
2. Dabei auftretende *Kritik* an diesen Mustern wird forciert und zur Grundlage kultureller Gegenentwürfe gemacht.
3. Es entstehen *Schattenkulturen*, sodass alte und neue Werte bewusst einander gegenübergestellt werden können.
4. Gelingt es den neuen Werten, bessere *Lösungsangebote* auf die ursächliche Krise in Aussicht zu stellen, werden sie akzeptiert und verdrängen allmählich die ursprünglichen Werte.
5. Schließlich entfaltet sich eine neue *Unternehmenskultur*; sie herrscht so lange vor, bis die in ihr transportierten Werte selbst wiederum in eine Legitimationskrise geraten.

(Quelle: In Anlehnung an Dyer, 1985)

3.4 Organisationskultur und Gesellschaftskultur

Insbesondere die tiefen Schichten der Organisationskultur (im Schein'schen Ebenenmodell die Basisannahmen) sind häufig stark von der jeweiligen **Gesellschaftskultur** geprägt, in der sich ein Unternehmen bewegt. Sie lässt sich in vier Dimensionen erfassen (*Hofstede, 1980*): der Akzeptanz von Machtungleichheit, dem Streben nach Unsicherheitsvermeidung, der Betonung individualistischer oder kollektivistischer Tendenzen sowie maskuliner oder femininer Werte. Mit Hilfe dieser Dimensionen lassen sich gesellschaftsspezifische Kulturprofile bilden. So ist Deutschland beispielsweise gekennzeichnet durch eine relativ hohe Akzeptanz von Machtungleichheit (USA: niedrig), einem relativ starken Streben nach Unsicherheitsvermeidung (USA: schwach), eher kollektivistischen Tendenzen (USA: starke individualistische Tendenzen) und gleichmäßig ausgeprägten maskulinen und femininen Werten (USA: gleichmäßige Ausprägung).

Insbesondere **multinationale Unternehmen** müssen sich daher der Frage stellen, wie sie unterschiedliche gesellschaftskulturelle Einflüsse in ihre Organisationskultur integrieren wollen. Dabei stehen ihnen prinzipiell zwei Alternativen offen: eine pluralistische oder eine universelle Organisationskultur.

In einer **pluralistischen Organisationskultur** entwickeln die Auslandsgesellschaften vor dem Hintergrund der jeweiligen Landeskultur spezifische Subkulturen. Diese Politik führt im Ergebnis zu einer sehr starken internen Differenzierung des Unternehmens mit entsprechenden Differenzierungsvorteilen (vor allem Spezialisierung und Flexibilität). Andererseits wird auf diese Weise die ohnehin schon relativ hohe Heterogenität eines solchen multinationalen Unternehmens noch potenziert und die Koordination der Tochtergesellschaften immer problematischer.

Die **universelle Organisationskultur** stellt dagegen die Kohärenz des Unternehmens in den Vordergrund. Die Auslandsgesellschaften werden in die bereits bestehende, im Stammhaus entwickelte Organisationskultur „hineinentwickelt". Vorteil einer solchen Politik ist die hohe Berechenbarkeit aller Handlungen im Gesamtsystem. Dem stehen allerdings Nachteile in Form großer sozialer Kosten und mangelnder Anpassungsfähigkeit gegenüber.

Aufgaben

1. Welchem Typ von Organisationskultur entspricht Ihr Unternehmen? Handelt es sich vielleicht um einen Mischtyp?
2. Gibt es in Ihrem Unternehmen auch kulturpathologische Züge? Wie müsste ein Culture Change aussehen, um diesen entgegenzuwirken?
3. Wie schätzen Sie die organisationskulturelle Strategie eines Ihnen bekannten multinationalen Unternehmens ein? Welche Indizien sprechen für eine pluralistische, welche für eine universelle Organisationskultur?

4 Neue Anforderungen an das Management

4.1 Management und gesellschaftlicher Wandel

„Die einzige Konstante der heutigen Zeit ist der Wandel." Folgende **gesellschaftliche Entwicklungstendenzen** betreffen die Wirtschaft in besonderem Maße:

Gesellschaftliche Entwicklungstendenzen

- Seit einigen Jahren vollzieht sich der Übergang von der *Industriegesellschaft* zur *Informationsgesellschaft*. Er ist unter anderem geprägt vom Einsatz neuer Technologien und damit verbundenen neuen Organisations- und Produktionsformen.

- Eng damit verbunden ist die Aufhebung der *technischen Isolation* zugunsten einer zunehmenden *technischen Integration*. Diese geht vor allem auf die Verbreitung von informationstechnologischen Netzwerken (Inter- und Intranet) zurück.

- Insbesondere seit Ende des 2. Weltkrieg kann man den Übergang von *nationalen politischen Lösungen zu internationalen politischen Lösungen* beobachten. Er zeigt sich unter anderem in der wachsenden Bedeutung supranationaler Einrichtungen (z. B. UN, EU) als Instanzen überstaatlicher Steuerung.

- Dieses Zusammenwachsen der Politik schlägt sich auch im Bedeutungsverlust *lokaler Märkte* zugunsten *globaler Märkte* nieder. Diese Entwicklung bedeutet einerseits einen schärferen Wettbewerb, andererseits eine Zunahme von Kooperationen.

- In allen gesellschaftlichen Bereichen wird das Steuerungsprinzip der *Zentralisierung* durch das der *Dezentralisierung* abgelöst. Damit treten an die Stelle staatlicher Regelungen (Gesetze/Verordnungen) immer häufiger subsidiäre Regelungen (Selbsthilfe).

- Auf betrieblicher Ebene schlägt sich dies nieder in der Ablösung der *Hierarchie* durch die *Selbstkoordination* als Organisationsprinzip. So gewinnen Teams und Netzwerke auch bei der Bewältigung von Routineaufgaben eine zunehmende Bedeutung.

- Während die Arbeitswelt bis in die 80er-Jahre von einer *Humanisierungswelle* geprägt war, setzt sich in letzter Zeit eine *Ökonomisierungswelle* durch. Seinen deutlichsten Ausdruck findet dies in der wertorientierten Unternehmensführung nach dem Prinzip des Shareholder Value.

- Schließlich werden, zumindest in den meisten westlichen Industrieländern, *materialistische Werte* durch *postmaterialistische Werte* abgelöst. Damit rücken an die Stelle von Eigentum und Einkommen immer häufiger Freizeit und Selbstverwirklichung als Bestimmungsfaktoren individueller Grundorientierung.

Angesichts dieser Entwicklungen sehen sich Unternehmen mit einer zunehmend komplexeren Umwelt konfrontiert. Diese **Komplexität** setzt sich prinzipiell aus drei Komponenten zusammen: Erstes Merkmal ist die Vielfalt der beteiligten Elemente; besonders deutlich wird dies am Beispiel globaler Märkte und der damit wachsenden Zahl potenzieller Konkurrenten. Die Dynamik der Elemente und der Beziehungen zwischen ihnen ist ein weiteres Merkmal von Komplexität. Im Fall der Globalisierung zeigt sich dies z. B. an den immer neuen Wettbewerbskonstellationen aufgrund neuer Unternehmenspartnerschaften und -zusammenschlüsse. Das letzte Merkmal bildet die Diskontinuität vermeintlich sicherer Konstellationen. So stehen viele Unternehmen angesichts globaler Märkte vor der Herausforderung grundsätzlicher Änderungen im Bereich von Strategie und Struktur.

Mit zunehmender Komplexität der Organisationsumwelt ändern sich aber auch die Rahmenbedingungen, unter denen Management funktioniert. So gilt es, sich von liebgewonnenen Vorstellungen wie absoluter Beherrschbarkeit, exakter Planung und festgelegten Reaktionsmustern zu verabschieden. An ihre Stelle tritt als neue Herausforderung für das Management die Fähigkeit zur Komplexitätsbewältigung. Im Mittelpunkt steht dabei, die geeignete Balance zwischen **Flexibilisierung und Stabilisierung** zu finden. Beide Prinzipien sind notwendig, um mit komplexen Situationen umzugehen: Eine Organisation muss flexibel sein, um Veränderungsprozesse zu bewältigen. Gleichzeitig würde eine Überflexibilisierung aber in hohem Maß Unsicherheit erzeugen und dadurch den organisationalen Wandel selbst in Frage stellen. Entsprechend bedarf es eines Mindestmaßes an Stabilität, um das Selbstvertrauen in das eigene Veränderungspotenzial zu sichern. Doch auch hier gilt, dass eine einseitige Stabilisierungsstrategie keine geeignete Form der Komplexitätsbewältigung darstellt, denn sie zieht zwangsläufig den vollständigen Verlust der Veränderungsfähigkeit nach sich.

4.2 Management und Internationalisierung

Unter den gesellschaftlichen Entwicklungstendenzen sind Unternehmen besonders von der Globalisierung der Märkte betroffen. Sieht man in ihr jedoch nicht nur eine Bedrohung heimischer Märkte durch ausländische Konkurrenz, birgt sie genauso die Chance, neue internationale Märkte zu erschließen.

Eine solche Vorwärtsstrategie gezielter **Internationalisierung** verläuft typischerweise in fünf Stufen. Sie werden allerdings nicht von allen Unternehmen in der gleichen Weise durchlaufen. So wechseln manche Unternehmen sehr schnell von einer Stufe zur nächsten, während sich andere langsam im Laufe vieler Jahre entwickeln. Zudem werden in manchen Fällen mehrere Stufen auf einmal genommen, wenn Unternehmen den Internationalisierungsprozess durch Akquisitionen aufnehmen.

Stufen der Internationalisierung

1. Der *Export* ins Ausland stellt das Anfangsstadium der Internationalisierung dar. Er wird in der Regel durch einen Dritten abgewickelt. Bei ihm handelt es sich um einen inländischen Exporteur oder eine ausländische Distributionsgesellschaft.

2. Wenn der Export für ein Unternehmen an Bedeutung gewonnen hat und ein gewisses Know-how auf ausländischen Märkten vorliegt, werden Agenten und Distributoren durch *Verkaufstochtergesellschaften* ersetzt. Auf diese Weise erlangt das Unternehmen eine bessere Kontrolle über seine Exportaktivitäten.

3. Der nächste Schritt besteht in der Aufnahme der *Produktion im Ausland*. Ihm geht in manchen Fällen die Montage vor Ort voraus. Auslöser sind in der Regel ein niedrigeres Lohnniveau, geringere Transportkosten, das Umgehen von Importkontrollen oder auch gezielte Investitionsanreize des Importlandes.

4. Mit steigender Zahl ausländischer Produktionsstandorte wächst der Bedarf nach deren *multinationalen Integration*. Ursache dafür können ebenfalls multinationale Kunden oder Wettbewerber sein, genauso aber auch die wachsende Komplexität von Informationen und Entscheidungen oder der Wunsch, Skalenerträge zu realisieren. Antworten auf diese Herausforderungen liefern zentrale Steuerungsinstanzen sowie direkte und indirekte Kontrollmechanismen (Controlling bzw. Kulturentwicklung) andererseits.

5. Auf dem Gipfel der Internationalisierung steht ein Unternehmen vor der Herausforderung, multinationale Integration und regionale Anpassung in Ausgleich zu bringen. Dies wird auch gerne mit der Formel „think global, act local" umschrieben. Gelingt dies kann man vom *transnationalen Unternehmen* sprechen, das über mehrere Zentren verfügt, deren Bedeutung für das Unternehmen situativ formuliert ist und entsprechend variieren kann.

(Quelle: In Anlehnung an Phatak, 1989)

Beim Durchlaufen der einzelnen Internationalisierungsstufen schlagen Unternehmen unterschiedliche **Internationalisierungsstrategien** ein. Dies hängt selbst wiederum von der jeweiligen Internationalisierungsstufe ab, auf der sich ein Unternehmen befindet. Kann aber auch von der jeweiligen Größe, Geschichte und Unternehmenskultur oder der Branchenzugehörigkeit bestimmt sein.

Internationalisierungsstrategien

- Merkmal einer *ethnozentrischen Internationalisierungsstrategie* ist, dass die Muttergesellschaft die einzelnen Ländergesellschaften dominiert. Wesentliche Entscheidungen werden in der Zentrale getroffen und deren lokale Umsetzung von dort aus kontrolliert. Die Managementgrundsätze der Muttergesellschaft werden absolut gesetzt, und in Schlüsselpositionen findet man grundsätzlich Manager aus dem Stammland.

- Im Fall einer *geozentrischen Internationalisierungsstrategie* ist die Dominanz der Muttergesellschaft gegenüber den Ländergesellschaften weniger stark ausgeprägt. Letztere werden durchaus in Entscheidungsprozesse eingebunden bzw. diese ihnen zu einem Stück weit auch überlassen. Folge ist, dass sich Managementgrundsätze im internationalen Austausch entwickeln können und zum Standard personalpolitischer Entscheidungen gemacht werden.

- Eine *polyzentrische Internationalisierungsstrategie* behandelt jede Ländergesellschaft als eine unabhängige nationale Einheit mit weitreichender Autonomie in den Entscheidungskompetenzen. Die Kulturspezifität von Mana-gementgrundsätze wird hervorgehoben und die Personalpolitik zeichnet sich durch eine große Bandbreite lokaler Variationen aus.

(Quelle: In Anlehnung an Heenan/Perlmutter, 1979)

Aufgaben

1. Inwiefern sind Banken von den gesellschaftlichen Entwicklungstendenzen der letzten Jahre betroffen?
2. Wie zeigen sich die Merkmale von Komplexität in Ihrem beruflichen Alltag?
3. Wo finden sich in Ihrem Unternehmen Managementinstrumente, die eher dem Flexibilisierungs- oder eher dem Stabilisierungsprinzip folgen?
4. Auf welcher Stufe der Internationalisierung befinden sich die Firmenkunden Ihres Instituts?
5. Wo sehen Sie Vorteile, wo Nachteile der unterschiedlichen Internationalisierungsstrategien speziell im Fall Ihrer Branche?

5 Gruppen als Ort des Managementalltags

5.1 Strukturen in Gruppen

Gruppen in unterschiedlichen Formen (Abteilungen, Teams, Qualitätszirkel) sind das gängige Umfeld für die Arbeit in einem Unternehmen und somit auch der Ort, an dem deren Steuerung im Rahmen von Management alltäglich stattfindet.

Zur Abgrenzung von Gruppen – v. a. gegenüber Organisationen *(s. Kap. 1.2)* – hat die Gruppenforschung eine Reihe von **Merkmalen von Gruppen** gebildet.

Merkmale von Gruppen

- Direkte Interaktion zwischen den Gruppenmitgliedern
- Räumliche Nähe der Gruppenmitglieder
- Zusammengehörigkeitsgefühl unter den Gruppenmitgliedern
- Gemeinsame Ziele und Werte der Gruppenmitglieder
- Wechselseitige Beeinflussung der Gruppenmitglieder in Denken und Handeln
- Mittel- bis langfristiges Zusammensein der Gruppenmitglieder

(Quelle: In Anlehnung an Cartwright/Zander, 1968)

Die **Entstehung von Gruppen** verläuft meistens nach einem festen Muster der schrittweisen Anpassung von Gruppenstruktur und Aufgabenlösung durch die Gruppe.

Entstehung von Gruppen

Phase	Gruppenstruktur	Aufgabenlösung
1. „Forming"	Unsicherheit, Abhängigkeit von einer Führungspersönlichkeit	Festlegen der Aufgaben, Regeln und Methoden
2. „Storming"	Konflikte, Ablehnung von Kontrolle, Aufstand gegen die Führungspersönlichkeit	Distanzierung von der Aufgabenstellung
3. „Norming"	Entstehung eines Zusammengehörigkeitsgefühls, gemeinsame Werte	Austausch von Meinungen, Beginn von Kooperation
4. „Performing"	Übernahme bestimmter Rollen, ggf. auch Rollenwechsel möglich	Konzentration auf die Aufgaben, konstruktives Arbeiten

(Quelle: Tuckmann, 1965)

Der Zusammenhalt einer Gruppe, die sogenannte **Kohäsion**, wird von einer Reihe von Faktoren positiv oder negativ beeinflusst.

Gruppenkohäsion

Gruppenkohäsion	
Fördernde Faktoren	**Hemmende Faktoren**
• Häufige Interaktion	• Viele Gruppenmitglieder
• Homogene Zusammensetzung	• Einzelkämpfertum
• Attraktivität der Mitgliedschaft	• Individuelle Leistungsbewertung
• Wettbewerb mit anderen Gruppen	• Wettbewerb innerhalb der Gruppe
• Einigkeit über Gruppenziele	• Zielkonflikte
• Erfolg und Anerkennung	• Misserfolge

(Quelle: In Anlehnung an Staehle, 1994)

Das einzelne Mitglied in einer Gruppe übernimmt eine teilweise formell beschriebene, teilweise aber auch nur informell gelebte **Rolle** innerhalb der Gruppe. Sie ergibt sich einerseits unmittelbar aus dem aufgabenbezogenen Verhalten, das von einem Gruppenmitglied erwartet wird, und seinem sozialen Verhalten innerhalb Gruppe, andererseits mittelbar aus seinem sozialen Verhalten außerhalb der Gruppe (z.B. in der Familie, im Freundeskreis, in Vereinen oder politischen Parteien) *(Kieser/Kubiceck 1983, 398)*. Auf diese Weise entstehen in **Gruppen** immer wiederkehrende **Rollentypen**, die wichtige Funktionen übernehmen, mit denen aber auch Probleme verbunden sein können.

Rollentypen in Gruppen

Aufgaben in der Gruppe	**Mögliche Probleme**
• Der *„Erfinder"* … … bringt neue Ideen ein und zeichnet sich durch unorthodoxes Denken aus.	… kann nicht planen und konzentriert sich auf eigene Interessen.
• Der *„Koordinator"* … … organisiert und kontrolliert die Gruppenaktivitäten.	… kann als manipulierend verstanden werden und lehnt operative Arbeit ab.
• Der *„Arbeiter"* … … setzt Konzepte und Pläne um. Er arbeitet diszipliniert und verlässlich.	… ist wenig flexibel und reagiert zögerlich auf Innovationen.
• Der *„Spezialist"* … … stellt der Gruppe in einem bestimmten Bereich seine Fähigkeiten zur Verfügung.	… ist nur in einem engen Bereich einsetzbar und konzentriert sich auf Details.

Rollentypen in Gruppen (Forts.)

Aufgaben in der Gruppe	Mögliche Probleme
• Der „*Beobachter*" … … untersucht Arbeitsabläufe auf ihre Effizienz und Effektivität für die Gruppe.	… trägt wenig zur Dynamik der Gruppe bei und kann überkritisch wirken.

(Quelle: In Anlehnung an Belbin, 1996)

5.2 Prozesse in Gruppen

Die **Zusammenarbeit** in einer Organisationen kann abhängig von ihrer Intensität unterschiedliche **Formen** annehmen.

Formen der Zusammenarbeit in Organisationen

	Mehrere Personen	Geführte Gruppe	Team	Hochleistungsteam
Beispiel	Fließbandproduktion	Abteilung	Qualitätszirkel	Teilautonome Arbeitsgruppe
Ziele	Verschiedene Individualziele	Gemeinsames Oberziel	Gemeinsame Ziele	Selbstgesetzte Ziele
Informationsstand	Ungezielt unterschiedlich	Gezielt unterschiedlich	Gleich	Gleich
Führung	Fremdorganisation	Interne Hierarchie	Fluktuierende Hierarchie	Selbstorganisation
Initiative	Keine	Gruppenleiter	Stärkere Mitglieder	Alle
Ergebnisverantwortung	Keine	Gruppenleiter	Alle	Alle

(Quelle: In Anlehnung an Bay, 1998)

Auf **Gruppen** als Form der Zusammenarbeit in Organisationen zu setzen, bringt **Vor-** und **Nachteile** mit sich. Sie hängen ab vom spezifischen Problem, das es durch die Gruppe zu lösen gilt.

Vor- und Nachteile der Gruppenarbeit

Probleme	Vorteile	Nachteile
Analyse	• Großes Entdeckungspotenzial • Breites Wissensspektrum	• Auffassungsunterschiede • Koordination des Vorgehens

Vor- und Nachteile der Gruppenarbeit (Forts.)

Probleme	Vorteile	Nachteile
Suche	• Großer Erfahrungsschatz • Stimulierung individueller Assoziationenz	• keine
Urteilen	• Tendenz zur Objektivität • Allgemeine Akzeptanz	• Langwierige Abstimmung • Risikovermeidung
Prognose	• Größeres Wissen über Ursache-Wirkungs-Ketten	• Störung individueller Analyse • Brüche in der Informationsweitergabe
Lernen	• Großes Angebot an Denkinhalten • Originelle Lösungen	• keine

(Quelle: Schlicksupp, 1976)

Nachteile der Gruppenarbeit können sich aber auch aus einer kollektiven Befangenheit der Gruppenmitglieder ergeben. Sie wird als **„Groupthink"** bezeichnet und tritt als Folge eines starken Gruppendrucks auf. Das Ergebnis ist eine deutliche Abnahme der Problemerkenntnis- und -lösungsfähigkeit in der Gruppe.

Symptome des Groupthink-Phänomens

- Illusion der Unverwundbarkeit, übertriebener Optimismus und Risikoneigung
- Verniedlichung schlechter, unerwünschter Nachrichten
- Glaube an die moralische Überlegenheit der Gruppe
- Abqualifizierung von Kritikern der Gruppe
- Ausgrenzung von potenziellen Abweichlern in der Gruppe
- Illusion der Einstimmigkeit („Schweigen bedeutet Zustimmung")
- Selbstkontrolle der einzelnen Gruppenmitglieder hinsichtlich Gruppenkonsens

(Quelle: Janis, 1982)

Ein weiteres Problem der Gruppenarbeit können **Konflikte** zwischen einzelnen Gruppen sein. Solche **Inter-Gruppen-Konflikt**e können unterschiedliche **Ursachen** haben.

Ursachen für Inter-Gruppen-Konflikte

- Zwei Gruppen hängen von den gleichen Ressourcen ab (z. B. Finanzen, EDV-Zeiten, Wartungspersonal).
- Eine Gruppe dominiert die andere (z. B. Markt – Marktfolge).
- Die statusniedere Gruppe gibt der statushöheren Gruppe Anweisungen (z. B. Projektteam – Managementteam).
- Zwischen zwei Gruppen bestehen Unterschiede in den Wahrnehmungsmustern (z. B. Außendienst – Vertriebscontrolling)
- Die Verantwortung ist zwischen zwei Gruppen aufgeteilt (z. B. Geschäftsprozesse)
- Benachbarte Gruppen arbeiten nach unterschiedlichen Regeln (z. B. andere Arbeitszeiten in Forschung und Produktion)

(Quelle: Staehle, 1994)

Der **Verlauf** daraus resultierender Konflikte folgt in der Regel einem einheitlichen Muster.

Phasen des Konfliktverlaufs

1. Wahrnehmung einer Frustration durch eine andere Partei
2. Bewertung der frustrierenden Situation durch die betroffene Partei (Null-Summen-Situation, Gewinn-Verlust-Situation, unlösbare Situation)
3. Akzeptieren, Nachgeben oder Angreifen als Reaktion auf die Situation
4. Interaktion mit der anderen Partei (z. B. Verhandeln, konstruktive Problemlösung)
5. Stabilisieren des Interaktionsergebnis (positiv: Zusammenarbeit, negativ: Kontaktabbruch)

(Quelle: Rosenstiel u.a., 1986)

Gängig werden Inter-Gruppen-Konflikte als störend für das Funktionieren einer Organisation beurteilt und sollen deshalb unterdrückt oder vermieden werden. Dabei wird allerdings von der irrigen Meinung ausgegangen, Konflikte seien vermeidbar und primär mit Unzulänglichkeiten (der Gruppenmitglieder, -zusammensetzung oder -regeln) zu begründen. Stattdessen wirken Konflikte für die Entwicklung von Gruppen – wie Organisationen als Ganzes – durchaus katalytisch und bedürfen deshalb einer differenzierten **Beurteilung**.

Folgen von Konflikten

Positiv	**Negativ**
• Entwicklung neuer Energie	• Destabilisierung des Gesamtsystems
• Stimulation neuer Ideen	• Stress und Unzufriedenheit
• Erhöhung der Gruppenkohäsion	• Funktionsstörungen im Arbeitsablauf
• Verbesserung der Selbstwahrnehmung	• Wahrnehmungsverzerrungen
• Abbau von latenten Spannungen	• Abnahme der Rationalität
• Bedingung für organisationalen Wandel	• Fraktionenbildung

(Quelle: Staehle, 1994)

Um die positiven Folgen von Konflikten zur Wirkung kommen zu lassen und die negativen zu begrenzen, ist eine konstruktive **Konfliktbearbeitung** notwendig. Sie kann in unterschiedlichen Formen vorkommen und hängt einerseits von der Höhe des Einsatzes ab, den die beteiligten Parteien in die Auseinandersetzung einbringen, andererseits von der Größe der Schnittmenge gemeinsamer Interessen.

Konfliktbearbeitung

- *Kooperation* wird dann als Form der Konfliktbearbeitung gewählt, wenn auf beiden Seiten hohe Einsätze im Spiel sind und gleichzeitig gemeinsame Interessen bestehen.
- Bei geringen Einsätzen und konfligierenden Interessen wird dagegen *Rückzug* (Verzicht auf eine Auseinandersetzung) wahrscheinlich sein.
- Zu *Wettbewerb* wird es kommen, wenn beide Seiten mit hohen Einsätzen spielen und keine gemeinsamen Interessen haben.
- *Anpassung* (Nachgeben) wird eine Partei wählen, wenn gemeinsame Interessen vorliegen und zumindest ihr Einsatz relativ gering ist.
- Ein *Kompromiss* (beiderseitige Abstriche) wird nur dann erfolgen, wenn der Einsatz beider Parteien mäßig ist und gemeinsame, aber nicht allzu ausgeprägte Interessen vorliegen.

(Quelle: In Anlehnung an Thomas, 1976)

Aufgaben

1. Wie stellten sich die Phasen der Gruppenentstehung in Gruppensituationen, die Sie selbst erlebt haben, dar?
2. Welchen Rollentyp neigen Sie in Gruppen zu übernehmen? Variiert dies möglicherweise, und wovon hängt das ab?
3. Kennen Sie Beispiele für Inter-Gruppen-Konflikte aus Ihrem eigenen beruflichen Umfeld? Wie lösten sich diese?

6 Literatur

Andrews, K. (1965): The concept of corporate strategy, Homewood.

Ansoff, H. (1965): Corporate strategy, New York.

Baecker, D. (1997): Postheroisches Management, Berlin.

Bass, B. (1985): Leadership and performance beyond expectations. New York.

Bay, R. H. (1998): Teams effizient führen, Würzburg.

Belbin, R. (1996): Management teams, New York et al.

Cartwright, D./Zander, A. (ed.): Group dynamics, New York.

Chandler, A. (1962): Strategy and structure, Camebridge et al.

Deal, T./Kennedy, A. (1982): Corporate cultures, Reading.

Dülfer, E. (Hg.) (1991): Organisationskultur. Phänomen, Philosophie, Technologie, Stuttgart.

Dyer, W. G. (1985): Cultural change in firms, San Francisco.

Fiedler, F. E. (1967): A theory of leadership effectiveness, New York u. a.

Freeman, R. (1984): Strategic management – A stakeholder approach, Boston u. a.

Heenan, D./Perlmutter, H. (1979): Multinational organization development, Reading.

Hersey, P./Blanchard, K. H. (1977): Management of organizational behavior, Englewood Cliffs.

Hofstede, G. (1980): Culture's consequences – International differences in work-related values, Beverly Hills.

Janis, I. (1982): Victims of groupthink, Boston.

Kets de Fries, M./Miller, D. (1986): Personality, culture and organization. In: Academy of Management Review, 11, 266–279.

Kieser, A. (1996): Moden und Mythen des Organisierens. In: Die Betriebswirtschaft, 56, 21–31.

Klimecki, R./Gmür, M. (2001): Personalmanagement. Funktionen – Strategien – Entwicklungsperspektiven, Stuttgart.

Klimecki, R./Probst, G./Eberl, P. (1994): Entwicklungsorientiertes Management, Stuttgart.

Koontz, H./O'Donnell, C. (1955): Principles of management, New York.

Manz, C./Sims, H. (1980): Self leading work teams. In: Human Relations, 45, 1119–1140.

McGill, M./Slocum, J. (1996): Das intelligente Unternehmen, Stuttgart.

Mintzberg, H. (1979): The structuring of organizations, Englewood Ciffs.

Mintzberg, H. (1980): The nature of managerial work, Englewood Cliffs.

Mintzberg, H. (1987): Crafting strategy. In: Harvard Business Review, 4, 66–75.

Mintzberg, H. et al. (1998): The strategy safari, Hertfordshire.

Neuberger, O. (1995): Führen und geführt werden, Stuttgart.

Perrow, C. (1970): Organizational analysis – A sociological view, London.

Peters, T./Waterman, R. (1984): Auf der Suche nach Spitzenleistungen, Landsberg a. L.

Phatak, A. V. (1989): International dimensions of management. Boston.

Reddin, W. (1977): Managerial effectiveness, New York.

Rosenstiel, L. v. u. a. (1986): Organisationspsychologie, Stuttgart u. a.

Schein, E. (1985): Organizational culture – A dynamic perspective, San Francisco.

Schlicksupp, H. (1976): Kreative Ideenfindung in der Unternehmung, Berlin/New York.

Scholz, C. (2000): Personalmanagement, München.

Schreyögg, G. (2003): Organisation – Grundlagen moderner Organisationsgestaltung, 4. Aufl., Wiesbaden.

Senge, P. (1996): Die fünfte Disziplin – Kunst und Praxis der lernenden Organisation, Stuttgart.

Staehle, W. (1994): Management, München.

Steinmann, H./Schreyögg, G. (2005): Management. Grundlagen der Unternehmensführung. Konzepte – Funktionen – Praxisfälle, 6. Aufl., Wiesbaden.

Stewart, R. (1982): Choices for the manager, Englewood Cliffs.

Taylor, F. (1911): The principles of management, New York.

Thomas, K. (1976): Conflict and conflict management. In: Dunnette (ed.), Handbook of industrial and organuizational psychology, 889-935.

Tuckman, B. (1965): Group composition and group performance of structured and unstructured tasks. In: Journal of social psychology, 3, 25-40.

Weber, W. u. a. (2001): Internationales Management, Stuttgart.

II Internationalisierung

1 Die Globalisierung der Wirtschaft und die globale Finanzkrise 45
Horst Löchel

1.1 Einleitung: Was bedeutet Globalisierung? 45
1.2 Die globale Produktion 48
1.3 Direktinvestitionen und Standortwettbewerb 49
1.4 Die Auswirkungen der Globalisierung auf Wachstum, Beschäftigung und Verteilung 54
1.5 Globalisierung und Finanzkrisen 58
1.6 Der G20-Gipfel: Eine neue Weltfinanzordnung 66
1.7 Zusammenfassung: Comeback des Protektionismus? 69
1.8 Literatur 72

2 Die Struktur der Weltwirtschaft 74
Marc Piazolo

2.1 Kapitalmärkte und der Euro – eine Erfolgsstory ohne Fragezeichen 85
2.2 Kapitalzufluss in Entwicklungsländer 87
2.3 Aktuelle Entwicklungen und Herausforderungen der Weltwirtschaft 91
2.4 Literatur 96

Inhalt

1 Die Globalisierung der Wirtschaft und die globale Finanzkrise

Horst Löchel

„Es ist erstaunlich, wie schnell sich die Welt zurückdreht. Gerade waren wir auf der Höhe der Globalisierung. Vernetzte Weltwirtschaft allüberall. Multinationale Unternehmen, die ihre Fabriken und Produkte quer über die Weltkugel verteilten. Banker, die Kredite in Taiwan und Brasilien vergaben. Kunden, die ihre Ersparnisse bei isländischen, irischen oder indischen Banken anlegten. Politiker, die das toll fanden.

Und nun das: (…) Der amerikanische Kongress debattiert ernsthaft darüber, ob man die Aufträge aus dem Milliarden-Konjunkturpaket bevorzugt an amerikanische Unternehmen vergeben sollte. Und der französische Staatspräsident Nicolas Sarkozy treibt den Wunsch nach Wohltaten für die eigene Nation auf die Spitze. ‚Wir wollen damit aufhören, die Fabriken ins Ausland zu verlagern‘, sagt er, ‚und vielleicht holen wir sie zurück‘."

(Quelle: FAZ.Net, 15.02.2009)

1.1 Einleitung: Was bedeutet Globalisierung?

Der Begriff der Globalisierung geht auf das lateinische Wort „globus" zurück, was wörtlich übersetzt etwa soviel wie Weltorientierung bedeutet. Wirtschaftlich bezeichnet Globalisierung die fortschreitende Internationalisierung der Faktor- und Gütermärkte zu einheitlichen Weltmärkten und damit die **Integration offener Volkswirtschaften in die Weltwirtschaft.** Wesentlich an diesem Vorgang ist, dass sich damit die Wettbewerbsstandards für die nationalen und supranationalen Volkswirtschaften, also beispielsweise den europäischen Binnenmarkt, verschoben haben. Während in der offenen Volkswirtschaft der Exportwettbewerb dominiert, hat die Weltmarktintegration ebenso die nationalen Arbeits- und Kapitalmärkte sowie den Zu- und Abfluss von Direktinvestitionen dem **internationalen Wettbewerb** unterworfen.

Grundsätzlich lassen sich drei Zustände einer nationalen Volkswirtschaft in ihren Beziehungen zur Außenwelt unterscheiden:

- Von einer **geschlossenen Volkswirtschaft** sprechen wir immer dann, wenn keine oder nur wenige wirtschaftliche Austauschbeziehungen zu anderen nationalen Volkswirtschaften bestehen. Ein Zustand, der heute nur noch für ganz wenige Volkswirtschaften, wie z. B. Nordkorea, Kuba oder den Irak, Bedeutung hat.

- Eine **offene Volkswirtschaft** ist demgegenüber eine Volkswirtschaft, die regelmäßig Güter und Dienstleistungen ex- und importiert. Gemessen wird dies am sogenannten Offenheitsgrad, definiert als die Summe aus Exporten und Importen in Relation zum Bruttoinlandsprodukt. In Deutschland beispielsweise betrug dieser Wert im Jahr 2008 rund 75 %, d. h. der Wert aller

Exporte und Importe im Jahr 2008 belief sich auf drei Viertel des deutschen BIP; besonders für eine große Volkswirtschaft ein sehr hoher Wert. Die USA und Japan liegen beispielsweise bei nur rund 30 %, China dagegen bringt es schon auf 60 %. Aus dieser Perspektive sind Deutschland und China weit offenere Volkswirtschaften als beispielsweise die USA.

- Seit dem Zusammenbruch der Planwirtschaften 1989 sehen wir eine zunehmende Integration der offenen Volkswirtschaften zu einer **interdependenten**, d. h. von einander abhängigen **Weltwirtschaft**, die insbesondere auch die sogenannten Schwellenländer und Transformationsstaaten in Osteuropa und Asien erfasst. Selbst in Afrika, jahrzehntelang weltwirtschaftlich quasi nicht vorhanden, zeigen sich zunehmend Integrationstendenzen in die Weltwirtschaft, besonders seit China die politische und ökonomische Bedeutung des Kontinents, insbesondere als Lieferant knapper Rohstoffe, entdeckt hat.

Die Prozesse, die hinter der Tendenz zur Weltwirtschaft stehen, werden heute meist unter dem Stichwort der „Globalisierung" diskutiert. Konkret bündelt der Begriff die folgenden Trends:

- Der **technologische Fortschritt** insbesondere in den Informations- und Kommunikationstechnologien, der die weltwirtschaftliche Integration überhaupt erst auf dem jetzigen Niveau ermöglichte und durch sinkende Transaktionskosten signifikant beschleunigt hat.

- Die **Entkoppelung der weltweiten Finanzmärkte von der Realwirtschaft**, die sich einerseits in der zunehmenden Dominanz der internationalen Kapitalmärkte und andererseits in der dramatischen Zunahme der Direktinvestitionen zeigt. Die internationalen Kapitalströme dominieren den Güterverkehr und nicht mehr umgekehrt.

In Deutschland beispielsweise beliefen sich die **Umsätze im Wertpapierverkehr** mit dem Ausland im Jahr 2007 auf rund 700 % in Relation zum Bruttoinlandsprodukt – das ist bald 15-mal so viel wie noch 1990. Auf den Weltmaßstab bezogen wachsen Wertpapieranlagen langfristig sehr viel schneller als das Weltinlandsprodukt, wie das nachstehende Schaubild verdeutlicht. Insgesamt beträgt der Wert der Finanzanlagen heute knapp das Vierfache des Weltinlandsproduktes. 1980 waren beide Werte noch annähernd gleich hoch.

Ähnlich die Steigerungsraten bei den sogenannten **Direktinvestitionen,** die in der überwiegenden Zahl der Fälle Fusionen und Übernahmen zwischen in- und ausländischen Unternehmen sind – sogenannte M & A's im Angelsächsischen. Durchschnittlich jährlich wachsen die Direktinvestitionen um rund 15 % jedes Jahr seit 1990, deutlich stärker als der Welthandel und das reale Weltinlandsprodukt. Die Folge von Direktinvestitionen ist die Entstehung und Ausbreitung globaler Unternehmen mit entsprechend globalem Produktions- und Faktoreinsatz von Arbeit und Kapital.

Wachstumsraten in Prozent, 1990–2007

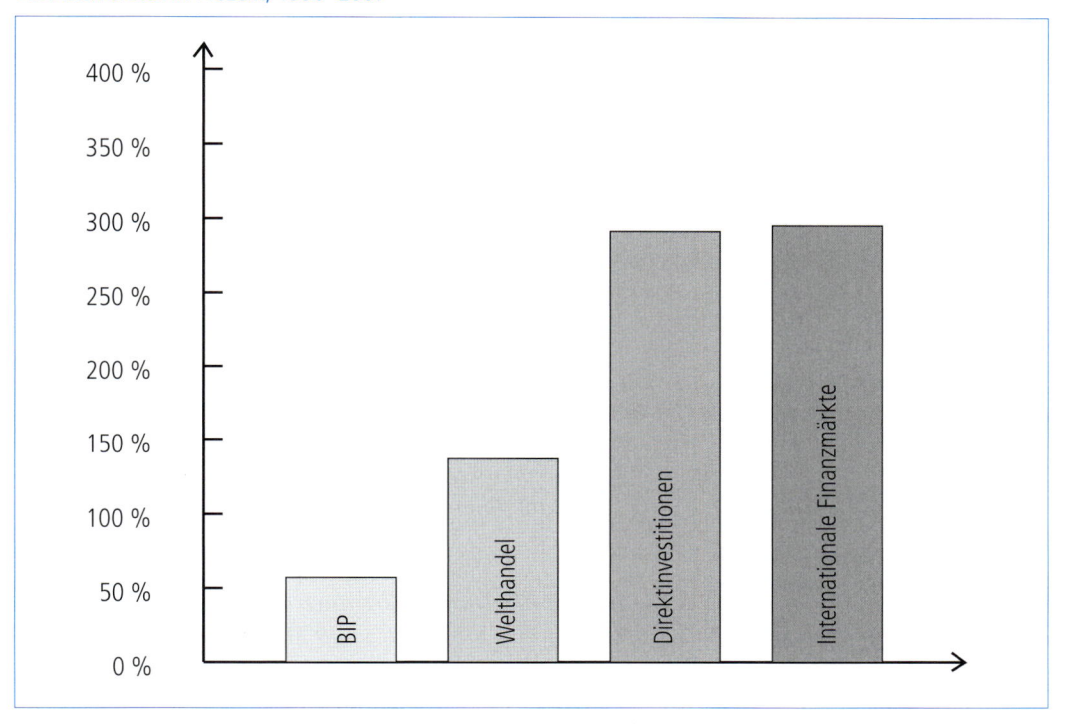

Balkendiagramm: BIP ca. 60 %, Welthandel ca. 140 %, Direktinvestitionen ca. 290 %, Internationale Finanzmärkte ca. 295 %

(Quelle: Internationaler Währungsfonds, eigene Berechnungen)

- **Der Aufstieg und die Integration Asiens** – insbesondere Chinas und Indiens – **in die Weltwirtschaft**. So wird geschätzt, dass Asien im Jahr 2015 einen Anteil von rund 44 % des weltweiten, realen Bruttoinlandsproduktes ausmachen wird, mehr als Europa (17 %) und die USA (20 %) zusammen. 20 % davon werden allein von China gestellt, das Deutschland als drittgrößte Volkswirtschaft der Welt bereits im Jahr 2007 abgelöst hat.

Es ist alles andere als übertrieben, zu sagen, dass die Globalisierung die Anforderungen an die nationalen und supranationalen Volkswirtschaften grundlegend und unwiderruflich verändert hat. Neuen Herausforderungen müssen sich vor allem die westeuropäischen und die nordamerikanischen Volkswirtschaften stellen.

Im Folgenden werden zunächst die wichtigsten Eigenschaften und Trends der Globalisierung beschrieben: die globale Produktion und das globale Unternehmen, Direktinvestitionen und Standortwettbewerb. Darauf aufbauend werden die Folgen der Globalisierung auf Wachstum, Beschäftigung und Verteilung diskutiert. Danach wird auf das Phänomen der Finanzkrisen, die nicht erst seit der aktuellen, globalen Finanzkrise scheinbar unvermeidlich mit der Globalisierung verbunden erscheinen, analysiert. Abschließend wird zusammenfassend auf die neue Tendenz zum Protektionismus eingegangen.

1.2 Die globale Produktion

Durch die weitestgehend globale Öffnung der Güter- und auch der Faktormärkte, insbesondere für Kapital, ist die Produktion an keine nationalen oder supranationalen Grenzen mehr gebunden. **"Legowirtschaft"** nennt man die globale Produktion im Fachjargon auch. **"Outsourcing"**, d. h. die Verlagerung der Produktion aus dem eigenen in andere Unternehmen sowie **"Offshore"- Produktion,** d. h. die Produktion im Ausland, sind zwei weitere Schlagwörter, die die Umwälzung von der nationalen zur internationalen Güter- und Dienstleistungsproduktion dokumentieren. Drei Beispiele globaler Konzerne mögen dies verdeutlichen:

Beispiel 1: Nike, der amerikanische Sportartikelhersteller, produziert unter anderem Sportschuhe. Die Produktion findet überwiegend in eigenen Unternehmen in China, Indonesien und zunehmend auch in Ungarn statt. Die Maschinen, mit denen die Schuhe hergestellt werden, stammen vorwiegend aus Deutschland und Japan. Das gesamte Rechnungswesen wird in Indien abgewickelt und per Standleitung in die amerikanischen Computer übernommen. Die globalen Werbekampagnen des Unternehmens werden überwiegend von Unternehmen aus Südafrika, Argentinien und Hongkong konzipiert, um schließlich in Portugal umgesetzt zu werden.

Beispiel 2: Der niederländische Konzern Philips produziert auch elektrische Zahnbürsten. Das Produkt „Sonicare Elite 7000" beispielsweise wird mit 4.500 Mitarbeitern in zehn Ländern, drei Kontinenten und fünf Zeitzonen produziert. Bis zur Fertigstellung des Endprodukts haben die einzelnen Komponenten fast 30.000 km zurückgelegt, zwei Drittel des Erdumfangs.

Beispiel 3: Der chinesische Computer-Gigant Lenovo vertreibt unter anderem, nachdem er 2005 das PC-Segment von IBM übernommen hat, den „IBM Think Pad X31". Ein kurzer Blick in den PC wie in dem nachfolgenden Schaubild zeigt, dass, wo IBM draufsteht, Asien drin ist. So kommen die Datenspeicher aus zehn verschiedenen Ländern, der größte Anteil aus Korea. Das Gehäuse und das Keyboard wird für rund 50 USD in Thailand produziert, ebenso die Festplatte. Der drahtlose Internet-Zugang (wireless) wird von Intel in Malaysia eingesetzt. Die Batterie kommt ebenfalls aus Asien, diesmal direkt aus China von Lenova. Der Bildschirm mit Kosten von 200 USD stammt aus Südkorea. Aus den USA ist allein der Mikroprozessor, während der Grafik-Chip aus Kanada stammt. Die Endmontage des Geräts erfolgt in Mexiko.

Diese Beispiele machen deutlich: In Zeiten der Globalisierung ist die Produktion an keinen nationalen Standort mehr gebunden, mit den entsprechenden Folgen für den Wettbewerbsdruck im Inneren der nationalen Volkswirtschaften sowohl für die Unternehmen wie für die volkswirtschaften im Ganzen.

Wo IBM draufsteht, ist Asien drin

Ein Blick in den IBM Think-Pad X 31 - vertrieben vom chinesischen Hersteller Lenovo, Kaufpreis: 2349 $

Montage: Mexiko

Datenspeicher:
Weltweit zehn Zulieferer. Der größte in Korea.
Kosten: 512 MB für 60 $

Gehäuse und Keyboard:
Made in Thailand. Kosten: 50 $

Drahtloses Internet:
Intel, made in Malaysia.
Kosten: 15 bis 20 $
(ohne Mikroprozessor)

Batterie:
Made in Asien
nach Vorgaben von Lenovo.
Kosten: 40 bis 50 $ für eine
typische Laptopbatterie

Bildschirm
Samsung oder LG Philips in Südkorea.
Kosten: 200 $ für 15 Inch, 300 $ für 17 Inch

Grafik-Chip:
ATI (Kanada) oder TSMC (Taiwan).
Kosten: 30 bis 100 $

Mikroprozessor:
Intel (USA).
Kosten: Der Centrino kostet
zwischen 275 und 500 $

Festplatte:
Made in Thailand
Kosten: 1,50 bis 2 $ je Gigabyte.
Eine typische Festplatte eines
Laptops hat 40 Gigabyte.

(Quelle: Frankfurter Allgemeine Zeitung)

1.3 Direktinvestitionen und Standortwettbewerb

Ein Unternehmen hat grundsätzlich mehrere Möglichkeiten, international tätig zu sein: Es kann entweder seine Güter exportieren oder eine eigene Produktionsstätte im Ausland errichten oder kaufen. Im letzen Fall sprechen wir von **Direktinvestitionen** oder **Mergers & Acquisitions (M & A)** im Englischen, die eine strategische Beteiligung von 10 % und mehr voraussetzen. Allerdings werden auch reine Finanzinvestitionen als Direktinvestitionen behandelt, dann nämlich, wenn bei einem Aktienkauf nicht mehr als eine 25 %-Beteiligung an einem Unternehmen erreicht wird.

Das Wachstum der Direktinvestitionen ist stark **konjunkturabhängig**. In guten Zeiten nehmen sie stark zu, in schlechten entwickeln sie sich eher unterdurchschnittlich. So wissen wir beispielsweise, dass die beginnende weltwirtschaftliche Rezession im Jahr 2008, ausgelöst durch die seit Sommer 2007 schwelende Finanz- und Bankenkrise, zu einem Rückgang der weltweiten Direktinvestitionen um rund 15 % geführt hat, im Vergleich zum Vorjahr. Für 2009 wird angesichts der Nachhaltigkeit der Rezession mit einem noch größeren Rückgang von rund 30 % gerechnet. Dementsprechend sind auch die Unternehmenskäufe und Übernahmen stark rückläufig, wie das nachfolgende Schaubild zeigt.

Unternehmenskäufe und Übernahmen weltweit (2004–2008)

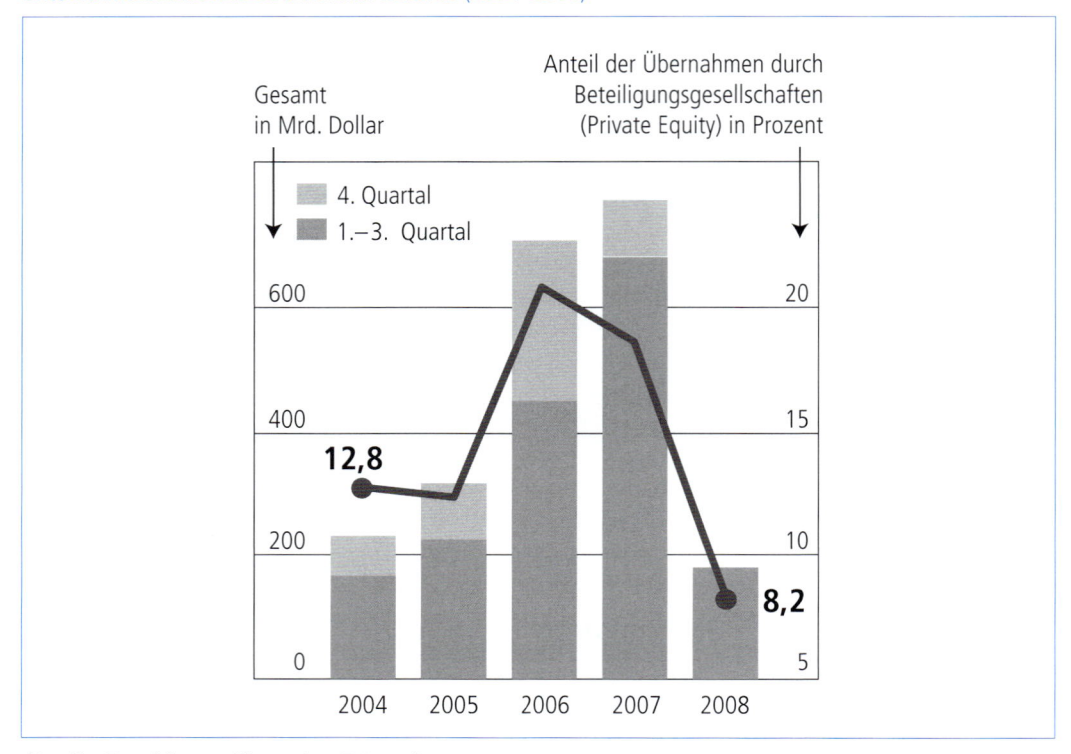

(Quelle: Frankfurter Allgemeine Zeitung)

Durch **Unternehmenskäufe** und **Übernahmen** werden die Unternehmen immer größer und globaler. Viele bekannte Unternehmen sind heute Weltunternehmen, bei denen das nationale Herkunftsland keine Rolle mehr spielt. Der Trend geht dahin, dass nun auch immer mehr Unternehmen aus aufstrebenden Volkswirtschaften als globale Player an strategischer Größe gewinnen. Beispielsweise befinden sich mittlerweile immerhin drei chinesische Unternehmen – Sinopec, State Grid und China National Petroleum – unter den 25 größten Unternehmen der Welt und unter den ersten hundert sind zudem Unternehmen aus Mexiko, Russland, Brasilien, Malaysia und Indien vertreten.

Noch deutlicher zeigt sich die Verlagerung der Gewichte in der Welt bei den Banken. So kamen im Februar 2009 die drei größten Banken der Welt gemessen an ihrer Marktkapitalisierung aus China. Ein halbes Jahr zuvor standen da noch Citigroup, Bank of America und HSBC.

Die deutschen Banken spielen in der Rangliste der in der Welt führenden Kreditinstitute praktisch keine Rolle mehr. Die Deutsche Bank taucht noch im vorderen Mittelfeld auf, die Commerzbank – trotz der Übernahme der Dresdner Bank – wird in der 110 Institute umfassenden Liste nicht ge-

Die fünfzehn größten Banken der Welt

	Marktkapitalisierung in Mrd. Dollar (Febr. 2009)		Marktkapitalisierung am 1.7.2007 in Mrd. Dollar	
1	ICBC (CHN)	176,694	Citigroup (USA)	253,703
2	China Construction Bank (CHN)	120,464	Bank of America (USA)	216,963
3	Bank of China (CHN)	102,867	HSBC (GB)	215,023
4	HSBC (GB)	95,855	ICBC (CHN)	211,258
5	JP Morgan Chase (USA)	89,737	JP Morgan Chase (USA)	165,511
6	Wells Fargo (USA)	73,790	Bank of China (CHN)	154,979
7	Banco Santander (E)	64,462	China Construction Bank (CHN)	154,623
8	Mitsubishi UJF (J)	62,918	UBS (CH)	126,469
9	Goldman Sachs (USA)	44,394	Royal Bank of Scotland (GB)	120,099
10	Bank of Communications (CHN)	37,622	Mitsubishi UJF (J)	119,615
11	Intesa Sanpaolo (IT)	37,571	Wells Fargo (USA)	117,459
12	BBVA (E)	36,127	Banco Santander (E)	115,638
13	UBS (CH)	35,167	BNP Paribas (F)	111,327
14	Royal Bank of Canada (CA)	35,099	Wachovia (USA)	98,059
15	BNP Paribas (F)	32,459	Unicredit (IT)	93,267

(Quelle: Frankfurter Allgemeine Zeitung)

führt. Ein klarer Hinweis, dass der Bankenmarkt in Deutschland im Vergleich zum internationalen Maßstab weiterhin nicht hinreichend konsolidiert ist.

Aus der Perspektive einer Volkswirtschaft ist im Zusammenhang mit Direktinvestitionen vor allem der Vergleich von inländischen Direktinvestitionen ins Ausland (sogenannte **„outflows"**) und umgekehrt von ausländischen Investitionen ins Inland (**„inflows"**) von Interesse. Die nachfolgende Abbildung zeigt einen solchen Vergleich für ausgewählte OECD-Staaten in der ersten Hälfte des Jahres 2008.

Wir sehen, dass die USA in beiden Kategorien Spitzenreiter sind. Frankreich nimmt den zweiten Platz bei den „outflows" ein, während nach Großbritannien am zweitmeisten investiert wurde.

Die großen Empfängerländer der abgehenden Direktinvestitionen waren im Übrigen nicht die OECD-Staaten selbst, sondern wiederum die „emerging markets" wie China, Russland, Indien, Singapur, Brasilien sowie Staaten aus Mittel- und Osteuropa.

Der Saldo Deutschlands ist negativ, d. h. es sind deutlich mehr Direktinvestitionen von deutschen Unternehmen ins Ausland als umgekehrt von ausländischen Unternehmen nach Deutschland geflossen. Das ist der empirische Regelfall seit rund 20 Jahren. Wie ist das zu bewerten?

Zum einen lässt sich sicherlich sagen, dass ein positiver Saldo, d. h. es sind mehr Direktinvestitionen in das Inland geflossen als aus ihm heraus, wirtschaftspolitisch positiv zu bewerten ist. Es bedeutet nämlich, dass der Standort attraktiv ist für ausländische Investoren, die ihrerseits mit ihren Investitionen Wachstum und Beschäftigung im Inland ankurbeln.

Andererseits ist aber auch zu bedenken, dass Direktinvestitionen deutscher Unternehmen im Ausland auch ein Ausdruck von **internationaler Wettbewerbsfähigkeit** ist. Wer übernimmt, muss offenbar der Stärkere sein. Durch die Vernetzung von in- und ausländischer Produktion entstehen zudem Arbeitsplätze im Inland oder werden zumindest gesichert.

Ein positiver oder negativer Saldo der Direktinvestitionen sagt also noch nichts über die Wettbewerbsstärke eines Landes oder seiner Unternehmen aus. Allerdings kann vermutet werden, dass Direktinvestitionen offenbar immer dort hin fließen, wo das Wachstum am höchsten ist. Das hat offenbar auch mit dem Nachholbedarf von Ländern und Regionen zu tun. So ist es beispielswei-

Ab- und Zufluss von Direktinvestitionen im 1. Halbjahr 2008

(Quelle: Economist)

se kein Wunder, dass mehr Direktinvestitionen nach China und Asien fließen, denn dort ist das Wachstum auf Grund des Entwicklungsstadiums der Volkswirtschaften höher als in Deutschland.

Der Wettbewerb um Direktinvestitionen hat auch zu einem sogenannten Standortwettbewerb geführt. Während man traditionell nur den Wettbewerb zwischen den Unternehmen auf nationaler und internationaler Ebene betrachtet, ist in den letzten zwanzig Jahren der **Wettbewerb zwischen den Volkswirtschaften** immer wichtiger geworden. Dabei geht es insbesondere um die Attraktivität einer Volkswirtschaft als **Investitionsstandort**. Im Prinzip herrscht die Meinung vor: Je besser ein Land im Standortwettbewerb abschneidet, umso höher die ausländischen Direktinvestitionen und mit ihnen Wachstum und Beschäftigung. Wir hatten jedoch bereits darauf hingewiesen, dass ein positiver bzw. negativer Saldo der Direktinvestitionen aus der Wettbewerbsperspektive differenziert beurteilt werden muss.

Es existieren mittlerweile verschiedene **internationale Standortrankings**. Das bekannteste stammt vom World Economic Forum (WEF). Im Kern werden dabei über zehntausend internationale Wirtschaftsführer nach verschiedenen Kriterien befragt, u. a. nach der Innovationsfähigkeit eines Landes, dem Schutz der Eigentumsrechte, der Qualität des Rechtssystems und der Infrastruktur, der Regulierung des Arbeitsmarktes sowie der Höhe der Steuern und dem Einfluss der Bürokratie.

Deutschland hat beispielsweise in den letzten zwei Jahren zwei Plätze gut gemacht und liegt mittlerweile von 131 Staaten auf dem 5. Platz nach den USA, der Schweiz, Dänemark und Schweden. Deutschland schneidet vor allem bei der Ausbildung, der Rechtssicherheit und der Infrastruktur sehr gut ab, während die hohe Regulierung des Arbeitsmarktes schlecht bewertet wird.

Im gleichen Ranking schneiden beispielsweise China und Indien, also zwei Volkswirtschaften, die wohl die größte Aufmerksamkeit in den letzten Jahren auf sich gezogen haben, nur auf den Plätzen 34 bzw. 48 ab, was zeigt, dass noch ein langer Weg für beide bis an die Weltspitze zu gehen ist.

Allerdings hat Kontinentaleuropa mit den Kernländern Deutschland, Frankreich und Italien im Standortwettbewerb um Direktinvestitionen einen gravierenden Wettbwerbsnachteil durch hohe Arbeitskosten insbesondere auf Grund hoher Sozialabgaben im Vergleich zu asiatischen und osteuropäischen Konkurrenten. Diese werden auch nicht durch die höhere Produktivität der Arbeit kompensiert.

Auf kurz oder lang bedeutet dies, dass arbeitsintensive Produktionen mehr und mehr ins Ausland verlagert werden, vor allem nach Osteuropa und Asien. Daher kann die Zukunft Kontinentaleuropas nur in der **Produktion von kapitalintensiven Industriegütern und Dienstleistungen** liegen, soll der Lebensstandard gehalten werden.

Entscheidend wird sein, den technischen Vorsprung vor den aufstrebenden Volkswirtschaften durch **Produkt- und Produktionsinnovationen** einerseits und Investitionen in das Humankapital, d. h. **Bildungsinvestitionen** andererseits, zu halten und auszubauen.

1.4 Die Auswirkungen der Globalisierung auf Wachstum, Beschäftigung und Verteilung

Die Folgen der Globalisierung, d. h. die der Vernetzung der nationalen Volkswirtschaften zu einem einheitlichen Markt, sind umstritten. Die volkswirtschaftliche Theorie prognostiziert positive Effekte der Globalisierung gleich auf drei Ebenen.

- Zunächst einmal behauptet die Theorie der sogenannten **komparativen Kostenvorteile**, dass wachsender Außenhandel, der sich auf die Produktionsstärken des jeweiligen Landes konzentriert – z. B. in Deutschland auf den Export von Maschinen und den Import von Textilien und umgekehrt China, das Textilien exportiert und Maschinen importiert –, den Wohlstand der beteiligten Volkswirtschaften erhöht. Diese Behauptung ist intuitiv einsichtig, vorausgesetzt Deutschland hat einen komparativen Kostenvorteil in der Maschinenproduktion, d. h. die Produktivität in der Produktion von Maschinen ist höher als in der Textilproduktion. Dann nämlich kann Deutschland mit den exportierten Maschinen mehr Textilien importieren, als wenn es die Textilien statt der Maschinen im Inland selbst produzieren würde. Das muss offenbar die inländische Wohlfahrt erhöhen. Das Gleiche ist richtig für China mit umgekehrten Vorzeichen.

- Hinzu kommen sogenannte „**economies of scale and scope**", also **Massenproduktionsvorteile** und **Netzwerkeffekte**. Eine Vergrößerung der Märkte, wie sie unvermeidlich mit dem Übergang zu Weltmärkten verbunden ist, führt zu Massenproduktionsvorteilen durch Fixkostendegression, d. h. der Fixkostenblock, der unabhängig vom Aktivitätsniveau eines Unternehmens besteht, kann auf mehr Produkte verteilt werden, womit die durchschnittlichen Kosten pro Produkt sinken – ein für Verbraucher wie Unternehmen vorteilhaftes Resultat.

Netzwerkeffekte haben vor allem in den Informations- und Kommunikationsprozessen eine herausragende Bedeutung. Je größer beispielsweise ein Netz – Internet, Telefon usw. –, umso höher der Nutzen für die Benutzer. Globalisierung erhöht also auch bestehende Netzwerkeffekte.

- Last but not least führt der intensivere Wettbewerb, der mit der Globalisierung verbunden ist, zu **Effizienzgewinnen** der Unternehmen und zu einer **rascheren Ausbreitung des technologischen Wissens**. Das wiederum lässt die Produktvielfalt steigen und die Produktpreise sinken.

In der Tat werden die theoretischen Behauptungen der Volkswirtschaftslehre in der Realität weitestgehend bestätigt. So zeigt das nachstehende Schaubild den starken Anstieg des Pro-Kopf-Einkommens in der Welt zwischen 1980 und 2005 und im Gegenzug das deutliche Absinken der Kindersterblichkeit und die Erhöhung der Lebenserwartungen, die unzweifelhaft mit dem wirtschaftlichen Wachstum einhergehen.

Insbesondere die Schwellenländer und Transformationsstaaten haben nachhaltig von der Globalisierung profitiert. Nehmen wir China als Beispiel: In den letzten 25 Jahren sind sage und schreibe

Der Erfolg der Globalisierung

Pro-Kopf-Einkommen in der Welt in Dollar[1]

Kindersterblichkeit je 1000 Geburten[2]

Lebenserwartung bei Geburt in Jahren[2]

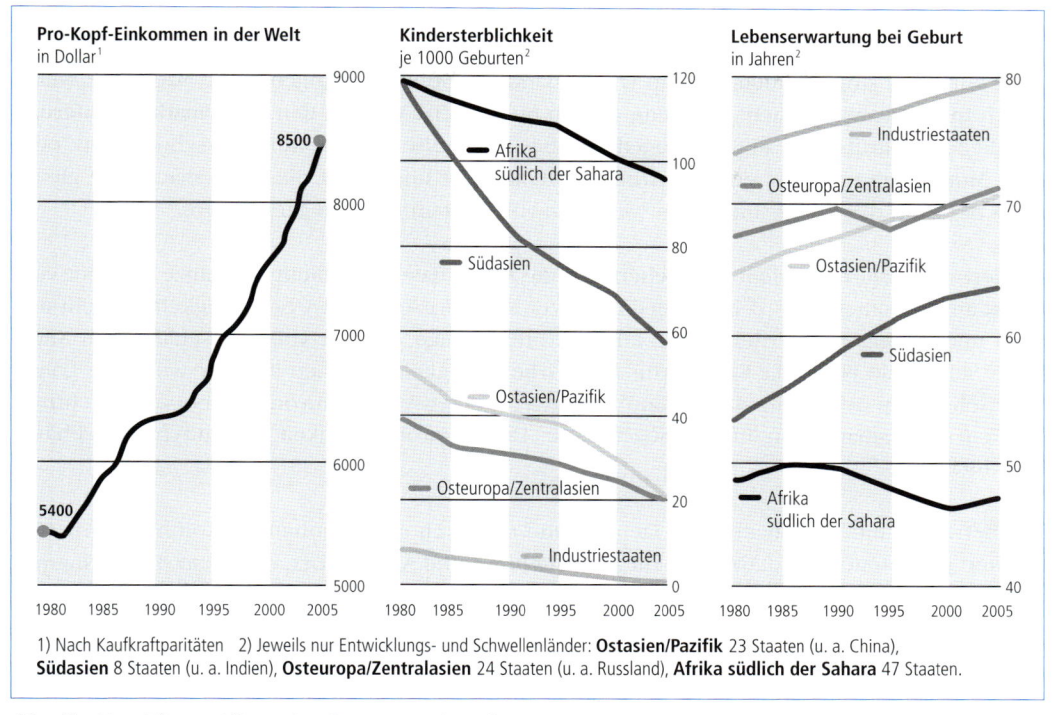

1) Nach Kaufkraftparitäten   2) Jeweils nur Entwicklungs- und Schwellenländer: **Ostasien/Pazifik** 23 Staaten (u. a. China), **Südasien** 8 Staaten (u. a. Indien), **Osteuropa/Zentralasien** 24 Staaten (u. a. Russland), **Afrika südlich der Sahara** 47 Staaten.

(Quelle: Frankfurter Allgemeine Sonntagszeitung)

mehr als 400 Millionen Menschen oder rund ein Drittel der gesamten Bevölkerung der Armut entflohen, definiert als ein Tageseinkommen unter einem USD. In der Welt insgesamt haben allein in den letzten fünf Jahren rund 135 Millionen diese Armutsgrenze überwunden, mehr als das 1,5-Fache der Bevölkerung in Deutschland.

Auch andere Indikatoren zeigen in diese Richtung. So war die Kindersterblichkeit das erste Mal unter 10 Millionen gestorbenen Kindern im Jahr 2007 weltweit und auch die Fähigkeit des Lesens und Schreibens hat dramatisch zugenommen in den letzten Jahrzehnten. 90 % der Weltbevölkerung können heute lesen und schreiben, vor 25 Jahren waren es nur 75 %.

Auf der anderen Seite der Bilanz der Globalisierung stehen der **Verlust an Arbeitsplätzen in den Industriestaaten** und die **Zunahme der Ungleichheit der Einkommensverteilung in Industrie- wie in den Schwellenländern**.

Grundsätzlich gilt, dass der Produktionsfaktor Arbeit mit dem Übergang zur Weltwirtschaft deutlich reichhaltiger für die Unternehmung zur Verfügung steht. Der globale Arbeitsmarkt ist schlicht größer als der nationale. Allein aus China und Indien sind in den letzten zwei Jahrzehnten rund eine Milliarde Arbeitskräfte hinzugekommen. Auch die Öffnung und Integration Südosteuropas hat neue Arbeitskräfte für die alten Industriestaaten zugänglich gemacht.

Über kurz oder lang gilt auch auf dem Arbeitsmarkt das Gesetz von Angebot und Nachfrage, wenngleich möglicherweise nicht so streng und so unmittelbar wie auf den Gütermärkten aufgrund staatlicher Eingriffe und Regulierungen wie beispielsweise dem Kündigungsschutzgesetz oder dem Mindestlohn. Erhöht sich das Arbeitskräfteangebot und bleibt die Arbeitsnachfrage gleich, muss der Preis der Arbeit sinken, um weiterhin Vollbeschäftigung zu garantieren.

Passiert das nicht oder nicht ausreichend, ist die Folge, dass nicht mehr das ganze Angebot vom Markt angenommen wird, d. h. Arbeitskräfte werden freigesetzt und Arbeitslosigkeit entsteht und zwar unabhängig von der jeweiligen konjunkturellen Lage, d. h. der volkswirtschaftlichen Nachfrage. Selbst also bei guter Konjunktur kann Arbeitslosigkeit bestehen bleiben, wenn die Löhne und Gehälter in der Realität höher sind als sie es für einen Ausgleich von Angebot und Nachfrage auf dem Arbeitsmarkt sein dürften. Sogenannte „Langzeitarbeitslosigkeit" ist ein typisches Phänomen hierfür.

Das betrifft in Industriestaaten wie Deutschland mit ihren relativ hohen Bruttolöhnen, d. h. Nettolöhne plus Steuern und Abgaben für Arbeitnehmer und Arbeitgeber, vor allem die Geringqualifizierten, weil es insbesondere diese Gruppe von Menschen ist, die im Wettbewerb mit den gleichfalls Geringqualifizierten aus den Schwellenländern stehen.

Andererseits entstehen aber auch neue Arbeitsplätze in den Industriestaaten, beispielsweise in Deutschland in der Export- und der High-Tech-Industrie. Von den Fakten her ist nicht klar auszumachen, ob die Globalisierung in den Industriestaaten mehr Arbeitsplätze schafft oder vernichtet. So wissen wir zum Beispiel, dass in Deutschland in den letzten eineinhalb Jahren rund 1,5 Millionen Menschen weniger arbeitslos waren und das trotz oder vielleicht auch gerade auf Grund voranschreitender Globalisierung. Sicher ist jedoch, dass die Globalisierung nicht nur Gewinner produziert. Die Verlegung der Produktion der Firma Nokia von Bochum nach Rumänien im Jahr 2008 ist ein jüngeres Beispiel hierfür.

Aus einer wirtschaftspolitischen Perspektive folgt hieraus, dass für entwickelte Volkswirtschaften wie Deutschland eine nachhaltige Sicherung der Arbeitsplätze nur durch eine **breite Qualifikations- und Bildungsoffensive** möglich ist. Qualifikation ist der entscheidende Wettbewerbsvorsprung von Arbeitsnehmern in sogenannten „Hochlohnländern". Einfache und geringer qualifizierte Arbeit wird über kurz oder lang in Niedriglohnländer abwandern.

Neben **Problemen auf dem Arbeitsmarkt** führt die Globalisierung auch zu größeren Verteilungsunterschieden des Einkommens, also einer **Zunahme der Ungleichverteilung**. Von den Zahlen her kann kein Zweifel bestehen, dass die Ungleichverteilung der Einkommen in den letzten 20 Jahren deutlich zugenommen hat. Das gilt insbesondere für die Industriestaaten.

Üblicherweise wird die Verteilung des Einkommens mit dem sogenannten **Gini-Koeffizient** gemessen, der für Werte zwischen Null und Eins definiert ist. Je näher der Wert an Eins, umso größer die Ungleichverteilung, je näher an Null, umso größer die Gleichverteilung.

So wissen wir beispielsweise aus empirisch fundierten Berechnungen, dass der Gini-Koeffizient für Deutschland bei knapp 0,3 liegt, für die USA bei rund 0,4 und für China etwa bei 0,45. In einem Land wie Namibia beispielsweise wird er mit rund 0,75 berechnet – ein sehr, sehr hoher Wert, der auf ein extrem hohes soziales Gefälle schließen lässt. Allgemein wird davon ausgegangen, dass der Gini-Koeffizent nicht höher als 0,4 liegen sollte, um soziale Spannungen mit entsprechenden Instabilitäten zu vermeiden.

Die nachfolgende Abbildung zeigt nun die Veränderung des Gini-Koeffizienten für Industriestaaten und Schwellenländer weltweit für den Zeitraum von 1981 bis 2003, neuere Werte sind leider noch nicht zugänglich. So sehen wir beispielsweise, dass der Gini-Koeffizient und damit die Ungleichheit der Verteilung der Einkommen im Beobachtungszeitraum in den Industriestaaten um rund 50 % und in den Schwellenländern um ca. 30 % zugenommen hat.

Veränderung des Gini-Koeffizienten in Prozent (1981–2003)

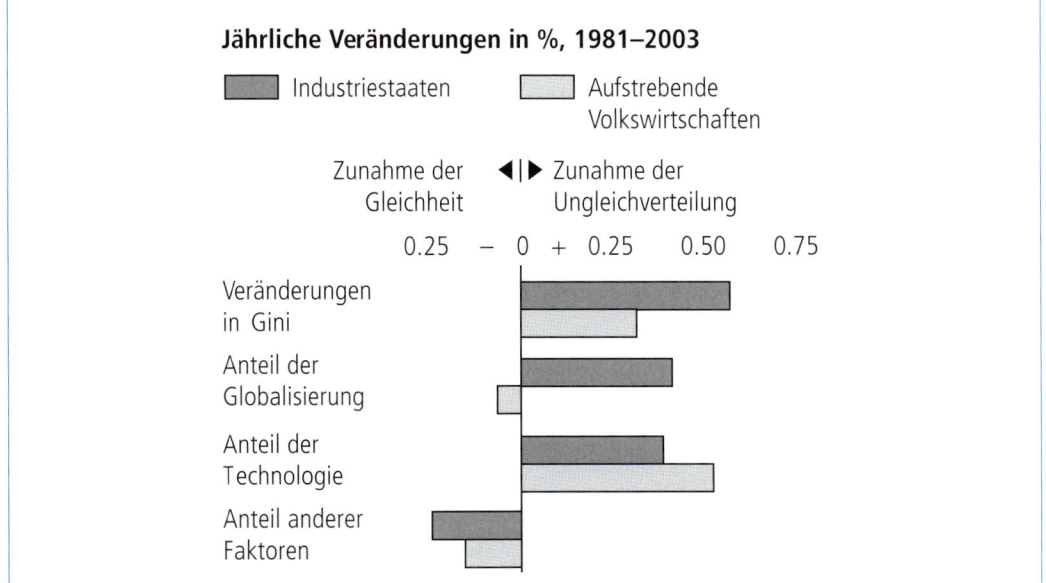

(Quelle: Horst Löchel, *Praxiswissen Volkswirtschaft in Banking & Finance*, S. 213)

Allerdings zeigt die Detailanalyse, dass die Globalisierung der Weltwirtschaft nur einer der bestimmenden Einflussfaktoren ist, der die Zunahme der Ungleichverteilung gefördert hat. Tatsächlich hat die Globalisierung sogar zu einer leichten Zunahme der Gleichverteilung in den aufstrebenden Volkswirtschaften geführt. Das stimmt mit unserer weiter oben gemachten Beobachtung überein, dass es **vor allem** die **aufstrebenden Volkswirtschaften und Entwicklungsländer** sind, die **von der Globalisierung profitieren.**

Fast noch wichtiger für die Zunahme der Ungleichverteilung war der technische Fortschritt der Produktion. Und dieser hängt natürlich wiederum mit der Globalisierung zusammen. Denn je offener die Märkte und Grenzen, umso schneller können technologische Innovationen von einem zum anderen Land transportiert werden, was wiederum den Wettbewerb und damit den Anreiz, technologischen Fortschrit zu erreichen und zu implementieren, erhöht.

Die Interpretation dieser Daten lassen den Schluss zu, dass einfache Arbeit in den Industriestaaten relativ zur Arbeit mit neuen Technologien an Wert verloren hat. Wie schon beim Problem der Abwanderung von Arbeitsplätzen aus den Industriestaaten in Schwellenländer gilt offenbar auch für die Zunahme der Ungleichheit, dass diese nur begrenzt werden kann durch ein steigendes Ausbildungsniveau und die Schaffung hoch qualifizierter Arbeitsplätze in den Industriestaaten. Wer in die Zukunft eines Landes investieren will, sollte sich deshalb vor allem auf die Verbesserung des Ausbildungssystems konzentrieren.

1.5 Globalisierung und Finanzkrisen

In der Welt der Globalisierung sind die internationalen Finanztransaktionen zunehmend autonom und nicht mehr durch realwirtschaftliche Vorgänge wie Importe und Exporte induziert. Als **induzierte Finanztransaktionen** bezeichnet man solche, die als Folge des internationalen Handels mit Gütern, Dienstleistungen und den Produktionsfaktoren Kapital und Arbeit entstehen. Die induzierten Transaktionen sind somit das Ergebnis von Leistungsbilanzvorgängen: Exporte und Importe, grenzüberschreitende Arbeitsbeziehungen, Zinsen und Dividenden aus internationalen Vermögensanlagen sowie internationalen Übertragungen (beispielsweise der Beitrag Deutschlands an internationale Organisationen).

Diese induzierten Transaktionen machen jedoch nur noch rund 20 % aller Transaktionen auf den internationalen Finanzmärkten aus. Der Großteil der internationalen Finanztransaktionen vollzieht sich heute autonom. Das bedeutet, dass es sich um Arbitragegeschäfte, Wechselkursspekulationen, Portfolio- oder Direktinvestitionen, IPO's (Initial Public Offering, d. h. Börsengänge von Unternehmen) oder M & A's handelt.

Die **Loslösung der Finanzmärkte von der Realwirtschaft** lässt sich auch in Zahlen ablesen. So lag der Wert aller finanziellen Aktiva wie Aktien, Anleihen und Bankeinlagen bei rund 143 Billionen USD im Jahr 2007. Das ist fast das Vierfache des globalen Bruttoinlandproduktes des gleichen Jahres. Im Jahr 1980 war der Wert der finanziellen Aktiva und des weltweiten Bruttoinlandsproduktes noch etwa gleich groß.

Allerdings hat es seit Anfang der 90er-Jahre Verschiebungen zwischen den verschiedenen Assetklassen gegeben. So wachsen die Bankeinlagen ebenso nur noch unterdurchschnittlich wie die

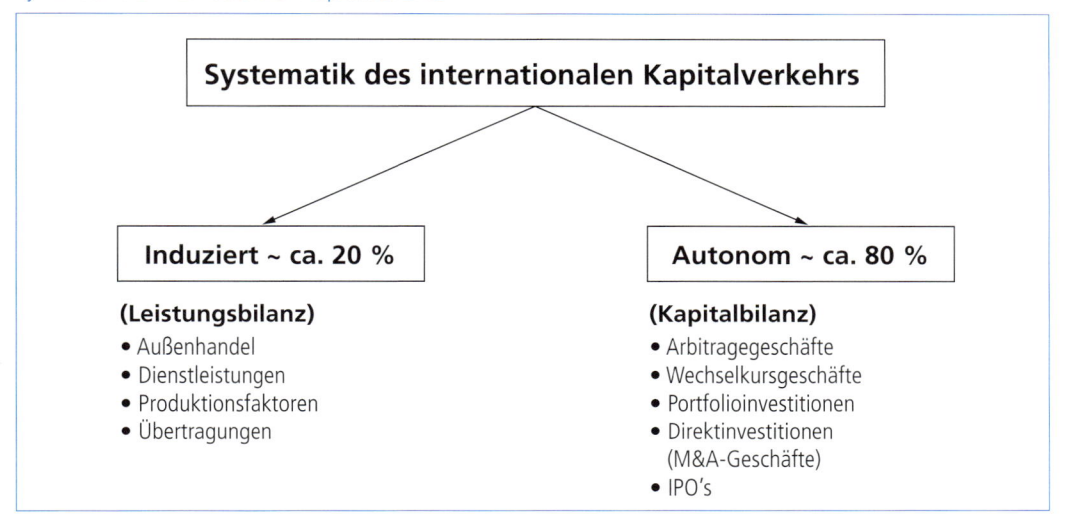

Systematik des internationalen Kapitalverkehrs

Systematik des internationalen Kapitalverkehrs

Induziert ~ ca. 20 %
(Leistungsbilanz)
- Außenhandel
- Dienstleistungen
- Produktionsfaktoren
- Übertragungen

Autonom ~ ca. 80 %
(Kapitalbilanz)
- Arbitragegeschäfte
- Wechselkursgeschäfte
- Portfolioinvestitionen
- Direktinvestitionen (M&A-Geschäfte)
- IPO's

Staatsanleihen. Das stärkste Wachstum mit durchschnittlich jährlich rund 10 % verzeichnen die Unternehmensanleihen sowie die Aktien mit 8,6 %. Der Trend geht also vom Bankgeschäft mit Einlagen und Krediten zum direkten Finanzmarktgeschäft mit Anleihen und Aktien.

Bezüglich der regionalen Verteilung der Finanzmärkte ist festzustellen, dass die Vereinigten Staaten mit einem Anteil von rund 37 % an den weltweiten finanziellen Aktiva nach wie vor der mit Abstand größte Finanzmarkt der Welt ist. Es folgt Europa mit 29 % sowie Asien mit 20 %. Den größten Nachholbedarf haben – gemessen am Wachstum des Bruttoinlandsproduktes – Osteuropa, Indien und China.

Auffällig ist aber vor allem die hohe Korrelation zwischen Globalisierung und Finanzkrisen. So wurden seit 1990 sage und schreibe mehr als fünfzig regionale Finanzkrisen zumeist in aufstrebenden Volkswirtschaften und Entwicklungsländern gezählt. Die Asienkrise 1997–1998, die Russlandkrise 1998–1999 sowie die diversen Krisen in Lateinamerika insbesondere in Argentinien und Mexiko seit 1990 sind nur die bekanntesten Beispiele.

Offenbar existiert eine **positive Korrelation von Finanzmarkt- und Währungskrisen** einerseits sowie **der Globalisierung der Weltwirtschaft im Allgemeinen und der Finanzmärkte im Besonderen** andererseits. Eine theoretische Erklärung für regional begrenzte Krisen in den aufstrebenden Volkswirtschaften ist, dass makroökonomische Instabilitäten durch den internationalen Kapitalmarktverkehr prozyklisch verstärkt werden. So führt beispielsweise ein inländischer Aufschwung in einem Schwellenland zu verstärkten Kapitalzuflüssen aus dem Ausland, die den inländischen Boom weiter in die Höhe treiben. Negative Begleiterscheinungen hiervon sind Blasen (bubbles) an den Aktienmärkten, eine zunehmende Verschuldung des privaten und öffentlichen Sektors sowie in der Regel auch ein wachsendes Leistungsbilanzdefizit des betreffenden Landes.

Internationalisierung

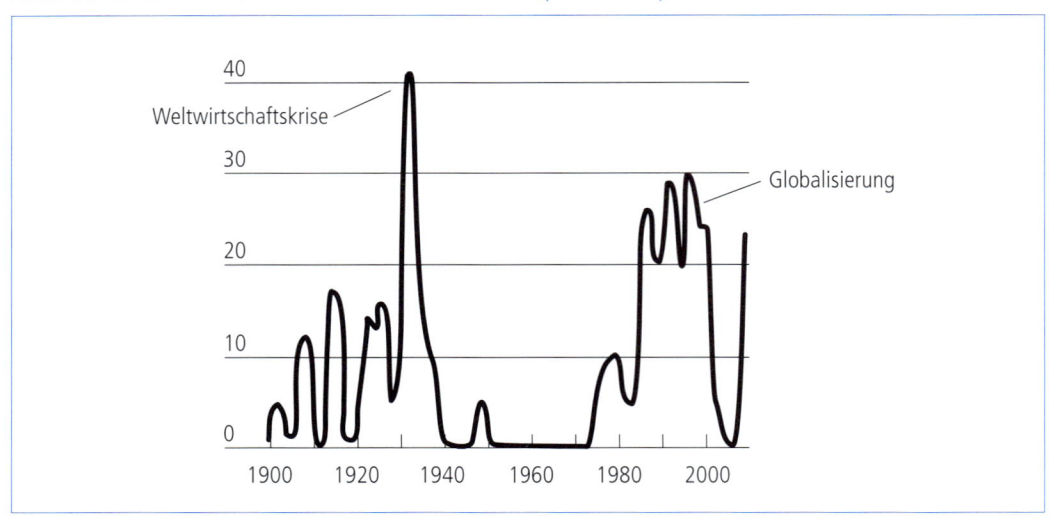

Anteil der Länder mit Finanzkrisen in Prozent aller Länder (1900–2008)

(Quelle: Financial Times)

Umgekehrt verhält es sich im Abschwung: Nun wird teilweise abrupt das ausländische Kapital abgezogen, was u. a. dazu führt, dass der Wert der inländischen Aktiva einbricht. Was dem Schwellenland bleibt, ist eine hohe und ungesicherte inländische Verschuldung sowie ein großes Leistungsbilanzdefizit. Es kommt zu Konkursen und Liquiditätskrisen, die, zusammen mit einer Einschränkung der Kreditvergabe (credit crunch), die inländische Wirtschaft teilweise dramatisch schrumpfen lassen – mit all den negativen Folgen bis hin zu sozialen Unruhen.

Das war in der Asienkrise 1997/98 genauso der Fall wie in der Argentinienkrise 2001/02. In beiden Fällen kam es zu dramatischen Einbrüchen des realen Bruttoinlandsproduktes und einem sprunghaften Anstieg der Arbeitslosigkeit. Ganze Volkswirtschaften sind zusammengebrochen mit den entsprechenden sozialen Folgen.

Die Ursache des Zusammenbruchs ist in allen Fällen die gleiche: Durch die Abwertung der inländischen Aktiva, ausgelöst durch die Kapitalflucht der ausländischen Investoren, kommt es zu einer Überschuldungskrise, die wiederum über eine Einschränkung der Kredite und eine Verteuerung von Anleihen zu einem Verfall der inländischen Nachfrage, d. h. zu sinkenden Investitionen und sinkendem Konsum und damit zu einem Rückgang des Bruttoinlandsproduktes führt. Charakteristisch für derartige Finanzkrisen ist, dass sich Vermögensabwertung und Kontraktionen des inländischen Geldkreislaufs und damit der monetären Nachfrage wechselseitig verstärken. Erst nach einer enormen Vernichtung von Realkapital durch negative Nettoinvestitionen und hoher Arbeitslosigkeit läuft dieser Teufelskreis aus.

Bedeutende regionale Finanzkrisen seit 1990

Land	Zeitraum	Kreditausfälle	BIP-Wachstumsrate
Argentinien	1989–1990	27 %	– 5,7 %
Bulgarien	1996–1997	75 %	– 9,4 %
Finnland	1991–1994	13 %	– 6,3 %
Georgien	1991–1996	33 %	– 44,9 %
Indonesien	1997–1998	70 %	– 13,1 %
Kongo	1994	74 %	– 13,9 %
Korea	1997–1998	35 %	– 6,7 %
Malaysia	1997–1998	30 %	– 7,4 %
Mazedonien	1993–1994	70 %	– 7,5 %
Russland	1998–1999	40 %	– 4,9 %
Thailand	1997–1998	33 %	– 10,5 %
Ukraine	1997–1998	65 %	– 10,0 %
Uruguay	2002	25 %	– 10,8 %

(Quelle: Bundeszentrale für politische Bildung)

Seit Sommer 2007 erleben wir eine globale Finanzkrise, die ihren Ausgangspunkt im Zusammenbruch des US-amerikanischen Immobilienmarktes hatte, sich im Herbst 2008 nach dem Konkurs der Investment-Bank Lehman Brothers mit dem Untergang des alten Finanzsystems – insbesondere der Investmentbanken – zu einem globalen Tsunami ausweitete und im Frühjahr 2009 schließlich in die **schwerste Weltwirtschaftskrise seit dem Ende des Zweiten Weltkrieges** mündete, deren Ende und Nachhaltigkeit noch nicht abzusehen ist.

Die Krise hat bisher zu Abschreibungen insbesondere bei Banken von sage und schreibe 40 Billionen EUR geführt – eine Zahl mit 13 Nullen, die fast dem Wert des Bruttoinlandsproduktes eines Jahres weltweit entspricht! Hätten die Regierungen weltweit nicht über 3000 Mrd. EUR in die Banken gepumpt, um deren Kapitalbasis zu stärken, wäre es mit Sicherheit zu einem globalen Kollaps des Banken- und Finanzsystems mit unabsehbaren Folgen für die Weltwirtschaft gekommen.

Internationalisierung

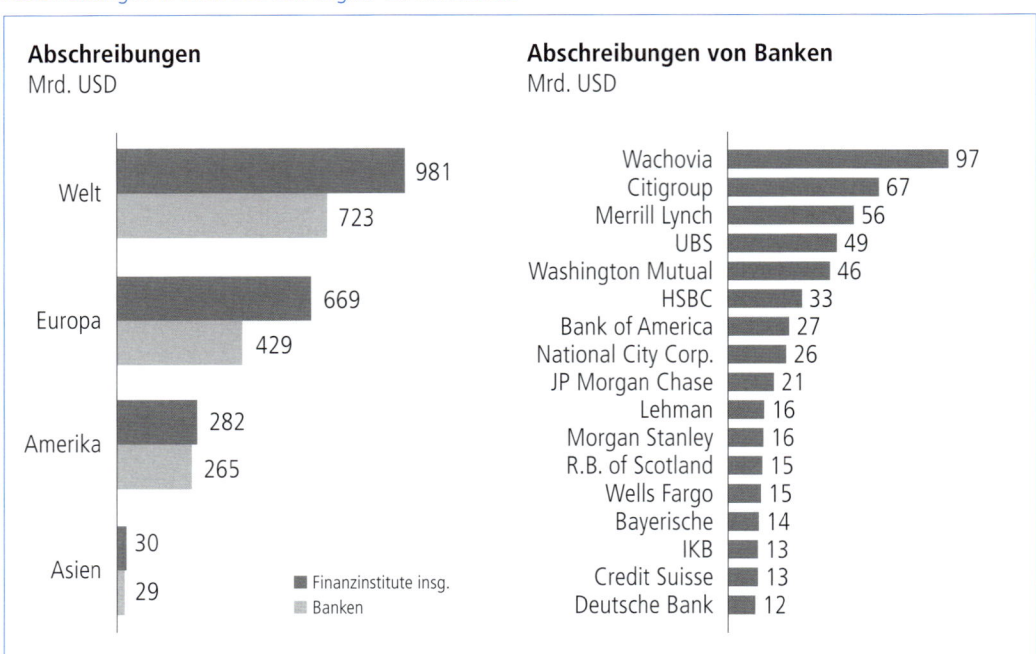

Abschreibungen in Mrd. USD seit Beginn der Finanzkrise

Abschreibungen
Mrd. USD

Region	Finanzinstitute insg.	Banken
Welt	981	723
Europa	669	429
Amerika	282	265
Asien	30	29

Abschreibungen von Banken
Mrd. USD

Bank	Mrd. USD
Wachovia	97
Citigroup	67
Merrill Lynch	56
UBS	49
Washington Mutual	46
HSBC	33
Bank of America	27
National City Corp.	26
JP Morgan Chase	21
Lehman	16
Morgan Stanley	16
R.B. of Scotland	15
Wells Fargo	15
Bayerische	14
IKB	13
Credit Suisse	13
Deutsche Bank	12

(Quelle: Deutsche Bank Research)

In Deutschland existiert seit Oktober 2008 der **Sonderfonds Finanzmarktstabilisierung**, der in Not geratene Banken retten soll und tatsächlich von nicht wenigen privaten wie öffentlich-rechtlichen Banken in Anspruch genommen werden musste. Insgesamt handelt es sich um einen Betrag von 500 Mrd. EUR.

Die **Ursachen** für die – man kann es nicht anders sagen – Katastrophe sind sicherlich vielschichtig. Sie reichen von der **zügellosen Kreditvergabe in den USA** über den **weltweiten Verkauf der damit verbundenen Risiken mit der Technik der Verbriefung** bis hin zu **unverantwortlichen Managern** und **falschen materiellen Anreiz- und Bonussystemen**.

Eine wesentliche Ursache war jedoch auch die **unzureichende Kontrolle durch adäquate Aufsichtsbehörden**. Dem globalisierten Finanzsystem fehlt schlicht eine globale Finanzaufsicht. Nationale oder supranationale Aufsichten sind längst nicht mehr angemessen angesichts der weltweiten Verflechtung von Produkten, Märkten und Finanzinstituten. Und in der Tat: Die Globalisierung der Wirtschaft war sehr eng mit der Deregulierung und der Liberalisierung von Märkten, insbesondere der Finanzmärkte, verbunden.

Theoretisch wurde dies abgedeckt durch den Siegeszug von Monetarismus und Neoliberalismus in den Wirtschaftswissenschaften in den letzten 30 Jahren. Exemplarisch hierfür ist die **Theorie „rationaler Erwartungen"**, die systematische Fehler von Individuen und Märkten nicht mehr vorsieht. Wenn alle rational handeln – so die Botschaft –, müssen auch die Ergebnisse vernünftig sein und eine Regulierung ist deshalb weitestgehend überflüssig.

Dieses Ergebnis, das eine komplette Abstinenz von Politik und Staat in der Wirtschaft impliziert, ist empirisch nicht haltbar. Weder handeln die Wirtschaftsakteure – schon gar nicht an den Finanzmärkten – durchweg rational noch sind die Märkte perfekt. Tatsächlich sind Marktversagen, aber auch menschliche Fehler an der Tagesordnung, was wiederum – gerade im risikobehafteten Finanz- und Bankensektor – politische und staatliche Eingriffe unvermeidlich macht. Die Kunst besteht offenbar darin, die **richtige Mischung zwischen Regulierung und Deregulierung** zu finden.

Politisch fand der **Deregulierungskurs der Globalisierung** die Unterstützung so prominenter und bedeutender Regierungen wie der von Reagan und Thatcher in den USA und Großbritannien in den 80er-Jahren. Bekannt geworden ist in diesem Zusammenhang der sogenannte **„Big Bang" des britischen Finanzsystems** 1986, der den Deregulierungs- und Liberalisierungsgrad auch gegenüber ausländischem Kapital deutlich erhöhte. Ähnliches hatte zuvor schon in New York stattgefunden. Schließlich wurde 1996 in den USA der sogenannte **Glass-Steagall Act aufgehoben**, der als Konsequenz aus der großen Depression von 1929 die Trennung von Investment- und Geschäftsbanken vorsah. In der Folge wuchsen beide Bankbereiche zunehmend stärker zusammen; die Geschäftsbanken drängten ins lukrative Investmentbanking und die Investmentbanken in das Firmenkundengeschäft der Geschäftsbanken.

Auch **Allfinanzinstitute** entstanden, die zudem das Versicherungsgeschäft in ihr Produktportfolio aufnahmen wie Fortis in Belgien, der Allianz und Dresdner in Deutschland und AIG in den USA. Gerade diese Geschäftsmodelle mussten große Verluste in der Finanzkrise hinnehmen.

Auf den Finanzmärkten selbst war der Ausgangspunkt der **internationalen Deregulierungswelle** das Ende des sogenannten Bretton-Woods-Weltwährungssystems Anfang der 70er-Jahre. Bretton Woods ist ein abgelegener Ort im amerikanischen Bundesstaat New Hampshire, in dem im Juli 1944 mehr als 40 Staaten drei Wochen lang über die globale Finanzordnung nach dem II. Weltkrieg diskutierten. Geladen hatte der amerikanische Finanzminister Henry Morgenthau, die britische Delegation wurde durch John Maynard Keynes, den Begründer der modernen Makroökonomik und damaligen Chef der Bank of England, geleitet.

Beschlossen wurde auf der Tagung u. a. die **Gründung des Internationalen Währungsfonds (IWF)** sowie die **Einrichtung der Weltbank**. Zudem vereinbarten die beteiligten Staaten ein starres internationales Wechselkurssystem mit dem Dollar als Mittelpunkt und Ankerwährung. Der Wert des Dollars war wiederum an Gold gebunden und die amerikanische Notenbank, Fed, verpflichtete sich, Dollars jederzeit in Gold umzutauschen.

Die fixierten Kurse allerdings hatten die jeweils nationalen Notenbanken zu verteidigen, beispielsweise die Deutsche Bundesbank, die insbesondere ab Mitte der 60er-Jahre viele Hundert Milliarden D-Mark in den Markt pumpen musste, um dem Kurs am Markt zu verteidigen, da die D-Mark praktisch ständig unter Aufwertungsdruck stand und der Dollar dementsprechend unter Abwertungsdruck.

Die fixen Wechselkurse wurden 1971 einseitig von den USA gekündigt, da eine weltweite Dollarschwemme die Inflation in den USA in unbekannte Höhen getrieben hatte und die damalige Nixon-Regierung auch nicht mehr bereit war, Dollars uneingeschränkt gegen Gold einzutauschen. Seit 1973 gelten **flexible Wechselkurse**, was wiederum für die Europäer der Anlass war, eine europäische Währungskooperation zu vereinbaren, die später in das Europäische Währungssystem mündete und heute durch eine einheitliche Währung repräsentiert wird.

Ein Ergebnis des Übergangs zu flexiblen Wechselkurs war die Notwendigkeit, Währungsrisiken abzusichern. Und tatsächlich wurde bereits 1972 ein sogenannter „currency future"-Markt an der Börse in Chicago eingerichtet. Damit war der Anfang für die Ausbreitung weiterer, komplexer Finanzprodukte geschaffen, die heute die Märkte dominieren: Futures, Options, Swaps, Derivatives bis hin zu Credit-Default-Swaps (CDS), denen eine große Bedeutung bei der Ausbreitung der gegenwärtigen Krise zukommt. Alle diese Produkte haben eine gemeinsame Charakteristik: Eine kleine ursprüngliche Position kann zu einem viel größeren Exposure werden mit den entsprechenden Risiken.

Im Resultat wurde das Bankgeschäft dementsprechend nicht nur komplexer, sondern auch deutlich größer. Beispielsweise wuchs der Anteil des Finanzsektors am Bruttoinlandsprodukt der USA zwischen 1990 und 2006 von 23 auf 31 %, in Großbritannien gab es sogar eine mehr als 10%ige Erhöhung im gleichen Zeitraum, wohingegen sich eine Steigerung um 6 % in Deutschland und Frankreich eher bescheiden ausnimmt. Es wurde bereits darauf hingewiesen, dass der Wert aller weltweiten Finanzaktiva rund dem Vierfachen des Welt-BIP entspricht. Angesichts dieser Dimensionen versteht man, welchen Einfluss Finanzmarkt- und Bankenkrisen auf die Realwirtschaft und damit Wachstum und Beschäftigung haben können.

Anteile des finanziellen Sektors am BIP in Prozent (1990–2006)

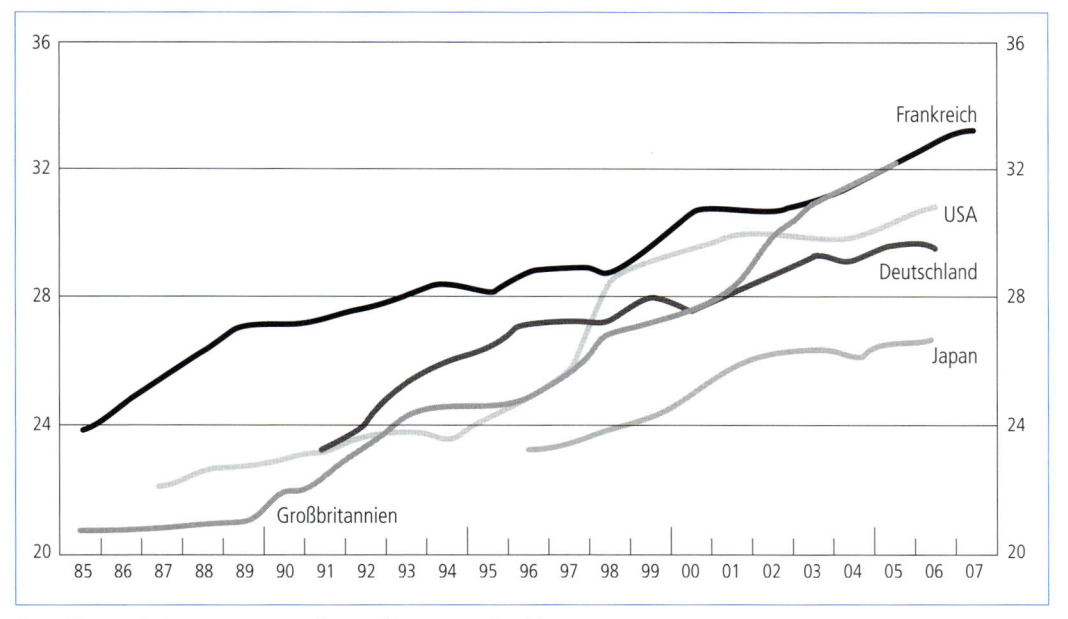

(Quelle: Bank für internationalen Zahlungsausgleich)

Mit der Technik der Verbriefung und dem Verkauf von Forderungen wurden die Risiken der Banken nicht nur über die Welt verbreitet, sondern auch die Illusion genährt, die eigenen Bücher von unangemessenen Risiken freihalten zu können, was wiederum eine sowieso schon unangemessene Kreditvergabe – insbesondere in den USA – weiter angestachelt hat. Tatsächlich bestand die Risikoabsicherung nur innerhalb des Finanzsystems, d. h. eine Bank oder Versicherung garantierte für die andere. Wenn also einer fällt, fallen alle; der klassische Dominoeffekt.

Auch schienen die Mühen und vergleichsweise geringen Margen des Einlagengeschäfts überwunden, denn mit den verbrieften Assets konnte direkt am Markt Geld für weitere Kredite eingesammelt werden. Als besonders clever galten dabei jene Institute, die Teile ihrer Aktiva an gesonderte Institute auslagerten – sogenanntes **Off-Balance-Sheet-Business** –, um Kapitalkosten zu sparen, die sich durch die Regelungen in Basel II ergaben.

Als die Krise ausbrach, mussten diese Institute wieder geschlossen werden und die ganze Wucht der toxischen Wertpapiere landete wieder in der Bilanz mit der Folge einer dramatischen Absenkung der Kapitalquote. Ein Effekt, der noch verstärkt wurde durch Bilanzregeln, die prozyklisch wirken, da sie vorsehen, dass Aktiva zu ihrem aktuellen Wert bilanziert werden müssen.

Es ist offensichtlich, dass eine solche Finanzkrise **schwerste Auswirkungen auf die Realwirtschaft** haben muss. Die Abwertung finanzieller Vermögenswerte bedeutet, dass Unternehmen und Haushalte ärmer werden, was Investitions- und Konsumausgaben bremst. Entscheidend ist aber, dass die Banken selbst angeschlagen sind und zwar so weit, dass die Kreditvergabe untereinander, aber auch an Unternehmen und Haushalte stark reduziert wurde und teilweise ganz zum Erliegen gekommen ist. Das bedeutet – um es dramatisch auszudrücken –, dass das Herz einer Volkswirtschaft zum Stillstand kommt.

Ein **Teufelskreislauf von steigender Arbeitslosigkeit und sinkenden Einkommen** entsteht. Die Wirkung der Globalisierung verkehrt sich in ihr Gegenteil. Während sich in einem weltwirtschaftlichen Aufschwung die Interdependenz der nationalen Volkswirtschaften wechselseitig positiv verstärken, ist das Gleiche nur mit umgekehrten Vorzeichen auch im Abschwung richtig.

1.6 Der G20-Gipfel: Eine neue Weltfinanzordnung

Angesichts der Dramatik der Ereignisse ist es daher nur zu begrüßen, dass die Staats- und Regierungschefs der 20 wichtigsten Länder der Erde (G20) Anfang April 2009 auf einem historischen Treffen in London energische Maßnahmen beschlossen haben, um die globalisierten Finanzmärkte zu zähmen und die Weltwirtschaft wieder anzukurbeln. Historisch ist das Treffen nicht nur wegen der beschlossenen Maßnahmen, sondern auch auf Grund der Einbeziehung der Staaten der aufstrebenden Volkswirtschaften wie China, Indien und Brasilien. Die Ära der G8-Industriestaaten neigt sich unwiderruflich dem Ende zu. Die Globalisierung der Wirtschaft hat die ganze Welt erfasst.

Die von den G-20-Staaten verabschiedete Erklärung umfasst 29 Punkte. Die wichtigsten sind:

- In der Einleitung bekennen sich die Politiker zu einer **marktwirtschaftlichen Organisation der Weltwirtschaft**: Grundlage für wachsenden Wohlstand sei „eine offene Weltwirtschaft, die auf den Prinzipien des Marktes, wirksamer Regulierung und starken globalen Institutionen beruht". Das Prinzip der sozialen Marktwirtschaft, wie wir sie in Deutschland kennen, wird betont: „Unser Ausgangspunkt ist die Überzeugung, dass das Gedeihen der Wirtschaft unteilbar ist" – also allen Mitgliedern der Gesellschaft zukommen muss.

- Zur **Konjunkturankurbelung** werden dem Internationalen Währungsfonds (IWF) und der Weltbank zusätzlich 1,1 Billionen USD zur Verfügung gestellt, die sie als Kredite vergeben können, um die Weltwirtschaft zu stabilisieren. Darüber hinaus verpflichteten sich die G20-Länder über Konjunkturprogramme bis Ende 2010 insgesamt 5 Billionen USD in ihre nationalen Wirtschaften zu pumpen. Man hofft, durch diese Maßnahmen die Weltwirtschaft aus der Rezession herauszuführen und zu einem Weltwirtschaftswachstum von 4 % zurückzukehren. Dabei wird allerdings auch nicht vergessen, den Anstieg der Staatsschulden zu begrenzen und die Inflation im Griff zu halten. Dazu sollen glaubwürdige Strategien entwickelt werden, die die derzeitigen Notmaßnahmen wieder zurücknehmen und neutralisieren.

- Die G20 kündigen eine **neue Finanzarchitektur** an, die sicherstellen soll, dass zukünftige Finanzkrisen unterbleiben. Zur Umsetzung dieses Ziels wird ein **„Financial Stability Board"** **(FSB)** geschaffen, dem Vertreter der G20 und anderer Organisationen angehören. Der FSB soll ein **Frühwarnsystem** aufbauen. Er soll alle systemisch wichtigen Finanzinstitute, -instrumente und -märkte überwachen, darunter erstmals auch große Hedge-Fonds sowie Rating-Agenturen. Allerdings ist die genaue Arbeitsteilung von FSB und nationalen Aufsichten noch nicht im Detail geklärt. Darüber hinaus soll das FSB strenge Prinzipien für die Entlohnung von Bankmitarbeitern entwickeln. Insbesondere bei Bonuszahlungen soll berücksichtigt werden, dass Risiken erst langfristig eintreten können. Auch sollen die Eigenkapitalvorschriften für Banken künftig einem „exzessiven" Einsatz von Fremdkapital vorbeugen. Schließlich wird gefordert, die Rechnungslegungsvorschriften dahin gehend zu ändern, dass sie im Konjunkturzyklus nicht mehr prozyklisch wirken wie beispielsweise die Vorschriften, Vermögenswerte nach dem aktuellen Marktwert zu bewerten. Last but not least kündigen die G20-Staaten an, gegen „nichtkooperative Jurisdiktionen, einschließlich Steueroasen" vorzugehen und beschließen: „Wir sind bereit, Sanktionen zu ergreifen, um unsere öffentlichen Finanzen und Finanzsysteme zu schützen. Die Ära des Bankgeheimnisses ist vorüber."

- Es wird grundsätzlich vereinbart, die **Kapital- und Stimmrechtsverteilung im IWF**, die bisher klar die USA und Europa bevorteilen und die sogenannten BRIC-Staaten, also Brasilien, Russland, Indien und China benachteiligen, **bis zum Jahr 2011 einer Revision zu unterziehen.** Mit einem Anteil von 17 % verfügen die USA beispielsweise über ein Vetorecht. Gemeinsam hält Europa einen Anteil von über 30 % – davon Deutschland 6 % –, während die BRIC-Staaten, die immerhin zwei Drittel zum jährlichen Weltwirtschaftswachstum beisteuern, zusammen nur auf 11 % kommen. China beispielsweise hält als drittgrößte Volkswirtschaft der Welt nur etwas mehr als 3 %.

- Was die Globalisierung der Wirtschaft betrifft, geloben die G20-Staaten, **keine protektionistischen Maßnahmen zu ergreifen** und etwaig errichtete **Handelsbarrieren wieder aufzuheben.** Ähnlich erteilen sie auch dem „Finanzprotektionismus" eine Absage, insbesondere allen Maßnahmen, die den Kapitalfluss in Entwicklungsländer hemmen. In diesem Zusammenhang soll auch versucht werden, die sogenannten Doha-Welthandelsgespräche, die eine Liberalisierung des Welthandels in Dienstleistungen vorsehen und bisher nicht erfolgreich waren, zu einem guten Abschluss zu bringen.

- Die **Finanzminister der G20** sind aufgefordert, die **Umsetzung der Beschlüsse** zur Finanzaufsicht auf einer **Konferenz im November 2009 zu überprüfen** und auch die Staatschefs der G20-Staaten wollen noch in diesem Jahr wieder zusammenkommen, um die Umsetzung aller Be-schlüsse zu prüfen.

Der Vorschlag Chinas, den Dollar als internationale Leit- und Reservewährung durch die sogenannten Sonderziehungsrechte des IWF – eine vom IFW benutzte Verrechnungseinheit, die aus einem Korb von Währungen im Wesentlichen aus Dollar, Euro und Yen besteht – mittelfristig abzulösen, wurde nicht diskutiert. Allerdings hat die Führungsrolle des Dollars gelitten, denn die Finanz- und Wirtschaftskrise hatte ihren Ausgangspunkt in den USA.

Bereits auf der Bretton-Woods-Konferenz 1944 hatte Keynes eine eigenständige internationale Leitwährung gefordert mit der Begründung, dass eine solche Währung unabhängig sein soll von der nationalen Geldpolitik. Für China steht vor allem die Sorge im Vordergrund, durch einen Wertverfall des US-Dollars hohe Verluste ihrer riesigen Investitionen in US-Staatsanleihen zu erleiden. Insgesamt hat China mit rund 2 Billionen USD die höchsten Devisenreserven der Welt weitestgehend auf Grund der hohen Exportüberschüsse.

Globale Währungsreserven und Anteile der Währungen

Globale Währungsreserven
By region ($bn)

Anteile der Währungen
in Prozent

Währung	Prozent
Dollar	38,7
Euro	27,0
Yen	8,6
Pfund	7,1
Kanadischer Dollar	2,7
Schweizer Franken	2,3
Währungen der Schwellenländer	11,2
Sonstige	2,4

Regionen: China, Anderes Asien, Schwellenländer (ohne Asien), Industrieländer

(Quelle: Financial Times und Frankfurter Allgemeine Zeitung)

Unklar ist jedoch, wie China selbst als immerhin mittlerweile drittgrößte Volkswirtschaft der Welt mit seiner eigenen Währung, dem Yuan, in Zukunft umgehen will. Bisher findet mit einem sogenannten Managing Floating, d. h. der Außenwert des Yuan wird nicht vom Devisenmarkt, sondern von der chinesischen Zentralbank festgesetzt, eine Art kontrollierte Aufwertung statt. Auch herrschen strenge Kapitalverkehrskontrollen. Will China jedoch eine größere Rolle im Weltwährungssystem spielen, muss es wohl über kurz oder lang den Wechselkurs des Yuan freigeben und auch die Kapitalverkehrskontrollen aufheben.

Sowieso erweist sich der vermeintliche Vorteil, mit einem vergleichsweise niedrigen Wechselkurs die Exporte zu stimulieren, jetzt in der Krise als Bumerang, da der inländische Konsum zu gering ist, um die wegbrechenden Exporte zu kompensieren – ein Phänomen, an dem im Übrigen auch Deutschland mit einer ähnlich hohen Exportquote und einem hohen Außenbeitrag, d. h. einer relativ hohen Differenz von Exporten minus Importen, leidet.

Schließlich kann bei einem weitgehend fixen Wechselkurs die Zentralbank nur schwer die Geldmenge kontrollieren, da sie ständig am Devisenmarkt intervenieren muss, um eine stärkere Aufwertung zu verhindern. Wir erinnern uns: Das gleiche Problem hatte Deutschland mit einer festen Bindung zum US-Dollar im Bretton-Woods-Weltwährungssystem.

Es wird spannend sein zu sehen, in welche Richtung sich das Weltwährungssystem in den kommenden Jahren entwickelt. Der G20-Gipfel war sicherlich nur ein Startpunkt für nachhaltige Veränderungen der internationalen Finanzarchitektur.

1.7 Zusammenfassung: Comeback des Protektionismus?

> Unter **Protektionismus** versteht man den Schutz der heimischen Industrie vor ausländischen Wettbewerbern mit Zöllen, Importquoten, Subventionierung, Industriepolitik, Wechselkursmanipulationen und diskriminierende Praktiken.

Die Europäische Zentralbank beispielsweise schätzt, dass bestehende protektionistische Maßnahmen das Weltinlandsprodukt um rund einen halben Prozentpunkt reduzieren – immerhin mehr als zwei Billionen EUR jährlich.

Protektionismus beeinflusst in zweierlei Hinsicht den Wohlstand negativ: Zum einen werden die Preise beispielsweise durch Zölle künstlich hochgehalten. Das reduziert offenbar die Wohlfahrt der Konsumenten und treibt die Kosten der Unternehmen. Des Weiteren wird eine effiziente Allokation der Produktionsfaktoren Arbeit und Kapital behindert und damit die internationale Arbeitsteilung, da ja der Wettbewerb für die heimische Industrie gar nicht oder nur abgeschwächt zugelassen wird. Ressourcen werden möglicherweise in international nicht wettbewerbsfähigen Industrien gebunden und im Gegenzug nicht in wettbewerbsfähige umgeleitet.

Gerade die deutsche Volkswirtschaft als nach wie vor führende Exportnation der Welt ist einer der größten Gewinner der Globalisierung und des freien Welthandels. Allein im Jahr 2008 wurden aus Deutschland Waren im Wert von fast einer Billion EUR ausgeführt – immerhin etwa die Hälfte des Bruttoinlandsproduktes. Insbesondere im Export von Autos, Maschinen und Chemieprodukten ist Deutschland seit vielen Jahren Exportweltmeister – trotz China. Insgesamt hat der Abbau des Protektionismus im Zuge der Globalisierung gute Fortschritte gemacht, wie das nachfolgende Schaubild zeigt.

Internationalisierung

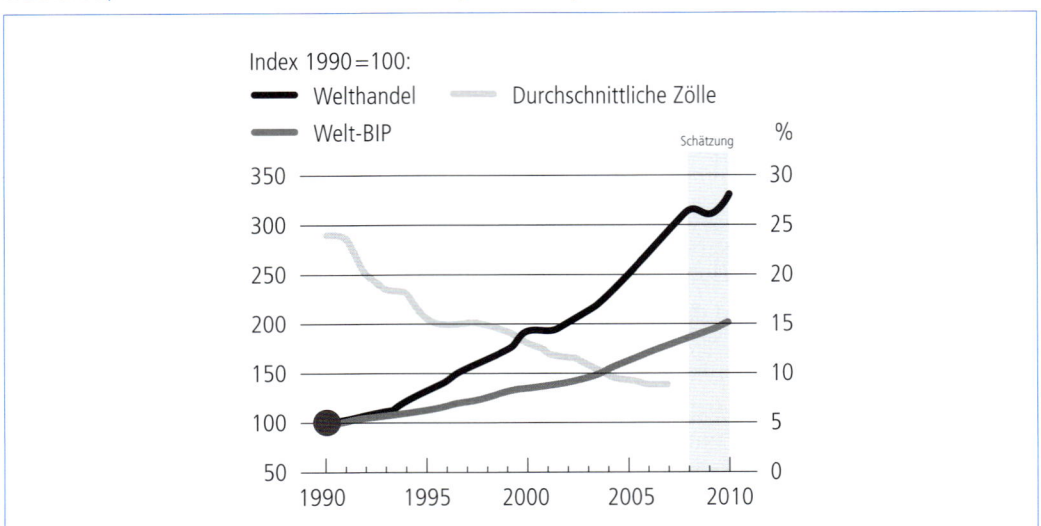

Welthandel, Welt-BIP und durchschnittliche Zölle (1990–2010)

Index 1990=100:
— Welthandel   Durchschnittliche Zölle
— Welt-BIP

(Quelle: Economist)

Umso gefährlicher ist es, dass in der gegenwärtigen Weltwirtschaftskrise die **protektionistischen Tendenzen** zunehmen. Die aktuelle Krise der Automobilindustrie ist ein warnendes Beispiel. Hier werden gegenwärtig besonders hohe Schutzwälle errichtet, wie beispielsweise das milliarden-schwere Kredithilfeprogramm der US- und der französischen Regierung oder die drastische Erhöhung der Importzölle auf ausländische Autos in Russland.

Insgesamt heizen die weltweit aufgelegten Konjunkturpakete, mit denen die Krise bekämpft werden soll, den Protektionismus an, da die nationalen Regierungen vor allem die Wirtschaftslage im Innern verbessern wollen. So berichtet die Welthandelsorganisation (WTO), die den Welthandel überwacht, in einer im Sommer 2009 veröffentlichten Dokumentation von 83 protektionistischen Maßnahmen weltweit seit Jahresbeginn; eine außergewöhnlich hohe Zahl nach Jahren des Abbaus weltweiter Handelsschranken.

Aber auch schon vor der Krise wurde insbesondere der Fluss von Direktinvestitionen behindert. So hat beispielsweise die französische Regierung im Frühjahr 2006 eine Fusion von Suez und Gaz de France zu einem der größten Energieversorger der Welt eingefädelt, ganz offenbar um eine feindliche Übernahme durch den spanischen Versorger Suez zu verhindern. Auch der Griff der spanischen Regierung in die juristische Trickkiste im Jahr 2006, um den Energiekonzern Endesa vor der Übernahme von Eon zu retten, zeigt, dass trotz des gemeinsamen Binnenmarkes nationale Interessen nach wie vor im Vordergrund stehen.

Selbstverständlich existieren protektionistische und merkantilistische Tendenzen auch jenseits des großen Teichs. So hat die amerikanische Regierung 2007 die Übernahme von Unocal, einem

US-amerikanischen Ölkonzern, durch China National Offshore Oil Ltd., eine Tochter des drittgrößten chinesischen Ölkonzerns, verhindert und stattdessen einem inneramerikanischen Merger mit Chevron Corp. den Weg gebahnt.

Die zu beobachtende **Mobilisierung des Nationalstaates durch die Politik** ist umso erstaunlicher, als die Schaffung supranationaler Volkswirtschaften im Sinne eines gemeinsamen Marktes, wie beispielsweise die EU oder der Zusammenschluss der Vereinigten Staaten, Kanadas und Mexikos zur nordamerikanischen Freihandelszone NAFTA, schon eine wirtschaftspolitische Antwort auf den verschärften internationalen Wettbewerb in Zeiten der Globalisierung darstellte. Durch die Vergrößerung des eigenen Marktes – so die Idee – sollte die Abhängigkeit vom Weltmarkt und damit den Gesetzmäßigkeiten und dem Wettbewerbsdruck der Globalisierung gemindert werden.

Tatsächlich kann dieser Ansatz heute als gescheitert angesehen werden. Mit voller Wucht trifft die grenzüberschreitende Logik des Business auf den Gestaltungswillen der Politik, die nach wie vor nur national legitimiert ist und für die das Arbeitsplatzargument entscheidend für ihre Wiederwahl ist, völlig unabhängig vom Wahrheitsgehalt des Arguments. Insofern haben supranationale Wirtschaftseinheiten wie die EU und die NAFTA – sowie mittlerweile auch ASEAN in Asien und Mercosur in Lateinamerika – nur dann noch gute Erfolgsaussichten, wenn sie die Wettbewerbsfähigkeit der beteiligten nationalen Volkswirtschaften erhöhen und ihre Wirtschaftspolitik vereinheitlichen.

Ein weiteres Beispiel für die stockende Liberalisierung des Welthandels ist die kürzlich gescheiterte sogenannte **Doha-Runde**. Im Kern ging es bei den Verhandlungen darum, dass die Industriestaaten, insbesondere die USA und die EU, ihre Subventionen an ihren Agrarsektoren senken, damit Länder der Dritten Welt eine höhere Chance auf Agrarexporte in die Industriestaaten haben. Umgekehrt sollten die Länder der Dritten Welt ihre Grenzen stärker für Dienstleistungen der Industriestaaten öffnen. Insbesondere der Konflikt zwischen den USA und der EU über die Höhe der jeweiligen Subventionskürzungen haben letztlich einen Kompromiss verhindert. In beiden Regionen ist die Lobby der heimischen Landwirtschaft stark ausgeprägt. Mittlerweile wird sogar von einem Agrarsubventionskartell gesprochen.

Ob das Scheitern der Doha-Runde dauerhaft ist und ob negative Auswirkungen auf den Welthandel und damit die Globalisierung folgen, bleibt abzuwarten. Es steht zu erwarten, dass nun die relevanten Handelsblöcke eine Art Flucht nach vorne antreten und den Anschluss von bilateralen und regionalen Handelsabkommen – statt eben der globalen der WTO – forcieren werden. Der Nachteil solcher bilateraler Handelsblöcke liegt auf der Hand: Ausgeschlossen bleiben Dritte, sodass die Wohlstandseffekte des Freihandels nur beschränkt wirksam werden.

Hoffnung macht die Erklärung des G20-Gipfels, die Doha-Runde doch noch zum Erfolg zu führen. Der Gipfel hat bei dieser Entscheidung sicherlich auch die Fehler der ersten Weltwirtschaftskrise 1929/30 im Auge gehabt, in der jede Nation ihr Glück auf eigene Faust versuchte und der Welthandel dramatisch einbrach, mit den bekannten Folgen.

Welthandelsvolumen 1998–2009

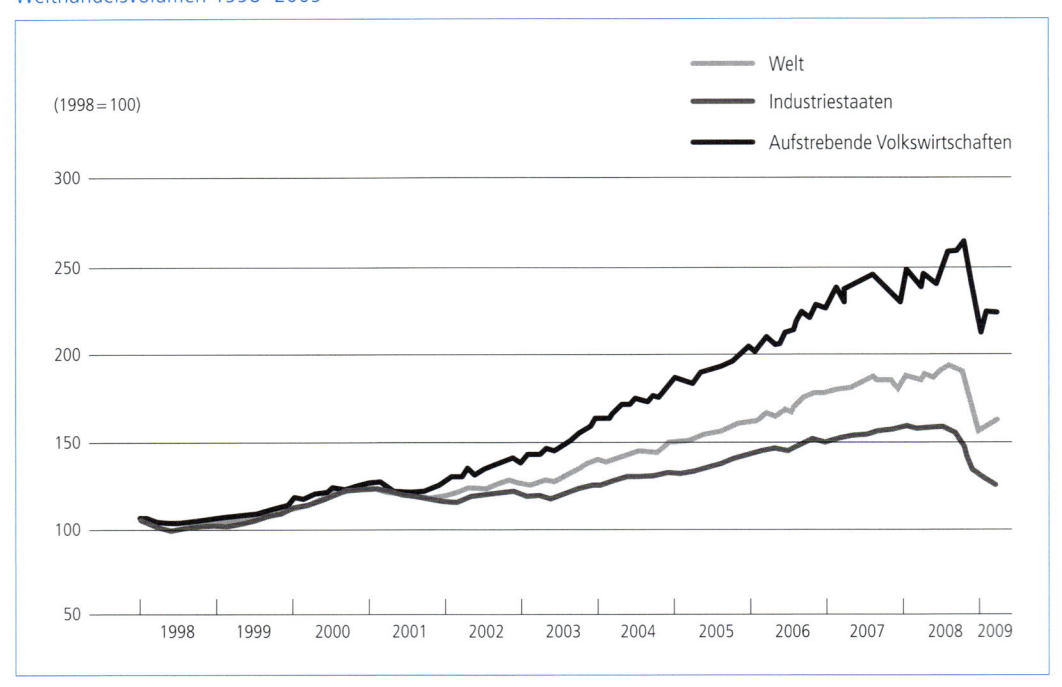

(Quelle: Financial Times)

1.8 Literatur

Berger, J. (2005): Nimmt die Einkommensungleichheit weltweit zu?, in: Leviathan. Berliner Zeitschrift für Sozialwissenschaft, Heft 4.

Berger, S. (2005): How we Compete, MIT, Boston.

Deutsche Bank Research (Hrsg.) (2007): Globalisierung und Verteilung.

Deutsche Bundesbank (Hrsg.) (2006): Deutschland im Globalisierungsprozess, Monatsbericht Dezember 2006.

Economist (Hrsg.) (2008): A bigger world, A special report on globalization, September 2008.

Europäische Zentralbank (Hrsg.) (2009): Beurteilung globaler Protektionismusbestrebungen, in: Monatsbericht Februar, S. 80–106.

Giersch, H. (2001): Abschied von der Nationalökonomie, Frankfurt.

G20 (2009): London Summit – Leaders' Statement, London, 02.04.2009.

Klöpfer, I. (2009): Das Ende der Offenheit – der Welthandel ist in Gefahr, in: Frankfurter Allgemeine Zeitung, 01.02.2009.

Löchel, H. (2009): Praxiswissen Volkswirtschaft in Banking & Finance, 3. Aufl. Frankfurt am Main.

Soros, G. (2004): Der Globalisierungsreport, Hamburg.

Spiegel Spezial (Hrsg.) (2008): Wie die deutsche Wirtschaft durch die Globalisierung gewinnt, in: No. 5, Hamburg.

Stieglitz, J. (2003): Die Schatten der Globalisierung, München.

Weizsäcker von, C. Ch. (2004): Logik der Globalisierung, Göttingen.

Wolf, M. (2009): Future of Capitalism – Seeds of its own destruction, in: Financial Times, 09.03.2009, S. 7.

2 Die Struktur der Weltwirtschaft

Marc Piazolo

Die internationale Arbeitsteilung schreitet aufgrund von Liberalisierung, Deregulierung und Privatisierung sowie der technologischen Entwicklung vor allem im IT- und Logistikbereich immer rascher voran. Ihr Ursprung liegt jedoch im Austausch von Waren und der Wanderung der Produktionsfaktoren Arbeit und Kapital. Die internationale Arbeitsteilung verbessert die Allokation der weltweiten Ressourcen und trägt dadurch maßgeblich zur Steigerung der Wohlfahrt der Nationen bei. Die Empirie stützt somit die theoretische Fundierung des Postulats vom **„Freihandel"** *(David Ricardo 1817)*. Das Maß der Integration in die Weltwirtschaft bestimmt wiederum die positive Entwicklung, die die einzelnen Volkswirtschaften während der letzten Jahrhunderte für sich generieren konnten. Trotzdem bleibt das Weltsozialprodukt weiterhin auf einige wenige Länder konzentriert. Mehrere der sieben größten Volkswirtschaften tauschten jedoch innerhalb des Zeitraumes 1820–2008 ihre Position.

Bedeutung der sieben größten Volkswirtschaften

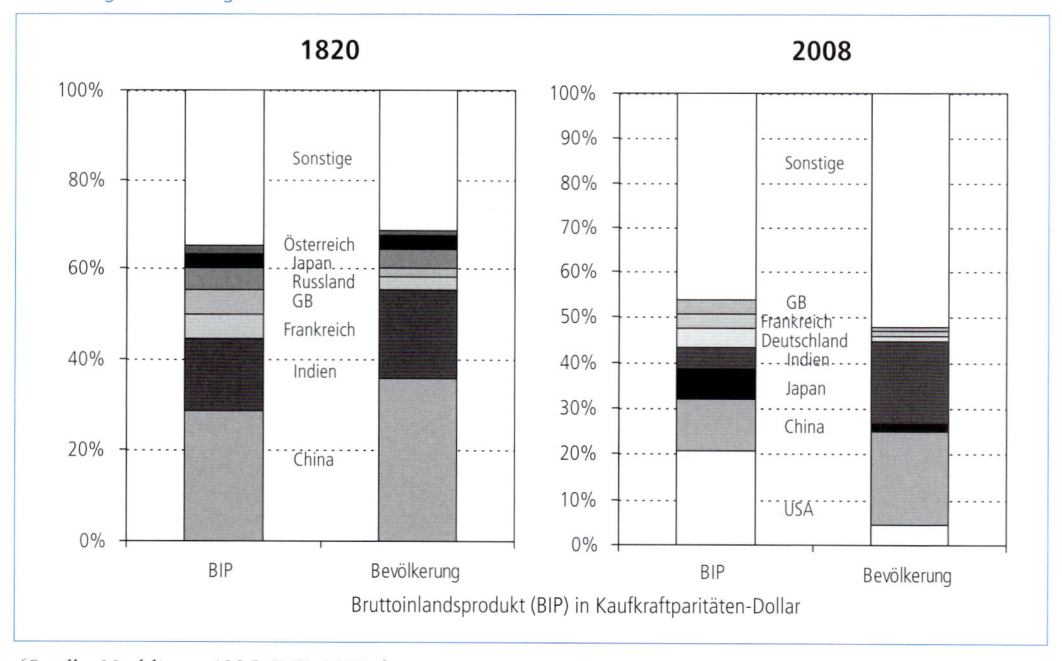

(Quelle: Maddison, 1995; IMF, 2009a)

Das ehemalige Schwellenland USA ist heute die mit Abstand dominierende Volkswirtschaft. Währenddessen verloren die heutigen Entwicklungsländer China und Indien sowie das Transformationsland Russland an Bedeutung. Die Wirtschaftswunderländer Japan und Deutschland holten bis Ende des letzten Jahrhunderts kräftig auf; wobei die Verteilung des Wohlstandes pro Kopf heute jedoch deutlich ungleicher ist als noch vor 200 Jahren. Die sieben größten Volkswirtschaften vereinten 2008 nur noch 48 % der Weltbevölkerung auf sich, im Jahre 1820 waren es knapp 70 %.

Während der letzten zwei Jahrzehnte expandierte das reale **Weltsozialprodukt** jährlich um etwa 3,1 %. Es verdoppelte sich damit fast alle 20 Jahre – so auch von 1989 bis 2008 auf 60.700 Mrd. US-Dollar. Doch schon der wesentlich langfristigere Vergleich verdeutlicht, dass einzelne Volkswirtschaften oder Regionen im Zeitablauf ganz unterschiedliche Entwicklungen nehmen können. Welches waren die auf- bzw. absteigenden Nationen in den letzten Jahrzehnten? Grundsätzlich müssten Entwicklungsländer aufgrund des statistischen Basiseffektes ihrer geringeren Wirtschaftsleistung gegenüber den Industrieländern deutlich höhere Wachstumsraten aufweisen. Dies gelang jedoch mit jährlich über 7 % (1980–2008) – trotz der Asienkrise – nur dem asiatischen Wirtschaftsraum. Für Afrika und Lateinamerika waren zumindest die 80er Jahre aufgrund der Verschuldungskrisen ein verlorenes Jahrzehnt. Auch unter den Industrieländern haben sich die Akzente verschoben. Nach dem Platzen der Immobilien- und Aktienblase Anfang der neunziger Jahre hinkt Japan den USA und Europa hinterher. Im Gegensatz dazu verzeichnete die amerikanische Volkswirtschaft bis März 2001 die längste Expansion des letzten Jahrhunderts und bewahrte die Weltwirtschaft im Herbst 1998 (Zusammenbruch des LTCM-Hedgefonds und Russlandkrise) vor einer Rezession.

Zwischen 2003 und 2007 zog das US-Wachstum wieder deutlich an. Da sich gleichzeitig Europa und Japan erholten sowie die asiatischen Schwellenländer neue Wachstumsrekorde setzten, expandierte die Weltwirtschaft mit über 5 % pro Jahr. Im Herbst 2007 brach in den USA eine Finanzmarktkrise (Subprime-Krise) aus. Sie führte zu einem rapiden Verfall von Vermögenswerten (Immobilien, Aktien) bei gleichzeitigem Anwachsen von Unsicherheit über das Verhalten der Geschäftspartner (Banken). Aufgrund der starken Vernetzung der Finanzmärkte weitete sich diese Finanzkrise zu einer weltweiten Wirtschaftskrise aus, die im Jahre 2009 die Weltwirtschaft zum ersten Mal seit vielen Jahrzehnten wieder schrumpfen lässt. Mit außergewöhnlich großen Konjunkturprogrammen und staatlichen Stützungspaketen für den Bankensektor (bis hin zur Verstaatlichung stark betroffener Finanzinstitute) wollen die Regierungen die realwirtschaftlichen Folgen der Krise eindämmen und ihre Volkswirtschaften wieder auf Wachstumskurs trimmen. Die wichtigsten Zentralbanken begleiten diese expansive Fiskalpolitik durch eine ebenso ungewohnte Bereitstellung an Liquiditätsspritzen – die Leitzinsen tendieren Mitte 2009 gegen Null. Der rapide Preisverfall an den Rohstoffmärkten (seit Mitte 2008) mindert zumindest kurzfristig die Inflationsrisiken. Mitte 2009 überwiegen daher für die USA und Japan eher die Gefahren von deflationären Tendenzen.

Weltwirtschaft und Welthandel 1980–2010
(jährliches Wachstum in Prozent)

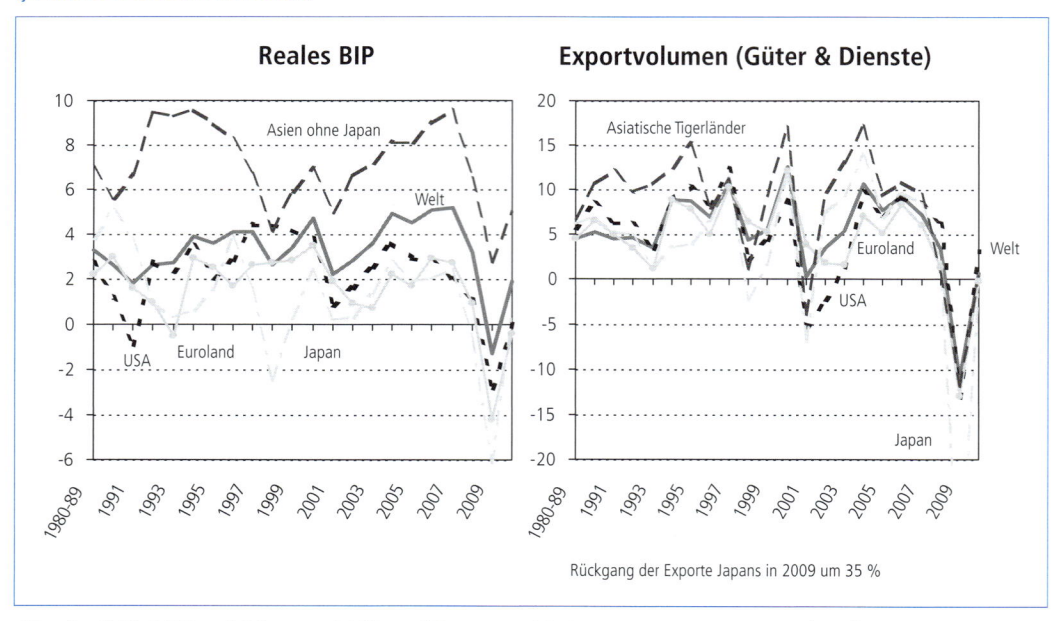

Reales BIP — Asien ohne Japan, Welt, USA, Euroland, Japan

Exportvolumen (Güter & Dienste) — Asiatische Tigerländer, Euroland, Welt, USA, Japan

Rückgang der Exporte Japans in 2009 um 35 %

(Quelle: IMF, 2009a; Schätzung 2009 und Prognose 2010; vor 1999 EU statt Euroland)

Das Wachstum des **Welthandels** von Gütern und Dienstleistungen lag innerhalb der letzten 50 Jahre bei jährlich etwa 6 % und damit deutlich über demjenigen des Sozialproduktes. Im Gegensatz zu den Konjunkturzyklen der verschiedenen Wirtschaftsräume verlief das Wachstum des Außenhandels regional sehr gleichläufig. Die hohen Steigerungsraten der Güterexporte bildeten eine wesentliche Stütze des „asiatischen Wirtschaftswunders"; Gleiches gilt für die exportgetriebene Erholung der europäischen Volkswirtschaften in den neunziger Jahren. Die Rezession in den wichtigsten Industrieländern im Jahre 2001 löste eine Kontraktion des Welthandels aus. Ab 2003 hat der Außenhandel wieder deutlich an Fahrt gewonnen. Jedoch dürfte der Außenhandel von Gütern und Dienstleistungen 2009 aufgrund der realwirtschaftlichen Einbrüche durch die Finanzkrise um mehr als 10 % gegenüber dem Vorjahr zurückgehen. Hiervon sind besonders Exportnationen wie Deutschland und Rohstoffexporteure wie die OPEC-Länder betroffen. Werfen wir als nächstes einen genaueren Blick auf die wirtschaftliche Bedeutung einzelner Volkswirtschaften und deren Wohlstandniveaus.

Weltsozialprodukt und Pro-Kopf-Einkommen 2006
(in Prozent und in US-Dollar)

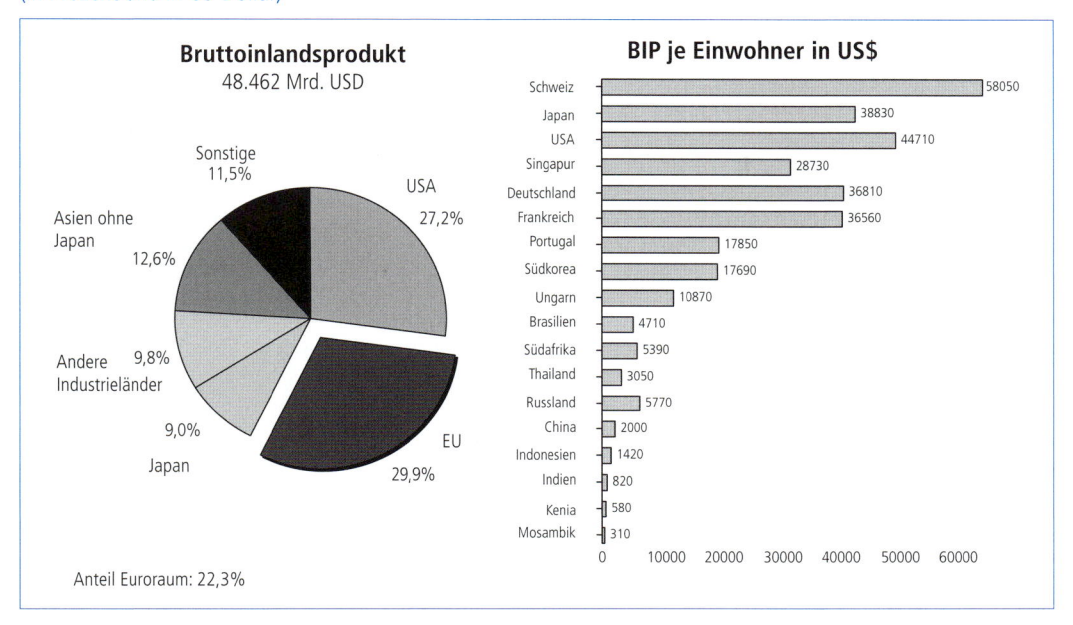

Bruttoinlandsprodukt – 48.462 Mrd. USD
- USA: 27,2%
- EU: 29,9%
- Japan: 9,0%
- Andere Industrieländer: 9,8%
- Asien ohne Japan: 12,6%
- Sonstige: 11,5%
- Anteil Euroraum: 22,3%

BIP je Einwohner in US$
- Schweiz: 58050
- Japan: 38830
- USA: 44710
- Singapur: 28730
- Deutschland: 36810
- Frankreich: 36560
- Portugal: 17850
- Südkorea: 17690
- Ungarn: 10870
- Brasilien: 4710
- Südafrika: 5390
- Thailand: 3050
- Russland: 5770
- China: 2000
- Indonesien: 1420
- Indien: 820
- Kenia: 580
- Mosambik: 310

(Quelle: Weltbank, 2008)

Seit mehreren Jahrzehnten dominieren drei Wirtschaftsräume die Weltwirtschaft: die Europäische Union, die USA und Japan. In dieser Triade werden zwei Drittel des Weltsozialproduktes erwirtschaftet. Berücksichtigen wir noch die übrigen Industrieländer, dann entfallen auf diese Ländergruppe, deren Mitglieder inzwischen aufgrund ihrer sektoralen Wertschöpfung eigentlich als Dienstleistungsgesellschaften zu bezeichnen sind, rund drei Viertel der Weltproduktion. Der aufstrebende asiatische Raum vereint weniger als 15 % der Wirtschaftskraft auf sich. Gleichzeitig repräsentiert die Triade gerade mal 13 Prozent der Weltbevölkerung. Folglich fällt die Wohlstandsdiskrepanz – gemessen am Pro-Kopf-Einkommen – noch krasser aus. Die Spannweite reichte 2006 von der Schweiz (58.050 US-Dollar) über Japan (38.630 US-Dollar), die USA (44.710 US-Dollar), Deutschland (36.810 US-Dollar), zu China (2.000 US-Dollar) oder Indien (820 US-Dollar). Selbst bei Berücksichtigung der unterschiedlichen Kaufkraft von Land zu Land verringert sich die ungleiche Wohlstandsverteilung nur geringfügig. Deutschland bleibt mit 32.680 in Kaufkraftparitäten-Dollar pro Kopf weltweit auf der 32. Position. Währenddessen wächst das chinesische Pro-Kopf-Einkommen in Kaufkraftparitätendollar auf 4.660 KKP-Dollar (133. Position) an. Zusätzlich ist zu berücksichtigen, dass es sich hierbei um landesspezifische Durchschnittswerte handelt. Zwar ist die Einkommensverteilung in den USA wesentlich ungleicher als in der Bundesrepublik. Doch sind auch bei uns die Unterschiede erheblich: Westdeutsche sind um fast ein Drittel reicher als Ostdeutsche. Gleichzeitig unterscheidet sich das Einkommen je nach Berufsgruppe ganz erheblich: So liegt das durchschnittliche Monatseinkommen der Selbstständigen mit 3.000 EUR (2003) doppelt so hoch wie dasjenige eines Arbeiters (ZEW 2008). Die große Osterweiterung der

EU hat das durchschnittliche Pro-Kopf-Einkommen in der Union deutlich gesenkt – obwohl aufgrund der positiven Integrationseffekte die landesspezifischen Wohlstandsniveaus voraussichtlich in allen Mitgliedsstaaten (neu und alt) anziehen werden.

Leider lassen Finanz- und Wirtschaftskrisen den über Jahrzehnte erarbeiteten Wohlstand auch innerhalb kürzester Zeit zusammenbrechen. So halbierte sich das indonesische Pro-Kopf-Einkommen aufgrund des Absturzes der Rupiah und der Rezession 1998. Noch heftiger traf es Argentinien 2002: Der Wohlstand in US-Dollar gemessen sank auf nicht einmal zwei Drittel des Vorjahres. Von dieser Finanz- und Wirtschaftskrise (Zusammenbruch des Währungssystems Currency Board) erholte sich Argentinien relativ rasch: Zwischen 2003 und 2008 expandierte das reale BIP mit 8 % pro Jahr. Zudem konnte das Land im Juni 2005 einen Forderungsverzicht seiner Gläubiger erzwingen, der die Auslandsverbindlichkeiten Argentiniens fast halbierte. Der Einbruch der weltwirtschaftlichen Nachfrage wird das Land 2009 jedoch wieder in eine moderate Rezession führen.

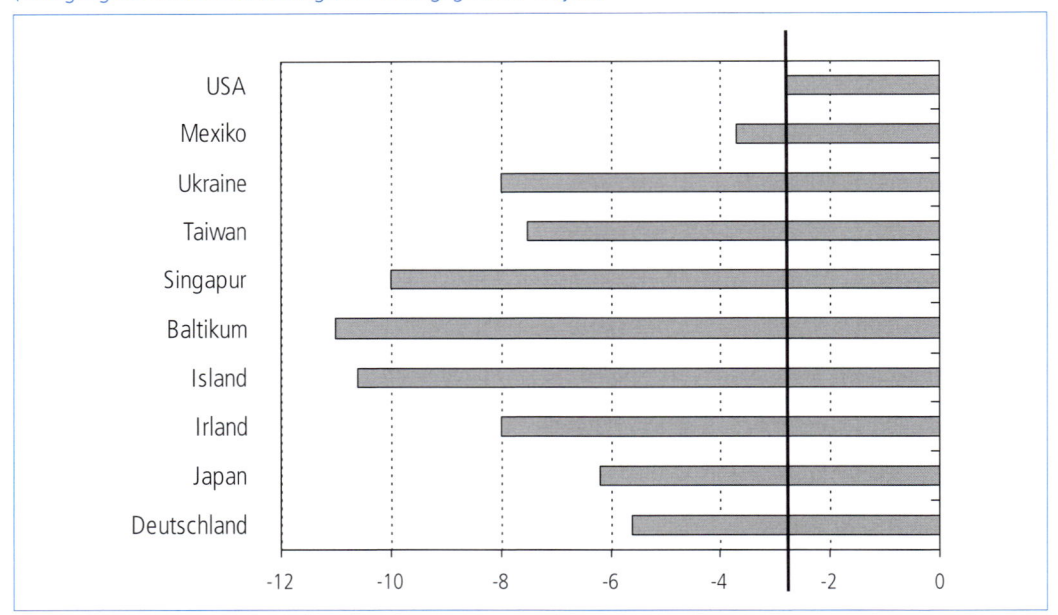

Realwirtschaftliche Auswirkungen der Finanzmarktkrise in 2009
(Rückgang der Wirtschaftsleistung in Prozent gegenüber Vorjahr)

(Quelle: IMF, 2009a)

Die Finanzmarktkrise 2007–2009 trifft die Bevölkerung des Epizentrums USA 2009 mit einem Rückgang des realen BIP um knapp 3 % noch relativ moderat. Exportabhängige Länder, wie Deutschland und Japan, sind mit –6 % härter getroffen – für kleine, offene Volkswirtschaften wie Taiwan und Singapur gilt dies erst recht. Besonders heftig ist der Einbruch bei Ländern, deren Finanzsystem eng mit demjenigen der USA oder Großbritanniens (Blase auf den Immobilienmärkten) verwoben ist, wie Irland und Island. In ähnlicher Weise trifft es Länder wie das Baltikum, deren wirtschaftliche Entwicklung in den letzten Jahren besonders stark vom Zufluss ausländischen Kapitals getragen wurde.

Welthandel (2007) und Exportorientierung (2006)

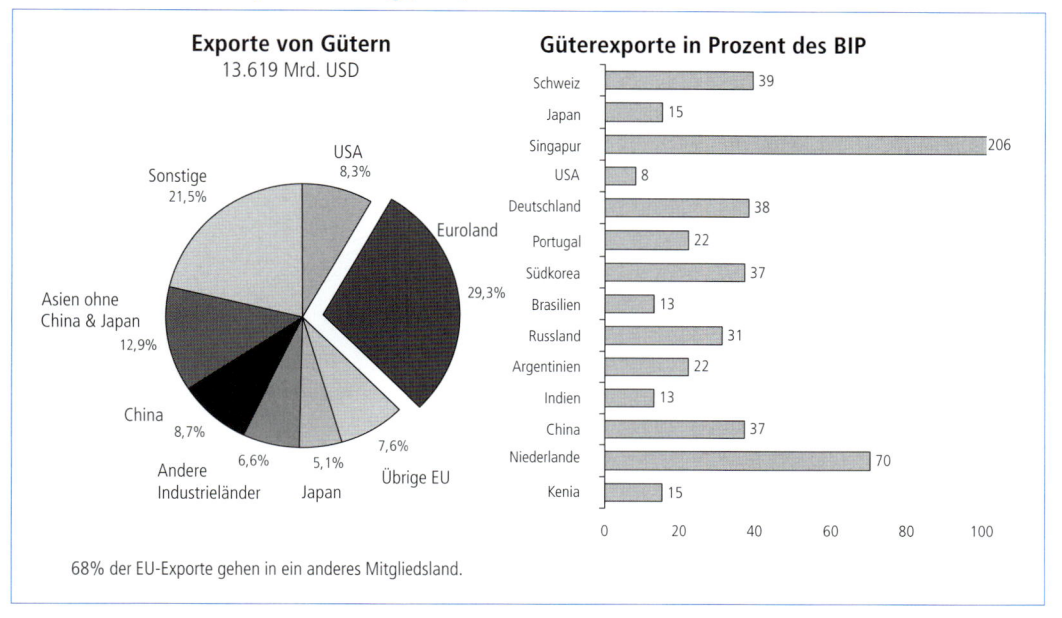

Exporte von Gütern
13.619 Mrd. USD

- USA 8,3%
- Sonstige 21,5%
- Euroland 29,3%
- Asien ohne China & Japan 12,9%
- China 8,7%
- Andere Industrieländer 6,6%
- Japan 5,1%
- Übrige EU 7,6%

68% der EU-Exporte gehen in ein anderes Mitgliedsland.

Güterexporte in Prozent des BIP

Land	%
Schweiz	39
Japan	15
Singapur	206
USA	8
Deutschland	38
Portugal	22
Südkorea	37
Brasilien	13
Russland	31
Argentinien	22
Indien	13
China	37
Niederlande	70
Kenia	15

(Quelle: WTO, 2008; Weltbank, 2008)

Der Außenhandel entfällt zu knapp 60 % auf die Industrieländer, wobei allein die Europäische Union knapp 37 % des Warenhandels umsetzt. Deutschland war 2003–2007 mit einem Anteil von 10 % knapp vor den USA und China die größte Exportnation der Welt. Seit Anfang der achtziger Jahre kam es aufgrund der steigenden Exportorientierung asiatischer Länder anteilsmäßig eigentlich nur zu Verschiebungen innerhalb der Entwicklungs- und Schwellenländer. Bis 2007 hatte Asien seinen Handelsanteil mehr als verdoppelt, während Lateinamerika, Osteuropa und Afrika stark an Gewicht verloren. Mit rund 3 % hat sich das rohstoffreiche Afrika faktisch aus dem Welthandel ausgeklinkt. Nur die Reintegration in die Weltwirtschaft verspricht für den schwarzen Kontinent noch Hoffnung auf Wohlstandsteigerung. Der Großteil des Welthandels findet zwischen Industrienationen und innerhalb gleicher Regionen statt. So liegt der Anteil der Exporte innerhalb der EU bei rund 50 % (2007) der Gesamtexporte, innerhalb der NAFTA immerhin schon bei fast 70 %, während bei den ASEAN-Staaten nur ein Viertel und bei den südamerikanischen MERCOSUR gerade mal ein Siebtel der Exporte in die eigenen Mitgliedsländer fließen.

Struktur des Welthandels von Gütern und Dienstleistungen
(Exportvolumen 1980 und 2007)

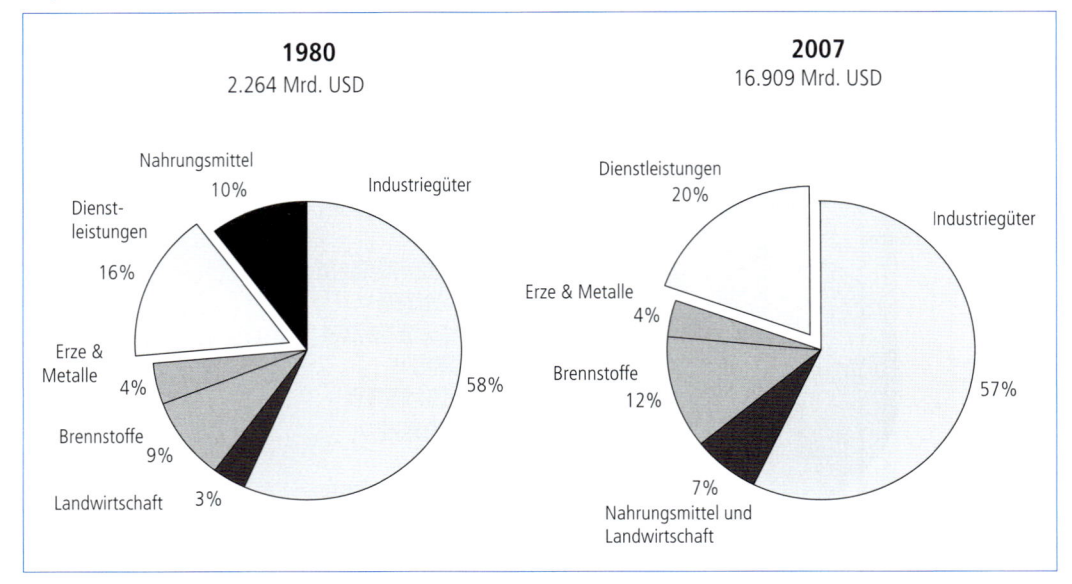

1980 – 2.264 Mrd. USD
- Industriegüter 58%
- Dienstleistungen 16%
- Nahrungsmittel 10%
- Brennstoffe 9%
- Erze & Metalle 4%
- Landwirtschaft 3%

2007 – 16.909 Mrd. USD
- Industriegüter 57%
- Dienstleistungen 20%
- Brennstoffe 12%
- Nahrungsmittel und Landwirtschaft 7%
- Erze & Metalle 4%

(Quelle: Weltbank, 2002; WTO, 2008)

Gleichzeitig besteht der Welthandel der Struktur nach überwiegend aus intra-industriellem Handel und nicht aus dem Austausch von Rohstoffen gegen Industriegüter. Damit profitieren an der Expansion des Welthandels vor allem diejenigen Länder, die verarbeitete Güter und Dienstleistungen exportieren. Die Anteile von Nahrungsmitteln, Rohstoffen und Energieträgern nahm in den letzten zwanzig Jahren merklich ab. Die Triebkräfte der raschen Expansion des Außenhandels bilden sowohl die multilaterale Handelsliberalisierung über die Welthandelsabkommen (WTO – aktuell: Doha-Runde) als auch der Aufbau regionaler Freihandelsblöcke. Letztere müssen der weltweiten Liberalisierung nicht im Wege stehen.

Die Bedeutung des Außenhandels für einzelne Volkswirtschaften ist höchst unterschiedlich. Während die größte Wirtschaftsmacht USA nur eine Exportquote – Güter – von 8 % des BIP erreicht, liegt sie für die Niederlande bei 70 % und für Singapur bei 206 % (2007). Diese Relationen unterstreichen die erwartet höhere Außenhandelsabhängigkeit kleinerer Volkswirtschaften. Nur die inländische Wertschöpfung wird bei der Berechnung des Bruttoinlandsprodukts berücksichtigt. Unternehmen in offenen Volkswirtschaften spezialisieren sich, um im internationalen Wettbewerb konkurrenzfähig zu bleiben. Dies bedeutet häufig, dass Importanteile ihrer Inputfaktoren u. U. sehr hoch sind und der Anteil der inländischen Wertschöpfung am Wert der Exporte relativ gering ausfällt. Beispielsweise verfügen Singapur und die Niederlande über große Raffinerien; die Unternehmen kaufen Rohöl ein, verarbeiten dies weiter und exportieren chemische Grundstoffe und Benzin ins nahe Ausland. Folglich liegen sowohl die Export- als auch die Importquote dieser beiden kleinen Volkswirtschaften im internationalen Vergleich sehr hoch. Selbst die EU ist bereinigt um den intra-regionalen Handel mit einer Exportquote von knapp 12 % deutlich außenorientierter als die USA oder Japan. Als drittgrößte Volkswirtschaft ist Deutschland mit einer Exportquote von 38 % außenhandelsabhängiger als das kleinere Großbritannien, Italien oder Frankreich. Die deutschen Unternehmen profitieren somit relativ stärker von der Liberalisierung des Welthandels sowie vom Wachstum des EU-Binnenmarktes.

Drei Viertel des **deutschen Außenhandels (2008)** finden mit europäischen Staaten statt, davon sind die (mittel)osteuropäischen Länder mit 15 % (2008) des Gesamthandels schon bedeutender als einerseits alle Entwicklungsländer und andererseits die außereuropäischen Industrieländer. Da einige osteuropäische Länder ihre Währung an den Euro gekoppelt haben, können wir festhalten, dass rund 50 % des deutschen Warenverkehrs heute schon keinen direkten Währungsrisiken ausgesetzt ist. Dadurch erklärte sich u. a. das starke Interesse der deutschen Politik am EU-Beitritt des **handelspolitischen Hinterlandes** Deutschlands.

Der langfristige Zusammenhang zwischen der wirtschaftlichen Entwicklung und der Integration eines Landes in die Weltwirtschaft lässt sich anhand von Regressionsanalysen empirisch belegen.

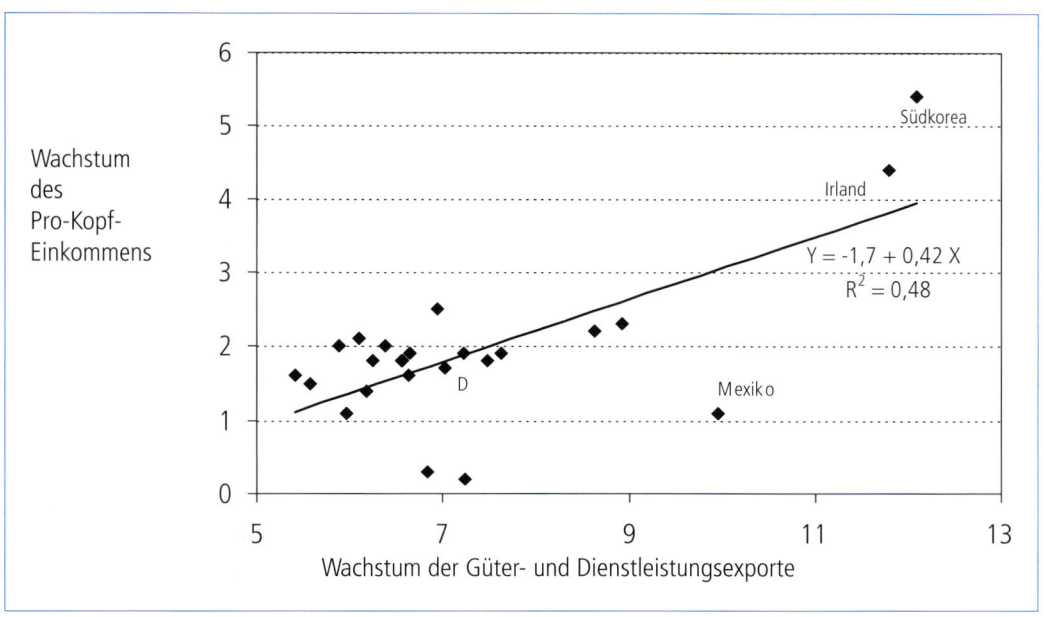

Wachstum des Pro-Kopf-BIP und der Exporte 1980–2006
(Jahresdurchschnittswerte von 24 OECD-Ländern)

(Quelle: eigene Berechnung mit Daten aus der OECD-Datenbank, 2009)

Begründet wird dieser Zusammenhang anhand der **Export-led-Growth-These:**

1. Exporte erwirtschaften **Devisen**, mit deren Hilfe wiederum das Importvolumen gesteigert werden kann. Dies ist insbesondere für Entwicklungsländer wichtig, die auf die Einfuhr von Kapitalgütern wie Maschinen und Technologie angewiesen sind.

2. Mit der Produktion von Exportgütern werden Investitionen in den effizientesten Branchen getätigt. Dies führt zu einer **Allokation der Ressourcen** gemäß der internationalen komparativen Vorteile eines Landes und steigert die Produktivität einer Volkswirtschaft.

3. Unternehmen in Ländern mit (relativ) kleinen Binnenmärkten kommen nur in den Genuss von **Skalenerträgen**, wenn sie für den Weltmarkt produzieren. Skalenerträge betonen die Vorteile für das Produktivitätswachstum, die über die Ausweitung der Produktion und der damit verbundenen Reduzierung der Grenzkosten erreicht werden.

4. Die Exportunternehmen sind auf ihren internationalen Absatzmärkten einem verstärkten **Wettbewerbsdruck** ausgesetzt. Die Unternehmen sind angehalten, ihre Kosten über die Steigerung der Produktionseffizienz zu verringern und gegenüber Produkt- sowie Prozessinnovationen offen zu sein.

5. Aufgrund von **Exportexternalitäten** kommt es zu positiven **Spillover-Effekten** auf die Arbeitsproduktivität. Hierunter verstehen wir Anregungen und Wünsche zur Produktverbesserung, -gestaltung oder -entwicklung, die von Auslandskunden an den inländischen Hersteller über seine Vertriebsorganisation herangetragen werden. So erscheint es plausibel, dass der ausländische Beitrag zur Steigerung des inländischen Bildungsniveaus positiv mit der Anzahl der kommerziellen Beziehungen zwischen In- und Ausländern korreliert ist. Diese Kontakte fördern den Austausch von Informationen und tragen dazu bei, dass neue Problemlösungen erschlossen werden.

Weitere Bestimmungsgründe des Wachstums einer Volkswirtschaft sind die Ausstattung mit Sach- und Humankapital (Investitionen, Infrastruktur, Arbeitskräfte, Bildungsniveau), die Außenhandelspolitik (Protektion vs. Freihandel), die Inflation, der Haushaltssaldo sowie die politische Stabilität. Die Investitionstätigkeit spielt hierbei eine zentrale Rolle. Gerade die Länder der asiatischen **Wachstumsregion** verzeichnen mit über 35 % am BIP (2003–2008) die höchsten Investitionsquoten, während sowohl die westlichen Industrieländer als auch die anderen Entwicklungsländer mit durchschnittlich 19–24 % vergleichsweise abfallen. Bei der Finanzierung dieser Investitionen ist zwischen Privaten (Haushalte und Unternehmen), dem Staat sowie zwischen In- und Ausland zu unterscheiden. Während in den asiatischen Schwellenländern auch der Staat sparte, lebt er in den meisten der EU-Länder und in Lateinamerika seit Jahrzehnten auf Pump.

Ersparnis und Investitionen in Prozent des BIP (2003–2008)

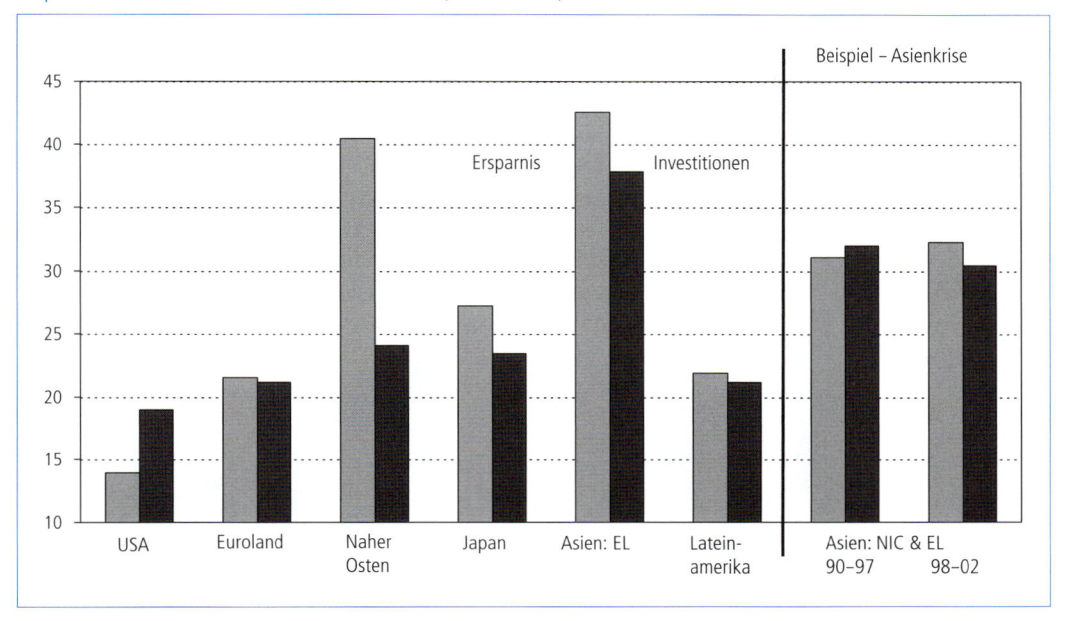

(Quelle: IMF, 2009a; NIC: Neue Industrieländer, EL: Entwicklungsländer)

Unter Autarkie werden über die Spartätigkeit eines Landes die Finanzmittel für Investitionen bereitgestellt. Für integrierte Volkswirtschaften gilt diese restriktive Bedingung nicht mehr: Aufgrund internationaler Kapitalzu- bzw. -abflüsse können gesamtwirtschaftliche Ersparnis und Investitionen voneinander abweichen. So wurde die höhere Investitionstätigkeit in den asiatischen Schwellenländern (bis Mitte 1997) und in Lateinamerika (bis 2002), aber vor allem in den USA über die wachsende Verschuldung im Ausland finanziert. Kapital exportieren die EU (insbesondere Deutschland), Japan sowie die erdölexportierenden Länder und die asiatischen Entwicklungs- und Schwellenländer. Aufgrund der weltweiten Liberalisierung des Kapitalverkehrs weisen die internationalen Finanzströme seit Mitte der 70er Jahre wesentlich höhere, aber auch volatilere Wachstumsraten als der Welthandel auf. In Ländern, deren inländische Ersparnis nicht ausreicht, um die Investitionen zu finanzieren, kommt es aufgrund der Importe von Gütern & Dienstleistungen zu Defiziten in der Leistungsbilanz. Solange diese Importe in erfolgversprechende Projekte, Unternehmen oder staatliche Infrastrukturinvestitionen eingebracht werden, können einzelne Länder über Jahrzehnte Kapitalimporteure bleiben und zur Mehrung des weltwirtschaftlichen Wohlstands beitragen.

Am Beispiel der Asienkrise (1997/1998) spiegelt sich der realwirtschaftliche Anpassungsbedarf nicht mehr finanzierbarer Leistungsbilanzungleichgewichte wider: Bis Mitte 1997 verzeichneten die asiatischen Schwellenländer Leistungsbilanzdefizite (Investitionen > inländische Ersparnis), die ausländische Investoren finanzierten. Aufgrund des Vertrauenseinbruchs und der Wechselkursrisiken waren diese hierzu nicht mehr bereit. Die Länder mussten nun Leistungsbilanzüberschüsse erwirtschaften, um ihren Auslandsverbindlichkeiten nachzukommen bzw. ihren Bestand an Devisenreserven wieder aufzustocken. Der Umschwung in der Zahlungsbilanz gelang nur über eine scharfe Rezession, welche die Investitionsnachfrage rapide dämpfte und die Ersparnisbildung durch deutliche Zinserhöhungen weiter anstachelte *(vgl. Krugman 2009, Wolf 2008)*.

Globalisierung und Wirtschaftswachstum
(1970–2000; Pro-Kopf-BIP-Wachstum in %)

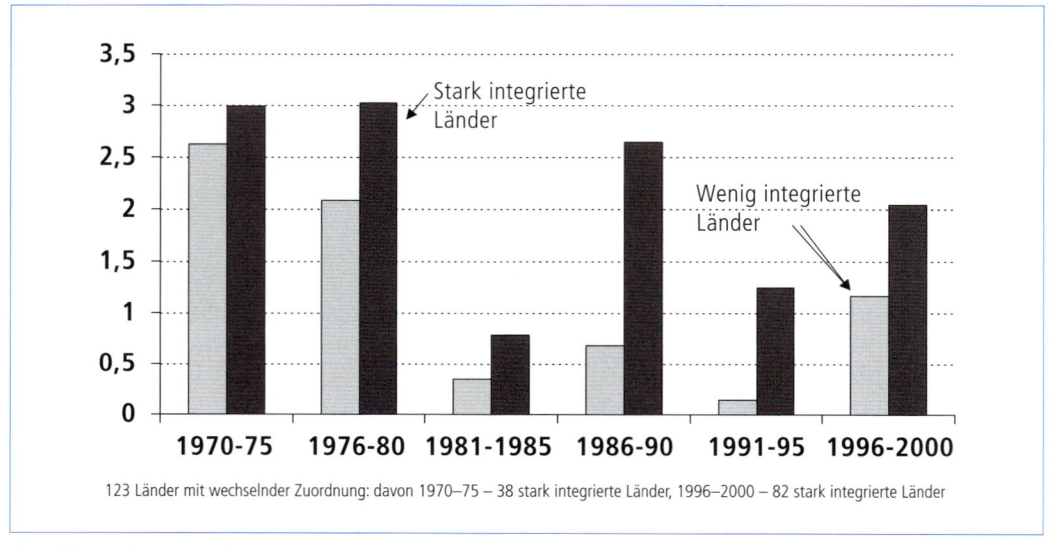

123 Länder mit wechselnder Zuordnung: davon 1970–75 – 38 stark integrierte Länder, 1996–2000 – 82 stark integrierte Länder

(Quelle: Dreher, 2005)

Der Außenhandel und das Exportwachstum sind eine Facette der Integration in die Weltwirtschaft. Trägt jedoch eine breite Integration einer Volkswirtschaft gemessen durch einen **Globalisierungsindex** zur langfristigen Wohlstandsmehrung der Bevölkerung bei? Dreher (2005) entwickelte einen solchen Index, der die drei Dimensionen der Globalisierung – Wirtschaft, Soziales und Politik – berücksichtigt. Unter der wirtschaftlichen Dimension versteht er Handels- und Kapitalströme, aber auch Handelsbeschränkungen wie Zollbarrieren. Zum politischen Engagement gehört u. a. die Beteiligung an UN-Missionen; zu sozialen Aspekten Tourismusströme, die IT-Vernetzung bis zu McDonald's Restaurants pro Einwohner. Der Globalisierungstrend hält weiter an und diejenigen Länder, die sich wirtschaftlich, politisch und gesellschaftlich global vernetzen, konnten dadurch das eigene Pro-Kopf-Einkommen deutlich erhöhen. Im Zuge der Finanzkrise werden jedoch diejenigen Länder, die am stärksten in die weltweiten Kapital- und Handelsströme vernetzt sind, besonders in Mitleidenschaft gezogen. Erholt sich die Weltwirtschaft wieder, dann werden sie davon wieder in verstärktem Maße profitieren – die deutsche Wirtschaft sollte daher ihre enge internationale Vernetzung auch in Zukunft weiter ausbauen.

2.1 Kapitalmärkte und der Euro – eine Erfolgsstory ohne Fragezeichen

Innerhalb der Triade – USA, EU, Japan – gibt es deutliche Unterschiede in der **Bedeutung einzelner Finanzmarktsegmente**. Während die amerikanischen Unternehmen eher den direkten Weg an den Finanzmarkt für Aktienemissionen und Schuldverschreibungen wählen, spielt in Japan und Europa – vor allem in Kontinentaleuropa – die Kreditvergabe durch den Bankensektor bei der Finanzierung von Unternehmen eine wesentlich größere Rolle.

Dementsprechend liegt die Aktienmarktkapitalisierung in den Vereinigten Staaten mit 144 % des BIP (2007) wesentlich höher als im Euroraum (82 %) und Japan (106 %). Die Marktkapitalisierung deutscher Unternehmen liegt noch unter dem Durchschnitt der Euroländer. Nach dem Platzen der Aktienblase Anfang 2000 ging die Bedeutung der Eigenkapitalfinanzierung über die Börse stark zurück. Zwischen 2003–2007 erholten sich die Aktienmärkte jedoch weltweit wieder und Unternehmensanleihen gewannen im Euroraum stetig an Bedeutung. Im Bereich ausstehender Staatsanleihen übertrifft vor allem Japan die EU und die USA. Seit Ausbruch der Finanzmarktkrise haben Bankkredite – trotz verschärfter Kreditrichtlinien – sowohl in Euroland als auch in den USA wieder an Bedeutung gewonnen (EZB 2009a, IMF 2009b).

Seit seiner Einführung im Januar 1999 bis zum Frühjahr 2002 hatte der **Euro** erheblich an Wert gegenüber dem US-Dollar verloren. Im November 2002 durchbrach er wieder die Parität, zog bis Mitte 2008 auf über 1,60 USD/EUR an und liegt Mitte 2009 mit 1,4 USD/EUR immer noch deutlich über dem Ausgabeniveau von Anfang Januar 1999 (1,18 USD/EUR). Konjunkturelle Divergenzen zwischen Euroland und den Vereinigten Staaten sowie die großen makroökonomischen Ungleichgewichte der USA – Leistungsbilanz- und Haushaltsdefizit – beeinflussen dieses Währungsverhältnis und die Zinsdifferenz.

Das Europäische Währungssystem strahlt weiterhin große Attraktivität aus. Im Januar 2009 trat als 16. Land die Slowakei Euroland bei. Von den 11 (Nicht-Euro-)EU-Staaten ist die Währung von fünf Ländern entweder direkt an den Euro gebunden (Bulgarien) oder sie sind Mitglieder des Wechselkurssystems II mit festen Bandbreiten zum Euro. Neben dem „Altmitglied" Dänemark (± 2,25 %) sind dies Estland, Lettland und Litauen (± 15 %). Vierzig weitere Länder nutzen den Euro als Ankerwährung (EZB 2009b).

Internationalisierung

Internationale Bedeutung des Euro
(durchschnittliche Anteile in Prozent)

Marktsegment	Vorgänger-währungen (1994–1998)	Euro	US-Dollar	Yen
Geldmarktemissionen durch Gebietsfremde(2007)	8,5 %	33 %	77 % 44 %	5 % 3 %
Anleiheemissionen durch Gebietsfremde (netto) (2007)	18 %	24	42 % 52 %	25 % 5 %
Bestand an internationalen Schuldverschreibungen (nur Gebietsfremde 12/2007)		32 %	43 %	5 %
Devisengeschäfte (April 2007)*		37 %	86 %	17 %
Währungsreserven (12/2007)	13 %	27 %	64 %	3 %

* die Summe ergibt 200 %

(Quelle: EZB, 2008; EZB Jahresbericht 2002)

Die internationale Verwendung des Euro hat in den letzten zehn Jahren so stark zugenommen, dass der Euro inzwischen in allen Marktsegmenten die Position seiner Vorgängerwährungen z.T. deutlich übertrifft. Ein Drittel der **Geldmarktemissionen** durch Gebietsfremde werden aufgrund der erhöhten Liquidität durch die Schaffung eines integrierten Euro-Geldmarktes getätigt. Der Anteil für die Vorgängerwährung betrug gerade mal 9 %. Ein ähnlicher Zuwachs ist bei der Emission von in Euro denominierten internationalen Schuldverschreibungen zu verzeichnen. Im Jahr 2007 lag das Emissionsvolumen kurzfristiger Europapiere durch Gebietsfremde bei 762 Mrd. USD, langfristiger Anleihen bei 694 Mrd. USD. Ab Mitte 2007 ging der Euro-Anteil im kurzfristigen Marktsegment deutlich zurück; dies ist dem höheren Liquiditätsbedarf in US-Dollar aufgrund der Finanzmarktkrise geschuldet. Die Emittenten kommen hauptsächlich aus Großbritannien und den USA. Der **Bestand an internationalen Schuldverschreibungen** (nur Gebietsfremde) in Euro ist bis Ende 2007 stetig auf 2.900 Mrd. USD (32 %) angewachsen. (Nicht-Euro)-EU-Mitgliedsländer weisen bis zu 80 % ihrer Auslandsanleihen in Euro aus. Auch der Anteil am **Kreditvolumen** von Eurobanken gegenüber dem Nicht-Bankensektor außerhalb Eurolands stieg auf rd. 40 % an. Etwas höher ist der Euroanteil an den Einlagen.

Das Volumen der **Devisengeschäfte** weltweit lag 2007 bei rd. 3.200 Mrd. USD pro Tag. Der Euroanteil ist etwa halb so groß wie derjenige des US-Dollars, wobei ¾ der Eurogeschäfte gegenüber der amerikanischen Währung stattfinden. Eine herausragende Stellung weist der Euro-Anteil mit 39 % im Handel von Zinsderivaten auf. Als **Reservewährung** hält der US-Dollar wiederum die dominierende Stellung inne: Von den weltweit Ende 2007 gehaltenen Devisenreserven in Höhe von 6.391 Mrd. USD, sind nur 27 % in Euro denominiert. Seit Ende der neunziger Jahre weiteten vor allem die asiatischen Schwellenländer, Japan und die arabischen OPEC-Länder ihre Bestände an Devisenreserven auf fast drei Viertel der weltweiten Volumina aus. Die hohen Leistungsbilanzüberschüsse ermöglichten diesen Aufbau. Er dient vor allem den Schwellenländern zur Abwehr zukünftiger Währungs- und Finanzkrisen.

Im **Außenhandel** von Gütern und Dienstleistungen für Länder außerhalb der Währungsunion erreichte der **Euro als Rechnungseinheit** für die Euroländer einen Anteil von 60 % (2006). Die Bedeutung des Euro ist für die anderen EU-Staaten ähnlich hoch. Außerhalb Europas wird jedoch der Außenhandel kaum in Euro abgerechnet (EZB 2008). Der Wegfall des Wechselkursrisikos für exportorientierte Unternehmen ist neben den reduzierten Transaktionskosten und der größeren Preistransparenz der Hauptgrund für die Intensivierung des Außenhandels innerhalb des Währungsraumes. Gerade die deutsche Exportindustrie konnte durch die Euroeinführung einen signifikanten Handelsgewinn in der Größenordnung von knapp 20 % generieren und somit positive Wachstumsimpulse geben (Sachverständigenrat 2005).

2.2 Kapitalzufluss in Entwicklungsländer

Der Nettokapitalfluss in die Entwicklungsländer stieg seit Beginn der neunziger Jahre kräftig an. Die Deregulierung und Öffnung der Güter- und Kapitalmärkte, die Privatisierung von Staatsunternehmen und eine insgesamt auf makroökonomische Stabilität wertlegende Wirtschafts- und Finanzpolitik eröffneten ausländischen Investoren vielversprechende Anlagemöglichkeiten. Zudem erhöhte das seit 1990 tendenziell sinkende Zinsniveau auf den traditionellen Kapitalmärkten die Attraktivität der neuen Märkte. Mit dem Anschwellen des Kapitalstroms kam es zu einer deutlichen Veränderung seiner Zusammensetzung. Nachdem in den achtziger Jahren in Folge der lateinamerikanischen und afrikanischen Verschuldungskrise der Großteil des Kapitals von offiziellen Gläubigern gestellt wurde, nahm die Bedeutung privater Investoren immer stärker zu. Trotz der Nettorückzahlungen an die offiziellen Gläubiger strömten 1996 Gesamtzuflüsse in Höhe von 230 Mrd. US-Dollar in diese Länder. Der Ausbruch der Asienkrise führte mit dem damit verbundenen Vertrauensverlust zu einem Zusammenbruch der privaten Kapitalströme. Die vielfältigen Finanzhilfen offizieller Gläubiger boten einen gewissen Ausgleich zum beträchtlichen Rückgang des privaten Kapitalzuflusses.

Nettokapitalzufluss in Entwicklungs- und Schwellenländer
(1990–2010 in Milliarden US-Dollar)

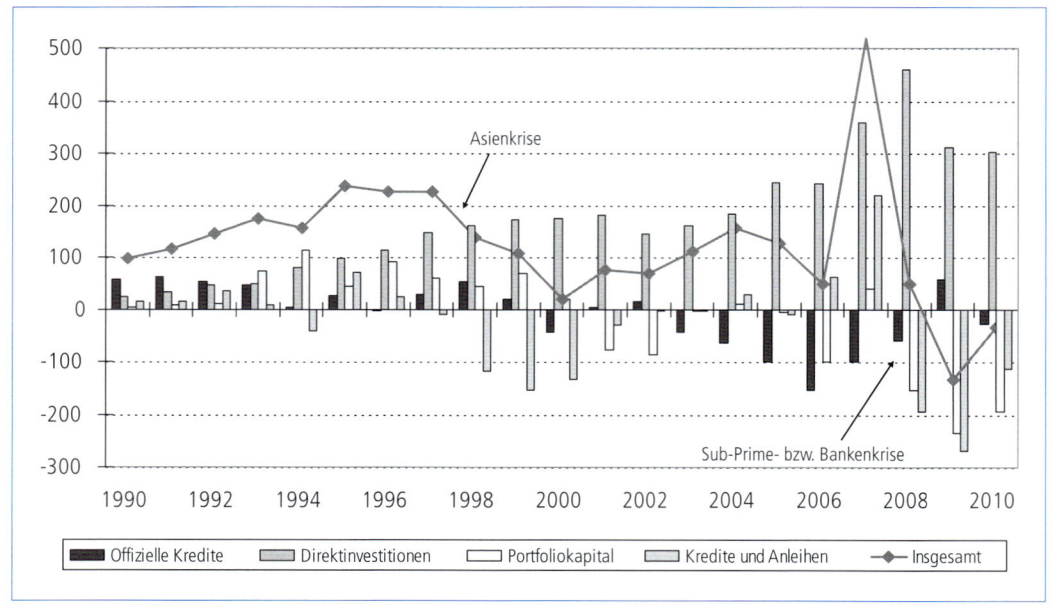

■ Offizielle Kredite   ▨ Direktinvestitionen   ☐ Portfoliokapital   ▨ Kredite und Anleihen   ◆ Insgesamt

(Quelle: IMF, 2009a; Schätzung 2009 und Prognose 2010)

Vom Kapitalzufluss profitieren jedoch einzelne Länder und Ländergruppen sehr unterschiedlich. Die Abkoppelung Afrikas und des Nahen Ostens aus dem Welthandel spiegelt sich auch in geringen Kapitalzuflüssen wider. Gleichzeitig sind die afrikanischen Länder und andere sehr arme Entwicklungsländer auf die Hilfe offizieller Geldgeber angewiesen. In den Genuss umfangreicher privater Kapitalzuflüsse kommen hauptsächlich nur die 20 Schwellenländer (Emerging Markets) in Asien, Lateinamerika und Osteuropa. Ausländische Direktinvestitionen stellen mit über 150 Mrd. US-Dollar p. a. (1997–2004) und über 300 Mrd. USD p. a. (2005–2008) den überragenden Teil des Nettozustroms. Davon zieht allein China rund ein Viertel an Land. Aus Sicht der Empfängerländer ist dies aufgrund des langfristigen Investitionshorizontes sowie des Transfers technologischer und organisatorischer Kenntnisse sehr positiv zu beurteilen. Portfoliokapitalzuflüsse in die heimischen Renten- und Aktienmärkte fanden in den letzten Jahren kaum mehr statt. Dies lag jedoch u. a. daran, dass die Korrelation zwischen Veränderungen der US-Börsenindizes und fast allen Aktienkursen in den aufstrebenden Volkswirtschaften – gegenüber Mitte der neunziger Jahre – deutlich gestiegen war. Eine Portfoliodiversifizierung zugunsten von Emerging-Markets-Titeln war demnach wenig vorteilhaft. Das indirekte Engagement ausländischer Investoren über die Vergabe von Bankkrediten sowie den Kauf internationaler Schwellenländeranleihen wurde – gemessen an den Nettoströmen – völlig eingestellt. Aus diesem Geschäft zogen sich die Banken und andere institutionelle Anleger zurück. Seit 2008 agierten die Banken wieder sehr zurückhaltend, da ihre Bilanzen aufgrund der allgemein schlechten Konjunkturlage ein steigendes Volumen an notleidenden Krediten aufweisen.

Die hohen Kapitalexporte asiatischer Zentralbanken sowie derjenigen erdölexportierender Schwellenländer – hauptsächlich in die USA – führten ab 2005 zu einem deutlichen Rückgang des Nettokapitalflusses in die Gruppe der Entwicklungsländer (Ausnahme 2007).

Generell sind viele Schwellenländer weiterhin gegenüber Stimmungsänderungen an den Finanzmärkten sehr empfindlich. 2001 trugen Nettokapitalabflüsse zur Verschärfung der Krise in Argentinien und der Türkei bei. Während die Türkei nach einer Umgestaltung des IWF-Beistandsabkommens wieder einen besseren Zugang zu den Märkten erhielt, blieb Argentinien zwischen Mitte 2001 und Ende 2002 von Finanzierungen sowohl des privaten wie auch öffentlichen Sektors abgeschnitten. Erst Mitte 2005 wurde das Umschuldungsabkommen über 100 Mrd. US-Dollar an Kapital- und Zinsschulden unterschrieben. Die realisierten Barwertverluste liegen deutlich über 70 %. Ansteckungseffekte waren selbst im Falle Argentiniens begrenzt. Sie konnten durch rasche und umfangreiche IWF-Finanzhilfen für Uruguay und Brasilien eingedämmt werden. Ebenso reduzierten folgende Entwicklungen Ansteckungsgefahren innerhalb der Emerging Markets:

- Anleger mit hohem Fremdfinanzierungsanteil (Hedgefonds) haben sich aus aufstrebenden Volkswirtschaften zurückgezogen.

- In vielen Ländern sind inzwischen frei schwankende Wechselkurse eingeführt. Dies senkt die Gefahr von Devisenspekulationen gegenüber einem Währungssystem.

- Die Verbindungen zwischen den Finanzmärkten unterschiedlicher Emerging Markets ist heute nicht mehr so ausgeprägt, da es weniger Anleger gibt, die die Emerging Markets als einheitliche Risikoklasse ansehen. Diese Anleger neigen dazu, sich in Phasen hoher Volatilität aus der gesamten Anlageklasse „niedriger Bonität" zurückzuziehen. Auf Emerging-Markets-Titel „spezialisierte" Anleger halten ihr Augenmerk auf die relative Kreditwürdigkeit der einzelnen Länder. Der Wechsel von argentinischen Aktiva zu Titeln anderer Emerging Markets erklärt zum Teil, warum sich die Renditeaufschläge auf brasilianische und mexikanische Schuldtitel bis Juni 2002 verringerten, während die argentinischen **Spreads** hochschnellten.

Trotzdem sind diejenigen Schwellenländer besonders krisenanfällig, die eine hohe Auslandsverschuldung, hohe Haushalts- und Leistungsbilanzdefizite sowie eine an den Devisenreserven gemessene hohe kurzfristige Verschuldung aufweisen. Unabhängig davon beeinträchtigen soziale und politische Spannungen das Vertrauen der in- und ausländischen Anleger. Des Weiteren sind offene Volkswirtschaften generell anfällig gegenüber Kapitalmarktentwicklungen in der Ersten Welt: Zieht das Weltzinsniveau an, dann werden Investoren ihr Kapital lieber in den USA als in unsicheren Emerging Markets anlegen; u. U. selbst wenn die Spreads anziehen sollten. Die höhere Risikoaversion der Investoren erklärt das veränderte Anlageverhalten.

In den Jahren vor 2008 galten Mexiko und die osteuropäischen Beitrittsländer aufgrund der zunehmenden Integration mit den USA bzw. der EU für Investoren verstärkt als Wachstumsmärkte und weniger risikoreiche Anlageländer. Mit Ausbruch der Finanzmarktkrise in den USA wurden auch diese Investoren wieder risikobewusster.

Die weltweite Vernetzung der Finanzmärkte und Wirtschaftsräume ließ die US-Subprime-Krise in eine weltweite Wirtschaftsflaute münden, die besonders Schwellen- und Entwicklungsländer traf, deren Finanzmärkte auf Kapitalzuflüsse aus dem Ausland angewiesen waren. Mit Blick auf Finanzmarktindikatoren, wie die Nettoverschuldung gegenüber ausländischen Privatbanken und dem Verhältnis von Kreditvolumen und Depositen, fallen vor allem (mittel)osteuropäische unter die stark gefährdeten Länder. Einige von ihnen mussten seit Mitte 2008 internationale Finanzhilfe (IWF) in Anspruch nehmen.

Krisenanfälligkeit 2009
Auslandsverschuldung und Bankensektor

	Leistungs-bilanzsaldo (in % BIP)	Auslandsver-schuldung: Refinanzie-rungsbedarf (in % Devisen-reserven)	Auslandsver-schuldung: Netto gegen-über ausländi-schen Banken (in % BIP)	Verhältnis Kredit-volumen zu Depositen
Estland	- 6,1	210	- 69	2,1
Lettland	- 6,7	330	- 58	2,8
Polen	-4,9	170	- 15	1,1
Russland	0,2	34	3	1,3
Türkei	- 1,1	110	- 12	0,7
Ungarn	- 3,9	170	- 50	1,4
China	10,3	14	1	0,8
Indonesien	- 0,4	73	- 8	0,8
Thailand	0,0	34	1	1,0
Südkorea	2,9	93	- 19	1,2
Argentinien	2,3	85	3	0,7
Brasilien	- 1,8	40	- 7	0,8
Mexiko	- 2,5	64	- 2	0,8

Die Krisenindikatoren sind grau unterlegt.

(Quelle: IMF, 2009b)

2.3 Aktuelle Entwicklungen und Herausforderungen der Weltwirtschaft

2001 und 2002 wurde die Weltwirtschaft mit einer Serie aufeinander folgenden Schocks – Kurskorrekturen an den Aktienmärkten, Anschläge vom 11. September, Platzen der „New Economy", Konkurs von Enron, Zusammenbruch des Currency Board in Argentinien und der Verlust des Vertrauens in die Bilanzkorrektheit – konfrontiert, die zudem in die Phase eines weltweiten Konjunkturabschwungs fielen. Trotzdem erwiesen sich die Weltwirtschaft und das weltweite Finanzsystem als relativ widerstandsfähig. Der Abschwung hätte wesentlich heftiger ausfallen können. Welche Gründe lassen sich hierfür anführen?

Die makroökonomische Politik in den Industrieländern trug maßgeblich zur Stützung der gesamtwirtschaftlichen inländischen Nachfrage bei. Dies betraf zum einen die expansive **Fiskalpolitik**, die in den USA am stärksten ausfiel. Die US-Regierung reduzierte die Steuern und erhöhte – auch kriegsbedingt – die Ausgaben, sodass der Staatshaushalt von einem Überschuss in Höhe von 1,3 % des BIP (2000) in ein Defizit von 4,8 % (2003) umschlug. Auch im Euro-Raum führten Steuersenkungen (2001) zu einem Überschreiten der Defizitgrenze von 3 % des BIP in den Kernländern Deutschland, Italien und Frankreich. Am sichtbarsten war die kräftige Lockerung der **Geldpolitik**. Die US-Fed bzw. die Bank of Japan fuhren ihre Leitzinsen über einen langen Zeitraum auf 1 % bzw. fast 0 % (bis Herbst 2004) zurück. Bei der EZB fiel aufgrund ihrer Stabilitätsorientierung die Lockerung gemäßigt aus. In den USA, Kanada, Großbritannien und Irland glich der Immobilienboom den Einbruch auf den Aktienmärkten aus, sodass der private Konsum aufgrund der Vermögenseffekte stabil blieb.

Gleichzeitig knüpften die asiatischen Schwellenländer an die Wachstumsdynamik der neunziger Jahre, während die chinesische Wirtschaft boomte und auch Indien die Früchte marktwirtschaftlicher Reformen und einer verstärkten internationalen Ausrichtung in Form von Jahreswachstumsraten in Höhe von 8 % (2003–2008) erntete. Die Weltwirtschaft expandierte so kräftig, dass die Inflationsgefahr ab 2005 aufgrund des deutlichen und nachhaltigen Anstieges der Rohstoffpreise zurückkam. Erst jetzt zogen die großen Zentralbanken die geldpolitischen Zügel wieder fester.

Rückblickend war dies eindeutig zu spät: Die expansive Geldpolitik hatte die Grundlage für die Blasenbildung an den Immobilienmärkten der angelsächsischen Länder gelegt, während gleichzeitig die Finanzmarktaufsicht der Beurteilung neuer Finanzmarktprodukte (Verbriefung von Immobilienkrediten) nicht adäquat folgen konnte. Über die Verbriefung hielten dann auch viele ausländische Institute risikoreiche Wertpapiere in ihrer Bilanz. Ein „Trost" für die Aufseher – eine große Anzahl an Finanzinstituten schätzte die mit den Finanzinnovationen verbunden Risiken ebenso falsch ein, wie sie von den Ratingagenturen attestiert worden waren. Die asymmetrischen Verdienstanreize für Vorstände von Finanzinstituten förderten zudem risikofreudige Entscheidungen mit einem zu hohen Fremdfinanzierungsgrad. Nach dem Platzen der Immobilienblase kam es ab Mitte 2007 zu einem kaskadenartigen Verfall von Vermögenswerten, der im Herbst 2008 nach dem Zusammenbruch der Investmentbank Lehman Brothers zu einem massiven Vertrauensverlust führte und das gesamte Kreditgeschäft zwischen den Banken zum Erliegen brachte *(vgl. Sachverständigenrat 2008)*. Die Zentralbanken ersetzten die fehlenden Interbankenkredite durch direkte Notenbankkredite, sie reduzierten die Leitzinsen (z. B. die US-Fed auf 0–0,25 % bzw. die EZB auf 1 % im Frühjahr 2009), stellten quasi jeden Umfang nachgefragter Liquidität zur Verfügung – über neue geldpolitische Instrumente, längerfristige Refinanzierungsgeschäfte sowie den direkten Ankauf von Wertpapieren. Um eine systemische Bankenkrise zu verhindern, legten die großen Industrieländer Rettungspakete für ihre Finanzinstitute auf, die Garantieermächtigungen, die Rekapitalisierung von Banken bis hin zur Verstaatlichung, die Übernahme von Risikopositionen der Banken sowie die Gründung von sogenannten Bad Banks beinhalteten. In Deutschland steht dabei der Sonderfonds Finanzmarktstabilisierung (SoFFin) im Zentrum. Eine Ausweitung und Internationalisierung der Finanzmarktaufsicht sowie die Stärkung des Internationalen Währungsfonds wurden im Frühjahr 2009 in die Wege geleitet.

Die geldpolitischen Liquiditätsspritzen zur Stützung des Finanzsektors bzw. der Konjunktur bergen jedoch schon heute die Gefahr, die Grundlage für eine zukünftige Inflationsdynamik zu legen. Im Moment (2009) überwiegen die deflationären Risiken – z. B. für die USA (–0,9 %), Japan (–1,0 %) oder die Schweiz (–0,6 %). Mit ihnen geht ein verschärfter Konjunktureinbruch einher, sodass die potentiellen Inflationsrisiken in Kauf genommen werden.

Staatsverschuldung in Prozent des BIP p.a.
(1994–2010)

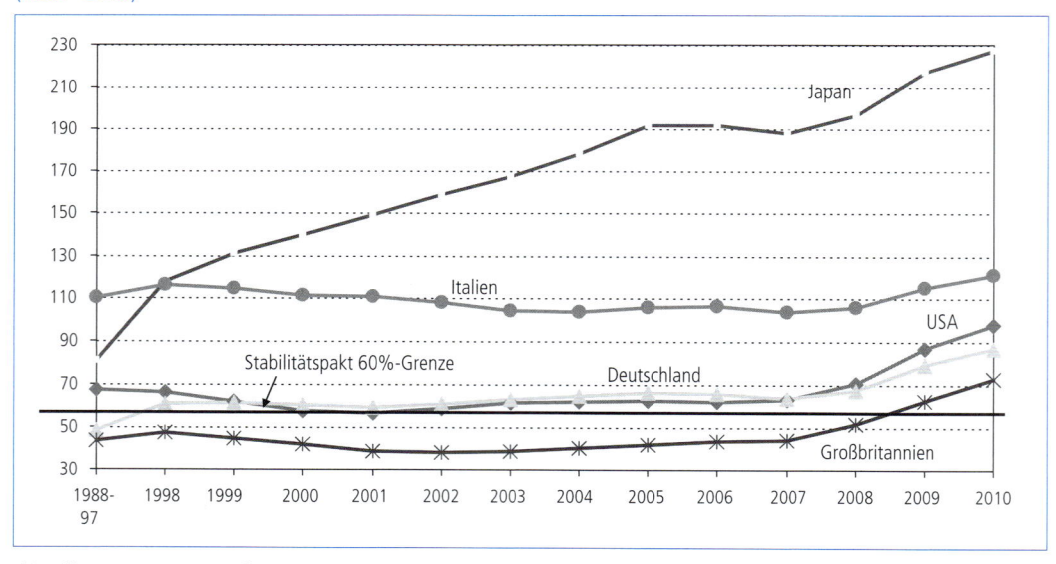

(Quelle: IMF, 2009a; Schätzung 2009 und Prognose 2010)

Haushaltssaldo in Prozent des BIP p.a. (1994–2010)

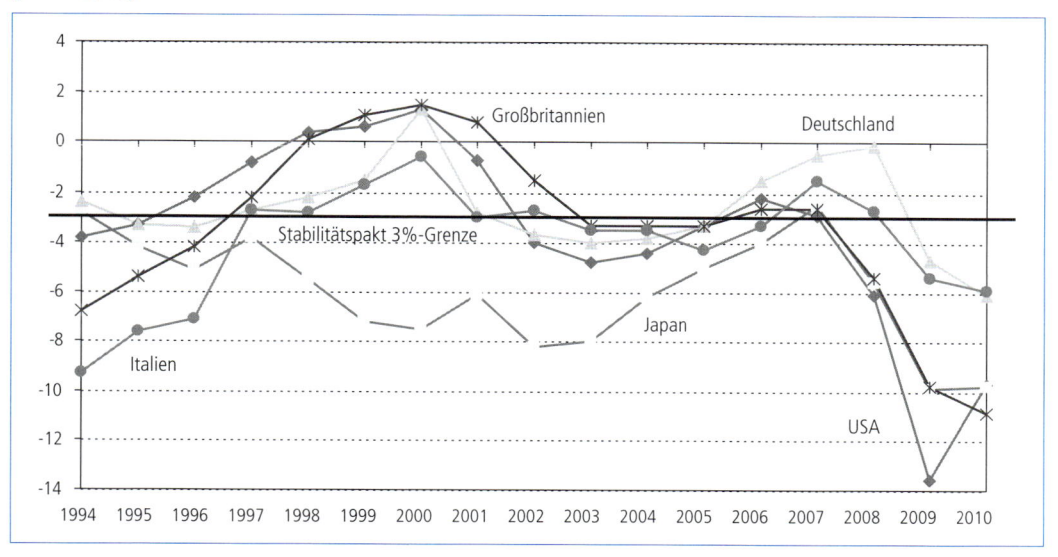

(Quelle: IMF, 2009a; Schätzung 2009 und Prognose 2010)

Zeitgleich verabschiedeten viele Länder milliardenschwere Stützungsprogramme für die angeschlagenen Banken sowie **Konjunkturpakete**, die den Einbruch der Nachfrage auffangen sollten. In Folge dessen rutschen die staatlichen Haushalte deutlich ins Defizit und die Staatsverschuldung in Prozent des BIP explodiert entsprechend. Nach einem fast schon ausgeglichenen Haushalt in 2008, weitet sich das Defizit auf fast 5 % des BIP in 2009 aus. Für die krisengebeutelten kleinen Volkswirtschaften wie Island und Irland dürfte das Haushaltsdefizit – ähnlich wie für die USA – bei weit über 12 % des BIP liegen. Doch auch die asiatischen Schwellen- und Entwicklungsländer legen in 2009 im Vergleich zu den Euroländern groß dimensionierte Konjunkturpakete auf. Die Regierungen hoffen darauf, dass das dadurch generierte höhere Einkommen von den privaten Haushalten nachfragewirksam für Konsum ausgegeben wird. In den Industrieländern führt die höhere Unsicherheit der privaten Haushalte zu tendenziell höheren Sparquoten, sodass der Nachfrageeffekt moderat bleibt.

Internationalisierung

Weltwirtschaftliche Ungleichgewichte:
Leistungsbilanzsalden und Devisenreserven
(in Prozent des globalen BIP p.a. 1997–2014, in Mrd. USD 2000–02/2009)

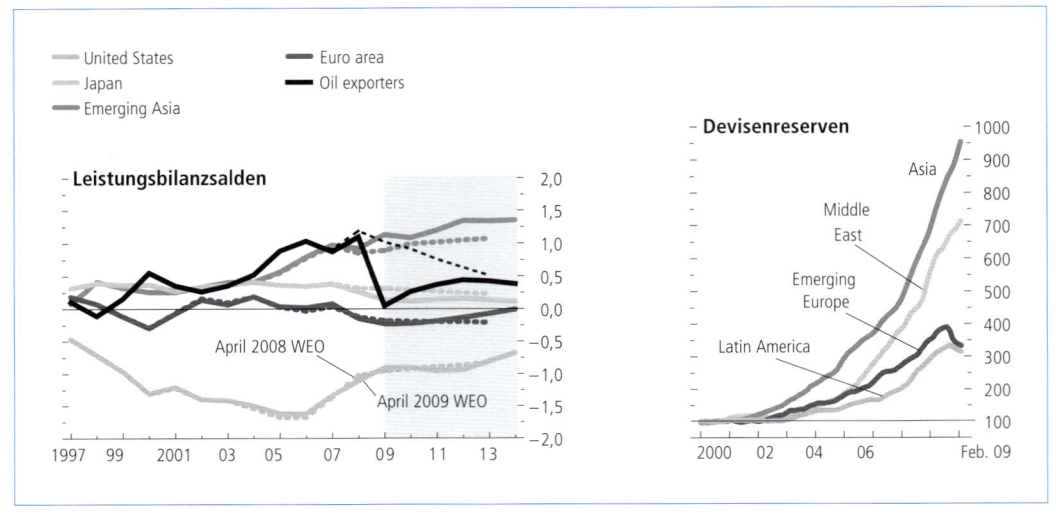

(Quelle: IMF, 2009a, WEO – World Economic Outlook)

Die Finanzmarktkrise hat jedoch auch deutlich gemacht, inwieweit die großen weltwirtschaftlichen Ungleichgewichte die Volkswirtschaften in ihren Bann schlagen. Das US-amerikanische Leistungsbilanzdefizit erreichte – gepaart mit einem hohen Haushaltsdefizit – 790 Mrd. USD bzw. 6 % des BIP in 2006. Aufgrund des Importeinbruchs dürfte sich dieses Defizit in 2009 und den Folgejahren auf rund die Hälfte reduzieren. Der große Kapitalbedarf der amerikanischen Wirtschaft bleibt somit weiter bestehen. Die Länder Asiens und zwischen 2005 und 2008 auch die Erdölproduzenten stellten diesen Finanzbedarf zur Verfügung, indem sie überwiegend liquide US-Anleihen erwarben (z. B. als Anlageform für die angehäuften Devisenreserven). Von risikoreichen Verbriefungen oder Aktienanlagen sahen die asiatischen Zentralbanker weitgehend ab, sodass die Finanzmarktkrise den Wert ihrer Portfolios – im Gegensatz zu ihren Staatsfonds – nicht so stark verminderte.

Durch die Engagements in den USA reduzierten sie gleichzeitig den Aufwertungsdruck auf die eigene Währung. Mittelfristig dürfte die Zentralbank Chinas die Aufwertung ihrer Währung gegenüber dem Dollar weiter zulassen und gleichzeitig aus Risikoerwägungen eine Portfolioumschichtung zugunsten von Euroanlagen vornehmen – mit der Konsequenz eines schwächeren Dollars. Zwischen 2005 und 2008 stützte zudem der große Zufluss an Petrodollars – den Deviseneinnahmen der erdölexportierenden Länder – die US-Währung sowie den amerikanischen Rentenmarkt. Der rezessionsbedingte Einbruch des Erdölpreises bzw. der Einnahmen aus den Ölexporten lässt diese Quelle kurzfristig versiegen. Für die erdölimportierenden Länder stellte dies eine formidable Konjunkturspritze dar. Da die USA weiterhin auf Kapitalzuflüsse angewiesen bleiben – und gleichzeitig die asiatischen Investoren sichere und liquide Assets bevorzugen – bleiben diese großen internationalen Ungleichgewichte mittelfristig voraussichtlich weiter bestehen (Economist 2009). Erst wenn sich in anderen Regionen – EU, Japan oder in den Emerging Markets selbst – aussichtsreiche Investitionsmöglichkeiten ergeben, könnte dies den Kapitalzufluss in die USA versiegen lassen.

2.4 Literatur

BIZ (2005): 75. Jahresbericht, Bank für Int. Zahlungsausgleich, 27. Juni 2005, Basel.

Deutsche Bundesbank (2005): Finanzmarktstabilitätsbericht, Frankfurt, November 2005.

Deutsche Bundesbank (2009): Die deutsche Zahlungsbilanz für das Jahr 2008, Monatsbericht März 2009, S. 15-33.

Dreher, A. (2005): Does Globalization Affect Growth? Evidence from a new Index of Globalization, July 2005, Applied Economics forthcoming.

ECB (2008): The International Role of the Euro, European Central Bank, July 2008.

Economist (2009): When a flow becomes a flood, Briefing Global economic imbalances, The Economist (January 24th 2009) S. 70-72.

EZB (2009a): Die Außenfinanzierung privater Haushalte und nichtfinanzieller Kapitalgesellschaften, Europäische Zentralbank, Monatsbericht April 2009, S. 75-92.

EZB (2009b): Jahresbericht 2008, Europäische Zentralbank, März 2009.

IMF (2009a): Crisis and Recovery, World Economic Outlook, International Monetary Fund, Washington D.C. April 2009.

IMF (2009b): Responding to the Financial Crisis and Measuring Systemic Risks, Global Financial Stability Report, International Monetary Fund, Washington D.C. April 2009.

Kearney A. T. (2005): Measuring Globalization, Foreign Policy May/June 2005, S. 52-60.

Krugman, P. (2008): The Return of Depression Economics and the Crisis of 2008, Penguin Books 2008.

Maddison, A. (2005): Monitoring the World Economy 1820-1992, OECD Paris.

Sachverständigenrat (2005): Die Chance nutzen – Reformen mutig voranbringen, Jahresgutachten 2005/06, Statistisches Bundesamt Wiesbaden.

Sachverständigenrat (2008): Die Finanzkrise meistern – Wachstumskräfte stärken, Jahresgutachten 2008/09, Wiesbaden.

Weltbank (2008): World Development Indicators, World Bank, Washington D.C.

Wolf, M. (2008): Fixing Global Finance, Johns Hopkins University Press, Baltimore 2008.

WTO (2008): International Trade Statistics 2008, World Trade Organization, Genf.

ZEW (2008): Einbezug von Vermögen verringert das Armutsrisiko Älterer, Zentrum für Europäische Wirtschaftsforschung, ZEWnews (November 2008), S. 1–2.

Internationalisierung

B Strategisches Denken und Handeln

I **Unternehmensethik in Banken**
Volkmar Kese

II **Vertrauen**
Bernd Lahno

III **Wertorientiertes Finanzmanagement**
Andreas Horsch, Joachim Bonn

IV **Strategisches Management in Finanzinstituten**
Wieland Achenbach, Thomas A. Lange, Udo Steffens

V **Strategieumsetzung**
Wieland Achenbach

VI **Strategische Repositionierung**
Rolf Ernst Pfeiffer

I Unternehmensethik in Banken

Volkmar Kese

1 Einführung in das Thema	103
2 Grundlagen (je)der Unternehmensethik	105
2.1 Ethik als Frage nach dem richtigen (moralischen) Handeln	105
2.1.1 Begriffsklärungen: Moral, Werte, Ethik	105
2.1.2 Ethik, Wirtschaft, Wirtschaftsethik, Unternehmensethik	107
2.1.3 Wirtschaftsethik als Unternehmensethik	109
2.1.4 Mögliche Ziele einer Unternehmensethik	112
2.2 Die Notwendigkeit von Unternehmensethik	112
2.2.1 Negative externe Effekte des Wirtschaftens	112
2.2.2 Begrenzte Steuerungs- und Koordinationsfähigkeit des Rechts	113
2.2.3 Recht in Zeiten gesellschaftlichen Wandels	114
2.3 Die Möglichkeit von Unternehmensethik	117
2.3.1 Ökonomisch-strategische Spielräume für Unternehmensethik	117
2.3.2 Unternehmensethik als moderner Strategieansatz	118
2.4 Unternehmensethische Inhalte und Konflikte	121
3 Unternehmensethik im Bankensektor	126
3.1 Bankenkritik – nichts Neues?	126
3.2 Unternehmensethische Defizite als Auslöser ökonomischer Verluste	127
3.2.1 Hohe Umsetzungskosten durch erhöhten Regulierungsdruck	128
3.2.2 Folgekosten von Fehlverhalten	128
3.2.3 Neue Bedeutung der Reputation für integres Verhalten	129
3.3 Unternehmensethische Neupositionierung als Strategieansatz	130
3.4 Erkennen bankenethischer Konfliktfelder	131
3.4.1 Quellen unmoralischen Handelns	131
3.4.2 IAFEI-Checkliste moralischer Standards	131
3.5 Bankenethische Konfliktfelder im Einzelnen	133
3.5.1 Gesellschaftliche Kritikpunkte im bankpolitischen Kontext	138
3.5.2 Kundenkritik im Bankgeschäftskontext	139
3.5.3 Ethikkonflikte im Mitarbeiterkontext	142
3.5.4 Kontextübergreifender Konflikt: Korruption	144

4 Ethikmanagement als Controlling der Ethikkompetenz ... 147
4.1 Das Problem individualethischer Wertorientierung ... 147
4.2 Der Prozess ethischer Entscheidungsfindung ... 148
4.2.1 Checkliste für einen (individual)ethischen Entscheidungsprozess ... 148
4.2.2 Zwölf Prüffragen vor einer (individual)ethischen Entscheidung in Unternehmen ... 149
4.3 Bankenorganisatorische Gründe für ein Ethikmanagement als Moral-Controlling ... 150
4.3.1 Mögliche Überforderung des individuellen Entscheiders ... 150
4.3.2 Die Unternehmensorganisation und -kultur als Barrieren moralischen Verhaltens ... 151
4.4 Bankenstrategische Zielüberlegungen zur Konzeption eines Ethikmanagements ... 157

5 Implementierungskonzepte für Ethikmanagementsysteme ... 160
5.1 Grundvorstellungen des Compliance-Ansatzes ... 160
5.2 Grundvorstellungen des Integrity-Ansatzes ... 164
5.3 Synthese der Ansätze: Komplementärverhältnis ... 168

6 Konzeptelemente eines Ethikmanagementsystems in Banken ... 169
6.1 Vier Prozessstufen eines WerteManagementSystems^{ZfW} ... 169
6.2 Banken-Ethikmanagement-Matrix ... 170

7 Kurzvorstellung ausgewählter Implementierungsinstrumente ... 174
7.1 Ethik-Kodex (Code of Conduct) ... 174
7.2 Ethik-Kommission ... 175
7.3 Ethik-Beauftragter (Ethics Officer) ... 175
7.4 Ethik-Training ... 175
7.4.1 Methoden in der Praxis ... 176
7.4.2 Unbegründete Vorbehalte gegen Ethik-Trainings im deutschsprachigen Raum ... 176

8 Integritätskultur als ständiger Arbeitsprozess ... 178

9 Literatur ... 179

1 Einführung in das Thema

Seit zehn bis fünfzehn Jahren kann man sowohl zu allgemein-ethischen als auch gerade zu wirtschafts- bzw. unternehmensethischen Fragestellungen einen „Diskussions-Boom" verzeichnen. So stellt das 1999 erschienene Handbuch der Wirtschaftsethik fest: „Wirtschaftsethik ist von einer Randfrage ökonomischer Theorie und Praxis zu einem zentralen Thema öffentlicher und wissenschaftlicher Auseinandersetzung avanciert." *(Korff, 1999, S. 31)*

Dass wir es hierbei nicht nur mit einem möglicherweise „akademischen Exoteninteresse" zu tun haben, bezeugen eine Vielzahl von Seminaren, Tagungen und Fortbildungsveranstaltungen für die Praxis, aber auch zahlreiche wirtschaftsjournalistische Veröffentlichungen, die Einrichtung von Ethik-Kommissionen, Arbeitskreisen oder Netzwerken (z. B. deutsches Netzwerk Wirtschaftsethik-EBEN Deutschland e.V.).

Dennoch bleibt die Thematik umstritten, wobei die Positionsspannweite von völliger Ablehnung über die Bewertung als Modethema mit „Feigenblatt-" bzw. Alibifunktion bis hin zur Überzeugung reicht, dass insbesondere unternehmensethische Fragestellungen und Problempotenziale auf sämtlichen Unternehmensebenen diskutiert und einer Lösung zugeführt werden müssten.

Der nachfolgende Beitrag gibt einen Überblick über Probleminhalte und den Stand der Diskussion. Kapitel 2 führt in Grundfragen ein, die (je)der Unternehmensethik als Wissenschaftsdisziplin zugrunde liegen und schafft die Verständnisbasis für die facheigenen Begrifflichkeiten *(2.1)*. Beantwortet werden hier auch die Fragen, ob diese Disziplin überhaupt notwendig ist *(2.2)*, und wenn ja, ob sie in Zeiten immer härter werdenden Konkurrenzdruckes am Markt noch möglich ist *(2.3)*. Daran anschließend werden unternehmensethische Inhalte und Konflikte systematisiert vorgestellt *(2.4)*.

Obwohl die Grundsätze der Unternehmensethik für alle Unternehmen gültig sein müssen, spricht man gleichwohl von einer „Bankenethik"; diese bereichsethischen Besonderheiten erklären sich u. a. auch aus der wichtigen Tatsache, dass die Bedeutung der Geldwirtschaft für die gesamte Volkswirtschaft und die Verknüpfung der Banken mit allen Bereichen der Wirtschaft Problemfelder erzeugen, die sich für Unternehmen anderer Art nicht mit gleicher Intensität ergeben. Kapitel 3 befasst sich somit mit den Gründen, Notwendigkeiten und spezifischen Konfliktfeldern einer Bankenethik. Da Unternehmensethik erkannt ist als Teilgebiet des strategischen Managements, kann man sie auch als „Entscheidungs-Lehre" bezeichnen. Entscheidungen treffen im und für das Unternehmen aber Individuen. Allerdings tauchen gravierende Probleme individueller Wertorientierung bei dem Prozess der ethischen Entscheidungsfindung auf. Aus der Erkenntnis, dass in modernen, individualistisch geprägten Gesellschaften eine weitgehende Moralzersplitterung vorherrscht, die durch die fortschreitende Globalisierung noch gefördert wird, entsteht das Problem, dass der einzelne Entscheider oftmals überfordert ist, sowohl unternehmensethische Konfliktfelder präzise genug wahrzunehmen als auch sich mit einer wertorientierten Entscheidung in der Unternehmensorganisation bzw. -kultur behaupten, durchsetzen und verantworten zu können. Insofern wird die Forderung nach einem Ethikmanagement als Controlling der Ethikkompetenz erhoben *(Kap. 4)*. In den daran anschließenden Folgekapiteln *(5-8)* sollen die zwei wichtigsten Implementierungsansätze für solche Managementkonzepte erläutert werden *(Kap. 5)*, die dann in die Vorstellung von Konzeptelementen und Implementierungsinstrumenten eines Banken-Ethik-Management-Systems münden werden *(Kap. 6, 7)*. Abschließend sollte erkannt werden, dass eine wertorientierte Integritätskultur in einem Unternehmen nicht nur durch „guten Willen" erreichbar ist, sondern einen harten und ständigen Arbeitsprozess erfordert *(Kap. 8)*.

2 Grundlagen (je)der Unternehmensethik

2.1 Ethik als Frage nach dem richtigen (moralischen) Handeln

Der Mensch kann die Welt, sei es die Alltags-, sei es die Geschäftswelt, durch sein Handeln gestaltend verändern. Allerdings sind ihm dabei aus zwei unterschiedlichen Perspektiven Grenzen gesetzt: einmal sachlich-technische Grenzen, d. h nicht jeder kann mit seinen Intelligenz-, Finanz-, Macht-, strategischen, organisatorischen etc. Fähigkeiten jedes beliebige Ziel erreichen. Positiv formuliert: Jeder Handelnde muss eine Vorstellung darüber haben, welche Ziele sich faktisch überhaupt erreichen lassen und welche Maßnahmen zur Erreichung eines Zieles geeignet und welche ungeeignet sind (= natürliche Grenzen). Daneben gibt es für diese Handlungsfreiheit aber auch „normative Grenzen", d. h der handelnde Entscheider kann auch nicht mit seiner Ausstattung an individuellen Möglichkeiten beliebig tun und lassen, was ihm gefällt. Seine Handlungs- und Entscheidungsfreiheit findet seine (normativen) Grenzen dort, wo die berechtigten (legitimen) Interessen anderer Menschen, Organisationen etc. berührt werden.

Mit dieser Freiheit zum Handeln geht zwangsläufig einher, dass jeder Handelnde seine Entscheidungen verantworten muss, d. h. dass ihm die Folgen seiner Handlungen zugerechnet werden. Damit stellt sich in einer offenen, freien Gesellschaft, die jedem Handelnden die Entwicklungsmöglichkeit seiner persönlichen Freiheit überlässt, immer die Frage nach dem richtigen, dem moralischen Handeln. Denn nur dem, der eine freie Willensentscheidung treffen kann, kann auch die Verantwortung zugemutet werden, sich zwischen „richtig" und „falsch" zu entscheiden. Hier ist nun der Ansatzpunkt, die zahlreichen Begrifflichkeiten ein wenig zu sortieren, die die komplexe Disziplin der Ethik mit sich bringt, um so diese Begrifflichkeiten für die hier darzustellende Unternehmensethik fruchtbar zu machen.

2.1.1 Begriffsklärungen: Moral, Werte, Ethik

Wie in vielen anderen Fachdisziplinen begegnet uns auch in der sehr komplexen Wissenschaft der Ethik eine verwirrende Vielfalt von Begrifflichkeiten, die zudem noch in der populären Alltagssprache wiederum eine andere Bedeutung erhalten haben. Insbesondere werden hier die Begriffe Moral, Werte und Ethik fast immer gleichgesetzt, also synonym benutzt. Dennoch erscheint es nützlich, sie gegeneinander abzugrenzen

Moral bezeichnet die in einer Gruppe, Organisation, Gesellschaft tatsächlich geltenden und notfalls erzwingbaren, an bestimmten Werten orientierten Normen (Regeln). Daher spricht man auch von einer Gruppen-, Betriebs-, Verbands-, Branchen- oder gesellschaftlichen (Bereichs-)Moral (z. B. Gesellschafts-, Wirtschafts-, Unternehmens-, Berufs-, Religions-, Individualmoral etc.). Gemeint ist dabei das moralische Werte-Niveau, wie wir es in einer Gruppe oder Gesellschaft zu einem bestimmten Zeitpunkt vorfinden.

> **Moral** = die in deiner gesellschaftlichen Gruppe tatsächlich geltenden, an Werten orientierten Normen bzw. Regeln

Unter **Werten** versteht man sozial anerkannte Orientierungsmaßstäbe für das jeweilige Entscheiden und Handeln von Personen und Gruppen. Der Wert-Inhalt ist insofern abhängig vom kulturellen und sozialen Umfeld, in dem er entstanden ist. Insofern kann er sich im Zeitverlauf ständig ändern.

Unternehmerische und humanistische Werte

Unternehmerische Werte		Humanistische Werte	
Macht	Effektivität	Leistung	Gleichheit
Elite	Belohnung	Schönheit	Freiheit
Wirtschaftlichkeit	Fairness	Sicherheit	Begeisterung
Teamwork	Konkurrenz	Frieden	Integration
Opportunität	Abwehr	Sich wohlfühlen	Humanität
Effizienz	Recht und Ordnung	Fürsorge	Sinn
		Balance	Solidarität

Der Auszug aus der oben vorgestellten „unternehmerischen" Werteliste enthält in knapper Form jene Werte, die Manager für Unternehmen als überlebenswichtig ansehen. Die „humanistische" Werteliste stellt Wertvorstellungen in den Vordergrund, die aufgrund zunehmenden Wertewandels heute in (Unternehmens-)Organisationen hoch geschätzt werden.

Das Problem bei der Bedeutung dieser Werte als Orientierungsmaßstab für „richtiges" Entscheiden liegt damit evident auf der Hand: Da ich mich meist in verschiedenen gesellschaftlichen Gruppen und Rollen bewege (Privatmensch, Verbraucher, Mitarbeiter, Geschäftsführer, Unternehmenseigentümer etc.), an welchen Werten orientiere ich mich, wie wäge ich warum mit welchen Ergebnissen ab? Um diese Fragestellungen kreist nun die Fachdisziplin der Ethik, wie im Folgenden kurz darzustellen ist.

> **Werte** = sozial anerkannte Orientierungsmaßstäbe für das Entscheiden von Personen und Gruppen
>
> Der Werte-Inhalt ist abhängig vom kulturellen und sozialen Umfeld, das sich im Zeitverlauf ändern kann.

Ethik befasst sich mit dem methodischen Nachdenken (Reflektieren) über diese faktisch geltende (Bereichs-)Moral mit ihren sie definierenden Werten und Normen. Die (Bereichs-)Moral fordert von den Mitgliedern ein bestimmtes Verhalten, das bei seinem Ausbleiben und dem daraus folgenden Regelverstoß entweder durch (bereichs-)gesellschaftliche Sanktionsmechanismen oder im härtesten Fall durch die Sanktionsmittel der staatlichen Rechtsordnung geahndet wird. Mit Ethik bezeichnet man die wissenschaftliche Überprüfung der in einer Gesellschaft geltenden und gelebten Normen und Werte. Ethik selbst formuliert also keine Werte und Normen, sondern fragt danach, wie sie begründet bzw. gerechtfertigt (legitimiert) werden. Sie fragt nach Abwägungskriterien und forscht nach schlüssigen und logischen Argumentationsmustern. Ethik ist insofern eine wissenschaftliche Methode, die mit Hilfe der menschlichen Reflexion ohne Bezug auf andere Autoritäten (wie Religion, Ideologien etc.) Aussagen über das richtige Handeln von Entscheidern entwickeln soll.

Kurz gesagt: (Bereichs-)Ethik als philosophische Disziplin entspricht der Theorie der (Bereichs-)Moral.

> **Ethik** = die wissenschaftliche Überprüfung der in einer Gesellschaft geltenden und gelebten Normen und Werte
>
> - Ethik formuliert bzw. schafft keine Werte und Normen;
> - Ethik fragt, wie vorhandene Werte und Normen begründet werden;
> - Ethik ist damit eine Methode, Aussagen über das richtige Handeln zu finden.

2.1.2 Ethik, Wirtschaft, Wirtschaftsethik, Unternehmensethik

Die Ethik haben wir oben als die Theorie der Moral gekennzeichnet. Sie sucht nach der Begründung für moralische Verhaltensnormen und nimmt zu Werten Stellung, d. h kategorisiert auf der Basis begründeter Werturteile Entscheidungen/Handlungen in „gut" und „schlecht" bzw. „richtig" und „falsch".

Die Ökonomik (bzw. Volkswirtschaftslehre) als wissenschaftliche Disziplin befasst sich mit der Frage, wie in einer Gesellschaft die zweckmäßige Nutzung knapper Ressourcen zu erfolgen hat. Die in einer Gesellschaft existenten Werte und Ziele werden von Ökonomen als gegeben betrachtet und dem gemäß auch bei anstehenden ökonomischen Handlungsentscheidungen keiner (bewerteten) Reflexion unterzogen. Als allein zulässig werden in den Wirtschaftsmodellen dieser Erfahrungs- und Tatsachendisziplin die Fragen nach der (Wirtschafts-)Realität in Form des „Was ist?" und „Warum ist das so?" zugelassen. Bewertende Fragen, die sich aus der Reflexion ergeben, ob bestimmte ökonomische Folgeerscheinungen auch so sein **sollten**, werden als unzulässig, zumindest als sehr hinderlich angesehen *(Noll, 2002, S. 31, 34)*.

Allerdings wurde und wird diese Disziplinentrennung aufgrund der zahlreichen sattsam bekannten Auswüchse von kapitalistisch-marktorientierten Wirtschaftssystemen zunehmend von der Gesellschaft nicht mehr hingenommen, und der Ruf nach „mehr Moral in der Wirtschaft" wurde und wird immer lauter *(vgl. z. B. unten die von Dietzfelbinger, 2004, S. 26, aufgeführten Gründe für Wirtschafts- und Unternehmensethik)*, erinnert sei hier nur beispielhaft an Großskandale wie BCCI, Pinto *(vgl. unten S. 163)*, Challenger, BART *(vgl. unten S. 164 f.)*, Exxon-Valdez, Bhopal, Seveso, Enron, Insider-Vergehen größten Ausmaßes wie Boesky, Freeman, Guinness, u. v. m. Das war die Geburtsstunde einer neuen Fachdisziplin: der Wirtschaftsethik. Sie hat somit zwei Mutterdisziplinen, die Ökonomik und die Ethik. Beide befassen sich mit menschlichem Handeln und Entscheiden, wenn auch aus verschiedenen Blickwinkeln. Die Ökonomik analysiert, welche Verhaltensmuster sich bei eigennützigem Verhalten des Menschen für Produktion und Verteilung ergeben, die Ethik, welche dieser Handlungen richtig, gut, (menschen)gerecht, legitim etc. sind und zu einem gelingenden und menschengerechten Leben führen. Wirtschaftsethik befasst sich demnach mit den Fragen, welches wirtschaftliche Handeln moralisch zu rechtfertigen ist und welches nicht.

Gründe für Wirtschafts- und Unternehmensethik:

- Abzocker-Mentalität
- Bestechung/Korruption
- Ellenbogengesellschaft
- Rolle der Unternehmen in der Gesellschaft
- Folgen technischer Innovation
- Globalisierung des Marktes
- Moralverlust
- Mobbing
- neue Arbeitsorganisation
- neue Armut
- öffentliche Beobachtung
- Ökonomisierung der Alltagswelt
- Orientierungslosigkeit
- rigorose Gesellschaft
- soziale Ungerechtigkeit
- Corporate Citizenship
- Strukturverlust
- Individualisierung
- Kommunikationsgesellschaft
- Kulturvermischung
- Leitfunktion der Wirtschaft
- Lobbyismus
- Medienkontrolle
- Umweltprobleme
- unbeabsichtigte Wirkungen
- unlauteres Geschäftsgebaren
- Unternehmenskultur
- Unternehmensphilosophie
- Verantwortung
- Vorbildfunktion
- Wertewandel
- Werteschöpfung
- Ziellosigkeit
- Zweidrittelgesellschaft

> **Wirtschaftsethik** = Eine Synthese aus den Fachdisziplinen Ökonomik und Ethik. Beide befassen sich mit menschlichem Handeln und Entscheiden, aber aus unterschiedlichen Blickwinkeln. Die Ökonomik analysiert, welche Verhaltensmuster sich bei eigennützigem Verhalten des Menschen für Produktion und Verteilung ergeben, die Ethik, welche dieser Handlungen richtig, gut, (menschen)gerecht, legitim etc. sind.

Wirtschaftsethik als (Wirtschafts-)Ordnungs- und Unternehmensethik

Vom Unternehmen aus betrachtet, behandelt die Wirtschaftsethik Fragen, die auf der Makroebene entstehen. So gesehen ergänzt sie die individualethische Führungsebene (Mikroebene) und die Unternehmensethik (Mesoebene).

Auf der Makroebene steht die Frage nach der gerechten Wirtschaftsordnung als Rahmenbedingung wirtschaftlichen Handelns und der Anwendung moralischer Maßstäbe in der Wirtschafts-, Rechts-, Finanz- und Sozialpolitik im Vordergrund. Damit untersucht die Wirtschaftsethik die gesamtwirtschaftlichen Handlungen im Hinblick auf ihre moralischen Konsequenzen.

2.1.3 Wirtschaftsethik als Unternehmensethik

Wirtschaftsethische Verantwortung trägt aber nicht nur der Staat für den Rahmen eines gerechten Wirtschaftens, sondern auch die handelnden Wirtschaftssubjekte selbst stehen unter der Verpflichtung moralisch vertretbaren Handelns. Träger wirtschaftlicher Aktivität sind aber in der heutigen Wirtschaft vor allem die Unternehmen. Wer in Unternehmen Leitungsfunktion wahrnimmt, beeinflusst das Schicksal nicht nur der im Unternehmen Beschäftigten, sondern darüber hinaus aller, die von der Wirtschaft abhängen, d. h der Gesamtgesellschaft.

Erläuterungsschaubild Ethik, Wirtschafts-, Unternehmensethik

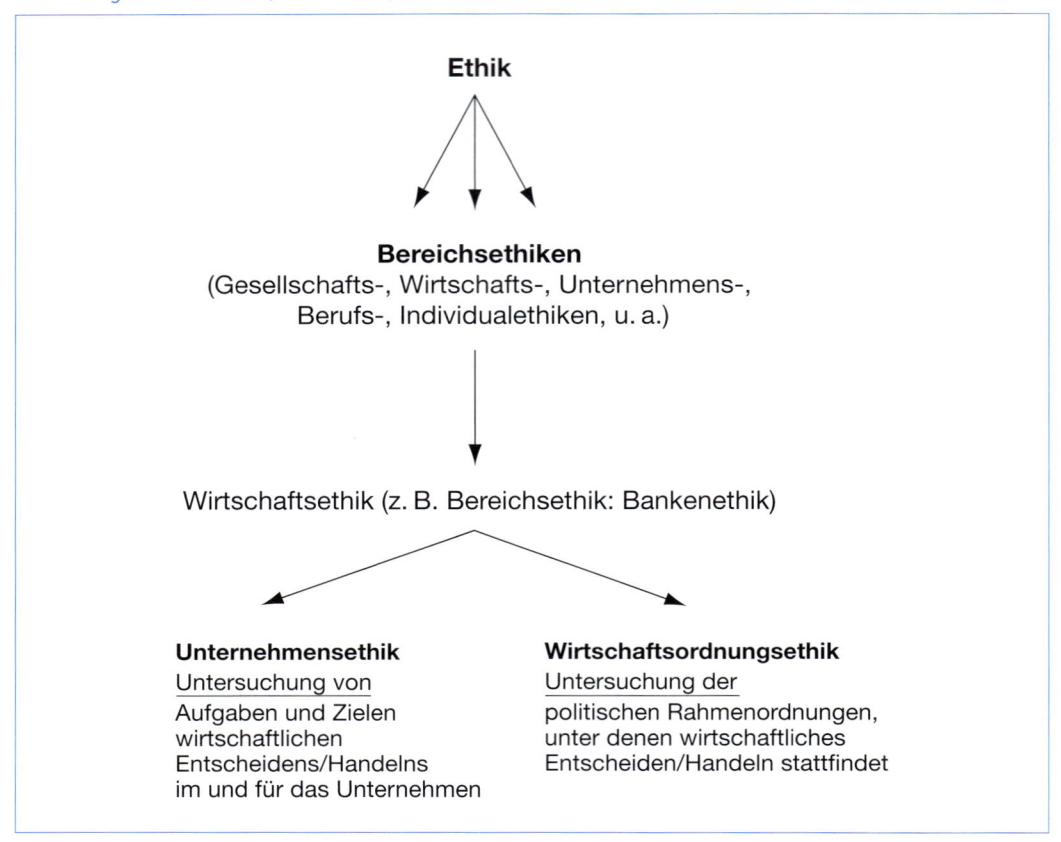

Ethik

↓

Bereichsethiken
(Gesellschafts-, Wirtschafts-, Unternehmens-,
Berufs-, Individualethiken, u. a.)

↓

Wirtschaftsethik (z. B. Bereichsethik: Bankenethik)

Unternehmensethik	**Wirtschaftsordnungsethik**
Untersuchung von Aufgaben und Zielen wirtschaftlichen Entscheidens/Handelns im und für das Unternehmen	Untersuchung der politischen Rahmenordnungen, unter denen wirtschaftliches Entscheiden/Handeln stattfindet

Aufgabe und Elemente der Unternehmensethik

Was ist aber nun konkret für die Praxis Aufgabe der Unternehmensethik? Wie wir oben schon gesehen haben, ist Unternehmensethik eng verbunden mit der Führungsethik (als der „Unternehmerethik"). Aber ihre Fragestellungen fassen weiter als die nach dem bloßen individuellen Führungsethos der einzelnen Führungskraft. Denn Unternehmensethik schließt das gesamte Unternehmen als Komplex ein und lässt sich folgendermaßen definieren:

> Unternehmensethik befasst sich zunächst mit der Frage, welche moralischen Normen und Werte unter den Bedingungen der modernen Wirtschaft und Gesellschaft von den Unternehmen selbst für ihr eigenes Dasein zur Geltung gebracht werden können. Dabei ist möglichst eine multiple win-Situation unter ökonomischen und ethischen Handlungsvoraussetzungen zu erstreben.
>
> Unternehmensethik thematisiert damit das Verhältnis von Moral und Gewinn in der Unternehmensführung und befasst sich dann mit der Frage, wie diese moralischen Normen und Werte unter den Bedingungen der modernen Wirtschaft und Gesellschaft von den Unternehmen auch nach außen hin geltend gemacht werden können."
> *(nach Homann/Blome-Drees, aus Dietzfelbinger, 2004, S. 149)*

Unternehmensethik umfasst also ein Unternehmen als Ganzes. Eine bestimmte Ethik oder Philosophie des Unternehmens (Unternehmenskultur, Corporate Identity) als Netzwerkkultur gelebten Verhaltens muss für alle an einem Unternehmen Beteiligte gelten und von allen Beteiligten gestaltet werden. Das heißt, zum konkreten Themengebiet der Unternehmensethik sind also sämtliche Bereiche zu rechnen, die die so genannten Außen- und Innenbeziehungen des Unternehmens betreffen.

Außenbeziehungen des Unternehmens sind dabei alle Kontakte, die mit Menschen oder Institutionen außerhalb des eigenen Betriebes gepflegt werden. Dazu gehören in erster Linie die Kunden, Lieferanten, Zulieferer, aber auch Institutionen, Gesetze, Handlungsnormen in den Kontaktgruppen sowie die Gesellschaft als Ganzes (ähnlich: die Stakeholder-Definition).

Interne Unternehmensbeziehungen betreffen all diejenigen Fragen, die nur auf das Unternehmen bezogen sind, wie z. B. Alterssicherung, Ausbildungssystem, betriebliches Vorschlagswesen, Fortbildungsmaßnahmen, Führungskräfteentwicklung, Gleichberechtigung der Geschlechter bzw. von Minderheiten, Korruption, Mobbing, Incentive-Strukturen, Umgang mit den Mitarbeitern u. v. a. m.

> Unternehmensethik untersucht das Verhältnis von Moral und Gewinn in der Unternehmensführung und befasst sich dann mit der Frage, wie diese moralischen Normen und Werte unter den Bedingungen der modernen Wirtschaft und Gesellschaft von den Unternehmen nach innen und außen hin geltend gemacht werden können.

2.1.4 Mögliche Ziele einer Unternehmensethik

Was kann ein Unternehmen gewinnen, wenn es Ethik bewusst als Teil seiner Unternehmenskultur begreift und ethische Überlegungen ausdrücklich fördert *(der Vorschlagskatalog nach Berkel/ Herzog, 1997, S. 42, ist nicht abschließend zu verstehen!)*? Es kann

- das Bewusstsein sensibilisieren, wo überall im Arbeitsalltag unternehmensethische Aspekte eine Rolle spielen und einzubeziehen sind,
- Führungskräften und Mitarbeitern ermöglichen, ihre ethischen Bedenken bei problematischen Entscheidungen zu artikulieren und ihren Anliegen Rechnung tragen,
- Entscheidungsregeln und -verfahren ausarbeiten, die bei ethischen Fragestellungen angewendet werden können,
- einen unternehmensweiten Dialog über die grundlegenden Werte und verbindlichen Normen in Gang setzen mit dem Ziel, einen einvernehmlichen Konsens zu finden,
- die Verpflichtung aller auf die gemeinsamen Werte und Maßstäbe sicherstellen und damit die Motivation von äußeren Anreizen (z. B. Korruption) teilweise unabhängig machen,
- die Mitarbeiter veranlassen, ihre eigenen Wertüberzeugungen und moralischen Grundhaltungen selbstkritisch zu überprüfen und vernünftig zu begründen,
- für die Bedingungen im eigenen Arbeitsumfeld sensibilisieren, die geändert werden müssen, damit moralisch gehandelt werden kann,
- den Mitarbeitern ermöglichen, in Übereinstimmung mit ihren eigenen Grundüberzeugungen zu handeln und damit erst wirklich produktiv zu sein.

2.2 Die Notwendigkeit von Unternehmensethik

Als zentrale Gründe für die Forderung und Notwendigkeit einer Unternehmensethik lassen sich aus der aktuellen Diskussion drei Problemfelder herausfiltern.

2.2.1 Negative externe Effekte des Wirtschaftens

Optimistische, theorieorientierte Anhänger der neoliberalen Schule vertreten zwar immer noch die Ansicht, dass in einer marktorientierten Wettbewerbswirtschaft für eine spezielle Unternehmensethik keine Notwendigkeit bestünde, da ja „die unsichtbare Hand" des Marktes *(Adam Smith)* den Koordinationsmechanismus und den Gleichgewichtsprozess im Preissystem zu einem wirtschaftlichen Optimum führen würde. Dadurch zwänge dieser so ausgelöste Konkurrenzdruck das Unternehmen zu ökonomisch richtigem und damit gemeinwohlorientiertem, moralischem Handeln.

Die (ökonomische) Realität hat aber eindrucksvoll gezeigt, dass eine automatische Disziplinierung der handelnden Wirtschaftsakteure durch Markt- und Wettbewerbsmechanismen nicht beobachtet werden kann, so dass erhebliche negative externe Effekte des Wirtschaftens mit ihren nicht hinnehmbaren sozialen und ökologischen Folgekosten entstanden sind.

> **„Externe Effekte"** (auch als externalities, spill-overs, neighbourhood effects, social costs and benefits bezeichnet) sind allgemein positive und negative Wirkungen des Wirtschaftens, die von privatem, öffentlichem und ausländischem Konsum oder Produktion auf Dritte ausgehen, ohne dass diese als Empfänger der Vorteile etwas dafür bezahlen oder als Träger der Nachteile (externe Kosten) dafür entschädigt werden *(Hohlstein u. a., 2003, Lexikon der Volkswirtschaft).*

*Von besonderer Bedeutung sind dabei vor allem die **negativen externen Effekte**, auch externe Kosten genannt, wie typischerweise z. B. im Umweltbereich. Der Hauptgrund für die Nichterfassung dieser externen Kosten ist darin zu sehen, dass die Nutzung des weitgehend „freien Gutes" Umwelt keinen Preis hat und das Marktsystem somit auch nicht die Knappheit dieses Gutes signalisiert (diesen Gedanken kann man analog auch auf das Phänomen Korruption übertragen; hier wäre das „freie Gut" die Vertrauenskultur, nach marktgerechten Regeln zu wirtschaften, vgl. zur Korruption auch näher unten S. 688, 720). Vor diesem Hintergrund lenken die Marktsignale die Produzenten und Konsumenten in die falsche Richtung; der marktwirtschaftliche Steuerungsmechanismus versagt. Als Folge dieser externen Effekte werden z. B. umweltbelastende Güter mit zu niedrigen Kosten kalkuliert und angeboten, als dies bei Belastung mit allen durch sie verursachten Kosten der Fall wäre. Durch diese verzerrte Preisbildung tritt bei zu hoher Produktion von Umweltproblemgütern eine Fehlsteuerung von Produktion und Verbrauch auf, die mit entsprechenden Umweltschäden verbunden ist (Boller/Schuster, 2006, S. 267).*

Selbst eine durch Wirtschaftsrechtssysteme verbesserte Rahmenordnung mit regulierenden staatlichen Zwangsmitteln wird diese negativen Effekte nicht (völlig) beseitigen können.

2.2.2 Begrenzte Steuerungs- und Koordinationsfähigkeit des Rechts

Da sich ein Großteil der moralischen Wert- und Normorientierungen im Recht und in den Gesetzen unserer Rechtsordnung niederschlagen, erfüllt der Entscheider bei Beachtung des Rechts automatisch einen Großteil seiner ethischen Pflichten. Doch auch hier zeigt sich – selbst in tendenziell überregulierten Rechtsordnungen wie der deutschen –, dass zum einen gesetzgebungstechnische Schwierigkeiten erhebliche Orientierungslücken offen lassen, wenn es um die regelungsmäßige Erfassung und Steuerung von komplexen sozialen und wirtschaftlichen Zusammenhängen geht. Hier also muss die Unternehmensethik Regelungsdefizite des Rechts notwendigerweise ergänzen, um so eine hinreichende Konfliktregelung zwischen Unternehmen und Umwelt zu sichern.

Zum anderen kommen zu diesen gesetzgebungstechnischen Problemen noch die Steuerungs- und Vollzugsdefizite hinzu. Die hochgradige Arbeitsteilung in Großunternehmen und die damit verbundene Aufteilung von Entscheidungen in der Unternehmenshierarchie führt nämlich zu der vielfach festgestellten „organisierten Unverantwortlichkeit" *(Gerum, 1992, S. 256)*. Einzelne Organisationsmitglieder vertrauen, was die Bedeutung und Folgen ihrer Handlungen und Entscheidungen hinsichtlich rechtlicher Regelungen anbelangt, schlicht auf die Kontrolle übergeordneter Instanzen und fühlen sich so (fälschlicherweise) moralisch entlastet.

2.2.3 Recht in Zeiten gesellschaftlichen Wandels

Recht ist – im ursprünglichen und besten Sinne des Begriffs – konservativ-statisch. Es soll verlässliche Handlungsorientierungen geben, die vor allem im Wirtschaftsbereich auch einen Vertrauenstatbestand für zukünftige wirtschaftliche Dispositionen ermöglichen sollen, also Rechtssicherheit schaffen. Wert- und Moralvorstellungen in der Gesellschaft ändern sich aber dynamisch, sei es durch neue gesellschaftliche Konfliktarten, durch technologische Veränderungen oder der Angst vor neuen Technologien, die z. B. irreversible (nicht rückgängig machbare) Veränderungen in den Genpotenzialen der Nahrungsketten bzw. der Menschen selbst auslösen können. Hier können neuartige Sachverhalte in einer Geschwindigkeit entstehen, auf die eine konservativ-statische Rechtsordnung nicht rechtzeitig zu reagieren vermag.

Doch es gibt auch noch eine weitere, umgekehrte Problematik, die sich aus dem Spannungsverhältnis einer „Wert-konservierenden" Rechtsordnung und sich dynamisch verändernden Wert- und Moralvorstellungen in einer Gesellschaft ergeben können: Wertvorstellungen, die sich in heutigen Rechtsnormen niederschlagen, werden aufgrund von Wertewandel nicht mehr ernst genommen, ja abgelehnt und als „unrichtig" bzw. „Unrecht" angesehen. Natürlich gilt das Recht in dieser Situation! Recht, das aber abgelehnt und nicht ernst genommen wird, verliert in der Rechtswirklichkeit eine elementare, notwenige Voraussetzung seiner Wirkung: Im Rechtsstaatsmodell freiheitlicher Demokratien basiert die Wirkung des Rechts auf der rechtstreuen Befolgung dieser Normen! Wird diese Rechtstreue „aufgekündigt", haben wir zwar eine „legale Norm", aber es stellt sich die Frage nach ihrer Rechtfertigung (Legitimität). Um zu beweisen, dass solche Überlegungen nicht bloße Theorie darstellen, braucht gar nicht auf die immer wieder zitierten „wirtschaftsferneren" Beispiele der aktiven und passiven Sterbehilfe o. Ä. zurückgegriffen zu werden. Denn auch die Insider-Handel-Problematik kann in diese Problemkategorie eingeordnet werden.

Mit Einführung des Wertpapierhandelsgesetzes (WpHG) wurde der Insider-Handel unter Strafe gestellt. Es wurde in den §§ 13 Abs. 1, 14 Abs. 1, 2 WpHG definiert, was im Rahmen des Gesetzes als eine Insider-Information gelten soll und wer Insider ist. Demnach ist das jeder, der Kenntnis von einer nicht veröffentlichten Tatsache hat, die sich auf einen oder mehrere Emittenten von Insider-Papieren oder auf Insider-Papiere beziehen und geeignet ist, im Falle ihres öffentlichen Bekanntwerdens den Kurs der Insider-Papiere erheblich zu beeinflussen.

Das ganze Gebäude des Insider-Rechts wird von der Erkenntnis getragen, dass Informationen über Geld nahezu so wichtig sind wie Geld selbst und deshalb der Gesetzgeber die gleichzeitige Nutzung von neuen Tatsachen durch alle Marktteilnehmer anzustreben hat. Die hoch strafbewehrte (gem. § 38 Abs. 1 WpHG: bis zu fünf Jahre Freiheitsstrafe oder Geldstrafe, bei der sich die Strafbefehlshöhe an der Höhe des erzielten Gewinns orientiert) und administrativ anspruchsvolle Lösung des WpHG hat die Informationspolitik der börsennotierten Gesellschaften grundsätzlich geändert und erweitert und so ein erstes Ziel erreicht *(Claussen, 2003, § 9 Rdnr. 101)*.

Trotz dieser gesetzlichen Regelung und ihrer rechtspolitischen Bewertung ist die Debatte über die wirtschaftliche und moralische Einschätzung des Insider-Handels nicht zur Ruhe gekommen. Die Bandbreite der Einschätzungen geht von ethisch durchaus vertretbar und damit zur Ablehnung der Strafnorm bis hin zur klaren Akzeptanz der Illegalität und moralischen Ächtung solcher Verhaltensweisen.

Die Befürworter der Nutzung von Insider-Informationen, die damit auch nicht in der Lage sind, ein klares Unrechtsbewusstsein zu entwickeln, halten z. B. an der Meinung eines so genannten ‚victimless crime' bzw. eines „Betruges ohne Geschädigten" fest. In ihren Augen gibt es keinen direkt Geschädigten. Sie bewerten die Effizienz des Marktes höher, da Insider-Geschäfte zu einer schnelleren Verbreitung und Assimilation von Informationen beitragen und so die Allokationseffizienz der Börse gesteigert würde *(Seidel, 2006, S. 699)*.

So wies das OLG Frankfurt im April 2000 endgültig die Eröffnung eines Strafverfahrens gegen den Börsenjournalisten Egbert Prior ab. Prior hatte in der TV-Sendung 3SatBörse u. a. Aktien von SCM und Mobilcom empfohlen – nachdem er sie zuvor privat gekauft hatte. Im April wurde das Verfahren endgültig eingestellt. „Man hat versucht, mich zu kriminalisieren," sagt Prior. Das BaWe bleibt aber bei seinem Vorwurf. „Das Gericht hat bestätigt, dass es strafbar ist, Aktien in Kenntnis einer bevorstehenden Empfehlung zu kaufen und den Kursgewinn für sich zu nutzen", sagt BaWe-Vizepräsident Georg Dreyling. Trotzdem kam Prior ungeschoren davon. Der Grund: Man könne ihm nicht nachweisen, dass er, als er die Aktien kaufte, bereits vorhatte, sie in der TV-Sendung zu empfehlen (...) (Quelle: Reimer, H.: Aufpumpen und abstoßen, in: Wirtschaftswoche Nr. 35, 2000, S. 122).

(...) Und so mag der Börsenexperte Prior auch nicht einsehen, warum gerade er wegen Insider-Handels bestraft werden soll: „Bei den Banken ist es doch geradezu die Regel, dass sie die Aktien empfehlen, die sie selbst halten." (...) (Quelle: Nölting, A.: Sensible Studien, in: managermagazin, 1/1999, S. 138)

Dazu kommt, dass oftmals der Austausch von Insider-Informationen von den Unternehmen selbst betrieben wird, um größere Transaktionen wie Übernahmen oder den Erwerb von Beteiligungen kursschonend vorzubereiten.

Es soll in diesem Zusammenhang nicht auf die eindeutige Ablehnung dieser Haltung durch die herrschende Meinung näher eingegangen werden, die der Ansicht ist, dass solche Geschäfte den unkundigen Geschäftspartner übervorteilen, für das Börsengeschehen abträglich sind, die Marktwirtschaft diskreditieren und den Insider, der seine Insider-Kenntnisse aus beruflichen Quellen hat, die er privat ausnutzt, als einen ungetreuen Sachwalter entlarvt *(Claussen, 2003, § 9 Rdnr. 89)*. Hier sollte nur gezeigt werden, wie problematisch das Auseinanderfallen der Bewertung von aktuellen Rechtsnormen und ethischer Akzeptanz (auch im Wirtschaftssektor) sein kann.

Spannungsverhältnis von Recht und Ethik

Aus den oben angedeuteten Steuerungs- und Koordinationsdefiziten des Rechts, seinen Vollzugs- und Anpassungsdefiziten an gesellschaftlich-dynamische Veränderungen in Wert- und Moralfragen, lässt sich ein so genanntes **Spannungsverhältnis von Recht und Ethik** feststellen *(Gerum, 1992, S. 258)* und wie folgt schematisieren:

Spannungsverhältnis von Recht und Ethik

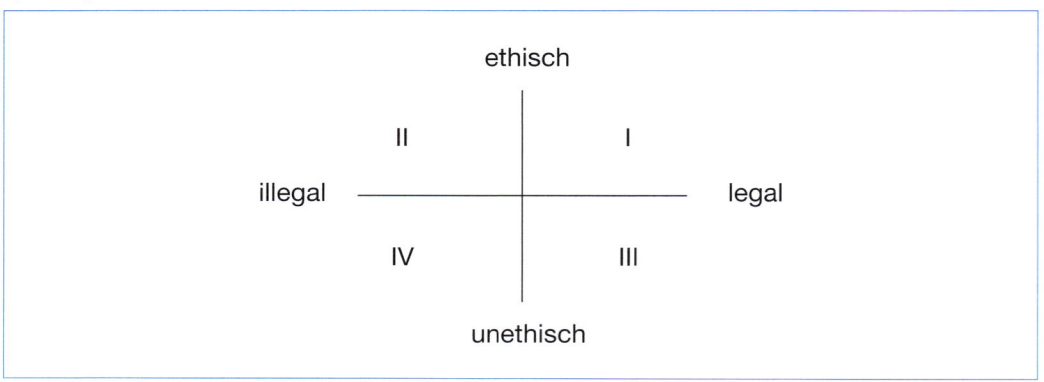

```
                    ethisch
                       |
            II         |         I
                       |
   illegal ────────────┼──────────── legal
                       |
            IV         |         III
                       |
                   unethisch
```

Hierbei müssen die Quadranten I und IV nicht kommentiert werden. Quadrant II wird erfasst durch z. B. sämtliche Probleme der Gentechnik und ihrer wirtschaftlichen Nutzbarkeit, aber auch in der Problematik der dargestellten Bewertungen des Insider-Handels. Quadrant III beschreibt die Situation, in der sich die meisten Konfliktsituationen der Unternehmensethik entwickeln: Eine bestimmte Handlung eines Unternehmens ist legal, wird aber von der Gesellschaft als nicht moralisch empfunden. Das Aufsehen erregende „Klassiker-Beispiel" ist hier der „Bohrinsel/Brent Spa"-Fall:

„(...) belegen die Ereignisse um den Versuch des britisch-niederländischen Shell/Royal-Dutch-Konzerns, die Öllagerplattform Brent Spa in der Nordsee zu versenken. Der dadurch entstandene Umweltkonflikt könnte als Lehrbeispiel für negatives unternehmerisches Handeln in einem umweltbewussteren Umfeld dienen. Der Ölkonzern nahm die weltweit vehementen Proteste gegen die Versenkung dieser Ölplattform nicht ernst und musste vor allem in Deutschland und Holland im Tankstellengeschäft teilweise drastische Umsatzrückgänge von über 50 % hinnehmen.

Vor allem die schrumpfenden Umsätze in Deutschland (die etwa 11 % des internationalen Geschäfts im Shell-Konzern ausmachen) und der rasche Image-Verlust veranlassten das Management schließlich, von der Versenkung in der Nordsee Abstand zu nehmen. Hier zeigte sich sehr deutlich, dass der Faktor Ökologie sehr wohl eine immer stärker werdende Bedeutung in der durch Medien aufgeklärten Gesellschaft einnimmt. Es zeigte auch auf, wie sich gesellschaftlicher Unmut ökonomisch kanalisieren lässt, und wie ökologische Faktoren Eingang in unternehmenspolitische Entscheidungen finden können." (Nguyen-Khac/Homolka, 1995, S. 589)

Aufgaben der Unternehmensethik:

- Negative externe Effekte des Wirtschaftens ausgleichen
- Erkenntnis der begrenzten Steuerungs- und Koordinationsfähigkeit des Rechts
- Erkenntnis des Spannungsverhältnisses einer „wertkonservierenden" Rechtsordnung
- und der Probleme sich dynamisch verändernder Wert- und Moralvorstellungen in der Gesellschaft

2.3 Die Möglichkeit von Unternehmensethik

Unternehmensethik ist bisher erkannt als notwendige Ergänzung und Korrektiv zum Markt und zum Recht. Aber haben denn Unternehmen im Konkurrenzkampf überhaupt die *Möglichkeit*, d. h. genügend Handlungs- und Entscheidungsspielraum, um hochgesteckten moralischen Anforderungen Rechnung zu tragen? Ist Unternehmensethik also unter den Zwängen des Wettbewerbs überhaupt möglich (z. B. wird regelmäßig behauptet, ethisches Handeln schmälere grundsätzlich den Gewinn)? Wenn nicht, besteht die Gefahr der Entwicklung von abstrakten Utopien, die nur an der Realität scheitern können und Kritikern und Zynikern des Themas Unternehmensethik in die Hände spielen würden *(so auch Löhr, 1996, 52 f., 66 ff.)*.

Dies lässt sich in einer Wettbewerbswirtschaft letztendlich immer nur für konkrete Märkte und Situationen beantworten.

2.3.1 Ökonomisch-strategische Spielräume für Unternehmensethik

Die neueren Ergebnisse der Forschung zum Verhältnis von Marktstruktur und Unternehmensstrategie ergeben aber eindeutig *(vgl. z. B. Noll, 2002, S. 97)*, dass für Unternehmen Spielräume und Ressourcen für moralisches Handeln bestehen – wenn auch durch den Wettbewerb in unterschiedlicher Weise begrenzt. Zudem verfügen Unternehmen über besondere Sachkenntnisse und Kompetenzen, die sich auch für den kreativen Einsatz moralischer Anliegen nutzen lassen.

Die Möglichkeit der Unternehmensethik liegt vor allem in der Einsicht begründet, dass Moral stets ebenfalls ökonomische Folgen haben wird. Aber eben nicht nur die kurzfristig kostenverursachenden, also restriktiv-einengenden Folgen, sondern mittel- und langfristig vermag die konsequente Verfolgung moralischer Standards zu einem erfolgreichen und innovativen neuen Strategieansatz zu führen, der auch neue Geschäftsmöglichkeiten eröffnet *(Wieland, 2005, S. 34 ff.)*. Denn die Einhaltung moralischer Standards reduziert Transaktionskosten bei Vertragsabschlüssen mit Arbeitnehmern, Abnehmern, Kunden, Lieferanten, Kapitalgebern, Verwaltungsbeamten, Politikern und erleichtert die Kommunikation im Unternehmen und mit Marktpartnern.

Gegenbeispiel. „Korruption":

Korruption bedingt Verzerrungen im Wettbewerb. Nicht das leistungsfähigste Unternehmen erhält einen Auftrag, sondern dasjenige, das am skrupellosesten Bestechungsgelder zahlt (hierzu und zum Folgenden Noll, 2002, S. 178 f.). Branchenflächendeckende Korruption führt zu höheren Transaktionskosten und Risiken, nicht aber zu verbesserten Marktergebnissen. (...) Die Wirtschaftsakteure müssen sich zudem vielfach auf unproduktive Aktivitäten konzentrieren. Ressourcen werden nicht in die Produktion von neuen Gütern gesteckt, sondern in aus gesamtwirtschaftlicher Sicht ineffiziente Korruptionsaktivitäten. So berichtet die Weltbank, dass Geschäftsleiter in Ländern mit hohem Korruptionsaufkommen mehr als ein Drittel ihrer Arbeitszeit damit verbringen, Verhandlungen mit Staatsangestellten, Politikern oder Wirtschaftsakteuren über Bestechungsgelder zu führen.

Möglichkeiten der Unternehmensethik:

Sie liegt in der Einsicht begründet, dass Moral stets ebenfalls ökonomische Folgen haben wird, aber nicht nur kurzfristig kostenverursachende, sondern auch mittel- und langfristig bei konsequenter Verfolgung moralischer Standards erfolgreiche und innovative Geschäftspotenziale ermöglicht.

2.3.2 Unternehmensethik als moderner Strategieansatz

Die Erkenntnis der durch Unternehmensethik produzierbaren kreativen und innovativen Potenziale, die mit einer entsprechend konsequent verfolgten Unternehmensstrategie abgeschöpft werden können, erweitern damit also die klassische Strategielehre. Herkömmlich sieht strategisches Management immer Chancen und Risiken des Marktes, überlegt also „what a company might do". Die daraus festgestellten unternehmerischen Möglichkeiten werden dann abgeglichen mit den Stärken und Schwächen des Unternehmens im Sinne eines „what a company can do". Das ideale Unternehmen spiegelt zudem diese tatsächlichen Möglichkeiten an dem eigenen Wertsystem und wählt die nur zu ihm passende Strategie im Sinne eines „what a company should do".

In diesem herkömmlichen Strategieverständnis besteht also die Möglichkeit der Unternehmensethik vorwiegend in der Beschreibung der Handlungsrestriktionen von möglichen Management-Entscheidungen.

Gerade aber hinsichtlich der oben angeführten kreativen Innovationsmöglichkeiten besteht in einem neueren Strategieansatz die Möglichkeit der Unternehmensethik darin, eine Investition in den künftigen unternehmerischen Erfolg, also in eine nachhaltig erfolgreiche Geschäftspolitik darzustellen. Damit kann man als neueren Strategieansatz das Verhältnis von Strategie und Unternehmensethik als *Komplementärverhältnis* verstehen, d. h. die Unternehmensethik stellt stets – wie bisher – korrigierende Handlungsrestriktionen dar, eröffnet aber gleichzeitig *neue Marktchancen* und begründet *neue Geschäftsmöglichkeiten*.

Beispiele:

Prominente Beispiele lassen sich vor allem bei der unternehmensethischen Orientierung an „nachhaltigem Wirtschaften" finden:

- *Kategorie: Marktoffensive durch nachhaltiges Wirtschaften:*

    - *Gardena: Die Umstellung der Produktverpackung spart umweltschädliche Blisterfolie, reduziert die Kosten und schafft Kundennähe. Eine geglückte Idee zur Versöhnung von Ökologie und wirtschaftlichem Erfolg.*

    - *Migros: Einzelhandelskonzern setzt auf das Marketing-Instrument Umweltschutz und durchforstet systematisch sein Unternehmen. Einzelhändler können gleichzeitig Gewinne erzielen und ökologisch fortschrittlich handeln.*

    - *Henkel: Durch die Einführung umweltverträglicher Waschmittel wird die Wettbewerbssituation gestärkt und der Marktanteil ausgebaut. Das Unternehmen antizipiert gesetzgeberische Maßnahmen. Schrittweiser, gut abgesicherter Strukturwandel mit ökonomischer und ökologischer Zielsetzung.*

- *Kategorie: Kosteneinsparungen durch nachhaltiges Wirtschaften:*

    - *Merckle/ratiopharm: Vom größten Müllerzeuger zum Vorbild in der Region. Ökobilanz als konzeptioneller Hintergrund.*

    - *Landesgirokasse: Eine Bank erzielt mit der Einführung eines Abfallwirtschaftskonzeptes Kostenreduktion und steigert Mitarbeitermotivation.*

    - *Daimler-Benz: In den Umweltleitsätzen des Konzerns sind auch die Aufgaben der Umweltbevollmächtigten verankert. Als Beispiel für die Verwirklichung der Leitsätze wird die Lackschlammverwertung bei Mercedes-Benz dargestellt. Zentralisierte Führungsstrukturen für eine gewaltige Lenkungsaufgabe.*

- *Kategorie: Nachhaltiges Wirtschaften durch Öko-Bilanzierung:*

    - **Boehringer:** *Der Brand bei Sandoz in Basel 1987 wurde bei Boehringer Mannheim zum Anlass für eine breit angelegte Auditierung des Gesamt-Werkes mit dem Schwerpunkt des Umgangs mit gefährlichen und umweltrelevanten Stoffen. Pragmatischer Einsatz des Instruments des Umwelt-Audits mit Koppelung an das Qualitätssicherungssystem.*

    - **Kunert:** *Die Firma Kunert ist das wohl erste Unternehmen der Textilbranche, das mit einem Umweltbericht an die Öffentlichkeit treten konnte. Heute ist die Öko-Bilanz bei Kunert ein Instrument gezielter Umweltpolitik.*

    (Majer, 1995, S. 53 ff.)

Beispiele aus dem Bankensektor – ethische Investments:

„*Das wertorientierte Investment gewinnt an Gewicht. Auf dem amerikanischen Kapitalmarkt etwa werden bereits mehr als zehn Prozent aller neu getätigten Geldanlagen nach Kriterien wie Ethik und Umweltschutz investiert. Anleger und Portfolio-Manager mit entsprechenden Präferenzen sind auf der Suche nach den gewünschten Unternehmensinformationen freilich selten erfolgreich. Das Rating unter ethischen und ökologischen Aspekten will diesem Mangel abhelfen.*

Die Idee, bei der Geldanlage bestimmte Werte in den Vordergrund zu stellen, erfährt seit einigen Jahren verstärkten Zulauf, da viele Anleger bei der Kapitalanlage nicht mehr nur an die Rendite, sondern auch an die Umwelt und die Moral denken. (...) Dass dieses gesellschaftliche Umdenken nicht nur auf theoretisch-wissenschaftlichen Annahmen beruht, belegen Untersuchungen. So ergab eine Studie des Instituts für Markt-Umwelt-Gesellschaft e.V. (imug), durchgeführt in Zusammenarbeit mit Emnid, dass eine Bedeutungszunahme von ökologischen und ethischen Präferenzen bei großen Teilen der deutschen Bevölkerung festzustellen ist. Die damit verbundenen Veränderungen im Konsumentenverhalten stellen die Unternehmen vor die Aufgabe, eine auf gesellschaftliche und ökologische Belange ausgerichtete Unternehmenspolitik zu verfolgen, damit dem sich verändernden Kaufverhalten Rechnung getragen werden kann. (...)" *(Quelle: Nguyen-Khac/Homolka, 1995, S. 583 f.)*

„*(...) Der Markt für ethische Kapitalanlagen soll in Deutschland nach Schätzungen von Experten mittlerweile ein Volumen von gut zwei Milliarden Euro haben. (...)*" *(Quelle: Hrsg. Finanztest: Rendite mit gutem Gewissen, in: Finanztest 10/2002, S. 30)*

Der neuere **moderne Strategieansatz** versteht das Verhältnis von Unternehmensstrategie und Unternehmensethik als Komplementärverhältnis. Das heißt, die Unternehmensethik stellt zwar wie bisher korrigierende Handlungsrestriktionen dar, wird aber gleichzeitig erkannt als Eröffner neuer Marktchancen mit neuen Geschäftsmöglichkeiten.

2.4 Unternehmensethische Inhalte und Konflikte

Als Abschluss des Kapitels Grundlagen der Unternehmensethik soll ein kurzer Einblick in typische Wertkonflikte zwischen ökonomischen und ethischen Normen in der unternehmerischen Praxis gegeben werden, ohne zu weit dem Kapitel Bankenethik vorzugreifen. Dabei können **typisierte Konfliktfelder** ausgemacht werden, in denen in konkreten Entscheidungssituationen verschiedene Handlungsalternativen unterschiedliche **Konfliktformen** zu Tage treten lassen.

Dabei unterscheidet man folgende Konfliktformen *(Noll, 2002, S. 109)*:

- Intrapersonelle Konflikte als Wertkonflikte einer Person;
- innerorganisatorische Konflikte bzw. intra-firm-Konflikte als Konflikte innerhalb des Unternehmens;
- Konflikte zwischen Unternehmen und Marktpartnern, also zumeist aus inter-firm-Beziehungen erwachsende Konflikte und
- Konflikte zwischen dem Unternehmen und der Gesellschaft, auch extra-firm-Konflikte genannt.

Diesen vorgestellten Konfliktformen kann man folgende, nicht abschließend aufgezählte Konfliktfelder zuordnen *(Noll, 2002, S. 109–113)*:

Intrapersonelle Konflikte

Sie resultieren daraus, dass aus der Sicht des Mitarbeiters Erwartungen oder Interessen aufeinandertreffen, die nicht miteinander vereinbar sind.

Beispielsfragestellungen:

Sollen z. B. gewisse Sicherheitsvorschriften oder ökologische Konsequenzen des Handelns bedacht werden oder muss der Loyalität gegenüber dem Unternehmen Rechnung getragen werden, das dadurch finanzielle Schwierigkeiten erwartet?

Darf man sich den opportunistischen Gepflogenheiten z. B. bei Abrechnung von Spesen oder Stundensätzen gegenüber dem Kunden innerhalb einer Abteilung anpassen, auch wenn moralische Anliegen wie Ehrlichkeit oder Fairness dem Kunden gegenüber auf der Strecke bleiben?

Oder: Mitarbeiter können berufliche und familiäre Verpflichtungen nicht befriedigend in Einklang bringen (vgl. dazu z. B. auch den Fall „Die Kreditkündigung" in den Fallstudien der Arbeitsmaterialien) und lassen unbefriedigende Privatprobleme zu so gravierenden Problemen werden, dass sie sich in Krankheit oder problematische Verhaltensweisen wie Alkohol- und Tablettensucht flüchten etc.

Oder: Wie löst der Betroffene Dilemmasituationen zwischen seiner beruflichen Karriere, unangenehmen unternehmerischen Entscheidungen und persönlichen Wertvorstellungen?

A. Agil, einem relativ jungen Mitarbeiter des multinationalen Konzerns A-AG, wird eine Führungsposition in der wirtschaftlich angeschlagenen Tochtergesellschaft, der B-AG, angeboten. Allerdings wird Agil die Aufgabe erteilt, bei Übernahme der Tochter 30 Mitarbeitende zu entlassen, um die B-AG zu retten. Agil weigert sich allerdings, da er erkennt, dass die Fehler nicht bei den Mitarbeitenden, sondern beim Management der Muttergesellschaft liegen. Agil will seiner Beförderung nur zustimmen, wenn die beschlossenen Entlassungen der altgedienten Mitarbeitenden zurückgenommen werden (Beispiel angelehnt an Dietzfelbinger, 2004, S. 241).

Intra-firm-Konflikte

Ein klarer Schwerpunkt an unternehmensethischen Konfliktsituationen bieten die innerorganisatorischen Konflikte, bei denen vor allem Fragestellungen und Problemsituationen betroffen sind, die die Zusammenarbeit der internen Stakeholder-Gruppen – Management, Mitarbeiter (und Kapitalgeber) – miteinander und untereinander betreffen.

Hierher gehören alle bekannten personalethischen Probleme aus dem Bereich Personalpolitik/Personalführung. Als Beispiele seien nur erwähnt:

- Mangel an Aufrichtigkeit, Ehrlichkeit, Offenheit (unzureichende, irreführende oder unehrliche Informationen; fehlende Bereitschaft, Fehler einzugestehen; Versuch, sich auf Kosten anderer (Abteilungen) zu profilieren etc.
- Fehlende Glaubwürdigkeit (Auseinanderfallen von Lippenbekenntnis und Tun)
- Messen mit zweierlei Maß: für sich selber Entfaltungswerte (Eigenständigkeit, Eigenverantwortung, Partizipation, Kreativität) reklamieren, von den Mitarbeitern aber Pflichtwerte (Ordnung, Disziplin, Legalität, Gründlichkeit, Zuverlässigkeit) einfordern
- Problematische Kriterien bei Entlassungen (aber auch Einstellungen)
- Unzulängliche Identifikation mit den Unternehmen (mangelndes Kostenbewusstsein, leichtfertiger und verschwenderischer Umgang mit Ressourcen)
- Diskriminierung von weiblichen und männlichen Mitarbeitern, sexuelle Belästigung oder Mobbing
- u. v. a. m.

Sie sind ein männlicher Manager in Ihrer Abteilung; die Mehrzahl der Angestellten ist weiblich. Sie haben einen männlichen stellvertretenden Manager, der etwa in einem Jahr in den Ruhestand tritt. Er hat die Angewohnheit, weibliche Angestellte „Schätzchen" oder „Liebes" zu nennen, sie am Arm zu berühren, wenn er mit ihnen spricht, und zweideutige Witze zu erzählen, die, wie Sie glauben, einige der Frauen als peinlich empfinden. Sie haben den stellvertretenden Manager wegen seines Verhaltens angegangen, und er hat Ihnen erwidert: „Ich bin nur freund-

lich, die Mädchen kennen mich." Sie denken, dass es das Risiko einer Klage wegen sexueller Belästigung gibt, was dem Ruf des Unternehmens und Ihnen Schaden zufügen könnte.
Frage zum Weiterdenken:

Wenn die Opfer unethischen Verhaltens sich nicht beschweren, ist dann ein Einschreiten von dritter Seite zu rechtfertigen, um die Situation in Ordnung zu bringen? (Lynch, 1996, S. 52)

Inter-firm-Konflikte

Bei dieser Konfliktform geht es um typische Konfliktlagen zwischen dem Unternehmen und *externen Stakeholder-Gruppen*. Hierzu gehören Kunden, Zulieferer, Wettbewerber und Fremdkapitalgeber. Damit sind Beziehungen angesprochen, die über Märkte vermittelt werden, und das unternehmensethische Anliegen besteht in der Vermittlung stabiler, vertrauensvoller Beziehungen, Kooperationen bzw. Partnerschaften.

Unternehmensethische Konfliktfelder entstehen hier durch:

- unredliches Ausnutzen der Unkenntnis des Kunden (Problem: Wissensasymmetrien),
- Vertrieb von Produkten, die finanzielle oder andere höchstpersönliche Rechtsgüter gefährdende Risiken in sich bergen,
- Werbe- und PR-Maßnahmen mit unredlichen Methoden und Inhalten,
- Anpassen an unlautere Praktiken der Konkurrenz (mit dem vorgeschobenen Argument: „aus Konkurrenzdruck mit den Wölfen heulen zu müssen"),
- Einsetzen moralisch verwerflicher Mittel (Thema: Korruption, Bestechung, Irreführung).
- Hierher gehört auch das Verbot sämtlicher Insider-Geschäfte zulasten von Kunden und Wirtschaft.

Sie sehen sich einem Kunden gegenüber, der Wiederbelebungsgeräte von hoher Qualität produziert. Leider haben die hohen Kosten der Qualitätskontrolle zu einem Verlust geführt, und das Unternehmen nähert sich dem Konkurs. Sie haben die Firma dazu gedrängt, drastisch Kosten zu senken, wobei Sie formulierten: „Wie Sie das machen, ist Ihre Sache. Wir wollen unsere Einlage so schnell wie möglich zurückhaben." Kurze Zeit später erfahren Sie von Ihrer Abteilung Öffentlichkeitsarbeit, dass zwei Menschen aufgrund von Fehlern an diesen Geräten gestorben sind. Das Unternehmen behauptet, die Bank habe es gezwungen, zur Kostensenkung die Qualitätskontrollen zu reduzieren. Eine regionale Boulevardzeitung ist gerade mit der Schlagzeile herausgekommen: „Bankgier mordet".

Frage zum Weiterdenken:

Sollte sich das Bemühen einer Bank um Kundenfürsorge auf die Kunden von Kunden ausweiten? Ab wann sollte dies eventuell der Fall sein? (nach Lynch, 1996, S. 199)

Extra-firm-Konflikte

Mit der oben vorgestellten heftigen gesellschaftlichen Boykottreaktion gegenüber Shell wegen der Pläne zur Versenkung der Ölplattform Brent Spa dürfte in den Führungsetagen der Unternehmen das Bewusstsein dafür gewachsen sein, dass nicht allein der Markterfolg, sondern auch die allgemeine Akzeptanz des gesellschaftlichen Umfeldes entscheidenden Einfluss auf gelungene Unternehmensstrategien besitzt.

Damit gibt es also *weitere externe Stakeholder* wie Gewerkschaften, Menschenrechts- und Umweltschutzgruppen, Medien, Kommunen, Staat etc., die Ansprüche an das Unternehmen formulieren, auch wenn sie in keiner eigentlichen Marktbeziehung zu ihm stehen. Hier spricht man von extra-firm-Konflikten. Wieland (*1996, S. 14 ff.*) hat folgende Konfliktfelder unterschieden:

- **moralisch sensible Produkte** wie z. B. Zigaretten, Alkohol, Kernenergie, Wehrtechnik, gentechnisch veränderte Lebensmittel u. a. m.

- **moralisch sensible Produktionsmethoden:** z. B. in der Landwirtschaft, Pelzverarbeitung, Kosmetikindustrie, Textil- und Teppichbranche etc. **Zu diesem Konfliktfeld wird aber auch der Banken- und Versicherungssektor gezählt,** der sich z. B. als Kreditgeber für Kernkraftwerke, Staudammprojekte und z. B. Versicherer von Tankerreedereien bei Schadensfällen fragen lassen muss, ob er durch sein Engagement moralische Mitverantwortung zu tragen hat.

In der Türkei wird ein Bergwerk errichtet. Es liegt in einer wirtschaftlich wenig erschlossenen Region. In der Nähe befinden sich Badestrände. Alle erforderlichen Genehmigungen wurden erteilt. Gutachten, die das Projekt als ökologisch einwandfrei beurteilen, liegen vor. Nach der Fertigstellung und nach abgeschlossener Finanzierung wird festgestellt, dass Quecksilber in das Abwasser eingeleitet wird. Die Umwelt wird gefährdet und der Fremdenverkehr gestört.

Den Banken wird vorgeworfen, sie seien bei der Prüfung des Objektes ihrer moralischen Verantwortung nicht nachgekommen. Fachleute gehen von einem Fehlverhalten des Managements aus.

- **moralisch sensible Transaktionen und Standortentscheidungen**: z. B. Geschäftsbeziehungen zu Unternehmen und Standortfragen von Unternehmen in Ländern, die Menschenrechte oder grundlegende Umweltstandards missachten, um so die eigene Profitrate zu erhöhen (Schlagworte: Sozial- und Ökodumping).

Beispiel: Kinderarbeit

„Die Legitimität ‚moralisch sensibler Transaktionen' steht etwa dann zur Diskussion, wenn es um die wirtschaftlichen Beziehungen zu Ländern oder Partnern geht, die nach westlichem Verständnis Menschenrechte verletzen (hierzu und zum Folgenden Wieland, 1998, S. 12 ff.). Allerdings sind die unternehmensethischen Unterscheidungen hier oft schwieriger, als es zunächst den Anschein haben könnte. (...) Beispiel: Kinderarbeit – Stoffe und Bekleidung werden nicht selten in Ländern produziert, in denen Kinderarbeit möglicherweise zwar verboten, aber dennoch ein wichtiger und anerkannter wirtschaftlicher Faktor ist. Ein Unternehmen, das in solche Transaktionen involviert ist, muss damit rechnen, dass seine Produkte öffentlich in einen kausalen Zusammenhang mit notorischem sozialen Elend gebracht werden. Auch muss es eine Antwort auf die Frage geben, ob die von ihm oder seinen Partnern genutzte Kinderarbeit nicht dem fundamentalen Recht des Kindes auf physische und psychische Persönlichkeitsentwicklung widerspricht. Neben der Klärung dieses Sachverhaltes müssen folgende Gesichtspunkte für eine Entscheidung geklärt werden:

1. Wie lange ist ein junger Mensch überhaupt ein Kind? Gelten unsere westlichen Vorstellungen oder die jeweils vor Ort tradierten?

2. Welche ökonomischen Konsequenzen hätte ein Abbruch der Geschäftsbeziehungen für das Kind?

3. Welche ökonomischen Konsequenzen hätte ein Abbruch der Geschäftsbeziehungen für die Familie des Kindes?

4. Welche Konsequenzen erwartet man für die weitere Entwicklung des Kindes?

5. Wie lassen sich diese Sachverhalte überhaupt dokumentieren unter der Bedingung, dass solche Partner oft in sehr abgelegenen Gegenden der Welt ihre Produktion betreiben?

6. Welche Konsequenzen hat ein Wechsel des Zulieferers?

7. Was bedeutet das für die Konsumenten?"

3 Unternehmensethik im Bankensektor

3.1 Bankenkritik – nichts Neues?

Moralische Kritik und öffentliche Aversion und Vorurteile gegenüber der Geldwirtschaft haben schon seit dem Altertum und fortlaufend durch das Mittelalter bis in die Neuzeit Tradition. Auch wenn Bankenkritik also keine Neuerscheinung ist, so hat doch die Intensität in den letzten Jahren ein Ausmaß erreicht, das getrost als Vertrauenskrise im Finanz- und Kreditsektor bezeichnet werden kann. Dieses gegenwärtig zu verzeichnende Akzeptanzdefizit – unter anderem ausgelöst durch die steigende Anzahl von illegalen Aktivitäten von Bankmitarbeitern (z. B. Leeson/Bearings Bank; Young/Deutsche Morgan Grenfell oder wie im Falle der BCCI ganzer Institute), aber auch verstärkt durch Themen wie die Finanzierung umstrittener Staudammprojekte in Entwicklungsländern bis hin zum Vorwurf ungenügender Kreditvergabe an Existenzgründer – lässt das Begriffspaar „Banken und Ethik" in der Bewertung immer größerer Teile der Gesellschaft als blanken Zynismus erscheinen.

Vorwurf der „Bankenmacht"

Zudem durchziehen die wirtschaftspolitischen Debatten der Bundesrepublik in beinahe regelmäßigen Zyklen die Vorwürfe an die Bankenbranche hinsichtlich ihrer Machtstellung im Wirtschaftssystem. Dieses Thema „Macht der Banken" beschäftigt sich mit der Konsequenz der Universalbankstruktur, also der Möglichkeit einer Bank, gleichzeitig Gesellschafter und Kreditgeber eines Unternehmens zu sein. Eine solch starke Position ermöglicht es, außergewöhnlich hohen Einfluss auf die strategischen und operativen Entscheidungen des Unternehmens zu nehmen. Dies vollzieht sich über mehrere Einflusskanäle wie die Präsenz bzw. den Vorsitz von Aufsichtsräten großer Kapitalgesellschaften, über den hohen Anteilsbesitz und die Ausübung der Depotstimmrechte in der Hauptversammlung oder über die Kreditvergabe nach dem Hausbankprinzip *(Wieland/Fürst, 2004, S. 26)*. Als Problembereiche, die daraus erwachsen können, werden von kritischen Stimmen in Literatur und Praxis beispielsweise die Diskriminierung von Aktionären, die Abkopplung des Managements von den Kontrollen des Kapitalmarktes durch die Verknüpfungen der Unternehmen untereinander, die opportunistische Verfolgung eigener Ziele der Banken bzw. des Managements anstelle der Fokussierung auf die primären Unternehmens- und Aktionärsinteressen sowie die wirksame Verhinderung der Bildung einer Aktionärsopposition gegen das Management mittels Ausübung der Depotstimmrechte genannt (zu den Argumenten vgl. u. a. die aufschlussreichen Untersuchungen von *Baums/Fraune (1995), Baums (1996), Boehmer (2001), Gugler (2001)*).

Vorwurf mangelnder Unternehmensaufsicht und -kontrolle

Nicht zuletzt wird in diesem Zusammenhang immer wieder die Behauptung formuliert, dass Banken den Auftrag der Unternehmensaufsicht und -kontrolle nicht seriös ausführen und dem Management gegenüber mit großem Wohlverhalten auftreten würden, um dort die eigenen Dienstleistungen platzieren zu können *(vgl. dazu mehr Baums, 1996, S. 23)*.

Kritik und Vorwürfe trotz mangelnder Belegbarkeit

Unabhängig davon, ob sich die bisher angestellten Behauptungen als wahr oder unwahr erweisen, muss hinsichtlich der moralischen Kommunikation solcher Problemstellungen festgestellt werden, dass den Banken die Verantwortung für ein derartiges Verhalten schlicht zugewiesen wird – unabhängig davon, ob der Vorwurf konkret und belegbar ist oder lediglich unterstellt wird *(hierzu und zum Folgenden Wieland/Fürst, 2004, S. 26, 29 f.)*. Die gesellschaftliche Kommunikation über das Verhalten der Banken wird auf diese Weise allein über die Unterstellung mit Moral aufgeladen und somit zu einem Risiko für Banken. Als ein kleines Beispiel aus der letzten Zeit sei nur an die Diskussion um die Angemessenheit und Rechtfertigung der Höhe von Vorstandsgehältern erinnert, an die sich eine außerordentlich heftige, meist mit gerade moralischen Argumenten geführte Debatte entzündet hat. Laut einer im Juli 2003 von der Fonds-Gesellschaft „Union Investment" vorgelegten Studie haben sich die Aktienoptionsprogramme der großen deutschen Publikumsgesellschaften in der Tendenz zulasten der Anteilseigner noch weiter verschlechtert. Die – moralische – Stellungnahme des Geschäftsführers der Union Investment, Jens Wilhelm, hierzu war eindeutig: „Viele Bonusprogramme tragen schlicht Züge der Selbstbereicherung." *(Quelle: Die Welt v. 25. Juni 2003)*. Dies führte sogar so weit, dass die Bundesregierung mit gesetzlichen Auflagen zur Begrenzung der Vorstandsgehälter gedroht hat.

Bankenkritik als hinzunehmende Rahmenbedingung des Bankgeschäfts?

Nun könnte man diese – oftmals auch nur irrationale – Bankenkritik einfach als hinzunehmende Rahmenbedingungen des Bankgeschäftes akzeptieren. Wie problematisch eine solche Einstellung wäre, sollen die nachfolgenden Ausführungen verdeutlichen.

3.2 Unternehmensethische Defizite als Auslöser ökonomischer Verluste

Dass hier eine „achselzuckende" Hinnahme dieser Problematiken als Ausdruck von bloßen Rahmenbedingungen des Bankgeschäfts nicht angebracht ist, zeigen nun deutlich sämtliche Überlegungen, die oben zu den Problemkreisen Ethik, Wirtschaft, Wirtschaftsethik, Unternehmensethik angestellt worden sind.

Sollten die Banken vor diesem oben dargestellten Hintergrund nicht fähig sein, diese Verantwortungszurechnungen mittels geeigneter, moralisch sensibler Organisationsstrukturen *(vgl. dazu näher unten Kapitel 5, 6, 7)* präventiv zu erarbeiten, besteht die Gefahr, dass ihre (Gesamt-)Reputation für Integrität in Frage gestellt wird. Dass hier aber gerade kein gleichgültiges „gesellschaftspolitisches Achselzucken" die adäquate Reaktion eines gewinnorientierten Unternehmens sein kann, beweisen die meist negativen Konsequenzen für den nachhaltigen ökonomischen Erfolg des Unternehmens „Bank".

Wagner (*2004, S. 5 f.*) verweist in diesem Zusammenhang insbesondere auf drei Gründe, die gerade für die intensive Auseinandersetzung mit unternehmensethischen Inhalten für den Bankensektor immer stärkere Relevanz erzeugen:

3.2.1 Hohe Umsetzungskosten durch erhöhten Regulierungsdruck

Der Entzug öffentlicher und kundenseitiger Akzeptanz mündet häufig in immer dichter werdende Regulierungsmaßnahmen und rückwirkende Gerichtsurteile zulasten der Kreditwirtschaft. Eine solche Regulierungsdichte wegen Fehlverhaltens (vgl. z. B. die Organisationspflicht nach §§ 31, 32 WpHG oder § 14 GwG) beschränken zunehmend die Handlungsspielräume der Banken und führen zu hohen Umsetzungskosten. Zudem gelangt der politische Gesetzgeber immer häufiger zu der Auffassung, dass individuelles Fehlverhalten von Bankmitarbeitern nicht nur auf dem Versagen individuellen Anstands (Moral) und Rechtsbewusstseins resultiert, sondern häufig auf strukturelle Probleme in der Bankorganisation zurückzuführen ist. Dadurch nimmt aber die Verantwortlichkeit und Einbindung des Bankmanagements bei der Schaffung präventiver Maßnahmen zu.

3.2.2 Folgekosten von Fehlverhalten

Weiterhin müssen – gerade in einer durch Konkurrenzdruck schwieriger werdenden Wettbewerbssituation – auch die hohen direkten Folgekosten von Fehlverhalten durch Banken oder Bankmitarbeiter berücksichtigt werden, die sich in finanziellen Strafen, aufsichtsrechtlichen Sanktionen und Abwanderung von Kunden oder Geschäftspartnern manifestieren. Folgende typische Folgekosten können Unternehmensgewinne erheblich schmälern:

- Prozesskosten bei der Abwehr von Ansprüchen wegen Betrugs,
- Geldbußen/-strafen für Verstöße gegen gesetzliche Regelungen,
- Entschädigungen für die Opfer von Betrugsmanövern,
- Aufwendungen für außerordentliche Versammlungen der Anteilseigner,
- Aufwendungen für die Öffentlichkeitsarbeit bei der Widerlegung von Anschuldigungen wegen unmoralischen Verhaltens und bzw. oder bei der Rechtfertigung fragwürdiger Handlungsweisen,
- Aufwendungen für die Gewinnung interessanter Kunden, die jedoch Zweifel an den Wertvorstellungen des Unternehmens besitzen,
- Aufwendungen bei der Trennung von unerwünschten Kunden, die von der Profitchance aus zweifelhaften Geschäftspraktiken angezogen werden,
- Kosten der Wiederherstellung eines durch Skandale beschädigten guten Rufes.

3.2.3 Neue Bedeutung der Reputation für integres Verhalten

Schließlich gewinnt gerade im Zuge immer komplexer werdender und nur schwer durchschaubarer Finanzdienstleistungsprodukte die Reputation für integres Verhalten gegenüber Kunden und anderen Kooperationspartnern stark an Bedeutung.

Zur empirischen Erfassung unethischer Verhaltensweisen von Bankmitarbeitern finden sich in der Literatur bedauerlicherweise nur wenige Ansätze.

Deshalb sei hier gerade in Bezug auf ihre Eindrücklichkeit auf die Studie von Baker/Veit/Murphy *(1995)* verwiesen, die ergänzt wurde durch die Erhebung von Wagner *(1999, S. 217, dort auch Quelle von Baker/Veit/Murphy)*.

Erscheinungsformen von unethischem und illegalem Verhalten in Investment-Berufen[1)]

Beschreibung des Fehlverhalten	AIMR-Studie[2)] (international)	eigene Erhebung[3)] (Deutschland)
	manchmal oder häufig wahrgenommen von	
Abschluss von Wertpapierhandelsgeschäften auf der Basis von Insider-Informationen	61 %	36 %
Weitergabe von Insider-Informationen	61 %	50 %
Erstellung von Anlageempfehlungen ohne die erforderliche Sorgfalt	56 %	32 %
Erstellen von (Analyse-)Berichten, die bereits vorgefasste Meinungen bestätigen sollen	53 %	44 %
Unfaire Behandlung von Kunden beim Anlageprozess	47 %	33 %
Mangelnde Aufklärung des Anlagekunden über eigene Interessenkonflikte	46 %	65 %
Front running, d. h Durchführung von Eigengeschäften vor Kundengeschäften	46 %	42 %
Plagiarisierung von Investmentanalysen, die von Kollegen angefertigt wurden	42 %	61 %

1) Quelle: Baker/Veit/Murphy, 1995, S. 31
2) Stichprobe: 718 internationale Portfolio Manager und Finanzanalysten. Die Befragten sind zu ca. 85 % in Brokerhäusern, Investmentbanken, Investmentfonds, Vermögensverwaltungsgesellschaften und Commercial Banks tätig; vgl. Baker/Veit/Murphy, 1995, S. 10; Ergebnisse gerundet.
3) Stichprobe: 27 deutsche Investment Professionals vorwiegend aus Universalbanken, Vermögensverwaltungs- und Anlageberatungsgesellschaften; nicht repräsentative Stichprobe.

Erscheinungsformen von unethischem und illegalem Verhalten in Investment-Berufen[1] (Forts.)

Beschreibung des Fehlverhalten	AIMR-Studie[2] (international)	eigene Erhebung[3] (Deutschland)
	manchmal oder häufig wahrgenommen von	
Wissentlich falsche Darstellung der vergangenen oder zukünftig zu erwartenden Entwicklung eines Unternehmens (das analysiert wird)	37 %	38 %
Mangelnde Aufklärung des Vorgesetzten bzw. Arbeitgebers über eigene Interessenkonflikte	36 %	52 %

1) Quelle: Baker/Veit/Murphy, 1995, S. 31
2) Stichprobe: 718 internationale Portfolio Manager und Finanzanalysten. Die Befragten sind zu ca. 85 % in Brokerhäusern, Investmentbanken, Investmentfonds, Vermögensverwaltungsgesellschaften und Commercial Banks tätig; vgl. Baker/Veit/Murphy, 1995, S. 10; Ergebnisse gerundet.
3) Stichprobe: 27 deutsche Investment Professionals vorwiegend aus Universalbanken, Vermögensverwaltungs- und Anlageberatungsgesellschaften; nicht repräsentative Stichprobe.

Wagner nennt dann 2004 noch erschreckendere Zahlen *(2004, S. 6):* So gehen z. B. 75 % der Privatkunden davon aus, dass in Anlageberatungsgesprächen relevante Informationen durch den Bankberater zurückgehalten werden. Knapp 67 % der Kunden sind dementsprechend auch der Meinung, dass Anlageberater nicht das Kundeninteresse, sondern vor allem den eigenen Vorteil im Auge haben. Gegen diese heftige Erosion des Vertrauens in einem Dienstleistungssektor, für den gerade das Vertrauensverhältnis zwischen Kunde und Kreditinstitut maßgebende Grundlage ihres bankauftragsmäßigen Treuhandsverhältnisses ist, erscheint es zwingend notwendig, (unternehmensethische) Maßnahmen zum Abbau dieser Verhaltensunsicherheiten zu ergreifen.

3.3 Unternehmensethische Neupositionierung als Strategieansatz

Schließlich soll auch der Transfer zu den oben vorgestellten neueren Managementstrategieansätzen nicht vergessen werden: Bei systematischer Planung und Kommunikation unternehmensethischer Aktivitäten könnte die „Reputation integren Verhaltens" als Markenzeichen einer Bank im doch relativ homogenen Finanzdienstleistungssektor zu einer effektiven Unternehmens- und Produktdifferenzierung eingesetzt werden. Das landauf, landab zu hörende Branchenlamento, der Kunde habe heute in seinem Kundenverhalten „söldnerhafte Züge" angenommen, entpuppt sich damit zum Teil also als „hausgemacht" durch eigenes „unsauberes" Vorverhalten. Hier also könnte gerade eine unternehmensethisch ausgerichtete Strategie zur Erhöhung der Loyalität und langfristigen Kundenbindung beitragen. Eine solche (Rück-)Gewinnung an Reputation dürfte als Grundlage für die Vertrauensbildung bei Banken insbesondere auch angesichts der zunehmenden Virtualisierung und damit auch Anonymisierung bankbetrieblicher Vertriebswege zukünftig sogar noch an Bedeutung gewinnen.

3.4 Erkennen bankenethischer Konfliktfelder

Dieser Beitrag in einem Ausbildungskompendium Management in Banking and Finance kann keine systematische Darstellung einer Bankenethik leisten; ja, er kann in dem vorgegebenen Rahmen nicht einmal ansatzweise für die zahlreichen und komplexen Problemsituationen in den oben dargestellten vier Konfliktfeldern der Unternehmensethik Antworten und Lösungen für diese Branche anbieten. Was die Einführung in diese Thematik aber leisten kann, ist Hilfestellungen zu geben, bankenethische Konfliktfelder überhaupt erst einmal wahrzunehmen und als problem- und konfliktträchtige Entscheidungssituationen zu erkennen.

3.4.1 Quellen unmoralischen Handelns

In der praktischen beruflichen Alltagsethik sind Entscheider nur selten mit grundlegenden, existenziellen Fragen der möglichen Verletzung von Menschenwürde, Leib und Leben etc. konfrontiert. Das kann der Fall sein, wenn wirklich moralisches Neuland betreten wird. In der Regel muss aber darüber befunden werden, wie ein Unternehmen und seine Angehörigen sich in einer gegebenen Situation verhalten, wie die ganz speziellen ökonomischen Interessen mit der herrschenden Moral und den normierten Rahmenordnungen in Einklang gebracht werden. Auch dabei sind die Entscheidungen, die als wirklich „richtig" oder wirklich „falsch" bewertet werden müssen, seltener. Weit häufiger, wenn nicht sogar die Regel ist, dass zwischen einer Vielzahl von Optionen in „moralischen Graubereichen" gewählt werden muss. Auch hier bewahrheitet sich der Satz, dass strategisches Management „Handeln unter Unsicherheit" darstellt.

In der Praxis anzutreffendes unmoralisches Verhalten resultiert insofern – gerade auch im Bankensektor – vor allem aus folgenden vier typischen Ursachen:

- die moralische Relevanz einer Handlung wurde überhaupt nicht erkannt,

- die Folgewirkungen werden falsch eingeschätzt,

- die Mitarbeiter verschweigen die moralischen Entscheidungselemente, die sie erkannt haben, vor den vorgesetzten Führungsebenen aus opportunistischen Gründen,

- die gesamte Corporate Governance hat versagt, und das Fehlverhalten des Managements wurde nicht entdeckt.

3.4.2 IAFEI-Checkliste moralischer Standards

Als eine grobe Hilfestellung für eine beginnende Sensibilisierung hinsichtlich bankenethischer Konfliktentscheidungen hat schon 1994 die International Association of Financial Executive Institutes (IAFEI) eine Art erster Checkliste moralischer Standards entwickelt *(IAFEI, 1994, S. 9)*, die in der nachfolgenden Abbildung zusammengefasst sind.

Ethische und moralische Prinzipien für Bankmitarbeiter

Ethische Prinzipien für Bankmitarbeiter

„Moralität zahlt sich unter Umständen aus, denn ein klares Befolgen ethischer Standards sorgt für ein positives Image und die Anwendung von Ethik im Berufsleben führt zu einem qualitativ höherwertigen Ergebnis. Professionelle Arbeit ist außerdem in großem Maße abhängig von Glaubwürdigkeit. Wenn die Vertrauenswürdigkeit und die Ehrlichkeit angezweifelt werden, gibt es selbst für die beste Arbeit keine Glaubwürdigkeit. Auf diese Weise profitieren Bankmitarbeiter von einer ethischen Herangehensweise an ihre Arbeit, die sich in der komplizierten und wettbewerbsorientierten Finanzwelt als Stärke erweisen kann." (IAFEI 1994, S. 9)

Moralische Verpflichtung von Bankmitarbeitern ...

... gegenüber sich selbst:

- Der Mitarbeiter soll einen angemessenen Wissensstandard halten und qualitativ gute Arbeit leisten.
- Wissen und Erfahrung sollen weitergegeben werden.
- Die Verletzung ethischer Prinzipien oder sozialer Gerechtigkeit dürfen nicht akzeptiert werden. Der Mitarbeiter soll seinem Gewissen entsprechend handeln (im Zweifelsfall zählt die Verantwortung gegenüber der Gesellschaft mehr als die Verantwortung gegenüber der Firma).
- Der Mitarbeiter soll sich in jedem Fall an die Wahrheit halten und Lügen und Unwahrheiten ablehnen.
- Der Mitarbeiter soll neutral und unabhängig bleiben und sich nicht wider sein eigenes moralisches Urteil beeinflussen lassen.
- Auch dem Privatleben und gesellschaftlichen Verpflichtungen muss genügend Zeit gewidmet werden. Dies wirkt sich auch positiv auf die Arbeit aus.

... gegenüber ihrer Firma:

- Der Mitarbeiter soll alle Aktiviäten vermeiden, die seiner Firma schaden könnten.
- Der Mitarbeiter soll sich entsprechend der Firmenphilosophie verhalten.
- Auch die menschlichen Interessen der Mitarbeiter müssen gewahrt werden.
- Der Mitarbeiter soll seine Aufgaben zum Besten der Firma erfüllen, die den erwirtschafteten Profit wiederum zum Besten der Mitarbeiter und der Gesellschaft einsetzen soll.
- Bei der Beratung von Entscheidungsträgern soll die moralische Seite nicht aus den Augen verloren werden.
- Firmengeheimnisse müssen gewahrt werden, ein sorgfältiger Umgang mit Informationen ist wichtig.
- Firmengeheimnisse dürfen nicht zum eigenen Wohl verwendet werden.
- Ehrlichkeit in der Beratung der Kunden ist wichtig, Nachteile dürfen nicht verschwiegen werden.
- Der Mitarbeiter soll sowohl das Beste der Firma als auch das Wohl der Gesellschaft im Auge haben.

... gegenüber der Gesellschaft:

- Die eigenen Fähigkeiten sollen im Dienste der Gesellschaft weiterentwickelt werden (Steigerung des allgemeinen Wohlstandes).
- Die Firmenpolitik soll in Hinsicht auf das Wohl der Gesellschaft beeinflusst werden.
- Das Unternehmen soll benachteiligte Gesellschaftsgruppen unterstützen und, wo möglich, Hilfe zur Selbsthilfe anbieten.
- Der Mitarbeiter soll, soweit möglich, auf einen positiven moralischen Einfluss des Unternehmens auf die Politik hinwirken.
- Gewinnerzielung muss immer im Einklang mit dem Wohl der Gesellschaft stehen.

... gegenüber ihren Kollegen:

- Die Zusammenarbeit und Kooperation mit Kollegen und anderen Abteilungen soll gepflegt werden.
- Wissen soll innerhalb der Firma an die weitergegeben werden, die es benötigen.
- Interne Konkurrenz soll vermieden werden, der Mitarbeiter soll dem Ruf eines anderen nicht mutwillig schaden.
- Kunden anderer Abteilungen sollen nicht abgeworben werden.
- Der Mitarbeiter soll sich auf das eigene Arbeitsgebiet beschränken.

(Quelle: Nach „Ethical principles for the Financial Executive", hrsg. von IAFEI (International Association of Financial Executive Institutes), Dezember 1994)

Fordert man Bankmitarbeiter auf, sich mit den dort aufgestellten Standards näher auseinanderzusetzen, so verzeichnet man meist ein müdes Abnicken. Bei Nachfrage, wie denn im Einzelfall ein dem Standard entsprechendes bankenethisches Problem tatsächlich in seinen möglichen Konfliktfeldern in der Praxis aussieht, erlebt man oft peinlich berührtes Schweigen.

Insofern soll im Folgenden mit kurzen, nicht abschließenden Problemzusammenstellungen ein stärkeres Problembewusstsein aufgebaut werden.

3.5 Bankenethische Konfliktfelder im Einzelnen

Die allgemeinen Konfliktformen und dazugehörigen Konfliktfelder in der Unternehmensethik sind oben (2.4) vorgestellt worden. Im bankenethischen Kontext werden nach Wagner dementsprechend drei Hauptgruppen von ethischen Fragestellungen unterschieden *(Wagner, 1999, S. 83)*:

- Fragestellungen im **bankpolitischen** Kontext,
- Fragestellungen im **Bankgeschäfts**kontext,
- Fragestellungen im **Mitarbeiter**kontext.

Bei der Problematisierung dieser ethischen Konfliktbereiche wird im Folgenden in einem Zwei-Schritt-Verfahren vorgegangen. Wie in *3.4* herausgearbeitet, besteht der erste Schritt für die Anwender-Praxis darin, überhaupt erst einmal ethisch relevante Konfliktsituationen wahrzunehmen, um dann in einem zweiten Schritt – nach der so erfolgten Sensibilisierung – mit einem systematischen Reflektieren über derartige Problemlagen zu beginnen. Dementsprechend werden im Folgenden zunächst zu den drei Hauptkonfliktfeldern im ban-kenethischen Kontext Indikatoren-Checklisten vorgestellt, die für den Mitarbeiter in der Praxis als „Augenöffner" dienen sollen. Dabei wird zunächst eine noch weitgehend ungeordnete Checkliste vorgestellt *(angelehnt an: Lynch, 1996, S. 178, 172 (Liste 1 und 2); S. 186, 181, 184 (Liste 3))*.

In einem zweiten Schritt wird versucht, diese Problem-Pools zu ordnen und sie dem jeweiligen Bankenkontext in systematisierten Zusammenfassungen zuzuordnen. Diese Zuordnungsaufgabe hat den Zweck, später bei Fragen der Entwicklung eines Ethikmanagementsystems für den Bankensektor *(vgl. unten Kapitel 5 und insbes. 6)*, strategische und organisatorische „Andock-Ebenen" aufzuzeigen, auf denen dann diese Konfliktfelder abgearbeitet werden müssen.

Konfliktfeld 1 umfasst den **bankpolitischen Kontext,** d. h die moralischen Konflikte, die sich aus dem Verhältnis zu den verschiedenen gesellschaftlichen Stakeholdern (z. B. Staat, Nicht-Regierungs-Organisationen (NGO), Gewerkschaften, Verbraucherschutzverbände, Medien, regionales Umfeld etc.) ergeben.

Indikatoren-Checkliste für die Praxis

Indikatoren unethischen Verhaltens	**Indikatoren ethischen Verhaltens**
Die Bank wahrt das Gesetz nur, um ihre eigenen Interessen zu schützen.	Die Bank wahrt das Gesetz im Interesse ihrer Kunden.
Die Bank sucht nach Schlupflöchern, um Gesetze zu umgehen.	Die Bank hält sich an den Wesensgehalt wie auch an den Wortlaut des Gesetzes.
Die Aufsichtsbehörden werden nur mit minimalen und mit irreführenden Daten informiert.	Mit Aufsichtsbehörden wird bereitwillig kooperiert, damit sie ihre Rolle effizient ausführen können.
Freiwillige Verhaltensregeln werden nur ansatzweise eingehalten.	Die Bank unterwirft sich aus freien Stücken bestimmten Verhaltensregeln und hält sich daran.
Die Bank manipuliert das Gesetz, um Treuhänder ihrer Rechte zu berauben.	Die Bank schützt aktiv die Rechte von Treuhändern.
Der Zusammenhang der gesellschaftlichen Akzeptanz von Entscheidungen wird erst an letzter Stelle beachtet.	Der Zusammenhang der gesellschaftlichen Akzeptanz von Entscheidungen wird erst an erster Stelle beachtet.
Die Bank akzeptiert nur widerwillig, dass sie eine Verantwortung für das Wohlergehen der Gemeinden hat, in denen sie tätig ist.	Die Bank akzeptiert bereitwillig, dass sie eine Verantwortung für das Wohlergehen der Gemeinden hat, in denen sie tätig ist.
Die Bank akzeptiert nur widerwillig gesellschaftliche Verpflichtungen, wie die Einstellung von Behinderten oder Angehörigen ethnischer Minderheiten.	Die Bank akzeptiert bereitwillig, dass sie gesellschaftliche Verpflichtungen, wie die Einstellung von Behinderten oder Angehörigen ethnischer Minderheiten, hat.
Die Bank nutzt ihre Macht gegenüber kleinen Geschäften unangemessen aus.	Die Bank strebt danach, kleine lebensfähige Geschäfte zu unterstützen.
Wo immer möglich, vermeidet die Bank die Anerkennung von Verantwortung für ihre Handlungen, die die Umwelt negativ beeinflussen.	Die Bank erkennt sofort ihre Verantwortung an für Handlungen, die die Umwelt negativ beeinflusst haben.
Die Bank zögert, einen Beitrag zum Wohlergehen der Gesellschaft zu leisten.	Die Bank trägt zum Wohlergehen der Gesellschaft bei.
Unter gewissen Umständen betreibt die Bank Wirtschaftsspionage.	Die Bank betreibt Wirtschaftsspionage unter keinen Umständen.

Konfliktfeld 2 umfasst den **Bankgeschäftskontext**, der analysiert, welche moralischen Konflikte in den Beziehungen der Banken zu ihren Geschäftspartnern und insbesondere im Kundenverhältnis auftreten.

Indikatoren-Checkliste für die Praxis

unethisches Verhalten	ethisches Verhalten
Verträge sind so konzipiert, dass sie die Vorteile für die Bank maximieren und die der Kunden minimieren.	Verträge sind so konzipiert, dass alle betroffenen Vertragsparteien gleich stark profitieren.
Zahlungen an Lieferanten werden so lange wie möglich hinausgezögert, ohne Beachtung der nachteiligen Auswirkungen für sie.	Zahlungen an Lieferanten werden termingerecht ausgeführt.
In allen Dokumenten wird von „Kleingedrucktem" für Leistungs- und Vertragserfüllung weitgehend Gebrauch gemacht.	„Kleingedrucktes" wird so wenig wie möglich verwandt, und schon gar nicht zum Vorteil der Bank.
Fachsprache wird benutzt, um den Kunden unnötigerweise irrezuführen.	Irreführende oder verwirrende Fachsprache wird (grundsätzlich) vermieden.
Nichterfüller werden nach der geringstmöglichen Verwarnung „abgestraft".	Nichterfüllern wird die Möglichkeit der Wiedergutmachung innerhalb einer miteinander vereinbarten Zeit gegeben.
Echte Unwissenheit des Kunden wird voll ausgenutzt.	Kunden wird dabei geholfen, ihre Unwissenheit zu überwinden, die für sie von Nachteil ist.
Irrtümer in Kontoauszügen etc. zum Vorteil der Bank werden nicht selbstständig korrigiert, sondern nur, wenn sie beanstandet werden.	Irrtümer werden beanstandet oder unbeanstandet sofort berichtigt.
Veränderungen bei Produkten oder Dienstleistungskonditionen, die deren Wert mindern, werden nicht offen gelegt, es sei denn auf besondere Aufforderung.	Wertmindernde Veränderungen werden den Kunden rechtzeitig mitgeteilt bei gleichzeitigem Angebot von Alternativen, sofern diese möglich sind.
Kunden werden aufgrund ihres Geschlechts, Alters oder ihrer Rasse, Herkunft, sozialen Stellung zum Schaden Anderer bevorzugt oder benachteiligt (diskriminiert).	Kunden werden diskriminierungslos unter den gleichen Umständen auch gleich behandelt.
Interesse an den Sorgen von Kunden, die Hilfe erbitten, ist oberflächlich.	Interessen an den Sorgen von Kunden, die Hilfe erbitten, ist echt.
Rat wird auf der Grundlage dessen gegeben, was am besten für die Bank ist.	Rat wird auf der Grundlage dessen gegeben, was so weit wie möglich am besten für alle Beteiligten ist.

Indikatoren-Checkliste für die Praxis (Forts.)

unethisches Verhalten	ethisches Verhalten
Die Bank zieht kommerziellen Nutzen aus jeglicher Information, ungeachtet ihrer Quelle.	Die Bank zieht kommerziellen Nutzen nur aus Informationen, die auf legale Weise erworben sind.
Kundendaten werden kommerziell interessierten Dritten ohne vorherige Zustimmung zugänglich gemacht.	Kundendaten werden kommerziell interessierten Dritten nur zur Verfügung gestellt, wenn die Zustimmung des Kunden vorliegt.
Es werden minimale Versuche unternommen, um vertrauliche Daten zu schützen.	Vertrauliche Daten werden bestmöglich geschützt.
Es wird Vertraulichkeit vereinbart, um Fehlverhalten zu verheimlichen.	Vertraulichkeit wird vereinbart, um die legitimen Interessen von Kunden zu schützen.
Unter gewissen Umständen betreibt die Bank Wirtschaftsspionage.	Die Bank betreibt Wirtschaftsspionage unter keinen Umständen.

Konfliktfeld 3 umfasst den **Mitarbeiterkontext**, in dem unternehmensethische Konflikte innerhalb der Bankorganisation behandelt werden.

Indikatoren-Checkliste für die Praxis

Indikatoren für unethisches Verhalten	Indikatoren für ethisches Verhalten
Der Einzelne wird eingeschränkt bei der Entwicklung seiner Fähigkeiten, obwohl das Gegenteil behauptet wird.	Der Einzelne wird ermutigt, alle seine Fähigkeiten zu entwickeln.
Es werden Lippenbekenntnisse zu ethischen Regeln und ähnlichen Stellungnahmen zu Unternehmenswerten abgelegt.	Ethische Regeln und ähnliche Stellungnahmen zu Unternehmenswerten werden benutzt, um individuelles Verhalten zu formen.
Das Verhalten der leitenden Angestellten widerspricht ihren Ausführungen über die Unternehmensphilosophie.	Das Verhalten der leitenden Angestellten bestätigt ihre Äußerungen zur Unternehmensphilosophie.
Das Management gibt vor, zuzuhören.	Das Management hört zu.
Es gibt auf keiner Ebene einen sichtbaren Bezug zwischen Leistung und Belohnung.	Es gibt auf jeder Ebene einen sichtbaren Bezug zwischen Leistung und Belohnung.
Zugang zu persönlichen Daten ist möglich auf Wunsch der/s jeweiligen Vorgesetzten.	Zugang zu persönlichen Daten ist nur möglich, soweit erforderlich und dann ungeachtet des Ranges des Fragenden.
Gerüchte sind ein wichtiges Kommunikationsmittel.	Es werden ernsthafte Anstrengungen unternommen, um die Geschwindigkeit und Stimmigkeit von Gerüchten durch effektive Kommunikation zu übertreffen.

Indikatoren-Checkliste für die Praxis (Forts.)

Indikatoren für unethisches Verhalten	Indikatoren für ethisches Verhalten
Durch Gerücht Geschädigte müssen sich selbst wehren.	Durch Gerücht Geschädigte haben Zugang zu Beratung und Unterstützung durch die Geschäftsleitung.
Schreiben an Angestellte, die als „Persönlich und vertraulich" gekennzeichnet sind, werden routinemäßig im Postzimmer geöffnet.	Schreiben an Angestellte, die als „Persönlich und vertraulich" gekennzeichnet sind, werden entweder mit der Zustimmung des Adressaten geöffnet oder ungeöffnet weitergegeben.
Fehler, die der Bank schaden könnten, werden in irgendeiner Form verschleiert.	Fehler werden offen gegenüber Betroffenen wie Dritten zugegeben.
Entscheidungen werden mit nur minimalen Bedenken bezüglich ihrer ethischen Auswirkungen getroffen.	Entscheidungen werden erst nach gründlicher Betrachtung ihrer ethischen Auswirkungen getroffen.
Es wird gehandelt ungeachtet der Konsequenzen, die ihre Rechtfertigung schwierig machen könnten.	Es wird stets so gehandelt, dass sich Entscheidungen jederzeit rechtfertigen lassen.
Von Managern wird erwartet, dass sie alle Strategien ohne weitere Frage verteidigen.	Manager werden ermuntert, Gründe hinter Strategieentscheidungen zu suchen, wenn ihnen diese nicht zu ihrer Zufriedenheit erläutert wurden.
Von Managern wird erwartet, dass sie jegliche feste religiöse oder moralische Überzeugung, die in Konflikt zur Bankstrategie steht, beiseite lassen.	Manager werden dazu ermuntert, sich beraten zu lassen, um feste moralische oder religiöse Überzeugungen, die in Konflikt zur Bankstrategie stehen, mit dieser in Einklang bringen zu können.
„Verrat" wird in jeder Situation vollkommen missbilligt.	„Verrat" wird als legitimer letzter Weg anerkannt, wenn alle anderen Möglichkeiten fehlschlagen.
Beschwerden werden abgeschmettert und mit einer negativen Einstellung zu persönlicher Verantwortung gleichgesetzt.	Auf Beschwerden wird in einer offenen Art reagiert, wobei die Verantwortung – falls gegeben – nicht bestritten wird.
Die Anleitung für Angestellte bezogen auf den Umgang mit ethischen Themen wird nur verschwommen definiert.	Die Anleitung für Angestellte bezogen auf den Umgang mit ethischen Themen ist klar und unzweideutig.
Von Angestellten wird erwartet, dass sie mit Problemen nach Vorschrift umgehen oder sie nach oben weiterleiten.	Angestellte sind berechtigt, beim Umgang mit Problemen innerhalb klar definierter Grenzen flexibel zu handeln.

3.5.1 Gesellschaftliche Kritikpunkte im bankpolitischen Kontext

Im Folgenden soll versucht werden, die jeweiligen noch weitgehend unsystematisch „gesammelten" Indikatoren aus den Checklisten thematisch in ihren jeweiligen Kontexten zu systematisieren. Dabei sind im bankpolitischen Kontext als zentrale gesellschaftliche Kritikpunkte, die sich – zwar mit unterschiedlicher Intensität – immer wieder zum Teil zyklisch wiederholend an die Kreditwirtschaft richten, als Schwerpunkte der Bankenkritik auszumachen *(nach Wagner, 1999, S. 113):*

- Der Komplex der „Bankenmacht-Diskussion" mit den Schwerpunkten:
    - Unternehmensbeteiligungen
    - Aufsichtsratsmandate
    - Stimmrechtsübertragungen

- Der Komplex der „Verbraucherschutz-Diskussion" im Kreditgewerbe (mit großen Schnittflächen zur Gruppe 2: dem Bankgeschäftskontext) mit den Schwerpunkten:
    - Rolle der Banken bei der Überschuldung privater Haushalte; insbesondere auch bei jugendlichen Kunden und durch Bürgschaften
    - Diskriminierung von Kunden oder Kundengruppen beim Angebot von Bankdienstleistungen, z. B. Ablehnung der Kreditvergabe an Personen im Rentenalter; Diskriminierungen nach dem Leistungsverhältnis oder dem Life-Time-Value
    - Übervorteilung von Kunden durch „verklausulierte" AGB und Verträge
    - Behinderung von Existenzgründungen durch zu restriktive Kreditpolitik
    - Begünstigung illegaler Aktivitäten u. a., z. B. durch Geldwäsche und systematische Beihilfe zur Steuerhinterziehung („Offshore-Politik"); die Infragestellung des Bankgeheimnisses etc.
    - Schnellere Weitergabe von Zinssenkungen der Notenbank im Passivgeschäft als im Aktivgeschäft und umgekehrt
    - „Rekordgewinne" der Kreditwirtschaft in der Rezession bei gleichzeitiger Entlassung vieler Mitarbeiter und ungenügender Förderung sozialer Belange
    - ungleiche Behandlung unterschiedlicher Kunden und Kundengruppen in Bezug auf die Sorgfalt bei Kreditengagements
    - ungenügendes Management von Insider-Verhalten durch Bankmitarbeiter und von Interessenkonflikten zwischen verschiedenen Geschäftsfeldern zulasten von Kunden
    - missbräuchliche Vorteilserlangung durch Korruption

- Eingehen umstrittener Geschäfte mit kriminellen Organisationen oder menschenrechtsverletzenden Staaten; Finanzierung von Großvorhaben unter Inkaufnahme von Ökologie- und Sozialdumping

„Die Dresdner Bank hat über ihre Tochterfirma Dresdner Kleinwort Benson den Bau der Aurul-Goldmine in Rumänien mitfinanziert, die zur Verseuchung von Ungarns zweitgrößtem Fluss, der Theiß, mit Zyanid führte. Dresdner Kleinwort Benson gab der rumänischen Betreiberfirma Aurul 8,5 Millionen US-Dollar Kredit für den Bau der Mine, wie die Dresdner Bank gestern bestätigte. Nach Angaben einer Firmensprecherin seien jedoch beim Bau 1997 nach bisherigem Kenntnisstand wie stets relevante Umweltstandards eingehalten worden. Weitere 8,5 Millionen Dollar Kredit stammen von der britischen Firma Rothschild & Sons Limited. Mit dem Kredit wurde ein Projekt auf einem ehemaligen Goldabbaugebiet realisiert, bei dem Zyanid-Rückstände behandelt wie auch Gold gewonnen werden sollten.

Die Menschenrechtsorganisation Fian fordert die Dresdner Bank auf, sich an Entschädigungszahlungen zu beteiligen, da die Bank die „Umwelterklärung der Banken" von 1992 unterzeichnet hat. In ihr legten über 80 Banken fest, dass sie sich für einen „verantwortungsbewussten Umgang mit der Umwelt" einsetzen. In Ungarn und Jugoslawien indes ist die Diskussion um die Verantwortung für die Verseuchung der Flüsse Theiß und Donau in vollem Gange. Laut der Umweltschutzorganisation WWF sind 700 Kilometer der Flüsse mit Blausäuresalzen und Schwermetallen verseucht. Klaus Töpfer, Direktor des UN-Umweltprogramms, hat inzwischen Experten in die Region entsandt."

(Rademaker, 2000)

3.5.2 Kundenkritik im Bankgeschäftskontext

Bankgeschäfte sind nur in den seltensten Fällen einmalige „deal-orientierte" Verkäufe von Produkten, sondern in der Regel Geschäftsbeziehungen, deren Charakter gerade durch die Langfristigkeit der Beziehung gekennzeichnet wird. Diese Langfristigkeit der Geschäftsbeziehung drückt sich zum einen in rechtlichen Langfristverträgen aus (explizites Vertragsverhältnis), zum anderen aber insbesondere auch durch eine das Rechtsverhältnis begleitende indirekte „Vertragsbeziehung" (implizites Vertragsverhältnis). Inhalt dieses impliziten Vertragsverhältnisses sind vor allem Faktoren, die für die Kundenbindung entscheidend sind: nämlich Zufriedenheitskriterien wie Fairness, Entgegenkommen, Vertragsgerechtigkeit und sonstiges ethisches Verhalten der Bank.

Im Anschluss sollen zur Problemsensibilisierung bei sieben „klassischen" Bankgeschäftssituationen die möglichen moralischen Probleme für Kunden bzw. für Anbieter von Finanzdienstleistungen einmal exemplarisch anskizziert werden *(nach Lynch, 1996, S. 128–131)*.

- Sieben Anschauungsskizzen zur „Problemsensibilisierung":

Problemsensibilisierung

Situation	Moralische Probleme für Kunden	Moralische Probleme für Anbieter von Finanzdienstleistungen
Geschäftsaufbau	• Sicherstellung der finanziellen Unterstützung in schwierigen Zeiten • Ausmaß der Abhängigkeit von einem Anbieter von Finanzdienstleistungen	• Gefahr eines schädlichen Einflusses von Kundenseite • Art der benötigten Sicherheit • Strenge der Kreditkonditionen
Verschmelzungen und Käufe	• Wechsel der Bankverbindung • Format und Integrität von Spezialberatern	• Interessenkonflikte • als Befürworter übermäßiger Abfindungen für leitende Angestellte angesehen zu werden
Geschäftszusammenbrüche	• Rechtfertigung, warum die Vermögen einiger Weniger auf Kosten von Verlusten für Viele geschützt werden • Widerwillen von Banken und anderen, „mehr Zeit" zur geschäftlichen Erholung zu geben • Aussichten, ohne finanziellen bzw. moralischen Makel neu anzufangen	• Unterscheidung zwischen Pech und Fehlverhalten • Hilfe bei der gesetzeskonformem Vermeidung von finanzieller Verantwortung für Wenige, ohne den Opfern des Zusammenbruchs zu helfen
Hauskauf	• Akzeptanz von zusätzlichen und unerwünschten finanziellen Verpflichtungen, um die Hypothek zu erhalten; Zurückhalten oder Fälschung von Informationen, die die Chancen, eine Hypothek zu bekommen, negativ beeinflussen könnten • Einbeziehung von Familie und Freunden zwecks Bereitstellung von Garantien	• Nutzung der Situation, um Produkte zu vermarkten, mit geringer Beachtung der Bedürfnisse und Ressourcen von Kunden • Belastung höherer Gebühren als notwendig • Inanspruchnahme naiver Bürgen, wenn die Dinge schief laufen • Versäumnisse bei der Überprüfung zweifelhafter Daten aus Angst, das Geschäft zu verlieren • Druck auf den Kunden, um Spezialisten im Hause einzusetzen, die teurer und/oder weniger kompetent sind als andere

Problemsensibilisierung (Forts.)

Situation	Moralische Probleme für Kunden	Moralische Probleme für Anbieter von Finanzdienstleistungen
Planung der Altersversorgung	• Sicherheit der Anlage und Erbringung der zugesagten Leistungen • Vermeidung von verborgenen Anlaufkosten • Flexibilität des Produkts und Erhalt des Lebensstandards • Zusicherung, dass die wohlverstandenen Interessen von Angehörigen, besonders des Ehepartners, nach dem Tode respektiert werden	• Vermeidung unrealistischer Erwartungen • Verbot des „Überverkaufens" (Over Selling) bei ertragsabhängigen Rentenplänen • Realistisch, aber zuvorkommend mit den Konsequenzen von Veränderungen vom Lebensstil des Kunden umzugehen
Investition von Zufallsgewinnen	• den „Besten Rat" in Angelegenheiten zu erhalten, mit denen man nicht vertraut ist • sicherstellen, dass die Anlage auf den gewünschten neuen Lebensstil abgestimmt ist	• Zurückhaltung bei Tendenzen zur Verschwendung bei der Erfüllung von Kundenwünschen • sicherstellen, dass der Kunde sich der Wahlmöglichkeiten bewusst ist, auch wenn dadurch das Geschäft verloren geht • Vermeidung jeder Form von Ausbeutung der Unwissenheit
Finanzielle Planungen für den Todesfall	• Enthüllung von Vorlieben, Vorurteilen und Neigungen bei der Abfassung eines Testamentes; Vermeidung totaler bürokratischer Inflexibilität • Sicherstellung, dass eine vorzeitige Übertragung des Erbes den Wohltäter nicht finanzieller oder moralischer Gefahr aussetzt • gesellschaftlicher und moralischer Makel • Einfluss auf eigenes Verhalten und das der Familie • Unterscheidung zwischen Verschwendern und Pechvögeln	• sachlich bleiben, wenn Kunde emotional argumentiert • taktvoller Ratschlag bei offenkundig verschwenderischem Gebrauch von Geld • Hilfe bei der Suche nach erwägenswerten Wahlmöglichkeiten im Erbfall • Vertrauen mit Bedenken über den geistigen Zustand des Kunden, der das Testament macht, in Einklang bringen • Vermeidung der Möglichkeit, von enttäuschten Erben angeklagt zu werden

3.5.3 Ethikkonflikte im Mitarbeiterkontext

Der Mitarbeiterkontext befasst sich mit einer Vielzahl unternehmensethisch relevanter Interaktionen innerhalb von Kreditinstituten. Dabei spielt jedoch nicht nur die Verletzung rechtlicher und nicht-rechtlicher Verpflichtungen der Bankmitarbeiter gegenüber ihrem Auftraggeber eine Rolle, die bereits bei Mitarbeitern mit relativ geringer Verantwortung und Kompetenz ein bankspezifisch hohes Schadenspotenzial aufweisen. Denn vielfach ist auch umgekehrt zu beobachten, dass die Organisation – vertreten durch Führungskräfte – opportunistische Verhaltensweisen gegenüber Mitarbeitern an den Tag legt, so z. B., wenn in Aussicht gestellte Entwicklungsmöglichkeiten nicht gewährleistet werden oder Mitarbeiter zu unethischem Verhalten durch Vorgesetzte aufgefordert werden. Dabei ist insbesondere zu beachten, dass solches Führungsverhalten gerade einen „trigger-Prozess" für weiteres unethisches Verhalten des frustrierten Bankmitarbeiters gegenüber seiner Bank anstößt, der dann in diesem Unternehmen eine Art „Eskalationskreislauf" unethischen Verhaltens entstehen lässt.

Folgende Verpflichtungsbrüche *(nach Wagner, 1999, S. 216)* bilden eine kleine Übersicht zu den gravierendsten Ethikkonflikten im Mitarbeiterkontext:

- Mitarbeiter verletzt Verpflichtungen gegenüber der Bank (nur bankinterne Relevanz), z. B.:
  - Annahme von Geschenken oder Geld eines Kunden zur Gewährung eines Darlehens (Korruption)
  - Spekulation mit Bankgeldern auf eigene Rechnung
  - Entwendung oder Missbrauch von Bankeigentum
  - Eingehen riskanter Geschäfte im Derivatehandel unter Umgehung von Limits und Kontrollen

- Mitarbeiter verletzt Verpflichtungen gegenüber der Bank (auch bankexterne Relevanz mit starken Bezügen zum Bankgeschäftskontext), z. B.:
  - Spekulation mit Kundengeldern auf eigene Rechnung
  - Nutzung von Insider-Wissen zu Geschäften auf eigene Rechnung
  - häufige Depot-Umschichtung eines Kunden zur Erhöhung eigener Provisionen

- Mitarbeiter verletzt Verpflichtungen gegenüber der Bank (mit Bezug zum bankpolitischen Kontext), z. B.:
  - Ablehnung eines Kunden aufgrund persönlicher Motive oder ethnischer Merkmale
  - Kreditfinanzierung eines umweltschädlichen Projektes aufgrund von Karrierezielen
  - Verschleierung von Vorgängen zum Schutz der Bank (falsch verstandene Loyalität)

- Bank verletzt Verpflichtungen gegenüber dem Mitarbeiter, z. B.:
    - Bankmitarbeiter wird von der Bank angehalten, Kunden bei offensichtlicher Steuerhinterziehung zu unterstützen
    - Bankmitarbeiter wird zur Bestechung eines Mitarbeiters des Kunden angehalten, um das Mandat für eine Projektfinanzierung zu erhalten
    - unmoralische Mitarbeiter werden gegenüber moralisch handelnden Mitarbeitern bevorzugt
    - Bankmitarbeiter werden angewiesen, an bestimmte ethnische Gruppen keine Kredite zu vergeben

Sie werden plötzlich gebeten, Ihren Manager, der kurzfristig krank geworden ist, an einem Tag bei dem Pferderennen zu vertreten, das von einem wichtigen Kunden gesponsert wird. Ihre Gastgeber sind sehr gastfreundlich und haben Ihnen vorgeschlagen, auf eine Reihe von Pferden zu setzen, von denen einige gewonnen haben. Ihre Wetteinsätze waren niedrig, und wie die anderen Gäste haben Sie zugestimmt, Ihren Gewinn, den Sie auf etwa 60 EUR schätzen, am Ende des Rennens abzuholen. Als Sie gerade gehen wollen, wird Ihnen ein gefüllter Umschlag mit dem Namen Ihres Managers übergeben. „Hier ist Ihr Gewinn", sagt freundlich die junge Service-Hostess. Sie öffnen den Umschlag erst zu Hause und finden darin 2000 EUR.

Fragen zum Weiterdenken:

- *Welche Kriterien sollten bei der Inanspruchnahme der Gastfreundschaft eines wichtigen Kunden gelten?*
- *Unter welchen Umständen sollte ein/e Angestellte/r seinen/ihren Vorgesetzten übergeben, um die Geschäftsleitung über unethisches Verhalten zu informieren? (nach Lynch, 1996, S. 156 f.)*

Sie sind der Marketingleiter Ihrer Bank und gerade zu Ihrem Chef gerufen worden. Er informiert Sie, dass sich die Bank aus dem kleinen Geschäftskundenmarkt aus drei Gründen zurückziehen möchte:

1. Er ist weniger profitabel als andere Aktivitäten.
2. Viele dieser Geschäfte werden von ethnischen Minderheiten betrieben.
3. Die Bank möchte ihre Privatbankaktivitäten expandieren und wird durch ihr ethnisches Image behindert.

Sie sind sich bewusst, dass Ihr Chef einer politischen Partei mit rassistischen Zügen nahesteht. Außerdem könnte die Rentabilität des kleinen Geschäftskundenbereichs ohne große Schwierigkeiten verbessert werden.

Es ist Ihre Aufgabe, Leitlinien für Zweigstellenleiter zu entwerfen, wie sie am besten diese Verlagerung des Schwergewichts vom kleinen Geschäftskunden auf vermögende Privatkunden zustande bringen, und zwar auf Wegen, die gegenüber kleinen Geschäftskunden und Bankangestellten gerechtfertigt werden können.

Fragen zum Weiterdenken:

- *Welche moralischen Verpflichtungen – wenn überhaupt – haben Finanzdienstleister gegenüber Kunden, die ethnischen Minderheiten angehören, im Vergleich zur einheimischen Mehrheit? Erkennen Sie Bezüge zur europäischen Antidiskriminierungsrichtlinie?*

- *Welche Rechtfertigung gibt es dafür, die Rentabilität eines Geschäftszweiges dem moralischen Wohl zu opfern? (nach Lynch, 1996, S. 101)*

3.5.4 Kontextübergreifender Konflikt: Korruption

Korruption ist zwar ein altes, aber gleichwohl immer aktuelles, konfliktfeldübergreifendes Thema. Transparency International (TI), eine 1993 ins Leben gerufene NGO (Nicht-Regierungsorganisation), die sich der weltweiten Bekämpfung der Korruption verschrieben hat, veröffentlicht inzwischen die „Daily Corruption News" auf ihren Internet-Seiten (www.transparency.org/press_moni.html), um auf die jederzeitige Aktualität des Themas hinzuweisen.

Korruption: Ein schillernder und unscharfer Begriff

Korruption ist ein schillernder Begriff, der keinen klar definierten und abgrenzbaren juristischen Tatbestand beschreibt *(Noll, 2002, S. 172)*. Dementsprechend werden sehr unterschiedliche Sachverhalte als Korruption erfasst, von eher unmoralischen Verletzungsweisen bis hin zu (zumindest in Deutschland) eng definierten strafrechtlichen Tatbeständen wie Bestechung (§ 334 Strafgesetzbuch (StGB)), Bestechlichkeit (§ 332 StGB), sog. „Speed Money", also Beschleunigungszahlungen wie Vorteilsgewährung (§ 331 StGB) und Vorteilsnahme (§ 333 StGB). Schließlich werden die Grenzen fließend zu anderen Strafdelikten wie Nötigung (§ 240 StGB), Erpressung (§ 253 StGB) oder Betrug (§ 263 StGB) und Untreue (§ 266 StGB). „Finanzielle Anreizzahlungen" zur Auftragsvergabe (= Schmiergeld) verstoßen wegen Wettbewerbsverzerrung gegen § 12 UWG (Gesetz gegen den unlauteren Wettbewerb) und werden als Ordnungswidrigkeit mit empfindlichen Geldbußen geahndet. Die Grenzen zwischen unmoralischen oder illegalen Handlungen und moralisch akzeptablen (Wirtschafts-)Praktiken sind nicht messerscharf zu ziehen (und werden bei globalisiertem Handeln von Kultur zu Kultur unschärfer).

Funktionsmerkmale der Korruption

Gemeinsam ist allen Korruptionspraktiken, dass Funktionsträger ihre Positionen missbräuchlich ausnutzen, um sich persönliche Vorteile zu verschaffen *(hierzu und zum Folgenden Noll, 2002,*

S. 172 f.). Insofern ist Korruption durch folgende Merkmale geprägt: a) Es kommt zum Regelverstoß, also zum Missbrauch einer privaten oder öffentlichen Machtposition, b) sie dient der privaten Bereicherung, c) geht im Regelfall auf Kosten Dritter oder des Gemeinwesens und d) erklärt die Heimlichkeit der Transaktion.

Bei ökonomischer Betrachtung lassen sich drei Akteure identifizieren: einen Vorteilsgeber (z. B. der Bestechende), einen Vorteilsnehmer (der Bestochene) und den Geschäftsherrn des Bestochenen, also den Geschädigten. Korruption setzt damit grundsätzlich ein Prinzipal-Agent-Verhältnis voraus *(dazu näher Pritzl/Schneider, 1999, S. 312)*. Dies bedeutet, dass jemand (= Agent) im Auftrag und im Interesse eines anderen (= Prinzipal) gegenüber Dritten (= Klient) tätig wird, wobei der Klient im Regelfall nur mit dem Agenten Kontakt hat. Solche Prinzipal-Agent-Beziehungen als Ausgangspunkt von Korruption sind vor allem zu finden bei:

- Politikern; sie sind in diesem Sinne Agenten für den „Prinzipal Wähler",

- Verwaltungsbeamten; sie handeln nach Gesetz und Verwaltungsanweisungen für den Dienstherrn,

- Vorständen von Aktiengesellschaften; sie agieren im Auftrag der Aktionäre,

- Mitarbeitern; sie handeln im Auftrag des Unternehmens.

Eine Machtstellung, die auf einer Funktion, Wissen oder materiellen Möglichkeiten beruht, wird benutzt, um sich einen Vorteil zu verschaffen. Unethisch ist das Verhalten, wenn dieser Vorteil missbräuchlich erlangt wird, d. h zum Schaden für Dritte.

- *Ein Manager schadet seinem Unternehmen, wenn er sich auf dessen Kosten bereichert; hier ist der unethische Ansatz eindeutig! Der Fall, dass ein Manager „besticht", um für sein Unternehmen einen Vorteil zu erlangen, wird nicht mehr so eindeutig eingeschätzt: Er selbst hält dieses Verhalten meist sogar für gerechtfertigt. Er bereichert sich ja nicht, sein Unternehmen erhält einen Vorteil und der passive Partner gewinnt ebenfalls. Der Nachteil für Dritte ist nicht direkt erkennbar. Hier ist es schwierig, den Missbrauch festzustellen und zu bewerten.*

- *Ein Kreditsachbearbeiter kann bei seinem Kunden verbilligt einkaufen; zu Weihnachten erhält er nicht allzu überdimensionierte Geschenke. Er bewertet beides nicht als Vorteilsannahme, aber er wird unweigerlich in seinen beruflichen Entscheidungen beeinflusst, z. B. sieht er die sich verschlechternden Bilanzzahlen „weniger scharf" und idealisiert den kreativen und förderungswürdigen Partner.*

- *Einseitige Zuwendungen fallen vor allem dann in einen Grenzbereich, wenn sie dem sog. „Anfüttern" dienen. Wiederholte Geschenke, Einladungen, subventionierte Tagungen oder andere Aufmerksamkeiten dienen dem Ziel, sich Wohlwollen zu kaufen, das sich längerfristig auszahlen soll. Unternehmen sollten deshalb unbedingt in ihren Unternehmensrichtlinien klare Regeln über Größenordnung und Verteilung von Geschenken festlegen und Transparenz über erhaltene Geschenke verlangen. Hier ist ins-besondere ein effektives Ethikmanagement gefragt (vgl. dazu die folgenden Kapitel 4, 5, 6, 7).*

(z. T. nach Seidel, 2006, S. 694)

Die wirtschafts- und unternehmensethische Bewertung von Korruption

Korrupten Praktiken wird in keinem Land der Erde der Status einer moralisch legitimen, gemeinwohlverträglichen Handlungsweise zuerkannt *(Noll, 2002, S. 181)*. Dies ist auch unmittelbar einsichtig: Korruption basiert auf einem Vertrauensbruch des Agenten gegenüber seinem Auftraggeber. In der bilateralen Beziehung zwischen Agent und Prinzipal werden dadurch tradierte Werte wie Ehrlichkeit, Glaubwürdigkeit oder Integrität in Frage gestellt. Insbesondere die Mitarbeiter des Unternehmens werden dadurch großen psychischen Belastungen unterworfen. Sie werden „Gewissensbisse" und Schuldgefühle entwickeln, denn ihnen werden Handlungen zugemutet, die mit hohen persönlichen Risiken verbunden sind *(zum Ganzen Noll, 2002, S. 177 f.)*. Sie sehen sich bei Aufdeckung der Korruption der Gefahr ausgesetzt, für ihr Unternehmen als Sündenböcke herhalten zu müssen. Außerdem sind – wie oben dargestellt – manche Formen der Korruption Strafdelikte, die mit hohen Geld- und Haftstrafen sanktioniert werden.

Bedenkt man zudem die davon ausgehenden negativen Effekte auf Dritte, so wird man hier die Gefahren für einen fortschreitenden Moral- und deshalb Vertrauensverfall und einen Abbau des Sozialkapitals der Gesellschaft festmachen können. Korruption beeinträchtigt damit grundsätzlich alle wichtigen Werte wie Freiheit, Gleichheit, Gerechtigkeit und Wohlstand.

Im Rahmen des Unternehmens ist die Vermeidung von aktiver und passiver Korruption – gerade in Anbetracht des schillernden und für den Einzelnen schwer einzuordnenden Tatbestandes – vor allem ein strukturell-organisatorisches Problem, das ein wirksames Ethikmanagement notwendig macht. Funktion und Aufgaben eines solchen Ethikmanagements sollen nun in den folgenden Kapiteln *(4, 5, 6, 7)* näher vorgestellt werden.

4 Ethikmanagement als Controlling der Ethikkompetenz

Der oben angesprochene Diskussions-Boom in Wirtschaft und Gesellschaft zu Fragen der Wirtschafts- und Unternehmensethik führt im deutschsprachigen Raum erst seit ca. sechs bis acht Jahren langsam zu einer Zunahme der Beschäftigung mit diesen Themen durch die Betroffenen der Bankenbranche selbst. Viele Branchenangehörige haben die in den vorhergehenden Kapiteln angesprochenen Problemfelder erkannt und fragen zunehmend nach einem angemessenen Ethikmanagement *(so auch Wagner, 2004, S. 6)*. Diesem muss es darum gehen, zielgerichtet, systematisch und aufeinander abgestimmt, verbindliche (unternehmens-)ethische Handlungsmaßstäbe in alle unternehmerischen Entscheidungsprozesse einzubauen.

> **Ethikmanagement als Moral-Controlling**: Als Ethikmanagement kann man die Gesamtheit der organisatorischen Bemühungen interpretieren, mit denen moralische Anliegen intern zwischen Mitarbeitern und Abteilungen wie auch in der externen Kommunikation gegenüber Markt und Öffentlichkeit zur Geltung gebracht werden sollen.

So wie die Controlling-Funktion im Unternehmen zur Unterstützung und Koordination der erfolgsorientierten Unternehmensführung dient, so sorgt das Ethikmanagement als Moral-Controlling für die Koordination einer werteorientierten Unternehmensführung *(Noll, 2002, S. 106)*, die die Ethikkompetenz auf allen Hierarchieebenen zu stärken versucht.

4.1 Das Problem individualethischer Wertorientierung

Wir haben oben die Unternehmensethik als praktische, d. h anwendungsbezogene Entscheidungslehre kennen gelernt, die versucht, Hilfestellungen zur Beantwortung der managementstrategischen Frage „What should a company do?" oder „What should I do for my company or business?" zu geben. Es geht also um die uralte ethische Frage: „Was soll(te) ich tun?" Weiterhin ist klar geworden, dass die Beantwortung solcher unternehmensethischer Fragestellungen für den einzelnen Entscheider – außer bei eindeutigem Rechtsverstoß – oftmals in „Graubereiche" stößt, die eine eindeutige Antwort auf eine gute oder schlechte bzw. richtige oder falsche Entscheidung sehr schwer machen.

Zudem setzt eine solche bewertende Entscheidung klare Wert- und Prinzipienmaßstäbe des einzelnen Entscheiders voraus. Führungspersönlichkeiten der „alten Schule" – gerade im Bankengeschäft – schöpften ihre Werte und Prinzipien aus dem Erziehungshintergrund christlich-religiös begründeter Tradition. In solchen „dichten" Kulturen mit relativ homogenen Werten lassen sich ethische Fragestellungen mit einem deutlichen „So etwas macht man nicht!" eines Hermann-Josef Abs oder Alfred Herrhausen bearbeiten. Heutzutage, in einer pluralistischen und individualisierten Gesellschaft mit einer Vielzahl zersplitterter Individualmoralen funktioniert das nicht mehr *(ähnlich Palazzo/Palazzo, 2004, S. 340)*. Außerdem wäre die Vorstellung derartiger traditionsgebundener Wertvorstellungen in einem von zunehmender Anonymität, Komplexität und globaler Vernetzung gekennzeichneten Bankengeschäft nicht mehr zeitgemäß.

Das ist wohl einer der entscheidenden Gründe, warum die Mainstream-Literatur zumindest im deutschsprachigen Raum nur sehr verhalten und vereinzelt überhaupt noch Überlegungen anstellt zum Thema der individuellen ethischen Entscheidungsfindung. Stattdessen konzentriert sie sich vorwiegend auf die Entwicklung von Organisationsstrukturen für ein Ethikmanagement *(vgl. unten Kapitel 5, 6)*.

4.2 Der Prozess ethischer Entscheidungsfindung

Angesichts der oben festgestellten Tatsache, dass eine der Hauptquellen unethischen Verhaltens die Unkenntnis bzw. fehlende Sensibilität des einzelnen Mitarbeiters bzw. der Führungskraft für unternehmensethische Problemsituationen ausmacht, soll im Folgenden wenigstens einer der wenigen praxisorientierten Ansätze zum individuellen Entscheidungsprozess kurz vorgestellt werden *(zum Folgenden Berkel/Herzog, 1997, S. 108-110)*.

4.2.1 Checkliste für einen (individual)ethischen Entscheidungsprozess

Im angelsächsischen Sprachraum bezeichnet „moral reasoning" den Urteilsprozess, den ein Entscheider anstellt, um zu ethisch begründeten Entscheidungen zu kommen. In den amerikanischen „business ethics" hat sich die Tendenz entwickelt, in diesem Prozess die wichtigsten ethischen Ansätze zur Normen-, Prinzipien-, Wert- oder Haltungsbegründung nach folgender Reihenfolge zu prüfen:

1. **Pflichten:** Gibt es Rechte und Prinzipien, die unbedingte moralische Verbindlichkeit haben (z. B. Gerechtigkeit, aber auch die bestehende Rechtsordnung) und bestimmte Verhaltensweisen von vorneherein einschränken oder ausschließen?

2. **Werte:** Gibt es fundamentale Werte und Haltungen (z. B. Gewinn, Produktivität, Qualität, Toleranz, Mitleid etc.), die zu verwirklichen in sich richtig und sinnvoll sind?

3. **Auswirkungen:** Steigern die beabsichtigten oder unbeabsichtigten Folgen der Entscheidung die Lebensqualität möglichst vieler Menschen?

Nash *(1981, S. 79 ff.)* hat dazu eine Reihe von Fragen entwickelt, die die ethische Sensibilität in einer Entscheidungssituation wecken soll. Die folgenden zwölf Fragen dienen dazu, sich innerlich klar zu werden, welche (unternehmens-)ethischen Normen, Werte, Haltungen etc. die Situation erfordert:

4.2.2 Zwölf Prüffragen vor einer (individual)ethischen Entscheidung in Unternehmen

1. Haben Sie das Problem genau definiert? Erheben Sie möglichst viele Fakten.
2. Wie würden Sie das Problem definieren, wenn Sie auf der Gegenseite stünden? Überlegen Sie, wem dieses Problem nützt.
3. Weshalb ist dieses Problem so wichtig? Analysieren Sie die Genese (Entstehungsprozess) des Problems oder Konflikts.
4. Wem oder was gegenüber fühlen Sie sich als Mensch und als Mitglied des Unternehmens verpflichtet?
5. Was bezwecken Sie mit der Entscheidung? Können Sie damit Lob und Anerkennung ernten?
6. Wie passt Ihre Absicht zu den wahrscheinlichen Folgen? Kann es trotz guter Absicht zu schädlichen Auswirkungen kommen?
7. Wen würde Ihre Entscheidung oder Handlung verletzen, schädigen o. Ä.?
8. Können Sie das Problem mit den betroffenen Parteien diskutieren, bevor Sie sich entscheiden? (Sprechen Sie z. B. mit den Mitarbeitern einer Abteilung, bevor Sie sie schließen?)
9. Sind Sie sicher, dass Ihre Entscheidung sich auch mittel- bzw. langfristig als richtig herausstellen wird? Achten Sie auf die längerfristigen Auswirkungen?
10. Könnten Sie ohne Bedenken Ihre Entscheidung oder Handlung Ihrem Vorgesetzten, einem Vorstandsmitglied, Ihrer Familie oder der Öffentlichkeit mitteilen? Könnten Sie guten Gewissens Ihre Entscheidung im Fernsehen vertreten?
11. Welche symbolische Aussagekraft hat Ihre Entscheidung oder Handlung für andere, wenn sie sie verstehen? Und wenn sie sie missverstehen?
12. Unter welchen Umständen würden Sie eine Ausnahme von Ihrer Maxime zulassen?

Konflikt-Vorzugsregel bei widersprüchlichen Antworten

Doch was ist zu tun, wenn die Prüfung und Beantwortung der Fragen zu widersprüchlichen Resultaten führt? Dann kann die **Konflikt-Vorzugsregel** angewandt werden. Sie bringt Pflichten, Werte und Folgen in eine bestimmte Rangordnung zueinander:

> **Konflikt-Vorzugsregel**
>
> - Wenn zwei oder mehr **Pflichten** in Konflikt miteinander stehen, wählen Sie die höherrangige.
>
> - Wenn zwei oder mehr **Werte** in Konflikt miteinander stehen, oder wenn Werte mit Pflichten kollidieren, entscheiden Sie sich für die Handlung, die dem höheren Wert dient.
>
> - Wenn die **Auswirkungen** widersprüchlich sind, entscheiden Sie sich für die Handlung, die das größte Gut oder das geringste Leid, den geringsten Schaden o. Ä. hervorruft.

4.3 Bankenorganisatorische Gründe für ein Ethikmanagement als Moral-Controlling

4.3.1 Mögliche Überforderung des individuellen Entscheiders

Die individuelle moralische Kompetenz von Bankmitarbeitern ist für die Lösung moralischer Problemsituationen unverzichtbar. Dies gilt vor allem für die Wahrnehmung, Anerkennung und Kommunikation ethisch relevanter Situationen. Aber wie gesehen, ist es zum einen schon problematisch, von einer „ethisch rundum gefestigten" Mitarbeiterpersönlichkeit auszugehen, zum anderen haben aber auch die aufwendigen Schritte im Prozess einer ethischen Entscheidungsfindung gezeigt, dass der einzelne Mitarbeiter in vielen Entscheidungssituationen aufgrund von Zeitdruck und Kenntnismangel überfordert wäre.

Hinzu kommt, dass auch innerhalb einer Bank Leistungs- und Karrierewettbewerb als Verführer zur Erosion der moralischen Integrität der integren Mitarbeiter wirken, wenn sie wahrnehmen oder auch nur erwarten können, dass sie durch ihr Verhalten permanente Nachteile in Kauf zu nehmen haben. Dies bedeutet *(so zum Folgenden Wagner, 2004, S. 9)*, dass es eine vorrangige Aufgabe des Bankmanagements ist, die individuelle Moral der Mitarbeiter und damit auch der Bank dadurch zu schützen, dass organisatorische Rahmenbedingungen geschaffen werden, die es für die Mitarbeiter lohnend erscheinen lassen, sich entsprechend akzeptierter Werte und Normen zu verhalten. Es ist zwar davon auszugehen, dass Mitarbeiter mit eher gering entwickelten moralischen Standards oder sogar krimineller Energie auch durch Ethikmanagement nicht „bekehrt" werden können, sie werden aber gegenüber dem Großteil der moralisch handelnden Belegschaft nicht auch noch bevorzugt!

4.3.2 Die Unternehmensorganisation und -kultur als Barrieren moralischen Verhaltens

Jeder Mitarbeiter, der in Kontakt mit externen Stakeholder-Gruppen kommt, kann das Vertrauen in die Glaubwürdigkeit des Unternehmens mit seinem Handeln fördern, beschädigen oder zerstören *(Kapstein, 1998, S. 6 f.)*. Doch kann daraus nicht gefolgert werden, die Gründe für moralisches Verhalten lägen stets und ausschließlich in den moralischen Defiziten und Unzulänglichkeiten der handelnden Akteure und Entscheider. Unmoralisches Verhalten im Geschäftsleben ist stattdessen häufig (wenn nicht sogar meist!) ein systematisches Problem. Es ist das Verhalten grundsätzlich anständiger Menschen, die normalerweise im Privatleben nicht daran dächten, etwas Illegales oder Unmoralisches zu unternehmen. Aber sie sehen sich durch besondere Umstände im Unternehmen dazu veranlasst *(Velasquez, 1990, p. 230)*. J. A. Waters hat dazu sehr plastisch ausgeführt: „Statt zu fragen, was geht in den Leuten vor, dass sie auf diese Weise handeln, sollten wir fragen, was geht in der Organisation vor, dass sie Menschen veranlasst, in dieser Weise zu handeln?" *(Waters, 1991, S. 283 f.)*. Für diese Überlegung spricht schon, dass es im Normalfall gar keine sinnvolle Begründung für eine generelle Personalisierung unternehmerischen Fehlverhaltens gibt, denn in Unternehmen agieren Menschen mit normalen moralischen Stärken und Schwächen wie in anderen Lebensbereichen auch, was empirische Studien immer wieder nahelegen *(Nachweise z. B. bei Kapstein, 1998, S. 40 f.)*.

Unmoralisches Verhalten reflektiert also vielfach die Deformation oder Defizite der Unternehmensorganisation. Dabei ist zwischen Organisationsstruktur und Organisationskultur zu unterscheiden *(hierzu und zum Folgenden Noll, 2002, S. 122–126)*.

> Als **Organisationsstruktur** können dabei alle generellen Regelungen im Betrieb interpretiert werden, die zur Differenzierung (Arbeitsteilung) und Integration (Arbeitssynthese) der Aufgaben im Unternehmen beitragen.

Sie wird teilweise durch staatliche Vorschriften geregelt, die die Unternehmensverfassung vorgeben (z. B. Regeln zur Geschäftsführung, zur Mitbestimmung etc.); daneben dokumentieren sich organisatorisch-strukturelle Vorgaben in von den Unternehmen selbst entwickelten Stellenbeschreibungen, Arbeitsverträgen, Verwaltungsvorschriften etc.

> Jedes Unternehmen stellt zugleich eine historisch gewachsene Gemeinschaft dar, in der sich gemeinsame Werthaltungen herausbilden. Dies offenbart sich in typischen Denkmustern, Handlungsweisen, Symbolen und Ritualen. Zusammenfassend kann man diese gemeinsame Wertorientierung als **Unternehmenskultur** bezeichnen.

Sowohl strukturelle als auch kulturelle Aspekte einer Organisation können (moralisch) verantwortliches Verhalten fördern, aber eben auch stark hemmen!

Dabei besitzen manche organisatorisch-strukturellen Regelungen ein geringes, andere ein größeres Gefahrenpotenzial. Diese Erkenntnis, auf die Waters schon vor ca. 30 Jahren in einem wegweisenden Aufsatz hingewiesen hat *(1978, 1991, S. 283 f.)* erlaubt es, über die „ethische Sensibilisierung" der Unternehmensstrukturen bzw. eine „ethikfreundliche Organisationsstruktur" nachzudenken.

Dabei identifizierte Waters auf Basis einer Auswertung wirtschaftskrimineller Praktiken typische „organizational blocks", die in Anlehnung an Steinmann/Löhr in organisationsstrukturelle und -kulturelle Barrieren für moralisches Handeln unterteilt werden *(Waters, 1991, S. 284 ff. und Steinmann/Löhr, 1994, S. 24 ff.)*.

Im Folgenden sollen drei typische Problemfelder von **„organizational blocks" moralischen Handelns** kurz anskizziert werden:

- Problemfeld 1: Die klassische Befehlshierarchie
- Problemfeld 2: Die ausdifferenzierte Arbeitsteilung
- Problemfeld 3: Die installierten Anreiz- und Kontrollsysteme

Problemfeld 1: Die klassische Befehlshierarchie

Dieses Organisationsmodell basiert grundsätzlich auf strikter Anweisung und Unterordnung, auf Befehl und Gehorsam und birgt damit verschiedene Gefahren in sich.

Spezifische Gefahrenpotenziale:

- Informationsverzerrungen und -blockaden können entstehen
- beschönigtes Zuleiten „kritischer" Informationen oder vollständige Informationsunterdrückung

Beispiel: Der „Pinto-Skandal"

„Der Pinto war ein amerikanischer Kleinwagen, der übereilt entwickelt wurde (...). Bei Auffahrunfällen von hinten wurde der Benzintank aufgerissen, was wegen des dadurch auslaufenden Benzins mit an Sicherheit grenzender Wahrscheinlichkeit zu einem Brand führen musste. Die Firma weigerte sich aus Kostengründen, eine Plastikpufferung (Preis 11 Dollar) bzw. eine Gummiinnenverkleidung (Preis 5 Dollar) einzubauen, weil ihre Kosten-Nutzen-Analyse ergeben hatte, dass Schadensbegleichung und Prozesskosten bei Zugrundelegung von jährlich durchschnittlich 180 Toten und einer (falsch geschätzten) entsprechenden Anzahl von Brandverletzten weit billiger seien als der Aufwand von 11 Dollar pro Auto, das angesichts der scharfen Konkurrenz von VW preisgünstig und knapp kalkuliert werden musste. Es gelang der Firma übrigens auch, die entsprechende staatliche Versicherungsverordnung zu den Auf-

fahrunfällen durch alle möglichen Verzögerungs- und Ablenkungsstrategien (besonders durch die ständige Forderung nach weiteren externen Untersuchungen über andere Faktoren) um acht Jahre zu verzögern. Das Wirken der Lobby führte dazu, dass bis 1977 fast 20 Millionen der absolut gefährlichen Kleinwagen ausgeliefert wurden und dass bei Auffahr-Brandunfällen häufig Todes- und Verbrennungsfolgen tatsächlich eintraten (rund 9000 Todesopfer in vier Jahren!). Ein leitender Ingenieur der Firma, gefragt, warum niemand dem Firmendirektor dauernd mit dem Sicherheitsproblem in den Ohren gelegen habe, antwortete: „Diese Person wäre sofort entlassen worden. Sicherheit war kein populäres Thema in der Firma jener Tage, für den Direktor war es tabu." „Safety doesn't sell", sagte der frühere Automobilkonzernchef Lee Iacocca." (Lenk, 1993, S. 198 f.)

- systematische Ausblendung ethischer Reflexion auf den operativen Ebenen
- Mitarbeiter ist unselbstständiger „Befehlsempfänger", der die Richtigkeit von Entscheidungen nicht anzuzweifeln hat
- ausweglose Zwangssituationen für Mitarbeiter, die gegen moralische Praktiken aufbegehren wollen: Verweigern sie Anordnungen, wird der Vorgesetzte seine Vorstellungen über Manipulation oder Druck durchzusetzen versuchen. Gehen die Mitarbeiter an die Öffentlichkeit, laufen sie Gefahr, als Verräter oder Denunzianten stigmatisiert zu werden *(sog. whistle blowing oder troublemaking, vgl. dazu auch unten den Fall BART, S. 164 f., vgl. dazu ebenso den obigen Beispielsfall „Pinto-Skandal")*.

Problemfeld 2: Die ausdifferenzierte Arbeitsteilung

Mögliche Quellen für unmoralisches Handeln sind mit der ausdifferenzierten Arbeitsteilung in Unternehmen verknüpft. Dieses Problemfeld wird hauptsächlich unter den Stichworten **Ressortdenken** und **Expertenmacht** diskutiert.

Spezifische Gefahrenpotenziale:

- Der einzelne Mitarbeiter ist bei ausgeprägter Arbeitsteilung kaum mehr in der Lage, überhaupt unmoralische oder kriminelle Praktiken zu erkennen.

„Jean McGuire, eine Grundstücksverkäuferin, ‚brauchte verzweifelt ihre Stelle', aber sie zweifelte, ob sie Erfolg haben könnte, ohne Verkaufstaktiken anzuwenden, die nach ihrer Ansicht psychologische Manipulationen von Kunden einschlossen. Um Verkaufsverträge abzuschließen, wurde sie vom Verkaufsdirektor der Firma gedrängt, den Kunden unter Druck zu setzen: Das fragliche Grundstück sei im Begriff, von jemand anderem gekauft zu werden. Sie sollte Gespräche mit Kollegen simulieren, bei denen sie für das Recht ihres Klienten eintrat, für das fragliche Grundstück mitzubieten. Alle diese Täuschungen waren geplant, um den Kunden in eine Jetzt-oder-nie-Entscheidung hineinzumanövrieren – so der Verkaufsdirektor. Er erklärte, dass dies die Aussicht auf Verkäufe steigere. Das Grundstück werde dabei in keiner Weise falsch dargestellt. Jean McGuire fand, dass ihre Verkaufsabschlüsse weit hinter denen anderer

Verkäufer zurückblieben. Sie schrieb diese Tatsache hauptsächlich ihrer mangelnden Technik bei Verkaufsabschlüssen zu. Sie sah keinen anderen Weg, ihre Verkäufe zu verbessern, als selbst die Praktiken anzuwenden, deretwegen sie ethische Vorbehalte hatte. Was sollte sie tun?" (Hennessey/Gert, 1992, S. 114)

- Hochgradige Spezialisierung in Teilarbeitsbereichen verstellt den Blick auf den Gesamtzusammenhang; niemand erkennt mehr die Auswirkungen und Folgen seines Handelns auf das Ganze.

- Der Mitarbeiter fühlt sich nur für sein Ressort verantwortlich, so dass nichts moralisch Fragwürdiges moniert wird (selbst wenn er es erkennen sollte!), weil es nicht in den eigenen Zuständigkeits- und Verantwortungsbereich gehört.

- Selbst das Anprangern erkannter unmoralischer Praktiken verspricht nicht notwendig Abhilfe. Arbeitsabläufe können so umorganisiert werden, dass der „kritische" Mitarbeiter isoliert oder neutralisiert wird.

„Die Firma Bay Area Rapid Transit (BART) war mit dem automatischen Zugkontrollsystem für den Nahschnellverkehr an der San Francisco-Bay befasst. Die drei Ingenieure Hjortsvang, Blankenzee und Bruder hatten bereits in der Planungsphase auf schwerwiegende Systemmängel und zu billige Ausführung des Systems aufmerksam gemacht, das öffentlich als das weltbeste und sicherste angekündigt worden war – von Managern, die keinerlei Kenntnisse über Systemanalyse besaßen. (...) Die Ingenieure hatten zu Recht ihre Vorgesetzten gewarnt und waren dann an den Vorstand herangetreten. Ein Vorstandsmitglied (zugleich Bürgermeister), nicht die Ingenieure selbst, hatte die Lokalpresse informiert. Firmenintern waren die Versuche der Ingenieure stets als unsinnig und übertrieben abgelehnt, sie selber als „troublemakers" bezeichnet worden. Nach der Veröffentlichung wurden sie ohne Abfindung und Begründung entlassen. (...) Der Fall erlangte für die Öffentlichkeit erst dann Bedeutung, als ein Zug aufgrund des Versagens des Sicherheitssystems verunglückte und es einige Verletzte gab. Wie sich herausstellte, waren aus einem ähnlichen Unfall während der Testphase und ohne Personen keinerlei Konsequenzen gezogen worden. (...) Nach den Ethikkodizes gab es keine Anzeichen dafür, dass die Ingenieure, deren Berechnungen durch alle späteren Studien bestätigt wurden, in irgendeiner Weise unangemessen gehandelt hätten. In den anschließenden Verfahren bot BART den Ingenieuren einen außergerichtlichen Vergleich an, der für sie keineswegs besonders vorteilhaft war, aber von ihnen aufgrund ihrer finanziellen Notlage und ungesicherten Stellung angenommen wurde. BART-Manager behinderten sogar die Arbeitssuche eines der Betroffenen, indem sie ihn in der Branche als „troublemaker" verunglimpften. Ein unabhängiger Sachverständiger bezeichnete Hjortsvang später als „einen sehr ehrlichen Ingenieur, der rücksichtslos geopfert worden sei". (...)" (Lenk, 1993, S. 200 f.)

- „Expertenmacht"-Probleme entstehen beim Zusammenwirken von Spezialisten und Managern in Stab-Linien-Organisationen. Experten in eigenständigen Stabsabteilungen oder als Mitarbeiter der Forschungs- und Entwicklungsabteilungen können strategische Entscheidungen aufgrund von Wissensvorsprüngen zwar wesentlich beeinflus-sen, aber nicht selbst treffen. Sie sind sich dann wegen ihrer mangelnden Entscheidungskompetenz der mit der Verantwortung verbundenen Entscheidung häufig nicht hinreichend bewusst oder verharmlosen sogar die Gefahren. Umgekehrt entwickeln die formalen Entscheidungsträger (die Linienmanager) dann kein kritisches Verantwortungsbewusstsein, wenn sie unter Zeitdruck stehen und auf Basis mangelhaften Fachwissens oder aus falschem Gruppenloyalitätsdruck (sog. group think) entscheiden müssen.

Beispiel für fatale Auswirkungen mangels unabhängigen, kritischen Denkens:

Unabhängiges, kritisches Denken wird oft durch Arbeitsgruppen mit hoher Gruppenkohäsion und dadurch entwickeltem Gruppendruck und falscher Gruppenloyalität (sog. „group think") verhindert: Ein solches mangelhaftes Denken wurde z. B. dem Vorstand der Deutschen Bank anlässlich der Schneider-Pleite attestiert (hierzu und zum Folgenden Noll, 2002, S. 133). Die Bank hatte nicht zureichend erkannt, welche Kreditrisiken sich aus dem fragwürdigen Geschäftsgebaren des Baukonzerns Schneider für sie selbst wie für manche kleinen Handwerker ergaben: „Aus psychologischer Sicht weise die Deutsche Bank Strukturmerkmale auf, die sich allesamt negativ auf qualitativ gute Gruppenentscheidungen auswirken und die sich in der Summe noch potenzieren: Homogenität, Suche nach völligem Konsens, keine formale Abstimmung, ein Höchstmaß an struktureller Verantwortungsdiffusion und Sorglosigkeit durch vorangegangene Erfolge. (...) Im Vorstand der Deutschen Bank wurde nicht abgestimmt, sondern auf völlige Einstimmigkeit gedrungen. Entscheidungen wurden von allen Vorstandsmitgliedern mitgetragen, die Verantwortung für die Konsequenzen wird also auf alle gleichermaßen verteilt. Der so entstehende Gruppendruck gegenüber Minoritätsmeinungen führe dazu, dass potenzielle Alarm- und Warnsignale untergewichtet oder sogar ignoriert werden. Auch werde aus Karriereinteressen vielfach geschwiegen. Erfolge machten arrogant (der Vorstandsvorsitzende der Deutschen Bank bezeichnete nach Bekanntwerden der Schneider-Pleite die ausstehenden Forderungen von Handwerkern in Höhe von 50 Millionen DM öffentlich als „peanuts") und blind und führten zu gelernter Sorglosigkeit. Gerade aber im Schneider-Fall wurde von der Bank gesagt, dass personelle Konsequenzen nur dann gezogen werden, wenn Mitarbeiter (…) tatsächlich Fehler begangen haben, doch das sei schwierig, da zu viele Vorstände für dasselbe Geschäft zuständig seien."

Problemfeld 3: Die installierten Anreiz- und Kontrollsysteme

Hier bergen insbesondere die Vorgabe eindimensionaler, quantitativer Anreiz- und Bewertungssysteme Gefahren *(vgl. auch schon Leisinger, 1997, S. 172 ff.)*. Sie fördern eher das kurzfristige Nützlichkeitsdenken als Überlegungen für das mittel- und langfristige Unternehmensinteresse – ein Problem, das sich auf allen Unternehmensebenen stellt.

Spezifische Gefahrenpotenziale:

- einseitige Orientierung an Quartalsergebnissen oder Aktienkursen verhindert häufig langfristige Investitionen in Aufbau von Reputation und Integrität

- ähnlich problematisch entwickelt sich oftmals das Verhältnis von Unternehmensleitung zu Konzerntöchtern oder für die Beziehung zwischen Vorgesetzten und Mitarbeitern. Insbesondere gilt das für sog. ergebnisorientierte Managementtechniken wie das Profit-Center-Konzept oder konkrete Gewinn- und Marktanteilsvorgaben beim Management by Objectives für Vertriebsmitarbeiter; diese „zwingen" häufig dazu, moralisch bedenkliche Handlungen zu praktizieren.

- Quantitative Zielvorgaben überlassen den nachgeordneten Managern oder Mitarbeitern nur die Mittelwahl, während das von „oben" vorgegebene Ziel nicht zur Disposition gestellt werden darf. Wenn dann solche „leistungsstimulierenden" Vorgaben auch bei aller Anstrengung nicht oder kaum erreichbar sind, ist die hieraus entstehende Gefahr evident. Mitarbeiter handeln dann nach der Maxime: „Der Zweck heiligt die Mittel", was z. B. bedeuten kann, dass die Beratungsqualität im Finanzdienstleistungssektor mit dem Einsatz problematischer Einschätzungen oder Versprechungen massiv abgesenkt wird, um die „hausvorgegebene" Auftragsakquisition zu erreichen.

Folgender kleiner Praxisfall *(nach Lynch, 1996, S. 44 f.)* soll abschließend Problemfeld 3 noch einmal verdeutlichen:

Sie haben an dem „Persönliche-Zusatzrente-(Super Pension)"-Wettbewerb Ihres Unternehmens teilgenommen und brauchen nur noch einen weiteren Persönlichen-Zusatzrenten-Vertrag zu verkaufen, um sich für eine Traumreise zu qualifizieren. Ihr Ehemann war in letzter Zeit nicht gesund und würde sehr von einer solchen Reise profitieren. Sie haben gerade mit einem Kunden verhandelt, der überlegt, seine Betriebspension auf das Persönliche-Zusatzrente-Schema zu transferieren. Nachdem Sie seine Situation überdacht haben, wissen Sie, dass dies ein Grenzfall ist. Eine derartige Übertragung könnte zu einer geringen Reduzierung seines endgültigen Pensionsanspruchs führen. Am Ende des Gespräches sagt der Kunde: „Ich überlasse es Ihnen. Sie sind der Experte, und ich weiß, dass ich Ihnen trauen kann, das Richtige für mich zu tun." Wenn Sie seine Pension in das hauseigene Schema transferieren, werden Sie unzweifelhaft die Reise gewinnen.

Fragen zum Weiterdenken:

- *Rechtfertigt die Attraktivität einer Belohnung jemals unethisches Verhalten?*
- *Wie können Anreizsysteme sowohl ethisch vertretbar als auch leistungsmotivierend ausgestaltet werden?*

Auch wenn der oben beschriebene klassische Typus bürokratischer Organisation mit den oben problematisierten typusbildenden Merkmalen „stark zentralisierte Entscheidungsstrukturen", „ausdifferenzierte Arbeitsteilung" und „Orientierung an eindimensionalen ökonomischen Kennziffern" in der Praxis kaum mehr in Reinkultur zu finden ist, können einzelne Strukturelemente durchschlagende Faktoren für moralische Dilemmasituationen sein und damit erhebliche Gefährdungen für moralisch verantwortungsbewusstes Entscheiden darstellen.

4.4 Bankenstrategische Zielüberlegungen zur Konzeption eines Ethikmanagements

Die vorangegangenen Ausführungen haben die Notwendigkeit eines Ethikmanagements aufgezeigt, sowohl an den möglichen moralischen Defiziterscheinungen in der Verantwortungssphäre des einzelnen, individuellen Entscheiders als auch an möglichen Barrieren für eine „ethikfreundliche" Unternehmensorganisation.

Bei den nachfolgenden bankenstrategischen Zielüberlegungen zur Konzeption und Implementierung (Verankerung) eines Ethikmanagements in Banken soll an dieser Stelle aber noch einmal ganz dezidiert darauf hingewiesen werden, dass es für Banken im Wettbewerb unabdingbar ist, die Einführung unternehmensethischer Maßnahmen neben moralischen auch durch ökonomische Überlegungen zu rechtfertigen. So weisen vor allem angelsächsische Kreditinstitute in ihrem Ethikleitbild explizit darauf hin, dass die Einhaltung moralischer Werte wie Fairness, Gerechtigkeit und vor allem Gesetzestreue die Grundvoraussetzung für ein erfolgreiches Bestehen am Markt darstellt *(hierzu und zum Folgenden Wagner 1999, S. 250)*. In der nachfolgenden Übersicht (Kosten/Nutzen-Überlegungen zur Einführung eines Ethikmanagements in Banken) werden in Erinnerung an die Ausführungen zum bankpolitischen, bankgeschäftlichen und Mitarbeiterkontext *(oben 3.5)* überblicksartig mögliche Ziele bzw. Einsatzgebiete für ein Ethikmanagement in der Kreditwirtschaft dargestellt. Dabei lässt sich die Notwendigkeit eines solchen Ethikmanagements grundlegend mit der Formel: „Wertschätzung sichert Wertschöpfung" zusammenfassen.

Kosten/Nutzen-Überlegungen aus der Einführung eines Ethikmanagements in Banken – Oberziel: Reputationsaufbau (gegenüber der Gesellschaft, gegenüber Kunden, innerhalb der Organisation)

Vermeidung von Kosten:	**Erringung von Wettbewerbsvorteilen, Kooperationschancen und zusätzlichen Erträgen:**
• aus der verstärkten aufsichtsrechtlichen Regulierung als Konsequenz illegaler oder illegitimer Verhaltensweisen einer oder mehrerer Banken. *Bsp.: BCCI-Folgerichtlinie; Geldwäschegesetz; Wertpapierhandelsgesetz etc.*	• durch die Signalisierung von zu erwartendem Wohlverhalten gegenüber aktuellen und potenziellen Bankkunden und Finanzmärkten. *Bsp.: Externe Kommunikation eines Ethikmanagements und Publikation von Verhaltensstandards im Kundenverkehr*

Kosten/Nutzen-Überlegungen aus der Einführung eines Ethikmanagements in Banken – Oberziel: Reputationsaufbau (gegenüber der Gesellschaft, gegenüber Kunden, innerhalb der Organisation) (Forts.)

Vermeidung von Kosten:	**Erringung von Wettbewerbsvorteilen, Kooperationschancen und zusätzlichen Erträgen:**
• durch mögliche staatliche Sanktionierung in Form finanzieller Strafen für ein Fehlverhalten der Bank sowie strafrechtlicher Verfolgung von Bankmanagern und Mitarbeitern. *Bsp.: Vermeidung einer möglichen Anklage von Bankmitarbeitern und -vorständen wegen Beihilfe zur Steuerhinterziehung; vgl. ferner die Beispiele Barings Bank, Deutsche Morgan Grenfell, Daiwa Securities, Prudential Securities, Salomon Brothers*	• durch eine höhere Zufriedenheit und Loyalität der Mitarbeiter, die sich bewusst sind, dass moralisches Verhalten für sie nicht mit karrieremäßigen und finanziellen Nachteilen verbunden ist. Daraus resultiert auch eine vorteilhafte wertmäßige Integration der Mitarbeiter vor allem im multikulturellen Kontext. Insgesamt wird durch die Nutzung von explizitem und implizitem „moralischem Steuerungspotenzial" auch eine qualitativ bessere Handhabbarkeit des bankspezifischen Risikopotenzials erreicht. *Bsp.: Gemeinsame Erstellung von Ethik-Kodizes; Einbeziehung von ethischen Aspekten in Beurteilungsgesprächen*
• aus Schadensersatzansprüchen von Bankkunden, die durch ein Fehlverhalten der Bank geschädigt wurden. *Bsp.: Vgl. den Fall von Bankers Trust, wo nach dem Verkauf hochriskanter Derivate an einige Firmenkunden (u. a. Procter & Gamble) Verluste durch Mitarbeiter im Derivate-Handel verschleiert wurden. Bankers Trust erklärte sich nach Bekanntwerden in außergerichtlichen Vergleichen zu Schadensersatzzahlungen in mehrfacher Millionenhöhe bereit*	• die Förderung eines ökonomisch und sozial gesunden gesellschaftlichen Umfeldes als Basis der Geschäftstätigkeit. *Bsp.: Beratungsleistungen im Rahmen der Stadtteilsanierung; Kooperation mit Schulen zur verstärkten Bildung und Ausbildung in ökonomischen Fragen und zum besseren Verständnis der Rolle der Banken in der Gesellschaft*
• aus Konflikten mit dem kommunalen oder regionalen Umfeld sowie sonstigen Stakeholdergruppen, die letztlich zu einem Akzeptanzverlust des Instituts führen. *Bsp.: Auseinandersetzung mit Verbraucherschutzverbänden und Non Governmental Organizations, die zu Boykottaufrufen gegen das Institut führen oder kostenintensive Rechtfertigungskampagnen erfordern*	• durch die Schaffung und Sicherung hoher Akzeptanz im kommunalen, regionalen und gesellschaftlichen Umfeld der Bank. *Bsp.: Erarbeitung und Diskussion von Alternativen für ein ökologisch umstrittenes Projekt unter Einbeziehung verschiedener lokaler Interessengruppen*

Kosten/Nutzen-Überlegungen aus der Einführung eines Ethikmanagements in Banken – Oberziel: Reputationsaufbau (gegenüber der Gesellschaft, gegenüber Kunden, innerhalb der Organisation) (Forts.)

Vermeidung von Kosten:	**Erringung von Wettbewerbsvorteilen, Kooperationschancen und zusätzlichen Erträgen:**
• die direkt für die Bank durch bewusstes und unbewusstes Fehlverhalten von Bankmitarbeitern erwachsen. *Bsp.: Spekulation von Bankmitarbeitern mit Bankvermögen auf eigene Rechnung; Abschluss illegaler oder illegitimer Geschäfte aus falsch verstandener Loyalität für die Bank*	• durch eine höhere Attraktivität als Arbeitgeber für potenzielle Mitarbeiter, die Wert auf ein „moralisches Arbeitsklima" legen und sich vor Verwicklung in unmoralische Geschäfte geschützt wissen wollen.
• für bankinterne Kontrollmaßnahmen, die durch eine erhöhte Sensibilisierung und Schulung der Mitarbeiter für unternehmensethisch relevante Situationen und die Vermeidung von innerbetrieblichen „Endspieleffekten" substituierbar sind.	• durch die Förderung moralischer Innovationen im Produkt- und Verfahrensbereich. *Bsp.: Refinanzierung von Micro-Lending-Krediten mit Hilfe von ABS-Anleihen durch die Citicorp*

5 Implementierungskonzepte für Ethikmanagementsysteme

Das Unternehmen „Bank" muss seinen Willen, sich ethisch zu verhalten, nach außen und innen verdeutlichen. Deshalb muss es seine moralischen Werte in einer Weise dokumentieren, die nach außen vermittelbar, dort nachvollziehbar sind und überprüft werden können. Gelingt dies und entspricht das Verhalten der nach außen und innen dokumentierten Selbstbindung, wird eine Reputation des Vertrauens und der Verlässlichkeit aufgebaut.

Insofern müssen bei der Entwicklung und Implementierung von Ethikmanagementsystemen zwei Grundmodelle beachtet werden, die dem jeweilig gewählten Managementsystem eine unterschiedliche Steuerungsphilosophie geben.

Dabei können zwei idealtypische Konzeptionen einer solchen Steuerungsphilosophie bei der Implementierung von Ethik in Organisationen unterschieden werden: der **Compliance**- und der **Integrity-Ansatz** *(so grundlegend Sharp-Paine, 2003, S. 106 ff.)*.

5.1 Grundvorstellungen des Compliance-Ansatzes

Zentrales Anliegen des Compliance-Ansatzes ist es, Handlungsspielräume der Mitarbeiter zu begrenzen, um opportunistisches (Fehl-)Verhalten so weit wie möglich zu verhindern. *(hierzu Noll, 2002, S. 119 f.)* Opportunistisches Verhalten meint, dass nicht alle Mitarbeiter bzw. Vertragspartner ihre vertraglichen Pflichten ordnungsgemäß einhalten, sondern strategisch nach individuellem Vorteil streben, die Vertragsbeziehungen durch Unehrlichkeit (z. B. Korruption), Unordentlichkeit, Faulheit o. Ä. ausbeuten. Den Mitarbeitern müssen demgemäß möglichst detaillierte Verhaltensrichtlinien (z. B. Ethik-Kodizes) zur Orientierung vorgegeben werden, die über Schulungen und (vor allem) Kontrollmechanismen abgesichert werden.

Beispiele für Compliance-relevante Interessenkonflikte

Nachstehend sind hierfür in abstrahierter Form tatsächliche Beispielsfälle wiedergegeben, die nach den Gründen für mögliche Vorwürfe gegliedert sind.

(1) Es kann sich um Verhalten handeln, das sich widerspricht oder die Ausnutzung vertraulich erlangter Informationen nahe legt.

- Team A berät den Übernehmer, Team B den Übernahmekandidaten.
- Team A berät Kaufinteressenten A, Team B den Kaufinteressenten B.
- Team A berät den Kaufinteressenten D, Team B verfolgt eigene Beteiligungsinteressen am Zielunternehmen C.

- Team A berät Kaufinteressenten D, Team B stärkt das Zielunternehmen C durch Arrangierung einer Private-Equity-Beteiligung.
- Team A der Bank berät im Rahmen einer feindlichen Übernahme den Übernehmer. Vorstand C der Bank ist im Aufsichtsrat des Zielunternehmens vertreten und nimmt an Beratungen über die Abwehrstrategie teil.
- Team A berät Kunden C über eine Kapitalerhöhung. Team B versucht, bei C einen syndizierten Kredit zu arrangieren.

Treten die vorgenannten Situationen nicht zeitgleich, sondern nacheinander auf, besteht zwar nicht die Gefahr unmittelbaren gegensätzlichen Handelns. Allerdings besteht das Risiko, dass dem Finanzdienstleister vorgeworfen wird, er habe in unzulässiger Weise vertrauliche Informationen gegen einen ehemaligen Kunden ausgenutzt, die er aus einem früheren Mandat für diesen Kunden erlangt habe (Preusche, 2004, S. 178).

(2) Das Konfliktpotenzial einer Situation wird nicht nur durch die objektiven Gegebenheiten, sondern maßgeblich auch durch die mögliche Reaktion der Öffentlichkeit bestimmt (hierzu und zum Folgenden Preusche, 2004, S. 179 f.). Steht zu befürchten, dass die öffentliche Meinung die Redlichkeit des Verhaltens in Frage stellen könnte, sollte dies als eigenständige Konfliktquelle berücksichtigt werden, selbst wenn hierzu bei objektiver Betrachtung keine Veranlassung bestünde:

Z. B. nützt die beste Chinese-Wall-Abschottung – zumindest für die spontane Medienreaktion – nicht viel, wenn die Öffentlichkeit angesichts der Schwere des Konflikts bzw. der wirtschaftlichen Bedeutung des Eigen-/Kundeninteresses an einer Einhaltung der Compliance-Regeln zweifelt. Hat man Pech, wird der Hinweis auf die Einhaltung der zum Schutze vor Interessenkonflikten getroffenen Regeln in solchen Fällen zunächst sogar als Ausdruck besonderer Raffiniertheit verstanden.

(3) Daher können auch Verhaltensweisen, die in der Öffentlichkeit als zu aggressiv oder unfair empfunden werden, compliance-relevantes Interessenkonfliktpotenzial beinhalten:

Z. B. muss sich die Bank angesichts einer Übernahmesituation zwischen zwei Relationship-Kunden entscheiden.

(4) Interessenkonflikte können schließlich aufgrund von Rechtsregeln entstehen.

- Team A, das für Direktinvestitionen zuständig ist, investiert in das Turn-around-Unternehmen C in einem Umfang, das den Kredit des Teams B an das Unternehmen C als kapitalersetzendes Darlehen qualifiziert und in der Unternehmenskrise nachrangig macht.
- Team A akzeptiert innerhalb eines Confidentiality-Agreements eine Sperrklausel, die auch andere Teams des Unternehmens bzw. der Unternehmensgruppe beschränkt, ohne auf eine zeitliche Befristung oder Beschränkung der Sperrklausel zu achten.

> *Der Kreditabteilung Team A liegen Informationen vor, die die Insolvenz des Unternehmens C in naher Zukunft erwarten lassen. Team B vom Anlagemanagement Private Kunden empfiehlt das Unternehmen C seit einiger Zeit als Wert für spekulativ orientierte Anleger. Die Insider-Information über die bevorstehende Insolvenz darf nach § 14 WpHG nicht in die Anlageempfehlung einfließen. Nach wie vor vertretene, rein zivilrechtlich orientierte Auffassungen über die Wissenszurechnung innerhalb der juristischen Person oder Unternehmensgruppe unter Nichtberücksichtigung kapitalmarkt-bezogener Informationsweitergabe- oder Verwertungsverbote stellen den Compliance Officer vor die Frage, wie er ein Haftungsrisiko für sein Unternehmen vermeiden kann, ohne in unzulässiger Weise von Insider-Informationen Gebrauch zu machen.*

(Preusche, 2004, S. 178–180):

Der Schwerpunkt der Ethik-Aktivitäten liegt also in der Schaffung und Durchsetzung klarer Rahmenbedingungen und damit verbundener Anreiz- und Kontrollstrukturen, d. h es gilt

- Überwachungsstandards zu definieren,
- geeignete Mechanismen der Fremdkontrolle zu entwickeln,
- Sanktionsmaßnahmen zu installieren.

Das Denkmodell des Compliance-Ansatzes geht von einem eher skeptischen, passiven Menschenbild aus. Persönliche moralische Haltung wird zwar nicht ausgeschlossen, und es wird auch betont, dass deren Vorhandensein Interaktionen erleichtere, aber man wird hierauf nicht primär ein Ethikmanagement aufbauen können. Man rechnet nicht mit Akteursmoral, sondern setzt auf Organisationsmoral.

Der Compliance-Ansatz baut damit auf äußere Anreize, auf Belohnungen und Bestrafungen, um moralisch angemessenes Verhalten sicherzustellen.

Detaillierte Ethik-Kodex-Ausgestaltung der Z-Bank (44 Seiten) anhand des Compliance-Ansatzes

Einführung

- *Hinweis auf ethische Prinzipien, Bedeutung von ethischem Verhalten und Reputation (2 Seiten)*
- *Einführung in die Inhalte und Bedeutung des Kodexes*
- *„Ihre Verantwortung als Mitarbeiter"*
- *„Ihr Dienst am Kunden"*

Das Arbeitsumfeld

- *gleiche Beschäftigungschancen unabhängig von Geschlecht, Rasse, Religion oder anderen Kriterien*
- *Mitarbeiterstatus, Arbeitsstunden, Arbeitserfüllung*
- *Behandlung von Mitarbeitern (Diskriminierung bzw. Belästigung am Arbeitsplatz)*
- *Anwesenheit, Abwesenheit, Bekleidungsstandards*
- *Engagement für die Umwelt*
- *Arbeitsplatzsicherheit, Rauchen am Arbeitsplatz, Alkohol und Drogen am Arbeitsplatz*
- *Vertrieb und Werbung für eigene Leistungen von Mitarbeitern in Bankräumen*
- *Zutritt von beurlaubten Mitarbeitern zu Geschäftsräumen*
- *Falschaussagen über die Firma, Kollegen oder Dritte*
- *Verbotene Preisabsprachen*
- *Mitgliedschaft in privaten Clubs und Organisationen*
- *Entwicklung von Produkten und Leistungen während der Beschäftigung bei der Z-Bank*
- *Entschädigung für den Verlust persönlicher Gegenstände während der Tätigkeit für die Z-Bank*

Schutz unserer Integrität

- *Handhabung von Interessenkonflikten*
- *Ordnungsgemäße Dokumentation aller Geschäftsvorfälle und Unterstützung interner Untersuchungen*
- *Meldung möglicher Straftaten*
- *Unterstützung von Kontrollen*
- *Annahme oder Verabreichung von Geschenken, Geld oder bevorzugter Behandlung*
- *Sicherheit von Unternehmensdaten*
- *Sicherheit von Mitarbeiterdaten*
- *Abrechnung von persönlichen Auslagen*
- *Investments von Mitarbeitern und Insider-Informationen*
- *Übernahme verantwortlicher Funktionen bei wohltätigen Organisationen und anderen Institutionen; Nebentätigkeiten*

- *Unerlaubte Kreditvergabepraktiken; Kettenbriefe, Gebrauch und Missbrauch des Firmennamens*
- *Treuhänderfunktionen von Mitarbeitern*
- *Transaktionen durch Mitarbeiter mit Firmenwertpapieren und Grundstücken*
- *Mitarbeiter als eingesetzte Erben von Kunden*
- *Politische Aktivitäten von Mitarbeitern*
- *Persönliche Wertpapiertransaktionen von Mitarbeitern*
- *Eigene Wahrnehmung von Geschäftschancen, die der Bank zustehen*
- *Durchführung von Bindungs- oder Exklusivgeschäften mit Kunden oder Lieferanten*
- *Bevollmächtigung für Kundenkonten*
- *rechtliche, steuerliche oder andere Beratung für Kunden*

Gesetzliche Anforderungen (Beispiel ist auf eine britische Bank bezogen)

- *Anti-Kickback-Act of 1986*
- *Comprehensive Crime Control Act of 1984*
- *Foreign Corrupt Practices Act of 1977*
- *Financial Accounting and Reporting Requirement*

Beispiele

- *29 Beispiele für Fehlverhalten und Verstöße gegen den Code of Conduct*

Grundsätze für den Schutz der ökologischen Umwelt

- *9 ökologische Grundsätze der Bank*
- *(aus: Wagner, 1999, S. 298)*

5.2 Grundvorstellungen des Integrity-Ansatzes

Der Integrity-Ansatz folgt einem anderen Denkmuster. Ethikmanagement soll nicht so sehr darauf bedacht sein, Fehlverhalten zu vermeiden, sondern moralisch verantwortungsvolles Verhalten zu stützen *(hierzu Noll, 2002, S. 120 f.)*. Integrity-Programme wollen die Mitarbeiter für im Unternehmensinteresse liegende Werthaltungen sensibilisieren und sie mit entsprechenden organisationsstrukturellen und -kulturellen Maßnahmen unterstützen, Eigenverantwortung zu übernehmen. Entsprechend sollen die Mitarbeiter an der Formulierung und Umsetzung der Ethik-Standards beteiligt werden. Einer solchen Strategie muss es zuallererst darum gehen, über den Führungsstil, die Beeinflussung der Unternehmenskultur und durch Maßnahmen der Personalentwicklung ein vertrauensvolles Klima zu schaffen.

Der Integrity-Ansatz baut auf einem anderen Menschenbild auf als der Compliance-Ansatz: Neben dem Eigennutzstreben werden Werte und Ideale der Individuen als Anknüpfungspunkte moralischen Handelns mitberücksichtigt; der Mitarbeiter ist an den Belangen des Unternehmens interessiert, ist moralisch integer und lernfähig und will selbstverantwortlich handeln. Anders als Compliance-Programme dienen also Integrity-Programme eher der Selbst- als der Fremdsteuerung des Mitarbeiters.

Ethik-Kodex-Ausgestaltung der A-Bank (10 Seiten) anhand des Integrity-Ansatzes

Die Vision unserer Bank

Unsere Unternehmensvision ist es, erste Wahl in jeder Hinsicht zu sein. Dies bildet die Grundlage für die Generierung von Shareholder Value.

Die Prioritäten unserer Bank

1. Priorität: Integrität in unserem Handeln unter besonderer Berücksichtigung der „Benefits" aus langanhaltenden Kundenbeziehungen

2. Priorität: Erbringung qualitativ hochwertiger und profitabler Leistungen, die zu hoher Kundenzufriedenheit führen

3. Priorität: Auf der Basis unserer geschäftlichen Performance wollen wir Entwicklungsmöglichkeiten für unsere Mitarbeiter schaffen, unsere Communities unterstützen und Beziehungen zum gegenseitigen Vorteil mit unseren Lieferanten aufrechterhalten.

Unser Kodex

Die A-Bank ist bei allen Kooperationsbeziehungen bemüht, einen hohen Standard bei Integrität, fairem Geschäftsgebahren, Servicequalität und ethischem Verhalten zu entwickeln und beizubehalten.

Gesetzliche Regelungen stellen hierbei einen absoluten Mindest-Standard dar. Zusätzlich müssen wir fragen, ob unsere Handlungen „richtig und angemessen" sind.

- *Verhalten gegenüber Kunden*

- *Verhalten gegenüber Aktionären*
- *Verhalten gegenüber Mitarbeitern*
- *Verhalten gegenüber Lieferanten*
- *Verhalten gegenüber unserer Community*
- *Verhalten gegenüber der ökologischen Umwelt*

Allgemeine Verhaltensprinzipien

Kein Verhaltenskodex kann das angemessene Verhalten für alle anzutreffenden Situationen vorgeben und sollte dies auch nicht. Letztlich vertraut die A-Bank auf jeden von uns, beurteilen zu können, was richtig und angemessen in der spezifischen Situation ist.

Die folgenden Fragen können Ihnen bei Ihrer Entscheidung in einer schwierigen Situation behilflich sein:

1) Ist Leben, Gesundheit oder Sicherheit einer Person durch mein Handeln gefährdet?

2) Habe ich das Gefühl, richtig zu handeln? Könnte ich mein Handeln vor mir selbst oder anderen rechtfertigen?

3) Ist meine Handlung legal und entspricht es den Verhaltensgrundsätzen der Bank?

4) Könnte ich mein Handeln – u. U. auch in den lokalen Medien – begründen?

5) Wäre ich betroffen, wenn mein Handeln meinen Vorgesetzten, Freunden oder Kollegen bekannt würde?

Implementierung und Durchsetzung des Kodexes

- *Verhalten gegen die Regeln des Kodexes kann zu disziplinarischen Maßnahmen führen.*
- *Die Führungskräfte tragen die Verantwortung für die Kenntnisnahme und die Überwachung der Einhaltung.*

Erreichung unserer Ziele

Die A-Bank wird nur „erste Wahl" sein, wenn wir eine erstklassige Reputation für Integrität in den Beziehungen zu unseren Stakeholdern genießen. Die bankweite Anwendung dieses Kodexes ist deshalb grundlegend für das Erreichen unserer strategischen Ziele (aus: Wagner, 1999, S. 298).

Zusammenfassend soll in den folgenden Schaubildern zunächst die **Typik der Grundmodelle** gegenübergestellt werden, um dann notwendige **Strategieelemente zur Umsetzung** aufzuzeigen:

Zwei Grundmodelle unterschiedlicher Steuerungsphilosophien

Positiv	Compliance-Ansatz	Integrity-Ansatz
Zielsetzung	Konformität mit externen Verhaltensstandards herstellen; insbesondere zur Verhinderung kriminellen Verhaltens	„Selbststeuerung" des Mitarbeiters
Steuerungsphilosophie	Begrenzung diskretionärer Handlungsspielräume	Ermöglichung moralischen Verhaltens
Verhaltensannahme, Menschenbild	von materiellem Eigeninteresse geprägtes Wesen (extrinsische Motivation); opportunistisches Verhalten	von eigenen und sozialen Interessen geprägtes Wesen (intrinsische Motivation), verantwortungsbewusstes, lernfähiges Verhalten
Maßnahmen	Misstrauenskultur: Überwachung, Fremdkontrolle, Sanktionsmaßnahmen	Vertrauenskultur: Freiräume für Eigenverantwortung schaffen

(Quelle: nach Noll, 2002, S. 121)

Strategieelemente zur Umsetzung dieser Steuerungsphilosophien

	Compliance-Strategie	Integrity-Strategie
Federführung	• Juristen	• Management, unterstützt durch Juristen, Personalabteilung u. a.
Methoden	• Ausbildung • Beschränkung von Handlungsspielräumen • Überwachung und Kontrolle • Strafen	• Ausbildung, Führerschaft, Verantwortlichkeit, Organisationssysteme und Entscheidungsprozesse; Empowerment • Überwachung und Kontrolle • Strafen
Standards	• Straf- und Prozessrecht	• Werte und Intentionen des Unternehmens • Soziale einschließlich gesetzlicher Verpflichtungen

Strategieelemente zur Umsetzung dieser Steuerungsphilosophien (Forts.)

	Compliance-Strategie	**Integrity-Strategie**
Personal	• Juristen	• Führungskräfte und Manager, mit Hilfe von Juristen
Handlungen	• Entwicklung von Compliance Standards • Schulung und Vermittlung dieser Standards • Verfolgung von Berichten über Fehlverhalten • Durchführung von Ermittlungen • Überwachung der Gesetzeseinhaltung • Einhaltung der Standards forcieren	• Leitung der Entwicklung von unternehmenseigenen Werten und Standards • Integration der Werte in alle Systeme sowie Führung und Beratung der Mitarbeiter • Schulung und Vermittlung der Werte sowie Prüfung der Wertebefolgung • Identifikation und Lösung von Problemen • Überwachung der Gesetzeseinhaltung
Schulung	• Compliance-Standards und Compliance-System	• Entscheidungsverhalten und Werte • Compliance-Standards und -System

(Quelle: nach Wagner, 1999, S. 243 f.)

5.3 Synthese der Ansätze: Komplementärverhältnis

Ob eher dem Compliance- oder mehr dem Integrity-Ansatz bei der Ausgestaltung eines Ethikmanagementsystems gefolgt werden sollte, wird zuallererst von der konkreten Situation abhängen, in der sich ein Unternehmen befindet. Zumeist wird die Antwort nicht „entweder – oder", sondern „sowohl als auch" lauten müssen. Im Compliance-Ansatz ist der wichtige Gedanke enthalten, Handlungsspielräume zu begrenzen, um damit eine Entlastung der Mitarbeiter von (möglicherweise zuviel) eigenständiger ethischer Reflexion zu erreichen (*vgl. oben 4.1 zum Problem individualethischer Wertorientierung und 4.2 zum Prozess ethischer Entscheidungsfindung*). Daher spielen Compliance-Programme vor allem zur Verhinderung von Wirtschaftskriminalität eine sinnvolle Rolle (*so auch Noll, 2002, S. 121*). Verändern sich aber unternehmerische Herausforderungen aus Umwelt und Märkten sehr schnell oder ist ein Unternehmen international tätig bzw. beschäftigt es Mitarbeiter mit unterschiedlichen (kulturellen, ethnischen, religiösen etc.) Wertvorstellungen, dann wird man die konservative Steuerungsphilosophie des Compliance-Ansatzes verlassen müssen. Auch ausgeklügeltste Anreiz- und Kontrollmechanismen reichen dann nicht aus; ein Unternehmen kommt so nicht umhin, offene, partizipative Organisationsstrukturen zu schaffen, um die Unternehmensprozesse über Beeinflussung der Unternehmenskultur und über Wertprogramme zu steuern (*vgl. Wieland, 2005, S. 91 ff.*).

6 Konzeptelemente eines Ethikmanagementsystems in Banken

Vergleicht man die zur Zeit für die Praxis entwickelten Konzepte, Programme, Modelle etc. von Ethikmanagementsystemen, muss man immer noch feststellen, dass verhältnismäßig wenig Anschauungsmaterial vorhanden ist, das der Praxis wirklich einen Umsetzungsweg der zuvor angestellten Überlegungen aufzeigt. Insofern soll hier unter 6.1 das am Konstanzer Institut für WerteManagement in Zusammenarbeit mit den Unternehmen ABB, BASF, Novartis, Siemens, Thyssen u. a. zu einem Standard weiterentwickelte Wertemanagementsystem vorgestellt werden, das auch in der Bankenbranche Aufmerksamkeit erlangt hat *(vgl. dazu das Schaubild und den nachfolgenden Erläuterungstext zu den vier Stufen von Wieland/Fürst, 2004, S. 34 ff.; noch detaillierter als Schaubild in Wieland, 2005, S. 93).*

6.1 Vier Prozessstufen eines WerteManagementSystems^{ZfW}

Zwei Grundmodelle unterschiedlicher Steuerungsphilosophien

4 Organisieren	Organisation		
	Ethik-/Compliance-Office	Chefsache	Funktionale Integration (z. B. Revis)
3 Implementieren	Instrumente		
	Complianceprogramm	Werteprogramm	EthikAuditSystem
2 Kommunizieren	Unternehmenskommunikation		
	Policies & Procedures: Arbeitsverträge, Arbeitsanweisungen, Lieferantenscreening, Corporate Citizenship-Programm usw.		
1 Kodifizieren	Unternehmens-Werte		
	Grundwerte	„Mission, Vision, Values"	Code of Ethics

Das WerteManagementSystem beginnt mit der Kodifizierung der Grundwerte eines Unternehmens, in welchen die geschäftspolitischen Grundsätze festgeschrieben sind. Hier entscheidet sich die Identität einer Organisation: Es wird Antwort auf die Frage gegeben, welche Art von Geschäfte ein Unternehmen überhaupt machen will. Diese Grundwerte müssen das Kriterium der Klarheit und Lebbarkeit erfüllen. Auf der nächsten Ebene müssen diese Grundsätze intern und extern kommuniziert werden, und zwar im Sinne eines kommunikativen Handelns.

Diese zweite Ebene ist die entscheidende, da es hier darum geht, die Grundwerte praktisch umzusetzen. Dazu müssen sie in alle in Frage kommenden Arbeitsanweisungen, Arbeitsprozesse und Leitlinien eingebaut werden. Trainingsmaßnahmen und Seminare leisten dazu einen grundlegenden Beitrag, reichen aber alleine nicht aus. Dies gilt analog für die interne und externe Kommunikation. Einbezogen werden müssen alle potenziell sensiblen Bereiche, also etwa Karriereplanungen, Entgeltpolitik, Zielvereinbarungen, Lieferantenbewertungen, Umgang mit Geschenken usw. Praktisch heißt das etwa, dass für Führungskräfte 20 % der Boni von qualitativen Faktoren wie Kommunikation des Wertemanagements an Mitarbeiter oder auch „Umsetzung in der Abteilung" abhängig gemacht werden. Anforderungen an die Werthaltungen von Mitarbeitern lassen sich in Karriereplanungen in der Form einbauen, dass niemand in Führungspositionen aufrückt, der diese Kriterien nicht erfüllt.

Auf der dritten Ebene müssen die einzelnen Maßnahmen und Instrumente so aufeinander abgestimmt und miteinander verknüpft werden, dass sie ein möglichst konfliktfreies Managementsystem ergeben. So ist es etwa ein Widerspruch in sich selbst, Entlohnungs- und Bonisysteme strikt ertrags- oder umsatzorientiert zu gestalten und gleichzeitig integres Verhalten in schwierigen, weil von Korruption durchsetzten Märkten zu verlangen. An dieser Stelle treffen sich Compliance- und Werteprogramm: Es ist eine Sache, die Compliance mit bestimmten Regeln zu postulieren, aber eine völlig andere, den Unternehmensalltag so zu strukturieren, dass die Befolgung auch ohne Eigenschädigung möglich wird.

Ethik-Audit-Systeme sind ebenfalls fester Bestandteil des Wertemanagements und werden heute in zwei verschiedenen Versionen diskutiert. Als Fremdsteuerung durch unternehmensexterne Gruppen, etwa Nicht-Regierungs-Organisationen, können sie dem Versuch dienen, den ethischen Charakter einer Organisation zu evaluieren. Als Selbststeuerungssystem eines Unternehmens mit oder ohne externe Prüfung werden die Existenz und die Wirksamkeit des implementierten Werteprogramms durch Dokumentation und Befragung evaluiert.

Auf der vierten Stufe wird der Aspekt der Organisation eines solchen Wertemanagementsystems angesprochen. Während es im nordamerikanischen Kontext eher Ethics Officers sind, die hier eine wichtige Rolle spielen, scheint sich in Deutschland die funktionale Integration dieser Programme, etwa in das Qualitätsmanagement, die interne Revision, die Kommunikationsabteilung oder eine Stabstelle der Unternehmensführung, durchzusetzen. Alle diese Möglichkeiten sind produktiv, solange klar ist, dass beide Varianten nur Wirkung entfalten und lebensfähig sind, wenn sie durch das offensive, tatkräftige und glaubwürdige Engagement der Unternehmensleitung gestützt werden.

6.2 Banken-Ethikmanagement-Matrix

Die leicht modifizierte und ergänzte Banken-Ethikmanagement-Matrix *(nach Wagner, 1999, S. 372 f.)* soll noch einmal den Versuch unternehmen, zahlreiche Aspekte, die wir oben für ein

Ethikmanagement als erforderlich gesehen haben, bankenspezifisch zusammenzufassen und ansatzweise umzusetzen.

Banken-Ethikmanagement-Matrix

	Inhalt	**Instrumente**	**Organisation**
Kontextübergreifend	• Reputationsziel • Dokumentation materieller Aspekte im Ethik-Kodex oder anderen ethikorientierten Dokumenten	• Ethik-Controlling • Ethik-Dialogführung • Ethikorientierte Aus- und Weiterbildung • Ethik-Audit	• Ethik-Beauftragter • Vorstand • Ethik-Kommission • Bereich der Unternehmenskommunikation
Bankpolitischer Kontext	• Ethikorientierte Geschäftsfeldstrategie • Corporate Citizenship-Strategie • Leitbild für Entwicklung moralischer Innovationen • Vorgabe von Standards für das globale Geschäft	• Instrumente im Rahmen des Corporate Citizenship • Ethik-Innovationen • Ordnungspolitische Aktivitäten, wie z. B. Branchenkodizes	• Compliance-Organisation • Geldwäsche-Beauftragter • Diverse Einheiten für die Wahrnehmung von „Corporate-Citizenship"
Bankgeschäftskontext	• Kodizes bzw. Verhaltensstandards für den Kundenverkehr • Verhaltensstandards für das Kreditgeschäft • Reputationsziele für das Bankgeschäft	• Kommunikation der Ethik-Kodizes bzw. Verhaltensstandards für den Kundenverkehr • Durchführung weiterer reputationsfördernder Maßnahmen, z. B. Ethik-Vorträge von Bankmanagern, Diskussionsveranstaltungen, Werbung mit Ethik-Audit bzw. Ethik-Rating	• bankinterne Ombudskreise • externe Ombudsmänner • Compliance-Organisation • Verbraucherabteilungen in Banken

Banken-Ethikmanagement-Matrix (Forts.)

	Inhalt	Instrumente	Organisation
Bankgeschäftskontext (Instrumente)	• Verringerung der Rotation von Bankmitarbeitern im Front Office zur Reduktion möglicher Hold Up Situationen, d. h Ausbeutung von Verhaltensspielräumen von Banken, wenn ihre Vertragspartner vertraglich oder ökonomisch durch spezifische Investitionen an sie gebunden sind, z. B. Vertragsauslegung bis an die formaljuristischen Grenzen durch die Bank bei rigoroser Inanspruchnahme von Bürgschaftsverpflichtungen Familienangehöriger • Einsatz interner Ombudskreise, Installierung von leicht zugänglichen Beschwerdekanälen • Systematische Analyse von Opportunismuspotenzialen der Bank, d. h vertrauensschädlichen Informationsvorsprüngen und starker Vertragsbindung des Kunden • Vertragliche Absicherungsmaßnahmen für Kunden, z. B. kundenfreundliche Kündigungsmöglichkeiten und „Geld-zurück-Garantien"		
Bankgeschäftskontext (Instrumente)	• Transparenzstrategie im Kundenverkehr, d. h Hinweis auf mögliche Grauzonen und häufige Probleme zu Beginn des Vertrages; hohe Transparenz bei Vertrags- und Konditionengestaltung • proaktives Interessenkonfliktmanagement durch Verzicht auf konfliktionäre Geschäfte • Betonung des Relationship-Gedankens und Schaffung von „Win-Win-Situationen"		
Mitarbeiterkontext	• Führungsgrundsätze und andere Verhaltensgrundsätze der Bank, die interne Werte und Normen vorgeben • Korruptionsregeln • Bankeigene Compliance-Grundsätze, z. B. für den Wertpapier- und Immobilienfinanzierungsbereich	• „Moralische Führung" durch Vorgesetzte • Ethikorientierte Vergütungs- und Beurteilungssysteme • Ethikorientierte Kriterien für das Recruiting • Aussetzen von Prämien oder Preisen für moralische Innovationen und Förderung des gesellschaftlichen Engagements von Mitarbeitern	• Compliance-Organisation • Ethik-Beauftragte • interne, eventuell auch externe Ethik-Trainer

Banken-Ethikmanagement-Matrix (Forts.)

	Inhalt	Instrumente	Organisation
Mitarbeiterkontext (Instrumente)	• Analyse ethischer Probleme in der Organisation durch Mitarbeiterbefragung • Information der Mitarbeiter über rechtliche, integritätsmäßige und compliance-relevante Rahmenbedingungen • Installation von Ethik-Hotlines • Schaffung hierarchiefreier Informations- und Kommunikationsmöglichkeiten wie Ethik-Beiträge in der Mitarbeiterzeitschrift, im „Business-TV", in regelmäßigen Gesprächskreisen		

7 Kurzvorstellung ausgewählter Implementierungsinstrumente

7.1 Ethik-Kodex (Code of Conduct)

Ethik-Kodizes (codes of ethics/conduct) werden im deutschsprachigen Raum auch als Unternehmensleitsätze bezeichnet. In den USA waren diese „codes" oftmals sehr detailliert ausformuliert und behandelten ganz konkrete Einzelfragen wie Korruption, Gleichbehandlung von Männern und Frauen, Alkohol und Rauchen im Betrieb etc. Doch erwiesen sich diese Normenkataloge in der Praxis als zu inflexibel. „We became buried in paperwork, and anytime we faced a unique ethical issue, another rule or regulation was born." *(Haas, 1994, S. 2, zu den Erfahrungen der Firma Levi Strauss, die dann ihren vormals aufwendigen „code" auf sechs Grundprinzipien reduzierte.)*

Um den bestehenden bankenethischen Herausforderungen gerecht zu werden, haben Banken zunächst – nicht zuletzt aufgrund von rechtlichem Druck – mit der Formalisierung der ethischen Dimension ihres Geschäfts reagiert. In Deutschland haben sie den Compliance-Bereich auf- und ausgebaut *(vgl. dazu näher Preusche, 2004, S. 173 ff.; Schultze-Berndt, 2003, S. 231 ff.)*. Sie haben vereinzelt auch Codes of Conduct geschrieben und manchmal (!) auch umgesetzt *(vgl. dazu näher Bornmüller/Schnebel, 2004, S. 309 ff.)*, und sie haben Ombudspersonen für ihre Kunden eingesetzt und auf die veränderten Legitimationsanforderungen mit Nachhaltigkeitsberichten (Corporate Citizenship-Berichten) reagiert *(Hölz, 2004, S. 237 ff.)*.

Dennoch werden in Deutschland immer noch selten konkrete Ethik-Kodizes mit das Unternehmen verpflichtenden Normen und Werten erstellt.

Selbst die Abfassung von Unternehmensleitbildern bleibt umstritten, da die Inhalte häufig banal, flach, unverbindlich und nichtssagend wie eine Ansammlung von Allgemeinplätzen wirken.

Um den Vorwurf zu vermeiden, sich nur banaler „Aushängeschilder" zu bedienen, oder umgekehrt „katechismusähnliche" Vorschriftendschungel zu erstellen, wird das Thema Ethik-Kodex mit recht „spitzen Fingern" angefasst und es besteht eine wohl auf Missverständnissen basierende Unsicherheit, solche zu erstellen. Denn die Kritik verkennt die eigentliche und wesentliche Aufgabe eines solchen Managementinstruments. Entwickelt werden sollen zunächst einmal ganz bewusst allgemeine Standards, die als gemeinsame Wertebasis für den Einzelfall Hilfestellungen zur Orientierung geben sollen, nicht aber Entscheidungen vorweg nehmen oder ersetzen wollen. Der Ethik-Kodex soll im oben aufgezeigten Ethikmanagementsystem **Ausgangspunkt** und nicht Endpunkt für die nun weiteren notwendigen unternehmensethischen Dialoge und Maßnahmen sein.

Insofern wird insbesondere in globalisierten Märkten eine deutliche kodifizierte Selbstverpflichtung immer notwendiger *(vgl. zum ganzen Thema Scherer, 2003)*. Dies gilt insbesondere für Branchen mit hoher Produktinnovation und starken Folgewirkungen auf das Umfeld.

7.2 Ethik-Kommission

Ethik-Kommissionen sind ein in den USA weit verbreitetes Instrument des „Board of Directors", das sich unter Hinzuziehung auch externer Spezialisten mit ethischen Grundsatzfragen befasst. Die Kommissionen diskutieren die Integration dieser Überlegungen in die Unternehmensstrategie: Sie kontrollieren aber auch die Realisierung dieser Grundsätze im Unternehmen selbst. Nach außen wird die Moral des Unternehmens durch sie kommuniziert. Dem Unternehmen gegenüber dokumentiert die Ethik-Kommission alleine durch ihre Existenz und ihr Verhalten die Integration der Ethik in den Managementprozess. In deutschen Unternehmen wären derartige Kommissionen im Vorstand oder in seiner unmittelbaren Nähe zu etablieren, um das nötige Machtpotenzial zum Durchsetzen schwieriger unternehmensethischer Entscheidungen zu besitzen *(näher Palazzo, 2000, S. 216)*.

7.3 Ethik-Beauftragter (Ethics Officer)

Zur Unterstützung der Ethik-Kommissionen wirken Ethik-Beauftragte (Ethics Officers (EO)), eventuell auch ganze Abteilungen (Ethics Offices). Ethik-Beauftragte handeln im Auftrag der Geschäftsführung und sind grundsätzlich für sämtliche im Unternehmensalltag anfallenden ethischen Fragestellungen zuständig. In der Regel sind sie der Ethik-Kommission unterstellt und Mitglied dieses Gremiums. Zu den Tätigkeitsbereichen gehören insbesondere *(nach Noll, 2002, S. 127 f.)*:

- Ansprechpartner sein für Mitarbeiter bei wahrgenommenen ethischen Problemstellungen,
- die Kontrolle und Aufdeckung ethisch bedenklicher Aktivitäten,
- die Entwicklung und Durchführung von Ethikschulungen und Trainingsprogrammen,
- die Entwicklung und Durchführung von Kontrollen und Audits.

Um seine Aufgabe erfüllen zu können, muss der Ethik-Beauftragte eine möglichst unabhängige Position einnehmen. Seine Funktion als eine Art Systementwickler und Controller in Fragen der Ethik ist als Erweiterung der Aufgaben des Compliance-Officers oder des Ombudsmannes denkbar *(zu den Problemen und der Kritik an den in den USA eingeführten Ethik-Hotlines für Mitarbeiter, vgl. Palazzo, 2000, S. 217)*.

7.4 Ethik-Training

Ein wirksames Ethik-Training soll die im Unternehmen dominierenden Werthaltungen verbessern oder Werthaltungsdefizite beseitigen. Es muss insofern sechs Ziele verfolgen, um nachhaltige Wirksamkeit entfalten zu können *(so Palazzo/Palazzo, 2004, S. 350 ff.)*:

1. Verstehen der zunehmenden Bedeutung ethischer Fragestellungen,
2. über ethische Dilemmasituationen „sprechen" lernen,
3. Erkennen der eigenen Werte und persönlichen moralischen Grenzen,
4. Sensibilisierung für unternehmensethisch relevante Themen,
5. Erlernen ethischer Analyseinstrumente,
6. Lösen unternehmensethischer Dilemmasituationen.

7.4.1 Methoden in der Praxis

Die in der Praxis eingesetzten Methoden sind vielfältig: Gespräche, Vorträge, Seminare, Workshops, Videoeinspielungen, case studies und Rollenspiele kommen zur Anwendung. Interaktive Trainingsformen wie z. B. case studies stehen dabei im Vordergrund. Sie basieren auf fiktiven oder tatsächlichen Problemen, für die die Teilnehmer Lösungen finden müssen. Eine gut geführte Diskussion vermag die Standpunkte der Beteiligten zu schärfen und besser zu fundieren. Der Verbreitung ethischen Wissens dient es zudem, wenn aus konkreten Falllösungen allgemeine Regeln entwickelt werden. Wird die Veranstaltung als Arbeitsgruppe oder Abteilung organisiert, können die ablaufenden gruppendynamischen Prozesse zugleich zur Stärkung der Kritikbereitschaft führen. Diese Überlegung ist auch für die Durchführung von Rollenspielen wichtig. Die Teilnehmer nehmen dabei verschiedene Positionen ein, um einen Wertekonflikt aus verschiedenen Perspektiven wahrnehmen zu können *(vgl. hierzu auch Noll, 2002, S. 143)*.

7.4.2 Unbegründete Vorbehalte gegen Ethik-Trainings im deutschsprachigen Raum

Vor allem im deutschsprachigen Raum erweckt die Vorstellung, dass Führungskräfte in Sachen Ethik trainiert werden sollen, oft Skepsis, wenn nicht sogar spontane Ablehnung *(hierzu und zum Folgenden Palazzo/Palazzo, 2004, S. 349 f.)*. Diese oft recht emotionale Reaktion hat kulturelle Hintergründe: Ethik wird in unserem Kulturraum als Privatangelegenheit betrachtet, und Privatangelegenheiten diskutiert man nicht öffentlich – schon gar nicht im Berufskontext.

Einer solchen Argumentation muss entgegengehalten werden, dass es in einem Ethik-Training nicht darum geht, die Teilnehmer dazu zu nötigen, ihre tiefsten und intimsten Überzeugungen zu offenbaren, schon gar nicht, sie zu sog. „Gutmenschen" zu modellieren. Vielmehr geht es darum, die für ihren Arbeitsalltag wichtigen und gültigen Werte und Normen und ihre daraus entstehenden Konfliktsituationen zu erkennen. Ziel muss es sein, dass die Teilnehmer erfassen, dass Unternehmensethik ein alltäglicher und zentraler Bestandteil ihres Berufes ist und keine weltfremde Zumutung.

Erlernbarkeit sozial-ethischer Kompetenz

Ein zweites negatives Standardargument ist oben schon erwähnt worden: Ethik-Trainings könnten nichts zur moralischen Besserung des Mitarbeiters beitragen, da seine Werteprägung im Erwachsenenalter abgeschlossen sei.

Dass diese Argumentation nicht stichhaltig ist, ist schon lange Zeit vermutet und behauptet worden. Inzwischen gibt es auch einige empirische Studien, die Bildungs- und Ausbildungsmaßnahmen auf ihre Tauglichkeit zur Förderung sozial-moralischer Kompetenz untersucht haben *(zu methodischen Fragen vgl. Löhr, 1998, S. 189 ff.; Lind, 2002, S. 250 ff.; weiter auch Palazzo/Palazzo, 2004, S. 350).*

Die Ergebnisse der ausgewerteten Programme weisen auf einen eindeutig positiven Zusammenhang hin: Sozial-moralische Kompetenz ist lehr- und lernbar. Zu dem kommt ein weiteres Argument: Ein Ethik-Training signalisiert dem „potenziellen Täter" ganz unmissverständlich, welche Aktivitäten illegal, unmoralisch etc. sind und welche Verhaltensweisen im Unternehmen nicht geduldet werden. Er weiß damit auch, dass er mit einer erhöhten Entdeckungswahrscheinlichkeit rechnen muss, dass seine Kollegen und Kolleginnen sensibilisiert sind und er weniger auf stillschweigende Mitwisser hoffen kann. Die Hürde für mögliche unethische Handlungen liegt in einem solch vermittelten Organisationsklima ohne Zweifel höher *(so auch Palazzo/Palazzo, 2004, S. 349).*

8 Integritätskultur als ständiger Arbeitsprozess

Integrität ist ein wichtiger Treiber des wirtschaftlichen Erfolgs einer Bank. Wo die Einheitlichkeit unserer Traditionen schwindet und einem Wertepluralismus Platz macht, der bei zunehmender Globalisierung auch noch in einen Kulturpluralismus mündet, steigt die Bedeutung des Themas Unternehmensethik gerade in der Bankenbranche ständig weiter an. Die Führungspersönlichkeiten der „alten Schule" werden nicht nur knapp, ihre Herangehensweise an ethische Fragestellungen passt oft gar nicht mehr auf diese neuen Rahmenbedingungen der Moderne *(Palazzo/ Palazzo, 2004, S. 354)*. Es müssen neue Wert- und Integritätskulturen geschaffen werden.

Der vorliegende Beitrag hat versucht, eine Einführung in die theoretischen Grundlagen der bankenorientierten Unternehmensethik zu geben, mit dem gleichzeitigen Bemühen, soweit wie möglich praxisorientierte Umsetzungsinstrumente aufzuzeigen.

Entscheidend für die Erfolgsaussichten entsprechender Maßnahmen ist dabei, dass eine solche systematische Auseinandersetzung mit Wohlverhaltensmaßnahmen nicht die ökonomische Realität des Unternehmens „Bank" aus den Augen verliert. Ein Ethikmanagement, das nicht zumindest in mittel- bis langfristiger Perspektive als Investitionsstrategie einen ökonomischen „return on ethics" in Aussicht stellen kann, dürfte sich weder in der Bankenbranche noch in sonstigen Teilbereichen des Wirtschaftssystems durchsetzen können *(so Wagner, 2004, S. 16)*. Andererseits hat der Beitrag bewusst gemacht, dass ohne die Beachtung der zahlreichen ethischen Konfliktfelder mit eindeutig spürbaren ökonomischen Ausfällen zu rechnen ist. Schon allein die Vermeidung dieser Ausfälle stellt aber einen lohnenden „return on ethics" dar, angesichts der Tatsache, dass wir es gerade bei Unternehmen in der Finanzdienstleistungsbranche mit Leistungsanbietern zu tun haben, die auf langfristige Kundenbeziehungen setzen und nicht vorhaben, in kurzfristigen Zeitabständen wieder aus dem Markt auszutreten.

Erreichbar ist das aber nur, wenn Bankmanager mit den langfristigen Vorteilen einer integren Geschäftsführung kalkulieren (lernen) und sich im Zuge einer „moralischen Führung" auch nachhaltig für Einführung und Beibehalten solcher Systeme einsetzen. Dazu gehört auch die Akzeptanz des in Deutschland traditionell besonders hoch „aufgehängten" Begriffes der Ethik als Thema der täglichen Wirtschaftspraxis und die Einbettung von Integritätsfragen in die Aus- und Weiterbildung von Mitarbeitern, Managern und Führungskräften auf allen Hierarchieebenen des Finanzdienstleistungssektors.

Insofern hat *Wagner (2004, S. 16)* völlig Recht mit seinem Appell an die Branche: „Guter Wille allein reicht nicht."

Eine ehrlich gemeinte Integritätskultur ist ein ständiger Arbeitsprozess!

9 Literatur

Baums, T. (1996): Vollmachtstimmrecht der Banken – ja oder nein? in: Die Aktiengesellschaft Nr. 1, S. 11–26.

Baums, T./Fraune, C. H. (1995): Institutionelle Anleger und Publikumsaktiengesellschaft. Eine empirische Untersuchung, in: Die Aktiengesellschaft Nr. 3, S. 97–112.

Berkel, K./Herzog, R. (1997): Unternehmenskultur und Ethik, Heidelberg.

Boehmer, E. (2001): Corporate Governance in Germany: Institutional Background and Empirical Results in: Gugler, K. (Hrsg.), Corporate Governance and Economic Performance, New York et al.

Boller, E./Schuster, D. (2006): Volkswirtschaftslehre, 4. Aufl. Rinteln.

Bornmüller, A./Schnebel, E. (2004): Code of Conduct als Instrument des Wertemanagements in Banken, in: Wagner, A./Seidel, C., (Hrsg.), Ethik in der Bankenpraxis, Frankfurt/Main, S. 309–336.

Claussen, C. P. (2003): Bank- und Börsenrecht, 3. Aufl. München, § 9 Rdnr. 1 ff.

Dietzfelbinger, D. (2004): Aller Anfang ist leicht – Unternehmens- und Wirtschaftsethik für die Praxis, 4. Aufl. München.

Gerum, E. (1992): Unternehmensführung und Ethik, in: Lenk, H./Maring, M. (Hrsg.), Wirtschaft und Ethik, Stuttgart, S. 253–267.

Gugler, K. (2001): Conclusion And Policy Implications, in: Gugler, K. (Hrsg.), Corporate Governance and Economic Performance, New York et al.

Haas, R. D. (1994): Unternehmensethik als globale Herausforderung. Zur Umsetzung ethischer Werte bei Levi Strauss & Co., in: Forum Wirtschaftsethik, 2. Jg., November 1994, S. 1–3.

Hennessey, J. W./Gert, B. (1992): Moralische Regeln und moralische Ideale: Eine nützliche Unterscheidung in Unternehmens- und Berufspraxis, in: Lenk, H./Maring, M. (Hrsg.), Wirtschaft und Ethik, Stuttgart, S. 101–118.

Hölz, H. M. (2004): Sustainable Development als Leitbild in der Unternehmensführung, in: Wagner, A./Seidel, C. (Hrsg.), Ethik in der Bankenpraxis, Frankfurt/Main, S. 237–260.

Hohlstein, M./Pflugmann, B./Sperber, H. u. a. (2003): Lexikon der Volkswirtschaft, 2. Aufl. München.

Homann, K./Blome-Drees, F. (1992): Wirtschafts- und Unternehmensethik, Göttingen.

IAFEI (International Association of Financial Executive Institutes) (1994): Ethical principles for the Financial Executive, Dezember 1994, S. 9.

Kapstein, M. (1998): Ethics Management. Auditing and Developing the Ethical Content of Organizations, Dordrecht et al.

Korff, W. (1999): Konstitutive Bauelemente moderner Wirtschaftsethik, in: Korff, W. et al. (Hrsg.), Handbuch der Wirtschaftsethik. Verhältnisbestimmung von Ethik und Wirtschaft, Bd. 1, Gütersloh, S. 30-50.

Leisinger, K. M. (1997): Unternehmensethik. Globale Verantwortung und modernes Management, München.

Lenk, H. (1993): Ethikkodizes für Ingenieure, in: Lenk, H./Ropohl, G. (Hrsg.), Technik und Ethik, 2. Aufl. Stuttgart, S. 194-221.

Lind, G. (2002): Ist Moral lehrbar? 2. Aufl. Berlin.

Löhr, A. (1996): Die Marktwirtschaft braucht Unternehmensethik, in: Becker, J. u. a. (Hrsg.), Ethik in der Wirtschaft. Chancen verantwortlichen Handelns, Stuttgart, S. 48-83.

Löhr, A. (1998): Die moralische Urteilskraft von Wirtschaftsstudenten – Bemerkungen zum empirischen Forschungsstand, in: Blickle, G. (Hrsg.), Ethik in Organisationen, Göttingen, S. 185-208.

Lynch, J. J. (1996): Banken und Moral: Die vierte Dimension im Finanzmanagement, Wiesbaden.

Majer, H. (1995): Ökologisches Wirtschaften. Wege zur Nachhaltigkeit in Fallbeispielen, Ludwigsburg.

Nash, L. L. (1981): Ethics without Sermon. Harvard Business Review 59/1981, S. 79-90.

Nguyen-Khac, T. Q./Homolka, W. (1995): Ethik und Ökologie – Maßstäbe bei der Geldanlage, in: Die Bank, Heft 10, S. 583-589.

Noll, B. (2002): Wirtschafts- und Unternehmensethik in der Marktwirtschaft, Stuttgart u. a.

Palazzo, B. (2000): Interkulturelle Unternehmensethik, Wiesbaden.

Palazzo, B./Palazzo, G. (2004): Ethikorientierte Personalentwicklung in Banken, in: Wagner, A./Seidel, C., (Hrsg.), Ethik in der Bankenpraxis, Frankfurt/Main, S. 337-356.

Preusche, R. (2004): Interessenkonfliktmanagement durch Compliance, in: Wagner, A./Seidel, C. (Hrsg.), Ethik in der Bankenpraxis, Frankfurt/Main, S. 173-188.

Pritzl, R. F. J./Schneider, F. (1999): Korruption, in Korff, W. et al. (Hrsg.), Handbuch der Wirtschaftsethik. Ausgewählte Handlungsfelder, Bd. 4, Gütersloh, S. 310-333.

Rademaker, M. (2000): Dresdner Bank finanzierte Unglücksmine in Rumänien mit, in: TAZ vom 16.02.2000.

Scherer, A. G. (2003): Multinationale Unternehmen und Globalisierung, Heidelberg.

Schultze-Berndt, J. (2003): Compliance im Spannungsfeld zwischen Selbstregulierung und organisatorischen Anforderungen, in: Scherer, A. G./Hütter, G./Maßmann, L. (Hrsg.), Ethik für den Kapitalmarkt? Orientierungen zwischen Regulierung und Laissez-faire, München, S. 231-244.

Seidel, Chr. (2006): Unternehmensethik in Banken, in: Bankakademie e.V. (Hrsg.), Kompendium Management in Banking and Finance, 5. Aufl. Frankfurt/M., S. 669-714.

Sharp-Paine, L. (2003): Value Shift. Why Companies Must Merge Social and Financial Imperatives to Achieve Superior Performance, New York.

Steinmann, H./Löhr, A. (1994): Grundlagen der Unternehmensethik, 2. Aufl. Stuttgart.

Velasquez, M. G. (1990): Corporate Ethics: Losing it, Having it, Getting it, in: Madsen, P./Shafritz, J. M. (Hrsg.), Essentials of Business Ethics, New York, S. 228-243.

Wagner, A. (1999): Unternehmensethik in Banken, Wien.

Wagner, A. (2004): Ethikmanagement in Banken, in: Wagner, A./Seidel, C. (Hrsg.), Ethik in der Bankenpraxis, Frankfurt/Main, S. 4-19.

Waters, J. A. (1991): Catch 20.5: Corporate Morality as an Organizational Phenomenon, wieder abgedruckt in: Steinmann, H./Löhr, A. (Hrsg.), Unternehmensethik, 2. Aufl. Stuttgart, S. 281-300.

Wieland, J. (2005): Die Ethik der Governance, 4. Aufl. Marburg.

Wieland, J. (1998): Wie kann Unternehmensethik praktiziert werden? Aufgabenfelder und strategische Anknüpfungspunkte, in: Ulrich, P./Wieland, J.(Hrsg.), Unternehmensethik in der Praxis, Bern, S. 12-14.

Wieland, J. (1996): Moralische Kommunikation und Unternehmensführung. Warum Unternehmensethik?, Vortrag vor dem 1. Ethikforum Euregio Bodensee, vervielfältigtes Manuskript, Konstanz.

Wieland, J./Fürst, M. (2004): Moral als Element der Good Corporate Governance in Banken, in: Wagner, A./Seidel, C. (Hrsg.), Ethik in der Bankenpraxis, Frankfurt/Main, S. 21-41.

II Vertrauen

Bernd Lahno

1 Erste Annäherung 185

2 Schritte zur Vertrauenswürdigkeit 187

3 Gefühle 188

4 Vertrauen, eine emotionale Einstellung 189

5 Vertrauen im wirtschaftlichen Austausch 191

6 Vertrauen schafft Vertrauenswürdigkeit 193

7 Auch der Markt braucht ein normatives Einverständnis 194

8 In erster Linie ist nicht Regulierung, sondern das Einverständnis
   über die Regeln wichtig 195

Inhalt

Der Abdruck des Beitrags „Vertrauen" erfolgt mit freundlicher Genehmigung der Helaba, Landesbank Hessen-Thüringen Girozentrale, in deren Geschäftsbericht 2008 er unter dem gleichen Titel erstveröffentlicht wurde.

Eine Geschichte aus alten Zeiten: Zwei Kinder kommen fröhlich nach Hause. Sie haben den Morgen auf einem Flohmarkt der örtlichen Gemeinde verbracht, wo sie ihre alten Spielsachen und Kleidungsstücke angeboten haben. Ein großes Geschäft kann man da nicht machen. Aber die beiden winken glücklich mit einem blauen Schein, den sie am Ende gegen ein Stofftier und einen großen Teil der Bareinnahmen eingetauscht haben. Wie groß ist da die Enttäuschung, als die Eltern ihnen, nach einem kurzen Blick auf den Zehnmarkschein, erklären, dass man mit diesem Schein nichts mehr kaufen kann: ein alter nicht mehr im regulären Umlauf befindlicher Schein. Jemand hat ihr unbedarftes und mit einer gehörigen Portion Begeisterung für das „Geschäft" gepaartes Vertrauen missbraucht, um harte Münze für einen alten Schein zu erhalten, den man allenfalls mit großem Aufwand noch bei einer Landeszentralbank in gültige Zahlungsmittel hätte tauschen können.

Vertrauen ist das Wort der letzten Monate. Die Krise am Finanzmarkt hat uns dieses Wort aufgedrängt. Kaum eine Erklärung der Bundesregierung, kaum eine Begründung einer Maßnahme, in der nicht das Ziel, Vertrauen in die Märkte wiederherzustellen, als zentral hervorgehoben wird. Und viele Anleger und Bankkunden – groß oder klein – haben ganz ähnliche Erfahrungen gemacht, wie einst meine beiden Töchter – sicherlich auch oft mit ganz ähnlichen Gefühlen.

1 Erste Annäherung

Vertrauen ist ein merkwürdiges Phänomen. Wir denken vor allem dann darüber nach, wenn es prekär geworden ist. Wenn es nicht da ist, beschäftigt es uns. Ist es da, umgibt es uns oft, ohne wirklich bemerkt zu werden. Die Philosophin Annette Baier hat es mit der Luft, die wir einatmen, verglichen. Wir brauchen sie, und natürlich wissen wir das auch. Und dennoch beachten wir sie im Normalfall nicht. Sie ist einfach da, als selbstverständliche Bedingung des Lebens. Erst wenn reine Luft zum Atmen knapp wird, wird uns ihr Wert so richtig bewusst. Ähnlich ist es mit dem Vertrauen. Das gilt auch in umgekehrter Hinsicht. So wie es manchmal schwer fällt, regelmäßig zu atmen, wenn man sich einmal der Notwendigkeit der Atmung bewusst wird, so wird Vertrauen oft in dem Augenblick problematisch, in dem man versucht, seine Gründe zu finden. Wer fragt „Warum vertraue ich?", der hat damit die Selbstverständlichkeit, die Vertrauen in aller Regel umgibt, schon zerstört und Vertrauen „in Frage" gestellt. Das ist auch einer der Gründe, warum Vertrauen, wenn es einmal verloren gegangen ist, nur so schwer wieder hergestellt werden kann. Nachdenken allein hilft da nur selten. In einem gewissen Sinne ist es sogar kontraproduktiv – weil es den Blick auf Risiken richtet, die Vertrauen gerade ausblendet.

In praktischer Hinsicht ist Vertrauen dadurch ausgezeichnet, dass es uns neue Handlungsmöglichkeiten eröffnet. Man denke z. B. an eine Frau, die ihre Nachbarin um einen Babysitter-Dienst bittet. Vertrauen macht es ihr möglich, ihr Kind der Obhut der Nachbarin zu übergeben. Dadurch verschafft sie sich einen „freien" Vormittag und damit einen Fülle weiterer zusätzlicher Handlungsmöglichkeiten. Die Wahrnehmung solcher Handlungsmöglichkeiten ist allerdings grundsätzlich mit Risiken verbunden. Die Mutter, die die Aufsicht über ihr Kind der Nachbarin überträgt, nimmt damit in Kauf, dass dem Kind und damit mittelbar ihr selbst ein Schaden entstehen könnte, wenn die Nachbarin die Aufgabe nicht gewissenhaft durchführt. Einen solchen Schaden kann sie grundsätzlich ausschließen – wenn sie nämlich selbst auf das Kind aufpasst. Im Vertrauen geht sie das Risiko ein. Denn im Vertrauen erwartet sie, dass die Nachbarin gut für das Kind sorgt. Sie *macht* sich gleichsam durch ihr vertrauensvolles Verhalten verletzlich für die Handlungen der Nachbarin.

Damit sind zwei wesentliche Aspekte des Vertrauens genannt. Vertrauen ist einerseits durch die Bereitschaft gekennzeichnet, sich für die Handlungsentscheidungen anderer verletzlich zu machen, und andererseits durch *Vertrauenserwartungen,* die diese Bereitschaft stützen und motivieren – Erwartungen, dass die *Verletzlichkeit* nicht ausgenutzt wird. Vertrauenserwartungen werden in vielen Fällen nicht auf einer bewussten Überlegung oder Abwägung der Fakten beruhen. Oft werden ja gerade solche Überlegungen nicht angestellt. Eine Erwartung zu haben bedeutet aber nicht notwendig, bewusst einen bestimmten Gedanken zu haben. Manchmal wird einem erst hinterher klar, dass man eine bestimmte Erwartung hatte, z. B. wenn diese Erwartung schmerzlich enttäuscht wird. Ob also mehr oder weniger bewusst, wie vielleicht im Beispiel der Mutter, oder unbewusst wie bei den Kindern auf dem Flohmarkt, Vertrauen ist grundsätzlich durch die Erwartung gekennzeichnet, derjenige, dem man vertraut, werde unsere vertrauensvollen Handlungen nicht zu unserem Schaden nutzen.

In der komplexen Welt unserer Zeit hängen die Bedingungen unseres Lebens weitgehend von den Handlungen anderer Menschen ab, und zwar oft von den Handlungen solcher Menschen, die wir nicht einmal kennen. Zwar besitzen wir oft einen gewissen Einfluss darauf, wer genau Kontrolle über manche Bereiche unseres Lebens erhält, aber wir können uns aus der Abhängigkeit von anderen Menschen nicht schlechthin befreien. Da uns die Macht fehlt, die Handlungen anderer vollständig zu kontrollieren, müssen wir uns auf sie einlassen. Das erklärt, warum Vertrauen – ob wir nun darüber reden oder nicht – so eine entscheidende Rolle in unserem Leben spielt. Wenn wir bei der Verfolgung unserer Ziele erfolgreich sein wollen, kommen wir gar nicht umhin, uns regelmäßig verletzlich für die Handlungen anderer zu machen.

Vertrauen ist eine individuelle Vorbedingung für ein erfolgreiches und erfülltes Leben unter modernen Bedingungen, und es ist gleichzeitig die Bedingung für ein Funktionieren des gesellschaftlichen Zusammenlebens überhaupt. Denn vertrauensvolle Handlungen sind die Bedingung nahezu jeder gesellschaftlichen Kooperation. Ob es um den Austausch von Waren oder Leistungen gegen Geld, um die Gewährung eines Kredites oder einfach um die gemeinsame Durchführung eines Projektes geht, immer muss mindestens einer seinen Beitrag leisten, ohne sich der Leistung des oder der anderen bereits vollkommen sicher sein zu können. Was passiert, wenn die Bereitschaft, sich solchermaßen verletzlich zu machen, schwindet, erleben wir gegenwärtig am Finanzmarkt.

2 Schritte zur Vertrauenswürdigkeit

Allerdings, Vertrauen ist nicht in jedem Fall und ohne Bedingung wünschenswert. Nur wenn Vertrauenswürdigkeit gegeben ist, wird man Vertrauen empfehlen wollen. Das ist eine banale aber gleichwohl wichtige Einsicht. Es ist wohl kaum übertrieben, wenn man feststellt, dass die gegenwärtige Krise am Finanzmarkt in erster Linie eine Krise der Vertrauenswürdigkeit und erst in zweiter Linie eine Krise des Vertrauens ist. Dass Vertrauen verloren gegangen ist, hat harte Gründe. Die Erwartungen, die wir (und hier sind durchaus auch die Menschen einbezogen, die selbst in der Finanzwirtschaft arbeiten) hinsichtlich der Fähigkeit der Finanzwirtschaft und ihrer Akteure, Finanzströme richtig zu leiten und unser Geld zum Vorteil aller zu verwalten, hatten, sind bitter enttäuscht worden. Und wir erkennen, dass das nicht ein Folge unvorhersehbarer und unkontrollierbarer Naturereignisse ist, sondern das Ergebnis von grundsätzlichen Mängeln im System und von Fehlentscheidungen im Rahmen dieses Systems. Wir können nicht einfach weitermachen und hoffen, dass sich Vertrauen wieder einstellt, wir müssen eine Basis für solches Vertrauen legen.

Der erste und entscheidende Schritt, wieder Vertrauen zu schaffen, scheint darin zu liegen, Vertrauenswürdigkeit wieder herzustellen. Dazu ist es offenbar erforderlich, dass die Regeln, nach denen Entscheidungen am Finanzmarkt getroffen werden, überdacht und gegebenenfalls neu formuliert werden. Die Einhaltung solcher Regeln ist hinreichend zu kontrollieren und vertrauenswürdiges Verhalten der Akteure am Finanzmarkt durch geeignete Maßnahmen – etwa auch durch entsprechende Sanktionen – zu motivieren. In diese Richtung scheinen tatsächlich die Bemühungen sowohl in der Politik als auch in der Finanzwirtschaft selbst zur Zeit zu weisen.

Der Markt muss neu und besser geordnet werden. Natürlich ist es schwierig, die geeigneten Regeln und Kontrollmechanismen zu finden und institutionell umzusetzen. Dem ein oder anderen mag es aber scheinen, dass, wenn dieses Problem erst einmal gelöst ist, Vertrauen gleichsam automatisch wiederkehrt. Hat man erst einmal Institutionen geschaffen, die Vertrauenswürdigkeit sichern können, dann kommt es nur noch darauf an, die Wirksamkeit dieser Institutionen effektiv zu kommunizieren, damit Vertrauenserwartungen wieder entstehen können. Aus dieser Sicht scheint das Problem auf ein weitgehend administratives Problem reduzierbar zu sein, das durch gesetzgeberische Maßnahmen auf nationaler und entsprechende bindende Vereinbarungen auf internationaler Ebene zu lösen ist. Eine solche Fokussierung auf Fragen der Regulierung der Märkte wäre jedoch fatal. Denn erstens überschätzt sie die Möglichkeiten, (allein) durch administrative Regulierungsmaßnahmen das Verhalten auf Märkten zu beeinflussen, und zweitens unterschätzt sie die Bedeutung, die Normen und Gefühle in diesem Zusammenhang haben können.

3 Gefühle

Vertrauen besteht nicht bloß darin, eine bestimmte sachlich begründete Erwartung hinsichtlich des Verhaltens anderer Menschen zu besitzen. Es hat in aller Regel eine normative Basis und einen emotionalen Charakter. Wir sind oft geneigt das zu übersehen. Wie die Kinder auf dem Flohmarkt tauchen wir in das Spiel nach Regeln ein. Die Regeln werden als ein selbstverständlicher Rahmen unserer Interaktion und nicht mehr als Restriktion erfahren. Sie dienen unserer Orientierung und leiten uns in unseren Entscheidungen. Aber sie tun das unmerklich, ohne dass wir uns dessen wirklich immer bewusst sind. Weil wir zudem oft Gefühle mit seelischen Zuständen der Erregung verwechseln, übersehen wir auch leicht den emotionalen Charakter des Vertrauens. Gerade in geschäftlichen Beziehungen läuft ja häufig alles eher kühl und scheinbar kalkuliert ab.

Schon Aristoteles wusste, dass zwar manche Gefühle mit besonderen Zuständen seelischer Erregung verbunden sind, dass das aber keineswegs das ist, was sie als Gefühle charakterisiert. Gefühle sind nach Aristoteles (Rhetorik 1378 a) „jene Dinge, durch die über Veränderung die Menschen veranlasst werden, sich in ihren Urteilen zu unterscheiden, und die von Schmerz und Freude begleitet werden." Anders als wir es im Alltag vielleicht glauben, sind Gefühle also nach dieser immer noch aktuellen Auffassung nicht so sehr als eine besondere Art innerer Gegenstände oder Bewusstseinszustände gekennzeichnet, sie zeichnen sich vielmehr vor allem dadurch aus, wie sie unsere Wahrnehmung und unser Denken leiten. Die Redewendung „Liebende sehen die Welt durch eine rosarote Brille" illustriert dies recht anschaulich. Gefühle wirken wie eine Brille, durch die wir die Wirklichkeit betrachten. Sie bestimmen unser Bild der Welt direkt, indem sie uns eine ganz bestimmte Perspektive vermitteln, sie leiten unsere Aufmerksamkeit, heben manche Aspekte hervor und verbergen andere. Sie leiten uns darüber hinaus in unseren Gedanken und Urteilen, indem sie bestimmte Assoziationen nahe legen und uns bestimmte Interpretationsmuster vorgeben. Schließlich leiten sie uns auch in der Bewertung des Geschehens und motivieren uns zu handeln.

4 Vertrauen, eine emotionale Einstellung

Echtes Vertrauen besitzt genau diese Eigenschaften. Ein wesentliches Element der Perspektive des Vertrauens ist es, dass ein Mensch, der einem anderen vertraut, sich selbst mit diesem in einer ganz bestimmten Weise verbunden sieht. Es sind ganz bestimmte und nicht irgendwelche Gründe, die wir einer Person, der wir vertrauen, im Vertrauen unterstellen. Die Mutter in unserem Beispiel sieht die Nachbarin als eine Person, der das Wohl ihrer Tochter am Herzen liegt, und in diesem Interesse weiß sie sich mit der Nachbarin verbunden.

Man vergleiche die Situation der Mutter mit der eines Diebs, der zufällig von dem Arrangement der beiden erfährt. Dieser Dieb will nun die günstige Gelegenheit nutzen, um in Ruhe die Wohnung der Nachbarin auszuräumen. Beide – Mutter und Dieb – erwarten, dass die Nachbarin sich konzentriert um das Kind kümmern wird. Für beide ist dieses Verhalten auch vorteilhaft, für die Mutter, weil ihrer Sorge um das Kind genügt wird, für den Dieb, weil er keine Störung in der Ausübung seiner Tätigkeit zu erwarten hat. Beide werden durch ihre Erwartungen dazu geführt, sich verletzlich für die Handlungen der Nachbarin zu machen. Bei dem Dieb würden wir jedoch nicht von Vertrauen reden wollen. Zwar verlässt er sich auf die Nachbarin, zu Vertrauen gehört aber offenbar mehr als bloßes Sich-Verlassen.

Dem Einbrecher geht es nur um die Vorhersagbarkeit des Verhaltens der Nachbarin. Der entscheidende Grund für seinen Wunsch, die Nachbarin möge sich intensiv um das Kind kümmern, liegt in seinem Interesse, ungestört seinem Geschäft nachzugehen. Natürlich kann auch er der Meinung sein, das Wohl des Kindes sei zu schützen. Aber das ist nicht die Perspektive, unter der er die Situation sieht. Ihm geht es nur um das eigene Wohl und da weiß er, dass er alleine steht und gerade nicht mit der Nachbarin verbunden ist.

Wenn dagegen „echtes" Vertrauen zwischen Menschen vorliegt, dann nimmt der Vertrauende die Vertrauensperson als jemanden wahr, der in der Situation, um die es im Vertrauen geht, von Zielen, Werten und Normen geleitet wird, die die beiden teilen und von denen auch der Vertrauende sich selbst leiten lässt. Vertrauen ist in diesem Sinne eine Einstellung, die durch *Verbundenheit* gekennzeichnet ist.

Ziele kann man nur mit jemandem teilen, der wie man selbst dazu in der Lage ist, Wertvorstellungen zu reflektieren und gegebenenfalls zu revidieren, in einem gewissen Maße Werte zu wählen. Wer vertraut, sieht den anderen als einen in diesem Sinne autonomen Menschen und versteht seine Handlungen als Teil eines größeren Handlungszusammenhangs, in dem er selbst aktiv involviert ist. Eine solche Sichtweise des anderen nennt der Philosoph Peter Strawson eine teilnehmende Haltung. Der Dieb in unserem Beispiel besitzt keine *teilnehmende Haltung* zu der Nachbarin. Er weiß wohl, dass sein Opfer ein Mensch ist, der sein Handeln an Zielen ausrichtet. Er nutzt das gerade aus. Die Nachbarin ist für ihn wie ein Mechanismus, dessen Funktionsweise es zu beachten gilt, wenn man erfolgreich arbeiten will. Er benutzt sie als Mittel zur Verfolgung seiner höchst privaten und in keiner Weise geteilten Ziele, und er missachtet dabei ihre Person.

Diese beiden Schlüsselelemente des Vertrauens, *Teilnehmerhaltung* und *Verbundenheit*, besitzen einen emotionalen Charakter in dem zuvor bestimmten Sinn. Sie charakterisieren in fundamentaler Weise, wie ein anderer und der für die Interaktion mit dem anderen relevante Teil der Welt wahrgenommen werden. Diese Sichtweise wird regelmäßig die typischen Vertrauenserwartungen erzeugen, und in dieser Weise herrscht eine enge kausale Beziehung zwischen Vertrauen als einer emotionalen Einstellung und bestimmten kognitiven Überzeugungen. Indem Vertrauen jedoch bestimmte Muster in der Art und Weise, wie die Welt in den Gedanken des Vertrauenden repräsentiert wird und wie bestimmte Gedankeninhalte miteinander verbunden sind, erzeugt, bestimmt es in erster Linie, *wie* eine Person denkt und erst in zweiter Linie, *was* sie denkt. Solches Vertrauen kann deshalb nicht als das Ergebnis rationaler Abwägung verstanden werden. Es ist hier vielmehr ein bestimmter *Rahmen* für rationale Erwägungen.

5 Vertrauen im wirtschaftlichen Austausch

Ist es aber nicht so, dass solchermaßen emotional gefärbtes Vertrauen im Wirtschaftsleben kaum eine Rolle spielt? Es mag für unsere guten persönlichen Beziehungen von großem Wert sein, im harten Alltag des Wirtschaftslebens jedoch scheinen andere Maßstäbe zu gelten. Da scheint man doch in aller Regel aufgrund einer klaren Einschätzung der Risiken seine Handlungsentscheidungen zu treffen. Das primäre Ziel ist auch nicht die gemeinsame Aktion, sondern allemal der persönliche Vorteil. Wenn es um das Geschäft geht, so scheint es, können wir es uns gar nicht leisten, die Welt durch eine emotionale Brille zu sehen. Wir müssen einen kühlen Kopf bewahren und unsere Entscheidungen rational auf der Basis einer Abwägung aller verfügbaren Informationen treffen.

Es ist richtig – und experimentelle Befunde zeigen das sehr deutlich – dass im wirtschaftlichen Kontext andere Normen in den Vordergrund treten als in engen persönlichen Beziehungen. Aber es gibt auch da leitende Normen und diese werden zum Teil sogar sehr viel strenger ausgelegt, etwa dann, wenn es um die Einhaltung von Abmachungen geht oder um den Umfang einer Gegenleistung bei erfolgter Vorleistung.

Das alltäglich Normale unserer Austauschinteraktionen, die scheinbar automatisch ohne große Überlegung oder gar Risikoabschätzung ablaufen, trägt wesentlich zu der Illusion bei, es gebe keine geteilten Regeln, auf denen das Ganze beruht. Wenn ich mein Geld beim Bäcker auf den Ladentisch lege, bin ich mir kaum eines Risikos bewusst, obwohl ich selbstverständlich damit eine Vorleistung erbringe und es vorderhand keineswegs sicher ist, dass die Vorleistung in einer gewünschten Weise beantwortet wird. Werde ich die Ware tatsächlich bekommen? Werden in der Tüte alle Brötchen sein, die ich bezahlt habe? Werden die Brötchen wirklich von der versprochenen Qualität sein? Wird das Wechselgeld stimmen? Ist der Preis für ein Brötchen angemessen?

Kein Kunde stellt sich wirklich solche Fragen. Dahinter steckt natürlich auch die allgemeine Erfahrung, dass ein kluger Bäcker seine Kunden schon aus wohlüberlegtem Eigeninteresse ehrlich und fair behandeln wird. Aber auch solche Überlegungen finden beim Kauf nicht wirklich statt. Gerade die Reibungslosigkeit der Transaktion zeigt ihren tendenziell emotionalen Charakter auf. Denn der emotionale Charakter einer Interaktion äußert sich nicht in der Intensität bestimmter Empfindungen, sondern in der durch bestimmte Muster geprägten Sichtweise der beteiligten Individuen. Sind diese Muster hinreichend stark und aufeinander abgestimmt, so ist ein reibungsloser Verlauf der Interaktion sichergestellt. Mit der Wahrnehmung der Situation sind dann bereits unmittelbar die Erfordernisse der Situation gegeben, und es bedarf keiner weiteren kognitiven Leistung mehr, um sich adäquat verhalten zu können.

Viele empirische Untersuchen zeigen deutlich auf, dass wirtschaftliches Handeln tatsächlich deutlich von sozialen Normen geprägt ist und auf echtem Vertrauen im starken Sinne beruht. Das gilt im Übrigen für alle Bereiche von Entscheidungen im wirtschaftlichen Kontext, ob es nun um das Vertrauen von Kunden in Händler, Produzenten oder Lieferanten geht, um das Vertrauen zwischen Kollegen und zu Vorgesetzten oder um das Vertrauen zwischen kooperierenden Unternehmen.

Die Tugenden, die gutes – und durchaus auch erfolgreiches – unternehmerisches Handeln auszeichnen, sind uns ja auch durchaus geläufig: Verlässlichkeit, Ehrlichkeit, Kompetenz, Rücksicht, Fairness und ein gewisses Maß an allgemeiner gesellschaftlicher Verantwortung und spezieller Fürsorge für diejenigen, die unseren Erfolg durch ihre Arbeit sichern.

6 Vertrauen schafft Vertrauenswürdigkeit

Es ist auch nicht nur eine zufällige Kuriosität, dass wir solchermaßen emotional fundiertes Vertrauen in der Wirtschaft finden. Denn „echtes" Vertrauen in diesem Sinne hat eine ausgesprochen wichtige Eigenschaft, die bloß kalkulierendes „Sich-Verlassen" nicht besitzt: Es motiviert. Vertrauen kann Vertrauenswürdigkeit hervorbringen. Wenn ich wahrnehme, dass ein anderer mir vertraut, so werde ich dadurch auf eine gemeinsame Grundlage unseres Handelns aufmerksam gemacht. Es ist nicht nur und nicht notwendig so, dass ich diese Grundlage wegen der Attraktivität der Gemeinschaft gerne aufnehme. Vertrauen signalisiert mir eine Möglichkeit der wechselseitigen Abstimmung und Orientierung in einer komplexen Welt, in der das Wohl jedes Einzelnen von den Handlungsentscheidungen vieler anderer abhängt und die Folgen individueller Handlungsentscheidungen kaum isoliert abzuschätzen sind.

Die positive Rolle des Vertrauens bei der Herstellung von Vertrauenswürdigkeit ist in der Finanzkrise augenfällig geworden. Vertrauen ist verloren gegangen. Deswegen funktionieren die Märkte nicht mehr ordentlich. Und weil die Märkte nicht mehr ordentlich funktionieren, können die Erwartungen der Marktteilnehmer nicht mehr erfüllt werden. Weil kein Vertrauen besteht, kann auch Vertrauenswürdigkeit nicht entstehen und deshalb ist am Ende Vertrauen tatsächlich nicht gerechtfertigt – ein gefährlicher Teufelskreis.

Nun handelt es sich hier um eine besondere Form des Vertrauens: um Vertrauen in ein ganzes System von Handlungen, das die Einzelhandlungen vieler einzelner Individuen umfasst. Solch institutionelles Vertrauen unterscheidet sich deutlich von dem eher persönlichen Vertrauen, das hier bisher diskutiert wurde. Es gibt zwar eine enge Beziehung zwischen den beiden Formen des Vertrauens. Denn wir wissen, dass institutionelles Vertrauen wesentlich durch personales Vertrauen vermittelt wird. Wir brauchen, um Vertrauen in eine soziale Institution entwickeln zu können, Personen, die diese Institution angemessen repräsentieren können und gleichzeitig in der Lage sind, persönliches Vertrauen hervorzurufen. Wir brauchen vertrauenswürdige Politiker, um Vertrauen in die Politik bilden zu können, vertrauenswürdige Ärzte für das Vertrauen in das Gesundheitssystem und natürlich auch vertrauenswürdige Banker für das Vertrauen in das Finanzsystem. Das Vertrauen in die Repräsentanten des Systems macht aber noch nicht das Vertrauen in das System selbst aus. Denn wir müssen uns nicht nur für die Handlungen dieser Repräsentanten verletzlich machen, sondern auch für die Handlungen sehr vieler verschiedener Personen im Rahmen dieses Systems, die wir in aller Regel nicht kennen und von denen wir die allermeisten auch niemals zu Gesicht bekommen. Wie kann das gehen? Die Antwort lautet: Wir können uns dann auf die Handlungen sehr vieler verschiedener Menschen, die wir nicht einmal kennen, einlassen, wenn unsere Handlungen alle durch das gleiche System von Regeln geleitet werden, das unsere Handlungen koordiniert und von uns im wechselseitigen Einvernehmen als handlungsleitend anerkannt wird.

7 Auch der Markt braucht ein normatives Einverständnis

Ob es sich um persönliches oder institutionelles Vertrauen handelt, die Grundlage des Vertrauens ist hier wie da die gleiche: Verbundenheit. Wir können uns für die Handlungen anderer verletzlich machen, weil wir uns ihnen verbunden sehen in grundlegenden Zielen, Werten und Normen, an denen wir uns in unseren Handlungsentscheidungen im wechselseitigen Einverständnis orientieren. Ohne die koordinierende Leistung eines solchen normativen Einverständnisses ist institutionelles Vertrauen überhaupt nicht möglich; kein Markt, keine soziale Kooperation im großen Stil wäre denkbar.

Die Finanzkrise ist offenbar ein Zeichen dafür, dass uns in der Finanzwirtschaft ein tragfähiges Einverständnis über die geltenden Ziele und Normen abhanden gekommen ist. Dies ist nicht so sehr ein einseitiges Versagen der Akteure in der Finanzwirtschaft. Diejenigen, die heute die Gier der Banker beklagen, sollten sich erinnern, dass wir vor noch nicht allzu langer Zeit in diesem Zusammenhang nicht von Gier, sondern von gesundem Gewinnstreben gesprochen haben. Gewinnstreben an sich ist nichts Schlechtes. Es taugt nur nicht als alleinige Grundlage gemeinsamen Handelns. Dass es dazu taugen könnte, ist, wie wir jetzt zu erkennen scheinen, ein fataler Irrtum. Aber wenn das so ist, ist es ein Irrtum, der uns alle trifft.

Wir haben uns in den letzten Jahren daran gewöhnt, den Markt als einen wunderbaren Mechanismus anzusehen, der das individuelle Gewinnstreben der Menschen so kanalisiert und aufeinander abstimmt, das am Ende jeder einzelne optimal profitiert. Der kooperative Gewinn und seine für alle Beteiligten befriedigende Verteilung ergibt sich gewissermaßen automatisch, dazu bedarf es keiner wohlwollenden Absicht der Einzelnen. Diese Adam Smith ursprünglich zugeschriebene Einsicht ist in der Tat fundamental. Anders als Adam Smith scheint man heute aber manchmal darüber zu vergessen, dass der Markt selbst eine Institution ist, die auf Regeln und Werten beruht. Die Marktteilnehmer müssen sich wechselseitig über die Einhaltung dieser Regeln und die Beachtung der ihnen zugrunde liegenden Werte sicher sein. Und da es sich bei nahezu jedem Markt um ein komplexes soziales Gebilde mit einer kaum überschaubaren Anzahl von Teilnehmern und einer Vielzahl unterschiedlicher im Einzelnen kaum zu kontrollierender Tätigkeiten handelt, können wir diese wechselseitige Sicherheit nicht allein dadurch erzeugen, dass wir einen wohlmeinenden Staat mit ihrer Durchsetzung beauftragen.

8 In erster Linie ist nicht Regulierung, sondern das Einverständnis über die Regeln wichtig

Eine der in der Öffentlichkeit im Zuge der Finanzkrise am heftigsten diskutierten Fragen betrifft die Bezüge von Investmentbankern und Managern im Allgemeinen. Dabei dürfte jedem klar sein, dass die Finanzkrise nicht eine Folge zu hoher Managergehälter ist und auch nicht durch eine Begrenzung von Gehältern und Bonuszahlungen überwunden werden kann. Es ist auch eine Illusion zu glauben, es gebe einen Maßstab, der ein gerechtes Gehalt anhand objektiver Gesichtspunkte – Arbeitsaufwand, Qualifikation, Risiko usw. - zu bestimmen erlaubt. Es wird argumentiert, die Art der Bonuszahlungen begünstige ein Engagement für kurzfristige Gewinnziele und gefährde eine nachhaltige und langfristig für alle Beteiligte vorteilhafte Geschäftspolitik. Das ist sicher ein sehr wichtiger Gesichtspunkt. Verhängnisvoll ist es allerdings, wenn dadurch der Eindruck erweckt wird, das Verhalten der Menschen sei ausschließlich von pekuniären Interessen bestimmt und deshalb auch hauptsächlich durch materielle Anreize zu steuern. Das gilt offensichtlich für viele Menschen nicht, etwa für solche, die im Gesundheitswesen oder im Bildungssystem arbeiten. Es gilt auch nicht allgemein für Banker. Allerdings, das bestehende Vergütungssystem vermittelt den Eindruck, dass die persönliche Bereicherung das einzig bestimmende handlungsleitende Prinzip der Finanzwirtschaft ist. Hier liegt das zentrale Problem, denn ein solches Prinzip ist bestimmt nicht geeignet, Vertrauen zu erwecken. Und dieses Problem kann offenkundig nicht durch eine administrative Deckelung der Bezüge gelöst werden.

Dennoch kann die Diskussion über Managergehälter eine wichtige Rolle bei der Überwindung der Krise spielen. Sie kann wesentlich dazu beitragen, dass man sich auf die für das Handeln in der Finanzwirtschaft entscheidenden Werte und Ziele besinnt und diese so bestimmt, dass sie sowohl von den Menschen, die in der Finanzwirtschaft arbeiten, als auch von denen, für die sie arbeiten sollen, den Kunden der Finanzwirtschaft, geteilt und als handlungsleitend anerkannt werden können. Wenn dies gelingt, wird es auch eine klare Antwort auf die Frage nach den Managervergütungen geben. Das heißt nicht notwendig, dass man dann keine Regulierung und flankierenden Kontrollmaßnahmen mehr braucht - diese Frage ist offen. Aber nicht die Maßnahmen zur Durchsetzung sind entscheidend, sondern die Akzeptabilität der Regeln und die tatsächliche Akzeptanz, die sie in der Finanzwirtschaft und darüber hinaus finden.

Ähnlich verhält es sich mit anderen zentralen Fragen der öffentlichen Diskussion. Die Bundesregierung hat Maßnahmen zur Sicherstellung einer qualifizierten Beratung in der Finanzwirtschaft vorgeschlagen. Dazu gehören insbesondere Mindestanforderungen an die Qualifikation der Berater und eine Offenlegung von Provisionszahlungen. Auch das sind wichtige Schritte. Aber niemand wird glauben, dass ein solchermaßen kontrollierter Anlageberater nicht am Ende doch im eigenen Interesse oder im Interesse des jeweiligen Finanzinstituts und zum Schaden oder auf das Risiko seines Kunden arbeiten könnte. Letztlich kommt es darauf an, dass der Kunde sich vertrauensvoll auf die Beratung einlassen kann, weil er sieht, dass die Beratung nicht nur durch Gewinnstreben motiviert ist, sondern durch das ehrliche und qualifizierte Bemühen um das Wohl des Kunden geleitet wird.

Eines der Ziele, die in diesem Zusammenhang genannt werden, ist die Erhöhung der Transparenz von Finanzgeschäften. Natürlich ist es z. B. von eminenter Bedeutung, dass ein Berater, der im Gespräch mit seinem Kunden ein auf dessen Bedürfnisse zugeschnittenes Produkt finden soll, die Risiken der Produkte genau bestimmen kann und zumindest im Prinzip weiß, wie das Produkt aufgebaut ist. Machen wir uns auf der anderen Seite nichts vor. Es wird der Finanzwirtschaft nicht möglich sein, ihrer Aufgabe, Risiken effizient zu verteilen, wirksam nachzukommen ohne komplexe Finanzprodukte, die manch ein Kunde nicht verstehen kann und viele Kunden auch nicht verstehen wollen. Um eine Transparenz, die jedem Marktteilnehmer vollkommene Informationen über alle Risiken beschert, geht es aber auch nicht. Wäre diese möglich, so wäre Vertrauen nicht nötig. Für den Bankkunden ist es wichtig zu sehen, was die Banker antreibt. Er wird ihnen vertrauen, wenn er sich und seine Bedürfnisse in den Zielen und Werten der Banker wiederfindet. Erforderlich ist vor allem eine Transparenz, die dies sicherstellen kann.

Die Beispiele illustrieren einen allgemeinen Punkt. Wir werden eine zumindest partielle Neuregelung des Finanzmarktes brauchen. Das wird nicht ohne Regulierungsmaßnahmen, ohne neue Kontrollmechanismen und Sanktionen gehen. Das allein aber schafft noch kein Vertrauen. Und Vertrauen wird erforderlich sein, wenn die Neuregelung wirksam sein soll. Wenn Vertrauen in der und Vertrauen in die Finanzwirtschaft wieder auf breiter Ebene entstehen soll, dann ist es dazu erforderlich, dass akzeptable und von den Menschen teilbare Ziele und Werte das Handeln bestimmen und kommuniziert werden. Die zentrale Aufgabe mit Blick auf die Wiederherstellung von Vertrauen ist es, ein tragfähiges Einverständnis über diese Ziele und Werte herzustellen.

III Wertorientiertes Finanzmanagement

Andreas Horsch, Joachim Bonn

1 Einleitung 199

2 Rahmenbedingungen des wertorientierten Finanzmanagements 201
  2.1 Wertorientierte Unternehmensführung als Leitbild 201
    2.1.1 Grundkonzept der wertorientierten Unternehmensführung 201
    2.1.2 Shareholder- und Stakeholder-Interessen 208
    2.1.3 Wertorientierte Unternehmensführung und Corporate Governance
         in der Praxis 213
  2.2 Securitization und andere Trends auf den internationalen Finanzmärkten 218
    2.2.1 Megatrends im Überblick 218
    2.2.2 Securitization und Disintermediation 220
    2.2.3 Asset Backed Securities 225

**3 Wertorientierte Transparenz- und Performanceansprüche
an das Finanzmanagement** 231
  3.1 Kapitalgeberorientierte Informationspolitik 231
    3.1.1 Kapitalgeber als Adressaten der Informationspolitik 231
    3.1.2 Externe Rechnungslegung 233
       3.1.2.1 Konkurrenz der Systeme 234
       3.1.2.2 Internationale Standards der Harmonisierungslösung 237
    3.1.3 Rating 242
       3.1.3.1 Informationsnachfrage und Rating-Angebot 242
       3.1.3.2 Finanzierungsstrukturen, Bankenaufsicht und Rating 247
       3.1.3.3 Chancen und Risiken einer starken Rating-Kultur 249
    3.1.4 Investor Relations 253
       3.1.4.1 Entwicklung einer Finanzmarketing-Konzeption 254
       3.1.4.2 Investor Relations als Kern der Finanzmarketing-Konzeption 259
  3.2 Mergers & Acquisitions: Wertsteigerung durch Unternehmensübernahme? 264
    3.2.1 Theoretische Grundlagen von Mergers & Acquisitions 264
       3.2.1.1 Wertorientierung und M & A-Praxis im Zusammenspiel 264
       3.2.1.2 Transaktionsmotive: Mergers & Acquisitions als Reaktion auf
             Transparenz- und Performanceansprüche 266

3.2.1.3 Der M&A-Prozess im Überblick 268
3.2.2 Chancen und Risiken von Mergers & Acquisitions in der Praxis 272
3.2.2.1 Synergien 272
3.2.2.2 Umfassendes Integrationsmanagement 275

4 Zusammenfassung 279

5 Literatur 280

1 Einleitung

Finanzmanagement im traditionellen Sinne umfasst die Planung, Steuerung und Kontrolle der **liquiden Mittel** eines Unternehmens, mithin die Überwachung der sogenannten Liquiditäts(un)-gleichung:

$$\text{Zahlungsmittelanfangsbestand} + \text{Einzahlungen} - \text{Auszahlungen} \geq 0$$

Indes formuliert diese Ungleichung lediglich eine Nebenbedingung des unternehmerischen Oberziels. Auf den traditionellen Gewinnzielen fußend, ist als zentrales Oberziel in den letzten Jahren die **Wertsteigerung des Anteilseignervermögens** in den Vordergrund getreten. Hierdurch gilt insbesondere für das Finanzmanagement das Primat der Wertorientierung. Die Einhaltung der Liquiditätsungleichung ist dem insofern unterzuordnen, als es Aufgabe des Finanzmanagers ist, so viel Wertsteigerung – oder zunächst einfacher: Gewinn auf das eingesetzte Kapital, also **so viel Rentabilität – wie möglich zu erzielen und hierbei nur so viel Liquidität wie nötig** vorzuhalten. Insofern besteht die finanzwirtschaftliche Grundproblematik darin, für das Unternehmen eine optimal ausgewogene Position zwischen Gewinnerzielung/Wertsteigerung einerseits und Liquiditätsvorsorge andererseits zu finden. Ausgehend hiervon kann *(in Anlehnung an Süchting, 1995, S. 18; Horsch/Paul/Rudolph, 2007)* folgendes Begriffsverständnis abgeleitet werden:

> **Wertorientiertes Finanzmanagement** umfasst die Summe aller Maßnahmen zur Aufrechterhaltung des finanziellen Gleichgewichts des Unternehmens unter Berücksichtigung von Gewinnerzielung/Wertsteigerung und Liquidität.

Ein wichtiger Teilbereich des Finanzmanagements besteht in der optimalen Auswahl aus dem verfügbaren „Instrumentenkasten" der **Finanzierungsarten**; die Lehre von der Unternehmensfinanzierung setzt traditionell hier an *(für umfassende Darstellungen vgl. etwa Drukarczyk, 2003a; Wöhe/Bilstein, 2002)*. Im Rahmen eines **wertorientierten** Finanzmanagements muss indes nicht nur dieses „Grundhandwerk" beherrscht werden: Hinzu tritt eine komplexe Vielzahl damit abzustimmender Aufgaben, etwa der Einsatz finanzieller Sicherungsinstrumente, die alle auf das Oberziel eines wertorientiert geführten Unternehmens auszurichten sind. Für den angestellten Finanzmanager ist die Orientierung am Wertziel anstelle eines traditionellen Gewinn- oder Rentabilitätsziels gleichbedeutend mit einem erheblichen Anstieg der Ergebnisansprüche der Eigentümer, die ihn beauftragt haben (**Performancedruck**). Darüber hinaus erhöhen sich die Ansprüche der Eigentümer, aber auch der Kreditgeber, in Bezug auf die ihnen zugänglichen Informationen (**Transparenzdruck**).

Nachfolgend wird vor diesem Hintergrund zunächst das Konzept der wertorientierten Unternehmensführung als Leitbild des Finanzmanagements vertieft *(Kapitel 2.1)*. Auf dieser Basis erfolgt eine Hinwendung zu ausgewählten Fragestellungen des wertorientierten Finanzmanagements auf der strategischen Ebene, auf der es um den angemessenen Umgang mit dem auf alle Unternehmen wirkenden Transparenz- und Performancedruck geht. Zuvor ist aber die wachsende Bedeutung von wertpapiergestützten Finanzierungen herauszuarbeiten, da insbesondere Teilnehmer auf den entsprechenden Märkten als Quellen eines erhöhten Anspruchsdenkens auszumachen sind *(Kapitel 2.2)*. Die unternehmerische Antwort darauf kann in den unterschiedlichsten Wertsteigerungsstrategien bestehen. Sinnvoller als eine Bearbeitung dieser einzelfallspezifischen Vielzahl erscheint daher die Darstellung allgemeiner Regeln, die für die Herstellung von **Transparenz** über das Geschehen im Unternehmen, insbesondere in Bezug auf die geschaffenen Werte, gelten *(Kapitel 3.1)*.

Aufgrund der intensiven Wechselbeziehungen zum Konzept der wertorientierten Unternehmensführung wird erst abschließend eine **potenzielle Wertsteigerungsstrategie**, die der Mergers & Acquisitions (M & As), herausgegriffen und stellvertretend einer vertieften kritischen Analyse unterzogen *(Kapitel 3.2)*.

2 Rahmenbedingungen des wertorientierten Finanzmanagements

Etwa seit Beginn der 1980er Jahre sehen sich die Akteure auf den Finanzmärkten weltweit mit erheblichen Strukturveränderungen und damit einem Wettbewerbsumfeld im Umbruch konfrontiert. In den letzten Jahren hat die Dynamik und Komplexität dieses Umbruchs weiter zugenommen und so für neue ökonomische Rahmenbedingungen der internationalen Finanzmärkte gesorgt. Diese Veränderungen werden durch eine Reihe von Trends bestimmt, die ihrerseits in Wechselwirkungen zueinander stehen. Unter der Vielfalt dieser Entwicklungslinien sind die folgenden von grundlegender Bedeutung, da sie den Strukturwandel in den letzten Dekaden wesentlich geprägt haben:

1. Globalisierung
2. Technologisierung
3. Deregulierung (Liberalisierung)
4. Finanzinnovationen
5. Securitization
6. Disintermediation
7. Steigende Informationsnachfrage von Kapitalmarktteilnehmern
8. Wertorientierte Unternehmensführung (Shareholder Value)

Im Folgenden wird aufgrund seiner grundlegenden Bedeutung zunächst das Konzept der wertorientierten Unternehmensführung ausführlich behandelt. Im Anschluss daran soll auf die vier erstgenannten Trends sowie ihre Wechselwirkungen kurz, auf die Phänomene der Securitization und Disintermediation dagegen ausführlicher eingegangen werden. Unter dem gemeinsamen Aspekt des Transparenz- und Performancedrucks werden die wachsende Bedeutung von angelsächsisch geprägten Rechnungslegungsstandards, Ratings sowie Investor Relations in eigenständigen Kapiteln behandelt.

2.1 Wertorientierte Unternehmensführung als Leitbild

2.1.1 Grundkonzept der wertorientierten Unternehmensführung

Die Frage, an welchen Interessen ein Manager seine Unternehmenspolitik auszurichten hat, dürfte zu dem Zeitpunkt signifikant an Gewicht gewonnen haben, zu dem er erstmals als Manager in Erscheinung trat, der nicht gleichzeitig Unternehmenseigentümer war *(vgl. zur Grundproblematik Brealey/Myers/Allen, 2006, S. 25 ff.)*.

Die nicht geschäftsführenden Eigentümer (**Principals**), die einen Manager als **Agenten** mit der Unternehmensführung beauftragten und sich darauf beschränkten, das Unternehmen mit Eigen- und damit mit Risikokapital zu versorgen, waren in ihrer Einkommenserzielung nunmehr von einem anderen Akteur mit eigenen Kosten-/Nutzen-Kalkülen abhängig. Ausgehend von dieser klassischen Konstellation eines Principal-Agent-Verhältnisses *(vgl. grundlegend Jensen/Meckling, 1976)* kann ein Unternehmen als **Vermögensfonds** der Eigenkapitalgeber interpretiert werden, der von den Managern **treuhänderisch** zu verwalten ist.

Indes bleibt diese auf Eigentümer und Manager konzentrierte Sichtweise insofern unvollständig, als diese beiden nicht die einzigen Interessengruppen sind, deren (ökonomisches) Schicksal mit dem Unternehmen eng verknüpft ist: Dieses kann in einer erweiterten Sicht angesehen werden als eine verselbstständigte **Einkommensquelle**, an die eine Mehrzahl von anspruchsberechtigten Gruppen Einkommensforderungen stellt, die vom Management so in Einklang zu bringen sind, dass das Zusammenwirken – die „**Koalition**" – aller Berechtigten sinnvoll fortgesetzt werden kann.

Je mehr Interessen aber zu berücksichtigen sind, desto komplizierter wird die Frage, woran sich ein Management ausrichten soll, wonach sich damit seine Qualität bestimmt, wie also Erfolg erreicht und gemessen werden soll. Die Beiträge von *Alfred Rappaport (vgl. insbes. Rappaport, 1981, 1986)* haben dieser Diskussion in den 1980er-Jahren gewichtige neue Impulse verliehen. Im Zuge der im Folgekapitel 2.2 besprochenen Globalisierung und des damit wachsenden angelsächsischen Einflusses auf die Finanzmärkte hat sich die mit diesen Beiträgen angestoßene und in Verbindung mit anderen, noch zu besprechenden Impulsen vorangetriebene „**Shareholder Value-Konzeption**" flächendeckend verbreitet und heute auch in Deutschland einen beachtlichen Stellenwert erreicht.

Bevor jedoch die fonds- sowie die koalitionsbetonende Sicht des Unternehmens miteinander konfrontiert werden können, ist zunächst die zentrale Orientierungsgröße der wertorientierten Unternehmensführung, der Shareholder Value, genauer abzugrenzen. Hierfür ist zunächst eine Systematisierung der verwendeten Wertbegriffe erforderlich *(vgl. für eine kritische Bestandsaufnahme Kürsten, 2000, S. 363 ff.)*. „Werte" werden berechnet für Vermögenspositionen von Kapitalgebern des Unternehmens, gemeint sind dabei stets **Markt**-Werte (im Sinne von Werten auf einem effizienten Markt, die modellhaft rechenbar sind), die insbesondere von bilanziellen Ansätzen zu unterscheiden sind. Solche Marktwerte werden bestimmt sowohl für das Gesamtunternehmen (Maximierung des Unternehmenswertes UW $\rightarrow$ Entity-Ansatz) als auch für dessen Komponenten, also das Fremdkapital (Marktwert des Fremdkapitals MW_{FK}) sowie insbesondere das Eigenkapital (Marktwert des Eigenkapitals MW_{EK} $\rightarrow$ Equity-Ansatz). Der letztgenannte **Marktwert des Eigenkapitals** drückt den ökonomischen Wert aus, den das Unternehmen aus Sicht seiner Eigentümer hat, dies ist der **Shareholder Value** (SV). Für die genannten Marktwertgrößen gilt dabei folgender grundlegender Zusammenhang *(vgl. einführend auch Coenenberg/Salfeld, 2003, S. 17 ff.)*:

$$UW = MW_{FK} + MW_{EK} = MF_{FK} + SV$$
$$\Leftrightarrow$$
$$SV = UW - MW_{FK}$$

Der Shareholder Value SV steht im Zentrum der wertorientierten Unternehmensführung, wobei er keinesfalls eine Beschränkung der Betrachtung auf Aktiengesellschaften und ihre Aktionäre („Shareholder") bedeutet. Die Begriffsbildung ist zu erklären über die Dominanz dieser Rechtsform in den USA, also dem Land, in dem das Konzept wurzelt. Nachfolgend wird daher allein aus didaktischen Gründen vereinfachend auf (Aktionäre und Vorstände von) Aktiengesellschaften abgestellt, weil sich die Argumentation hier besonders gut nachvollziehen lässt; die Überlegungen gelten indes sinngemäß auch für alle anderen Unternehmens- bzw. Rechtsformen.

Der **Shareholder Value** als (finanzielle) Messgröße ist definiert als der Marktwert des Eigenkapitals eines Unternehmens für die Eigentümer. Anknüpfend an den (erwarteten) finanziellen Nutzen, der mit einer Eigentümerposition verbunden ist, ergibt sich dieser Shareholder Value rechnerisch aus den (diskontierten) erwarteten zukünftigen Cashflows, die an einen Eigenkapitalgeber fließen.

Die als Net Present Value definierte **Messgröße** *(vgl. einführend Brealey/Myers/Allen, 2006, S. 15 ff.)* wird im Konzept wertorientierter Unternehmensführung in eine zentrale **Handlungsanweisung** (an das Management) überführt: Auf den Shareholder Value ausgerichtetes Handeln des Managements muss darauf abzielen, den Marktwert des Eigenkapitals im Zeitablauf zu **steigern.** Aktionärsorientiertes Management ist demnach an Dividenden und Kurssteigerungen auszurichten, da dies die beiden Komponenten sind, über die das Aktionärsvermögen vermehrt werden kann. Um zu bestimmen, wie hoch der Shareholder Value (im Sinne der Ausprägung der Messgröße) ausfällt und ob insoweit der daran anknüpfenden Handlungsanweisung genügt worden ist, ist investitionsrechnerisch vorzugehen. Bei Betrachtung nur einer Periode ergibt sich ein Maß für die Steigerung des Shareholder Value in der Eigenkapitalverzinsung i_{EK}, die sich aus Veränderungen des Aktienkurses KA und der Dividende Div zusammensetzt:

$$i_{EK} = \frac{(KA_t - KA_{t-1}) + Div_t}{KA_{t-1}}$$

Bei ökonomisch vollständiger Betrachtung ist hingegen die Gesamtheit der (erwarteten) zukünftigen Cashflows aus der Eigentümerposition einzubeziehen, was einen Rückgriff auf das Kapitalwertkalkül der dynamischen Investitionsrechnung erfordert *(vgl. positiv zu diesem etablierten Standard Kürsten, 2000, S. 360)*. Die hierauf basierenden **D**iscounted-**C**ashflow- bzw. **DCF-Ver-**

fahren ermöglichen eine Berechnung des Shareholder Value sowohl nach dem Brutto-/Entity- als auch nach dem nachfolgend vorgestellten Netto-/Equity-Ansatz, die unter den geltenden Annahmen zum gleichen Ergebnis führen. Bezeichnet CF_t den (Plan-)Cashflow am Ende einer Periode t und RW_n den angenommenen Restwert des Unternehmens zum Ende des Betrachtungshorizonts („Terminal Value", der zusätzlich zu einem „laufenden" Cashflow CF_n in der letzten Periode anfällt), so ergibt sich der Shareholder Value nach dem Equity-Ansatz mit:

$$SV = \sum_{t=1}^{n} \frac{CF_t}{(1+i)} + \frac{RW_n}{(1+i)^n}$$

Wie in jedem investitionsrechnerischen Kalkül ist neben der Richtigkeit der geplanten Zahlungsgrößen insbesondere die Wahl des Kalkulationszinsfußes i von entscheidender Bedeutung. Wird der Shareholder Value in der gezeigten Form direkt berechnet, sind die zu berücksichtigenden CF_t jene Cashflows, die allein den Aktionären zustehen und insofern als (von allen anderen Kapitalgeberansprüchen) **freie/free Cashflows** gelten. Als Diskontierungszins i kommen dann die **Renditeerwartungen** dieser Aktionäre zur Anwendung. Aus Managersicht entspricht diese Größe den Eigenkapitalkosten k_{EK}.

Aufgrund des von ihnen übernommenen unternehmerischen Risikos erwarten die Aktionäre eine Verzinsung, die über der Sockelrate r_f liegt, welche den risikofreien Basiszins des Kapitalmarktes angibt. Mit diesem Entgelt für das zusätzliche (Unternehmer-)Risiko RZ gilt für den Diskontierungszins:

$$k_{EK} = r_f + RZ$$

Um RZ im konkreten Fall abzuschätzen, greift das Shareholder Value-Konzept auf den Ansatz des Capital Asset Pricing Model (CAPM) zurück *(vgl. im Überblick Bäzner/Timmreck, 2004; Spremann/Pfeil/Weckbach, 2001)*. Die risikolose Sockelrate r_f (abgeleitet z. B. aus dem Satz für langfristige Bundesanleihen) wird hier erhöht um das Produkt aus (1) einer **Risikoprämie**, die ihrerseits als Abweichung der Rendite des so genannten Marktportfolios r_M (z. B. repräsentiert durch den DAX) von r_f definiert ist, und (2) der relativen **Volatilität** β des Aktienkurses des betrachteten Unternehmens:

$$k_{EK} = r_f + [(r_M - r_f) \cdot \beta]$$

Der innere Klammerausdruck sagt aus, welche Überrendite im (repräsentativen) Durchschnitt planmäßig erzielt wird, wenn in **Risikokapital** anstelle von risikofreien Positionen investiert wird. Steht also tatsächlich der DAX für das Marktportfolio, so gibt die berechnete Überrendite die Risikoprämie für die im DAX verkörperte Mischung von **Eigentümer**positionen gegenüber dem risikofreien Zins an. Das Beta wiederum bringt das Verhältnis des Risikos des betrachteten Unternehmens (gemessen an den Schwankungen seines Aktienkurses) zu diesem durchschnittlichen Marktrisiko zum Ausdruck. Ein $\beta = 1$ bedeutet etwa, dass die Aktienkurse des Unternehmens synchron mit dem DAX schwanken, dass sich das systematische Risiko also wie das des Marktportfolios verhält. Ein $\beta < 1$ ($\beta > 1$) deutet auf relativ geringere (höhere) Schwankungen hin und impliziert damit einen geringeren (höheren) Risikozuschlag *(vgl. zu Betas und Kapitalkosten am Beispiel deutscher AGs auch Coenenberg/Salfeld, 2003, S. 186 ff.)*.

Obwohl es aus Shareholdersicht auf Zukunftswerte ankommt, finden angesichts von deren Unsicherheit in der Praxis zumeist Vergangenheitswerte Verwendung. Nimmt man r_M und r_f als marktbestimmt und insoweit gegeben an, leiten sich die Renditeerwartungen der Eigenkapitalgeber bzw. die Eigenkapitalkosten des Unternehmens allein aus ß als der einzigen in diesem Konzept unternehmens-individuellen Größe ab. Eine repräsentative Auswahl dieser Betas – die auf die DAX-Unternehmen direkt, auf andere Unternehmen zumindest über Analogieschlüsse anwendbar wären – kann täglich der Wirtschaftspresse entnommen werden. Am 12. Oktober 2007 lagen die 250-Tage-Betas der 30 wichtigsten deutschen Aktiengesellschaften zwischen ca. 0,58 (für den weniger volatilen Pharmawert FMC) sowie ca. 1,25 (Commerzbank; insgesamt lagen die Werte der von Krisen nicht verschonten Finanztitel vergleichsweise hoch, *vgl. Bereich „market data" bei http://deutsche-boerse.com*). Nachdem der Diskontierungszins k_{EK} auf diese oder eine andere Weise abgeleitet worden ist, lässt sich der Shareholder Value auf Basis des Netto-Kalküls berechnen *(vgl. allerdings kritisch – nicht nur zur Verwendung des CAPM – Kürsten, 2000, S. 367 ff.)*.

Demgegenüber führt der Brutto-Ansatz über den Unternehmenswert UW, d. h. die Gesamtheit der Fremd- wie Eigenkapitalgebern zustehenden Cashflows. Dann wird neben k_{EK} ein Fremdkapitalkostensatz k_{FK} benötigt, der als gewichtetes arithmetisches Mittel der Kostensätze der einzelnen Fremdkapitalpositionen j des Unternehmens berechnet wird:

$$k_{FK} = \sum_{j=1}^{m} \frac{FK_j}{FK} \cdot k_{FK_j}$$

Der Gesamtkapitalkostensatz k wird dann aus dem Eigen- und dem Fremdkapitalkostensatz gebildet, wobei die Quoten des Eigenkapitals EK und des – aus sämtlichen j Fremdkapitalpositionen zusammengefassten – gesamten Fremdkapitals FK (nach Marktwerten) als Gewichte dienen. Dieser gewogene Gesamtkapitalkostensatz eines Unternehmens wird daher auch als **W**eighted **A**verage **C**ost of **C**apital (**WACC**) bezeichnet *(vgl. einführend auch Brealey/Myers/Allen, 2006, S. 502 ff.)*.

$$k = \text{WACC} = k_{EK} \cdot \frac{EK}{EK + FK} + k_{FK} \cdot \frac{FK}{EK + FK}$$

Um hiermit den Shareholder Value über den Brutto-Ansatz zu berechnen, werden die den Kapitalgebern insgesamt zustehenden Zahlungen – also die (freien) Cashflows CF_t an die Eigen- und die Zinsen Z_t an die Fremdkapitalgeber – mit den WACC diskontiert. Der Shareholder Value als Differenz zwischen Unternehmenswert und Marktwert des Fremdkapitals ergibt sich dann *(vgl. auch Spremann/Pfeil/Weckbach, 2001, S. 202)* mit:

$$SV = \sum_{t=1}^{n} \frac{CF_t + Z_t}{(1+k)^t} + \frac{RW_n}{(1+k)^n} - MW_{FK}$$

Die Renditeforderungen der (Eigen- und Fremd-)Kapitalgeber bestimmen also – sieht man von Steuern und Transaktionskosten ab – die Kapitalkosten eines Unternehmens und letztlich den Marktwert des Eigenkapitals. Dies gilt nicht nur in der Theorie: Auch in der unternehmerischen Praxis wird der WACC-Ansatz für Zwecke der Unternehmensbewertung bevorzugt *(vgl. Aders et al., 2003)*. Die Kapitalkosten repräsentieren nach dem Opportunitätsprinzip die Verzinsung, die ein Kapitalgeber bei einer Investition entsprechenden Risikos außerhalb des Unternehmens erzielen könnte. Indem diese Renditeforderungen – ob nun in Form von k oder k_{EK} – als Abzinsungsfaktor für die Plan-Cashflows dienen, legt das Konzept der wertorientierten Unternehmensführung die Messlatte höher als traditionelle Erfolgsmaßstäbe: Eine Wertschaffung und damit ein unternehmerischer Erfolg liegen erst dann vor, wenn unter dieser Diskontierung absolut gesehen ein positiver Barwert künftiger Periodenerfolge, relativ gesehen eine **Rendite für die Kapitalgeber oberhalb ihres Opportunitätszinses** erzielt wird. Andernfalls erfolgt eine Wertvernichtung. Ausgehend vom Netto-Ansatz heißt das: Unternehmerischer Erfolg liegt nicht schon dann vor, wenn Gewinn oder Rentabilität die „Null-Linie" überschreiten, also „schwarze Zahlen" erreicht werden, sondern erst dann, wenn der Vergleich mit Opportunitäten positiv ausfällt, hier also eine „normale" Eigenkapitalrendite, die der Aktionär erwarten kann, überschritten wird. Diese Anhebung der Messlatte für unternehmerischen Erfolg verdeutlicht die Abbildung auf der nächsten Seite.

Anders als der „Gewinn", der einen absoluten Erfolg gegenüber einer „Null-Linie" angibt, verkörpert der Shareholder Value insoweit – nämlich im Vergleich zur (im Zeitablauf durchaus veränderlichen) Opportunität am Kapitalmarkt – ein **relatives Erfolgsmaß**. Unabhängig davon, dass hier nur die Grundzüge der Konzeption dargelegt werden können, wird deutlich, dass der Shareholder Value auf durchaus bekannte Vorteilhaftigkeitskalküle zurückgreift. Die Erklärung der Intensität und des Verlaufs der „Shareholder Value-Diskussion" allein damit ist daher nicht möglich, vielmehr sind dafür weitere zentrale Dimensionen ds Shareholder Value-Begriffs auszuleuchten.

Traditionelle versus wertorientierte Erfolgsmessung

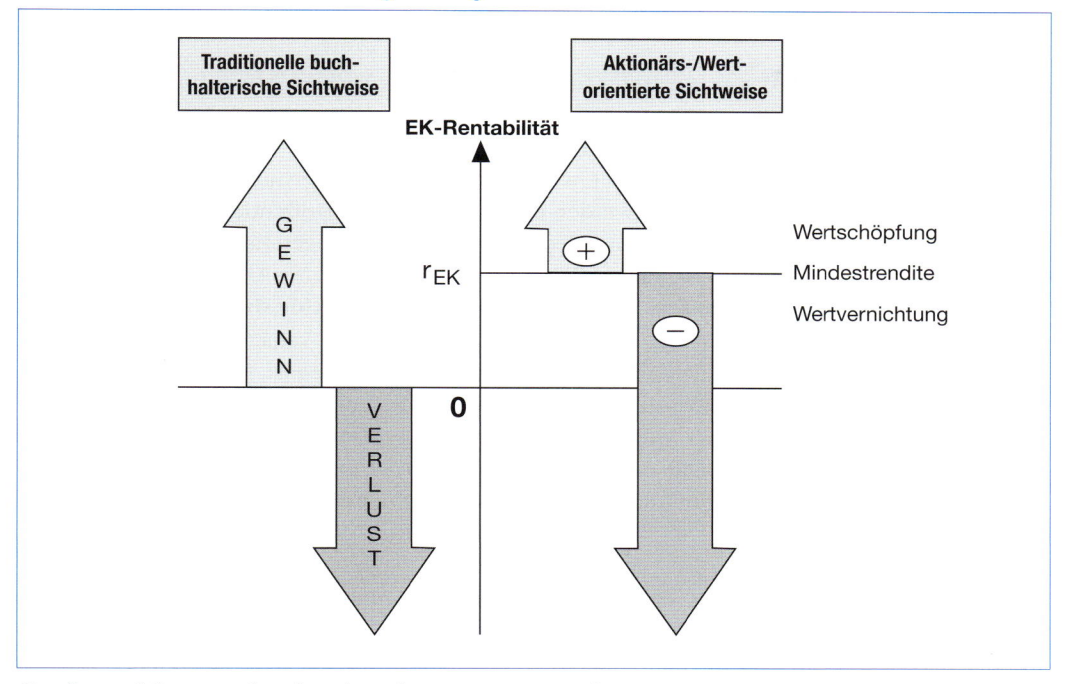

(Quelle: Modifiziert nach Bühner/Weinberger, 1991, S. 189)

In der bis hierher gezeigten Abgrenzung stellt der Shareholder Value nicht mehr und nicht weniger als eine **Mess**größe dar. Hiermit sind zwar zentrale, aber noch längst nicht alle Teile des Konzepts wertorientierter Unternehmensführung abgeleitet. Für eine solche ist darüber hinaus erforderlich, dass der Shareholder Value auch als eine daran anknüpfende **Handlungsanweisung** der Eigenkapitalgeber an das Management verstanden wird, von der ausgehend die gesamten **Unternehmensaktivitäten** auf ein wie vorstehend definiertes Wertziel ausgerichtet werden.

In die gesamte Controlling-Konzeption, d. h. die Planungs-, Steuerungs- und Kontrollsysteme des Unternehmens, muss mit der Wertorientierung ein neuer „roter Faden" eingewebt werden. Dies geschieht „top down", indem aus dem Shareholder Value als der zentralen Orientierungs- und **Oberziel**größe für das Gesamtunternehmen konsistent **Unterziele** für die Einheiten auf den einzelnen Ebenen der Unternehmenshierarchie abgeleitet werden. Hierfür ist die Entwicklung eines Systems wertorientierter **Kennzahlen** erforderlich, die im Rahmen wertorientierter Berichtsstrukturen und Messverfahren kontrolliert werden *(vgl. Schröder, 2002)*. Ausgehend von (1) der Vorgabe wertorientierter Ziele muss also (2) wertorientiert entschieden und (3) Qualität bzw. Erfolg dieser Entscheidungen wertorientiert gemessen werden. Um alle Entscheidungsträger im Unternehmen auf dessen Wertorientierung auszurichten, ist schließlich (4) ein Wertschaffung belohnendes Anreizsystem zu etablieren. Dies beinhaltet auch, erfolgsabhängige Vergütungskomponenten nicht länger von Umsatz- oder Gewinn-, sondern von Wertveränderungen abzuleiten.

Auf diese Weise wird der wertorientierte Steuerungskreis für das Unternehmen geschlossen *(vgl. ausführlich Coenenberg/Salfeld, 2003, bes. S. 221 ff.)*.

Grundsätzlich wäre so jedes strategische Geschäftsfeld, jedes Tochterunternehmen sowie jede andere Teileinheit eines Unternehmens kontinuierlich daran zu messen, ob hier ein angemessener Beitrag zur Steigerung des Shareholder Value geleistet wird. Neue (Sach- oder Finanz-)Investitionen sind demnach nur akzeptabel, wenn sie eine Wertsteigerung erwarten lassen. Die Renditeerwartungen der Kapitalgeber werden dazu von einem wertorientierten Controlling auf Einzelinvestitionen unter Berücksichtigung des konkreten Risikos zugeschlüsselt und von diesen als Mindestleistung eingefordert, sie dienen insoweit als **cutoff-rate**. Das Unternehmen in seiner Gesamtheit ist dann als Portfolio von Teileinheiten bzw. als **Investitionsbündel** zu interpretieren, aus dem heraus eine Vielzahl von Teilbeiträgen zum Shareholder Value entsteht. Daraus folgt, dass gegebenenfalls auch eine Rückführung von Kapital vorzunehmen ist, wenn es im Unternehmen weniger als den Opportunitätszins erwirtschaftet. Vor diesem Hintergrund ist die steigende Bedeutung von Ankäufen eigener Aktien und auch der Verschlankung des unternehmerischen Aktivitätenportfolios durch spin-offs oder equity-carve-outs *(vgl. umfassend Arbeitskreis „Finanzierung", 2003; Betsch/Groh/Lohmann, 2000; einführend Coenenberg/Salfeld, 2003, S. 212 ff.)* zu sehen.

Erst wenn zum Shareholder Value als zentrale Messgröße für unternehmerischen Erfolg und als Basis einer entsprechenden Handlungsanweisung an das Management ein damit konsistentes unternehmerisches Führungskonzept hinzutritt, kann von einem **Gesamtkonzept wertorientierter Unternehmensführung** gesprochen werden. Auch weil die Beratungsgesellschaften den Markt mit dem Angebot von „Wertmanagement-Systemen" unverändert nachhaltig bearbeiten, kennzeichnen solche integrierten Führungskonzepte den derzeitigen Entwicklungsstand der Shareholder Value-Ansätze. Dieser aktuelle Stand wird für die deutsche Unternehmenslandschaft im Kapitel 2.1.3 genauer beleuchtet. Um ihn sachgerecht beurteilen zu können, ist zuvor allerdings erforderlich, eine Auseinandersetzung mit zentralen **Kritikpunkten** am Shareholder Value-Ansatz vorzunehmen. Hierbei stehen weniger Probleme der Konsistenz wertorientierter Ober- und Unterziele im Unternehmen im Vordergrund *(zu Unverträglichkeiten von Maximierungsvorschriften für Geschäftsbereichs- und Unternehmenswerte vgl. etwa Albach, 2001)* als vielmehr die (z.T. ideologisch geführte) Diskussion, ob nicht die Ausrichtung der Unternehmenspolitik (allein) an den Shareholder-Interessen prinzipiell unzulässig ist.

2.1.2 Shareholder- und Stakeholder-Interessen

Insbesondere in Deutschland zeigt die Shareholder Value-Diskussion seit jeher eine emotionale Note. Ausgangspunkt dafür ist das in Kontinentaleuropa vorherrschende (Selbst-)Verständnis des Managers: Er wird weniger als Agent, also von den Eigentümern/Principals beauftragter Treuhänder gesehen, sondern vielmehr als **Koalitionsführer** für sämtliche Akteure, die mit einem Unternehmen verbunden sind. Aus diesen Beziehungen heraus, die häufig vertraglich ausgeformt, also **Kontrakte** sind, halten diese Akteure spezifische Chance-/Risiko-Positionen. Bereits infolgedessen steht für sie etwas „auf dem Spiel" („**at the stake**"); dies gilt umso mehr, wenn – durchaus typisch – zwischen ihren Interessen und denen anderer Stakeholder Konkurrenzbeziehungen existieren. Von hierher ist der Ansatz des **Stakeholder Value** als Gegenentwurf zum Shareholder Value ausgebaut worden *(vgl. einführend Kürsten, 2000, S. 360 f.)*.

Es ist im Grundsatz unbestritten, dass nicht nur die Eigentümer (berechtigte) Ansprüche an ein Unternehmen bzw. sein Management stellen. Gleiches gilt für die Tatsache, dass die verschiedenen Interessen miteinander in Widerstreit geraten können. Problematisch ist indes die Überführung dieser grundsätzlichen Erkenntnis in ein gleichzeitig praktikables und theoriebasiertes Konzept, wie es ein Shareholder Value-Ansatz liefern kann. Das beginnt bereits bei der **Abgrenzung** der zu berücksichtigenden Stakeholder und setzt sich in der Frage der auf sie bezogenen **Wertermittlung** fort: Hierfür müssten gruppenspezifische (Nutzen-)Werte ermittelt sowie anschließend (gewichtet und) aggregiert werden. Da sich bereits bei dieser Bestimmung einer Messgröße „Stakeholder Value" tiefgreifende Probleme auftun, fällt die Ableitung von entsprechenden Handlungsanweisungen an das Management sowie von damit konsistenten, umfassenden Führungskonzepten umso schwerer.

Bereits aus diesem Grunde werden Shareholder- und Stakeholder-Konzeption an dieser Stelle nicht en detail konfrontiert. Vielmehr wird von einer **pragmatischen** Abgrenzung der Stakeholder eines Unternehmens her in Grundzügen gezeigt, dass die vorgeworfene „Bevorzugung" der Shareholder

- weder ungerechtfertigt noch
- per se schädlich

in Bezug auf die Stakeholder-Interessen ist. Diese Stakeholder, für deren Interessen das Management zentrale Koalitions- und Ausgleichsinstanz ist, zeigt die Abbildung auf der nächsten Seite.

Die Pfeile und ihre Größe machen deutlich, in welchen Richtungen in diesem Beziehungsgeflecht ein Durchsetzen von Präferenzen zu **(Performance-)Druck** führt. Dieser geht infolge der gezeigten Messgröße Shareholder Value insbesondere von den Eigentümern aus, die dem Management die Erreichung wie gezeigt anspruchsvollerer Erfolgsziele als die traditionellen aufgeben. Sofern es hierfür keine „stillen Reserven" mobilisieren kann, ist das Management gezwungen, auf diesen Druck zu reagieren, wozu es ihn an andere Stakeholder z. B. wie folgt weitergibt:

- an die **Mitarbeiter** in Form erhöhter Leistungsansprüche (Produktivität, Arbeitszeit) und/oder verminderter Gegenleistungen (Vergütung),
- an **Lieferanten** – auch an solche liquider Mittel, also an Banken – in Form einer härteren Neu-/Nachverhandlung von Konditionen.

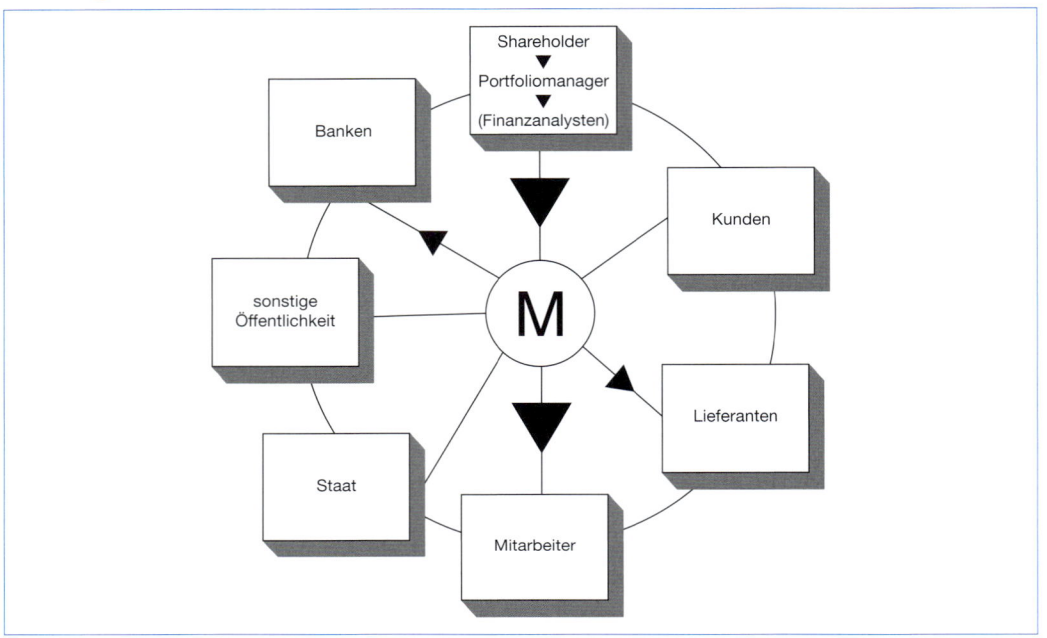

Das Management (M) als Koalitionsführer der Stakeholder

(Quelle: Süchting/Paul, 1998, S. 203)

Analog lässt sich denken, wie eine Überwälzung auf Kunden (z. B. Absatzpreiserhöhungen), den Staat (z. B. gezieltere Steuervermeidung durch Standortverlagerungen) oder die sonstige Öffentlichkeit (z. B. Reduzierung von Kultursponsoring) erfolgt. Umgekehrt ist ebenso ableitbar, wie die genannten Interessengruppen eigene (Verhandlungs-)Macht für eine intensivierte Durchsetzung ihrer Präferenzen nutzen und so einer eindimensionalen Maximierung des Shareholder Value entgegenwirken können: Hierunter fallen Abwanderungsbewegungen oder Streiks von Mitarbeitern, Lieferanten oder Kunden ebenso wie Boykott- oder Protestbewegungen einer breiten Öffentlichkeit oder – nicht zuletzt – eine Veränderung des rechtlichen Rahmens durch (meist staatliche) Standardsetter.

Im Mittelpunkt des Interesses steht hiervon in Deutschland das Durchschlagen der Investorenansprüche auf die unternehmerische Personalpolitik:

Interessenkonflikte zwischen Beschäftigten und Aktionären lagen auch der Kritik am Vorstand der Deutschen Bank zugrunde, der anlässlich der Jahres-Pressekonferenz im Februar 2005 Mitteilungen zur Oberzielerreichung mit der Ankündigung eines Stellenabbaus verknüpft hatte (vgl. ursprünglich Ackermann, 2005, bes. S. 3, 11 f., 14 f.). Angesichts des Hintergrundes nach wie vor hoher Arbeitslosenzahlen kann hier zum einen durchaus die Frage nach Verbesserungspotenzialen der unternehmerischen Kommunikationspolitik gestellt werden. In Rechnung zu stellen ist dabei zum anderen, dass die Rede des Vorstandsvorsitzenden zahlreichen Interessenvertretern Anknüpfungspunkte bot, (polit-)ökonomischen Nutzen aus einer emotionalisierten Debatte zu ziehen.

Bereits an dieser Stelle wird daher deutlich, dass ein sinnvoll gestaltetes Shareholder Value-Konzept die Interessen der Stakeholder gar nicht ausklammern kann, sondern vielmehr als wesentliche **Nebenbedingungen** mitführen wird. Denn die Maxime für das Management, den Shareholder Value im Zeitablauf zu steigern, ist nur nachhaltig zu realisieren, wenn es gelingt, auch den Ansprüchen der anderen Stakeholder zu genügen und so ihre Loyalität zu erhalten bzw. zu steigern. Den Eigentümern ist im Sinne einer langfristigen Maximierung des Marktwerts des Eigenkapitals also daran gelegen, dass ein sinnvoller Interessenausgleich stattfindet. Dieser ist insoweit kein Widerspruch zu einem Shareholder Value-Ansatz, sondern Bestandteil davon.

Umgekehrt bedient sich eine allein und ohne Würdigung sonstiger Interessen auf (kurzfristige) Aktienkurssteigerung ausgerichtete Politik, wie sie insbesondere von einigen US-Unternehmen (wie Enron oder WorldCom) in der jüngeren Vergangenheit – mit den bekannten Folgen – praktiziert oder auch nur behauptet wurde, des Shareholder-Value-Konzepts lediglich als Deckmantel. Anders als bei diesem verfehlten und z. T. kriminellen Verständnis von Wertsteigerung ist für eine korrekte Umsetzung wertorientierter Unternehmensführung ein Interessenausgleich gerade charakteristisch *(vgl. zur Verträglichkeit der Interessen auch Paul/Horsch/Stein, 2005, S. 24 ff.)*.

Dass diese Interessen Nebenbedingungen bleiben müssen und nicht an die Spitze der Zielhierarchie rücken können, ist indes auch nachvollziehbar: In diesem Falle wäre nicht mehr zu erwarten, dass sich Akteure überhaupt noch in die Rolle der Shareholder begeben. Denn mit dieser übernehmen sie bereits besondere (unternehmerische) Risiken, die sich darin manifestieren, dass ihre Ansprüche **residual** sind, also einen Restwertcharakter haben: Die vertraglich kodifizierten und durchsetzbaren Festansprüche der Stakeholder gehen denen der Eigentümer grundsätzlich vor. So ist das Management verpflichtet, die Ansprüche der Vertragspartner aus Arbeits-, Kredit- oder Abnahmeverträgen und auch den Fiskus vorrangig zu berücksichtigen. Erst die hiernach verbleibenden Mittel können – durch Thesaurierung und/oder Ausschüttung – den Eigentümern zugute kommen. Für das in dieser Nachrangigkeit liegende **Risiko** muss dann aber eine faire (unternehmerische) **Chance** geboten werden. Diese besteht für den Shareholder genau darin, dass seine (Wert-)Interessen in den Vordergrund gerückt werden. Eine Orientierung am Shareholder Value anstatt einem – wie auch immer abgegrenzten – umfassenden Stakeholder Value ist insofern erstens durchaus sachgerecht. Zweitens gilt: Aus der Befriedigung eines residualen Anspruchs kann zudem rückgeschlossen werden auf die Befriedigung aller vorrangigen Ansprüche; vereinfacht: Ist der Shareholder als de jure nachrangigster Stakeholder zufrieden, müssen es die – in der Reihe der Anspruchsberechtigten vor ihm positionierten – anderen Stakeholder allemal sein. Eine Shareholder Value-Orientierung ist aus deren Sicht folglich nicht per se bedenklich.

Im Tenor: „Von einem wertschaffenden Unternehmen profitieren nicht nur seine Eigentümer, sondern es dient allen anderen Forderungen seiner Anspruchsgruppen; umgekehrt sind alle Anspruchsgruppen in Gefahr, wenn es dem Management nicht gelingt, Shareholder Value zu schaffen" *(Rappaport, 1999, S. 8 f.)*.

Wenngleich der Widerstreit von Shareholder- und Stakeholder-Ansatz hier nur in den Grundzügen dargestellt werden kann, wird doch nachvollziehbar, warum der erstgenannte die größere Bedeutung in Theorie wie Praxis erlangt hat. In der Folge gilt die Aufmerksamkeit heute insbesondere Steuerungskonzepten, die ausgehend vom Shareholder Value als zentraler Orientierungsgröße seine „Maximierung unter den Nebenbedingungen der anderen Stakeholder-Interessen" anstreben. Beispielhaft für das systematische „Ausbalancieren" eines solchen Anspruchsvielklangs ist dabei das Kennzahlen-Konzept der auf *Robert S. Kaplan* und *David P. Norton* zurückgehenden **Balanced Scorecard** zu nennen. Mit ihr wird das oberste Wertziel des Unternehmens in Zielvorgaben für Teileinheiten „übersetzt".

Obwohl insofern mit einem finanzwirtschaftlichen Schwerpunkt ausgestattet, besitzt das Kennzahlensystem dabei noch weitere Dimensionen, indem es interne Prozesse sowie die Kunden- und Mitarbeiterperspektive mit Hilfe zusätzlicher – z.T. entsprechend nicht-finanzieller – Kennzahlen erfasst *(vgl. weiterführend Kaplan/Norton, 1997, S. 42 ff.; aktuell auch Dies., 2001, dort insbes. S. 93 f. für eine Verbindung zum Stakeholder-Ansatz; sowie Teil D dieses Bandes)*. Wenngleich die Interessen der Shareholder und der Stakeholder so ansatzweise integriert und ausbalanciert werden können, sollte dennoch die Vorrangigkeit des Shareholder Value im Sinne einer zentralen Messgröße, einer darauf basierenden Handlungsanweisung an das Management sowie eines Kerns einer umfassenden Führungskonzeption unstrittig sein.

Balanced Scorecard

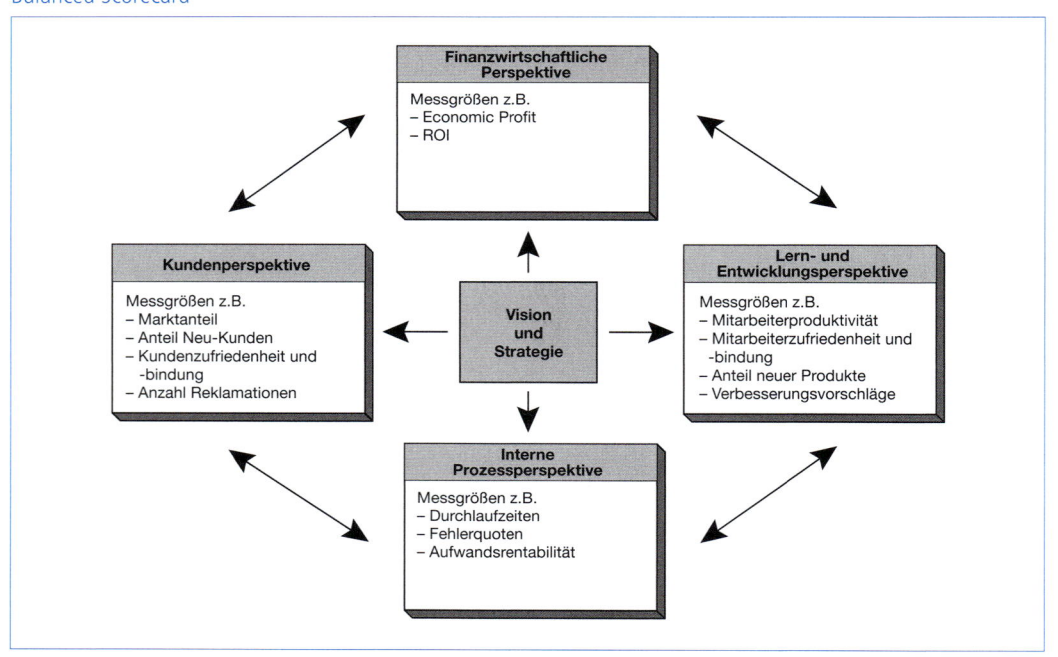

(Quelle: In Anlehnung an Kaplan/Norton, 1997, S. 9, 42)

2.1.3 Wertorientierte Unternehmensführung und Corporate Governance in der Praxis

Ausgehend von den Arbeiten *Rappaports* hat der Shareholder Value-Ansatz in Deutschland mit einem time-lag gegenüber der angelsächsischen Welt Einzug gehalten. Empirische Untersuchungen zum Stellenwert von Shareholder Value-Konzepten in Deutschland weisen aber einen stetig zunehmenden Anteil von Unternehmen aus, die dem Shareholder Value eine hohe Bedeutung zumessen *(vgl. stellvertretend Achleitner/Bassen, 2002)*.

Hierbei ist ein signifikanter Unterschied zwischen den Großunternehmen auf der einen Seite und den small & mid caps, also dem klassischen deutschen Mittelstand, auf der anderen Seite festzustellen. Dies lässt sich exemplarisch zunächst unter Rückgriff auf zwei Untersuchungen untermauern, die die Einschätzungen a) der DAX-100-Unternehmen und b) einer Auswahl von 300 überwiegend mittelständischen Unternehmen widerspiegeln: So überwog im Jahr 2000 bei den DAX-100-Unternehmen der Unternehmenswert als primäre finanzwirtschaftliche Zielsetzung deutlich:

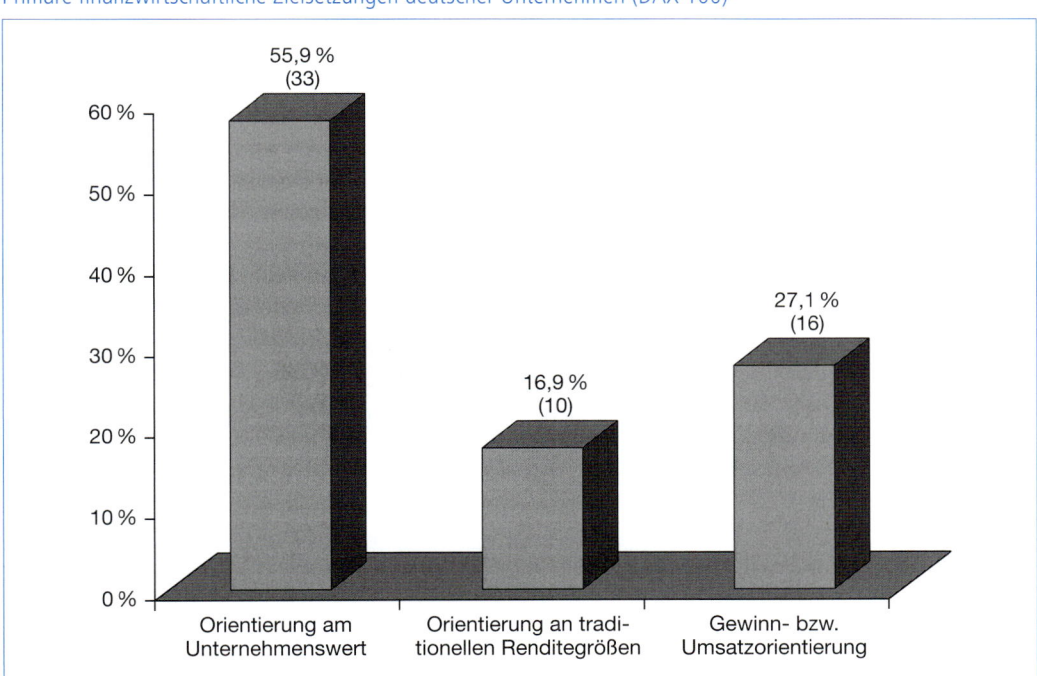

Primäre finanzwirtschaftliche Zielsetzungen deutscher Unternehmen (DAX 100)

- Orientierung am Unternehmenswert: 55,9 % (33)
- Orientierung an traditionellen Renditegrößen: 16,9 % (10)
- Gewinn- bzw. Umsatzorientierung: 27,1 % (16)

(Quelle: Pellens/Tomaszewski/Weber, 2000, S. 1825)

Demgegenüber ergab eine Befragung von 250 überwiegend mittelständischen Unternehmen ausgesprochen skeptische Aussagen sowohl zur ausreichenden Verankerung des Shareholder Value-

Gedankens in deutschen Unternehmen als auch – in der Philosophie des Stakeholder-Ansatzes – zu seinen Risiken.

Zum Shareholder-Value-Konzept aus Sicht mittelständischer deutscher Unternehmen

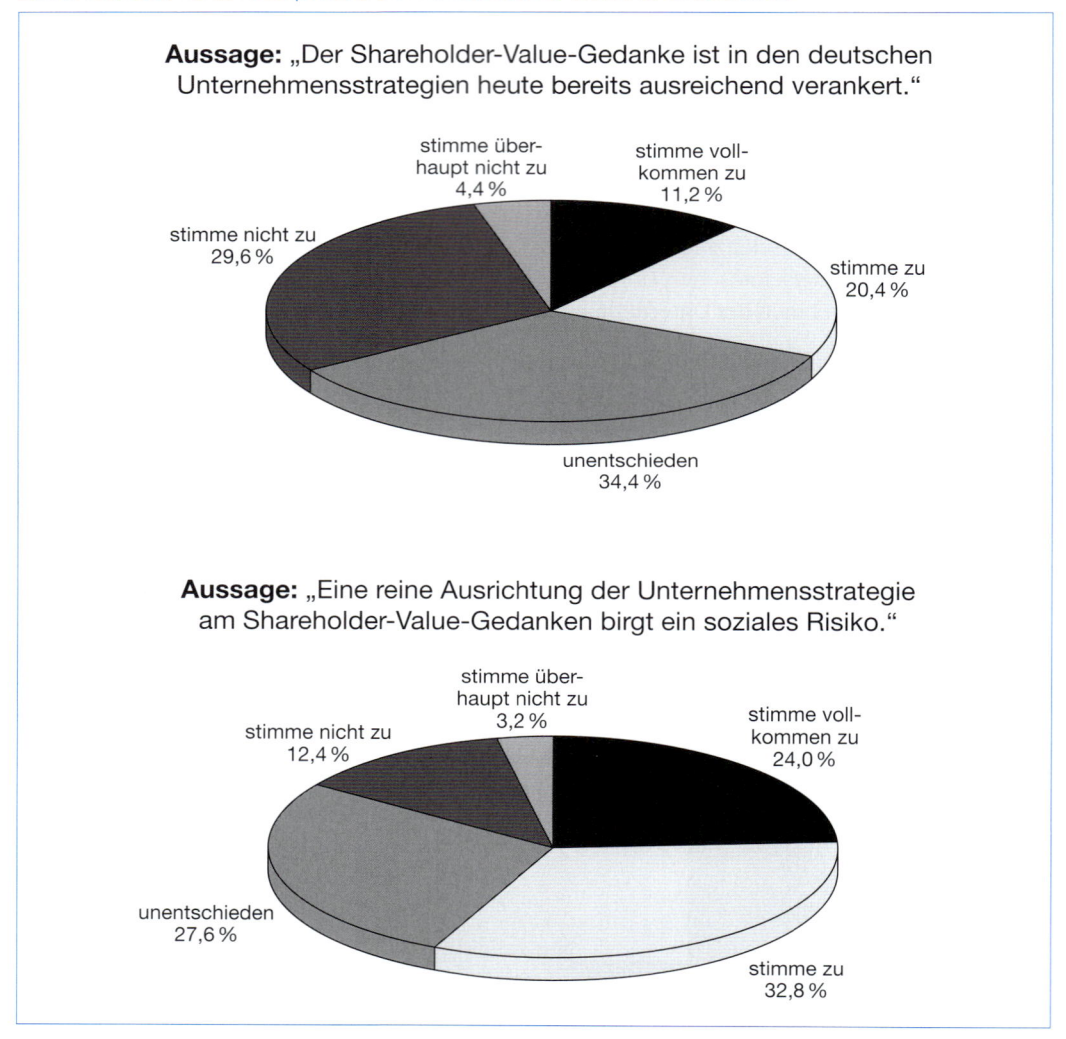

Aussage: „Der Shareholder-Value-Gedanke ist in den deutschen Unternehmensstrategien heute bereits ausreichend verankert."

- stimme vollkommen zu: 11,2 %
- stimme zu: 20,4 %
- unentschieden: 34,4 %
- stimme nicht zu: 29,6 %
- stimme überhaupt nicht zu: 4,4 %

Aussage: „Eine reine Ausrichtung der Unternehmensstrategie am Shareholder-Value-Gedanken birgt ein soziales Risiko."

- stimme vollkommen zu: 24,0 %
- stimme zu: 32,8 %
- unentschieden: 27,6 %
- stimme nicht zu: 12,4 %
- stimme überhaupt nicht zu: 3,2 %

(Quelle: F.A.Z.-Institut/KPMG, 2002, S. 27 f.)

Während im Mittelstand also weiterhin Skepsis überwiegt, ist die Übernahme von Shareholder Value-Konzepten in den großen Aktiengesellschaften bereits weit vorangeschritten. Diese Tatsache wird nicht nur im Rahmen von empirischen Erhebungen zu Protokoll gegeben, sondern von den Unternehmensleitungen auch offensiv im Rahmen ihrer Informationspolitik kommuniziert:

Im Frühjahr 2002 informierte die Bayer AG im Nachgang zu ihrer Hauptversammlung über ihr Konzept wertorientierter Unternehmensführung u.a. mit ganzseitigen Anzeigen in der Wirtschaftspresse, in denen sie titelte: „The New Bayer: Das Ziel ist nachhaltige Wertsteigerung" (vgl. z. B. Handelsblatt, Nr. 84, 02.05.2002, S. 7). Dieser Ansatz wurde fortan konsequent weiterentwickelt. Neben einer Konzentration auf die Kernkompetenzen wird erläutert, die Interessen welcher Stakeholder als die wichtigsten gelten: Der Unternehmenswert soll im Interesse der **Aktionäre**, *der* **Mitarbeiter** *sowie der* **Gesellschaft** *nachhaltig gesteigert werden (vgl. zum Stand per Oktober 2007 unter www.investor.bayer.de/konzern/unternehmenspolitik).*

Demgegenüber ist die Wertorientierung im unternehmerischen Mittelstand infolge einer anderen Unternehmens- und Sozialkultur, begrenzter Ressourcen, aber auch bestimmter Verständnisprobleme weiterhin unterrepräsentiert – und insoweit Gegenstand intensiver Forschungs- und Informationsbemühungen *(vgl. einführend Arbeitskreis „Wertorientierte Führung in mittelständischen Unternehmen", 2003)*. Angesichts des insgesamt beachtlichen Stellenwerts, den das Shareholder Value-Konzept heute für deutsche Unternehmen besitzt, ergibt sich unmittelbar die Frage, wie das klassische (Agency-)Problem gelöst wird, die Unternehmensleitung nachhaltig auf dieses eigentümerorientierte Ziel zu verpflichten – und die Einhaltung dieser Pflicht wirksam zu kontrollieren. Diese Ausgestaltung der Leitung und Kontrolle von Unternehmen, im weiteren Sinne auch in Bezug auf ihre Kapitalmarktbeziehungen, macht den Kern der **Corporate Governance** aus *(vgl. Pellens/Hillebrandt/Ulmer, 2001, m.w.N.)*. Corporate Governance umfasst also insbesondere **Institutionen**, mit deren Hilfe unternehmensexterne Kapitalgeber ihre Informationsnachteile abzubauen suchen, um die Unternehmensleitung in ihrem Sinne zu lenken und zu überwachen. Aus diesem Grunde konzentriert sich die Corporate Governance-Diskussion hier zu Lande auf die – gesellschaftsrechtlich fundierten – Organe von Unternehmen und die zwischen diesen bestehenden Beziehungen.

Verknüpft mit dem Shareholder Value-Ansatz bedeutet Corporate Governance zuvorderst eine kritische Analyse der Verträglichkeit und Effizienz des arbeitsteiligen Vorstand/Aufsichtsrat-Systems deutscher Prägung im Hinblick auf Wertsteigerungsziele. Als Vergleichsmaßstab wird hierbei auf das Board-System angelsächsischer Tradition abgestellt. Dabei erhält die Corporate Governance deutscher Unternehmen im internationalen Vergleich insgesamt eher mäßige Noten. Die Bedenken von Kapitalgebern richten sich vor allem auf

- (mangelnde) Unabhängigkeit im Zusammenspiel von Leitungs- und Überwachungsgremium,
- die (In-)Transparenz der Rechnungslegung im weitesten Sinne sowie
- den im internationalen Vergleich bedeutenden Stellenwert der Arbeitnehmer-Mitbestimmung in Überwachungsgremien, die primär dem Shareholder-Interesse verpflichtet sein sollten *(vgl. F.A.Z.-Institut/KPMG, 2002, S. 28 f.)*.

Ausgehend von den angelsächsischen Standards ist von der gleichnamigen Regierungskommission im Februar 2002 auch ein **Deutscher Corporate Governance-Kodex** verabschiedet worden *(vgl. Regierungskommission Deutscher Corporate Governance Kodex, 2003, S. 1 f.)*. Mit einer Ausrichtung an derart übergreifenden und akzeptierten Standards können Unternehmen eine **Selbstverpflichtung** signalisieren, die von Kapitalmarktteilnehmern positiv bewertet und folglich ihren Niederschlag in positiven Kursreaktionen und damit einer verbesserten Zielerreichung von Wertsteigerungszielen finden sollte.

Es können an dieser Stelle nicht die immer zahlreicheren und breiter angelegten Untersuchungen zur Umsetzung des Shareholder Value-Konzepts in Deutschland aufgearbeitet werden *(vgl. hierzu Achleitner/Bassen, 2002; Coenenberg/Salfeld, 2003)*. Mindestens ebenso interessant wie die hieraus direkt ableitbaren Erkenntnisse sind aber ohnehin die Manifestationen des Shareholder Value-Ansatzes auf den Finanzmärkten, die insoweit indirekte Hinweise auf dessen Bedeutung liefern. Diese können unter dem Stichwort der zunehmenden **Kapitalmarktorientierung** auch deutscher Unternehmen subsumiert werden, die in ihrer Gesamtheit über den Themenkomplex Corporate Governance weit hinausgeht *(vgl. hierzu umfassend etwa Pfitzer, 2003)*, wenngleich sie hierfür – im Sinne der Überwachung des zugrunde liegenden Wertsteigerungsziels – einen wichtigen Hintergrund bildet.

Diese Kapitalmarktorientierung spiegelt sich zum einen in tatsächlichen **Kapitalmarkttransaktionen** wider, worunter insbesondere die wiederkehrenden Boomphasen auf den Märkten für Initial Public Offerings (IPOs) sowie Mergers & Acquisitions (M & As) zu fassen sind. Beide reflektieren das unternehmerische Bedürfnis, durch strategische Veränderungen in den Portfolien der Mittelherkunft (mit dem Übergang zur börslichen Eigenkapitalfinanzierung) wie Mittelverwendung (durch Hinzufügung oder Verschmelzung von Unternehmen, also Investitionsbündeln) anspruchsvollere Erfolgsziele zu erreichen und sich dabei nicht nur strengeren, sondern auch genauer kontrollierbaren Maßstäben zu stellen. Da sie speziell in einer engen Beziehung zum Shareholder Value-Konzept stehen, werden hiervon die Mergers & Acquisitions in einem eigenen Kapitel ausführlich gewürdigt.

Im Wechselspiel mit dem von hierher steigenden Transparenz- und Performancedruck hat sich gerade in der Praxis deutscher Unternehmen in den letzten Jahren zum anderen eine deutliche Wandlung der Politik der **Kapitalmarktinformation** vollzogen. Mit drei Kategorien der an die Akteure des Kapitalmarktes gerichteten Informationspolitik (im weitesten Sinne) des Unternehmens, nämlich der externen Rechnungslegung, dem Rating sowie den Investor Relations, wird sich daher das Kapitel 3.1 auseinandersetzen, bevor sich mit den Mergers & Acquisitions der Kreis zum Shareholder Value-Konzept schließt. Die wertorientierte Unternehmensführung wird hierbei nicht nur das übergreifende Leitbild liefern, sondern im Sinne darauf gerichteter Corporate Governance auch im Hinblick auf Überwachungsfragen thematisiert.

An dieser Stelle ist damit zum Shareholder Value-Ansatz zu resümieren: Auch in einer Sozialen Marktwirtschaft deutscher Prägung können nur rentable Unternehmen dauerhaft überleben und damit nicht zuletzt sichere Arbeitsplätze bieten. Der Shareholder Value-Ansatz sorgt insofern für die notwendige Rückbesinnung auf die berechtigten Interessen der Eigentümer, die auch im Sinne der internationalen Konkurrenzfähigkeit des Wirtschaftsstandorts Deutschland unbedingt erforderlich war. Er bedeutet hingegen keinen Rückfall auf einen „Kapitalismus pur", wie von

Gegnern des Konzepts zuweilen emotionalisierend behauptet wird – wobei sie sich vorwiegend auf die angesprochenen Fälle einer fehlgeleiteten Wertorientierung stützen. Ob so oder anders begründet: Eine Vernachlässigung der Shareholder würde in Zeiten der Globalisierung, in denen sich nationale Standorte internationalen Vergleichsmaßstäben stellen müssen, unweigerlich mit der Abwanderung von Kapital und daraus folgend auch dem Verlust weiterer Arbeitsplätze bezahlt.

Aufgaben

1. Erläutern Sie Entity- und Equity-Ansatz für die Bestimmung des Shareholder Value und stellen Sie je eine grundlegende Ermittlungsgleichung auf.

2. Zeigen Sie mit Hilfe der Akzeptanzregel der Kapitalwertmethode sowie einer geeigneten Graphik, inwiefern Shareholder Value-Ansätze eine anspruchsvollere Zielvorschrift formulieren als traditionelle Gewinnkonzepte.

3. Der Investor B. Tucht hält am Jahresanfang 2007 genau 1.000 Aktien der Corp AG (Jahresanfangskurs 30 EUR). Er erwartet bis auf weiteres stabile Dividenden von 1,20 EUR/Aktie sowie eine jährliche Kurssteigerung um 2 EUR. Berechnen Sie den Shareholder Value aus seiner Sicht, wenn sein Planungshorizont bis zum Jahresende 2011 reicht und er alternativ

    a) einen einheitlichen Kalkulationszinsfuß von 8 % für angemessen hält;

    b) für die Diskontierung auf das CAPM zurückgreifen will und den risikofreien Zins mit 3 %, die Rendite des Marktportfolios mit 7 % und das Corp-Beta mit 0,9 schätzt.

4. Ein zweiter Investor zieht die Bewertung der Corp AG nach dem Entity-Ansatz vor, wofür er noch die WACC benötigt. Ermitteln Sie diese nach Maßgabe der folgenden Prämissen:

    – Die Corp AG verfügt über dreimal so viel Fremd- wie Eigenkapital;

    – jeweils 40 % des Fremdkapitals sind mit 8 % bzw. 10 % zu bedienen, der Rest kostet 14 % p.a.;

    – die Rendite des Marktportfolios ist genau doppelt so hoch wie der risikofreie Zins in Höhe von 4 % p.a.;

    – das tatsächliche Corp-Beta entspricht dem 250-Tage-Wert der Siemens AG vom heutigen Tage.

5. Nennen Sie vier idealtypische Stakeholdergruppen einer Unternehmung und bilden Sie – möglichst anknüpfend an Erfahrungen in Ihrem Haus – Beispiele für zwischen ihnen bestehende Interessenkonflikte.

6. Bewerten Sie kritisch, inwieweit der Stakeholder-Value- einen sinnvollen Gegenentwurf zum Shareholder-Value-Ansatz bildet.

7. Begründen Sie, warum das Shareholder-Value-Konzept in mittelständischen Unternehmen eher zurückhaltend aufgenommen worden ist.

2.2 Securitization und andere Trends auf den internationalen Finanzmärkten

Das Konzept der wertorientierten Unternehmensführung gehört zu den wesentlichen Veränderungstreibern auf den internationalen Finanzmärkten. Eingebettet ist diese Entwicklung in eine Reihe weiterer, eng miteinander verwobener Megatrends, auf die im Folgenden überblicksartig eingegangen wird *(vgl. auch Süchting, 1995, S. 402 ff.)*.

2.2.1 Megatrends im Überblick

Die **Globalisierung**, hier verstanden als weltweite Integration der nationalen in die internationalen Finanzmärkte, wurde wesentlich befördert zum einen durch entscheidende Fortschritte in der Informationstechnologie und die einhergehenden Kosteneinsparungen. Zum anderen wirkten die zunehmende Deregulierung (kodifizierter Abbau von Eingriffen des Staates in den Wirtschaftsprozess) bzw. Liberalisierung (großzügigere Auslegung bestehender Regulierungen) insofern unterstützend, als sie Beschränkungen des internationalen Kapitalverkehrs weitgehend beseitigen konnten („juristische Globalisierungsvoraussetzung"). Umgekehrt hat die fortschreitende Globalisierung weitere Deregulierungsbemühungen forciert, indem die Wirksamkeit der verbliebenen nationalen Beschränkungen durch internationale Arbitragemöglichkeiten ausgehöhlt wurde und von entstandenen Wettbewerbsnachteilen der heimischen Marktteilnehmer unübersehbarer Harmonisierungsdruck ausging. Der Wettbewerb der internationalen Finanzplätze um Standortattraktivität für Kapitalnehmer, Investoren und Intermediäre hat insofern ebenfalls für liberalisierte Rahmenbedingungen gesorgt.

Aus nationaler Sicht hat die Globalisierung der Finanzmärkte vor allem zwei Facetten: Einerseits geraten die deutschen Sekundärmärkte zunehmend unter den Einfluss ausländischer Kapitalanbieter und -nachfrager. Andererseits sind Investments bzw. Kapitalaufnahmen deutscher Anleger bzw. Unternehmen auf ausländischen Kapitalmärkten zu einer Selbstverständlichkeit geworden. Beide Faktoren führen im Ergebnis zu wachsendem Transparenz- und Performancedruck für die heimischen Märkte und Kapitalnehmer, weil die Einhaltung international etablierter Standards der wertorientierten Kapitalmarkt- und Investorenorientierung auch deutschen Gesellschaften mehr und mehr abverlangt.

Dies kann allerdings nicht nur zu einem **Abbau von Regulierungen**, sondern auch zur Einführung von hierzulande **neuen Normen** führen, die anderswo, vor allem im angelsächsischen Raum, als Standard gelten. Beispielhaft genannt seien hier die Bestimmungen zum Insiderhandelsverbot, zur Ad-hoc-Publizität oder zur Errichtung des Bundesaufsichtsamtes für den Wertpapierhandel, das 2002 in der Bundesanstalt für Finanzdienstleistungsaufsicht (BaFin) aufgegangen ist. Deregulierung ist daher keine Einbahnstraße, denn neben den vorgenannten erstmaligen Regulierungen wirtschaftlicher Sachverhalte kommt es ebenso zu Re-Regulierungen in Form erneuter (z. B. bei der Besteuerung von Kapitalerträgen) oder stark novellierter (z. B. im Zuge von „Basel II") Regulierungen *(vgl. Süchting, 1995, S. 408)*. Unabhängig von der sich verändernden und dabei nur schwer quantifizierbaren Regulierungsintensität deuten die Veränderungen per Saldo auf eine Harmonisierung und damit reduzierte Möglichkeiten der Unternehmen, Vorteile aus solchen Regulierungsdifferenzen („Arbitrage gegen Regulierung") zu ziehen.

Der technische Fortschritt und die wachsende Bedeutung des Einsatzes der **Informationstechnologie** haben das Geschehen an den Finanzmärkten wesentlich beeinflusst, geht es hier doch primär um die Lösung von Informationsproblemen. Die Abwicklung von Finanztransaktionen rund um die Welt und rund um die Uhr wurde dadurch erst möglich. Damit ging eine Reduzierung der Informations- und sonstigen Transaktionskosten einher sowie eine Verringerung des entsprechenden Zeitaufwands. Weltweite Präsenz ohne physische Präsenz wurde zur Selbstverständlichkeit. Durch vergleichsweise kostengünstige und hochentwickelte Plattformen und Netzwerke, wie insbesondere das Internet, entstanden globale Kommunikationsmöglichkeiten. Der Fortschritt der Informationstechnologie hat erst neue Formen von Finanzmarktinstitutionen, wie z. B. Computer-Börsen, Direktbanken oder Discount Broker, und Marktprozessen (wie z. B. die „elektronische HV"), möglich gemacht. Die damit verbundene Öffnung der Märkte (bzw. Senkung der Markteintrittsbarrieren), erhöhte Transparenz und die verkürzten Reaktionszeiten haben wesentlich zu einer Vervollkommnung der internationalen Finanzmärkte beigetragen. Diese Entwicklungsrichtung aber deutet auf einen entsprechenden „technisch bedingten" Transparenz- und Performancedruck hin.

Fortschritte in der Informationstechnologie in Verbindung mit solchen der angewandten Finanzierungstheorie (z. B. Portfolio- oder Optionspreistheorie) waren gleichzeitig auch Voraussetzung für das verstärkte Aufkommen von teilweise anspruchsvollen **Finanzinnovationen**, die ohne rechnergestützte Systeme und Modelle kaum noch bewertet bzw. gesteuert werden können. Weitere Einflussfaktoren in Bezug auf das Entstehen von Finanzinnovationen waren die Globalisierung der Märkte und die damit verbundenen Anfälligkeiten gegenüber Zins- und Wechselkursschwankungen. Die seit Jahren zunehmende Volatilität der Finanzmarktpreise (Aktien- und Wechselkurse, Zinsen), die wiederum durch Fortschritte in der Kommunikationstechnologie und die damit verbundene Transparenz auf zusammenwachsenden Märkten hervorgerufen wird, hat ebenso bei Unternehmen und Anlegern ein gestiegenes Interesse an Finanzinnovationen (insbesondere derivativen Absicherungsinstrumenten) ausgelöst *(vgl. ausführlich Schulte/Horsch, 2004, S. 248 ff.)*.

Darüber hinaus spielen der Abbau von Regulierungen und die sich daraus ergebende Öffnung von Märkten eine wesentliche Rolle bei der Verbreitung zuvor vielfach nicht zugelassener Finanzinnovationen. Ferner gehören internationale Regulierungsgefälle und Besteuerungsasymmetrien zu den Triebkräften von Finanzinnovationen. Dabei begeben sich Marktteilnehmer, die in das Financial Engineering und damit in den Prozess der Kreation und Implementierung von maßgeschneiderten Finanzinnovationen einbezogen sind, auf die Suche nach Regulierungs- bzw. Steuerschlupflöchern, d. h. letztlich nach Arbitragemöglichkeiten gegen Regulierung. Je mehr sich ein neues Instrument danach verbreitet, desto höher ist die Wahrscheinlichkeit, dass der entsprechende Gesetzgeber die vorhandenen Schlupflöcher wieder schließt. Danach beginnt der wechselseitige, verzahnte Anpassungsprozess von neuem, wofür der Begriff der **regulatorischen**

Dialektik geprägt worden ist *(zurückgehend auf Edward J. Kane, vgl. hierzu und zur Rolle der technologischen Entwicklung einführend Kane, 1994).*

2.2.2 Securitization und Disintermediation

Der Trend zur **wertpapiermäßigen Verbriefung von Finanzierungsbeziehungen**, der durch Innovationsprozesse, aber auch durch weitere Deregulierungsschritte sowie das Aufkommen von transparenzfördernden Informationsdienstleistern wie Rating-Unternehmungen gefördert wurde, wird als **Securitization** bezeichnet. Wertpapiere, die zur Kapitalaufnahme oder als Investments genutzt werden, treten dabei insbesondere an die Stelle von buchmäßigen Bankkrediten und -einlagen *(vgl. einführend Paul, 1994, S. 3 f.; Rudolph, 2002, S. 62).*

Die damit verbundene Ausschaltung der Mittler- bzw. Intermediärfunktion der auf das Einlagen- und Kreditgeschäft spezialisierten Banken (Commercial Banks) wird **Disintermediation** (der Stufe 1) genannt.

Securitization bedeutet also die zunehmende Verlagerung von Kreditaufnahmen und Geldanlagen „an den Banken vorbei" an die Wertpapiermärkte. Die traditionelle Rolle von Banken als Finanzintermediär *(vgl. dazu ausführlich Süchting/Paul, 1998, S. 3 ff.)*, die darin besteht, qualitative, quantitative, zeitliche und räumliche Widerstände bzw. Friktionen im Geldstrom zwischen Defizitsektoren (wie Unternehmen) und Überschusssektoren (wie privaten Haushalten) zu überwinden bzw. auszugleichen, wird dadurch ausgehöhlt. Darüber hinaus verwischen die etablierten Grenzen zwischen Kredit- und Wertpapiermärkten – wie sich am Beispiel der Kreditderivate oder Asset Backed Securities *(vgl. 2.2.3)* zeigen lässt – mehr und mehr. Den mehrteiligen Prozess der Verbriefung und Disintermediation verdeutlicht die folgende Abbildung, die hierfür von unten nach oben zu lesen ist.

Stufen der Disintermediation und Securitization

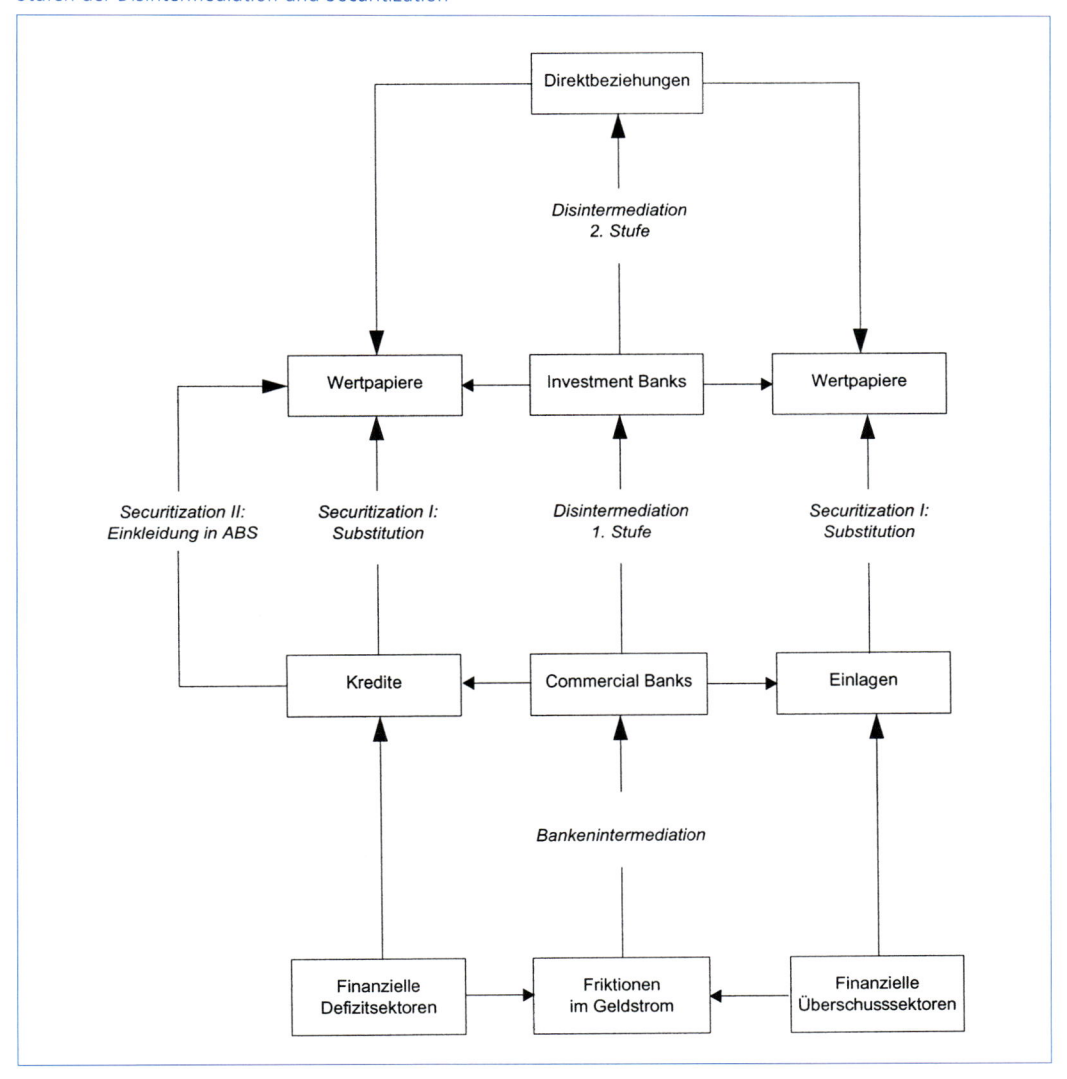

(Quelle: Paul, 1994, S. 54)

An dieser Entwicklung waren die Banken zunächst insofern entscheidend beteiligt, als sie vor dem Hintergrund von Eigenkapitalengpässen (Mitte der 1980er-Jahre) und des damit verbundenen Ziels, stärker *off balance sheet* zu wachsen, an der Kreation verbriefter Kredittitel (z. B. Euronotes) mitwirkten – offenbar ohne sich vollends über die daraus erwachsenden langfristigen Ausschaltungsgefahren bewusst zu sein.

Die sogenannte Subprime-Krise des Jahres 2007 und davon ausgehende Finanzmarktturbulenzen waren ebenso Ausdruck dieses Ziels. Allerdings haben nicht die Verbriefung und das Off-Balance-Sheet-Wachstum für krisenhafte Erscheinungen gesorgt, sondern fehlgeleitete, unangemessene und offenbar auch unkontrollierte Investitionen in eine bestimmte Asset-Klasse, d. h. letztlich das Eingehen von Klumpenrisiken. Wenngleich insbesondere in der Presse die Krise mit dem Verbriefungstrend sehr deutlich in Verbindung gebracht wurde, so hat die Securitization doch letztlich nur die (technische) Voraussetzung für derartige Investitionsmöglichkeiten von Banken außerhalb der Bilanz geschaffen. Für deren Nutzung in nicht angemessener und risikoträchtiger Weise bleiben aber die involvierten Bankmanager verantwortlich (vgl. pointiert und viel diskutiert Ackermann, 2007).

Von Ausschaltungsgefahren und dieser Disintermediation der **Stufe 1** bleiben solche Banken verschont, die auf den Handel, Verkauf und die Emission von Wertpapieren sowie auf die Vermögensverwaltung oder auch das Mergers & Acquisitions-Geschäft spezialisiert sind **(Investment Banks)**. Auch sie drohen jedoch dann ausgeschaltet zu werden, wenn es gelingt, im Rahmen von Direktbeziehungen, d. h. ganz ohne die Unterstützung von Banken, Wertpapiere bei Kapitalgebern – z. B. über Auktionen, die inzwischen auch via Internet denkbar sind – zu platzieren (Disintermediation der **Stufe 2**). Bezug nehmend hierauf wird **Bill Gates** zitiert mit dem vieldiskutierten Ausspruch: „Banking is necessary, banks are not." Der einhergehende Verlust des Geschäfts vor allem mit ersten Adressen hat bereits zu einer tendenziellen Qualitätsverschlechterung der Kreditportefeuilles geführt **(Adverse Selektion)**.

Von einem völligen Funktionsverlust der Banken über beide Stufen der Disintermediation kann allerdings solange keine Rede sein, bis es auch privaten Haushalten sowie mittelständischen und Kleinunternehmen gelingt, direkten Anschluss an die Wertpapierfinanzierung zu finden. Wenngleich ein flächendeckender Kapitalmarktzugang sämtlicher dieser Akteure nicht abzusehen ist, sind zumindest interessante Präzedenzfälle festzuhalten.

So hat die Bochumer ZIMBO-Unternehmensgruppe zwischen Oktober 2003 und Mai 2004 Inhaber-Teilschuldverschreibungen (Disintermediation auf Ebene des Commercial Banking) einer Gesamtemission im Volumen von 15 Mio. EUR selbstständig an den Markt gebracht (Disintermediation auf Ebene des Investment Banking), wobei als Vertriebs- und Abwicklungsweg vorrangig das Internet genutzt wurde. Der entstandene Transaktionskostenvorteil für diese Wachstumsfinanzierung wurde z. T. über die Konditionen an die Zeichner weitergegeben, die dafür Abstriche u. a. bei der Liquidität der Wertpapiere machen mussten. Das Unternehmen, das sich selbst dem Mittelstand zurechnet, wollte sich mit dieser Finanzierungsvariante nicht zuletzt von den üblichen Kapitalgebern emanzipieren (vgl. im Überblick Strick, 2004, bes. S. 55 f.). Inzwischen gibt es eine Reihe weiterer Fälle, darunter das Verlagshaus Klett oder die Boetzelen AG.

Gegen Bedeutungs- und damit Wertverluste infolge der Disintermediation der Stufe 1 hilft dagegen bereits das in Deutschland etablierte Universalbanksystem weiter, wenn es den betroffenen Instituten gelingt, eine allmähliche Umschichtung der Ressourcen aus den Commercial Bankingin die Investment Banking-Bereiche unter dem Dach der Universalbank vorzunehmen. In der deutschen Kreditwirtschaft zeichnen sich derartige Prozesse nicht zuletzt in Anteilsverschiebungen zwischen Zins- und Provisionsergebnissen – zumindest bestimmter Institute und Institutsgruppen – ab *(vgl. ausführlich Paul/Horsch/Stein, 2005, S. 171 ff.)*.

Aus der Sicht kreditsuchender Unternehmen bietet der Verbriefungstrend Möglichkeiten zur Einsparung von Kapitalkosten und zu verstärkter Unabhängigkeit von einzelnen Kreditgebern. Bezogen auf die Kreditmärkte waren es anfänglich erste Adressen, die sich den Commercial-Paper-Märkten zuwandten, später, mit der Herausbildung von High-Yield-Bond-Märkten, auch bonitätsmäßig niedriger eingestufte Unternehmen *(vgl. Deutsche Bundesbank, 2004, S. 19)*.

Die Unternehmensfinanzierung über Anleihen hat in den vergangenen Jahren stark an Bedeutung zugenommen, nachdem der Markt für „Industrieobligationen" in Deutschland lange von Staatsanleihen und den von Hypothekenbanken emittierten Pfandbriefen dominiert war. Industrieanleihen in ihrer Grundform (Straight Bonds) dienten hierbei als Basis und Ausgangspunkt für innovative Anleihe- und hybride Zwischenformen der Finanzierung. Dazu wurden die grundsätzlichen Ausstattungsmerkmale der Industrieanleihe *(vgl. Wöhe/Bilstein, 2002, S. 238 ff., Süchting, 1995, S. 151 ff.)* – also Verzinsung, Ausgabe-/Rückzahlungskurs, Laufzeit/Kündigung, Tilgung oder Besicherung – entsprechend variiert. Im Ergebnis entstanden z. B. Floating Rate Notes, Zero Bonds, Doppelwährungsanleihen, Convertibles oder Reverse Convertibles, die allesamt mehr Bedeutung hatten als die Industrieanleihe selbst *(vgl. zu Variationsformen im Überblick Permoser/Kontriner, 2004, S. 844 f.; Drukarczyk, 2003a, S. 416 ff.)*.

Der Anteil der **Corporate Bonds** blieb – gemessen an den gesamten Anleiheemissionen – noch im Jahre 1997 unter einem Prozent. Erst zum Ende der 1990er Jahre erwachte dieses Marktsegment zu neuer Blüte. Neben der Disintermediation ist in diesem Zusammenhang einmal mehr auf M & A-Transaktionen zu verweisen, die aus der Neuordnung der Unternehmenslandschaft (im neuen Euro-Raum) folgten und deren Kapitalbedarf die weitere Erschließung der Wertpapiermärkte für Fremdmittelbeschaffungen in großem Maßstab zwingend erforderlich machte.

In den USA fällt der Anteil der Anleihefinanzierung am gesamten Fremdmittelaufkommen von Unternehmen traditionell weit höher aus als in Europa und speziell in Deutschland *(vgl. Fischer, 2001, S. 254)*. Sucht man nach den Ursachen für diese Unterschiede, steht die – zumindest bislang gegebene – preisliche Überlegenheit des Bankkredits gegenüber einer Anleiheemission im Vordergrund. Wenn die Fremdmittelaufnahme in verbriefter, standardisierter Form in großen Volumina über anonyme Märkte für ein Unternehmen – trotz deutlich sinkender Risikoprämien in den letzten Jahren (zumindest bis zum Ausbruch der genannten Subprime-Krise) – höhere Kapitalkosten verursacht als ein Bankkredit, dann klingt das zunächst paradox.

Dahinter steht allerdings das **Hausbankprinzip**, das in Kontinentaleuropa wesentlich ausgeprägter ist als in angelsächsischen Ländern. Dadurch erhalten Banken im Rahmen langjähriger Kundenbeziehungen bessere Möglichkeiten des Cross Selling und damit der Subventionierung von Krediten mit niedrigen Margen durch Erlöse aus anderen Geschäften. Die Bereitstellung von Kreditlinien stellt für Banken insofern häufig erst den „Türöffner" für den Verkauf weiterer Dienstleistungen dar. Ferner haben gerade Hausbanken Informationsvorteile gegenüber anderen Kapitalmarktakteuren, die sich in niedrigeren Risikoprämien ausdrücken können *(vgl. kritisch auch Rudolph, 2002, hier S. 60 f.)*.

Schließlich sind die Renditedifferenzen (Spreads) zwischen Anleihe- und Bankfinanzierung mitunter Folge einer nicht ausreichenden Bemessung von Risikokosten durch Banken. Diese mag dabei bewusst aufgrund der aufgezeigten Quersubventionierungen bzw. der mangelnden Durchsetzbarkeit der Konditionen am Markt erfolgen, der gerade in Deutschland von im internationalen Vergleich besonders niedrigen Margen geprägt ist (ein Ventil zum Ausweichen haben – gerade deutsche – Banken z. B. in Subprime-US-Hypotheken gesucht). Ebenso kann es hierzu aber ungewollt, nämlich aufgrund unzureichender Controllinginstrumente, kommen *(vgl. zur Entwicklung des Bank-Controlling Paul/Horsch/Stein, 2005, hier bes. S. 226 f. zum risikoorientierten Pricing)*.

Nachdem einigen wesentlichen Ursachen für die Dominanz des Bankkredites und damit auch für das (bisherige) Schattendasein der Industrieanleihe nachgegangen wurde, stellt sich die Frage nach den Gründen für das dynamische Wachstum verbriefter Finanzierungen in den letzten Jahren. Die Ursachen dieses Comebacks finden sich sowohl auf der Angebots- als auch der Nachfrageseite:

Der steigende Finanzierungsbedarf aufgrund von Europäisierung und Globalisierung sowie des davon ausgelösten Konzentrationsprozesses mit resultierenden Unternehmensübernahmen kann allein über Bankkredite nicht mehr gedeckt werden *(vgl. auch Rudolph 2002, S. 67 f.; Deutsche Bundesbank, 2004, S. 15 ff.)*. Auch die Eigenkapitalmärkte zeigen sich nicht unbegrenzt aufnahmefähig für Emissionen mit zunehmenden Frequenzen und Volumina. Ein wesentlicher Impuls für die Corporate-Bond-Märkte ging so etwa von der Versteigerung der UMTS-Mobilfunklizenzen und dem davon ausgelösten Kapitalbedarf führender europäischer Telekommunikationsanbieter aus.

Ein weiterer Faktor liegt in der teilweise vorsichtigeren **Kreditvergabepraxis** der Banken – sei es aus Gründen der mangelnden Rentabilität dieses Geschäftsfelds, die bei Fokussierung auf die Shareholder-Value-Philosophie nun inakzeptabel erscheinen, oder sei es aufgrund erheblicher Wertberichtigungszwänge in der jüngeren Vergangenheit. Hinzu kommt der Konzentrationsprozess innerhalb der Kreditwirtschaft hin zu größeren Geschäftseinheiten, deren ergebnisverantwortliches Management angesichts anspruchsvoller Wertziele nicht bereit ist, auch die (zusammengelegten) Kreditlinien entsprechend zu erhöhen. Zusammengenommen mit dem von der Neuordnung der Bankenregulierung durch Basel II auf die Banken entstehenden Druck zu einer intensiveren Risikoorientierung führt dies zumindest grundsätzlich zu einer tendenziellen Verknappung und damit Verteuerung von Bankkrediten und so zu einer Annäherung der (subventionierten) Kreditmargen an die (risikogerechteren) Preise des Kapitalmarktes. Demgegenüber sind allerdings durchaus auch Gegentendenzen zu beobachten, z. B. eine Vielzahl zuletzt wieder preisaggressiverer Institute, die so um den „wiederentdeckten" Mittelstand werben.

Teilweise lässt allerdings auch von Unternehmensseite der Wille zur Aufrechterhaltung einer Hausbankbeziehung und damit die **Bankloyalität** *(vgl. bereits Süchting, 1972)* nach, um sich von einzelnen Kreditgebern unabhängiger zu machen.

Die im Rahmen der Disintermediation eintretende Schwerpunktverlagerung von Commercial auf Investment Banking-Aktivitäten wird auch durch die damit mögliche Reduzierung der Eigenmittelbindung befördert: In der Summe zeigt sich eine zunehmende Präferenz der Institute, sich als Arrangeur von Kapitalmarktfinanzierungen einer steigenden Zahl dafür „reifer" Unternehmen zu betätigen, anstatt – wie im klassischen Kreditgeschäft – die Risiken in die eigenen Bücher und Grundsatz-Auslastungen zu nehmen.

Von der Investorenseite wirkt die zunehmende Renditeorientierung, die nicht zufällig dazu geführt hat, dass der Markt für verbriefte Kredittitel gerade in Niedrigzinsphasen von Wachstumsschüben geprägt war. Niedrige Renditen auf Staatsanleihen haben – bei entsprechend gestiegener Risikobereitschaft – zur Suche nach attraktiveren Anlagemöglichkeiten geführt, die in diesen Märkten gefunden wurden. Anleger setzen sich dabei im Austausch für den Renditevorteil größeren Risiken aus, die – zumindest grundsätzlich – durch die Informationsangebote spezialisierter Intermediäre gemildert werden können: So erklärt sich die Bedeutung von Credit Ratings auf den Anleihemärkten.

Ebenfalls als Wachstumsfaktor hat die zunehmende Anlage von Fondsmanagern im Markt für verbriefte Kredittitel gewirkt (bei Unternehmen mit niedrigen Ratings als High-Yield-Bonds), um die gemeinhin als niedrig eingestufte Attraktivität von Renten- und sogar Geldmarktfonds zu erhöhen. Die Prozesse der Securitization und Disintermediation werden schließlich geradezu verkörpert von einer Anleihevariante, die eine Innovation hinsichtlich des Ausstattungsmerkmals der Besicherung darstellt: Asset Backed Securities.

2.2.3 Asset Backed Securities

Die Securitization umfasst nicht nur den bis hierher betonten Prozess der Verdrängung der klassischen Buchkredit- durch Wertpapierfinanzierungen (Typ I), wo erst gar keine Buchkredite zustande kommen, sondern darüber hinaus auch die Möglichkeit, bereits bestehende Buchkredite in Wertpapiere einzukleiden bzw. umzuwandeln (Typ II). Dabei werden üblicherweise Forderungen (seltener andere Vermögenspositionen = Assets) der Bilanz eines Unternehmens (**Originator**) zu Pools gebündelt und an eine rechtlich selbstständige – nicht in den Konsolidierungskreis des Veräußerers einzubeziehende – Zweckgesellschaft (Special Purpose Vehicle, SPV) verkauft *(vgl. einführend Horsch/Paul/Rudolph, 2007)*.

Die Ansprüche an diesen Pool werden zur Refinanzierung dieser Gesellschaft wertpapiermäßig verbrieft und als handelbare Wertpapiere hauptsächlich an institutionelle Investoren veräußert. Die ausgelagerten Vermögensgegenstände – und nur diese – dienen dabei als Sicherung der emittierten Wertpapiere, die deshalb als **Asset Backed Securities** (ABS) bezeichnet werden. Die aus den Assets resultierenden Zahlungsströme bzw. Cashflows – und nur diese – alimentieren die Bedienung der Wertpapiere. Den für solche Konstruktionen idealen, da mit einem abgrenz- und planbaren Cashflow verbundenen Assettyp bilden **Forderungen**. Ausgehend von Hypothekenkrediten (Mortgages) und der Spielform darauf bezogener ABS (Mortgage Backed Securities, MBS) werden heute die unterschiedlichsten Buchkredite für die Unterlegung von Asset Backed Securities genutzt *(vgl. Paul, 2004, S. 65 ff.)*.

Basisstruktur einer ABS-Transaktion

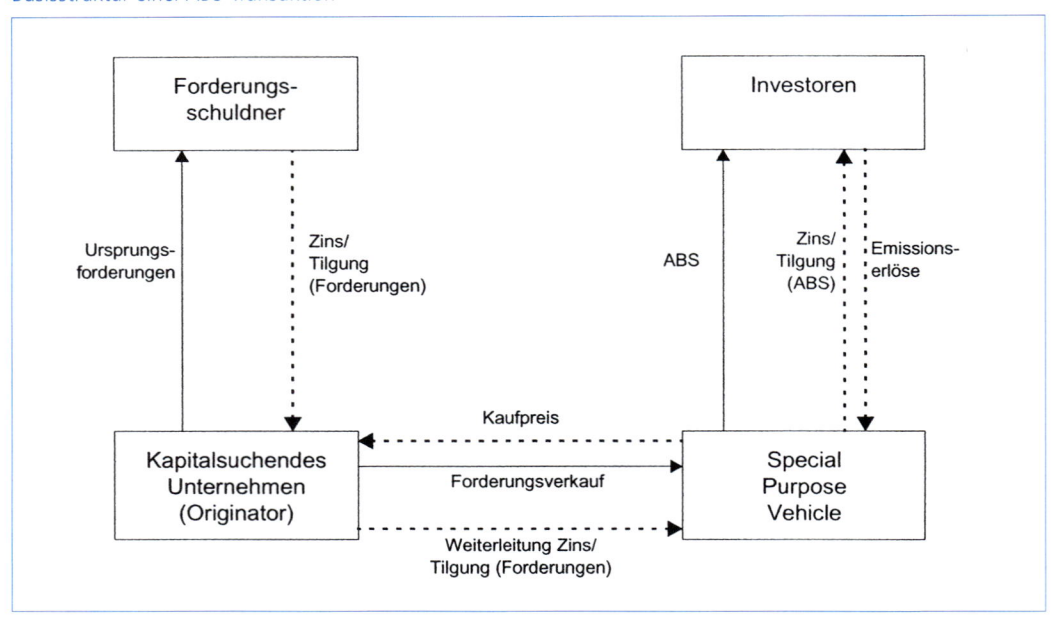

Die **Vorteile** der ABS-Finanzierung aus Sicht liquiditätsuchender Unternehmen liegen vor allem in der Freisetzung bzw. in dem „Auftauen" von Liquidität, die in Forderungsbeständen gebunden ist – womit eine entsprechende Verbesserung von Liquiditätskennziffern verbunden sein kann. Des Weiteren kann der Liquiditätszufluss zur Senkung des Verschuldungsgrades oder zur Wahrnehmung andernfalls nicht nutzbarer Investitionsmöglichkeiten genutzt werden.

Zur positiven Veränderung von Risiko- und damit Kostenstrukturen kann überdies beitragen, dass ein SPV regelmäßig Bonitäts-, Rating- und Kapitalkostenvorteile gegenüber dem Originator aufweist. Umgekehrt sprechen aus Investorensicht insbesondere eine gegenüber anderen Anlageformen attraktive Verzinsung sowie die Besicherung für ABS (zwei Faktoren, die sich während der Subprime-Krise des Jahres 2007 allerdings als nur vermeintliche Vorteile herausgestellt haben): Anders als bei Straight Bonds handelt es sich um eine in sich geschlossene Struktur, mit der ein Investor nur noch von der Rentabilität bestimmter Assets des Originators abhängt, während er von dessen sonstigen Aktivitäten – und damit Risiken – abgekoppelt ist.

Im Hinblick auf Kreditinstitute, die sich der (passiven) ABS-Finanzierung bedienen wollen, ist eine Reihe von Besonderheiten zu berücksichtigen *(vgl. ausführlich Paul, 1994, S. 244 ff.)*. Das Mobilisieren von Forderungen und die davon ausgehenden Vorteile könnten speziell für deutsche Banken attraktiv sein: Ein wesentlicher Teil des deutschen Bankensystems, nämlich der öffentlich-rechtliche sowie der genossenschaftliche Sektor, ist dem Regionalprinzip verpflichtet und dadurch der Gefahr unzureichend diversifizierter oder gar monostrukturierter Kreditportefeuilles ausgesetzt – so etwa eine Volksbank mit regionaler Verwurzelung in einer traditionellen Region der Textilindustrie. Unter dem Gesichtspunkt der Diversifikation über Branchen, Regionen, Größen- oder Risikokategorien wäre die Möglichkeit, Forderungsblöcke von lokal operierenden Instituten aus der Bilanz herauszulösen und die frei werdende Liquidität in breiter gestreute Forderungspakete zu investieren, betriebswirtschaftlich gesehen durchaus sinnvoll.

Allerdings haben Banken einschlägige Vorschriften der Bankenaufsicht zu ABS-Emissionen zu beachten. Zur Förderung der Marktattraktivität und damit auch des Absatzes der entstehenden ABS-Papiere könnte eine Bank z. B. auf die Idee kommen, nur die besten Forderungen zu bündeln und zu verbriefen, womit allerdings ein Prozess der **Negativauslese** in Gang gesetzt werden könnte. Umgekehrt wäre es ebenso denkbar, dass eine Bank nur die schlechtesten Engagements aussondert, um die Durchschnittsqualität des eigenen Kreditportefeuilles zu heben und sich der Risikovorsorge zu entledigen, was dann den ABS-Markt und seine Reputation insgesamt belasten könnte. Beide Formen gesteuerter Auswahl sind daher durch die deutsche Bankenaufsicht seit 1997 untersagt, die stattdessen Zufallsverfahren bei der „Ziehung" der Forderungen sowie die Einhaltung weiterer Regularien vorschreibt.

Auf der anderen Seite verleihen die Eigenkapitalbelastungsregeln der Bankenaufsicht ABS-Transaktionen dadurch Attraktivität, dass sie den Banken eine Grundsatzentlastung ermöglichen. Hierfür ist allerdings Voraussetzung, dass die Reinvestition der gewonnenen Mittel in Risikoaktiva niedrigerer Risikoklassen als zuvor erfolgt. Letztlich verbleiben auch unter Berücksichtigung geltender Regulierungsnormen Informationsgefälle und Anreizeffekte, die dafür sorgen, dass die in der vorangegangenen Abbildung gezeigte Basisstruktur einer ABS-Transaktion in der Praxis den Ausnahmefall darstellt. Regelmäßig sorgen weitere Beteiligte für sehr viel komplexere Beziehungsgeflechte, wie auch die nachfolgende Abbildung verdeutlicht:

Erweiterte Struktur einer ABS-Transaktion

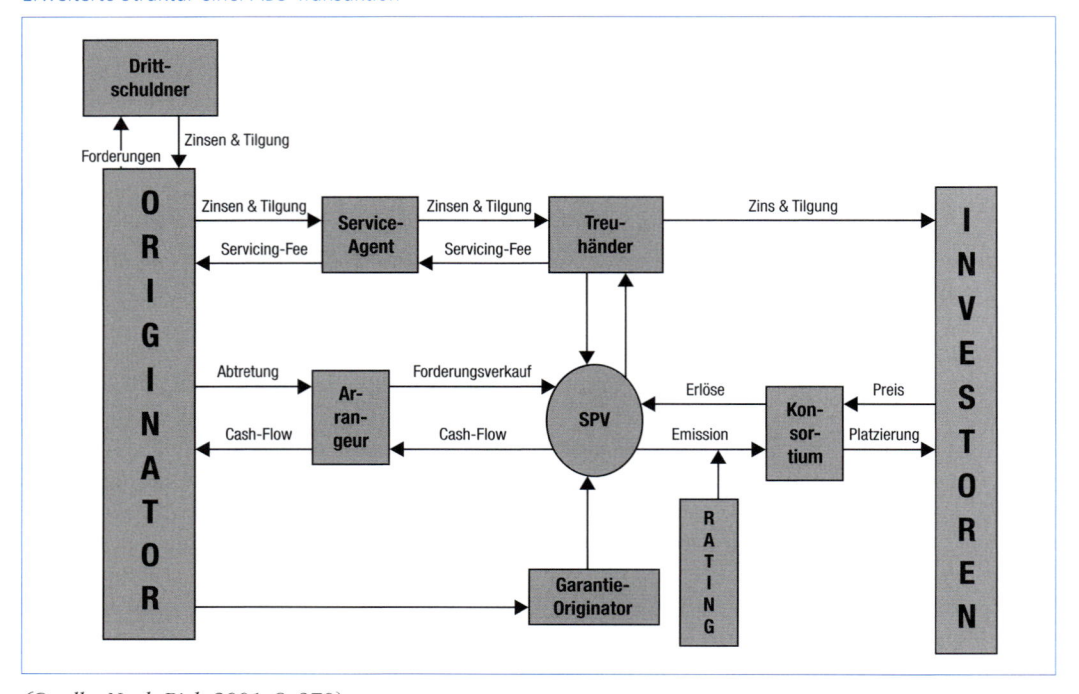

(Quelle: Nach Riel, 2001, S. 370)

Da die Zweckgesellschaft im Normalfall nicht über die dafür notwendigen Ressourcen verfügt, wird ein Service-Agent mit der (datentechnischen) Verwaltung der erworbenen Forderungen (Debitorenbuchhaltung, Inkasso, Mahnwesen usw.) beauftragt. Zusätzlich wird regelmäßig ein Treuhänder bestellt, der die Zahlungsströme an die Investoren weiterleitet, die Zweckgesellschaft kontrolliert und im Falle einer Schieflage für die Verwertung der Forderungen oder deren Sicherheiten verantwortlich ist. Banken werden sowohl als Arrangeur und Berater wie auch als Platzierungskonsortium eingesetzt. Häufig übernehmen sie auch eine Garantiefunktion zugunsten der Zweckgesellschaft. Ohne das Rating eines renommierten Anbieters wäre eine ABS-Emission schließlich nicht bei den Investoren zu platzieren *(vgl. zur erweiterten Struktur ausführlich Paul, 1994, S. 130 f.; Riel, 2001).*

In der Gesamtsicht weist der ABS-Markt global nach wie vor beachtliche Wachstumsraten auf. Als Gegengewichte zur Disintermediation erweisen sich dabei generell gerade in Deutschland das Universalbankensystem sowie fortbestehende Marktunvollkommenheiten, die Kapitalmarkt- und speziell Direktfinanzierungen ohne Einschaltung von Banken lange zu einem Privileg „erster Adressen" gemacht haben. Auch für den ABS-Markt hat sich die traditionelle Bankkreditorientierung der mittelständisch geprägten Unternehmenslandschaft in Deutschland über viele Jahre eher bremsend ausgewirkt. In jüngerer Zeit ist allerdings sehr deutlich zu beobachten, dass die „ABS-Reife" von Unternehmungen zunehmend den Mittelstand erreicht, wie eine sichtbar wachsende

Zahl von Transaktionen belegt. Forciert wird dieser Trend vor allem (a) durch Kapitalnehmer, die neue und/oder günstigere Finanzierungsquellen erschließen wollen sowie (b) durch Banken, die Off-Balance-Sheet-Geschäfte bevorzugen.

Zum einen zeigen Großemissionen wie die der Deutschen Telekom AG im Herbst 2001 oder innovative Emissionen wie die Verbriefung von Forderungen an ein Portfolio von Mietimmobilien durch die Viterra AG zu Beginn des Jahres 2005 *(vgl. Becker, 2005)* das grundsätzlich auch in Deutschland vorhandene Marktpotenzial. Zum anderen ist die Grundidee einer Brancheninitiative der Kreditwirtschaft zum Ankauf von Krediten 2003 in Form einer **Verbriefungsinitiative** realisiert worden.

Von fünf Großbanken sowie der KfW im April 2003 initiiert und im Juli 2003 mit Unterzeichnung eines Letter of Intent durch insgesamt 13 (6 Initiatoren sowie 7 weitere, darunter öffentlich-rechtliche Spitzeninstitute) Banken weiter konkretisiert, wurde Anfang Mai 2004 die Gründung der True Sale International (TSI) GmbH vollzogen. Sie ist eine Säule der künftigen „Verbriefungsinfrastruktur" der deutschen Kreditwirtschaft. Die zweite Säule, die eigentliche „Verbriefungsplattform", wird gebildet durch drei auf Dauer errichtete Stiftungen sowie von ihnen gegründete, transaktionsindividuelle Zweck-GmbHs (SPVs), die als Forderungsankäufer und ABS-Emittent fungieren (vgl. per September 2007 www.true-sale-international.de/index.php?id=15). Dienen sollen diese Institutionen (1) der Förderung des deutschen Kapitalmarktes im Allgemeinen sowie (2) der Mittelstandsfinanzierung im Besonderen. Das zweite Ziel erscheint bislang eher unrealistisch: Erhofft wird, dass Banken, die einen True Sale durchführen, dies entweder mit Mittelstandskrediten tun und diesen Schuldnern somit indirekt Kapitalmarktzugang schaffen oder aber andere Kredite veräußern und die freigesetzten liquiden Mittel (und Grundsatz-Auslastungen) für neue Mittelstandsfinanzierungen nutzen. Gegen die erste Variante spricht aber die geringe Standardisierung und damit Eignung von Mittelstandsportfolien für Verbriefungen, während die zweite Variante von der Attraktivität der Chance-Risiko-Position abhängt, die ein Mittelstandskredit gegenüber alternativen Mittelverwendungen bietet (vgl. Paul, 2004, S. 79 ff.). Auch die Erreichung des kapitalmarktorientierten Ziels ist kein Automatismus, da es von den unternehmerischen Erwägungen der potenziellen Kontrahenten abhängt. Die Nutzung der 2004 geschaffenen Infrastruktur hat zuletzt indes – vor allem durch Transaktionen der „Autobanken" – deutlich zugenommen, so dass eine Zielerreichung wahrscheinlicher geworden ist.

Schließlich sind Pendants zu ABS zuletzt auch für Versicherungsmärkte entwickelt worden *(vgl. einführend Herold/Paetzmann, 1999, S. 65 ff.)*. Diesen „Insurance Linked Securities" (ILS) dürfte gleichfalls beachtliches Entwicklungspotenzial innewohnen, gerade angesichts der aktuellen Probleme der Assekuranz, akzeptable Ergebnisse auf Basis traditioneller Strategien im versicherungstechnischen sowie im Anlagegeschäft zu generieren.

Aufgaben

1. Erläutern Sie kurz die so genannten Megatrends der Globalisierung, Deregulierung und Technologisierung sowie die zwischen ihnen bestehenden Zusammenhänge.

2. Unterscheiden Sie die beiden idealtypischen Stufen der Disintermediation und zeigen Sie, aufgrund welcher Finanzierungsspezifika deutscher Unternehmen diese Entwicklungsschritte bislang von geringerer Bedeutung waren als z. B. in den USA.

3. Beurteilen Sie, inwieweit das Tagesgeschäft Ihrer Abteilung bzw. das Gesamtgeschäft Ihres Hauses zuletzt von Disintermediationstendenzen betroffen gewesen ist.

4 Erläutern Sie die Basisstruktur einer ABS-Transaktion, indem Sie sie insbesondere von der Finanzierungsalternative des Factoring abgrenzen.

5. Zeigen Sie die besondere Attraktivität von ABS-Transaktionen aus Sicht von Kreditinstituten (als Emittenten und Investoren) auf.

3 Wertorientierte Transparenz- und Performanceansprüche an das Finanzmanagement

3.1 Kapitalgeberorientierte Informationspolitik

3.1.1 Kapitalgeber als Adressaten der Informationspolitik

Die in Kapitel 2.2 dargestellten Megatrends bergen für Unternehmen in ihrer Rolle als Kapitalnachfrager auf den Finanzmärkten neue Chancen, aber auch neue Risiken und Belastungen, vor allem dann, wenn sie Finanzquellen außerhalb des jeweiligen Sitzlandes erschließen wollen. Eine wachsende Zahl von Unternehmen kann – und muss – auf die internationalen Finanzmärkte zurückgreifen, um die Aktivitäten zu finanzieren, mit denen sie sich im intensivierten globalen Wettbewerb behaupten wollen. Dies trifft nicht nur auf ausgewiesene „Global Player", sondern auch auf solche Unternehmen zu, die sich nach wie vor als nationale Akteure sehen: Faktisch werden auch sie unabhängig von ihrem diesbezüglichen Selbstverständnis zunehmend auf die Interessen internationaler Investoren Rücksicht nehmen müssen. An erster Stelle steht hierbei ein Angebot von **Informationen**, das internationalen Standards genügt. Wie weit das gelingt, hängt zum einen von der Quantität, zum anderen von der Qualität der gelieferten Informationen ab.

Im so genannten „Informationszeitalter" ist die verfügbare Informationsmenge dabei das geringere Problem, entscheidend ist vielmehr ihre Güte, insbesondere im Hinblick auf eine internationale **Vergleichbarkeit**. Bereits angesichts des erweiterten Alternativenraums für Investoren, aber auch mit Rücksicht darauf, dass sie selbst anspruchsvolle (Wert-)Ziele verfolgen, ist nachvollziehbar, dass die internationalen Investoren ein besonders ausgeprägtes **Informationsbedürfnis** haben. Diese steigende Informationsnachfrage erweist sich für die kapitalsuchenden Unternehmen als ein marktlicher **Transparenzdruck**. Er wird von den verschiedensten Seiten, speziell den (potenziellen) Eigen- und Fremdkapitalgebern sowie den Regulierungsbehörden an die Akteure herangetragen *(vgl. zu Adressaten und Regulierern unternehmerischer Publizität Wagenhofer/Ewert, 2003, S. 4 ff., 23 ff.)*. Je mehr Transparenz und Vergleichbarkeit aber auf internationaler Ebene geschaffen wird, desto stärker wird auch der Druck, nicht beliebige, sondern so wettbewerbsfähige Ergebnisse auszuweisen, dass ein Unternehmen für möglichst viele „Interessenten" einen attraktiven (Vertrags-)Partner – für möglichst viele Investoren also ein attraktives Investment – repräsentiert.

Dieser **Performancedruck** wird nicht nur von den Interessengruppen intensiviert, deren eigene Einkommenssituation mit der des Unternehmens verknüpft ist, sondern angesichts der Zunahme krisenhafter Erscheinungen auch von Seiten der Aufsichtsbehörden. Die Bewältigung dieses Drucks erfordert es daher zunächst, eine Verständigung auf bestimmte **Standards** der Transparenz und Performance herbeizuführen. In der Folge haben sich parallel zu den internationalen Finanzmärkten auch die entsprechenden Publizitätskonzepte stetig weiterentwickelt.

Infolge der aufgezeigten Trends auf den internationalen Finanzmärkten hat sich die **Informationsnachfrage** der zunehmend global agierenden Marktteilnehmer bezüglich potenzieller Kontraktpartner in anderen Staaten kontinuierlich erhöht: Aus Sicht eines Investors wird die Ausnutzung des erweiterten Möglichkeitsbereichs der Kapitalanlage und der damit verbundenen Chancen zur internationalen Diversifikation durch die zunehmende Komplexität der Investitionsentscheidung erschwert. Folglich haben die Kapitalanbieter ein Interesse daran, die Kapitalnachfrager zur Schaffung von mehr Transparenz zu veranlassen. Hierbei sind Investoren zunächst auf die allgemein zugänglichen **öffentlichen Informationen** der **externen Rechnungslegung** angewiesen. Die Globalisierung der Finanzmärkte hat auch im Bereich dieser Pflichtpublizität auf Änderungen hingewirkt, mit denen eine Erhöhung der Transparenz erwartet wird.

Tatsächlich verschaffen dazu verpflichtete Unternehmen ihren „Bilanzlesern" über die externe Rechnungslegung ein gewisses Maß an Transparenz. In Deutschland war hierunter traditionell der Jahresabschluss nach nationalem Handelsrecht zu verstehen. Allerdings ist der Möglichkeitsbereich für bilanzierende Unternehmen inzwischen durch die „Öffnungsklausel" des § 292a HGB auf die Normensammlungen des US-Bilanzrechts (US-GAAP) sowie eines internationalen Harmonisierungskonzepts (IAS/IFRS) erweitert worden. Angesichts des Übergangscharakters dieser bis 2005 gültigen Norm wurden mit den Deutschen Rechnungslegungs-Standards (DRS) zudem neue Vorschriften entwickelt, die weniger der HGB-Tradition als der **Internationalisierung der Rechnungslegung** entsprechen. Diese richtet sich grundsätzlich darauf, international einheitliche Rechnungslegungsstandards zu entwickeln, die einen besseren Vergleich der Jahresabschlüsse von Unternehmen aus verschiedenen Ländern erlauben *(vgl. auch Pellens/Fülbier/Gassen, 2006, S. 46 ff.)*. Gerade aus Sicht deutscher Unternehmen ist dabei von zentraler Bedeutung, dass die in anderen, speziell angelsächsischen Ländern vorherrschende Rechnungslegungsphilosophie deutlich stärker als die deutsche die **Informationsinteressen der Eigenkapitalgeber** in den Mittelpunkt stellt.

Den Interessen der Kapitalgeber Rechnung tragend, haben sich über diese (Pflicht-)Publizität hinaus weitere Varianten der Informationsbereitstellung durch kapitalnehmende Unternehmen für die Kapitalmarktteilnehmer entwickelt. Eine erste ist das **Rating** von Unternehmen. Formal erfolgt das Angebot von Informationen in Form von Rating-Urteilen hier nicht durch das Unternehmen selbst, sondern durch einen spezialisierten Intermediär, materiell bleibt indes das betroffene Unternehmen Quelle der Information. Ebenso wie bei den zweitens zu besprechenden **Investor Relations** handelt es sich bei Ratings nicht um Pflicht-Publizität im Sinne einer gesetzlich normierten Rechnungslegung. Insofern entsprechen sie eher der Vorstellung von einem wertorientierten Finanzmanagement – wenngleich die fehlende juristische Verpflichtung durch eine ökonomische wirksam ersetzt werden kann.

Angesichts der Aufwendungen für kapitalmarktbezogene Kommunikationsprogramme stellt sich die Frage, inwieweit die (Transaktions-)Kosten für Ratings und Investor Relations konzeptionell – gerade vor dem Hintergrund einer wertorientierten Unternehmensführung – ökonomisch gerechtfertigt werden können.

Generell kann man Publizität als den Versuch eines Unternehmens verstehen, die ihrer Investition möglicherweise entgegenstehenden Informationskosten der Anleger zu reduzieren und auch Kursabschläge aufgrund erhöhter Unsicherheit am Markt zu vermeiden. Im Verhältnis zwischen den Kapitalgebern als **Principals** und dem Unternehmen bzw. dessen Management als **Agents** der Kapitalüberlassung kann das Management seinen Informationsvorsprung gegenüber den Kapitalgebern, z. B. hinsichtlich des Risikogehalts der Aktiva oder des Umfangs stiller Reserven, potenziell dazu nutzen, seine eigenen Interessen zu Lasten der finanziellen Interessen der Investoren zu verfolgen. Dies kann zum einen durch die Verschleierung der wahren Qualität des Investitionsobjektes Unternehmen vor Kapitalüberlassung (*hidden information*) oder durch entsprechend opportunistisches Verhalten nach Kapitalüberlassung (*hidden action*, z. B. die – unerwartete – Expansion in risikoträchtigere Geschäftsfelder) geschehen *(vgl. ausführlich Wagenhofer/ Ewert, 2003, S. 182 ff.)*. Asymmetrische Information und potenziell opportunistisches Verhalten veranlassen die Kapitalgeber dazu, Vorsichts- bzw. Ausgleichsmaßnahmen zu treffen, die von der Forderung erhöhter Risikoprämien im Rahmen der expliziten Kapitalkosten (Zins) über Einflussrechte oder Sicherheiten (implizite Kapitalkosten) bis hin zur Verweigerung der Kapitalüberlassung überhaupt reichen können *(vgl. zum Kapitalkostenbegriff Süchting, 1995, S. 510 ff.)*. Im Ergebnis steigen die Kapitalkosten aus Unternehmenssicht.

Dadurch entsteht für das Management umgekehrt ein Anreiz, Instrumente zur Reduktion der Skepsis und des Misstrauens der Anleger einzusetzen. Als ein solches vertrauensbildendes Instrument dient Publizität: Durch Transparenzschaffung sollen Skepsis und Misstrauen der Investoren überwunden werden. Dies kann jedoch letztlich nur in einem dynamischen Prozess der dauerhaften, stetigen Informationsweitergabe gelingen, denn erst dadurch werden die Anleger in die Lage versetzt, die Glaubwürdigkeit der vom Unternehmen gegebenen Informationen zu beurteilen; mit zunehmender Anzahl positiver Erfahrungen steigt dann das vom Unternehmen aufgebaute **Vertrauenskapital** bei den Investoren, und die Kapitalbeschaffungsbedingungen verbessern sich.

In den folgenden Kapiteln 3.1.2 bis 3.1.4 werden die drei genannten Wege der Informationsbereitstellung abgestuft nach ihrem „Verpflichtungscharakter" behandelt. Am Anfang steht folgerichtig die gesetzlich kodifizierte Externe Rechnungslegung.

3.1.2 Externe Rechnungslegung

> **„Rechnungslegung heißt, Rechenschaft zur Bemessung von Ansprüchen und Verpflichtungen mit Hilfe eines Rechnungswesens geben."** *(Schneider, 1997, S. 5)*

Die betriebswirtschaftlich vorrangig interessierende Rechnungslegung ist dabei die, welche in (1) finanzieller Sichtweise sowie (2) gesetzlich geregelter Form erfolgt, um die Kernaufgaben der

- Einkommensbemessung,
- Information sowie
- Vermögensverteilung

zu erfüllen *(vgl. Schneider, 1997, S. 7 ff.; Krumnow/Sprißler et al., 2004, S. 4 f.)*.

3.1.2.1 Konkurrenz der Systeme

Inwieweit die Instrumente der externen Rechnungslegung für eine solche kapitalgeberorientierte Informationspolitik genutzt werden, ist auch eine Frage der hierfür staatlicherseits gesetzten Regeln.

Bis heute zeigt die Praxis der Rechnungslegung ein Nebeneinander von kontinentaleuropäischem und anglo-amerikanischem System. Beide Ansätze haben sich im Zeitablauf aus dem Zusammenspiel der jeweiligen ökonomischen, juristischen und sozialen Rahmenbedingungen in beiden Kulturkreisen evolutorisch entwickelt und sind daher nicht ohne Weiteres harmonisierungsfähig. Entscheidendes dieser Rahmenbedingungen zeigt die nachfolgende Übersicht *(vgl. ausführlich auch Pellens/Fülbier/Gassen, 2006, S. 34 ff.)*.

Konkurrierende Rechnungslegungssysteme – Rahmenbedingungen

	Kontinentaleuropäisch	**Anglo-amerikanisch**
Rechtssystem – Generalia	Code law Dominanz gesetzlicher Vorschriften	Case law Dominanz fallweiser Fortentwicklung des Rechts durch die Rechtsprechung
Rechtssystem – Spezifika: Handelsrechtliche Rechnungslegung und steuerliche Gewinnermittlung	Enge Verknüpfung (Deutschland: Maßgeblichkeitsprinzipien)	Trennung
Träger der Entwicklung der Rechnungslegung	Dominanz staatlicher Institutionen (Gesetzgeber)	Dominanz privater Institutionen (Wirtschaftsprüfer)
Kapitalmarktorientierung	Eher gering aufgrund Dominanz der Bankenfinanzierung	Eher hoch aufgrund Dominanz der Kapitalmarktfinanzierung

(Quelle: In Anlehnung an Ebeling/Jahn, 2001)

Grundsätzlich besteht Einigkeit darüber, dass der Jahresabschluss neben der Dokumentations- insbesondere eine Informationsfunktion erfüllt (während es sich bei der Einkommensbemessungsfunktion um ein deutsches Spezifikum handelt). Unterrichtet werden sollen dabei sämtliche

Interessengruppen, um ihre – aktuellen oder potenziellen – Geschäftsbeziehungen zum publizierenden Unternehmen zeitnah bewerten zu können. Indes unterscheiden sich die Bedürfnisse und Gewichtungen der Interessengruppen, folglich der Teilfunktionen und damit auch die Grundsätze bzw. Ausgestaltungsdetails der externen Rechnungslegung entscheidend *(vgl. einführend aktuell Kajüter/Barth/Dickmann/Zapp, 2007, S. 1879 f.)*.

Zur Abgrenzung der unterschiedlichen Rechnungslegungssysteme ist auf die denkbaren **Interessenkonflikte** zwischen verschiedenen Publizitätsinteressenten bzw. Stakeholdern, vor allem zwischen den Fremd- und den Eigenkapitalgebern abzustellen. Beide Gruppen verbindet ihr Interesse an umfassender Information dem Grunde nach, sie unterscheiden sich aber bezüglich der hierauf basierenden Einkommensbemessung: Eigenkapitalgeber bevorzugen mit Blick auf ihr Wertziel tendenziell höhere Erfolgsausweise, weil sie hiervon positive Kurseffekte erhoffen, bzw. höhere Dividenden, die ebenfalls zum Shareholder Value beitragen. Gläubiger hingegen präferieren Vorsicht bei der Gewinnermittlung und -verwendung, um den Kapitaldienst (aber auch das in Bedarfsfällen heranziehbare Verlustausgleichspotenzial) zu sichern.

Letztere Sichtweise liegt der kontinentaleuropäischen Rechnungslegungsphilosophie zugrunde, die sich unter dem **Primat des Gläubigerschutzes** vorrangig auf Ausschüttungsbegrenzung und Kapitalerhaltung richtet. Sie ist daher vom so genannten **Vorsichtsprinzip** dominiert, das sich im Realisationsprinzip (Berücksichtigung von Gewinnen erst bei Realisierung durch Verkauf) sowie im Imparitätsprinzip (Berücksichtigung von Verlusten umgekehrt bereits bei Vorhersehbarkeit und nicht erst bei Realisierung) manifestiert *(vgl. einführend Paul/Brütting/Weber, 2003, S. 580)*. Im Interesse der Gläubiger kann sich der Rechnunglegende so allenfalls „ärmer rechnen" als er ist, nicht aber reicher; unangemessen hohen Ausschüttungen von Gewinnen, die dann nicht zur Dotierung der Haftungsbasis Verwendung finden können, wird vorgebeugt. Damit stellt die kontinentaleuropäische Rechnungslegung traditionell stärker auf eine Dokumentation und nach deutscher Sicht auf die Einkommensbemessungsfunktion im Rahmen des Einzelabschlusses ab. Im Gegensatz dazu sieht die anglo-amerikanische Schule das externe Rechnungswesen in erster Linie als Informationsinstrument der Eigenkapitalgeber, das folglich eine möglichst realistische und umfassende Abbildung des Unternehmens liefern soll. Hieraus ergibt sich folgende Unterscheidung *(vgl. bes. zu den differierenden Ausschüttungsregeln Wagenhofer/Ewert, 2003, S. 142 ff.)*:

Konkurrierende Rechnungslegungssysteme – Charakteristika

	Kontinentaleuropäisch	**Anglo-amerikanisch**
Dominierender Maßstab und Adressat	Fremdkapitalgeberinteresse „Gläubigerschutz" → Stakeholder Value	Eigenkapitalgeberinteresse → Shareholder Value
Dominierende Funktion	Einkommensbemessung	Information
Dominierendes Prinzip	Vorsichtsprinzip	Prinzip der „fair presentation"
Dominierender Bestandteil	Einzelabschluss	Konzernabschluss

Bereits basierend auf diesen Eckpfeilern *(vgl. für eine ausführliche Abgrenzung Krumnow/ Sprißler et al., 2004, S. 31 ff.)* ist nachvollziehbar, dass ein auf **fair presentation** ausgerichteter Jahresabschluss nach anglo-amerikanischem Vorbild die Informationsbedürfnisse der Kapitalgeber – insbesondere der Shareholder – tendenziell besser erfüllen, also mehr Transparenz schaffen sollte. Zu einem tatsächlichen Transparenzdruck auf Unternehmen kommt es aber nur insoweit, wie eine auf mehr Transparenz gerichtete Rechnungslegung für sie relevant wird. Von hierher erklärt sich, dass der internationale Transparenzdruck primär auf die kontinentaleuropäischen Unternehmen gewirkt hat:

- Zunächst blieben sie unabhängig von ihrem internationalen Auftritt weiter auf eine Bilanzierung nach den geltenden nationalen Regeln verpflichtet;
- da speziell die USA kontinentaleuropäische Abschlüsse nicht als gleichwertig akzeptieren, mussten diese Unternehmen für einen Angang der internationalen Finanzmärkte aber zusätzlich nach anglo-amerikanischen Prinzipien bilanzieren,
- wobei sie eine „fair presentation" und daher eine höhere Transparenz herzustellen hatten.

Dieser Transparenzdruck ist nun umso höher, je dringlicher ein Unternehmen Kapitalgeber umwirbt, die eine anglo-amerikanische Rechnungslegung zur zwingenden Bedingung für ihr Investment machen. Tatsächlich liegt hierin eine fundamentale Zugangsbedingung für den wichtigen US-amerikanischen Kapitalmarkt sowie zu den dort agierenden Anlegern, also auch den Fondsgesellschaften: Bedeutende dieser institutionellen Investoren, die US-Pensionsfonds, haben die Rechnungslegung besonders sichtbar zum **cutoff-Kriterium** gemacht, indem sie gegen Mitte der 1990er Jahre verlautbarten, so lange nicht mehr in deutsche Aktien zu investieren, wie diese Unternehmen noch (ausschließlich) nach HGB bilanzierten. Analog verhielt sich die New Yorker Aktienbörse NYSE gegenüber den Notierungsbestrebungen kontinentaleuropäischer Unternehmen in den USA *(vgl. ausführlich Pellens/Fülbier/Gassen, 2006, S. 882 ff.)*. Für ein solches Listing verlangte sie zwingend die Einhaltung der US-Regeln.

Der Druck auf deutsche Unternehmen, über die reine HGB-Rechnungslegung hinauszugehen, wurde damit übergroß. Vor dem Gesetzgeber reagierten zunächst die Unternehmen selbst, indem sie eine

- **duale** Rechnungslegung (Ausgestaltung eines Abschlusses so, dass er den Erfordernissen mehrerer Rechnungslegungssysteme entspricht) oder
- **parallele** Rechnungslegung (Erstellung eines Zusatzabschlusses nach Maßgabe eines anderen Rechnungslegungssystems inkl. Überleitungsrechnung parallel zum HGB-Abschluss)

praktizierten. Bereits beim Börsengang der heutigen Daimler AG an der NYSE zeigten sich jedoch die fundamentalen Probleme solcher Konzepte: Aufgrund der Verschiedenartigkeit der zugrunde liegenden Normen sind massive Abweichungen zwischen den Abschlüssen nach kontinentaleuropäischer und anglo-amerikanischer Abgrenzung vorprogrammiert. Die Informationsnachfrager sahen sich in der Folge einem „Bilanzierungswirrwarr" ausgesetzt *(vgl. Pellens/Gassen, 2001)*, woraufhin die Unternehmen in einen neuartigen Erklärungsnotstand und unter noch höheren Transparenzdruck als zuvor gerieten.

Die Abweichungen von Parallelabschlüssen – nicht zuletzt beim Ergebnisausweis – nach verschiedenen Rechnungslegungssystemen verdeutlichten nicht nur den in Erklärungsnöte geratenden Bilanzierenden, sondern auch den zuständigen staatlichen Stellen, wie sinnvoll und notwendig eine Abkehr von der bisherigen Konkurrenz der Systeme zugunsten einer Verständigung auf eine verbesserte **Vergleichbarkeit** war. Hierfür standen in der Ausgangssituation drei grundsätzliche Alternativen zur Verfügung:

- die Ausdehnung entweder (1) des kontinentaleuropäischen oder aber (2) des anglo-amerikanischen Rechnungslegungssystems auf einen globalen Anwendungsbereich oder
- die Schaffung einer (3) Kompromiss- bzw. Harmonisierungslösung durch eine unabhängige, supranationale Institution.

In dieser Abwägung erwies sich die streng kontinentaleuropäische Position als nicht haltbar: Bedingt insbesondere durch die Verhandlungsmacht der kapitalmarktorientierteren USA war an einen erweiterten Geltungsbereich dieses Rechnungslegungssystems nicht zu denken. Auf der anderen Seite litten (kontinental-)europäische Unternehmen, die ihre Publizitäts- und Finanzierungspolitik stärker kapitalmarkt- und wertorientiert ausrichten wollten, zunehmend unter den Akzeptanzmängeln ihrer tradierten Rechnungslegung auf den internationalen Märkten. Zwischen der isolierten und isolierenden Weiterverfolgung des eigenen Systems und der Adaption seines Gegenstücks erschien das Aufgreifen einer Kompromissformel daher als klassisches **„second best"**.

3.1.2.2 Internationale Standards der Harmonisierungslösung

Eine „globale Harmonisierung" der Rechnungslegung ist auf mehreren Wegen denkbar. Nimmt man als grundlegendes Ziel die **Vergleichbarkeit** von Jahresabschlüssen, so kann sie bereits über deren materielle **Gleichwertigkeit** (im Sinne von Widerspruchsfreiheit und Überführbarkeit ineinander) hergestellt werden, ohne dass Vereinheitlichung en detail stattfindet; kommt es dazu, ist der höchste Grad der Harmonisierung, nämlich eine **Standardisierung**, erreicht *(Pellens/Fülbier/Gassen, 2001, S. 386 f.)*.

In letztere Richtung wiesen insbesondere die so genannten **International Accounting Standards (IAS).** Anders als das deutsche HGB oder die US-GAAP (**G**enerally **A**ccepted **A**ccounting **P**rinciples) sind diese Regeln nicht national verwurzelt, sondern stehen für den Versuch, eine weltweite Harmonisierung der Rechnungslegung über die Entwicklung praktikabler, am Markt akzeptierter und supranationaler Standards zu erreichen.

Herausgegeben wurden die IAS vom 1973 gegründeten IAS Comittee (IASC), das seit einer effizienz- und reputationssteigernden Reorganisation im Frühjahr 2002 als IAS **Board (IASB)** firmiert. Das IASC/IASB ist eine nichtstaatliche Fachorganisation, deren Mitglieder wiederum Wirtschaftspraktiker sind, die als Analysten, Wirtschaftsprüfer oder Verbandsmitglieder bzw. in Unternehmen mit der Rechnungslegung befasst sind. Die besagte Reorganisation ist nicht zuletzt auf die steigende „Nachfrage nach IAS" zurückzuführen gewesen, was an der Bedeutung und Qualität der bis dahin vorgelegten 41 Einzel-IAS ebenso wenig ändert wie an ihrer Bezeichnung. Die seither vom IASB herausgegebenen Standards heißen hingegen International Financial Reporting Standards (**IFRS**), weswegen sich die Doppelbezeichnung IAS/IFRS etabliert hat *(vgl. für eine kompakte Übersichtsdarstellung der IAS und IFRS bei KPMG, 2006)*. IAS/IFRS sind eingepasst in das 1989 verabschiedete „Framework for the Preparation and Presentation of Financial Statements", in dem das Informations- als Kernziel der Rechnungslegung festgeschrieben wird, das unter ausgewogener Einhaltung von vier Grundsätzen (principal qualitative characteristics) erreicht werden soll *(vgl. im Überblick Pellens/Fülbier/Gassen, 2006, S. 108 ff.)*:

- **Verständlichkeit,**
- **Entscheidungsrelevanz,**
- **Vergleichbarkeit,**
- **Zuverlässigkeit.**

Die Grundsätze sind zentraler Bestandteil der Rahmenkonstruktion, des so genannten „Framework" der IAS/IFRS, das der folgenden Abbildung entnommen werden kann.

Die kontinentaleuropäischen Staaten haben die in den IAS liegende Chance auf unterschiedliche Weise wahrgenommen. Der deutsche Gesetzgeber etwa bevorzugte den Mittelweg, mit dem Kapitalaufnahmeerleichterungsgesetz (KapAEG) von 1998 im neuen § 292a HGB zunächst den Einzelabschluss unverändert nach HGB zu verlangen, den Konzernabschluss dagegen auch nach US-GAAP oder IAS/IFRS befreiend zu akzeptieren.

Aufgrund ihrer naturgemäß besonders engen Verbindung zu den internationalen Finanzmärkten haben seither speziell die (privaten) deutschen Banken von der Möglichkeit Gebrauch gemacht, im Konzernabschluss den IAS/IFRS zu folgen. Da die International Standards – im ausgesprochenen Gegensatz zum HGB, hier §§ 340e bis g – kaum branchenspezifische Bewertungsnormen enthalten und zudem von einer gegenüber dem HGB konsequenteren Marktbewertung der Vermögens- und Schuldenpositionen ausgehen (**Mark-to-Market-Philosophie**), sind u. a. die bankspezifischen Bewertungsprivilegien, die die Bewirtschaftung **stiller Reserven** ermöglichen, in die Diskussion geraten: Im Gegensatz zum deutschen Recht verbieten die neuen Normen stille Willkür- und Ermessensreserven, schränken den Spielraum stiller Schätzreserven ein und konzentrieren sich auch bei diesen vielmehr auf Offenlegungsmöglichkeiten *(vgl. ausführlich Krumnow/Sprißler et al., 2004, hier einführend S. 589 f.)*. Generell sollen IAS/IFRS eine transparentere und informativere Rechnungslegung durch weit restriktivere Ansatz- und Bewertungswahlrechte

Framework der IAS/IFRS

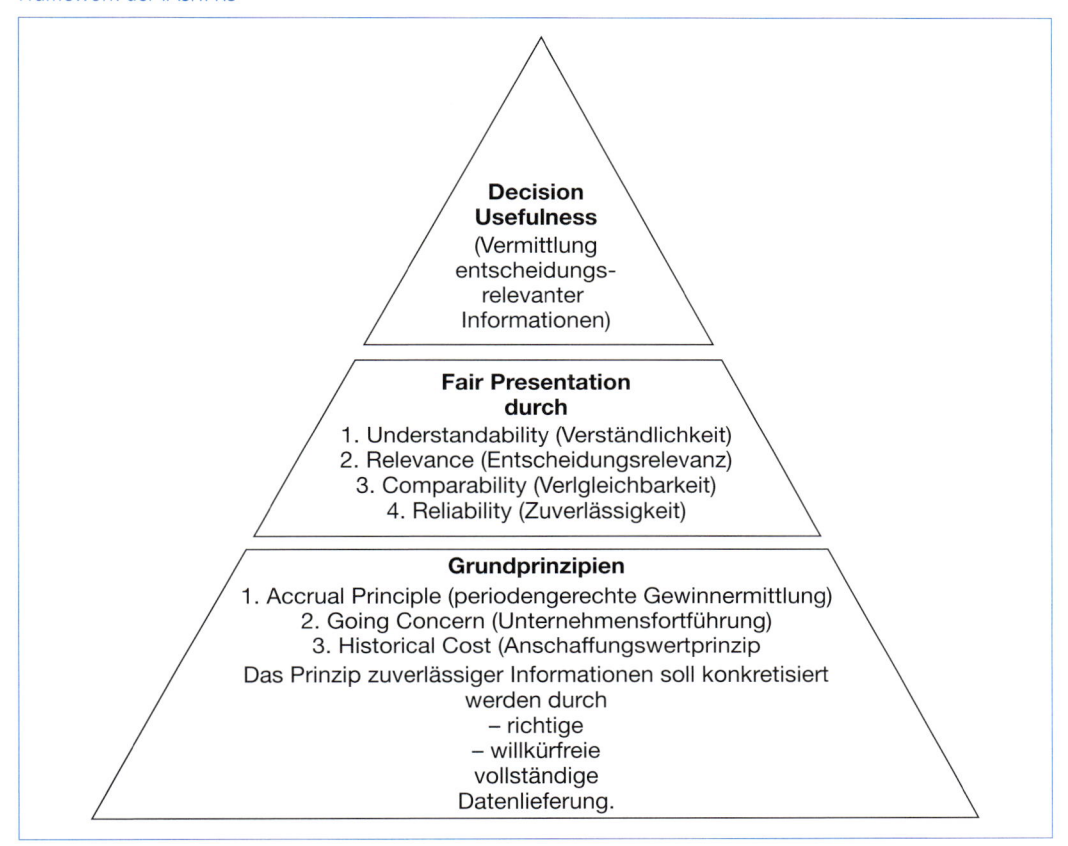

Decision Usefulness
(Vermittlung entscheidungsrelevanter Informationen)

Fair Presentation durch
1. Understandability (Verständlichkeit)
2. Relevance (Entscheidungsrelevanz)
3. Comparability (Verlgleichbarkeit)
4. Reliability (Zuverlässigkeit)

Grundprinzipien
1. Accrual Principle (periodengerechte Gewinnermittlung)
2. Going Concern (Unternehmensfortführung)
3. Historical Cost (Anschaffungswertprinzip

Das Prinzip zuverlässiger Informationen soll konkretisiert werden durch
– richtige
– willkürfreie
vollständige
Datenlieferung.

(Quelle: Bellavite-Hövermann/Prahl, 1997, S. 19)

als nach HGB sicherstellen. In die gleiche Richtung weisen die ausführlicheren Informationsvorschriften, die hiernach für Anhang und Erläuterungen gelten. Aus Sicht der deutschen Unternehmen und insbesondere der deutschen Banken weisen daher auch IAS/IFRS als die praktikabelste Variante einer Harmonisierung der Rechnungslegung in Richtung eines erhöhten Transparenzdrucks.

Veränderungen sind überdies zu erwarten für die Art und Weise, wie den gesetzten Offenlegungspflichten formell und materiell Genüge getan wird. Abschlüsse nach HGB beschränken sich bis heute bei Sachfragen, über die zwecks Transparenz informiert werden soll, nicht selten auf die Feststellung, der einschlägigen HGB-Norm sei gefolgt worden. Da an IAS/IFRS- oder US-GAAP-Qualität gewöhnte Bilanzleser sachlich gehaltvollere Aussagen erwarten, steigt der Transparenzdruck auch von hierher. So hat der Einfluss der US-amerikanischen Investment- und Pensionsfonds die Verwendung internationaler Rechnungslegung durch deutsche Kreditinstitute bereits nachhaltig gefördert. Hinzu kommt, dass IAS/IFRS eher offen formuliert sind und eine Konkretisierung der jeweiligen Offenlegungspflicht dem rechnungslegenden Unternehmen überlassen. Diese Konkretisierung wird dann aber vom Markt überwacht, und es ist zu erwarten, dass sich im Informationswettbewerb eine Tendenz zu mehr Offenheit durchsetzen wird (**Marktdisziplinierung**).

Gerade für Deutschland gilt zudem: Wird ein Unternehmen, das nach HGB bilanziert, durch den Druck der Finanzmärkte zunächst gezwungen, seinen Konzernabschluss nach IAS/IFRS zu erstellen, offeriert es den Bilanzlesern einen nach uneinheitlichen Regeln aufgestellten Abschluss und damit eine inkonsistente Informations- und Bewertungsbasis; es ist unklar, welcher Abschluss nun das „richtige" (oder zumindest richtigere) Bild der Vermögens-, Finanz- und Ertragslage vermittelt. Folglich bestehen Anreize für Jahresabschlussleser, Vereinheitlichungsdruck auf Unternehmen auszuüben. Aufgrund der internationalen Vorgaben kann diesem aber nur durch eine Erweiterung des Anwendungsbereichs der IAS/IFRS (auf den Einzelabschluss) entsprochen werden.

Diese zunächst auf das Zusammenspiel von HGB und IAS/IFRS bezogenen Grundsatzüberlegungen waren ab Mitte des Jahres 2002 insoweit zu modifizieren, als die Harmonisierung der externen Rechnungslegung Gegenstand national verbindlicher supranationaler EU-Rechtssetzung geworden ist: Seit 2005 haben „kapitalmarktorientierte" Unternehmen die **Pflicht, konsolidierte Abschlüsse nach IAS/IFRS** aufzustellen. Wie folgende Tabelle zeigt, gilt diese Norm explizit nur für **kapitalmarktorientierte** Unternehmen:

Rechnungslegungssysteme in der EU ab 2005/2007

	Kapitalmarktorientierte Unternehmen	**Übrige Unternehmen**
Konzernabschluss	Zwingend IAS/IFRS-Abschluss	Option für die Mitgliedstaaten, IAS/IFRS-Abschluss fakultativ/zwingend einzurichten
Einzelabschluss	Option für die Mitgliedstaaten, IAS/IFRS-Abschluss fakultativ/zwingend einzurichten	Option für die Mitgliedstaaten, IAS/IFRS-Abschluss fakultativ/zwingend einzurichten

(Quelle: Peemöller/Spanier/Weller, 2002, S. 1799)

Allerdings zeichnete sich bald ab, dass auch für nicht-börsennotierte bzw. -kapitalmarktorientierte Unternehmen auf längere Sicht ein international anerkanntes Rechnungslegungssystem relevant sein wird: Erleichterungen für nicht-kapitalmarktorientierte Unternehmen könnten an ihrer **ökonomischen Bedeutsamkeit** anknüpfen; deren Definition und Messung ist allerdings ebenso strittig wie die genaue Abstufung solcher Erleichterungen in Abhängigkeit von den zwei Kernkriterien „Kapitalmarktorientierung" und „Bedeutsamkeit" *(vgl. im Überblick Horsch/Richard, 2003, S. 361 f.).*

Demnach wurde ausgehend vom Konzern- über den Einzelabschluss der Unternehmen, die nach internationalen Standards Rechnung legen, auch die Publizität der nur national tätigen bzw. weniger kapitalmarktorientierten Unternehmen beeinflusst, die nationale Besonderheiten immer weniger legitimieren können. Überdies haben sie auch ein ausgeprägtes Eigeninteresse daran, in vergleichbarer Weise zu publizieren, um Jahresabschlussadressaten nachzuweisen, dass sie – trotz oder gerade aufgrund ihrer anderen regionalen Ausrichtung – überlegene Rendite-Risiko-Positionen offerieren.

In der Gesamtsicht war daher für die lange Sicht schnell eine eher umfassende und einheitliche Bilanzierung aller Unternehmen nach IAS/IFRS absehbar, woraufhin von den kleinen und mittleren Unternehmen eine entsprechende Vorbereitung gefordert wurde *(vgl. z. B. Peemöller/Spanier/Weller, 2002).* Dieser Hinweis galt umso mehr angesichts der Notwendigkeit, die unterschiedlichen Informationsnachfrager und -angebotsvarianten im Rahmen eines integrierten Ansatzes zu bewältigen. Angesichts der fortschreitenden Konvergenz von IAS/IFRS und US-GAAP einerseits sowie der überaus komplizierten Anerkennung von supranationalen Regeln durch die EU andererseits (die überdies nationale Mitgliedstaatenwahlrechte vorsieht), versprach dieser Weg indes seit Anbeginn, steinig zu werden. Darüber hinaus zeigte sich wiederholt, dass die Inhalte der neuen Normen z.T. erhebliche Widerstände und Gegensteuerungsaktivitäten bei den betroffenen Unternehmen bewirken. Diese Widerstände haben sich zunächst unter den kapitalmarktorientierten Unternehmungen bestimmter Branchen gezeigt, für die spezifische IAS/IFRS vorgesehen wurden *(vgl. exemplarisch zur Kreditwirtschaft Paul/Brütting/Weber, 2003, bes. S. 584).* In jüngerer Zeit hat sich mit besonderer Deutlichkeit gezeigt, dass über die Branchengrenzen hinweg die mittelständischen Unternehmungen in Deutschland den neuen Bilanzierungsregeln ausgesprochen kritisch gegenüberstehen: Obgleich das IASB spezielle Normen für kleine und mittlere Unternehmungen (small and medium-sized enterprises, SMEs) entwickelt hat, empfinden die deutschen Vertreter die Nachteile der neuen Regeln als ebenso groß wie evident, die Vorteile hingegen als eher klein und diffus, weswegen sie die SME-IFRS aktuellen Erhebungen zufolge mit großer Mehrheit ablehnen *(vgl. ausführlich Kajüter/Barth/Dickmann/Zapp, 2007, bes. S. 1883 f.).* Es bleibt abzuwarten, ob und inwieweit zunächst das IASB eine Überarbeitung des Entwurfs vornimmt sowie ob und inwieweit sich SMEs in unterschiedlichen Staaten daraufhin zu einer Anwendung der neuen Regeln entschließen. Die Allgemeingültigkeit der IAS/IFRS als einer internationalen Harmonisierung bleibt daher ungewiss.

Wertorientiert geführte Unternehmen werden in Richtung Transparenz und Performance nicht nur von ihren (Eigen-)Kapitalgebern, sondern auch von anderen informationssuchenden Marktteilnehmern gedrängt. Für den Unternehmenserfolg im internationalen Wettbewerb gilt es auch, den Transparenzdruck umzumünzen in eine zielgerichtete und chancenorientierte Selbstdarstellung im Rahmen des Jahresabschlusses. Die externe Rechnungslegung wird durch die marktorientierte Präsentation von Informationen zu einem wichtigen Instrument der systematischen Kommunikationspolitik der Unternehmen. Notwendig ist diese auch als Grundlage für die Zusammenarbeit mit Spezialisten, die Informationen nicht für eigene Anlageentscheidungen, sondern zur Weitervermittlung an andere Anleger suchen, die diese Fremdbeschaffung von Informationen eigener Suche und Auswertung vorziehen, wozu sie gerade durch novellierungsbedingte Probleme bei der Bilanzanalyse motiviert sein können. Zu solchen spezialisierten Informationsintermediären, die von den Unternehmen eine entsprechend professionelle Kommunikation verlangen, gehören insbesondere die darauf spezialisierten Anbieter von (externen) Ratings.

3.1.3 Rating

Die gesetzlich normierte Rechnungslegung richtet sich zwar zunehmend an den Informationsinteressen der Kapitalgeber aus. Unabhängig von dieser verbesserten Transparenz erfordern wertorientierte Investitionsentscheidungen aus Investorensicht eine noch solidere Informationsbasis. Dies betrifft bereits die **Aktualität** entscheidungsrelevanter Informationen, die höher sein sollte als die, die ein Jahres-, oft aber auch ein Quartalsabschluss bieten kann. Zudem haben die eingangs dargestellten Megatrends die **Komplexität** der Entscheidungsprozesse deutlich erhöht. Die Globalisierung hat den Alternativenraum für Investments enorm vergrößert, aus dem sinnvoll auszuwählen eine korrekte Bewertung der geltenden ökonomischen, juristischen und sonstigen Rahmenbedingungen erfordert. Die Erschließung von Anlagechancen wird daher transaktionskostenintensiver und schwieriger, gleichzeitig steigt die Gefahr des Schlagendwerdens von Anlagerisiken, was die Erreichung anspruchsvoller wertorientierter Anlageziele erschwert. Im Gegenzug steigt die Notwendigkeit für die kapitalsuchenden Unternehmen, durch gezielte Informationsangebote („Signale") zu zeigen, dass gerade sie den Investoren Anlagegelegenheiten bieten, die nach wertorientierten Maßstäben attraktiv sind. In der Abstimmung dieser Interessen haben daher spezialisierte (Informations-)Intermediäre ihre Nische gefunden: die Anbieter von **Ratings** *(vgl. zu Ratings im Kontext der Rechnungslegung auch Pellens/Fülbier/Gassen, 2006, S. 42 f.).*

3.1.3.1 Informationsnachfrage und Rating-Angebot

Die ersten institutionalisierten Anbieter von Ratings traten zu Beginn des 20. Jahrhunderts auf dem US-amerikanischen Kapitalmarkt auf, als dort Industrieunternehmen großvolumige Anleihen zu platzieren suchten. Wenngleich auf höherem Niveau, verzeichnen die internationalen Finanzmärkte heute einen analogen Bedeutungsschub von Kapitalmarktfinanzierungen *(vgl. einführend etwa Peters, 2001, S. 41 ff.).* Für die Ansprache (verglichen mit einer Hausbank bei klassischer Finanzintermediation) **anonymerer** und durch ihre Wertorientierung **anspruchsvollerer** Kapitalgeber sind Informationen anzubieten, die sich ausgehend von den Interessen der Informationssuchenden sowohl durch einen gewissen Grad der **Standardisierung** als auch einer möglichst weitgehenden **Vergleichbarkeit** auszeichnen. Diesem Anspruch genügen Ratings, die wie folgt definiert werden können:

> Ein **Rating** ist die standardisierte Einschätzung der Wahrscheinlichkeit, dass ein Marktteilnehmer seinen Verpflichtungen aus einer Kapitalüberlassung wie vereinbart nachkommt. Als **Credit Rating** wird folglich die Wahrscheinlichkeit bezeichnet, dass der Kreditnehmer Zins und Tilgung vereinbarungsgemäß leistet *(vgl. z. B. Everling/Heinke, 2001, Sp. 1756, 1762; Peters, 2001, S. 28, m.w.N.; Serfling, 2007, S. 713 f.).*

Im Mittelpunkt steht also eine „Ausfallwahrscheinlichkeit" für (Fremd-)Kapitalgeber; nimmt man den von Kontraktvolumen und Sicherheiten abhängigen „Ausfallschaden" hinzu, so kann ein entsprechender „Schadenerwartungswert" abgeschätzt werden. Negativ formuliert, treffen Ratings keine Einschätzung einer allgemeinen Branchen- oder Marktentwicklung, insbesondere stellen sie keine Kauf- oder Verkaufsempfehlungen für Wertpapiere dar. Daran ändert auch die Tatsache nichts, dass viele Anleger ihre Anlageentscheidungen von Ratings abhängig machen.

Zu den Risiken, die für einen schuldnerseitig unplanmäßigen Verlauf der Kapitalüberlassung, d. h. Störungen des vereinbarten Kapitaldienstes bis hin zu dessen Ausfall, sorgen können, zählen insbesondere Länder-, Branchen- und Bonitätsrisiken. Entsprechend sind diese die bevorzugten Untersuchungsobjekte von Ratings *(zu Ratingbegriffen und -objekten vgl. auch Berblinger, 1996, S. 33 ff. sowie aktuell die Beiträge bei Büschgen/Everling, 2007)*. Angesichts der hier im Vordergrund stehenden Informationspolitik von Unternehmen im Rahmen wertorientierter Konzepte treten Fragestellungen von Branchen- und Länderratings nachfolgend in den Hintergrund.

Abstellend auf die **Bonitätsrisiken**, die mit der Kapitalüberlassung an ein Unternehmen verbunden sind, werden unterschieden:

- **Emittenten-Ratings**: Beurteilungen der **generellen** Bonität (bzw. Insolvenzgefahr) eines Schuldners sowie
- **Emissions-Ratings**: Beurteilung der Fähigkeit eines Schuldners, seine (Zins- und Tilgungs-)Verpflichtungen aus einer **speziellen** Kapitalüberlassung zu erfüllen.

Eine Unterscheidung der beiden vorgenannten Kategorien ist sinnvoll, da das Rating eines Emittenten und das einer seiner Emissionen voneinander abweichen können. So kann z. B. ein als vergleichsweise bonitätsschwach eingestuftes Unternehmen eine demgegenüber bessere Bewertung einer Anleiheemission dadurch erreichen, dass die Anleihebedingungen eine besonders komfortable Besicherung vorsehen. Denkbar sind hierfür auch Bonitätstransfers, etwa durch Patronatserklärungen oder sonstige Garantien von Unternehmen, die höher geratet sind als der Emittent. Darüber hinaus ist zu beachten, dass Emittenten- wie Emissions-Ratings von der Beurteilung weiterer Untersuchungsobjekte (Branchen- und Länder-Ratings) beeinflusst und zuweilen überlagert werden.

Vorstehend beschriebene Bewertung anzubieten, haben sich seit ca. einem Jahrhundert die so genannten Rating-Agenturen zur Aufgabe gemacht. Insbesondere der stärker auf Informationsinteressen von Kapitalgebern ausgerichtete anglo-amerikanische Kulturkreis hat diese Anbieter hervorgebracht *(für einen Überblick vgl. etwa Reder, 2004; Everling, 2005; Serfling, 2007, S. 714 f.)*, deren Markt bis heute von alteingesessenen „Generalisten" dominiert wird: Als die „Big 2" gelten nach wie vor die US-amerikanischen Unternehmen Standard & Poor's sowie Moody's. Ihre Bedeutung manifestiert sich nicht nur in ihrer globalen Präsenz, sondern besonders deutlich darin, dass ihre Art **standardisierte und vergleichbare Urteile** zu formulieren, nämlich durch Kombinationen von Buchstaben, Ziffern und Vorzeichen, die Grundlage für einen internationalen Standard von Rating-Skalen und -Kürzeln geworden ist.

Die Prozesse, mit denen die Rating-Untersuchungen zu ihren Urteilen gelangen, sind naturgemäß verschieden; dies genauer zu spezifizieren ist indes nicht möglich, da das hierin liegende Know-how ihre entscheidende Ressource und daher überaus vertraulich ist. Auch die nachfolgende Abbildung zeigt, wie groß die Analogien zwischen den Bewertungssystemen sind. Neben denen der genannten „Big 2" sind die Urteile eines weiteren Anbieters enthalten, dessen Vorgänger Fitch Investors Service bzw. IBCA Ltd. durchaus auf längere Traditionen verweisen konnten, die aber erst als fusionierte und auf Finanzdienstleister spezialisierte Fitch zu ihrer heutigen Marktposition als Fitch Ratings gefunden hat, in der sie zunehmend zu den beiden Marktführern aufschließt.

Bonitätsnoten der Agenturen Moody's, S&P's und Fitch

	langfristiges Rating	**Erläuterung des langfristigen Ratings**
investment grade	Aaa/AAA/AAA	Beste Qualität, geringstes Ausfallrisiko.
	Aa1/AA+/AA+	Hohe Qualität.
	Aa1/AA+/AA+	
	Aa2/AA/AA	
	Aa3/AA-/AA	
	A1/A+/A+	Angemessene Deckung von Zins und Tilgung, viele gute Investmentattribute, aber auch Elemente, die sich bei einer Veränderung des wirtschaftlichen Umfeldes negativ auswirken können.
	A2/A/A	
	A3/A-/A-	
	Baa1/BBB+/BBB+	Angemessene Deckung von Zins und Tilgung, aber auch spekulative Charakteristika oder mangelnder Schutz gegen wirtschaftliche Veränderungen.
	Baa2/BBB/BBB	
	Baa3/BBB-/BBB-	
speculative grade	Ba1/BB+/BB+	Sehr mäßige Deckung zwischen Zins und Tilgung, auch in gutem Wirtschaftsumfeld.
	Ba2/BB/BB	
	Ba3/BB-/BB-	
	B1/B+/B+	Geringe Sicherung von Zins und Tilgung.
	B2/B/B	
	B3/B-/B-	
	Caa1/CCC+/CCC+	Niedrigste Qualität, geringster Anlegerschutz, in akuter Gefahr eines Zahlungsverzuges, bei Moody's auch bereits in Zahlungsverzug.
	Caa2/CCC/CCC	
	Caa3/CCC-/CCC-	
	Ca/CC/CC	
	C/C/C	
	-/SD oder D/DDD	In Zahlungsverzug, bei FitchIBCA mit unterschiedlichen Erwartungen für die Rückzahlungsquoten (100-90 %, 90-50 %, unter 50 %).
	-/-/DD	
	-/-/D	

(Quelle: Eigene Darstellung nach www.standardandpoors.com, www.moodys.com, www.fitchratings.com)

Auf Basis grundlegender Systematiken dieser Art haben die Rating-Anbieter ihr Bewertungsinstrumentarium parallel zu den Entwicklungen auf den Finanzmärkten weiterentwickelt. Im Wechselspiel mit den Bedürfnissen der Nachfrager nach Ratings wurden speziellere Bewertungskonzepte für besondere Finanzierungsformen ebenso wie für Kapitalnachfrager „besonderer Branchen" entwickelt. Im Zuge dessen existieren heute neben den ursprünglichen Ratings langfristiger Fremdkapitaltitel Bewertungen für andere Fristen und Finanzierungsformen. So vergeben Rating-Anbieter neben „Long Term Bond Ratings" etwa auch solche für „Preferred Stock" (Vorzugsaktien). Daneben enthält die Liste der „Rating Definitions" auch **branchen**spezifische Financial Strength Ratings für Banken und Versicherungen, die deren – um externe Einflüsse (z. B. die mögliche Unterstützung innerhalb von Verbundgruppen) bereinigte – Solidität und Ertragskraft ausdrücken, sowie Fund Ratings, die Management und Anlageportfolio diverser Investmentfondskategorien bewerten *(vgl. stellvertretend Pilny, 2005, S. 427 ff.)*.

Diese Verfeinerung und zunehmende „Maßschneiderung" von Ratings setzt eine positive Grundeinstellung zu Ratings bei den Marktteilnehmern und eine entsprechende Nachfrage voraus. Dass diese sich tatsächlich etabliert hat, ist auf die Vorteile zurückzuführen, die Ratings in (informations-)ökonomischer Hinsicht *(vgl. ausführlich Oehler/Voit, 1999; Horsch, 2005; Heinke/Steiner, 2007, bes. S. 687 ff.)* bieten. Zugrunde liegen dem in wesentlichen Teilen Kalküle, die auch im Rahmen von Make-or-Buy-Entscheidungen Anwendung finden. Dass die Rating-Kosten beim Kapitalnehmer anfallen, der Kapitalgeber die Informationen also zu einem Preis von praktisch Null erhält, lässt die Attraktivität dieses „Buys" für ihn besonders deutlich werden.

Aus Kapitalgebersicht stellt sich zunächst die Reduzierung von eigenen Informationsbeschaffungskosten durch den Ersatz von Eigen- durch Fremdrecherche und -beurteilung positiv dar. Zudem erhält er indirekten Zugang zu einer Informationsbasis, die gegenüber der eigenständig herstellbaren a) **mehr Information**en (größere Macht einer Rating-Unternehmung bei der Durchsetzung von Informationswünschen) enthält, die b) **qualitativ besser ausgewertet** sind (Spezialisierungsvorteil eines Rating-Anbieters in der Informationsverarbeitung).

Aus Sicht der kapitalnehmenden Unternehmen sind Ratings insbesondere dann attraktiv, wenn Finanzierungsmaßnahmen mit einem solchen „Qualitätssiegel" zu geringeren Finanzierungskosten führen als ohne. Und selbst wenn dieser Effekt deswegen nicht eintritt, weil das bewertete Unternehmen einer Veröffentlichung des Ratings nicht zustimmt, so erhält es in jedem Fall ein Expertengutachten zu den eigenen Stärken und Schwächen. Allerdings stehen den Chancen aus den geschaffenen Zusatzinformationen immer auch bestimmte Risiken gegenüber. Gegenzurechnen sind an dieser Stelle zunächst die für ein Rating direkt anfallenden Kosten, insbesondere die internen (Transaktions-)Kosten der Informationsbereitstellung sowie das Honorar für die Rating-Unternehmung. Dieses trägt das bewertete Unternehmen, seitdem die Anbieter externer Ratings von einer Bezahlung durch die Anleger auf die Bezahlung durch (potenzielle) Kapitalnehmer übergegangen sind *(vgl. ausführlicher dazu Peters, 2001, S. 39 ff.)*.

Ratings dienen dem Abbau von Informationsdefiziten, die das Zustandekommen von Kapitalüberlassungsverhältnissen behindern. Hierfür ist ihre Veröffentlichung zwingend erforderlich, entsprechend existieren aber auch Anreizeffekte für den Beurteilten, die Rating-Publizität dem Grunde nach von ihrem Inhalt abhängig zu machen: Anreize, ihr Rating zu veröffentlichen, haben vor allem die gut bewerteten Unternehmen. Die nachfolgende Abbildung zeigt, dass in den originären Prozess der Rating-Erstellung typischerweise („Solicited Rating") nur die Akteure (1) Kapitalsuchender (= Auftraggeber) und (2) Rating-Anbieter (= Auftragnehmer) einbezogen sind, bevor von ihnen einvernehmlich beschlossen werden muss, das Rating öffentlich zu machen *(vgl. auch Schulte/Horsch, 2004, S. 94 f.)*.

Solicited Rating und Publizität

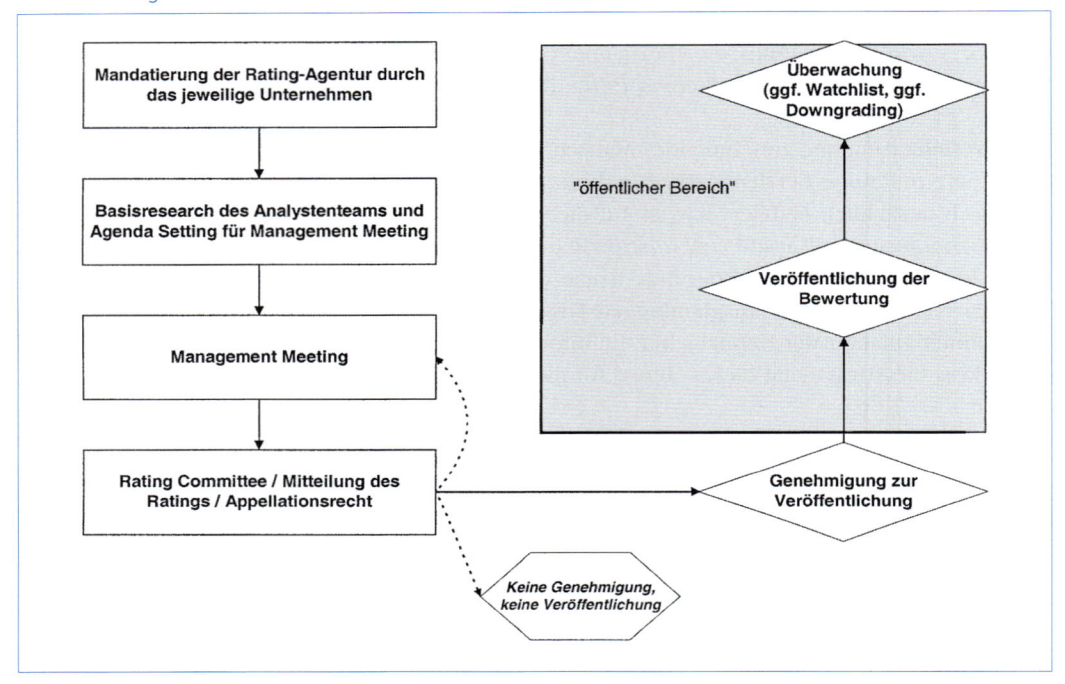

(Quelle: Nach Standard & Poor's, 2003, S. 7)

Bereits diese grundsätzlichen Überlegungen machen deutlich, dass der Stellenwert eines Ratings fundamental davon abhängt, welche Informationen seinem Ersteller zugänglich sind, mit welcher Qualität er sie auswertet und in seinem Urteil verdichtet. Insofern ist für den Fall, dass ein Rating ohne Auftrag der Beurteilten („unsolicited") erfolgt, die Reduzierung der zugrunde gelegten Informationen auf öffentlich zugängliche sowie die veränderte Struktur der Anreizeffekte zwischen den Betroffenen ins Kalkül zu ziehen. Deswegen sollten in den Rating-Prozess die Faktoren, welche die Kapitaldienstfähigkeit eines Schuldners beeinflussen, möglichst vollständig eingehen; der eigentlichen Unternehmens- sollte daher eine angemessene Länder- und Branchenanalyse vorangehen. Vor diesem Hintergrund wird dann die Wettbewerbsposition des Unternehmens im Konkurrenzvergleich (Standorte, Kundenbeziehungen, Sortiment, Know-how usw.) beurteilt. Kernstück von Ratings bilden regelmäßig (quantitative) Kennzahlensysteme, mit denen das Erreichen von Wert-/Rentabilitätszielen, die Produktivitäts-/Kostensituation, Vermögens-/Kapitalstruktur u.v.m. abgebildet werden. Hinzu tritt eine qualitative Analyse der so genannten soft facts, worunter insbesondere die Managementqualität, aber auch die Strategische Planung sowie Organisationsstruktur/-kultur gefasst werden *(vgl. ausführlich Berblinger, 1996, S. 61 ff.; Reich, 2007, S. 13 f.)*.

Auch für Rating-Unternehmungen gilt der Grundsatz, dass die Qualität eines Analyseergebnisses von der Qualität der benutzten Eingabedaten abhängig ist. Damit dieser Informationsfluss Grundlage für hochwertige Bewertungsergebnisse sein kann, die Nachfragern und Anbietern von Kapital positive Chance-/Risiko-Positionen (und den Anbietern externer Ratings erst Anreize zum Markteintritt) eröffnen, ist im Zeitablauf die Herausbildung einer entsprechenden **Rating-Kultur** erforderlich. Diese wird daher nachfolgend charakterisiert und im Hinblick auf die damit verbundenen Chancen und Risiken ebenso analysiert wie die (regulatorischen) Rahmenbedingungen, welche die Herausbildung dieser Kultur beeinflussen.

3.1.3.2 Finanzierungsstrukturen, Bankenaufsicht und Rating

Die im anglo-amerikanischen Sprachraum vorherrschende Kapitalgeberorientierung der unternehmerischen Informationspolitik hat dafür gesorgt, dass – analog zur Situation im Bereich der externen Rechnungslegung – die dortige Rating-Kultur in Kontinentaleuropa lange Zeit nicht verankert werden konnte. Dies belegt auch das Scheitern verschiedener Initiativen für eine neue europäische Rating-Agentur, so der Agentur „Euroratings" im Jahr 2002 *(vgl. hierzu sowie zu weiteren Beispielen Everling, 2005, S. 186)*. In der Folge dominieren auch in Deutschland Klagen über eine **unterentwickelte Rating-Kultur**. Allerdings haben die großen Anbieter wie S & P's, Moody's oder Fitch inzwischen auch auf dem (kontinental-)europäischen Markt Fuß gefasst. Hintergrund ihrer Expansionsstrategie ist die zunehmende Bedeutung der Kapitalmarkt- gegenüber der klassischen Bankenfinanzierung im Zuge der Disintermediation *(vgl. auch Rudolph, 2002, S. 55 f., 65)*.

In der Folge betreten manche Kapital**nachfrager** erstmals die Wertpapiermärkte, wo sie unbekannte Investitionschancen und -risiken für die Kapitalanbieter verkörpern. Folglich haben diese ein Interesse daran, möglichst a) zeitnah sowie b) umfassend und fachkundig über die Qualität dieser neuen Opportunitäten aufgeklärt zu werden. Umgekehrt hat auch das kapitalsuchende Unternehmen ein Interesse daran, sich attraktiv zu präsentieren. Da die eigene **Reputation** am neuen Markt noch wenig entwickelt ist, wird ersatzweise auf die eines anerkannten Rating-Anbieters gesetzt. Nachfragesteigernd für ihn kann sich überdies das Auftreten neuer Kapital**anbieter** auswirken, die mangels eigener Erfahrung oder aber aufgrund entsprechender Statuten ihre Anlageentscheidungen von Spezialistenurteilen abhängig machen.

Neben den Akteuren auf beiden Marktseiten wirken aber auch Institutionen, die die Rahmenbedingungen für die Finanzmärkte festsetzen, auf die Attraktivität bzw. die Nachfrage nach Ratings ein. Ein Musterbeispiel hierfür ist die Neukonzeption der internationalen Bankenaufsicht

(**Basel II**). Das vom Bankenausschuss der Bank für Internationalen Zahlungsausgleich vorgelegte Konzept ruht auf drei Säulen, wobei es im Kontext der wertorientierten Unternehmensführung und -finanzierung vornehmlich um die erste Säule geht, in deren Rahmen die Einbeziehung von Ratings in die Überwachung von Ausfallrisiken im Kreditgeschäft der Banken behandelt wird *(vgl. einführend Paul, 2007).*

Das „Drei-Säulen-Konzept" des Baseler Bankenausschusses

Stabilität des Finanzsystems		
„Minimum Capital Requirements"	„Supervisory Review of Capital Adequacy"	„Market Discipline"
=	=	=
Quantitative Eigenkapital-anforderungen	Qualitative Aufsicht	Transparenz-vorschriften
The New Basel Capital Accord		

(Quelle: Paul, 2007, S. 9)

Basel II zielt auf eine risikogerechtere Unterlegung von grundsätzlich ausfallgefährdeten Geschäften mit Eigenkapital der Bank, die ihren Ausdruck in differenzierteren Kreditkonditionen finden soll. Das hierfür als Anknüpfung dienende Ausfallrisiko können die Banken auf zwei grundsätzlichen Wegen ableiten. Der **Standard-Ansatz** besteht darin, die Bonitätsurteile von Rating-Unternehmungen („externe Ratings") heranzuziehen, sofern sich diese nach Maßgabe eines Baseler Katalogs von „eligibility criteria" als „external credit assessment institution" (ECAI) qualifiziert haben. Der zweite Weg führt über die Ratings der bankeigenen („internen") Systeme (Internal-Ratings-Based- bzw. IRB-Approach). Unabhängig davon, welche Ansätze die Banken künftig bevorzugen, ist in der Gesamtsicht damit eine massive Aufwertung von Ratings verbunden, die sich auch auf dem Markt für externe Ratings niederschlägt *(vgl. für eine kritische Einführung Everling, 2005, S, 186 f.).*

Daran ändert auch die Tatsache nichts, dass besonders in Deutschland eine unverändert intensive und z.T. aus nicht-ökonomischen Erwägungen heraus verzerrte Diskussion von Basel II und auch Ratings stattfindet. Ursache hierfür ist die in weiten Teilen mittelständisch geprägte Unternehmenslandschaft, deren Akteure in der Regel nicht über ein externes Rating verfügen. Dieser Nachholbedarf ist nicht per se bedenklich, doch wurde zeitweise befürchtet, dass die nachgeholten externen Urteile im Durchschnitt so schlecht ausfallen, dass sich die Finanzierungskonditionen für die Unternehmen bis hin zu „prohibitiven" Kreditpreisen verschlechtern, so dass am Ende eine Kreditklemme für den Mittelstand stehen könnte (was sich in der Realität der letzten Jahre indes nicht bestätigt hat). Unabhängig von der zweifelhaften Gültigkeit dieser Kausalkette wird damit die Notwendigkeit von Ratings eher noch unterstrichen: Wenn externe Beurteilungen schlecht ausfallen, bedeutet das in der Tat Handlungsbedarf. Fallen sie zutreffenderweise schlecht aus, kann sich dieser allerdings nur auf die materiellen Gründe für die schlechten Noten beziehen.

Aus diesen Gründen kann davon ausgegangen werden, dass die Bedeutung von (externen) Ratings auch für deutsche Unternehmen zukünftig weiter zunehmen wird. Die Chance liegt dann in einer kapitalgeberorientiert steigenden Markttransparenz und reduzierten Informationskosten der Anleger. Ein Risiko liegt für die Kapitalnehmer darin, dass sich je nach Ratingnote die Finanzierungskosten in beide Richtungen verändern können. Indes liegen im Bedeutungszuwachs der Rating-Unternehmungen weitere Probleme eigener Art, die einer eingehenderen Analyse bedürfen.

3.1.3.3 Chancen und Risiken einer starken Rating-Kultur

„Der Präsident der Bundesanstalt für Finanzdienstleistungen [Anm.: so das Original, die Aut.], Jochen Sanio, hat in einer Öffentlichen Anhörung des Finanzausschusses des Deutschen Bundestages am 4. Juni 2003 die Rating-Agenturen als ‚die größte unkontrollierte Machtstruktur im Weltfinanzsystem' bezeichnet. Die Bundesregierung hat Verbände der Wirtschaft um Stellungnahmen zur Tätigkeit der Rating-Agenturen gebeten. [...]" (Deutscher Bundestag, 2003)

Die zuletzt im Konsultationsprozess von Basel II lauter gewordenen Klagen über eine zu schwache Rating-Kultur Kontinentaleuropas dürfen nicht den Blick dafür verstellen, dass eine starke Rating-Kultur neben Chancen auch Risiken birgt. Beachtenswert sind zunächst Probleme auf dem Markt für Ratings, insbesondere die Gefahr eines eingeschränkten und damit qualitätsgefährdenden Wettbewerbs unter den Anbietern. Hierzu trägt zunächst die **(teil-)oligopolistische Marktstruktur** bei, da sich neben den „Big 2" bislang primär regional- oder branchenorientierte Nischenanbieter (und insbesondere kein europäisches Pendant) etablieren konnten. Zudem müssen Schuldner, wollen sie auch institutionelle Anleger akquirieren, nicht selten zwei Ratings etablierter Agenturen vorweisen, um den Anlagebedingungen solcher wichtigen Adressen zu genügen. Da diesem Qualitätsanspruch lange Zeit nur die Ratings der „Big 2" entsprachen, hatten gerade ihre Bewertungen eher komplementären als substitutiven Charakter.

In einem solchen Angebotsduopol bei faktischer Abnahmeverpflichtung der Nachfrager besteht aber ein (theoretischer) Anreiz für die Anbieter, nicht länger in Qualitätsverbesserungen ihres Angebots zu investieren, es kann in puncto Qualität zu einem „race to the bottom" kommen. Dieser Anreiz wirkt umso stärker, je höher die Markteintrittsbarrieren für neue Agenturen sind, die ansonsten als qualitativ überlegene Newcomer antreten könnten.

Aus der Natur von Ratings heraus sind diese Markteintrittsbarrieren vergleichsweise hoch, da jeder Newcomer ein Dilemma auflösen muss, das aus den spezifischen Eigenschaften von **Informationsprodukten** folgt: Die **Qualität von Ratings** kann ein hierauf bauender Investor nicht im Vorhinein abschätzen, da ihm hierzu die nötigen Zeit- und insbesondere Informationsressourcen fehlen. Das Rating selbst bewerten zu können würde erfordern, das bewertete Unternehmen mindestens so gut zu kennen wie die Agentur. In diesem Fall wäre der Investor aber erst gar nicht auf deren Urteil angewiesen. Da sich die Qualität eines Ratings insofern erst im Nachgang zu seiner Inanspruchnahme erweist, also nicht vorab durch Suche ermittelt, sondern allenfalls erfahren werden kann, in der Regel aber das **Vertrauen** der Informationssuchenden in die Richtigkeit der Information erfordert, sind Ratings in die Kategorien der **Erfahrungs**- bzw. **Vertrauensgüter** einzuordnen. Will ein Anbieter damit am Markt erfolgreich sein, muss er eine gewisse **Reputation** vorweisen. Nachgefragt werden Ratings einer Agentur – sowohl von den kapitalsuchenden Unternehmen als auch von den Kapitalanbietern als Informationsnachfragern im eigentlichen Sinne – also erst dann, wenn sie sich als etablierter Maßstab erwiesen haben (reputational capital view, *vgl. zur Bedeutung der Reputation eingehend v. Randow, 1996, hier S. 553 ff.*). Sie können sich als verlässliches „Gütesiegel" aber nur im Zeitablauf erweisen, wenn sie auch nachgefragt werden. Umgekehrt erhöht sich die faktische Bedeutung der etablierten Agenturen mit jedem (nicht fehlgehenden) Urteil, das sie abgeben: Je mehr Kapitalüberlassungen eine Agentur bis zum Zeitpunkt t bewertet hat, desto höher ist die Wahrscheinlichkeit, dass Emittenten und Investoren auch im nächsten Zeitpunkt (t + 1) ein Rating dieser Agentur nachfragen. Die gewachsene Struktur eines Marktes für Rating-Informationen neigt insoweit zu einer Selbsterhaltung und Zugangsbeschränkung.

Darüber hinaus zeigt eine starke Rating-Kultur Tendenzen zur Selbstverstärkung: Je mehr Emissionen/Emittenten in der Vergangenheit ein Rating erhalten haben, desto wichtiger wird ein solches für zukünftige: Anderenfalls müssten sie nämlich damit rechnen, dass das Fehlen des inzwischen als normal angesehenen Ratings ggf. unzutreffende, in jedem Fall aber unerwünschte Bonitätsmutmaßungen der Kapitalmarktteilnehmer auslöst *(Ratings als „faktisches Obligatorium", Peters, 2001, S. 152)*. Aus analogen Imagegründen erweist sich der Rückzug aus der einmal begonnenen Zusammenarbeit mit den Rating-Agenturen für ein Unternehmen als sehr gründlich auf ihre Publizitäts- und **Signalwirkung** zu prüfende Handlungsalternative.

Mit diesen Eigenheiten ihrer Kultur verstärkt sich der durch Ratings auf die Unternehmen erzeugte Transparenzdruck in seinen ökonomischen Auswirkungen: Die Praxis zeigt deutliche Zusammenhänge zwischen Ratings (und Ratingänderungen) sowie den Renditeforderungen der Kapitalgeber bzw. der Kursentwicklung. Diese Zusammenhänge sind inzwischen bereits anlässlich der **Ankündigungen** von Ratingveränderungen und insbesondere -abstufungen zu beobachten *(vgl. ausführlicher Heinke/Steiner, 2007, S. 694 ff.)*. Mindestens ebenso sensibel wie die Kapitalanbieter reagieren daher die Kapitalnachfrager auf **downgradings** der Agenturen:

„Ackermann kritisiert Ratingagenturen und Analysten

Josef Ackermann hat die Ratingagenturen, allen voran Moody's, scharf kritisiert. [...] der Chef der Deutschen Bank: ‚Ohne dass wir von Moody's kontaktiert wurden und unsere Position darstellen konnten, wurde unser Ausblick auf schlechter gestellt – das ist verheerend.' [...]"
(Quelle: Handelsblatt, Nr. 184, 24.09.2002, S. 26)

Das Urteil der kapitalsuchenden Unternehmen wird umso heftiger ausfallen, je sensibler ihre Finanzierungskosten auf Ratingveränderungen reagieren *(zum Zusammenhang von Credit Spreads und Ratings vgl. einführend Schulte/Horsch, 2004, S. 97 ff.)*. Je höher diese Sensitivität ausgeprägt ist, desto größer ist auch die Gefahr, dass eine schwierige Unternehmenssituation sich durch ein hierauf Bezug nehmendes Rating verschärft oder im schlimmsten Fall sogar erst erzeugt wird. Eine Ratingabstufung wird dann zur **„self fulfilling prophecy"**.

Rating-Abstufungen als self-fulfilling prophecies?

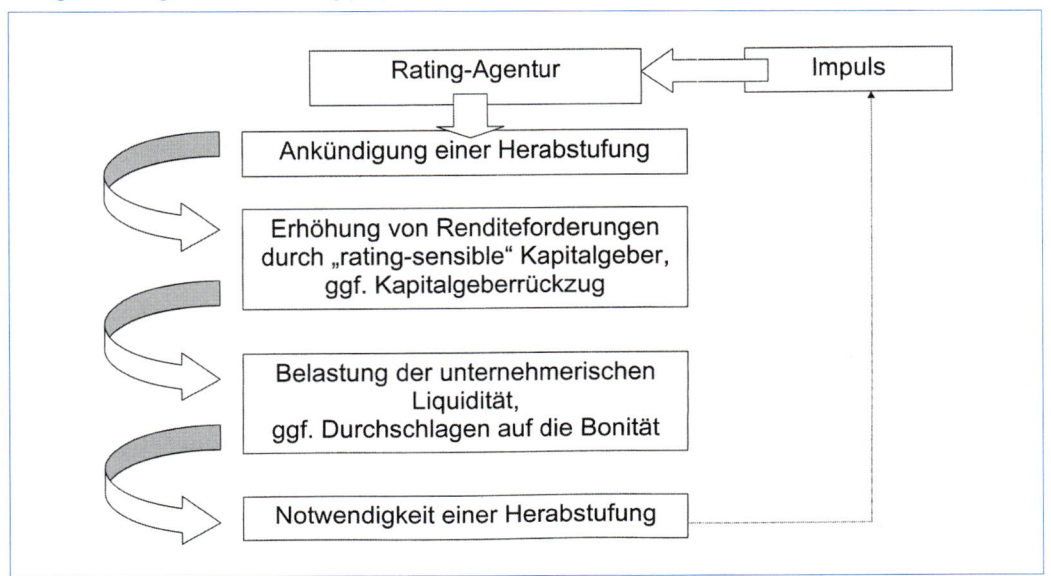

```
                    Rating-Agentur  ⇐  Impuls
                          ⇓
             Ankündigung einer Herabstufung
        ↪
             Erhöhung von Renditeforderungen
             durch „rating-sensible" Kapitalgeber,
                 ggf. Kapitalgeberrückzug
        ↪
             Belastung der unternehmerischen
                        Liquidität,
             ggf. Durchschlagen auf die Bonität
        ↪
             Notwendigkeit einer Herabstufung
```

Dieser **prozyklische** Charakter von Ratings stellt ein wichtiges Problem dar, das weiterer intensiver Forschung bedarf *(vgl. m. w. N. Horsch/Richard, 2003, S. 362 f.)*. Je verbreiteter das Abstellen der Marktteilnehmer auf Ratings, desto größer ist zudem deren Schaden im Falle von **Fehleinschätzungen** der Agenturen. Entsprechend wurden diese sowohl im Nachgang zu spektakulären Einzelfallissements (so bereits bei der Metallgesellschaft 1993) als auch zu den von ihnen unterschätzten Krisen auf den internationalen Finanzmärkten (Mexiko-Krise 1994/95, Asien-Krise 1997/98, Subprime-Krise 2007) kritisiert.

Zu massiven Belastungen zwar nicht der gesamten Rating-Branche, so doch ihres Images hat mehr noch der Zusammenbruch des texanischen Energiehändlers **Enron** in den Jahren 2001/2002 geführt. Ebenso wie bei der Rechnungslegung und Wirtschaftsprüfung nach anglo-amerikanischem Muster wurden in diesem Fall auch Mängel der etablierten Strukturen auf dem Markt für Unternehmensratings sichtbar. Die Agenturen hatten Enron – wohl auch bedingt durch die extrem hohe Intransparenz des Geschäfts sowie der Struktur des Unternehmens – lange Zeit im Bereich „investment grade" bewertet. Als erste Zweifel an der Richtigkeit dieses Urteils aufkamen, war es indes schon zu spät: Die angemessene Abstufung hätte zu einer so massiven Rückzugsbewegung der Kapitalanbieter geführt, dass hieraus automatisch der (Illiquiditäts-)Konkurs Enrons gefolgt wäre. Die Agenturen zögerten lange, diesen Teufelskreis auszulösen, verschärften dadurch aber das **Dilemma**, da die Aufrechterhaltung des Urteils immer weniger zu rechtfertigen war. Als es endlich zur dringend nötigen Abwertung kam, stellte sich die Insolvenz nur wenige Tage später ein *(vgl. etwa Morris, 2002; Galil, 2003).*

Abseits der Eigenheiten dieses speziellen Falls wohnt Ratings wie allen Qualitätsurteilen stets die Gefahr von Fehlern der ersten und der zweiten Art inne: Aufgrund der damit verbundenen ökonomischen Folgen insbesondere für die Kapitalanbieter sorgen dabei fälschlich gute Bewertungen schlechter Risiken für deutlich mehr Aufsehen – und damit Sanktionswirkung gegenüber den Agenturen – als schlechte Urteile über gute Risiken. In jedem Fall sind Fehlurteile dieser Art nicht als per se schlecht, sondern als normale Bestandteile eines wettbewerblichen **Such- und Entdeckungsprozesses** zu begreifen, der eben auch auf dem Markt für Ratings stattfindet. Hinweise auf die „fehlende Unfehlbarkeit" der etablierten Rating-Agenturen können deren Machtzuwachs sinnvoll beschränken, die Chancen konkurrierender Rating-Anbieter vergrößern, am Markt Fuß zu fassen und letztlich eine angemessene (Re-)Sensibilisierung der Marktteilnehmer bewirken. Der Antritt von Rating-Unternehmungen kann die mit Kapitalüberlassungen verbundenen Risiken niemals ausschalten, sondern bietet nur eine weitere Möglichkeit, sich hierüber ein fundiertes Urteil zu bilden. Parallel zu dieser Chance einer verbesserten Informationslage entstehen arteigene Risiken von Fehlinformationen und dadurch bedingter Fehlsteuerungen. Das stellt allerdings keine gravierende systematische Fehlentwicklung dar, so dass sich eine auf Informationsasymmetrien ruhende Regulierungsbegründung für Rating-Agenturen nicht halten lässt *(vgl. ausführlich v. Randow, 1996, hier im Ergebnis S. 567).*

Unabhängig davon, dass ihre Qualität zuweilen geringer ausfällt als erhofft, dienen Ratings gerade Akteuren auf internationalen Finanzmärkten als unverzichtbarer Informationsstandard. Da sich weniger eine Verengung als eine fortgesetzte Verbreiterung der Märkte sowohl hinsichtlich der Marktteilnehmer als auch der Finanzierungsformen abzeichnet, wird der von Seiten der Rating-Agenturen bzw. von Seiten der auf ihre Urteile angewiesenen Akteure herrührende Transparenzdruck auf die Unternehmen sich auch zukünftig weiter erhöhen. Für einen angemessenen Stellenwert und eine systematische Analyse des Ratings wäre es dabei wünschenswert, dass nicht nur die praktizierten Verfahren verfeinert werden, sondern auch die bislang eher dürftige theoretische Fundierung des Ratings ausgebaut wird. Hierauf müsste auch eine sorgfältige ordnungspolitische Auseinandersetzung mit Forderungen nach einer **„Regulierung von Rating-Agenturen"** *(vgl. stellvertretend Peters, 2001, S. 161 ff.; Zentraler Kreditausschuss, 2003)* Bezug nehmen, wie sie auch im Zuge der Subprime-Krise erwartungsgemäß von verschiedenen Politikern erhoben worden sind. Eine solche wäre heute primär krisengetrieben, ohne dass nachgewiesen worden wäre, dass eine staatliche Instanz Störfälle effektiver und effizienter bewältigen kann, als es derzeit die Summe der Marktteilnehmer tut.

Vor diesem Hintergrund erscheint der Ende des Jahres 2004 niedergelegte Code of Conduct der Internationalen Organisation der Wertpapieraufseher (IOSCO), dessen Beachtung seither vor allem von den EU-Behörden minutiös begleitet wird, als sinnvolle Kompromisslösung zwischen Selbst- und staatlicher Regulierung *(vgl. IOSCO, 2004; einführend auch Pilny, 2005, S. 422 ff.)*. Seit Anfang des Jahres 2006 ist dieser Verhaltenskodex von sämtlichen bedeutenden Rating-Agenturen adaptiert. Ob die neue Institution das Markthandeln von Rating-Agenturen tatsächlich wirksam und wünschenswert beeinflussen kann, bleibt abzuwarten. Zur Bewährungsprobe dürften Konflikte werden, in denen Verletzungen des Kodex' angemahnt werden und ggf. zu sanktionieren wären. Eine Unfehlbarkeit von Rating-Unternehmungen folgt hieraus nicht, sie wäre indes auch nicht durch staatliche Regulierung erreichbar. In einer von Ungewissheit geprägten Welt können Rating-Untersuchungen Wissensdefizite zwar verringern, doch muss ihnen ein „right to be wrong" zugestanden werden.

Unabhängig von diesen theoretischen Erwägungen bleibt festzuhalten, dass mit den Rating-Agenturen Informationsintermediäre auf den Finanzmärkten existieren, die mit der Transparenz (nicht nur über die Erreichung von Wertzielen) auch den Performancedruck auf die Unternehmen erhöhen. Umgekehrt bietet sich diesen die Chance, beim Angebot kapitalgeberorientierter Informationen von der Reputation dieser Marktakteure profitieren zu können. Anders als bei der externen Rechnungslegung handelt es sich hierbei nicht um eine gesetzlich normierte Publizität. Wie gesehen, kann die in Ratings gekleidete Publizität indes ökonomisch zur Pflicht werden, wenn nämlich davon ausgegangen werden muss, dass ein Verzicht vom Markt sanktioniert würde. Ähnliches gilt für die kapitalgeberorientierte Informationspolitik im Sinne des absatzpolitischen Instrumentariums. Diesen **Investor Relations** ist das nachfolgende Kapitel gewidmet.

3.1.4 Investor Relations

Um dem erhöhten Anspruchsniveau einer wertorientierten Unternehmensführung gerecht werden zu können, ist die **Erreichung** konkurrenzfähiger Ergebnisse ebenso wie deren marktgerechte **Kommunizierung** notwendig. Letztere ist Gegenstand des Finanzmarketings:

> Unter **Finanzmarketing** versteht man den an den Bedürfnissen der Kapitalgeber orientierten, zielgerichteten Einsatz finanzpolitischer Instrumente zur Überwindung der zwischen Kapitalnachfrage und Kapitalangebot bestehenden Marktwiderstände (*Süchting, 1995, S. 247*).

Vor dem aufgezeichneten Hintergrund könnte verwundern, dass ein solches Finanzmarketing in Deutschland eine vergleichsweise junge Institution darstellt. Dies gilt abgeleitet davon ebenso für das noch junge Instrumentarium der **Investor Relations**, die als **kommunikationspolitischer Baustein innerhalb einer übergeordneten Finanzmarketing-Konzeption** zu begreifen sind. Erklärbar wird beides, wenn man die im Vergleich zu angelsächsischen Ländern geringere bzw. später einsetzende Kapitalmarktorientierung deutscher Unternehmen im Allgemeinen berücksichtigt. So wurde z. B. bei General Electric ein Finanzmarketing bereits 1955 institutionalisiert, während in deutschen Großunternehmen erst Ende der 1980er und zu Beginn der 1990er Jahre entsprechende Abteilungen geschaffen wurden.

3.1.4.1 Entwicklung einer Finanzmarketing-Konzeption

Für den hierzulande beobachtbaren Aufholprozess im Hinblick auf eine verstärkte Kapitalmarkt- und Investorenorientierung nach angelsächsischem Vorbild können folgende Ursachen verantwortlich gemacht werden:

- *Zunehmende Konkurrenz um den Engpassfaktor Kapital*

Nicht nur die regelmäßig wiederkehrende Auseinandersetzung um eine möglicherweise restriktivere Kreditvergabepraxis deutscher Banken unterstreicht die grundsätzliche Bedeutung der externen **Eigen**mittelzuführung über den Kapitalmarkt. Allerdings konkurrieren die deutschen Gesellschaften hier – um kostengünstige und ausreichende Kapitalüberlassungsverhältnisse – mit anderen und dabei zunehmend solchen ausländischen Emittenten, die eine traditionelle und sehr viel stärkere Kapitalmarktorientierung aufweisen. Ein weiterer Impuls kommt von den Kapitalanbietern: Auch die – wie erwähnt – fortschreitende Internationalisierung der Investoren, die solche Eigenkapital-Investments in ihrem entsprechend erweiterten Portfolio-Zusammenhang sehen, hat das weltweite Konkurrenzverhältnis der Emittenten wesentlich intensiviert.

- *Zunehmende Wertorientierung der Investoren*

Ausmaß und Qualität des Wettbewerbs der Emittenten werden zudem durch die zunehmende Wertorientierung der Investoren forciert. Auch hier spielt die Internationalisierung eine wichtige Rolle: Ausgehend von angelsächsischen Investoren haben sich die an ihren Heimatmärkten üblichen Standards hinsichtlich Wertorientierung und auch Transparenz der Unternehmen als Erwartungen auf die Emittenten anderer Länder übertragen. In der Folge dominiert inzwischen auch in Deutschland das in Kapitel 2.1 dargestellte Konzept der wertorientierten Unternehmensführung. Entsprechend sind Unternehmen als Investitionsobjekte, mithin als Instrumente zur Erreichung der Einkommens- und Vermögensziele der Eigentümer zu betrachten, dem durch die Verfolgung der Kurswertmaximierung seitens des Managements am besten Rechnung getragen werden kann. Die Eigentümer fordern zudem eine möglichst hohe Transparenz, um Art und Ausmaß der Wertschaffung zeitnah bestmöglich beurteilen zu können. Dem genügen die Unternehmen nicht allein durch die gesetzlich vorgeschriebene Publizität oder über die gezielte Informationsbereitstellung an (Informations-)Intermediäre: Auch die zielgruppengerechte Finanzkommunikation ist als Instrument der wertorientierten Unternehmensführung zu begreifen *("Value Reporting", vgl. hierzu auch Volkart/Labhart, 2001).*

- *Veränderung der gesetzlichen Rahmenbedingungen*

Mit der Internationalisierung von Kapitalaufnahme und -anlage einher geht eine verstärkte Konkurrenz verschiedener nationaler **Finanzplätze** um die internationalen Finanzströme. Am deutschen Kapitalmarkt führte das in den letzten Jahren zu diversen gesetzlichen Maßnahmen, die auf eine Erhöhung der Attraktivität des Finanzmarktes für internationale Emittenten und Investoren zielen. Von besonderem Interesse in diesem Kontext sind dabei etwa die Bestimmungen des Wertpapierhandelsgesetzes zur Informationspolitik (Ad-hoc-Publizität) sowie die Inhalte des im Sommer 2002 in Kraft getretenen 4. Finanzmarktförderungsgesetzes *(vgl. zuvor kritisch zu den Finanzmarktförderungsgesetzen Süchting, 2000, S. 125 ff.)*. Auch solche rechtlichen Bestimmungen können insoweit zu einer stärker kapitalmarktorientierten Informationspolitik der Unternehmen beitragen.

Ausgehend von der aufgezeigten Notwendigkeit einer verstärkten Kapitalmarktorientierung deutscher Unternehmen und dem Verständnis der Mobilisierung von Eigenkapital auch als **Marketingproblem** soll im Folgenden analysiert werden, welche Möglichkeiten das Finanzmarketing – und dabei insbesondere das Instrument der Investor Relations – deutschen Unternehmen zur Verbesserung ihrer Wettbewerbsposition auf den internationalen Finanzmärkten bietet.

Es hat sich gezeigt, dass es für deutsche Gesellschaften auf Eigenkapitalmärkten zunehmend **Marktwiderstände** zu **überwinden** gilt. Diese können sich nicht nur darin niederschlagen, dass die Aufnahmebereitschaft des Marktes für zusätzliches Eigenkapital nicht ausreicht, sondern – was vor allem in Baissephasen um so nachdrücklicher zeigt – insbesondere auch darin, dass der angestrebte Emissionspreis unerreichbar ist. Damit liegt es nahe, die auf die Überwindung von Marktwiderständen auf Absatzmärkten gerichtete Marketingkonzeption auch auf Finanztitel – hier stellvertretend auf Aktien – zu übertragen.

Grundlegend ist eine veränderte Betrachtungsweise externer Finanzierungsvorgänge: Die Generierung von Finanzierungsmitteln wird nicht ausschließlich als (Finanzmittel-)**Beschaffung** verstanden, sondern ist primär Ziel und Resultat des **Absatzes des Produktes „Finanztitel"** in der Beziehung zwischen dem Unternehmen als Anbieter und den Kapitalgebern als Nachfragern in Bezug auf Investitionsangelegenheiten. Spezifika des Absatzobjektes Finanztitel, wie dessen Abstraktheit und Erklärungsbedürftigkeit, die zeitliche Divergenz von Leistung und Gegenleistung in Geldeinheiten, die produkteigene Unsicherheit aufgrund der Abhängigkeit der finanziellen Rückflüsse von der Entwicklung des Unternehmens sowie die Existenz von Sekundärmärkten, rechtfertigen dann aber die Entwicklung eines eigenständigen Marketingkonzeptes *(abstellend auf das Marketing von Bankleistungen vgl. ausführlich Süchting/Paul, 1998, S. 617 ff.).*

Folgt man dem entscheidungsorientierten Marketingkonzept, so umfasst das Finanzmarketing drei **wesentliche Grundelemente**:

1. die durch den Einsatz von Marketinginstrumenten zu verfolgenden **Ziele**,
2. die zur Entscheidungsfindung notwendigen, im Rahmen der **Finanzmarktforschung** zu beschaffenden Informationsgrundlagen sowie
3. die strategischen und operativen Entscheidungen über den Einsatz der **finanzpolitischen** Instrumente.

- *Ziele*

Zu den Zielen des um Eigenmittel bemühten Unternehmens gehört es zum einen, durch die Sicherung möglichst stabiler Finanzierungsquellen den erforderlichen Finanzierungsrahmen überhaupt zu realisieren. Auf dieser Basis soll das Kapital möglichst kostengünstig beschafft werden. Eine Reduktion der als Abzinsungsfaktor dienenden Kapitalkosten führt mithin zu einer Erhöhung des Marktwertes des Unternehmens.

Dabei trägt ein höherer Aktienkurs (und der dadurch ermöglichte höhere Emissionspreis für junge Aktien) zu einer Senkung der Kosten für die Beschaffung von Beteiligungskapital bei. Da zusätzlich zu zahlende Dividenden und auch die davon abhängigen Steuern auf dem Nennwert einer Kapitalerhöhung basieren, kommt es mit der Vergrößerung des Agios zu einer relativen Verbilligung der Aktienfinanzierung.

Zu den weiteren Zielen gehört – neben der Erfüllung der gesetzlichen Informationspflichten – eine stabile Kursentwicklung und damit eine Verringerung der Risiken für den Aktionär, die andernfalls zu höheren Kapitalkosten entgolten werden müssten (Erhöhung der Risikoprämie wie für das CAPM gezeigt). Überdies wird verhindert, dass ein potenzieller Aufkäufer Kurstäler nutzt, um mit relativ geringem Kapitaleinsatz in die Gesellschaft einzutreten. Umgekehrt erhält die AG mit einem höheren Börsenkurs eine werthaltigere „Akquisitionswährung" für eigene Zukäufe, womit auch der Motivationsgehalt von Stock Options oder anderen kursbezogenen Anreizprogrammen für Führungskräfte („Phantom-Aktien") zunimmt *(vgl. aber kritisch Coenenberg/Salfeld, 2003, S. 234 ff.; Kürsten, 2000, S. 375)*. Wichtige Unterziele sind ggf. die breite Streuung der Aktien im Publikum, die Erhöhung des Bekanntheitsgrades von Börsenneulingen oder die generelle Steigerung des Imagewertes mit der eigenen Aktie als „Markenartikel" *(zu Zielen von Investor Relations vgl. ergänzend Müller/Gerhardt, 2001)*.

- *Finanzmarktforschung*

Die Finanzmarktforschung als zweites wesentliches Grundelement des Finanzmarketing dient der **systematischen Informationsgewinnung** und -analyse in Bezug auf die Bedingungen an den relevanten Kapitalmärkten. Sie stellt somit die informatorische Grundlage für strategische und operative Marketingentscheidungen bereit. Neben der Erhebung, Beurteilung und

Prognose von Finanzmarktdaten (z. B. Marktstruktur, aktienbezogene Kennzahlen, Umsatzvolumina, Börsentendenzen, makroökonomische und rechtliche Rahmenbedingungen) gehört hierzu auch die Analyse der Marktteilnehmer. Gegenüber anderen (Medien, Kunden, Belegschaft) stehen dabei drei Gruppen im Vordergrund: Investoren, Finanzintermediäre und Wettbewerber *(vgl. ausführlich Link, 1991, S. 33 ff.)*.

Die Betrachtung der aktuellen und potenziellen **Investoren** sowie deren Segmentierung in einzelne Kapitalgebergruppen (z. B. mit unterschiedlichen Anlagehorizonten, Risikoeinstellungen, Informationsquellen usw.) bilden die Basis für den zielgruppenspezifischen Einsatz des finanzpolitischen Instrumentariums. Die Notwendigkeit eines kundenorientiert differenzierten Vorgehens wird etwa deutlich an den wesentlichen Unterschieden im Anlageverhalten **institutioneller** und **individueller** Anleger:

Anlageverhalten institutioneller und individueller Anleger

	institutionelle	**individuelle**
Transaktionsvolumen	groß	klein
Transaktionsdurchführung	Gruppenentscheidungen formalisierte Vorgaben/Restriktionen regelmäßig	Einzelentscheidungen keine formalisierten Restriktionen unregelmäßig
Entscheidungsverhalten	professionell/rational	weniger professionell/z.T. emotional/loyal

(Quelle: In Anlehnung an Süchting, 1995, S. 250)

Auch die Hinwendung zur Namensaktie steht für eine gesteigerte Zielgruppenorientierung im Finanzmarketing gegenüber den Eigentümern: Die Ersetzung des anonymen Aktionärs durch den namentlich bekannten schafft erheblich bessere Möglichkeiten für eine kontinuierliche und gezielte Ansprache. In der Folge versorgen heute nicht wenige Aktiengesellschaften „ihre" Aktionäre mit weit mehr Material („Aktionärsbriefe") als nur Pflichtpublikationen.

(Finanz-)Intermediäre als Mittler zwischen Emittent und Investoren, die überwiegend Informationsfunktionen (z. B. Rating-Unternehmungen, Analysten), Informations- und Transaktionsfunktionen (z. B. Anlageberater, Emissionsbanken) oder primär Transaktionsfunktionen (z. B. Discount Broker) ausüben, sind aufgrund ihrer Funktion und/oder Reputation von erheblicher Bedeutung für die Meinungsbildung in den verschiedenen Investorengruppen und damit mittelbar für den Emittenten.

Schließlich verlangt die in Zeiten der Wertorientierung umso stärker wachsende Konkurrenz auf den Primärmärkten für Aktienkapital eine Analyse der **Wettbewerber** und ihres Verhaltens. Bei der **Bestimmung** der Wettbewerber entscheidet vor allem das Ausmaß der Substituierbarkeit bestimmter Finanztitel. Dieses kann etwa zwischen gleichartig gestalteten Anteilsrechten zweier Unternehmen der gleichen Branche hoch sein, was durch die Branchenspezialisierung von Analysten, einen Teil der Fondsgesellschaften, aber auch durch die angestrebte Branchengewichtung in den Portfolios breiter diversifizierter Investoren forciert wird. Ebenfalls zur Wettbewerbsanalyse gehört die Untersuchung des Wettbewerber**verhaltens**. Diese sollte die wesentlichen Aktionen der Konkurrenten (z. B. Kapitalerhöhungen, Veränderungen der Rechnungslegung, Informationspolitik, Emission neuartiger Finanztitel), aber auch deren Reaktionen auf eigene Finanzmarketing-Aktivitäten umfassen.

- *Einsatz der finanzpolitischen Instrumente*

  In Analogie zum klassischen Konsumgütermarketing können vier Instrumente des Finanzmarketing-Mix unterschieden werden, die innerhalb eines durch die Marketingstrategie festgelegten kapitalmarktorientierten Handlungsrahmens eingesetzt werden können. Diese seien exemplarisch am Beispiel der Aktie kurz erläutert (*vgl. grundlegend und ausführlich dazu Link, 1991, S. 182 ff.*):

  1. *Produktpolitik:* Ausgestaltung der zu emittierenden Finanztitel (Beispiel: Vorzugs- oder Stammaktie, Inhaber- oder Namensaktie, Verbindung mit Wandelanleihe),

  2. *Preispolitik:* Festlegung des Emissionskurses sowie der Dividendenpolitik (Beispiel: Bonus für private Frühzeichner),

  3. *Distributionspolitik:* Wahl der Vertriebswege sowie Börsenplätze und -segmente (Beispiel: Bestimmung des Bankenkonsortiums, Nutzung des Internet, Platzierung auch in New York und Tokio sowie an deutschen Regionalbörsen),

  4. *Kommunikationspolitik,* auf die nachfolgend ausführlicher eingegangen wird.

> Die **Kommunikationspolitik** auf Finanzmärkten umfasst alle Maßnahmen, die auf die Gestaltung der mittelbaren oder unmittelbaren Informationsübermittlung von den Emittenten an die aktuellen und potenziellen Investoren gerichtet sind, um diese zu einem Verhalten zu veranlassen, das der Zielerreichung des Unternehmens dienlich ist.

Das Maßnahmenbündel der Kommunikationspolitik bezieht sich nicht nur auf den Kauf eines bestimmten Finanztitels, sondern auch auf das Verhalten nach dem Erwerb; es betrifft die Gewinnung von Erstkäufern ebenso wie das Halten von Dauerinvestoren. Die so verstanden auf den **Markt für Beteiligungskapital** bezogene Kommunikationspolitik wird als Investor Relations bezeichnet (*vgl. Süchting, 1995, S. 253*). Diese erfüllen sowohl eine Bekanntmachungs- als auch eine Beeinflussungsfunktion.

3.1.4.2 Investor Relations als Kern der Finanzmarketing-Konzeption

Zu den **Grundprinzipien** bei der Vermittlung von kapitalmarktbezogenen Kommunikationsinhalten gehören

- eine überzeugende, zukunftsorientierte und konsistente Formulierung und Vermittlung der Unternehmensstrategie in ihrem Umfeld, ihrer Historie und ihren Visionen (Equity Story),
- die Kenntnis und Anerkennung des jeweiligen Informationsbedürfnisses der verschiedenen Adressaten,
- die Erhöhung und Erhaltung der eigenen Glaubwürdigkeit durch
    - Verbesserung der Transparenz,
    - Kontinuität und Aktualität in der Informationspolitik,
    - Vermeidung widersprüchlicher Meldungen,
    - Aufgreifen einmal getroffener Aussagen zur zukünftigen Entwicklung des Unternehmens und Erläuterung eventueller Abweichungen von den Plandaten,
    - Erhalt der Glaubwürdigkeit auch durch die Übermittlung negativer Informationen,
    - Zielgruppenorientierung bei grundsätzlicher – z. T. gesetzlich erzwungener – informatorischer Gleichbehandlung.

Die Abbildung auf der folgenden Seite zeigt eine Systematik relevanter Informationskategorien, die vor allem an der Unterscheidung von finanztitel- und emittentenbezogenen Informationen ansetzt. Die Grafik enthält überdies prägnante Beispiele, sodass sich weitere Erläuterungen weitgehend erübrigen *(ergänzend vgl. Müller/Gerhardt, 2001).*

Vergangenheitsorientierte Informationen über den Emittenten meinen insbesondere die **Qualität des externen Rechnungswesens**. Einen wichtigen Schritt in Richtung true and fair view, wie er nicht nur von internationalen Investoren mehr und mehr gefordert wird, stellt die Bilanzierung nach internationalen Standards wie IAS/IFRS dar. Eine dabei gezeigte Segmentberichterstattung nach Geschäftsfeldern, eine Kapitalflussrechnung, die Verwendung aussagefähiger Finanzkennzahlen z. B. auf Basis der Balanced Scorecard oder die Verringerung stiller Reserven sowie die dadurch erreichte Verbesserung der internationalen Vergleichbarkeit können in Verbindung mit möglichst aktueller Berichterstattung und konsistenten Datenreihen für die gewünschte Transparenz sorgen. Den Adressaten der Finanzkommunikation wird man ebenfalls durch eine Verkürzung der Veröffentlichungsfristen gerecht.

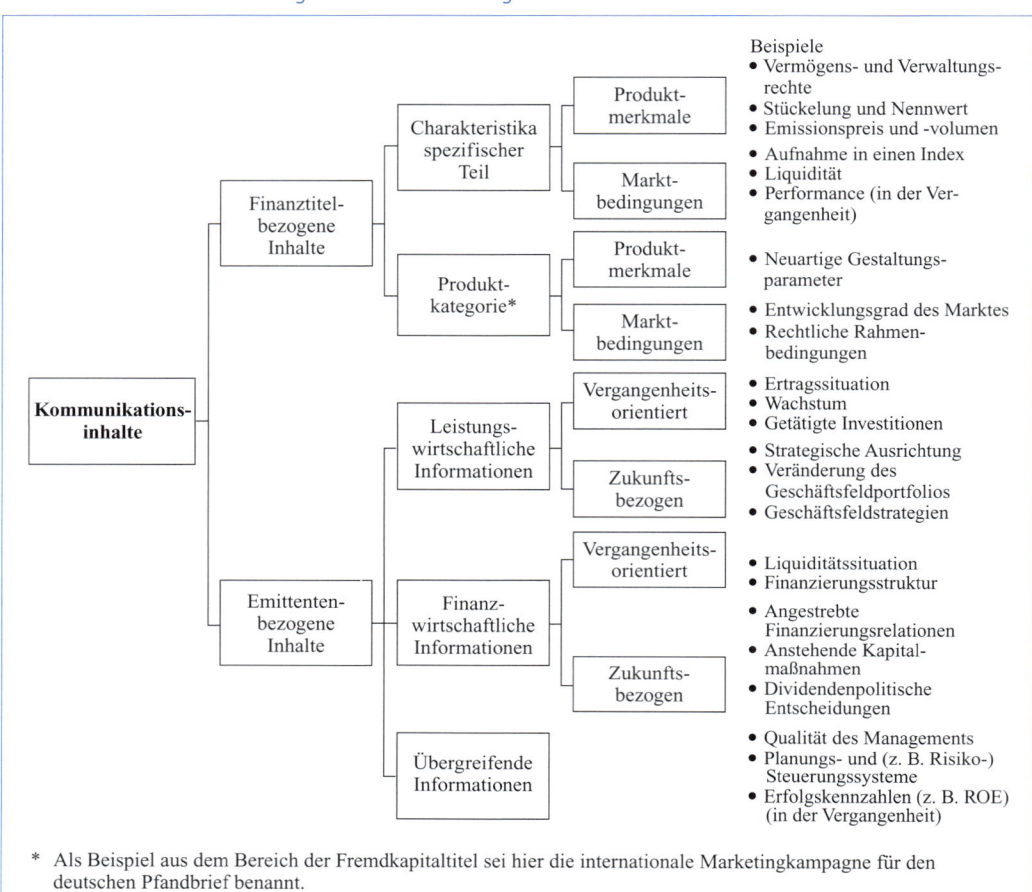

Finanztitel- und emittentenbezogene Informationskategorien

```
                                                                              Beispiele
                                                                              • Vermögens- und Verwaltungs-
                                                           Produkt-              rechte
                                                           merkmale           • Stückelung und Nennwert
                              Charakteristika                                 • Emissionspreis und -volumen
                              spezifischer                                    • Aufnahme in einen Index
                              Teil                         Markt-             • Liquidität
              Finanztitel-                                 bedingungen        • Performance (in der Ver-
              bezogene                                                          gangenheit)
              Inhalte
                                                           Produkt-           • Neuartige Gestaltungs-
                              Produkt-                     merkmale             parameter
                              kategorie*
                                                                              • Entwicklungsgrad des Marktes
                                                           Markt-             • Rechtliche Rahmen-
                                                           bedingungen          bedingungen

                                                           Vergangenheits-    • Ertragssituation
                              Leistungs-                   orientiert         • Wachstum
Kommunikations-               wirtschaftliche                                 • Getätigte Investitionen
inhalte                       Informationen
                                                                              • Strategische Ausrichtung
                                                           Zukunfts-          • Veränderung des
                                                           bezogen              Geschäftsfeldportfolios
                                                                              • Geschäftsfeldstrategien

                                                           Vergangenheits-    • Liquiditätssituation
                                                           orientiert         • Finanzierungsstruktur
              Emittenten-     Finanz-
              bezogene        wirtschaftliche                                 • Angestrebte
              Inhalte         Informationen                                     Finanzierungsrelationen
                                                           Zukunfts-          • Anstehende Kapital-
                                                           bezogen              maßnahmen
                                                                              • Dividendenpolitische
                                                                                Entscheidungen

                                                                              • Qualität des Managements
                              Übergreifende                                   • Planungs- und (z. B. Risiko-)
                              Informationen                                     Steuerungssysteme
                                                                              • Erfolgskennzahlen (z. B. ROE)
                                                                                (in der Vergangenheit)
```

* Als Beispiel aus dem Bereich der Fremdkapitaltitel sei hier die internationale Marketingkampagne für den deutschen Pfandbrief benannt.

(Quelle: Cutts/Klein, 1998, S. 582)

Der gerade von Analysten geforderte **Zukunftsbezug** von Informationen meint einerseits kurz- bis mittelfristige Plandaten hinsichtlich der Ertrags-, Kosten- und Risikoentwicklung sowie andererseits die längerfristige strategische Ausrichtung, vor allem die Zusammensetzung des Geschäftsfeldportfolios *(einschließlich Akquisitionen und Desinvestitionen, vgl. dazu ausführlich Paul/Horsch/Stein, 2005, bes. S. 298 ff.)*. Die Erfüllung solcher Informationsbedürfnisse stößt jedoch dort an ihre Grenzen, wo die Wettbewerbsposition der Gesellschaft auf ihren Absatzmärkten durch vorzeitige Kenntnis der strategischen Planungen seitens der Konkurrenten gefährdet wird. Allerdings darf dieses Argument nicht zur Begründung einer generellen Auskunftsverweigerung zu strategischen bzw. zukunftsbezogenen Fragen genutzt werden. Letztlich müssen somit im Einzelfall das **Informations**bedürfnis des Kapitalmarkts und mögliche Wettbewerbsnachteile bzw. **Vertraulichkeits**bedürfnisse gegeneinander **abgewogen** werden.

Abschließend soll der Frage nachgegangen werden, mit Hilfe welcher Instrumente und auf welchen Wegen die Botschaften an die jeweiligen Adressaten zu übermitteln sind. Eine Systematik, die an den Kategorien „persönliche bzw. unpersönliche Kommunikation" einerseits sowie „indirekte bzw. direkte Kommunikation" andererseits ansetzt, zeigt die nachstehende Abbildung an ausgewählten Beispielen *(vgl. ausführlich auch Cutts/Klein, 1998, S. 583 ff.; Link, 1993, S. 216 ff.)*.

Zweidimensionale Klassifikation von Investor-Relations-Instrumenten

	Persönlich	Unpersönlich
Indirekt	• Gespräche/Roadshows mit Intermediären • Pressekonferenzen • Interviews mit Journalisten	• Finanzanzeigen/-spots • Pressemitteilungen • Veröffentlichungen/ Analystenreports • (Ad-hoc-)Publizität
Direkt	• Gespräche/Roadshows mit Investoren • Hauptversammlung • Unternehmensbesichtigung • Einzelgespräche mit Investoren	• Aktionärsbrief/-zeitschrift • Geschäfts-/Zwischenbericht • Internet/Hotlines

Persönliche Kommunikationsmittel gelangen unter Kosten-Nutzen-Gesichtspunkten vornehmlich bei institutionellen Investoren und Finanzintermediären zum Einsatz. Anders als im Massenmarkt des Segments der weniger vermögenden Privatkunden ergeben sich hier niedrigere Informationskosten und ein ungleich höherer Nutzen vor allem aus der angestrebten Multiplikatorwirkung. Häufig nimmt daher der Vorstandsvorsitzende oder der Finanzvorstand diese Aufgabe persönlich wahr.

Mit Hilfe **unpersönlicher Kommunikationsformen** lässt sich ein größerer Adressatenkreis mit begrenztem Zeit- und Kostenaufwand (was besonders bei der Nutzung des Internet deutlich wird) erreichen. Dem steht der Nachteil einer i. d. R. einseitigen Kommunikation gegenüber, so dass diese Form der Information vor allem die nicht unmittelbar rückkopplungsbedürftige Versorgung einer breiten Zielgruppe mit weniger erklärungsbedürftigen Basisinformationen betrifft. Letztlich gehören auch unterstützende Maßnahmen vom Gewinnspiel bis zum **Sponsoring** (z. B. eines Fahrrad- oder Formel-1-Rennstalls) in diesen Zusammenhang.

Im Gegensatz zu direkten werden bei **indirekten Kommunikationsprozessen** Informations- bzw. Finanzintermediäre wie Analysten und Anlageberater zwischengeschaltet. Als Informationsmittler zwischen Emittent und Investoren erfüllen diese zwei wichtige Funktionen:

1. Reduzierung der Transaktionskosten der Informationsübermittlung (bei den Emittenten) bzw. der Kosten der Informationssuche und -auswertung (bei den Investoren).

2. Reduzierung der Qualitätsunsicherheit der Investoren durch **Reputationstransfers** von Informationsmittlern auf den Emittenten: Unter Ausnutzung längerfristig bestehender, dauerhafter Beziehungen zu (objektiveren) Informationsmittlern können Glaubwürdigkeitsprobleme bei der direkten (subjektiveren) Informationsübermittlung eingeschränkt werden.

Da Informationsmittler als **Meinungsführer** häufig einen erheblichen Einfluss auf die Entscheidungsprozesse der Anleger ausüben, erhält die systematische Pflege der Beziehungen zu diesen Intermediären durch den Emittenten im Rahmen eines **Relationship Managements** wesentliche Bedeutung.

Resümierend lässt sich festhalten, dass Investor Relations kein Substitut für eine fundamentale und nachhaltige Performance darstellen. Allerdings können sie bei dauerhafter Praxis die Wahrscheinlichkeit signifikant erhöhen, dass sich Verbesserungen der Fundamentaldaten auch tatsächlich in entsprechenden Marktwertsteigerungen niederschlagen oder umgekehrt, dass die Bewertung des Unternehmens an den Kapitalmärkten zumindest langfristig nicht hinter dem („inneren") Unternehmenswert zurückbleibt *(vgl. Lebner/Beynio, 2002)*. In diesem Zusammenhang wird von einer **Werttransformationsfunktion** der Investor Relations gesprochen. Unternehmen, die sich in ihrer Informationspolitik demgegenüber ausschließlich an den gesetzlichen Mindestanforderungen orientieren, werden umgekehrt mit einem Bewertungsabschlag bestraft und müssen auf wertvolle Impulse verzichten, die der kritische Dialog mit der Financial Community mit sich bringt.

Gerade in wirtschaftlich schwierigen Zeiten großer Unsicherheit an den Finanzmärkten kommt der Pflege der Beziehungen zu Investoren besondere Bedeutung beim Erhalt des **Vertrauenskapitals** zu. Niederschlag findet dies nicht zuletzt in steigenden Etats für Investor Relations. Hierbei ist die Pflege der Beziehungen zu den Kapitalgebern als ebenso zielgerichtet wie breit angelegter Ansatz zu verstehen, der weit über konkrete emissionsbezogene Informationskampagnen hinausgeht, indem er die gesamte kapitalmarktorientierte Kommunikation mit Investoren und relevanten Informationsmittlern umfasst. Da ein Investor-Relations-Konzept insofern als angemessene Reaktion auch auf die steigenden Anforderungen einer wertorientierten Unternehmensführung verstanden werden kann, die ja nicht zuletzt die rating- und rechnungslegungsbezogenen Entwicklungen auf den internationalen Finanzmärkten aufgreift, kann es als besonders umfassender Reflex des derzeit wirkenden Transparenz- und Performancedrucks aufgefasst werden.

Besondere Bedeutung besitzt ein angemessener Informationsaustausch vor allem im Rahmen sehr komplexer bzw. erklärungsbedürftiger Geschäftsvorfälle. Als besonders repräsentatives Beispiel hierfür werden daher im Schlusskapitel Mergers & Acquisitions-Transaktionen vertieft behandelt.

Aufgaben

1. Erläutern Sie, inwiefern von Rechnungslegung, Rating und Investor Relations als Stufen kapitalgeberorientierter Informationspolitik gesprochen werden kann. Machen Sie sich klar, in welcher Form Ihr Haus den hierdurch gegebenen Möglichkeitsbereich derzeit nutzt.

2. Definieren Sie den Begriff des Ratings, unterscheiden Sie es von der Anlageempfehlung eines Research-Berichts und erläutern Sie aus informationsökonomischer Sicht die Vorteile, die es Kapitalgebern bieten kann.

3. Beschreiben Sie die Einflüsse der Globalisierung sowie der Neuregulierung des Bankwesens auf den Stellenwert von Ratings für deutsche Unternehmen.

4. Erörtern Sie die Notwendigkeit einer Regulierung von Rating-Agenturen ausgehend von ihrer Einstufung als „größte unkontrollierte Machtstruktur im Weltfinanzsystem".

5. Erläutern Sie die mit der Bedeutungszunahme von Ratings einhergehenden Risiken anknüpfend an der Marktstruktur, den Gütereigenschaften sowie der Reaktionsempfindlichkeit der Marktteilnehmer.

6. Definieren Sie den Begriff des Finanzmarketings und bilden Sie Beispiele für die einzusetzenden finanzpolitischen Instrumente am Beispiel einer Aktien- sowie einer Anleiheemission.

7. Unterscheiden Sie das idealtypische Anlageverhalten institutioneller und individueller Anleger und versuchen Sie, eine analoge Differenzierung entsprechend der Kundengruppeneinteilung Ihres Hauses vorzunehmen.

8. Wägen Sie die Vor- und Nachteile zwischen persönlichen/unpersönlichen sowie direkten/indirekten Kommunikationsformen im Rahmen des Finanzmarketings ab und unterlegen Sie Ihr Urteil mit Beispielen.

9. Erörtern Sie, inwiefern Investor Relations zum Abbau des Informationsgefälles zwischen Kapitalnehmer und Kapitalgeber beitragen können.

3.2 Mergers & Acquisitions: Wertsteigerung durch Unternehmensübernahme?

3.2.1 Theoretische Grundlagen von Mergers & Acquisitions

3.2.1.1 Wertorientierung und M & A-Praxis im Zusammenspiel

Die bisherigen Ausführungen zum Shareholder-Value-Konzept haben gezeigt, dass Unternehmen von verschiedenen Interessengruppen, insbesondere aber von ihren Kapitalgebern, unter einen steigenden Transparenz- und Performancedruck gesetzt werden. Im Anschluss wurde daher näher auf die Frage eingegangen, mit welcher Form der Transparenzschaffung die Unternehmen auf diese Ansprüche reagieren können. Dem besagten Druck standhalten zu können, erfordert indes noch weit mehr als eine auf den verschiedenen Ebenen sinnvoll gestaltete (Finanzmarkt-)Kommunikation. Aus dem Möglichkeitsbereich strategischer unternehmerischer Entscheidungen eignen sich dabei insbesondere Mergers & Acquisitions (M & As) für eine vertiefte Analyse vor dem Hintergrund der wertorientierten Unternehmensführung.

In Zeiten der Globalisierung sind M & A-Transaktionen bereits deswegen von Interesse, weil sie eine wichtige Handlungsvariante zur Erreichung einer international wettbewerbsfähigen Unternehmensgröße (etwa durch Zukauf) oder einer schlagkräftigeren, auf das Kerngeschäft fokussierten Unternehmenseinheit (entsprechend durch Verkauf) bilden. Darüber hinaus zeigt ein Rückblick auf die 1980er Jahre und damit den Ausgangspunkt der Shareholder-Value-Idee, wie eng in dieser Entwicklungsphase Wirtschaftstheorie und -praxis miteinander verzahnt waren: Das wirtschaftliche Umfeld der zitierten Arbeiten von Rappaport war gerade in den USA durch dramatische Kapitalmarktentwicklungen gekennzeichnet, für die das Schlagwort der **„Mergermania"** geprägt wurde. Hingegen wird die „M & A-Welle" der 1990er-Jahre als von Wertsteigerungszielen getrieben gesehen (*vgl. Coenenberg/Salfeld, 2003, S. 190 ff.*). M & As genauer zu beleuchten, empfiehlt sich daher auch angesichts der Wechselwirkungen dieser unternehmerischen Aktivitäten mit dem neuen Mess- und Handlungskonzept. Naturgemäß sind M & As zudem Transaktionen, die selten ohne Rückgriff auf die organisierten Kapitalmärkte denkbar sind, womit auch die in den Vorkapiteln entwickelten Überlegungen in diesem Kontext eine zentrale Rolle spielen: Durch intensive informationspolitische Bemühungen und – oft kontroverse – Diskussionen begleitete Musterbeispiele boten zunächst die 1990er-Jahre:

- den bereits vor dem Vollzug gescheiterten „Merger of Equals" von Deutsche Bank/Dresdner Bank;
- die vollzogene, schwierig verlaufene und 2007 wieder gelöste Fusion Daimler/Chrysler;
- die unverändert bestehende Eingliederung der Dresdner Bank in den Allianz-Konzern sowie insbesondere

- die für die deutsche Wirtschaft, Gesellschaft und Politik richtungweisende Transaktion Vodafone/Mannesmann *(vgl. zu diesen und anderen prominenten Fallbeispielen auch die Sammelbände von Oberender, 2002; Franz/Ramser/Stadler, 2002)*.

In den 2000er-Jahren waren es in Deutschland auch M & As von Unternehmungen durch Wettbewerber (wie die Übernahme der Hypovereinsbank durch die italienische UniCredit oder per 2007 die Neuordnung der (Beteiligungs-)Verhältnisse zwischen Porsche AG und Volkswagen AG), vor allem aber Transaktionen unter Beteiligung spezialisierter Finanzinvestoren (von politischen Akteuren auf das Niveau der sog. „Heuschrecken-Debatte" befördert) sowie per 2007 von Staatsfonds, die für Aufsehen gesorgt haben.

Angesichts der ausführlichen, oft politisch motivierten und emotionalisierten Debatten erscheint eine Auseinandersetzung mit Grundlagen von M & As unbedingt geboten.

> Bei **M & As** handelt es sich um Transaktionen, bei denen die Leitungs- und Kontrollrechte an einem Unternehmen auf einen neuen Akteur übergehen. Bei einem **Merger** gehen sowohl das übernehmende als auch das übernommene Unternehmen in einer – zuweilen neuen – gemeinsamen Rechtseinheit auf. Durch diese **Fusion** verliert das übernommene Unternehmen seine wirtschaftliche und rechtliche Selbstständigkeit. **Acquisitions** sind hingegen generell Käufe von Unternehmen(sbeteiligungen). Das übernehmende Unternehmen übt hiernach in Abhängigkeit von seiner Beteiligungsquote einen mehr oder minder starken wirtschaftlichen Einfluss aus.

Je nach Eigentumsstruktur der übernommenen Unternehmung kann der übernehmende Käufer als Mehr- oder Minderheitseigentümer beherrschenden Einfluss erlangen, ohne eine Fusion realisieren zu müssen *(vgl. Süchting, 1995, S. 104 f.)*. Entsprechend umgekehrt ist die Einschränkung der wirtschaftlichen Selbstständigkeit für das Zielunternehmen bei entsprechend hoher Beteiligungsquote fusionsähnlich, es verliert hier aber – anders als bei einer Fusion – nicht seine rechtliche Selbstständigkeit. Nachfolgend wird vorwiegend auf Situationen des Erwerbs von Unternehmen(steilen) abgestellt, die eine besonders einprägsame Darstellung ermöglichen.

M & As zeichnen sich regelmäßig durch hohe Komplexität sowie erhebliche Wertvolumina aus und sind zudem nur unter extremen Transaktionskosten bzw. Wertverlusten umkehrbar. Folglich erfordern sie eine besonders solide Vorbereitung und betriebswirtschaftliche Vorteilhaftigkeitsanalyse. Vor diesem Hintergrund bestand seit jeher Bedarf an theoretisch abgesicherten und praktisch umsetzbaren Planungs- und Bewertungsmodellen. Dieser Bedarf musste in den 1980er-Jahren angesichts des Mergerbooms auf den US-Märkten, dessen Entstehung zunächst in Strukturproblemen bestimmter Branchen begründet lag, höchste Dringlichkeit bei allen Akteuren erreichen: Auf der einen Seite benötigten kaufinteressierte Unternehmen – insbesondere die zeitgenössischen „raider" – Bewertungsmodelle, um Lücken zwischen aktuellen und nach Kauf sowie Umstrukturierung realisierbaren Unternehmenswerten zu erkennen. Auf der anderen Seite wollten betroffene Unternehmer und Manager einer Übervorteilung oder gar der Übernahme an sich vorbeugen. Sie benötigten daher Instrumente, um Wertlücken früher als Externe zu identifizieren und durch gezielte Gegensteuerung zu verringern. Die Shareholder Value-Diskussion hat einerseits diese Bedürfnisse der Unternehmenspraxis aufgenommen, andererseits hat sie die wirtschaftliche Entwicklung mit dem Angebot von Planungs- und Bewertungsmodellen wesentlich beeinflusst: Shareholder Value-Konzepte verbesserten die Möglichkeit, Strategieerfolge zu quantifizieren und auf eine unternehmerische Oberzielsetzung hin auszurichten.

In der Zusammenführung von wertorientierter Unternehmensführung und M & As lässt sich dabei das Konzept des **„market for corporate control"** *(Jensen/Ruback, 1983)* besonders deutlich veranschaulichen: Unternehmenskontrolle wird nicht allein durch organisationsinterne Institutionen wie z. B. Aufsichtsräte ausgeübt *(vgl. einführend Drukarczyk, 2003a, S. 230 ff.)*, sondern insbesondere durch organisationsexterne Institutionen des Marktes: Dessen Teilnehmer messen ein Unternehmen und sein Management an bestimmten Maßstäben wie dem Shareholder Value und haben die Macht, Zielverfehlungen nachhaltig zu sanktionieren, indem sie Unternehmen übernehmen und den darin enthaltenen Wert nach eigenen Präferenzen realisieren. Dies bedeutet aber regelmäßig Arbeitsplatzverluste, auch für das Management des Targets, das deswegen einen Anreiz hat, die von Externen überwachten Wertmaßstäbe zu erfüllen. In diesem Sinne interpretiert, steht ein wachsendes M & A-Volumen auch für eine zunehmende Nutzung des erwähnten Marktes für Unternehmenskontrolle, also eine **Marktdisziplinierung des Managements**.

Allein angesichts dessen erscheint es angemessen, sich mit der Vorbereitung, Durchführung und Nachbereitung von M & As genauer auseinander zu setzen. Auf das Vorfeld der Transaktionsmotive wird dabei ebenso eingegangen wie auf den eigentlichen Prozess. Die traditionell in dessen Zentrum stehenden Bewertungsverfahren werden allerdings nur in Grundzügen behandelt, damit ausreichend Raum bleibt, den Chancen auch die Risiken von M & As angemessen gegenüberzustellen.

3.2.1.2 Transaktionsmotive: Mergers & Acquisitions als Reaktion auf Transparenz- und Performanceansprüche

Als vorrangiges Motiv von M & As gilt die Erzielung von Wettbewerbsvorteilen durch **Synergien**, also durch positive Effekte des Zusammengehens, die sich auf der Kosten- und/oder Erlösseite bzw. den zugrunde liegenden Cashflows und damit letztlich in einem **transaktionsbedingt gestiegenen Unternehmenswert** niederschlagen *(vgl. einleitend Süchting, 1995, S. 100 f.)*. Wenngleich diese Motive durchaus parteienübergreifend von Interesse sein können, empfiehlt sich zunächst eine Unterscheidung nach den Hauptakteuren einer Transaktion, die vereinfachend als Käufer und Verkäufer bezeichnet werden sollen.

Die **Motive auf der Verkäuferseite** können zunächst in der Aufnahme neuer Eigentümer an sich liegen. Ein klassischer Fall hierfür sind mittelständische (Familien-)Unternehmen, bei denen die Alteigentümer an die Grenzen ihrer Eigenmittelreserven gestoßen sind oder aber den „planmäßigen Ausstieg" aus ihrem bisherigen Engagement anstreben, um damit den Marktwert ihrer Anteile – etwa zur Darstellung ihrer Altersvorsorge – bei gleichzeitiger Sicherung einer – vielfach innerhalb der Familie nicht herbeizuführenden – geregelten Nachfolge zu realisieren. Hierunter verstehen Unternehmer neben dem Erhalt der Selbstständigkeit auch den Erhalt bestehender Kontraktgeflechte mit Stakeholdern, insbesondere Arbeitnehmern, Kunden und Lieferanten. Ein Interesse an einem geregelten Ausstieg ist zudem typischerweise bei Anschubinvestoren von Venture-Capital-Finanzierungen zu finden, die den „Exit" bereits bei ihrem Einstieg in das Investment vorsehen *(vgl. einführend etwa Wöhe/Bilstein, 2002, S. 168 ff.)*. Weiterhin könnte die Hereinnahme eines neuen Partners dazu dienen, die Rentabilität bzw. Existenz des Unternehmens durch die Erschließung von Synergiepotenzialen dauerhaft zu sichern. Zugunsten einer Konzentration auf Kernkompetenzen („core business") trennen sich Unternehmen von Randbereichen ihres Geschäfts, indem sie diese in M & A-Transaktionen einbringen. Während in den vorgenannten Fällen eine Interessenidentität mit dem Erwerber anzunehmen ist, sind ebenso M & A-Transaktionen denkbar, zu denen der Verkäufer im Grunde nicht motiviert ist und denen er nicht oder nur deshalb zustimmt, weil dies für ihn im Angesicht eines ungewollten – und insofern feindlichen – Übernahmeangebots die sinnvollste unter verschiedenen unattraktiven Lösungen darstellt. Das Entstehen einer solchen Motivation war erkennbar etwa im Laufe der im Jahr 2002 vollendeten Übernahme der Kamps AG durch die italienische Barilla-Gruppe.

Die **Motive des Käufers** können zunächst unabhängig von den Strategischen Geschäftsfeldern des akquirierten Unternehmens rein wert- bzw. renditeorientiert sein. Der klassische Fall hierfür ist die bereits angedeutete „feindliche Übernahme", deren Zweck nur darin besteht, das Kaufobjekt – oft unter Zerschlagung in einzelne Vermögensblöcke – zu einem höheren Preis wieder zu veräußern. Chancen hierfür können sich insbesondere bieten, wenn der Erwerber stille Wertpotenziale beim Übernommenen identifiziert, die sich bislang nicht im Shareholder Value niedergeschlagen haben. Hierbei kann es sich zum einen um stille Reserven im engeren Sinne, vor allem um stille Unterbewertungen von Vermögen handeln, im weiteren Sinne aber etwa auch um Verlustausweise, die der Erwerber gewinn- und damit steuermindernd auf seine eigene Erfolgsrechnung übertragen kann. Schließlich kann auch die Realisierung von Macht- und Standing-Zugewinnen für das akquirierende Unternehmen – genauer: dessen Management – eine wichtige Rolle spielen *(vgl. u. a. zu diesen „empire-building motives" auch Scherer, 2002, S. 2 ff.)*.

Abzustellen ist aber auch beim Käufer primär auf Motive, die eher langfristig orientiert sind und bei denen Rendite nicht in der Arbitrage aus dem Kauf-Verkaufs-Prozess, sondern in der Verbesserung des Kerngeschäfts (beider Unternehmen) durch Realisierung erst gemeinsam erschließbarer Wettbewerbsvorteile angestrebt wird *(vgl. im Überblick Berens/Mertes/Strauch, 2005; kritisch Brealey/Myers/Allen, 2006, S. 871 ff.)*. Es können dann folgende Motive unterschieden werden, wobei die Grenzen fließend sind:

- **Portfoliomanagement**: Akquisition im Rahmen einer Diversifikationsstrategie auf Konzernebene zur Zusammenstellung eines hinsichtlich der Rendite-/Risiko-Position optimalen Portfolios an Unternehmen bzw. Geschäftsfeldern.

- **Synergien**: Akquisition zur Verbesserung der Wettbewerbsfähigkeit durch Zusammenwirken der beiden Unternehmen. Diese durch eine höhere Ausbringungsmenge bzw. den erweiterten Leistungsverbund möglichen Vorteile stehen zumeist deutlich im Vordergrund von M & As und werden daher im abschließenden Teil 3.2.2 behandelt.

- **Restrukturierung**: Akquisition angesichts beim Erworbenen brachliegender Potenziale, die erst unter der sanierenden und reorganisierenden Unternehmensführung des Käufers nutzbar sind.

Insbesondere im letzten Motiv wird die dargestellte marktliche Unternehmenskontrolle deutlich, die den Übernahmemarkt zu einem wichtigen Faktor für die konsequente Verfolgung des Shareholder Value werden lässt: Die Unternehmensleitung hat von hierher ein Eigeninteresse daran, keine Potenziale ungenutzt zu lassen, sondern sie zur Steigerung des Unternehmenswertes einzusetzen, da sie sonst mit höherer Wahrscheinlichkeit einen Übernahmeversuch und damit die Gefährdung ihrer Position zu erwarten hätte.

3.2.1.3 Der M & A-Prozess im Überblick

Zu den zentralen Wesensmerkmalen von M & A-Transaktionen gehören

- die Höhe der **Einzeltransaktionen**: Von 2002 bis 2006 betrug das Durchschnittsvolumen je Deal über 110 Mio. USD, wobei die Zahl der sog. Mega-Deals mit einem Volumen von über 1 Mrd. USD besonders stark stieg und sich allein in 2006 auf etwa 450 belief *(vgl. aktuell Cools/Gell/Kengelbach/Roos, 2007, S. 9 f.)*.

- die komplexe **Struktur** des Transaktionsobjekts: Vertragsgegenstand sind Unternehmen(steile), also besonders vielteilige Investitions- bzw. Kontraktbündel.

In der Folge erweisen sich auch M & A-Transaktionen selbst als hochkomplizierte Abläufe, die über sämtliche Teilabschnitte hinweg optimal zu gestalten sind, um zu einem befriedigenden Ergebnis zu gelangen *(vgl. Brealey/Myers/Allen, 2006, S. 886 ff.)*. Um einen Überblick über die Charakteristika und Herausforderungen von M & A-Prozessen zu geben, wird eine Grobeinteilung nach folgendem Phasenschema vorgenommen:

1. Phase der **Vorbereitung**,

2. Phase der **formellen** Realisierung,

3. Phase der **materiellen** Realisierung.

Phase der Vorbereitung

Aufgrund des strategischen Gewichts einer M & A-Transaktion muss an ihrem Anfang eine Entscheidung der obersten Unternehmensgremien stehen, wobei sich idealerweise zunächst Eigentümer und Manager **einvernehmlich** (denn auch hier sind Principal-Agent-Konflikte denkbar) abstimmen müssen. Vor allem aus Sicht des Erwerbers, aber auch der abgebenden Eigentümer stellen sich dabei die Fragen in Bezug auf eine M & A-Transaktion

- dem **Grunde** nach,
- dem **Zeitpunkt** nach,
- der **Form** nach.

Die Beantwortung dieser Fragen nach dem „Ob", „Wann" und „Wie" *(vgl. Picot, 2005a, S. 22 ff.)* einer M & A-Transaktion bilden die Basis für die Festlegung der Akquisitionsstrategie und -kriterien. Ausgehend davon wird der grundsätzlich in Frage kommende Kreis an Unternehmen hinsichtlich Größe, Branche, Standort oder Sortiment abgegrenzt. Nach dieser Basisentscheidung beginnt die Suche (Scanning) nach und Auswahl von Zielunternehmen (Targets), die aus Erwerberperspektive grundsätzlich für eine Übernahme in Frage kämen. Zu ihrer Identifikation tritt der Erwerber sowohl in direkten Kontakt zu den potenziellen Targets als auch zu (Informations-)Intermediären wie Investmentbanken oder Beratungsgesellschaften. Diese Marktteilnehmer reagieren im Übrigen nicht nur auf solche Anfragen von kaufinteressierten Unternehmen, sondern agieren oft auch aus eigener Initiative zwecks Gewinnung neuer Mandanten oder aber für verkaufswillige Unternehmen, in deren Auftrag sie einen Verkaufsprospekt (Investment Memorandum) erstellen, um auf dieser Basis potenzielle Erwerber aktiv anzusprechen. Schließlich können die Vertreter der Verkäuferseite auch aus eigener Initiative direkt auf Kaufinteressenten zugehen.

Unabhängig von der ursprünglichen Initiative kommt es schließlich zur Ansprache und Kontaktaufnahme zwischen den Unternehmensleitungen von Target und Erwerber. Sind beide von den Perspektiven der Transaktion überzeugt, insbesondere, wenn aus Erwerbersicht eine Steigerung seines Shareholder Value möglich scheint, kommt es zur Aufnahme konkreter Verhandlungen, womit der Übergang zur Phase der formellen Realisierung erreicht ist.

Phase der formellen Realisierung

Die Umstände des konkreten Einzelfalls bestimmen den Verlauf dieser Phase, in der „die Vertragspartner in einem sich zunehmend konkretisierenden Informationsverfahren und einem zunächst loseren und zunehmend intensiveren (…) Angebotsprozess an die eigentlichen Vertragsverhandlungen und den Vertragsabschluss herangeführt werden" *(Picot, 2005a, S. 27)*. Zu Beginn stellt das Target erste interne Informationen zur Verfügung, der Erwerber kann daraufhin sein gefestigtes Interesse in einem **indikativen Angebot** ausdrücken. Je nach Verhandlungserfolg erhalten Eigentümer und Management des Targets Angebote mehrerer Interessenten und entscheiden dann, mit welchem engeren Kreis die Verhandlungen fortgeführt werden. Diesen Unternehmen wird – nach Maßgabe präziser Vertraulichkeitsvereinbarungen – weiteres Material, das auch erste Planungsunterlagen enthält, verfügbar gemacht. Auf dieser Basis erhalten die verbliebenen Bewerber die Möglichkeit einer genaueren Abschätzung des Targets und zur Abgabe einer entsprechend solider basierten Absichtserklärung zum Erwerb (Letter of Intent), die neben Leistung und Gegenleistung (Target und Kaufpreis) insbesondere das weitere Vorgehen genau abgrenzt. Mit dem Letter of Intent deklariert eine Partei (zumeist der Erwerber) die Verhandlungspunkte, über die bereits Einigkeit erzielt wurde; diese – rechtlich nicht bindende – Erklärung wird dann von der anderen Partei bestätigt. Nach Auswahl und offizieller Akzeptanz der attraktivsten Offerte(n) durch das Target wird der Suchprozess der Partner abgeschlossen und die Subphase der **Due Diligence** eingeleitet.

Wörtlich mit „gebotener Sorgfalt" zu übersetzen, umfasst diese Phase eine weitere Verfeinerung der Unternehmensanalyse unter Integration spezialisierter Institutionen wie Investmentbanker, Wirtschaftsprüfer, Rechtsexperten und Unternehmensberater *(vgl. ausführlich Berens/Brauner/Strauch, 2005)*. Den noch verbliebenen Kaufinteressenten werden hierbei sukzessive Unternehmensdaten (in einem eigens dafür eingerichteten „Datenraum") zur Verfügung gestellt, wobei ein sorgfältiges **Ausbalancieren** der Informationsinteressen der Käufer- und der Geheimhaltungsinteressen der Verkäuferseite erforderlich ist. An einer vom Einzelfall abhängigen Stelle wird erwerberseitig ein finales Angebot erforderlich, um nicht aus dem weiteren Verhandlungsprozess auszuscheiden. Die Verkäuferseite entscheidet auf Basis dieser Offerten, ob und mit wem die Transaktion realisiert werden soll. Nach dieser Entscheidung kommt es noch zu Detailverhandlungen über den Kaufvertrag, die in den endgültigen Vertragsabschluss einmünden. Nach Unterzeichnung des Vertrages (Signing) und Erfüllung der darin formulierten Bedingungen wird die notarielle Übertragung des Targets auf den Erwerber, das so genannte Closing der Transaktion, vollzogen. Im Gegenzug entrichtet der Erwerber den Kaufpreis an die abgebenden Gesellschafter. Die nachfolgende Abbildung verdeutlicht den idealtypischen Ablauf der formellen Realisierung der Transaktion noch einmal auf einen Blick.

Phase der materiellen Realisierung

Für ein erfolgreiches Closing, insbesondere aber für die nun anstehende materielle Realisierung ist eine intensive und korrekte Analyse des Targets (im Vorhinein) durch den Erwerber von entscheidender Bedeutung. Da hierin letztlich alle Präferenzen und Einschätzungen der Akteure kondensieren, steht die Festsetzung des Akquisitionspreises im Zentrum des Interesses. Für die Preisfindung können die Akteure aus einem „Instrumentenkasten" von Bewertungsverfahren auswählen, die Theorie und Praxis bis heute entwickelt haben. Allerdings hängt der Erfolg einer Akquisition auch davon ab, dass es nach Preisfindung und Closing gelingt, die Transaktion materiell umzusetzen. Die Praxis zeigt, dass bei **(Über-)Betonung der erhofften Vorteile die möglichen Probleme einer Eingliederung nicht selten unterschätzt** werden *(vgl. auch Kleinert/Klodt, 2002, S. 13 ff.)*. Umso wichtiger ist es von daher für die Parteien, sich nicht auf Bewertungsfragen allein, sondern ebenso auf die angemessene Umsetzung der Fusion oder Akquisition im konkreten Unternehmensalltag zu konzentrieren. Bevor den zumeist transaktionsentscheidenden Synergien nachgegangen wird, soll aber ein Überblick über den Möglichkeitsbereich der Bewertungsverfahren gegeben werden *(vgl. ausführlich zum Spektrum der Bewertungskonzeptionen sowie ihrer Zweckgebundenheit Drukarczyk, 2003b, S. 128 ff.)*.

Phasen einer M & A-Transaktion

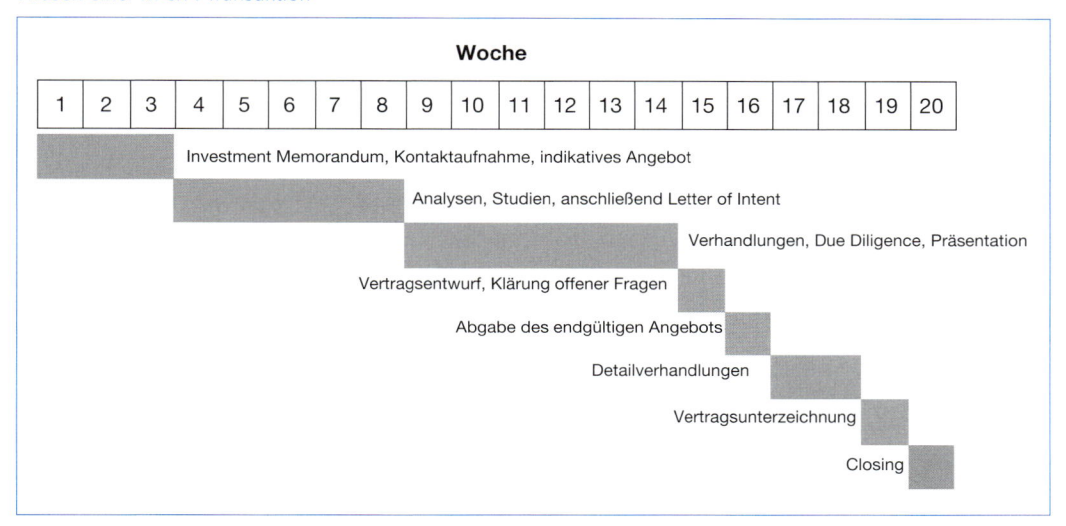

Woche																				
1	2	3	4	5	6	7	8	9	10	11	12	13	14	15	16	17	18	19	20	

- Investment Memorandum, Kontaktaufnahme, indikatives Angebot
- Analysen, Studien, anschließend Letter of Intent
- Verhandlungen, Due Diligence, Präsentation
- Vertragsentwurf, Klärung offener Fragen
- Abgabe des endgültigen Angebots
- Detailverhandlungen
- Vertragsunterzeichnung
- Closing

(Quelle: Betsch/Groh/Lohmann, 2000, S. 337)

Für die Bewertung eines Unternehmens im Rahmen einer M & A-Transaktion könnte zunächst daran gedacht werden, an seiner aktuellen Marktbewertung, vorzugsweise einem Börsenkurs, anzuknüpfen. Da **Marktwerte** indes in längst nicht allen Fällen verfügbar sind, haben sich verschiedene Alternativen etabliert, die vor allem **fundamentalanalytisch** vorgehen. Diese Verfahren werden weiter danach unterschieden, ob sie auf die (Bestandsgrößen der) Gesamtvermögensebene, also die Aktiva und Passiva eines Unternehmens, oder auf Zahlungsströme abheben. Über diese Verfahren hinaus hat sich zuletzt eine auf **Realoptionen** gestützte Bewertung entwickelt. Diese wendet die Methodik der Optionspreistheorie an auf die „realen" Optionen, die ein zum Erwerb stehendes Unternehmen verkörpert. Aus der Summe der Werte dieser „strategischen Handlungsoptionen" (Markteintritte/-austritte, Projektanstöße/-abbrüche, Stilllegungen etc.) wird mittels Szenario-Technik der Unternehmenswert ermittelt *(vgl. einführend Ballwieser, 2002)*. Mit Blick auf den Management-Fokus dieses Beitrags wird das Problem der Kaufpreisfindung indes als gelöst betrachtet, um Raum zu gewinnen für die Analyse weiterer kritischer Erfolgsfaktoren von M & A-Transaktionen.

Verfahren der Unternehmensbewertung

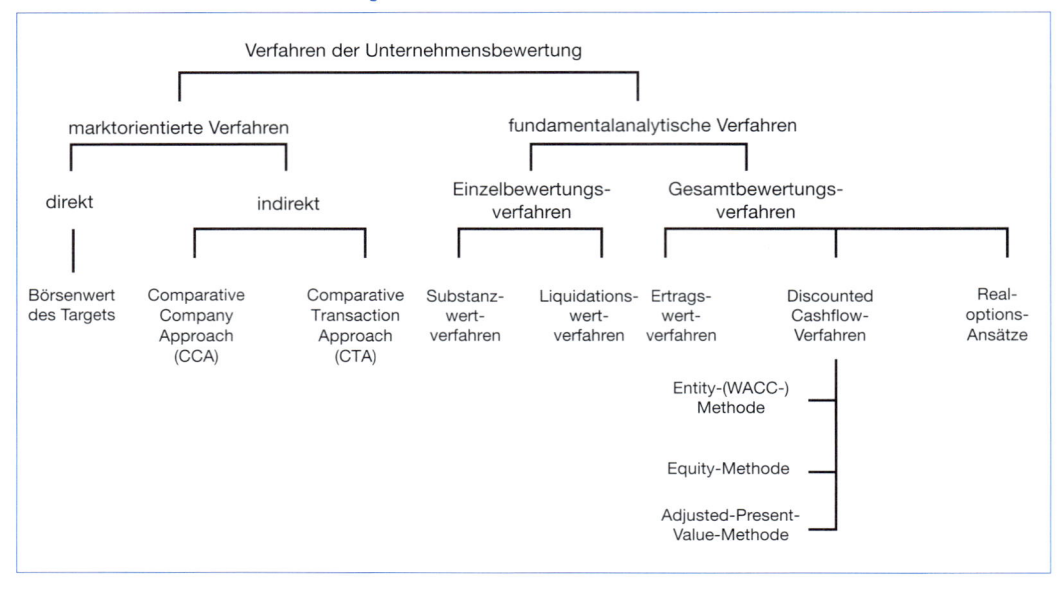

```
                        Verfahren der Unternehmensbewertung
                        ┌──────────────────┴──────────────────┐
              marktorientierte Verfahren          fundamentalanalytische Verfahren
              ┌───────────┴──────────┐             ┌──────────────┴──────────────┐
            direkt                indirekt      Einzelbewertungs-         Gesamtbewertungs-
                                                    verfahren                verfahren
              │              ┌────────┴────────┐   ┌────┴────┐           ┌──────┴──────┐
         Börsenwert     Comparative    Comparative  Substanz- Liquidations- Ertrags-  Discounted   Real-
         des Targets    Company        Transaction   wert-      wert-       wert-    Cashflow-   options-
                        Approach       Approach     verfahren  verfahren   verfahren Verfahren   Ansätze
                         (CCA)           (CTA)
                                                                                   Entity-(WACC-)
                                                                                      Methode

                                                                                   Equity-Methode

                                                                                 Adjusted-Present-
                                                                                   Value-Methode
```

3.2.2 Chancen und Risiken von Mergers & Acquisitions in der Praxis

Selbst ohne detailliertes Eingehen auf die verschiedenen Verfahren lässt die vorstehende Graphik erkennen, dass bereits die Auswahl des für die konkrete Transaktion angemessenen Bewertungsverfahrens ein anspruchsvolles und entscheidungsbeeinflussendes Auswahlproblem darstellt. Zudem wird die anschließende Bewertung dadurch erschwert, dass die Eingabedaten der Verfahren – also etwa betriebliche Cashflows – mit weiteren Ermittlungs- und Ungewissheitsproblemen behaftet sind. Aber auch dann, wenn die Verfahrens- sowie die Preisfrage einvernehmlich zwischen den Beteiligten geklärt werden können, mündet ihre Einigung lediglich in die formelle Realisierung einer M & A-Transaktion ein. Aus Sicht des Käufers ist damit zwar eine wichtige Kostenkomponente der Transaktion bestimmt; ob diese insgesamt zu einer guten Kosten-/Nutzen-Relation und einer Wertsteigerung führt, entscheidet sich aber nicht nur hiernach, sondern auch nach den sonstigen noch anfallenden Kosten sowie tatsächlich realisierten Nutzenpotenzialen.

3.2.2.1 Synergien

Angesichts der mit einer M & A-Transaktion verbundenen Kosten muss diese einem wertorientierten Erwerber erhebliche Nutzenpotenziale versprechen, damit er diese Option überhaupt prüft. Verkörpert wird dieser Nutzen insbesondere durch **Synergien**, die bei der Mehrzahl der

M & A-Transaktionen vorrangiges Erwerbsmotiv sind. Umso mehr verwundert die bei näherem Hinsehen schwere Fassbarkeit des – der Arbeits- und Organisationspsychologie entlehnten – Synergiebegriffs *(vgl. einführend Wöginger, 2004, S. 235 f.)*. Nicht perfekt, aber einprägsam ist zunächst die Formulierung „2 + 2 = 5" (was Synergien im Umfang von +1 entspräche). Insbesondere deswegen, weil auch die Entstehung negativer Synergien („2 + 2 = 3") beobachtbar ist, erscheint demgegenüber folgende Begriffsabgrenzung sinnvoller:

> **Synergien** (Dissynergien) einer M & A-Transaktion werden ausgedrückt durch den Betrag, um den der Gesamtwert der an der Transaktion beteiligten Unternehmen nach Fusion/Akquisition höher (niedriger) ausfällt als die Summe der Einzelwerte dieser Unternehmen.

Positive und negative Synergieeffekte

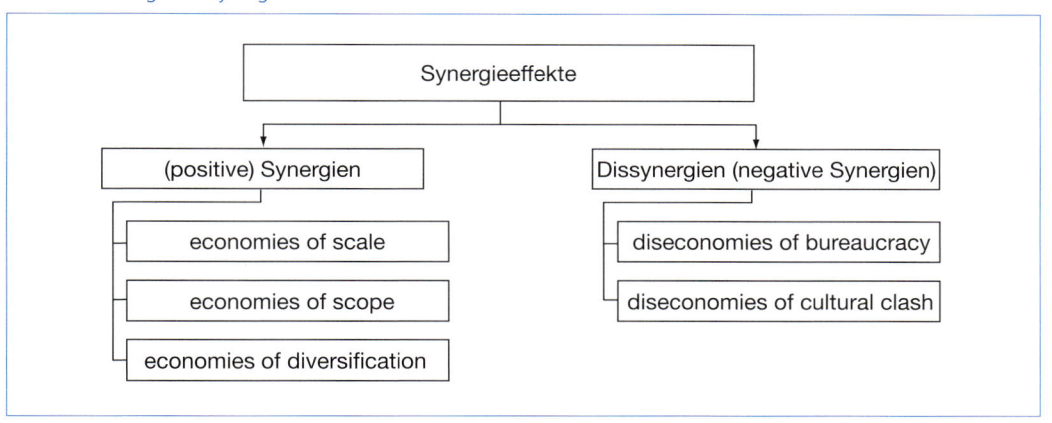

```
                          Synergieeffekte
                          /             \
            (positive) Synergien      Dissynergien (negative Synergien)
              ├─ economies of scale         ├─ diseconomies of bureaucracy
              ├─ economies of scope         └─ diseconomies of cultural clash
              └─ economies of diversification
```

Ausgehend von dieser Definition sind die folgenden Synergieeffekte festzuhalten:

Die nicht selten einseitig in den Vordergrund gestellten **economies of scale** erweisen sich bei näherem Hinsehen als mehrteilig. Sinkende Stückkosten durch **Fixkostendegression** infolge höherer Kapazitätsauslastung und Leistungsausbringung können sich sowohl in Bezug auf Aggregate als auch in Bezug auf Humanressourcen einstellen, wenn bislang ungenutzte, aber aufwandswirksame Kapazitäten mit dem Zusammengehen vollständiger genutzt werden. Hingegen sind **Lernkurveneffekte** spezifisch für die Seite der Humanressourcen: Gemeint ist die hier zunehmende Effizienz durch eine immer größere **Routine** in der Aufgabenbewältigung, die sich dadurch einstellt, dass gleichartige Aufgaben in einem durch M & A vergrößerten Unternehmen häufiger anfallen, womit sich die Vorteile arbeitsteiliger Leistungserstellung besser nutzen lassen. Letztlich kann durch eine M & A-Transaktion auch ein Unternehmen einer anderen „Gewichtsklasse" insofern entstehen, als es eine wesentlich verbesserte **Verhandlungsposition** auf den Beschaffungs- und Absatzmärkten besetzt. So dürften auf der Einkaufsseite die Möglichkeiten zur Durchsetzung von Zulieferrabatten steigen, auf der Absatzseite wären – allerdings aus wettbewerbspolitischen Erwägungen heraus unerwünschte – Synergien bei Erreichen einer marktbeherrschenden Stellung denkbar.

Wenngleich sie sich in der Praxis regelmäßig mit Skaleneffekten vermischen, sind **economies of scope** hiervon grundsätzlich zu unterscheiden. Zu ihrer Entstehung sind höhere Stückzahlen nicht zwingend notwendig, vielmehr resultieren sie aus den Vorteilen eines verbundenen Erstellungs- und Absatzprozesses. Dies sind Vorteile, die die jetzige Eigenerstellung gegenüber einem vorherigen Fremdbezug bietet: Kauft etwa ein Automobilkonzern einen Zulieferer, entfallen nicht nur (Transaktions-)Kosten für Verhandlungen, Vertragsdokumentationen usw., sondern auch Qualitäts- und Lieferunsicherheiten. Hinzutreten können verbesserte Möglichkeiten für Ausgleichspreisstellungen (Mischkalkulationen) sowie ein in der Folge erschwerter Marktzugang für potenzielle Konkurrenten *(vgl. Bühner, 2001)*.

Economies of diversification schließlich umfassen positive Risikoausgleichswirkungen infolge einer Diversifikation der Unternehmenstätigkeit über ein verändertes Portfolio von Aktivitäten bzw. Geschäftsfeldern. Die Erkenntnisse der zumeist für Finanztitel vermittelten Portfolio-Selection-Theorie sind hier analog anwendbar. Dies gilt allerdings auch insofern, als sie ein gewichtiges Gegenargument liefert: „The trouble with this argument is that diversification is easier and cheaper for the stockholder than for the corporation" *(Brealey/Myers/Allen, 2006, S. 878)*. In der Folge werden diversifizierte Unternehmen am Markt nicht selten mit einem Abschlag (diversification discount) abgestraft. Insoweit ist an dieser Stelle der Übergang zu negativen Synergieeffekten erreicht.

Den positiven Synergien wirken negative oder Dissynergien entgegen. **Diseconomies of bureaucracy** beschreiben zum einen das Phänomen steigender „Komplexitätskosten" im Sinne der Kosten einer **Erstabstimmung** der Strategien, Strukturen und Systeme. Besonders im Falle von Bankfusionen hat sich etwa die Harmonisierung unterschiedlicher EDV-Systeme als nachhaltiger Kostentreiber und Quelle von Dissynergien erwiesen. Zum anderen fallen hierunter steigende Kosten der **laufenden Abstimmung**, die infolge neuer Aufbauorganisationen (z. B. höhere Zahl von Berichtsebenen, Matrixorganisationen) und Ablauforganisationen (z. B. höhere Zahl von Prozessschritten, gestiegene Fehleranfälligkeiten und intensivierte Überwachung) entstehen.

Für Sand im Getriebe der betrieblichen Abläufe können neben diesen objektiven auch gravierende subjektive Einflüsse sorgen: Kosten, die infolge einer Integration unterschiedlicher Unternehmenskulturen entstehen, werden unter die **diseconomies of cultural clash** gefasst. Eine Unternehmenskultur wird gebildet durch die Summe der in einem Unternehmen vorherrschenden (sichtbaren wie unsichtbaren) Werte, Normen, Traditionen und Denkhaltungen, die allen Beschäftigten als Richtschnur für ihr Verhalten dienen. Eine Unternehmenskultur ist insofern multidimensional und kann für zwei Unternehmen nicht identisch sein, entsprechend ist das Potenzial für Reibungsverluste nicht zu unterschätzen *(vgl. Wöginger, 2004, S. 245 f.; Picot, 2005b, S. 451 ff.)*. Die Beseitigung der Folgen, die durch die (ungewollte) Unfähigkeit oder auch Unwilligkeit der Beschäftigten entstehen, sich in Aufbau und Abläufe des neuen Unternehmens einzugewöhnen, sind indes nur eine Komponente. Hinzu kommen die Kosten der auf den Abbau solcher Probleme gerichteten Maßnahmen – wie z. B. interne Kommunikations- oder Schulungsprogramme.

Ein einprägsames Beispiel für die Bedeutung von Synergien wie Dissynergien für eine M & A-Transaktion stellt der gescheiterte Merger von Deutsche Bank und Dresdner Bank vom Frühjahr 2000 dar. In den einleitenden Pressekonferenzen war die Rede von einem Einsparungspotenzial im zweistelligen Prozentbereich der summierten Verwaltungskosten, die Einmalsynergien der Verschmelzung wurden knapp unter 3 Mrd. EUR angesetzt, für die Folgejahre zusätzliche Einsparungen erwartet. Die Rechnung ging aus einer Mehrzahl von Gründen nicht auf, die auf den Interessen verschiedener **Stakeholder** beruhten:

- **Überbetonung von Kostensynergien:** Der Blick auf die Kosten- verstellte den Blick auf die Erlösseite und damit auf die sich hier niederschlagende Skepsis der **Kunden** gegenüber der Fusion.

- **Vernachlässigung der „Kosten" der Synergiehebung**: Als Voraussetzung für die Hebung der anvisierten Synergien galt ein Abbau von über 15.000 Stellen, was bereits im Vorfeld für entsprechende Widerstände auf **Beschäftigte**nseite sorgte.

- **Unterschätzung von Kultur-/Strategieunterschieden**: Aus heutiger Sicht wird das Scheitern der Fusion überwiegend an der Neuordnung des Investment-Bankings des neuen Instituts festgemacht, über das die **Manager** als die Architekten der Fusion kein Einvernehmen in den Häusern herstellen konnten.

Der Merger Deutsche/Dresdner steht für eine M & A-Transaktion, welche aufgrund des unzureichenden Kosten-/Nutzen-Verhältnisses, das sie für entscheidende Akteure zu bieten schien, bereits die Phase der formellen Realisierung nicht überstand. Enttäuschte Erwartungen sind aber nicht nur in diesem Fall eines solchen „Scheiterns ex ante" möglich. Vielmehr offenbaren formell realisierte M & A-Transaktionen häufig große Probleme im Nachhinein, also in der Phase der materiellen Realisierung. So stellt eine auf Deutschland bezogene Untersuchung für ca. 60 % der untersuchten 154 Transaktionen eine signifikante **Wertvernichtung** fest, was seitens des Researchers allerdings keineswegs als Ausreißer, sondern als „within the range of other studies on transactions, which indicate a variance of 20 % and 40 % in success rate" *(KPMG, 2002, S. 17)* klassifiziert wird. Angesichts der Ergebnisse dieser und anderer Studien *(vgl. insbesondere Scherer, 2002, S. 5, 17 ff. [m. w. N.]; Brealey/Myers/Allen, 2006, S. 896 f.; Cools/Gell/Kengelbach/Roos, 2007, S. 14 ff.)* erscheint die Erforschung von Erfolgsfaktoren einer M & A-Transaktion insbesondere in der Richtung ausbauwürdig, die Maßnahmen zur Verhinderung von Misserfolgen umfasst.

3.2.2.2 Umfassendes Integrationsmanagement

Neben einer Entrichtung zu hoher Erwerbspreise liegt einer der wichtigsten Gründe für das Scheitern von Fusionen und Akquisitionen in einem misslungenen Integrationsmanagement *(vgl. Coenenberg/Schultze, 2002)*. Als entscheidende Faktoren für das auch materielle Gelingen einer

Fusion oder Akquisition erweisen sich daher eine systematische und sorgfältige Vor- sowie Nachbereitung von Transaktionen.

Die Vorbereitung im Sinne der Findung des angemessenen Transaktionspreises erstreckt sich allerdings nicht allein auf die Auswahl und Anwendung des angemessenen Bewertungsverfahrens an sich, sondern insbesondere auch auf die Erarbeitung der Input-Größen für das Bewertungsverfahren. Sie entstammen der bereits erwähnten **Due Diligence**. Diese mit der namengebenden „erforderlichen Sorgfalt" vorgenommene Analyse des Target-Unternehmens gibt der Transaktionsvorbereitung die erforderliche Struktur, die der nachfolgenden Abbildung entnommen werden kann *(vgl. auch Klein/Jonas, 2005)*:

Due Diligence

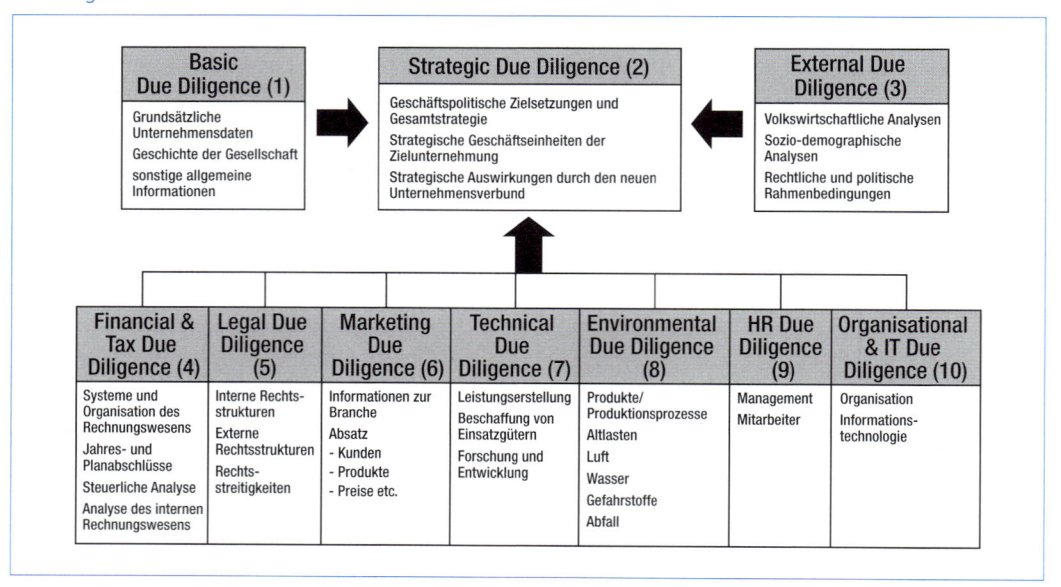

Basic Due Diligence (1)	Strategic Due Diligence (2)	External Due Diligence (3)
Grundsätzliche Unternehmensdaten; Geschichte der Gesellschaft; sonstige allgemeine Informationen	Geschäftspolitische Zielsetzungen und Gesamtstrategie; Strategische Geschäftseinheiten der Zielunternehmung; Strategische Auswirkungen durch den neuen Unternehmensverbund	Volkswirtschaftliche Analysen; Sozio-demographische Analysen; Rechtliche und politische Rahmenbedingungen

Financial & Tax Due Diligence (4)	Legal Due Diligence (5)	Marketing Due Diligence (6)	Technical Due Diligence (7)	Environmental Due Diligence (8)	HR Due Diligence (9)	Organisational & IT Due Diligence (10)
Systeme und Organisation des Rechnungswesens; Jahres- und Planabschlüsse; Steuerliche Analyse; Analyse des internen Rechnungswesens	Interne Rechtsstrukturen; Externe Rechtsstrukturen; Rechtsstreitigkeiten	Informationen zur Branche; Absatz - Kunden - Produkte - Preise etc.	Leistungserstellung; Beschaffung von Einsatzgütern; Forschung und Entwicklung	Produkte/Produktionsprozesse; Altlasten; Luft; Wasser; Gefahrstoffe; Abfall	Management; Mitarbeiter	Organisation; Informationstechnologie

(Quelle: Berens/Brauner/Strauch, 2005, S. 832)

Während die transaktionsvorbereitende Due Diligence helfen soll, den „fairen" Preis ex ante noch richtiger zu kalkulieren, zielt die **Post-Merger-Integration** (PMI) darauf, dass das mit diesem Preis Bezahlte seinen Wert behält, so dass es nicht durch eine nachträgliche Aushöhlung zu einer Wertminderung und einem so rückwirkend unfairen Preis kommt. Im Rahmen der PMI geht es um die materielle Realisierung der mit Signing/Closing formell abgeschlossenen M & A-Transaktion. Angesichts von Anspruch und Bedeutung dieser Aufgabe wird sie zumeist einem besonderen Projektteam zugeteilt. Unabhängig von operativen Details der PMI haben sich im Laufe der Zeit verschiedene Kernfaktoren für ihren erfolgreichen Verlauf herausgebildet *(vgl. Bartels/Koch, 2005; Coenenberg/Salfeld 2003, S. 196 ff.; Cools/Gell/Kengelbach/Roos, 2007, S. 27 ff.)*:

- **Stringenz**: Ausgehend von einer überzeugenden Gesamtstrategie sind zügige und transparente Grundsatzentscheidungen zu treffen und in konkrete Maßnahmen umzusetzen – wofür es insbesondere eines Managements bedarf, das zur Lösung dieser anspruchsvollen Aufgabe in der Lage ist. Dessen Aufgabe wird dabei in erheblichem Maße darin bestehen, das Vorgehen intern wie extern sachgerecht zu kommunizieren.

- **Wertorientierung**: Ausgehend davon, dass die Transaktion bereits basierend auf einem wertorientierten Führungskonzept eingeleitet wurde, sollte sich insbesondere diese nachgelagerte Phase auf die tatsächliche Erschließung von Wertsteigerungen konzentrieren. Neben der Hebung von Synergien ist hierbei an die Wertpotenziale von Realoptionen zu denken, die sich an der „Sollbruchstelle" einer Fusion oder Akquisition ergeben: So könnte die Chance bestehen, eine seit längerem aufgeschobene, auf Effizienzsteigerung zielende Reorganisation des Erwerberunternehmens im zeitlichen Umfeld einer M & A-Transaktion ebenfalls zu realisieren.

- **Kulturintegration**: Allein um die Human- als zentrale Unternehmensressourcen nicht zu destabilisieren, muss möglichst zielgerichtet auf eine Neuordnung der beiden bisher voneinander isolierten Unternehmenskulturen hingewirkt werden, wofür grundsätzlich die Alternativen der Integration oder Konkurrenz der beiden vorherigen Kulturen sowie die Schaffung einer neuen gemeinsamen Kultur verfügbar sind *(vgl. Picot, 2005b, S. 459 f., S. 479 ff.)*. Die Praxis zeigt allerdings eine eindeutige Präferenz für Integration oder Neudefinition, während Konkurrenzlösungen kaum gesucht werden; aufgrund der Gefahren eines Kulturkampfes kommt ihnen praktisch eine nur sehr untergeordnete Bedeutung zu.

Wenngleich auch die Harmonisierung von Systemen – wobei neben der EDV etwa an die interne und externe Rechnungslegung zu denken wäre – immense Anstrengungen verursacht, sind „technische" Herausforderungen dieser Art mitunter leichter zu bewältigen als die Integration auf den Ebenen des Personals sowie der Unternehmenskultur. Die Zusammenführung zweier Unternehmen im Rahmen einer M & A-Transaktion bedeutet immer auch das Zusammentreffen zweier komplexer Strukturen aus Menschen und ihren Beziehungen sowie des dafür geltenden unternehmenskulturellen Rahmens. Der menschlichen Natur entspricht es, dass hierbei der neue, von außen kommende auch als ein störender oder gar bedrohender Impuls gesehen wird. In der Folge muss die PMI besonderes Augenmerk auf eine Personalstrategie legen, die sorgfältig auf die Umstände der konkreten Transaktion abzustimmen ist.

Wenn bereits der Erfolg von Unternehmen überhaupt maßgeblich bestimmt wird von den in ihnen aktiven Menschen, dürfte das für den Erfolg einer M & A-Transaktion erst recht gelten. Die Humanressourcen stehen in der Regel nicht im Zentrum der Vorbereitung und formellen Realisierung einer Transaktion, umso wichtiger ist daher eine auf sie konzentrierte PMI, die erst das materielle Zustandekommen einer Fusion oder Akquisition gewährleistet. Wenngleich schwerer fassbar anmutend als eine klassische Unternehmensbewertung, lässt sich die Notwendigkeit und Bedeutung der PMI daher unmittelbar aus den Anforderungen der wertorientierten Unternehmensführung an ein erwerbendes Unternehmen ableiten.

Unabhängig von diesen Erkenntnissen ist es der Komplexität von M & As im Allgemeinen und der individueller Anreizeffekte im Besonderen geschuldet, dass M & As neben großen Chancen auch große Risiken bergen. Ein hieraus Wert schaffender Finanzmanager beherrscht daher eine Kunst, aber auch das Spiel:

„Clearly, mergers can lead to important cost savings and product strategy advantages. [...] But they can also lead to overly extended lines of communication within managerial hierarchies, motivational breakdowns, and clashes of corporate culture that impair overall importance. [...] Making mergers is a form of gambling; skill matters, but there is an important chance component" (Scherer, 2002, S. 17, 20).

Aufgaben

1. Beschreiben Sie die Unterschiede und Gemeinsamkeiten von „Mergers" einerseits und „Acquisitions" andererseits.

2. Nennen Sie denkbare Motive der Beteiligten von M & A-Transaktionen.

3. Begründen Sie, warum bei M & As zwischen den Phasen einer formellen sowie einer materiellen Realisierung unterschieden werden kann.

4. Definieren und systematisieren Sie so genannte „Synergien".

5. Erläutern Sie die Institution des so genannten „Data Room" und seiner Funktion beim Ausgleich von Informationsasymmetrien im Laufe des M & A-Prozesses.

6. Zeigen Sie das Potenzial für positive/negative Synergien im Rahmen folgender hypothetischer Fallbeispiele:
    - Fusion HypoVereinsbank und Commerzbank;
    - Akquisition von Sparkassenbeteiligungen durch private Banken;
    - Fusion einer Sparkasse mit einer Volksbank;
    - Akquisition Ihres Hauses durch die Citigroup;
    - Fusion von Ferrari und Bridgestone;
    - Besteigung eines Berges im Team anstatt im Alleingang.

7. Erörtern Sie mögliche Gründe für die vielen M & A-Transaktionen zugeschriebene „Wertvernichtung".

8. Unterscheiden Sie Inhalte und Bedeutung der Due Diligence (DD) sowie der Post Merger Integration (PMI).

4 Zusammenfassung

Wertorientiertes Finanzmanagement wurde einleitend als Summe aller Maßnahmen zur nachhaltigen Aufrechterhaltung des finanziellen Gleichgewichts des Unternehmens unter Berücksichtigung von Gewinnerzielung/Wertsteigerung und Liquidität abgegrenzt.

Zentrale Bedeutung hat das unternehmerische Oberziel, welches aus dem Leitbild der wertorientierten Unternehmensführung als (Steigerung des) **Shareholder Value** bzw. Marktwert des Eigenkapitals abgeleitet wurde. Es ist zu verfolgen vor dem Hintergrund weiterer ökonomischer Entwicklungslinien wie der der **Securitization**, die das Finanzmanagement aller Mittel nachfragenden Unternehmen (und Banken zusätzlich in ihrer Rolle als Mittelanbieter) betreffen. Parallel wird das Finanzmanagement durch zahlreiche Rechtsnormen sowie sonstige – etwa gesellschaftliche – Rahmenbedingungen reglementiert, die Entscheidungen des Finanzmanagements auch aufgrund zwischen ihnen bestehender Abhängigkeiten verkomplizieren.

Ein Wertsteigerungsziel impliziert bestimmte Anforderungen an das (Finanz-)Management, insbesondere hinsichtlich **Transparenz** und **Performance**. Diese Ansprüche der Eigentümer und ihrer Sachverwalter werden von den ihnen verpflichteten Managern als entsprechender Druck empfunden, den sie zumindest teilweise an andere **Stakeholder** weitergeben. Um den (berechtigten) Ansprüchen der Eigentümer gerecht zu werden, muss das Management Transparenz und Performance **realisieren** und sinnvoll **kommunizieren**. Zentrale juristische Rahmenbedingung hierfür sind die Vorschriften zur externen Rechnungslegung. Gerade Wertorientierung erfordert indes ein Informationsangebot, das über das gesetzlich normierte hinausgeht: Neben den juristischen Zwang tritt zunehmend ein ökonomischer, wenn die Märkte – genauer: Kapitalgeber und andere Marktteilnehmer – ihre Informationsnachfrage durchsetzen. Unternehmerische Reaktionen hierauf sind in Informationsbereitstellungen im Rahmen von **Rating**-Prozessen ebenso wie in den **Investor Relations** zu sehen.

Das unternehmerische Informationsangebot hängt dabei von den wahrgenommenen (Handlungs-)Alternativen und der damit erzielten Performance ab. Einen bedeutenden Ausschnitt aus dem unternehmerischen Möglichkeitsbereich, dessen Entwicklung sich in den 1980er-Jahren in enger Wechselwirkung mit dem Konzept wertorientierter Unternehmensführung vollzog, stellen **Mergers & Acquisitions** dar. Ihre Praxis belegt indes Anwendungspotenziale von Wert- und Bewertungskonzepten ebenso wie die Schwierigkeiten, sämtliche (Miss-)Erfolgsfaktoren rechenbar zu machen.

Wertorientiertes Finanzmanagement ist bereits aufgrund der zahlreichen und überdies interdependenten Nebenbedingungen, insbesondere aber aufgrund des **unvollständigen und ungleich verteilten Wissens der Akteure** eine schwierige „Kunst". Das zuletzt vor allem mit dem Leitbild der wertorientierten Unternehmensführung gestiegene Anspruchsniveau des Finanzmanagements zu erfüllen, wird folglich auch weiterhin nur mit Hilfe der besten (Nachwuchs-)Kräfte gelingen.

5 Literatur

Achleitner, A.-K./Bassen, A. (2002): Entwicklungsstand des Shareholder-Value-Ansatzes in Deutschland – Empirische Befunde, in: Siegwart, H./Mahari, J. (Hrsg.), S. 611–635.

Ackermann, J. (2005): Rede anlässlich der Jahres-Pressekonferenz, Manuskript, Frankfurt/M., 3. Februar 2005 (www.deutsche-bank.de/presse/pdfs/RedeDT.pdf).

Ackermann, J. (2007): Kreative Zerstörung – Gastbeitrag, in: Handelsblatt, Nr. 169, 03.09.2007, S. 26.

Aders, C./Hebertinger, M./Schaffer, C./Wiedemann, F. (2003): Shareholder Value-Konzepte – Umsetzung bei den DAX 100-Unternehmen, in: Finanz Betrieb, 5. Jg., S. 719–725.

Albach, H. (2001): Shareholder Value und Unternehmenswert – Theoretische Anmerkungen zu einem aktuellen Thema, in: Zeitschrift für Betriebswirtschaft, 71. Jg., S. 643–674.

Arbeitskreis „Finanzierung" der Schmalenbach-Gesellschaft für Betriebswirtschaft e.V. (2003): Börsengänge von Konzerneinheiten – Handlungsempfehlungen des Arbeitskreises „Finanzierung" auf Basis einer empirischen Untersuchung deutscher Equity Carve-Outs und Spin-Offs (1997–2000), in: zfbf – Schmalenbachs Zeitschrift für betriebswirtschaftliche Forschung, 55. Jg., S. 515–542.

Arbeitskreis „Wertorientierte Führung in mittelständischen Unternehmen" der Schmalenbach-Gesellschaft für Betriebswirtschaft e.V. (2003): Wert(e)orientierte Führung in mittelständischen Unternehmen, in: Finanz Betrieb, 5. Jg., S. 525–533.

Ballwieser, W. (2002): Unternehmensbewertung und Optionspreistheorie, in: Die Betriebswirtschaft, 62. Jg., S. 184–201.

Bartels, E./Koch, T. (2005): Post-Merger-Management, in: Picot, G. (Hrsg.), S. 409–425.

Bäzner, B./Timmreck, C. (2004): Die DCF-Methode im Überblick, in: Richter, F./Timmreck, C. (Hrsg.), S. 3–19.

Becker, A. (2005): Viterra kreiert Blaupause zur Verbriefung von Mieten, in: Börsen-Zeitung, Nr. 13, 20.01.2005, S. 2.

Berblinger, J. (1996): Marktakzeptanz des Ratings durch Qualität, in: Büschgen, H. E./Everling, O. (Hrsg.), S. 21–110.

Berens, W./Brauner, H. U./Strauch, J. (Hrsg., 2005): Due Diligence bei Unternehmensakquisitionen, 4. Aufl., Stuttgart.

Berens, W./Mertes, M./Strauch, J. (2005): Unternehmensakquisitionen, in: Berens, W./Brauner, H. U./Strauch, J. (Hrsg.), S. 25–74.

Betsch, O./Groh, A./Lohmann, L. (2000): Corporate Finance, 2. Aufl., München.

Bonn, J. K. (1998): Bankenkrisen und Bankenregulierung, Wiesbaden.

Brealey, R. A./Myers, S. C./Allen, F. (2006): Principles of Corporate Finance, 8. Aufl., Boston et al.

Bühner, R. (2001): Fusionen, in: Gerke, W./Steiner, M. (Hrsg.), Sp. 927–935.

Bühner, R./Weinberger, H.-J. (1991): Cash-Flow und Shareholder Value, in: Betriebswirtschaftliche Forschung und Praxis, 43. Jg., S. 187–208.

Büschgen, H. E./Everling, O. (Hrsg., 2007): Handbuch Rating, 2. Aufl., Wiesbaden (1. Aufl. ebenda, 1996).

Coenenberg, A. G./Salfeld, R. (2003): Wertorientierte Unternehmensführung, Stuttgart.

Coenenberg, A. G./Schultze, W. (2002): Was ist ein Unternehmen wert?, in: Frankfurter Allgemeine Zeitung, Nr. 215, 16.09.2002, S. 24.

Cools, K./Gell, J./Kengelbach, J./Roos, A. (2007): The Brave New World of M&A – How to Create Value from Mergers and Acquisitions, BCG Report, July.

Cutts, J. W./Klein, S. (1998): Marketing in eigener Sache – Investor Relations und Road Shows internationaler Banken, in: Süchting, J./Heitmüller, H.-M. (Hrsg.): Handbuch des Bankmarketing, 3. Aufl., Wiesbaden, S. 565–594.

del Mestre, G. (2001): Rating-Leitfaden für Kreditinstitute und Unternehmen, Köln.

Deutsche Bundesbank (2004): Neuere Entwicklungen am Markt für Unternehmensanleihen, in: Monatsberichte, 56. Jg., Nr. 4, S. 15–26.

Deutscher Bundestag (2003): Kleine Anfrage – Regulierung von Rating-Agenturen, Bundestags-Drucksache 15/1759, Berlin, 14.10.2003.

Drukarczyk, J. (2003a): Finanzierung, 9. Aufl., Stuttgart.

Drukarczyk, J. (2003b): Unternehmensbewertung, 4. Aufl., München.

Ebeling, R. M./Jahn, I. (2001): Systeme der Rechnungslegung, in: WISU – Das Wirtschaftsstudium, 30 Jg., Beilage zu Heft 1.

Everling, O. (2005): Perspektiven des Ratingmarktes, in: Zeitschrift für das gesamte Kreditwesen, 58. Jg., S. 185–188.

Everling, O./Heinke, V. G. (2001): Rating, externes, in: Gerke, W./Steiner, M. (Hrsg.), Sp. 1755–1767.

F.A.Z.-Institut/KPMG (2002): Mittelstand und Finanzplatz Deutschland – Eine Bestandsaufnahme: Wie deutsche Unternehmen und internationale Private-Equity-Manager den deutschen Kapitalmarkt beurteilen, Frankfurt/M.

Fischer, L. (2001): Unternehmensanleihen – eine Alternative zur Kreditfinanzierung?, in: Breuer, R.-E. (Hrsg.): Handbuch Finanzierung, 3. Aufl., Wiesbaden, S. 251–279.

Franz, W./Ramser, H. J./Stadler, M. (Hrsg., 2002): Fusionen, Tübingen.

Galil, K. (2003): Wie gut sind Kredit-Ratings?, in: Börsen-Zeitung, Nr. 249, 30.12.2003, S. 18.

Gerke, W./Steiner, M. (Hrsg., 2001): Handwörterbuch des Bank- und Finanzwesens (HWF), 3. Aufl., Stuttgart.

Grünbichler, A. (1999): Rating und Europas Kapitalmarkt, in: (Österreichisches) Bank-Archiv, 47. Jg., S. 692–696.

Heinke, V./Steiner, M. (2007): Rating aus Sicht der modernen Finanzierungstheorie, in: Büschgen/Everling (Hrsg.), S. 655–707.

Herold, B./Paetzmann, K. (1999): Alternativer Risiko-Transfer – Die neue Welt der Industrieversicherung, 2. Aufl., München.

Horsch, A. (2005): Informationsasymmetrien, Intermediation und Rating auf Versicherungsmärkten, in: Achleitner, A.-K./Everling, O. (Hrsg.): Versicherungsrating, Wiesbaden, S. 53–73.

Horsch, A./Paul, S./Rudolph, B. (2007): Finanzmanagement, in: Busse v. Colbe, W. et al. (Hrsg): Betriebswirtschaft für Führungskräfte, 3. Aufl., Stuttgart, S. 371–418.

Horsch, A./Richard, M. (2003): Perspektiven der internationalen Kapitalmarktregulierung, in: Kapitalmarktorientierte Rechnungslegung, 3. Jg., 2003, S. 360–364.

IOSCO – International Organization of Securities Commissions (2004): Code of Conduct Fundamentals for Credit Rating Agencies, www.iosco.org/library/pubdocs/pdf/IOSCOPD180.pdf.

Jensen, M. C./Meckling, W. H. (1976): Theory of the Firm: Managerial Behavior, Agency Costs, and Ownership Structure, in: Journal of Financial Economics, 3. Jg., S. 305-360.

Jensen, M. C./Ruback, R. S. (1983): The Market for Corporate Control: The Scientific Evidence, in: Journal of Financial Economics, 11. Jg., S. 5-50.

Kajüter, P./Barth, D./Dickmann, T./Zapp, P. (2007): Rechnungslegung nach IFRS für den deutschen Mittelstand?, in: Der Betrieb, 60. Jg., S. 1877-1884.

Kane, E. J. (1994): Changing Information Technology and the Endless Re-engineering of Banking and Banking Regulation, in: Financial Practice & Education, 4. Jg., Nr. 2, S. 129-135.

Kaplan, R. S./Norton, D. P. (1997): Balanced Scorecard: Strategien erfolgreich umsetzen, Stuttgart.

Kaplan, R. S./Norton, D. P. (2001): Die strategiefokussierte Organisation: Führen mit der balanced scorecard, Stuttgart.

Klein, K.-G./Jonas, M. (2005): Due Diligence und Unternehmensbewertung, in: Berens, W./Brauner, H. U./Strauch, J. (Hrsg.), S. 173-195.

Kleinert, J./Klodt, H. (2002): Die fünfte Fusionswelle: Ausmaße und Hintergründe, in: Oberender, P. (Hrsg.), S. 9-19.

KPMG (2002): Transactions in Germany – Success or Failure?, o.O.

KPMG Deutsche Treuhand-Gesellschaft (Hrsg., 2006): IFRS visuell – Die IFRS in strukturierten Übersichten, 2. Aufl., Stuttgart.

Krumnow J./Sprißler, W. et al. (Hrsg., 2004): Rechnungslegung der Kreditinstitute – Kommentar, 2. Aufl. Stuttgart.

Kürsten, W. (2000): „Shareholder Value" – Grundelemente und Schieflagen einer politökonomischen Diskussion aus finanzierungstheoretischer Sicht, in: Zeitschrift für Betriebswirtschaft, 70. Jg., S. 359-381.

Lehner, U./Beynio, W. (2002): Finanzkommunikation als Bestandteil der wertorientierten Unternehmensführung, in: Siegwart, H./Mahari, J. (Hrsg.), S. 637-660.

Link, R. (1991): Aktienmarketing in deutschen Publikumsgesellschaften, Wiesbaden.

Link, R. (1993): Aktienmarketing und Investor Relations – Neue Begriffe der Eigenkapitalbeschaffung deutscher Publikumsgesellschaften, in: Boening, D./Hockmann, H. J. (Hrsg.): Bank- und Finanzmanagement: Marketing – Rechnungswesen – Finanzierung – Reflexionen aus der Praxis, Joachim Süchting zum 60. Geburtstag, Wiesbaden, S. 193-222.

Morris, J. (2002): Investors turn cool on the rating game, in: Euromoney, Nr. 1, S. 38-41.

Müller, F. B./Gerhardt, R. (2001): Investor Relations in globalen Finanzmärkten, in: Rolfes, B./Fischer, T. R. (Hrsg.): Handbuch der europäischen Finanzdienstleistungsindustrie, Frankfurt/M., S. 578-589.

Oberender, P. (Hrsg., 2002): Megafusionen – Motive, Erfahrungen und wettbewerbspolitische Probleme, Berlin.

Oehler, A./Voit, M. (1999): Informationsökonomische Aspekte des Bond-Rating, in: (Österreichisches) Bank-Archiv, 47. Jg., S. 968-974.

Paul, S. (1994): Bankenintermediation und Verbriefung – Neue Chancen und Risiken für Kreditinstitute durch Asset Backed Securities?, Wiesbaden.

Paul, S. (2004): Verbriefung – Mythos und Wirklichkeit, in: Gerke, W./Siegert, T. (Hrsg.): Aktuelle Herausforderungen des Finanzmanagements, Stuttgart, S. 61-87.

Paul, S. (2007): Basel II im Überblick, in: Hofmann, G. (Hrsg.): Basel II und MaRisk, Frankfurt/M., S. 5-65.

Paul, S./Brütting, C./Weber, N. (2003): IAS 39: Bilanzierung von Finanzinstrumenten als Grundproblem der Bankrechnungslegung – ein Aufriss, in: ZfgK – Zeitschrift für das gesamte Kreditwesen, 56. Jg., S. 580-584.

Paul, S./Horsch, A./Stein, S. (2005): Wertorientierte Banksteuerung I: Renditemanagement, Frankfurt/M.

Paul, S./Stein, S. (2002): Rating, Basel II und die Unternehmensfinanzierung, Köln.

Peemöller, V. H./Spanier, G./Weller, H. (2002): Internationalisierung der externen Rechnungslegung: Auswirkungen auf nicht kapitalmarktorientierte Unternehmen, in: Betriebs-Berater, 57. Jg., S. 1799-1803.

Pellens, B./Fülbier, R. U./Gassen, J. (2006): Internationale Rechnungslegung, 6. Aufl., Stuttgart (4. Aufl. ebenda, 2001).

Pellens, B./Gassen, J. (2001): Die internationale Rechnungslegung, in: Frankfurter Allgemeine Zeitung, Nr. 281, 03.12.2001, S. 29.

Pellens, B./Hillebrandt, F./Ulmer, B. (2001): Umsetzung von Corporate-Governance-Richtlinien in der Praxis – Eine empirische Untersuchung der DAX 100-Unternehmen –, in: Betriebs-Berater, 56. Jg., S. 1243–1250.

Pellens, B./Tomaszewski, C./Weber, N. (2000): Wertorientierte Unternehmensführung in Deutschland – Eine empirische Untersuchung der DAX 100-Unternehmen –, in: Der Betrieb, 53. Jg., S. 1825–1833.

Permoser, G./Kontriner, K. (2004): Anleihen als neue Formen der Kreditfinanzierung, in: Guserl, R./Pernsteiner, H. (Hrsg.): Handbuch Finanz-Management in der Praxis, Wiesbaden, S. 839–867.

Peters, A. C. (2001): Die Haftung und die Regulierung von Rating-Agenturen, Baden-Baden.

Pfitzer, N. (Hrsg., 2003): Deutscher Corporate-Governance-Kodex – ein Handbuch für Entscheidungsträger, Stuttgart.

Picot, G. (2005a): Wirtschaftliche und wirtschaftsrechtliche Aspekte bei der Planung der Mergers & Acquisitions, in: Picot, G. (Hrsg.), S. 3–39.

Picot, G. (2005b): Personelle und kulturelle Integration, in: Picot, G. (Hrsg.), S. 449–490.

Picot, G. (Hrsg., 2005): Handbuch Mergers & Acquisitions: Planung, Durchführung, Integration, 3. Aufl., Stuttgart.

Pilny, K. H. (2005): Rating von Fonds, Derivaten und Kapitalmarkttransaktionen, in: Achleitner, A.-K./Everling, O. (Hrsg.): Rechtsfragen im Rating, Wiesbaden, S. 419–446.

Randow, P. von (1996): Rating und Regulierung, in: Büschgen, H. E./Everling, O. (Hrsg.), S. 543–576.

Rappaport, A. (1981): Selecting strategies that create Shareholder Value, in: Harvard Business Review, 59. Jg., Nr. 3, May/June, S. 139–149.

Rappaport, A. (1986): Creating Shareholder Value – The New Standard for Business Performance, New York et al.

Rappaport, A. (1999): Shareholder Value, 2. Aufl., Stuttgart.

Reder, D. (2004): Zur Geschichte der internationalen Rating-Agenturen, in: Hirschmann, S./Romeike, F. (Hrsg.): Rating von Versicherungsunternehmen, Köln, S. 167-179.

Regierungskommission Deutscher Corporate Governance Kodex (2003): Deutscher Corporate Governance Kodex – in der Fassung vom 21. Mai 2003, o.O. (www.corporate-governance-code.de).

Reich, H. W. (2007): Bedeutung und Chancen des Ratings für den Mittelstand, in: Büschgen/Everling (Hrsg.), S. 3-23.

Richter, F./Timmreck, C. (Hrsg., 2004): Unternehmensbewertung – Moderne Instrumente und Lösungsansätze, Stuttgart.

Riel, C. (2001): Asset Backed Securities (ABS) – ein zeitgemäßes Finanzierungsinstrument, in: Sparkasse, 118. Jg., S. 368-374.

Rudolph, B. (2002): Strukturwandel in der Industriefinanzierung seit den 90er Jahren: Ursachen und Folgen, in: Bankkredit oder Kapitalmarkt: Alternativen der Industriefinanzierung in Deutschland, Bankhistorisches Archiv, Beiheft 40, hrsg. v. Wissenschaftlichen Beirat des Instituts für bankhistorische Forschung e.V., Stuttgart, S. 55-69.

Rudolph, B. (2006): Unternehmensfinanzierung und Kapitalmarkt, Tübingen.

Scherer, F. M. (2002): The Merger Puzzle, in: Franz, W./Ramser, H. J./Stadler, M. (Hrsg.), S. 1-22.

Schneider, D. (1997): Betriebswirtschaftslehre, Bd. 2: Rechnungswesen, 2. Aufl., München/Wien.

Schröder, E. F. (2002): Wertorientierte Führung – Kennzahlen, Controlling, Ethik, Grenzen, in: Siegwart, H./Mahari, J. (Hrsg.), S. 205-228.

Schulte, M./Horsch, A. (2004): Wertorientierte Banksteuerung II: Risikomanagement, 3. Aufl., Frankfurt/M.

Serfling, K. (2007): Möglichkeiten und Grenzen des Credit Rating, in: Büschgen/Everling (Hrsg.), S. 709-746.

Siegwart, H./Mahari, J. (Hrsg., 2002): Corporate Governance, Shareholder Value & Finance, Basel et al.

Spremann, K./Pfeil, O./Weckbach, S. (2001): Lexikon Value-Management, München/Wien.

Standard & Poor's (2003): Standard & Poor's Frankfurt, o.O. (www.standardandpoors.com).

Strick, S. (2004): Zimbo begibt Anleihe in Eigenregie, in: Finance, o. Jg., Nr. 4, S. 54-56.

Süchting, J. (1972): Die Bankloyalität als Grundlage zum Verständnis der Absatzbeziehungen von Kreditinstituten, in: Kredit und Kapital, 5. Jg., S. 269-300.

Süchting, J. (1995): Finanzmanagement, 6. Aufl., Wiesbaden.

Süchting, J. (1996): Unternehmenssteuerung in Aktienbanken nach dem Shareholder Value-Konzept, in: Die Banken auf dem Weg ins 21. Jahrhundert – Strategien und Konzepte, hrsg. vom International Bankers' Forum e.V., Wiesbaden, S. 407-418.

Süchting, J. (2000): Fördern die Finanzmarktförderungsgesetze den Finanzmarkt?, in: Riekeberg, M./Stenke, K. (Hrsg.): Banking 2000 – Perspektiven und Projekte, Hermann Meyer zu Selhausen zum 60. Geburtstag, Wiesbaden, S. 121-130.

Süchting, J./Paul, S. (1998): Bankmanagement, 4. Aufl., Stuttgart.

Volkart, R./Labhart, P. (2001): Investor Relations als Wertsteigerungsmanagement, in: Kirchhoff, K.R./Piwinger, M. (Hrsg.): Die Praxis der Investor Relations – Effiziente Kommunikation zwischen Unternehmen und Kapitalmarkt, 2. Aufl., Neuwied, S. 134-164.

Wagenhofer, A./Ewert, R. (2003): Externe Unternehmensrechnung, Berlin et al.

Wöginger, H. (2004): Bewertung von Synergien bei Mergers & Acquisitions – Das Synergy-Value-Konzept, in: Richter, F./Timmreck, C. (Hrsg.), S. 235-262.

Wöhe, G./Bilstein, J. (2002): Grundzüge der Unternehmensfinanzierung, 9. Aufl., München.

Zentraler Kreditausschuss (2003): Stellungnahme des Zentralen Kreditausschusses zur Tätigkeit von Rating-Agenturen und ihrer möglichen Beaufsichtigung, Berlin.

IV Strategisches Management in Finanzinstituten

Wieland Achenbach, Thomas A. Lange, Udo Steffens

1 Strategisches Management im Zeichen der Finanzkrise 291
   1.1 Ausgangslage der deutschen Finanzinstitute 292
   1.2 Stimmen und Forderungen in der Finanzkrise 293
   1.3 Ausgewählte Nachrichten 294
   1.4 Trends in der Finanzbranche 298

2 Strategische Unternehmensführung 303
   2.1 Grundfragen der strategischen Unternehmensführung 303
   2.2 Objekte des strategischen Managements 303
   2.3 Strategiebegriff und Inhalt 303
   2.4 Strategisches Management in Banken – Das Zielsystem der Institutsgruppen 305
   2.5 Ebenen der strategischen Planung in Banken 307

3 Basiskonzepte des strategischen Managements 309
   3.1 Marktorientierter Ansatz 309
   3.2 Ressourcenorientierter Ansatz 310

4 Der strategische Managementprozess in Banken 312

5 Die Entwicklung von Vision und Leitbild 315
   5.1 Vision 315
   5.2 Leitbild 317

6 Die Umweltanalyse – Ermittlung von Chancen und Risiken 320
   6.1 Die globale Umwelt 321
      6.1.1 Globalisierung 328
      6.1.2 Internationalisierung 329
   6.2 Die Wettbewerbsumwelt 330
      6.2.1 Die Abgrenzung des relevanten Marktes – einige Strukturdaten 330
      6.2.2 Die Branchenstrukturanalyse nach Porter 339
   6.3 Lebenszyklusanalyse 351

7 Unternehmensanalyse – Aufdecken von Stärken und Schwächen 354
   7.1 Analyse der Wertkette 354
   7.2 Erstellung von Stärken-Schwächen-Profilen 361

8 Strategische Optionen 364
   8.1 Strategische Optionen auf der Gesamtunternehmensebene 364
      8.1.1 Portfolioansatz und -strategien 365
      8.1.2 Wachstumsstrategien 369
      8.1.3 Dekonstruktion der Wertkette 374
   8.2 Strategische Optionen auf der Geschäftsfeldebene 378
      8.2.1 Kernmarkt versus Nische 378
      8.2.2 Veränderung versus Anpassung 381
      8.2.3 Kostenführerschaft versus Differenzierung 384
      8.2.4 Der strategische Würfel 388
      8.2.5 Mischstrategien 389

9 Literatur 393

1 Strategisches Management im Zeichen der Finanzkrise

Strategisches Handeln der Banken und Sparkassen dient der Sicherstellung von Bestand und Rentabilität. Die derzeitige Finanzkrise, die durch das Platzen der Immobilienblase *(vgl. für ähnliche Phänomene z. B. Dash, „Tulpenwahn", 2001)* und die Subprime-Hypothekenkreditkrise in den USA ihren Anfang nahm, stellt für viele Banken eine existenzielle Bedrohung dar. Nicht für wenige Institute gilt es, Strategien für das schiere Überleben zu finden – dies in einer Gemengelage aus privaten und öffentlichen Interessen und einer weltweiten Rezession. Zyklische Entwicklungen sind normal, derart einschneidende, in ihren Konsequenzen kaum überschaubare Verhältnisse aber, die das System der Finanzordnung in ihren Grundfesten erschüttert haben und sogar ganze Volkswirtschaften (z. B. Island) in ihrer wirtschaftlichen Existenz bedrohen, sind bislang einmalig. Neben dem „Beinahe-Crash der Geldwirtschaft", der die USA zu massiven Änderungen ihres Finanzsystems veranlasst *(Häring/Ziener, 2009, S. 2)*, tritt auch eine moralische Krise des Kapitalismus, mit Diskussionen um Gier und falscher Anreizsetzung bei der Managervergütung, um Vertrauensverluste und unzureichende Aufsicht. Die Krise ist hausgemacht, die Banken tragen ein hohes Maß für die Verursachung selbst. Sie ist aber auch ein Ausweis für Staatsversagen, da ordnungspolitisch betrachtet, die politischen, regelsetzenden Institutionen es durch die weitgehende Liberalisierung des Finanzmarktgeschehens – etwa durch Geschäfte außerhalb der Bilanz (Kreditersatzgeschäfte) – zugelassen haben, dass Risiko und Haftung für finanzwirtschaftliches Handeln auseinanderfallen *(Stieglitz, J. in: Tichy, 2008, S. 5: „ (…) dass Geldgeschäfte viel zu wichtig sind, als dass man sie unkontrolliert dem Finanzsektor überlassen dürfte.")*. Es geht heute nicht nur um die Behebung einer zyklischen oder strukturellen Krise, die Arten und Weisen des Wirtschaftens selbst werden mitunter im politischen Raum in Frage gestellt.

Daher – anders als in den Auflagen des Kompendiums zuvor – einige Vorbemerkungen zu diesem Fachtext:

Es kann nicht alles im Detail beleuchtet werden, es werden exemplarisch aktuelle Diskussionen vorgestellt. Wie in den vergangenen Auflagen wird versucht, systematische Einblicke in das strategische Management der Banken und Sparkassen zu bieten. Dies bezieht sich insbesondere auf die unveränderten Fragen zur Ausgestaltung der strategischen Positionierung und von Geschäftsfeldstrategien – etwa im Retailgeschäft. Der Fachtext soll Überblick und Orientierung geben, kann aber naturgemäß nicht alle aktuellen Fragen beantworten. Viele Aspekte einer Neugestaltung und -strukturierung des Bankenmarktes sind in der Schwebe. Einige ordnungspolitische und regulatorische Entscheidungen zur Finanzverfassung werden noch folgen. Die notwendige verstärkte Interaktion von nationaler, europäischer und globaler Ebene bei der Erarbeitung einer neuen Finanzarchitektur ruft nach neuen Institutionen, die noch nicht existieren. Insofern bleibt eine umfassendere Bewertung der Konsequenzen der Finanz- und Wirtschaftskrise und der Zukunft der Banken und Sparkassen der nächsten Auflage des Kompendiums vorbehalten.

1.1 Ausgangslage der deutschen Finanzinstitute

Jahrzehntelang galt der deutsche Bankenmarkt als wenig wettbewerbsintensiv, dabei overbranched und overbanked, zersplittert, verkrustet und nur wenig konzentriert, wenn es um relevante Marktanteile ging. Für das nicht-städtische Deutschland gilt, dass regionale Dyopole aus Sparkassen und Volksbanken vorherrschend sind. Noch heute werden deutschlandweit 40 % des Marktes von öffentlich-rechtlichen Instituten, den Sparkassen und ihren fokalen Instituten, den Landesbanken, abgedeckt. Jeweils ca. 30 % teilen sich Volks- und Raiffeisenbanken und Privatbanken. Die Rentabilität war und ist deshalb im europäischen Maßstab – bezogen auf das Inlandsgeschäft bei Privat- und Firmenkunden – vergleichsweise gering. Diskussionen in der Branche drehten sich um Systemfragen zwischen öffentlich-rechtlicher, genossenschaftlicher und privater Führung und damit verbundenen Vorwürfen von Wettbewerbsverzerrung. Säulenübergreifende Zusammenschlüsse sind bis heute in Deutschland rechtlich schwierig, im Rest von Europa dagegen längst vollzogen (etwa Italien, Frankreich, Spanien). Es gibt Fusionen lediglich innerhalb der Säulen, vornehmlich im Sparkassen und Genossenschaftssektor *(vgl. für viele im Überblick Steffens, 2002, S. 79 ff.)*. Diese Bemühungen sind überwiegend an Kostenüberlegungen geknüpft, an Synergien durch Überwindung der mangelnden Teilbarkeit von Ressourcen durch die Bildung größerer Organisationseinheiten. Zudem wurden Kosten gespart, indem das dichte Filialnetz ausgedünnt wurde.

Fehlende Rentabilität versuchten die privaten Großbanken nach gescheiterten Fusionsbemühungen (z. B. Deutsche Bank/Dresdner Bank; Dresdner Bank/Commerzbank) und Allfinanzversuchen (Allianz/Dresdner Bank) zu Ende des letzten Jahrtausends durch eine Expansion ins Investmentgeschäft und ins Ausland (economies of scale and scope) zu kompensieren. In diesem zyklischen Geschäft sind große Margen möglich. Eine Konzentration auf dieses Marktsegment birgt aber höhere Risiken als das traditionelle Bankgeschäft. Gerade das Versprechen einer höheren Rentabilität für Aktionäre und Eigentümer (öffentliche wie private) und die überbordende Beteiligung an dementsprechend riskanteren Geschäften müssen in der Rückschau als eine zentrale Ursache für die massive Krise gelten.

Heute stehen viele aktiennotierte Geldhäuser und Landesbanken, die sich an den riskanten Immobilien- und Investmentgeschäften beteiligt haben, vor einem Scherbenhaufen und kämpfen ums Überleben. Verluste öffentlich-rechtlicher Institute werden sozialisiert. In den USA wurde nach spektakulären Bankrettungen (Bear Stearns, Fannie Mae, Freddie Mac, AIG) der Grundsatz „too big to fail" dann aber doch aufgrund politischen und öffentlichen Drucks aufgegeben und mit der Insolvenz von Lehman Brothers die Krise in ihrem Ausmaß transparent und verschärft *(vgl. Lehmans, 2009 und Benders, 2008: Es drohe ein „Tsunami an den Finanzmärkten")*. Nach der Rettung der IKB in 2008 wurde auch in Deutschland ein groß angelegter Rettungsschirm aufgespannt mit hunderten Milliarden an Staatsbürgschaften sowie eine Staatsbeteiligung von 25 % an der Commerzbank. Die HRE wurde verstaatlicht (nach dem letzten noch zu vollziehenden Schritt, dem Squeeze out der letzten 10 % der Aktionäre). Die HRE gilt dabei als „systemrelevant", eine Insolvenz war aus Sicht des Staates zu vermeiden, um noch gravierendere Folgen für die gesamte Kreditwirtschaft und in der Folge für die Realwirtschaft zu verhindern. Damit Banken wieder zu einer ihrer zentralen Funktionen – der Vergabe von Krediten an die Realwirtschaft – zurückkehren können, werden zudem „Bad Banks" gegründet, um sog. „toxische Papiere" aufzunehmen, die aus den Bilanzen der Geschäftsbanken herausgelöst werden. In regulativer Hinsicht ist zu erwarten, dass die Finanzaufsicht eine höhere Eigenkapitalunterlegung für zukünftige Geschäfte verlangen wird *(vgl. Simmert, 2008, S. 13)*. Gleichzeitig stellen die Zentralbanken der Welt vermehrt billiges Geld zur Refinanzierung zur Verfügung, in den USA zu einem Zinssatz von 0 %. Alle erhoffen sich davon eine Belebung der Geschäftstätigkeit und die Wiederbelebung des dringend erforderlichen Kreditverkehrs mit der Realwirtschaft. Alle hoffen darauf, dass verloren gegangenes Vertrauen bei den Banken und Kunden zurückkehr*t (vgl. etwa Blessing, 2008, S. 15)*.

1.2 Stimmen und Forderungen in der Finanzkrise

Die Finanzkrise und die Rolle der Banken als Mitverursacher blieben in der Öffentlichkeit nicht unkommentiert, lösten im Gegenteil teils heftige und emotional geführte Diskussionen aus. Anleger beklagen den Verlust ihrer Anlagen und fordern Regress (und erhielten ihn zum Teil). Steuerzahler kritisieren, dass Gewinne von Banken privatisiert, die Verluste aber sozialisiert werden. Das Vertrauen in die Branche ist gesunken, der Ruf beschädigt.

So gibt sich die Branche auch einsichtig und selbstkritisch: „Viele Banker haben das eigene Steuerungsvermögen überschätzt und zu viele Gefahren unterschätzt", erklärte etwa der Präsident des Bundesverbandes deutscher Banken (BdB), A. Schmitz *(vgl. Breinich-Schilly, 2009)*. Die Fondsbranche übt Selbstkritik, indem sie eingesteht, dass das schwindende Vertrauen der Anleger auch seine Ursache in schlechter Beratung und Produktflut habe *(vgl. Narat, 2009, S. 24)*.

Bundespräsident Horst Köhler spricht vom internationalen Finanzmarkt als „ungebändigtem Monster", dem nun Fesseln angelegt werden sollten *(vgl. Köhler, 2008)*. „Die Überkomplexität der Finanzprodukte und die Möglichkeit, mit geringstem eigenen Haftungskapital große Hebelgeschäfte in Gang zu setzen, haben das Monster wachsen lassen (…) es hat kaum noch Bezug zur Realwirtschaft." Dazu gehörten seiner Ansicht nach auch bizarr hohe Managervergütungen. Die Finanzwelt habe sich mächtig blamiert, er vermisse aber immer noch ein klares Schuldbekenntnis *(vgl. ebda.)*.

Köhler ermahnt zudem die deutschen Sparkassen, die Tausenden Kunden Lehman-Zertifikate verkauft haben (z. B. Fraspa, Haspa), zu alten Tugenden zurückzukehren. Die Sparkassen schlügen sich ganz gut in der Finanzkrise, Anlass für Selbstgerechtigkeit sei aber nicht gegeben, insbesondere mit Blick auf die „bedrückende Lage" der Landesbanken. Selbstkritisch räumte DSGV-Präsident H. Haasis ein, dass die Sparkassen dafür Sorge tragen müssten, dass das besondere Vertrauen der Kunden in die Sparkassen erhalten bleibe *(Cünnen/Drost/Köhler, 2009, S. 18)*.

Beteiligte Banker, insbesondere aus den Führungsetagen der großen Häuser, werden mitunter sogar als „Spieler" oder „Bankster" *(vgl. Steinmann, 2009)* bezeichnet. Kritiker des Gesamtsystems versteigen sich zu der Ansicht, man möge bei der Gelegenheit doch gleich besser das ganze

Wirtschaftsystem abschaffen und alle Banken verstaatlichen. Gänzlich absurd ist aus der gleichen Richtung die Forderung zu verstehen, man möge doch einzelne Bankmanager verhaften und ins Gefängnis stecken *(vgl. o.V., Linker, 2008; o.V., Lafontaine, 2008)*.

Die konstruktivere Kritik und Diskussion geht dabei von der Forderung nach besseren Finanzaufsichtsinstrumenten, über rigidere Regeln der Managerhaftung, einer Begrenzung der Managergehälter, zu verbesserter Kompetenz der Aufsichtsräte *(vgl. Osman, 2009, S. 22)* bis zum Verbot von Provisionen für Berater in der Finanzanlage *(vgl. o.V., Harte Zeiten, 2009, S. 22)*.

Besonders risikobehaftete Papiere müssten in Zukunft für Käufer besser gekennzeichnet sein, die Auslagerung von Risiken in Zweckgesellschaften sei zu verbieten *(vgl. Selten, 2008, S. 66 f.)*. Die Gründung von unbelasteten Banken, „Good Bank" sei ebenfalls erwägenswert *(vgl. Tichy, 2009)*.

Auch die Wissenschaft müsse endlich begreifen, dass entgegen den heroischen Annahmen der unbedingten Rationalität in der Theorie, Märkte eben zuweilen nicht überschaubar und menschliches Verhalten nicht zwangsläufig rational oder vorhersehbar seien *(vgl. Selten, 2008, S. 66 f.)*. Die Erfindung moderner Finanzinstrumente habe die Risiken nicht vermindert, sondern vielmehr neue geschaffen. Die Branche, so Stieglitz, sei bemerkenswert lernunfähig *(Stieglitz, J., in: Tichy, 2008, S. 5)*.

Schließlich wird an die Banker und die wirtschaftlichen Eliten appelliert, man möge doch zurückkehren zur ethischen Selbstverpflichtung des sogenannten „ehrbaren Kaufmanns" als Leitbild unternehmerischen und verantwortlichen Handelns *(vgl. Waigel, 2009, S. 5)*. Auch die katholische Kirche thematisiert in ihrer jüngsten Sozial-Enzyklika die Finanzkrise und fordert zur Schaffung von mehr sozialer Gerechtigkeit auf. Mit Blick auf Hedgefonds formuliert sie, dass finanzielle Ressourcen nicht nur dazu verwendet werden sollten, kurzfristige Gewinne zu erlangen. Vielmehr solle das Gemeinwohl im Mittelpunkt stehen. Die Wirtschaft brauche eine Ethik, die den Menschen liebe *(vgl. Tröndle, 2009)*.

1.3 Ausgewählte Nachrichten

31.08.2008 Die Commerzbank übernimmt die Dresdner Bank

(...) Allianz verkauft seine verlustreiche Tochtergesellschaft Dresdner Bank für 9,8 Mrd. EUR an die Commerzbank. In Deutschland steht damit inmitten einer schweren Finanzmarktkrise der größte Bankenzusammenschluss seit Ende der neunziger Jahre bevor. Zahlreiche andere Fusionsvorhaben sind gescheitert. Experten halten schon lange Fusionen im deutschen Bankenmarkt für nötig, damit die Kreditinstitute im internationalen Wettbewerb nicht weiter an Boden verlieren. Nach dem Zusammenschluss sollen 9.000 Arbeitsplätze abgebaut werden.

(…) Die Commerzbank ist nach der Deutschen Bank die zweitgrößte private deutsche Großbank, die Dresdner Bank ist die Nummer drei. Das neue Geldhaus wird voraussichtlich unter der Marke Commerzbank auftreten. Der Name der fast 140 Jahre alten Dresdner Bank wird damit wahrscheinlich verschwinden. (…) versorgen gemeinsam mehr als 12 Millionen Privatkunden (…). Mit einer rechnerischen Bilanzsumme von rund 1,1 Billionen EUR zählt die um die Dresdner Bank erweiterte Commerzbank damit im internationalen Vergleich aber immer noch zu den kleineren Kreditinstituten. (Theurer/Fehr, 2008)

28.11.2008 Übernahme im Zeitraffer

Die Commerzbank zieht die Komplettübernahme der Dresdner Bank um ein halbes Jahr vor. Zugleich wird der (…) Deal (…) offensichtlich günstiger als erwartet. Er kostet das Institut mit 5,1 Milliarden EUR nur etwas mehr als die Hälfte der eigentlich kalkulierten 9,8 Milliarden EUR. Außerdem wird die Allianz (…) nur mit 18,4 und nicht mit 30 % an dem neuen fusionierten Bankhaus beteiligt sein. (O.V., Übernahme, 2008)

11.09.2008 Deutsche Bank übernimmt Postbank

Deutsche Bank und Postbank haben sich geeinigt: Das größte deutsche Geldhaus übernimmt in einem ersten Schritt knapp 30 % der Postbank (…)

(…) Letztlich setzt Ackermann damit um, was er schon bei seinem Dienstantritt verkündet hatte. Bei jeder sich bietenden Gelegenheit hatte er die Bedeutung der Privatkundensparte hervorgehoben – allein es glaubte ihm niemand (…). Womöglich hat nicht zuletzt die Finanzkrise (…) das Bewusstsein für eine gesundere Risikostreuung geschärft (…). Ganz nebenbei rückte die Deutsche Bank auch im Handstreich mit Abstand zur Nummer eins im Privatkundengeschäft auf. Immerhin ist allein die Postbank mit derzeit 14,5 Millionen Kunden national führend (…).

11.04.09 Zerrüttetes Verhältnis

(…) Mittlerweile gilt das Verhältnis zwischen vielen Firmenkunden und ihrer Hausbank als zerrüttet. Selbst konservative Mittelständler sind genervt, wenn sie immer wieder um die Verlängerung der Kredite betteln müssen (…).

Das traditionelle Hausbankprinzip wird auch nach der Krise nicht mehr die Bedeutung zurückerlangen, die es vorher hatte. Enttäuscht und verärgert über die Banken streben die Mittelständler nach Unabhängigkeit (…). Die Zeiten, in denen man nur auf einen Finanzpartner baute, sind endgültig vorbei. (Leenderste, 2009, S. 56 f.)

04.06.2009   Neugeschäft schrumpft

Die Banken vergeben immer weniger Kredite. Vielen Firmen droht das Geld auszugehen. „Der Rückgang des Kreditneugeschäfts ist ein weiteres Indiz für die wachsenden Finanzierungsschwierigkeiten der deutschen Unternehmen"(KfW-Chefvolkswirt, N. Irsch). (…) Besonders die gestiegenen Kreditausfallrisiken infolge des tiefen Wirtschaftseinbruchs ließen die Banken erheblich vorsichtiger bei der Kreditvergabe agieren. (Bastian/Cünnen, 2009, S. 22)

17.06.2009   Rückkehr der Hausbanken

Unternehmen suchen in der Krise feste Partner und nehmen dafür höhere Zinsen in Kauf (…). Das Hausbankprinzip erlebt eine Renaissance (...).

Der Grund dafür ist einfach: Gerade in schwierigen Zeiten haben die Unternehmen Vorteile, die ihr Verhältnis zu den Banken nicht nur über Kreditfinanzierungen definieren, sondern die viele Berührungspunkte haben (…). Das gelte etwa für Anleiheemissionen, Kapitalerhöhungen oder im Zahlungsverkehr bei strategischen Beratungsmandaten. (…) werden alle Institute das Kreditgeschäft verstärkt mit dem margenstarken Investment-Banking verknüpfen. Ganz gleich, ob Privatbank, Sparkasse oder Genossenschaftsbank – kein Haus werde es mehr zulassen, „der reine Finanzierungsdepp" zu sein (…). (Landgraf/Nagl, 2009, S. 22)

07.07.2009   Bundesbank könnte direkt Kredite an die Wirtschaft vergeben

Im Kampf gegen die Kreditklemme erhöht die Bundesregierung (…) den Druck. Sollten sich Deutschlands Banken bei der Unternehmensfinanzierung weiterhin in Zurückhaltung üben, könnte die Bundesbank zum ersten Mal überhaupt direkte Kredite an die Wirtschaft vergeben. Das machte Finanzminister Peer Steinbrück (SPD) nach Gesprächen mit seinen europäischen Amtskollegen am Dienstag in Brüssel klar. (…) stieß Steinbrück mit seinen Vorschlägen für eine Lockerung der Basel-II-Eigenkapitalregeln für Banken (…) auf taube Ohren. Damit sei das Thema aber noch nicht vom Tisch. (O.V., Bundesbank, 2009)

10.03.2009   Verzögerter Start

(…) Entgegen der ursprünglichen Planung sollen die rund eine Million Kunden, die der Versicherer in den vergangenen Jahren für die Dresdner Bank gewonnen hatte, nun doch mitentscheiden können, ob sie zur neu entstehenden Allianz Bank wechseln wollen. Eigentlich sollten die Verträge einfach auf sie übergehen. Die Allianz-Bank, die als Zweigniederlassung der Oldenburgischen Landesbank (OLB) firmiert, geht deshalb statt Ende März erst am 2. Juni an den Start (…). An ihr (OLB) hält die Allianz knapp 90 %. OLB-Vorstandssprecher Benedikt Uhl sagte in Oldenburg, die Bank habe zur Bewältigung des zusätzlichen Geschäfts 70 Mitarbeiter eingestellt. „Für die OLB bietet das Allianz-Bankgeschäft ein beachtliches Entwicklungspotenzial." (O.V., Allianz, 2009)

26.05.2009   Allianz-Bank gewinnt zum Start 350.000 Kunden

(...) Damit ist es der Allianz-Tochter gelungen, rund ein Drittel der angeschriebenen Dresdner Bank Kunden zu gewinnen (...).

Mit den 350.000 Kunden wechselt nach Moschners (Vorstand Allianz, Deutschland Chef Allianz-Bank) Angaben auch der größte Teil des von den Vertretern vermittelten Geschäftsvolumens zur neuen Bank (...). In den nächsten Jahren will der Versicherer sein Bankgeschäft deutlich ausbauen. „Ein Zuwachs von 100.000 Kunden pro Jahr erscheint realistisch (...)". Die konzerneigene Bank biete den Vorteil, dass sich Versicherungs- und Bankprodukte enger miteinander verzahnen ließen. (O.V., Ehemalige, 2009)

30.06.2009   Hypo Real Estate gibt Kerngeschäft neuen Namen

Die schwer angeschlagene Hypo Real Estate (HRE) will ihren belasteten Namen loswerden. Ihr Kerngeschäft firmiert künftig unter der Marke „Deutsche Pfandbriefbank". Unter diesem Namen werden zwei der wichtigsten Töchter des Konzerns gebündelt: die Hypo Real Estate AG in München und die Depfa Deutsche Pfandbriefbank in Eschborn bei Frankfurt. Diese neue Einheit bündele die fortzuführenden Engagements und das Neugeschäft in der Immobilien- und Staatsfinanzierung, teilte der Konzern mit. (O.V., Hypo, 2009)

04.06.2009   Landesbanken fusionieren bis Ende 2010

Die Bundesregierung hat im Ringen um die Neuordnung der Landesbanken einen Etappensieg errungen. Auf Druck aus Berlin verpflichteten sich die Ministerpräsidenten der acht Länder mit Landesbanken, die öffentlich-rechtlichen Spezialinstitute bis Ende 2010 zumindest teilweise zusammenzulegen. Im Gegenzug hilft ihnen der Bund, die Bilanzen der Banken von problematischen Geschäftsbereichen und illiquiden Anlagen zu säubern. (O.V., Landesbanken, 2009)

16.06.2009   Radikale Lösung für Landesbanken

Da sich die Länder hinter den Kulissen weiter wehren, werden die fußkranken Landesbanken nur fusionieren, wenn die EU Druck macht. Neelie Kroes und Heinrich Haasis könnten unterschiedlicher nicht sein. Die EU-Kommissarin versteht sich als Kämpferin gegen das Drei-Säulen-Modell des deutschen Banksystems, das aus Sparkassen, Genossenschaftsbanken und privaten Instituten besteht. Heinrich Haasis ist (...) zuständig dafür, das bestehende System, bei dem jede Säule gegen Übernahmen aus dem anderen Lager abgeschottet ist, gegen Angriffe *zu verteidigen (...). Haasis will die sieben – zum Teil allein kaum lebensfähigen – Landesbanken zusammenschließen, damit sie effizienter arbeiten und die Sparkassen als Miteigentümer nicht endlos Geld nachschießen müssen (...).*

Kroes kann Haasis nun indirekt helfen, die Konsolidierung voranzutreiben: indem sie den Landesbanken harte Auflagen für die erhaltenen Staatshilfen abverlangt (...).

Landesbank-Fusionen sind für Haasis' Sparkassen (...) existenziell. Sollte die Konsolidierung nicht gelingen, müssen die Landesbanken einen anderen Weg einschlagen, um profitabel zu arbeiten. Entweder werden sie ins Privatkundengeschäft einsteigen und damit den Sparkassen Konkurrenz machen. Oder aber die Länder öffnen die Pforten für den Zusammenschluss der Banken mit Sparkassen (...). Das ist nicht in Haasis' Sinn, weil es die Eigenständigkeit seiner Mitgliedsinstitute bedroht. (Bergmann, 2009)

4./5.07.2009   Die Mega-Hilfe, die Banken und der Steuerzahler

Der deutsche Staat baut sein 480 Milliarden EUR schweres Rettungspaket für die Banken aus und entlastet die Finanzbranche noch einmal in ganz großem Stil. Mit Hilfe staatlicher Garantien sollen die Institute die Möglichkeit erhalten, sich von Milliardenrisiken zu befreien. Dafür können sie ihre Problempapiere in sogenannte Bad Banks auslagern (...).

Der DSGV sprach dagegen von einer „willkürlichen Ungleichbehandlung". Die Sparkassen müssten eine Haftungserklärung für mögliche Verluste der Landesbanken abgeben, die der Bund von den privaten Aktionären nicht verlange. (Sievers, 2009, S.18 f.)

1.4 Trends in der Finanzbranche

Es ist in der gegenwärtigen Situation schwierig, eindeutige Trends in der Finanzbranche zu belegen. Gleichwohl kann konstatiert werden, dass es allgemein eine Rückbesinnung auf das Erfolg stabilisierende (Retail-)Privatkundengeschäft gibt. Dafür sprechen die großen Übernahmen in Deutschland (Commerzbank/Dresdner; Deutsche Bank/Postbank) ebenso wie der – vermutlich nur zwischenzeitlich – zu beobachtende Rückzug des Investmentbankings aus den Universalbanken Deutschlands *(vgl. auch Landgraf, 2009, S. 23)*. Das in Deutschland vorherrschende Geschäftsmodell Universalbank selbst erweist sich in Krisenzeiten ebenfalls als Stabilisator, womöglich sogar der deutsche Sonderweg des Drei-Säulensystems *(vgl. Raettig/Steffens, 2009, S. B5)*. Ferner bleibt abzuwarten, ob es einen dauerhaften Zulauf für Nischenbanken etwa im Bereich ethischer oder „grüner" Investments geben kann. Als zentrale Herausforderung im Privatkundenbereich wird die Überwindung des Misstrauens auf der Kundenseite angesehen.

Worin die Banken selbst die größten Herausforderungen für das Jahr 2009 sehen und worauf sie ihr Hauptaugenmerk legen wollen, zeigen die beiden nachstehenden Abbildungen.

Strategische Herausforderungen 2009 (nach Bankengruppen)

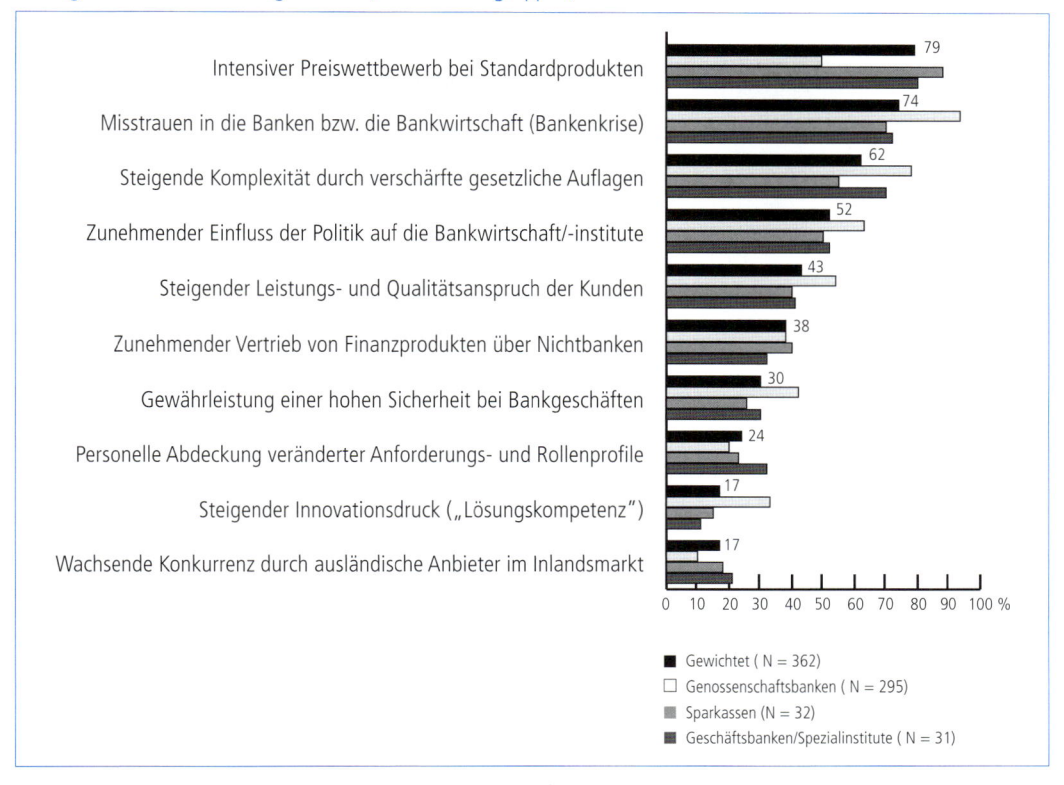

Herausforderung	Gewichtet
Intensiver Preiswettbewerb bei Standardprodukten	79
Misstrauen in die Banken bzw. die Bankwirtschaft (Bankenkrise)	74
Steigende Komplexität durch verschärfte gesetzliche Auflagen	62
Zunehmender Einfluss der Politik auf die Bankwirtschaft/-institute	52
Steigender Leistungs- und Qualitätsanspruch der Kunden	43
Zunehmender Vertrieb von Finanzprodukten über Nichtbanken	38
Gewährleistung einer hohen Sicherheit bei Bankgeschäften	30
Personelle Abdeckung veränderter Anforderungs- und Rollenprofile	24
Steigender Innovationsdruck („Lösungskompetenz")	17
Wachsende Konkurrenz durch ausländische Anbieter im Inlandsmarkt	17

- Gewichtet (N = 362)
- Genossenschaftsbanken (N = 295)
- Sparkassen (N = 32)
- Geschäftsbanken/Spezialinstitute (N = 31)

(Quelle: Spath/Engstler/Praeg/Vocke, 2009, S. 8, Abb. 8)

Strategisches Management in Finanzinstituten

Strategische Leuchtturmprojekte (nach Bankengruppen)

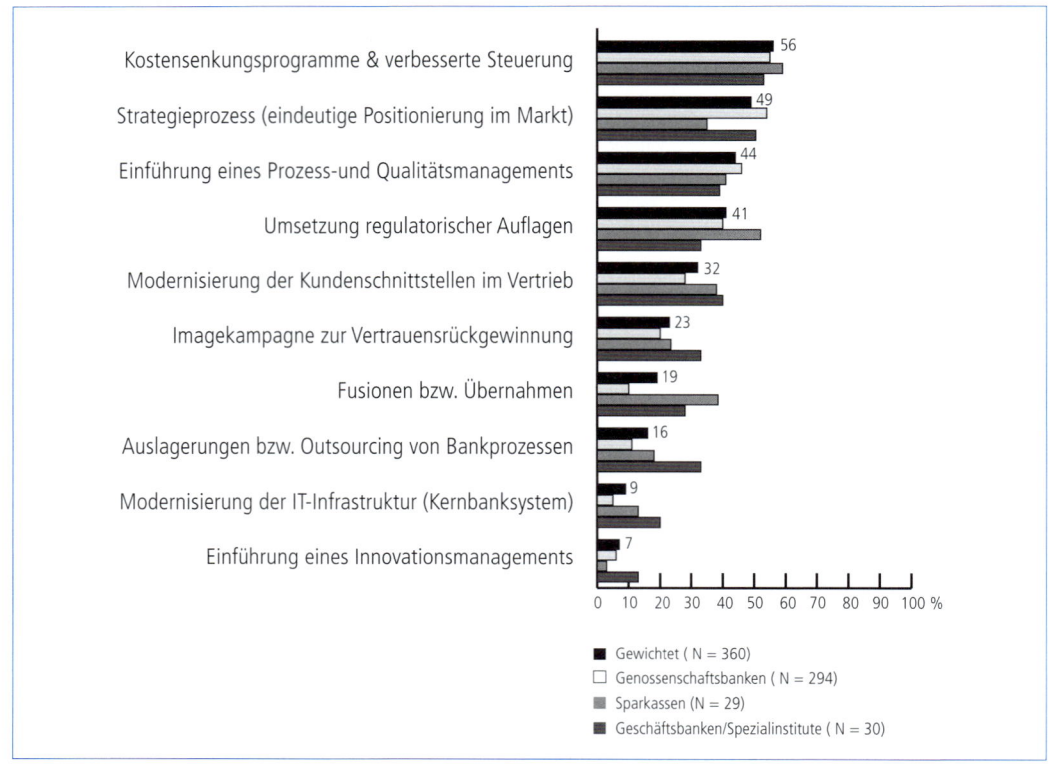

Projekt	Gewichtet (N = 360)
Kostensenkungsprogramme & verbesserte Steuerung	56
Strategieprozess (eindeutige Positionierung im Markt)	49
Einführung eines Prozess-und Qualitätsmanagements	44
Umsetzung regulatorischer Auflagen	41
Modernisierung der Kundenschnittstellen im Vertrieb	32
Imagekampagne zur Vertrauensrückgewinnung	23
Fusionen bzw. Übernahmen	19
Auslagerungen bzw. Outsourcing von Bankprozessen	16
Modernisierung der IT-Infrastruktur (Kernbanksystem)	9
Einführung eines Innovationsmanagements	7

■ Gewichtet (N = 360)
☐ Genossenschaftsbanken (N = 294)
■ Sparkassen (N = 29)
■ Geschäftsbanken/Spezialinstitute (N = 30)

(Quelle: Spath/Engstler/Praeg/Vocke, 2009, S. 11, Abb. 12)

Wohin sich der Bankenmarkt nach Einschätzung der Banken bis zum Jahr 2015 entwickeln könnte und woraus die Institute ihren Ertrag ziehen werden, zeigen abschließend die beiden folgenden Abbildungen.

Aussagen zum Bankenmarkt 2015 (nach Bankengruppen)

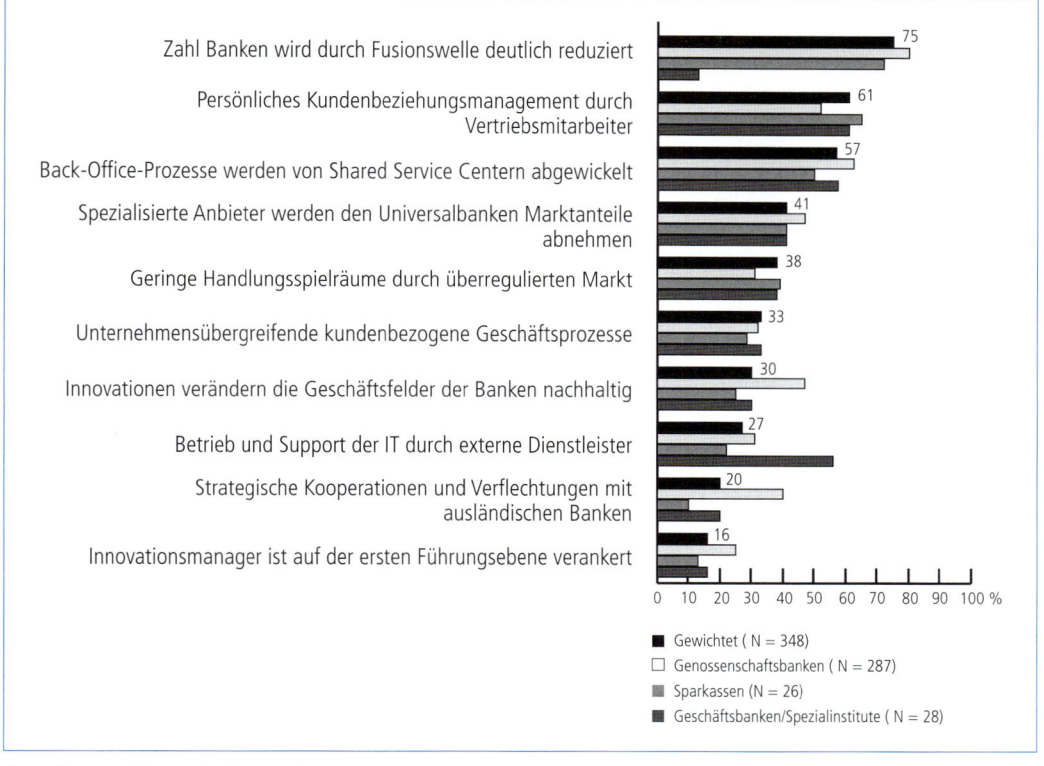

Aussage	Gewichtet (N = 348)
Zahl Banken wird durch Fusionswelle deutlich reduziert	75
Persönliches Kundenbeziehungsmanagement durch Vertriebsmitarbeiter	61
Back-Office-Prozesse werden von Shared Service Centern abgewickelt	57
Spezialisierte Anbieter werden den Universalbanken Marktanteile abnehmen	41
Geringe Handlungsspielräume durch überregulierten Markt	38
Unternehmensübergreifende kundenbezogene Geschäftsprozesse	33
Innovationen verändern die Geschäftsfelder der Banken nachhaltig	30
Betrieb und Support der IT durch externe Dienstleister	27
Strategische Kooperationen und Verflechtungen mit ausländischen Banken	20
Innovationsmanager ist auf der ersten Führungsebene verankert	16

Legende: Gewichtet (N = 348); Genossenschaftsbanken (N = 287); Sparkassen (N = 26); Geschäftsbanken/Spezialinstitute (N = 28)

(Quelle: Spath/Engstler/Praeg/Vocke, 2009, S. 50, Abb. 49)

Strategisches Management in Finanzinstituten

Top-3-Ertragsquellen im Jahr 2015 (nach Bankengruppen)

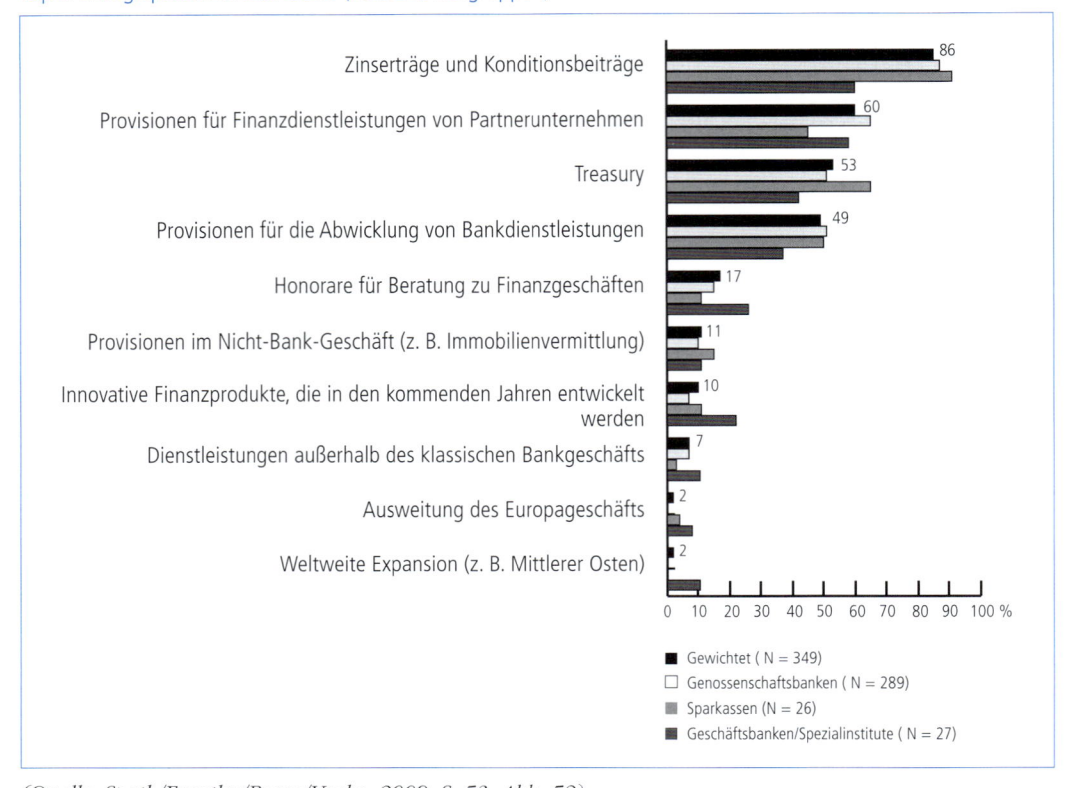

Ertragsquelle	Gewichtet (N = 349)
Zinserträge und Konditionsbeiträge	86
Provisionen für Finanzdienstleistungen von Partnerunternehmen	60
Treasury	53
Provisionen für die Abwicklung von Bankdienstleistungen	49
Honorare für Beratung zu Finanzgeschäften	17
Provisionen im Nicht-Bank-Geschäft (z. B. Immobilienvermittlung)	11
Innovative Finanzprodukte, die in den kommenden Jahren entwickelt werden	10
Dienstleistungen außerhalb des klassischen Bankgeschäfts	7
Ausweitung des Europageschäfts	2
Weltweite Expansion (z. B. Mittlerer Osten)	2

Legende:
- Gewichtet (N = 349)
- Genossenschaftsbanken (N = 289)
- Sparkassen (N = 26)
- Geschäftsbanken/Spezialinstitute (N = 27)

(Quelle: Spath/Engstler/Praeg/Vocke, 2009, S. 53, Abb. 52)

2 Strategische Unternehmensführung

2.1 Grundfragen der strategischen Unternehmensführung

Strategische Führung in Unternehmen – also auch in Banken und Sparkassen – soll drei Grundfragen beantworten *(nach Steinmann/Schreyögg, 2005, S. 165 f.)*:

1. In welchen Geschäftsfeldern wollen wir tätig sein? (Selbstverständnis/Komposition/Auftrag und Unternehmenszweck)
2. Wie wollen wir den Wettbewerb in diesen Geschäftsfeldern bestreiten? (Stoßrichtung/Schwerpunkt)
3. Was ist unsere längerfristige Erfolgsbasis (Kernkompetenz)?

Die erste Frage soll mit Blick auf die Zukunft die Produkt- und Dienstleistungsmärkte definieren. Sie soll Antworten zum Selbstverständnis, zur Zielsetzung und zum Auftrag sowie zur Komposition der Bank beantworten. Die zweite Frage integriert die Profilierung gegenüber dem Wettbewerb und die Zusammenarbeit mit den Kunden. Will man z. B. als Nischenanbieter auftreten, möchte man als Anbieter von Standardleistungen wahrgenommen werden oder möchte man sich durch spezielle Merkmale – z. B. Beratungsgüte – von der Konkurrenz abheben. Die dritte Frage schließlich verweist auf die notwendige Güte und Kapazität der eigenen Ressourcen und deren Potenzial für zukünftige Vorhaben.

2.2 Objekte des strategischen Managements

Objekte des strategischen Managements sind neben der Festlegung von Geschäftsstrategien, angestrebten Marktpositionen sowie der Führung des Planungsprozesses, insbesondere auch Strukturen und Systeme. Es gilt passend zur Wahl strategischer Optionen, eine geeignete arbeitsteilige Aufbau- und Ablauforganisation zu bestimmen *(vgl. auch Moormann/Möbus, 2004, S. 102 ff.)*. Dazu gehören ferner Systeme zur Führung des Unternehmens wie Informations- und Anreizsysteme, die die Verwirklichung der strategischen Vorhaben ermöglichen und befördern *(vgl. Hungenberg, 2001, S. 7)*. Um ein unmittelbar einleuchtendes Beispiel zu wählen: Eine Bank wird wohl nur das strategische Ziel einer Neukundengewinnung in einem neuen Geschäftsfeld durch verstärkte Vertriebsaktivitäten realisieren können, wenn für die ausführenden Mitarbeiter Anreize, wie z. B. eine erfolgsabhängige Vergütung, bestehen.

2.3 Strategiebegriff und Inhalt

Definitionen zum Begriff der Strategie und des strategischen Managements sind Legion. Ursprünglich aus dem Griechischen bedeutet „Strategos" Heerführer. In späteren Jahrhunderten *(Clausewitz, 1991)* bezeichnete Strategie die Kunst der Kriegsführung und den „Gebrauch des

Gefechts zum Zweck des Krieges" – also einen Schlachtplan *(für viele Müller-Stewens/Lechner, 2001, S. 7; Hungenberg, 2001, S. 4)*. Der Ursprung im militärischen Vokabular lässt sich bis heute auch in der Ökonomie nicht verleugnen, wenn bspw. von „Preiskämpfen", „Rabattschlachten" oder „Vergeltungspotenzial" zu lesen ist. Betriebswirtschaftlich ausgedrückt zielt strategische Unternehmensführung darauf ab, Bestand und Rentabilität der Unternehmung sicherzustellen *(Steinmann/Schreyögg, 2000. S. 155)*. Strategie wird verstanden als „the pattern of decisions in a company that determines and reveals its objectives, purposes or goals, produces the principal policies and plans for achieving those goals, ... *(Andrews, 1998, S. 53)*. Dahinter steckt die Frage: Are we doing the right things? Strategisches Management ist zunächst Planung als ein Versuch der Vorwegnahme der Zukunft unter Unsicherheit. Strategisch zu denken bedeutet, über Alternativen nachzudenken, Szenarien zu entwerfen und daraus abgeleitet erfolgsversprechende Optionen auszuwählen, Entscheidungen zum Auf- oder Abbau von Ressourcen und Kapazitäten zu treffen, Maßnahmenpakete festzulegen und die Implementierung der Vorhaben steuernd zu begleiten. In Abgrenzung dazu stellt das operative Management das „Tagesgeschäft" dar, das die wirtschaftliche Umsetzung von Strategien und daraus abgeleiteten Programmen, z. B. in Form eines Produktions- oder Personaleinsatzplanes oder einer Optimierung der Kapazitätsauslastung in der Produktion zur Aufgabe hat. Bezogen auf Banken bedeutet dies etwa die Bearbeitung eines Kreditantrages oder z. B. ein Kundengespräch. Dahinter verbirgt sich die Überlegung: Are we doing things right?

Aspekte und Merkmale, die detaillierter strategisches Management auszeichnen *(vgl. für viele insbes. Steinmann/Schreyögg, 2000, S. 154; Andrews, 1998, S. 53; Hungenberg, 2001, S. 5)*:

- Strategien beziehen sich auf Konkurrenzsituationen. Sie zielen auf **Verdrängung, Kooperation,** abgestimmtes Verhalten, Abgrenzung oder auch Imitation. Die Konkurrenten auf den Märkten stehen in interdependentem – d. h. Aktion-Reaktion – Wettbewerb.

- Strategien nehmen Bezüge zu Umweltsituationen, sie stellen Versuche zur Abwehr von Bedrohungen oder zur Nutzung von Chancen dar. Banken haben sich auf nicht beeinflussbare Veränderungen in der Umwelt einzustellen. Die Kreditinstitute selbst versuchen ihrerseits durch strategisches Handeln ihre Wettbewerbsumwelt, d. h. Struktur und Verhalten in der Finanzbranche, zu formen. Sie können durch ihr Handeln versuchen, ein Stück weit stabilisierend auf die sie umgebende Umwelt einzuwirken. Strategische Planung macht die Zukunft jedoch nicht vorhersehbarer. Vor Überraschungen ist man nicht gefeit. Man kann mit Hilfe von strategischer Planung – Denken und Handeln in Alternativen – jedoch flexibler agieren.

- Strategien nehmen Bezug zu den Unternehmensressourcen. Es gilt, dass die relative Position zur Konkurrenz die Stellung einer einzelnen Bank – ihre Stärke oder Schwäche im Verhältnis zu anderen – ihren Handlungsspielraum definiert.

- Strategien sind an Menschen, Organisationen und deren Ziele geknüpft. Sie spiegeln die Wünsche, Wertvorstellungen, Weltanschauungen *(Mintzberg, 1998, S. 16)* und Überzeugungen der Entscheidungsträger in den Banken – der Vorstände oder der Verbände (und der Stakeholder und Shareholder) – wider. Strategische Planung ist die vornehmste Aufgabe der Unternehmensführung.

- Strategien sind nicht punktuell, sondern suchen den Blick auf die gesamte Ausrichtung von Aktivitäten einer Bank oder Bankengruppe zu richten.

- Strategien sind auf die Zukunft gerichtet und basieren demnach auf Erwartungen hinsichtlich der Veränderungen in der Umwelt (Wayne Gretzky zum Geheimnis seines Erfolges: „Man muss nicht da sein, wo der Puck gerade ist, sondern dort, wo er hinkommen wird") und bei den eigenen Ressourcen. Strategien können im Sinne eines geplanten Programmes mittel- bis langfristiger Natur sein, sie müssen es aber nicht. (Z. B. hat die *Commerzbank* vor wenigen Jahren wahrscheinlich weder geplant noch geahnt, dass sie im Jahr 2004 die *Schmidt Bank* übernehmen würde.)

- Nicht alles, was wichtig für Unternehmen ist, ist auch gleich strategisch – mitunter erfährt das Attribut inflationären Zuspruch. Strategien haben elementare und hohe Bedeutung für den Bestand des Unternehmens; sie sollen dem Aufbau von längerfristigen Erfolgspotenzialen dienen. An sie ist die Verteilung der zukunftssichernden Investitionen geknüpft.

- Und schließlich: Strategien können Ergebnis eines bewussten und systematisch angelegten Planungsprozesses, d. h. beabsichtigt sein, sie müssen es aber nicht. (Erfolgreiche) Strategien können auch Ergebnis eines unintendierten Musters von Entscheidungen im Zeitablauf sein **(emergente Strategien)**. Empirisch haben einige Untersuchungen gezeigt, dass die Existenz strategischer Planung mit höherer Wahrscheinlichkeit zu besserem Erfolg – bezogen auf Umsatz, Gewinn, Aktienkurs, Eigen- und Gesamtkapitalrentabilität – führt. Andere Untersuchungen kommen zu einer pessimistischeren Einschätzung des Erfolgs strategischer Planung *(vgl. Müller-Stewens/Lechner, 2001, S. 46)*. In der Unternehmensrealität zeigt sich fast immer eine Mischung von Geplantem und Ungeplantem.

2.4 Strategisches Management in Banken – Das Zielsystem der Institutsgruppen

Strategien dienen der Sicherstellung von Bestand und Rentabilität. Allen Entscheidungen vorgelagert ist die Bestimmung des Geschäftszwecks. Banken als Unternehmen haben ein Zielsystem. Banken wird ihr Zweck aufgrund besonderer Schuldner/Gläubigerbeziehungen auch per Gesetz definiert. Dem Kreditwesengesetz (§ 1) nach sind Kreditinstitute „... Unternehmen, die Bankgeschäfte gewerbsmäßig oder in einem Umfang betreiben, der einen in kaufmännischer Weise eingerichteten Geschäftsbetrieb erfordert. Bankgeschäfte sind ... die Annahme fremder Gelder ... (Einlagengeschäft) ... die Gewährung von Gelddarlehen und Akzeptkrediten (Kreditgeschäft) ... die Anschaffung und die Veräußerung von Finanzinstrumenten ... (Finanzkommisionsgeschäft) ... die Durchführung des bargeldlosen Zahlungsverkehrs... (Girogeschäft) ..." <und weitere>. In Deutschland ist das Betreiben der Bankgeschäfte nach verschiedenen Gruppen organisiert. Zum einen als Gruppe der „Privatbanken" und hier im Speziellen die in der Form der Aktiengesellschaft geführten Großbanken. Zum anderen bestehen die zahlenmäßig größeren Gruppen der Genossenschaftsbanken, der „Volks- und Raiffeisenbanken" sowie die Sparkassen, die in öffentlicher Trägerschaft (+ wenige freie Sparkassen) geführt werden. Die Unternehmenszwecke unterscheiden sich. Dem **erwerbswirtschaftlichen Prinzip** verpflichtet sind die Privatbanken. Deren Zweck besteht – unter Beachtung von Stakeholderinteressen in der Gewinnmaximierung – im Fall der AG's in der Maximierung des Unternehmenswertes (Shareholdervalue), der sich in steigenden Aktienkursen manifestiert und in der Ausschüttung von Dividenden an Aktionäre als Beteiligung am Unternehmensgewinn.

Genossenschaftsbanken entstanden in der zweiten Hälfte des 19. Jahrhunderts als Selbsthilfeeinrichtungen, mit dem Ziel, die Kreditprobleme kleinerer und mittlerer Unternehmen/r zu bewältigen. Sie haben sich bis heute zu Universalbanken entwickelt, die ihr Hauptbetätigungsfeld im Mittelstand sehen *(vgl. für viele Aubin, 2001, S. 1)*. Unternehmenszweck nach dem Gesetz ist es, „den Erwerb oder die Wirtschaft ihrer Mitglieder zu fördern." (§1 GenG) und dies steht formalisiert in der Satzung *(vgl. z. B. H + G Bank Heidelberg Kurpfalz eG, § 2)*. Dies **muss** eine Genossenschaftsbank (Genossenschaften können zwangsläufig aufgelöst werden, wenn sie den Zweck der **Mitgliederförderung** nicht verfolgen, § 81 GenG) sowohl durch Beteiligung der Mitglieder am Gewinn, als auch durch die Gewährung von besonderen Privilegien oder anderen Mehrwerten (Member Value) an ihre Mitglieder leisten. Dies können z. B. optimale Kundenbetreuung, Förderung der Entfaltung des freien Unternehmertums *(Laudi, 2002, S. 68)*, aber auch Produktrabatte, Informationsdienste oder organisierte Freizeitaktivitäten u.a. sein. Mitunter wird die Gefahr einer Verwässerung dieses Förderauftrages diskutiert *(vgl. insbes. Algner/Bolsinger, 2004, S. 5–10)*, da im Vordergrund der „Förderung" die Ausschüttung von Dividenden stehe, während die immaterielle Förderung und Unterstützung der Mitglieder keinen so großen Raum einnehme. Durch die Konzentration auf wirtschaftliche Interessen drohen insofern die Unterschiede zu anderen Unternehmensformen, insbesondere AGs zu verschwinden, sowohl was die Beziehung zu Kunden als auch zu Eigenkapitalgebern anbelangt *(vgl. Laudi, 2002, S. 28)*. Heute wird im Gegenteil der genossenschaftliche Förderauftrag mehr und mehr als Chance verstanden: mehr Engagement für Mitglieder könne wirtschaftliche Vorteile bringen *(vgl. Terliesner, 2008, S. 32 f.)*.

Davon wiederum verschieden ist das Zielsystem der Sparkassen. Landesgesetze bestimmen den Unternehmenszweck. Als Beispiel soll ein Auszug aus dem NRW-Sparkassengesetz aufgeführt werden. § 3 beschreibt den Unternehmenszweck/öffentlichen Auftrag: „... Sparkassen sind Wirtschaftsunternehmen der Gemeinden oder Gemeindeverbände mit der Aufgabe, der geld- und kreditwirtschaftlichen Versorgung der Bevölkerung und der Wirtschaft insbesondere des Geschäftgebietes und ihres Gewährträgers zu dienen ... . Sie fördern den Sparsinn und die Vermögensbildung ... sowie das eigenverantwortliche Verhalten der Jugend in wirtschaftlichen Angelegenheiten ... . Die Kreditversorgung dient vornehmlich der Kreditausstattung des Mittelstandes sowie der wirtschaftlich schwächeren Bevölkerungskreise ... . Die Geschäfte der Sparkassen sind unter Beachtung ihres öffentlichen Auftrags nach kaufmännischen Grundsätzen zu führen. Die Erzielung von Gewinn ist nicht Hauptzweck des Geschäftsbetriebes." Sparkassen sind insofern dem Gemeinwohl – z. B. der regionalen Wirtschaftsförderung – verpflichtet und orientieren sich am **gemeinwirtschaftlichen Prinzip**. Ziel ist der Bestand des Unternehmens und nicht Gewinnmaximierung. Sie sind dem Grundsatz nach Universalbanken, ihr Hauptbetätigungsfeld ist auch hier der Mittelstand, die Kunden sind per Definition im Prinzip alle Bürger in ihrem Geschäftsbereich, während Privatbanken, und mit Abstrichen auch Genossenschaftsbanken – ihrer individuellen

Entscheidung folgend – sich auf bestimmte Kundensegmente, Geschäftsbereiche oder Standorte konzentrieren können.

Die unterschiedlichen Zielsysteme der Institutsgruppen sind den gegenwärtig geltenden Gesetzen nach nicht vereinbar. Insofern sind etwa Fusionen zwischen Banken verschiedener Institutsgruppen nicht zulässig, was den als von vielen dringend notwendig empfundenen Strukturwandel der deutschen Bankenlandschaft beeinträchtigt. Bei der Analyse der Chancen und Risiken und der Attraktivität des deutschen Bankenmarktes ist dies zu berücksichtigen.

2.5 Ebenen der strategischen Planung in Banken

Strategische Planung in Banken lässt sich nach Ebenen der Betrachtung unterscheiden. Auf der Gesamtunternehmensebene werden von der Bank x Strategien zur Komposition und Gewichtung der Bank nach Geschäftsfeldern/Sparten getroffen. In diesem Beispiel wird eine Universalbank mit mehreren Geschäftsfeldern unterstellt (bei einer Spezialbank mit nur einem Geschäftsfeld, z. B. Bauspargeschäft, fällt eine Ebene weg). In der Sparte Retail Banking wird eine Geschäftsfeldstrategie, z. B. Kostenführerschaft, formuliert. Diese Strategie wird mit Hilfe von Funktionalstrategien – hier Marketing – umgesetzt und unterstützt.

Auf der Netzwerkebene arbeitet die Bank mit anderen Organisationen zusammen. Dies kann sie etwa als Gesamtbank x in einem Netzwerk Q, z. B. in einem Verbund, tun. Ein Beispiel könnten die Genossenschaftsbanken darstellen, die sich etwa alle gleichermaßen im Konsumentenkreditbereich der *norisbank* mit dem Produkt „easy credit" bedienen. Oder es kann auch die punktuelle und auf Zeit angelegte Zusammenarbeit einer Sparte B mit einer anderen Bank oder einer deren Sparten M in einer Allianz P sein. Die Kooperation zwischen Banken, etwa im Bereich der für Kunden kostenlosen Bargeldabhebung an 7600 Geldautomaten in der „Cash Group" aus *Commerzbank, Dresdner und Deutsche Bank, Hypovereinsbank* sowie *Postbank* wäre ein Beispiel.

Ebenen der strategischen Planung

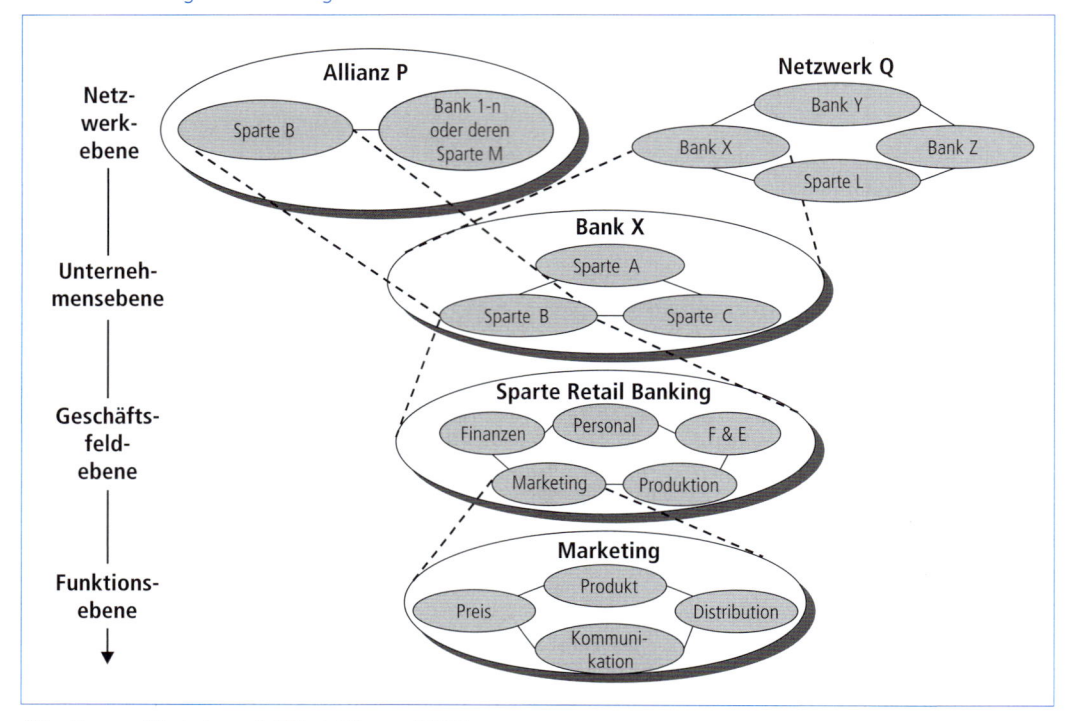

(Quelle: modifiziert nach Wit de/Meyer, 1999)

Die Struktur dieses Textes ist so angelegt, dass im weiteren Verlauf zwischen diesen Ebenen unterschieden wird. Es werden Schwerpunkte auf der strategischen Planung auf der Gesamtunternehmens- und auf der Geschäftsfeldebene *(vgl. Kap. 7.1 und 7.2)* gesetzt.

3 Basiskonzepte des strategischen Managements

3.1 Marktorientierter Ansatz

Erkenntnisse der neueren volkswirtschaftlichen Theorie *(z. B. Baumol/Panzar/Willig, 1982: Contestable markets)* wiesen den Weg zur Entwicklung des strategischen Instrumentariums, nämlich der Branchenstruktur-, der Konkurrenten- sowie der Wertkettenanalyse von Porter. Sie stellen eine Methodik zur Untersuchung von Märkten dar und mündeten in das heute als **marktorientierte Strategielehre** bekannte Basiskonzept. Zentrale Autoren sind Ansoff, Andrews und Porter.

Die Ausgangsfrage in der Strategielehre lautet: Wie kann ich einen Wettbewerbsvorteil erlangen? Die marktorientierte Sichtweise hält als Antwort parat: Indem ich versuche, mein Unternehmen auf attraktiven Märkten zu positionieren. Gegenwärtig wird etwa in der Bankbranche der Markt für vermögende Privatkunden als sehr attraktiv und prospektiv eingeschätzt. Einige Institute – darunter wie eingangs in den „Nachrichten" dokumentiert, die *Commerzbank,* aber auch z. B. die *Sparkasse Gelsenkirchen* – sehen hier Chancen auf zusätzlichen Ertrag *(vgl. Hönighaus, 2005, S. 25).* Im Sinne der marktorientierten Strategielehre bedarf es für die Institute nun der Analyse des Marktumfeldes, um die Chancen und Bedrohungen auf diesem Markt einschätzen zu können. Als Instrumentarium stehen dafür die „Analyse der globalen Umwelt" *(vgl. für viele Andrews, 1998, S. 54–56)* und die **„Branchenstrukturanalyse"**, als Analyse der Triebkräfte des Wettbewerbs zur Verfügung *(Porter, 1999).* Untersucht wird zeitpunktbezogen das Bedrohungspotenzial durch Neuanbieter, die aktuelle Rivalität unter den bestehenden Wettbewerbern, die Verhandlungsmacht der Abnehmer und Lieferanten sowie die Bedrohung durch Ersatzprodukte. Im Ergebnis zeigt sich ein Bild, ob und inwieweit der Markt tatsächlich attraktiv ist, gemessen z. B. an Größen wie Volumen und erzielbaren (stabilen) Überschüssen.

In einem zweiten Schritt wird dieses Ergebnis gespiegelt vor den eigenen Ressourcen **(Wertkettenanalyse)** und dem Reaktionspotenzial der Konkurrenz (Konkurrentenanalyse). Nach diesem Abgleich zur Machbarkeit wird versucht, den strategischen Handlungsspielraum zu bestimmen und Strategien wie **Kostenführerschaft** oder **Differenzierung** festzulegen. Die marktorientierte Strategielehre schreibt den Ablauf der Analyseschritte exakt vor (dominant präskriptiv). Als Wachstumsstrategie kommt sehr häufig die Akquisition zum Tragen, wenn für einen Eintritt in neue, attraktive Märkte keine geeigneten Ressourcen vorhanden sind. Sollte also etwa die *Sparkasse Gelsenkirchen* nicht die geeigneten Mitarbeiter zur Beratung der vermögenden Privatkunden haben, so wäre im Sinne der marktorientierten Sichtweise, die Beschaffung dieser Ressourcen durch Abwerbung der Mitarbeiter von anderen Banken eine Empfehlung, wenn eine interne Personalentwicklung zu zeitaufwendig ist *(vgl. zum Verhältnis von Strategie und Personalstrategie Achenbach, 2003, S. 194 f.).*

Die Analysemethodik der marktorientierten Sichtweise wird in Kap. 6 entfaltet.

3.2 Ressourcenorientierter Ansatz

„… the concept is that a firm's position is defined by a bundle of unique resources and relationships as time, competition, and change erode their value." *(Rumelt 1981, S. 557 f.)*

Die Binnensicht des Unternehmens, wie sie von Porter mit Hilfe der Wertkettenanalyse vorgestellt wird, zeigt dem Betrachter, dass Unternehmen unterschiedlich sind, es erklärt aber im Grundsatz nicht, warum dies so ist und welche Vorteile man aus unterschiedlichen Ressourcenpositionen ziehen könnte. Dieser Frage hat sich ausgehend von *Penrose (1959)* ein ganzer „Ast" der Strategielehre – der sogenannte ressourcenorientierte Ansatz – intensiv gewidmet. Zentrale Autoren sind *Penrose (1959)*, *Rumelt (1981)*, *Wernerfelt (1984)*, *Barney (1986)*, *Prahalad/Hamel (1990)*.

Was unterscheidet Unternehmen? Was kann ein Unternehmen besser als ein anderes? Welche dauerhaften Wettbewerbsvorteile können aus einer Ressourcenposition abgeleitet werden? Als Antwort geben die Vertreter des Resource Based View *(vgl. im Überblick Foss, 1997)*: Die Verfügung, die Kombination und die Leistungen einzigartiger Ressourcen stiften einen Wettbewerbsvorteil. „… it is never resources themselves that are inputs in the production process, but only the services that the resources can render." *(Penrose, 1959, S. 25)* Einzigartige Ressourcen entstehen durch Heterogenität, Nichtersetzbarkeit oder auch durch Faktormarktinsuffizienz, d. h. Knappheit im Sinne bedingter Einmaligkeit, Nicht-Transaktionsfähigkeit oder causal ambiguity (Nicht-Nachvollziehbarkeit wegen z. B. Teamzusammenhängen oder Nichtimitierbarkeit). Im Sinne dieser Sichtweise gilt es dann zu bestimmen, was eine einzigartige, attraktive Ressource ist. Weiterhin ist es unabdingbar, dass diese Ressourcen aus Sicht der Kunden wertstiftend sind und positiv zur Wertschöpfung der Bank beitragen.

Für solche als wertstiftend identifizierten Ressourcen sind im Sinne der ressourcenorientierten Strategielehre kongeniale Geschäftsfelder – Märkte werden erfunden – zu finden *(vgl. auch Börner, 2000, S. 102–112)*, auf die diese Fähigkeiten übertragbar sind. Der Unterschied zur marktorientierten Sicht besteht deshalb darin, dass diese Ressourcen zu attraktiven Märkten sucht, während die ressourcenorientierte Sicht Märkte zu attraktiven Ressourcen sucht. Als Wachstumsstrategie käme im Lichte des ressourcenorientierten Ansatzes deshalb in erster Linie ein Eigenaufbau eines Geschäftes in Frage.

Das Problem des Basiskonzeptes der ressourcenorientierten Strategielehre besteht darin, dass die Entstehung der wertstiftenden Ressourcen pfadabhängig ist und nur unzureichend erklärt werden kann *(Dierickx/Cool, 1989)*, d. h. insbesondere nur ex post, was bedeutet, sie sind kaum planbar. Diese Sichtweise ist insofern mehr beschreibender Natur (deskriptiv).

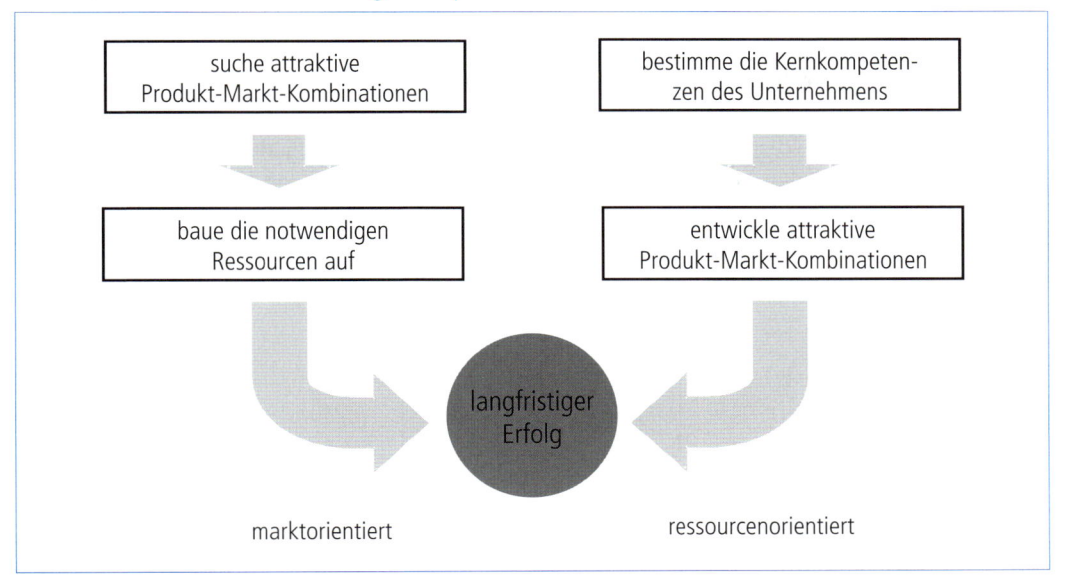

Markt- vs. ressourcenorientiertes Strategiekonzept

```
   suche attraktive                    bestimme die Kernkompeten-
Produkt-Markt-Kombinationen              zen des Unternehmens
            ↓                                       ↓
   baue die notwendigen                     entwickle attraktive
      Ressourcen auf                  Produkt-Markt-Kombinationen

                        ↘  langfristiger  ↙
                             Erfolg

         marktorientiert              ressourcenorientiert
```

Als eine Weiterentwicklung innerhalb des Konzeptes kann der **Kernkompetenzenansatz** von *Prahalad/Hamel (1990)* gelten. Sie versuchen wissenstheoretisch zu erklären, wie es zu den wertstiftenden Vorteilen aus Ressourcen kommen kann. Maßgeblich sind aus ihrer Sicht deshalb Humanressourcen, die Kernprodukte und Kernkompetenzen entwickeln. Im Vordergrund steht Lernen als eine zentrale Aufgabe von Unternehmen. Kernkompetenzen sind demnach die Summe des Erlernten in einer Bank im Zeitablauf – das was die Bank unverwechselbar macht und ein Alleinstellungsmerkmal ist. Sie müssen unternehmensweit einsetzbar sein; diese spezialisierten Kenntnisse müssen ferner auf andere Märkte übertragbar sein. So könnte etwa für eine regional tätige Volksbank, deren Kernkompetenz in ihrer über lange Zeit aufgebaute sozialen Nähe und Verbundenheit zu den Kunden vermutet werden kann, überlegenswert sein, ob und inwieweit sie andere als Bankgeschäfte – wie z. B. Beratungsleistungen oder den Vertrieb anderer, verwandter oder unverwandter Produkte – anbietet (Business Migration).

Im Grundsatz können aber auch *Prahalad/Hamel* die Entstehung von Kernkompetenzen nicht voll befriedigend erklären. Die Analysemethodik der ressourcenorientierten Sichtweise wird in Kap. 7 entfaltet.

4 Der strategische Managementprozess in Banken

Der oben beschriebenen Notwendigkeit einer Kombination einer Außen- und einer Innensicht und der daraus abzuleitenden Entscheidungen und Handlungsprogramme, entspricht der Ablauf des klassischen strategischen Management-Prozesses *(vgl. im Folgenden Andrews 1998, S. 53 f. und Steinmann/Schreyögg, 2005, S. 172-175).* Vor diesem Prozess angelegt sind Überlegungen zum Zielsystem der Bank und zu seinem Leitbild resp. Vision. Die strategische Planung einer Bank ruht auf zwei Säulen, der Analyse der externen Umwelt und der Analyse der internen Ressourcen.

Der strategische Managementprozess

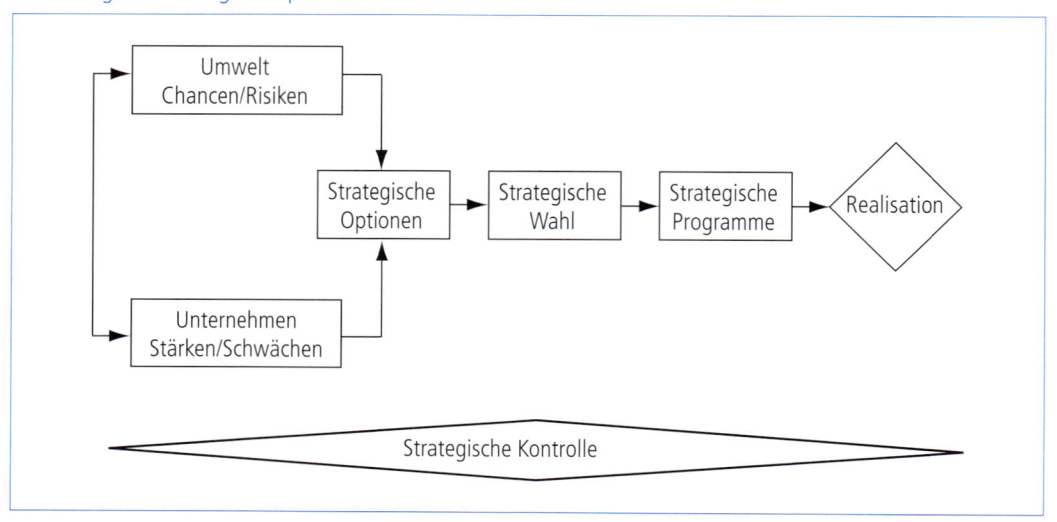

(Quelle: Steinmann/Schreyögg, 2005, S. 172)

Aufgabe der Umweltanalyse ist die Exploration der Chancen und Risiken der globalen Umwelt und der näheren Wettbewerbsumwelt. Hier soll geklärt werden, welche Bedrohungen des gegenwärtigen Geschäftes für die Banken bestehen und welche neuen Möglichkeiten für Geschäfte bestehen könnten. Zusammengefasst entsteht eine Beschreibung und Einschätzung von dem, was eine Bank *might do (vgl. Andrews, 1998).* Gegenstück dazu ist die Unternehmensanalyse als Aufdeckung der Stärken und Schwächen einer Bank im Vergleich (Benchmarking) zu den Konkurrenten, d. h. ihren (dauerhaften) Wettbewerbsvorteilen, ihrer Macht und Stellung und den Grenzen ihrer Tätigkeit. Dies beschreibt, was eine Bank *can do.* Zusammengefasst werden die Ergebnisse als **SWOT** (Strengths, Weaknesses, Opportunities and Threats). Sie zeigen den strategischen Möglichkeitsraum auf. Im Rahmen der Bestimmung der Strategischen Optionen werden die Analyseergebnisse zu sinnvollen alternativen und insofern grundsätzlich denkbaren Handlungsweisen verdichtet. Die strategische Wahl trifft nun auf Basis der Machbarkeit, der Erfolgsträchtigkeit, Akzeptanz und gesellschaftlicher Vertretbarkeit, Entscheidungen zwischen den möglichen, sinnvollen Strategien; mithin was die Bank *wants to do.* Wertvorstellungen des Managements und ethische Maßstäbe schließlich nehmen maßgeblichen Einfluss auf diese Entscheidungen; was die

Bank *should do*. In der strategischen Wahl wird – nicht minder wichtig – insofern vor dem Wert- und Zielsystem auch bestimmt, was eine Bank nicht tun will: We don't do that!

Im letzten Schritt der strategischen Planung – bevor die Bank in die Umsetzung eintritt – geht es dann darum, die ausgewählten Strategien und die gewonnene Handlungsorientierung in Programme zu gießen, d. h. die Umsetzung planerisch vorzubereiten. Dabei gilt es, die zentralen Erfolgsfaktoren für die Umsetzung im Vorfeld zu bestimmen, die für den Erfolg kritisch sein könnten. Bei Dienstleistungsunternehmen wie Banken sind dies regelmäßig Personalfragen oder etwa die Funktionsfähigkeit neuer (z. B. IT-)Systeme. Begleitet wird der strategische Managementprozess von der strategischen Kontrolle. Diese ist keineswegs eine ex post-Kontrolle, sondern findet permanent statt. Der Strategieprozess als Ganzes ist komplex und auch ein Stück weit fragil, sodass man wichtige Veränderungen in der Umwelt immer auf dem Radarschirm haben muss, um z. B. die Annahmen, auf denen die Planung basiert, auf ihre Tragfähigkeit hin überprüfen zu können.

Fahrplan durch den Fachtext

Der weitere Fahrplan durch den Fachtext folgt der Abfolge des strategischen Managementprozesses.

Der strategische Managementprozess

```
                        VISION
                     Leitbild und
                      Zielsystem
     Umweltanalyse                   Unternehmensanalyse
     • globale Umwelt                • Wertkette
     • Wettbewerbsumwelt             • Stärken-Schwächen-Profil
        – Branchenstruktur           • Kernkompetenzen
        – Lebenszyklus

                  Strategische Optionen
                  • Gesamtunternehmensebene
                  • Geschäftsfeldebene

                  Strategiealternativen auswählen

                  Strategieumsetzung
                  • Aufbau + Ablauforganisation
                  • Balanced Scorecard

                  Strategische Kontrolle
```

Aufgaben

1. Was sind charakteristische Eigenschaften einer Strategie?
2. Beschreiben Sie das Zielsystem von Banken und Sparkassen.
3. Was unterscheidet eine in der Form einer AG geführte Privatbank von einer Volksbank? Ist der „Förderauftrag" noch zeitgemäß?
4. Unterscheiden Sie an einem selbstgewählten Beispiel die verschiedenen Ebenen des strategischen Managements.
5. Erläutern Sie Gemeinsamkeiten und Unterschiede zwischen dem markt- und dem ressourcenorientierten Strategiekonzept. Verwenden Sie ein selbstgewähltes Beispiel.

5 Die Entwicklung von Vision und Leitbild

Von den Unternehmenszielen zur strategischen Planung

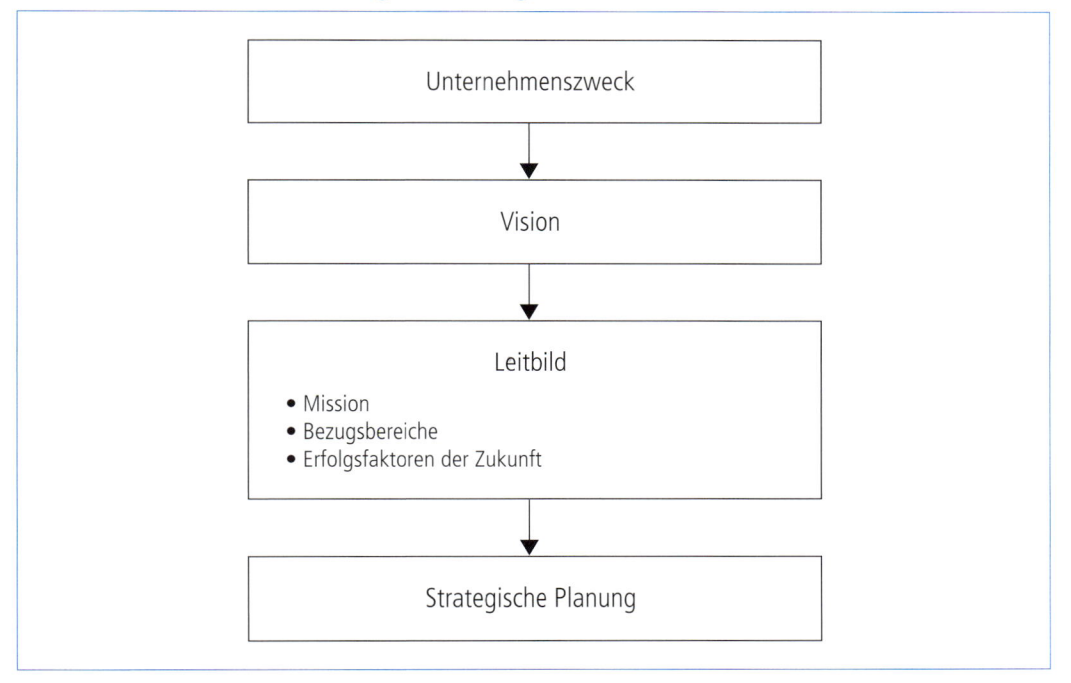

```
Unternehmenszweck
        ↓
     Vision
        ↓
    Leitbild
    • Mission
    • Bezugsbereiche
    • Erfolgsfaktoren der Zukunft
        ↓
Strategische Planung
```

(Quelle: eigene Darstellung)

„Ich möchte als Erstes diskutieren, warum ein Unternehmen existiert. Anders ausgedrückt, warum gibt es uns? Ich denke, viele Menschen nehmen an – fälschlicherweise – dass ein Unternehmen einfach deshalb besteht, weil es Geld machen soll. Das ist zwar ein wichtiger Grund für das Bestehen eines Unternehmens, wir müssen aber tiefer gehen und den wahren Grund für unsere Existenz finden … . Man kann umherschauen (in der Geschäftswelt) und sieht Menschen, die an Geld interessiert sind und nichts sonst, aber dahinter steht größtenteils das Verlangen etwas anders zu tun, ein Produkt herzustellen, eine Dienstleistung anzubieten – allgemein: etwas Wertvolles zu tun." (David Packard aus: Collins/Porras, 1998, S. 6, eigene Übersetzung)

5.1 Vision

Ausgehend vom Unternehmenszweck, dem Betreiben von Bankgeschäften, gilt es vor der Durchführung des strategischen Managementprozesses, die **Vision** und das **Leitbild** einer Bank oder Sparkasse zu bestimmen. Nicht selten wird gesagt, man bräuchte doch gar keine Vision oder Leitbild; Menschen, die Visionen hätten, gehörten in ärztliche Behandlung, und im Übrigen stünden

Zweck, Daseinsberechtigung und Grundlage einer Strategieplanung doch z. B. im § 1 Aktiengesetz, im Sparkassen- oder Genossenschaftsgesetz oder auch in Satzungen *(vgl. zur Diskussion dieses Vorwurfes z. B. Durstberger/Most, 1997, S. 39)*. Auch wenn die Begriffe Vision und Leitbild mitunter stark strapaziert und inflationär verwendet werden und nicht selten für Leser den Charakter von Leerformeln oder bloßen plakativen Absichtsbekundungen annehmen, so soll dem vehement widersprochen werden. Eine Vision ist mehr: Sie zeigt das Selbstverständnis der Bank oder Sparkasse, die Werte, für die das Institut steht, die Richtung, die es einschlagen, und das, was es in der Zukunft erreichen möchte. Die Bestimmung der Vision ist ein „erahnendes Verständnis der zukünftigen Lage einer Unternehmung sowie deren wegweisendes Selbstverständnis in dieser Lage" *(Kilgus, 1994, S. 28)*. Eine Vision zeigt, wer man ist und was man sein will. Insofern ist die Formulierung einer Vision ein zentrales Führungsinstrument der Unternehmensplanung. Der Blick in eine mögliche Zukunft, Ideen, Wünsche und Träume, sind schlichtweg Voraussetzung von Erfindungen und Innovation – allgemeiner ausgedrückt jeglicher Veränderung. Die Vision ist langfristig orientiert, sie ist mehr nach innen als nach außen gerichtet, sie dient als Inspirationsquelle und soll motivierend für alle Mitarbeiter wirken. Die Artikulation einer Vision oder eines Leitbildes steht deshalb sehr häufig am Anfang, z. B. nach einer Fusion oder bei grundlegenden Änderungen der strategischen Ausrichtung *(vgl. Hinterhuber, 1992, S. 41 und S. 45)*.

Wie kann eine Vision entwickelt werden?

Eine Vision besteht aus zwei wesentlichen Teilen, der Identität der Bank oder Sparkasse – **was man ist** – und dem Blick in die Zukunft – **was man sein möchte**. Zu untersuchen wäre demnach in einem ersten Schritt, was man ist. Hier ist true and fair view gefragt. Werte kann man nicht kaufen oder von einem Unternehmensberater angeraten bekommen. Mitarbeiter können sie auch nicht erlernen. Mitarbeiter müssen die Werte des Unternehmens verkörpern – sie müssen sie demnach mitbringen und es sind Mitarbeiter danach auszusuchen, ob sie zu den gelebten Werten passen.

Max. 3-5 Werte sollten fixiert werden, für die man steht und die nicht oder nicht leicht veränderbar sind. Das, was man ist, kann insofern für die Machbarkeit von strategischen Vorhaben mitunter sogar einschränkend wirken. Als Überprüfung, ob es sich tatsächlich um einen grundlegenden Wert eines Finanzinstitutes handelt, bietet es sich bei der Bestimmung eines Kernwertes an zu fragen: Warum ist das wichtig für uns? So kann man in einem gestuften Verfahren – gegebenenfalls durch Wiederholung der Frage bezogen auf die Antwort auf die vorhergehende Frage – sich dem wirklichen Daseinszweck und den Kernwerten nähern. Der Zweck muss Orientierung und Motivation liefern für alle Mitglieder des Unternehmens. Eine Aussage wie: „Wir wollen den Shareholdervalue maximieren" wäre insofern nur ein Einstieg in die Frage, warum das wichtig ist.

Dem folgt die Bestimmung des in die Zukunft Gerichteten, dessen, was man sein möchte – des übergeordneten, langfristigen Ziels. Die Festlegung soll als Triebkraft für alle Mitarbeiter einer Bank oder Sparkasse dienen können: „It is the *SEB's* vision to be a leading Northern European bank, based upon long-term customer relations, competence and e-technology" *(aus Moormann/Möbus, 2004, S. 61)*.

Um zu überzeugen, muss die Vision einfach und klar sein. Sie soll nur aus wenigen Kernsätzen bestehen. Hier nun geht die Formulierung einer Vision in die Entwicklung des Leitbildes über.

5.2 Leitbild

Das Leitbild stellt die Konkretisierung und Entfaltung der Vision dar. Es ist die Beschreibung des Selbstverständnisses einer Bank oder Sparkasse aus der Sicht der Entscheidungsträger, d. h. des Vorstandes *(vgl. im Folgenden insbesondere Hax/Majluff, 1996, S. 50 ff.; Durstberger/Most, 1997, S.37 ff.)* Das Leitbild einer Bank oder Sparkasse besteht aus drei Teilen:

- Die **Mission,** d. h. der Auftrag: Es soll abstrakt die Marktleistung beschrieben werden.
- Das anzustrebende **Verhältnis zu den Bezugsgruppen:** Dies sind die Beziehungen zu den Stake- und Shareholdern.
- Die **Erfolgsfaktoren** der Zukunft: Welche Faktoren/Ressourcen sollen Träger des zukünftigen Erfolgs sein?

Die Definition der Mission sollte Festlegungen hinsichtlich des betrachteten Zeitrahmens, der Unternehmensgröße und -art sowie der geografischen Ausdehnung beinhalten, ebenso wie eine Beschreibung des Produkt- und Leistungsspektrums und der einzigartigen Ressourcen, mit denen man diese Leistungen verwirklichen möchte. Oft zeigen Missionen beabsichtigte, grundlegende Änderungen des Geschäftsmodelles.

Mission – Produkte und Zielgruppen

Produkte \ Zielgruppen	ausgewählte	alle
ausgewählte	Autokreditbank	Wertpapier Diskonter
alle	Deutsche Apotheker- und Ärztebank	Großbanken

(Quelle: Durstberger/Most, S. 40)

Das Verhältnis zu den Bezugsgruppen enthält Aussagen dazu, welche und wessen Ansprüche an das Institut in den Zielsetzungen Berücksichtigung finden sollen.

Schließlich gilt es noch, die strategischen Erfolgsfaktoren zu definieren. Dabei kann unterschieden werden, durch was und wie man erfolgreich wird *(vgl. Durstberger/Most, 1998, S. 44)*. Eine als vorteilhaft empfundene Ressourcenposition kann sowohl in den Fähigkeiten der Mitarbeiter als auch in der Art zu managen bestehen. Hier hilft mitunter ein Benchmarking mit den erfolgreichsten Mitbewerbern bzw. eine externer, unvoreingenommner Blick bspw. einer Unternehmensberatung.

„Wir sind die H+G BANK Heidelberg Kurpfalz – die Bank mit dem Plus

Bei allem was wir tun, ist beste Qualität oberstes Gebot. Wir wollen besser sein als unsere Mitbewerber. Mit individueller Beratung und Betreuung, kundenorientierten Dienstleistungen und Produkten erfüllen wir unseren Qualitätsanspruch. Die Erreichung unseres Zieles überprüfen wir ständig über Qualitätszirkel, Beschwerdemanagement, Kundenbefragungen und im offenen Gespräch mit unseren Kunden.

Wir stehen seit fast 150 Jahren für Kompetenz und Erfolg in Heidelberg und der Kurpfalz.

Wir sind in der Kurpfalz verwurzelt und stehen in engem Kontakt mit unseren Kunden. Daher kennen wir unsere Region, unsere Kunden und ihre Anforderungen. Veränderungen in unserem Geschäftsgebiet nehmen wir frühzeitig wahr und setzen diese zum Nutzen unserer Kunden um …. Neuen Entwicklungen stehen wir aufgeschlossen gegenüber.

Wir schaffen mit qualifizierten und engagierten Mitarbeitern die Grundlage des Erfolges.

Unsere motivierten Mitarbeiter sind der Schlüssel zum gemeinsamen Erfolg. Ihre persönliche und fachliche Qualifikation ist uns wichtig. Deshalb bieten wir ihnen gezielte Weiterbildungsmaßnahmen. Unsere Mitarbeiter realisieren die hohen Qualitätsansprüche der H+G BANK und setzen diese engagiert um. Sie identifizieren sich mit der Bank. Gegenseitiger Respekt und Freude an der Arbeit sorgen für ein gutes Betriebsklima.

Wir pflegen zu unseren Kunden ein partnerschaftliches und vertrauensvolles Verhältnis …

… Wir bieten unseren Mitgliedern erlebbare Vorteile.

… Das Erreichen der langfristigen Ertragsziele ist uns wichtiger als kurzfristige Erfolge. Wir sichern unsere Unabhängigkeit durch die Stärkung unserer Rücklagen. Eine kundenorientierte Betriebsorganisation, gute Konditionen und die konsequente Ausschöpfung vorhandener Potenziale bilden hierfür die Grundlage. Für alle Mitarbeiter ist neben der Kundenorientierung unternehmerisches Denken und Handeln selbstverständlich."
(Quelle: Auszüge aus dem Unternehmensleitbild der H+G BANK Heidelberg Kurpfalz eG)

Die Bestimmung und Formulierung eines Leitbildes als Ausdruck unternehmerischer Vision dient als notwendige Vorarbeit für die strategische Planung. Es wirkt wie eine Straßenleitplanke. Grundlage der strategischen Planung, die Gegenstand des nächsten Kapitels ist und Startpunkt des strategischen Managementprozesses sind im Folgenden die Umwelt- und die Unternehmensanalyse.

Aufgaben

1. Diskutieren Sie, ob und inwieweit die Orientierung am Shareholder Value als Vision einer Bank hinreichend ist.

2. Charakterisieren Sie in wenigen Kernsätzen die Vision Ihrer Bank oder Sparkasse.

3. Was sind die Kernaussagen des Leitbildes der H+G BANK Heidelberg Kurpfalz e.V.? Und was unterscheidet diese Bank von Ihrem Institut?

6 Die Umweltanalyse – Ermittlung von Chancen und Risiken

Im Folgenden wird zunächst die Umweltanalyse behandelt. Diese und die Unternehmensanalyse sind in den übergeordneten Bezugsrahmen der Stärken-Schwächen-Risiken-Chancen-Analyse (SWOT-Analyse) zu integrieren.

SWOT-Analyse

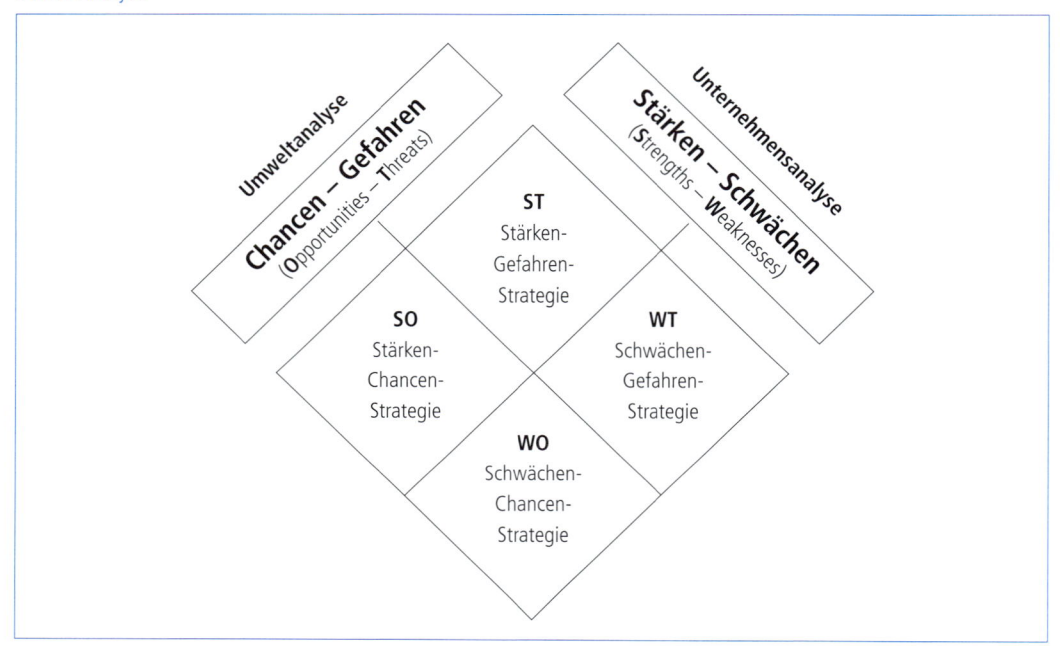

```
         Umweltanalyse                    Unternehmensanalyse
      Chancen – Gefahren              Stärken – Schwächen
      (Opportunities – Threats)       (Strengths – Weaknesses)

                            ST
                       Stärken-
                       Gefahren-
                       Strategie
                  SO              WT
             Stärken-         Schwächen-
             Chancen-         Gefahren-
             Strategie        Strategie
                       WO
                       Schwächen-
                       Chancen-
                       Strategie
```

(Quelle: Gmür 1998, S. 14)

Die Gründe für die Integration der Analysen sind einsichtig: Die Kompetenzen der spezialisierten Ressourcen nützen wenig, wenn die Risiken der Marktentwicklung strategischen Vorhaben entgegenstehen. Ebenso können die besten Chancen auf den Märkten nur unzureichend genutzt werden, wenn das Unternehmen nicht oder nicht schnell genug die zur Umsetzung benötigten Ressourcen zum Einsatz bringen kann. Nachhaltige Wettbewerbsvorteile, die Bestand und Rentabilität des Unternehmens sichern, entstehen nur, wenn Kernkompetenzen auf attraktiven Märkten dauerhaft hohe Beiträge zur Wertschöpfung erzielen.

Die Umweltanalyse soll die Chancen und Risiken der Marktentwicklung aufdecken. Sie richtet zuerst den Blick auf die

1. globale Umwelt und dann auf die
2. Wettbewerbsumwelt des Unternehmens.

Basis der Analysen sind Informationen.

Informationen können auf vielfältige Weise gewonnen werden. Zum einen sollten Daten zur Branchenentwicklung aus der Wirtschaftspresse oder aus Interviews, Mitteilungen von Verbänden wie AGB, BVR oder DSGV, Informationen aus Umsatzstatistiken und Prospekten/Messekatalogen etc. gesammelt und ausgewertet werden. Zum anderen sollte der Planer versuchen, den Pulsschlag des Marktes zu spüren und Signale der Konkurrenten aufzunehmen und zu deuten. **Marktsignale** können die Ankündigung von Maßnahmen oder neuen Produkten sein. Über geplante strategische Maßnahmen informieren auch Stellenanzeigen, in denen etwa „für ein neues Geschäftsfeld" oder „einen neuen Standort" Mitarbeiter gesucht werden oder die Ankündigung von Desinvestitionen wie Schließung von Betrieben, Entlassung von Mitarbeitern etc. Nachträgliche Bekanntgaben von Resultaten, Abweichungen vom branchenüblichen Verhalten, anhängige oder angedrohte Wettbewerbsklagen vermitteln, ob Konkurrenten zufrieden oder unzufrieden mit ihrer Wettbewerbssituation sind. Das Studium von Lageberichten, Änderungen der Organisationsstruktur sowie das Verhalten in der Vergangenheit ermöglichen ebenfalls Einblicke in geplante Vorhaben *(Porter 1992, S. 110 ff.)* und helfen dabei, zwischen echten Ankündigungen und Bluff zu unterscheiden, auch wenn dies letztlich eine anspruchsvolle Aufgabe bleibt. Spezialisierte, externe Berater und Marktforschungsinstitute können ergänzend oder alternativ mit der Informationsbeschaffung beauftragt werden.

6.1 Die globale Umwelt

Die Wettbewerbsbedingungen für alle Banken verändern sich im Zeitablauf. Banken sind eingebettet in ihre **globale Umwelt**. Sie wirtschaften in ihrer Stadt, ihrer Region, ihrem Land oder auf der ganzen Welt *(vgl. Andrews 1998, S. 53 f.)*. Allgemein nehmen auf die Entwicklung von Märkten insbesondere Veränderungen der

- makroökonomischen,
- der technologischen,
- der sozio-kulturellen,
- der natürlichen und
- der politisch-rechtlichen

Umwelt Einflüsse auf das strategische Verhalten und die Produkt-Marktkonzeptionen der Banken. Die Analyse dieser Einflussfaktoren zeigt **Megatrends** und potenzielle Entwicklungen auf. Sie weist auf Restriktionen der allgemeinen Umwelt hin *(für viele Hungenberg 2000, S. 74–77)*. Sie kann in diesem Text nur exemplarisch und nicht vollständig sein.

Makroökonomische Umwelt

Branchen- und geschäftsfeldübergreifende Bedeutung erlangen etwa Größen wie das Zinsniveau, die Wechselkurse, die Arbeitslosenquote, die Entwicklung der Konjunktur und des volkswirtschaftlichen Wachstums, die Wirtschafts- und Finanzpolitik des Staates und die Erwartungen der Wirtschaftssubjekte hinsichtlich der Zukunft dieser Einflussfaktoren. Desgleichen interessieren Entwicklungen zentraler Schlüsselprodukte wie etwa des Ölmarktes. So belastete der hohe Ölpreis die konjunkturelle Erholung in den Jahren 2004–2007 stark.

Das gegenwärtig niedrige Zinsniveau und das insgesamt verhaltene Investitionsklima führen dazu, dass im Kreditbereich übergroße liquide Mittel vorhanden sind: „Es gibt wesentlich mehr Kapital im Markt als Kreditnachfrage." *(Potthoff, 2004, S. 17)*

Auch das Einkommen und die Verteilung des Vermögens haben Einfluss auf die Geschäfte von Banken. Im Jahr 2000 betrug das gesamte Vermögen der privaten Haushalte etwa 7 Billionen EUR. 3,5 Billionen EUR stellen Geldvermögen dar. Ein Drittel dieses Teils entfiel auf Geldanlagen bei Banken und Sparkassen, ein Viertel auf Versicherungen. Dabei ist festzuhalten, dass der Anteil des Geldvermögens – insbesondere Spareinlagen –, der bei Banken gehalten wird, zugunsten von Substituten, aktuell besonders staatlich geförderte Zusatzrenten *(Riester, Rürup)* zurückgeht.

Die Verteilung des Geldvermögens in der Bevölkerung ist asymmetrisch. Die oberen 40 % der Haushalte verfügen über 89 % des gesamten Vermögens. Rund 40 % der Bevölkerung verfügen dagegen über kein nennenswertes Vermögen. Dies führt dazu, dass aus Sicht der Banken ein höheres Maß an Differenzierung innerhalb der Privatkunden notwendig und hilfreich ist *(vgl. o.V., Branchen & Visionen 2010, S. 17 f.)*. Hinsichtlich spezialisierter Angebote und Beratung besteht eine Chance in der Konzentration ihrer Aktivitäten auf z. B. die vermögenden Privatkunden.

Vermögenswerte der Haushalte in 2003 – in Tsd. EUR

Alters-gruppen	Geldvermögen							Immo-bilien-ver-mögen	Ver-mögen gesamt	Verbindlich-keiten		Netto-(Rein)Ver-mögen
	Bau-spar-gutha-ben	Spar-gutha-ben	Sons-tige Anla-gen bei Ban-ken	Wert-papie-re	an Privat-per-sonen verl. Geld	Ver-siche-rungs-gut-haben	insge-samt			Real-kredite	Konsu-men-ten-kredite	
unter 25	1,2	1,6	1,3	1,0	0,1	1,2	6,4	9,1	15,5	2,1	0,6	12,8
25–35	2,6	3,2	3,5	4,4	0,3	4,3	18,3	50,3	68,6	20,1	1,9	46,6
35–45	3,0	4,6	5,6	8,7	0,4	10,6	32,9	109,6	142,5	41,3	2,1	99,1
45–55	3,2	6,3	7,5	9,0	0,6	20,0	46,6	144,7	191,3	38,9	1,9	150,5
55–65	2,8	8,8	10,6	13,3	0,9	22,2	58,6	152,7	211,3	26,9	1,1	183,3
65–70	1,9	11,0	12,8	16,8	1,8	7,7	52,0	123,1	175,1	10,5	0,6	164,0
70–80	1,1	11,5	10,3	13,0	1,0	3,0	39,9	87,9	127,8	4,2	0,3	123,3
80 u. älter	0,7	17,0	10,0	15,8	0,9	1,8	46,2	63,8	110,0	2,4	0,0	107,6
Durch-schnitt	2,4	7,3	7,8	10,3	0,7	11,7	40,2	109,7	149,9	25,6	1,4	122,9

(Quelle: Statistisches Bundesamt, eigene Berechnungen)

Technologische Umwelt

Die Entwicklung der technologischen Umwelt hat das Banking – insbesondere im Retailbereich – maßgeblich verändert. Sie ist gegenwärtig der Faktor mit der größten Änderungsrate und mit großem Einfluss auf die Entstehung und Reife von Märkten. Dabei gilt prinzipiell, dass Techniken einen Lebenszyklus durchlaufen und sprungartig von neuen Technologien abgelöst werden. Ein typischer umwälzender Sprung war etwa der Wechsel von der Transistortechnologie zum Computerchip. Gleiches gilt für die Einführung des Internets, das weitreichende Veränderungen im Wirtschaften der Banken mit sich brachte. So hebt etwa das Internet die Gegensätze von Zeit und Raum auf. Eine Volksbank im Bayrischen Wald kann bedroht sein von einem Onlinebankwettbewerber von den Bermudas *(vgl. Steffens, 2002, S. 81)*. Die **Transaktionsgeschwindigkeit** steigt und deren -kosten sinken. Die in altvorderer Zeit mitunter betuliche Branche erlebt gegenwärtig eine Diskussion um die „Industrialisierung" ihrer Prozesse und Abläufe *(vgl. für viele etwa Kaib [Hg.], 2003, Achenbach/Moormann/Schober [Hg.], 2004 und Bartmann [Hg.], 2005)*. Viele sehen in der Verschlankung und Auslagerung der Prozesse eine Chance, zum Teil können Bearbeitungskosten sogar auf die Kunden verlagert werden.

Neue Bankdienstleistungen im Sinne von innovativen und besseren Produkten wie z. B. Geldkarte oder Cybergeld dienen der Befriedigung von gewachsenen Kundenbedürfnissen. Die Anzahl der

Bankkonten, die Online geführt werden, ist stark angestiegen. Der technologische Fortschritt erzwingt neue Organisations- und Vertriebsstrukturen wie Multi-Channel-Banking.

Kehrseite der Medaille ist eine nahezu **vollkommene Transparenz.** Kunden können nun leichter als früher Konditionen vergleichen. Die Wettbewerbsintensität steigt durch den problemloseren Einstieg von neuen Anbietern sowie Non- und Nearbanks. So können etwa Banken durch IT-und Telekommunikationsunternehmen substituiert werden: „Banking is essential for a modern economy, banks are not" hat *Bill Gates* bereits vor Jahren gedroht *(vgl. Moormann/Möbus, 2004, S. 25)*. Unbeschränkte Markttransparenz kann dazu führen, dass keine nennenswerten Gewinne aus standardisierten Leistungen mehr realisiert werden können. Technologie, in jedweder Form des Electronic Bankings, bietet insofern keinen dauerhaften Wettbewerbsvorsprung, wenn erst einmal alle Banken dieses Angebot vorhalten. Es ist vielmehr nur noch eine Wettbewerbsvoraussetzung im Sinne eines notwendigen Services, der kostet, und den alle Banken und Sparkassen haben müssen, um ihre Wettbewerbsfähigkeit nicht einzubüßen. Die technologiebasierten Systeme sind zudem sehr fixkostenintensiv in der Anschaffung und bedeuten sunk costs in erheblichem Maß. Dieser Bedrohung im Bereich des Retail Bankings steht die Chance entgegen, sich durch individuelle Beratung und Betreuung von der Konkurrenz zu differenzieren. Zusammengefasst: Kurzfristig kann der technologische Fortschritt auch für Banken eine Chance sein, langfristig stellt er ein Anpassungsrisiko dar.

Sozio-kulturelle Umwelt

Für die einzelwirtschaftlichen Entscheidungen und das Produkt-Marktkonzept von Unternehmen ist die Beobachtung des sozio-kulturellen Umfelds von zentraler Bedeutung. Wichtig ist es, zum einen Wandelprozesse der **Kundenpräferenzen** und **Wertvorstellungen** (z. B. Einstellung zur Arbeit, Konsumhaltung, ethische Normen) früh zu erkennen. Zum anderen gilt es – heute mehr denn je – die **demographische Entwicklung** mit in das unternehmerische Kalkül einzubeziehen.

Die demographische Entwicklung verändert die Arbeitswelt. Die Veralterung der Bevölkerung in den Industriestaaten bringt neue Kundengruppen hervor, die andere Bedürfnisse und Wünsche an die Unternehmen formulieren. Als ein Beispiel kann hier die „Entdeckung" der Senioren im Banking & Finance-Sektor sein. Für diese gilt es, nicht nur die bekannten Wege der Ansprache, wie z. B. die Filiale, offen zu halten. Vielleicht führt dies zu einer Wiederentdeckung des „Hausbesuches". Schließlich ist für die sehr mobile, konsumfreudige und vermögende Gruppe der über 50-Jährigen zu prüfen, ob und inwieweit das gegenwärtige Produktportfolio einer Bank das richtige ist. Mehr als ein Sparbuch verlangen Kunden heute einen gezielten Vermögens- und Rentenaufbau. Der demografische Wandel hält für viele Institute Chancen bereit. Existenzbedrohend kann es für Banken jedoch dann werden, wenn der „Kundennachwuchs" fehlt, d. h. z. B. im ländlichen Raum, wenn eine Bank überproportional viele ältere Kunden hat und nur wenige jüngere Neukunden gewinnen kann oder letztere wegen Landflucht oder onlinegeführter Konten gar nicht mehr zu erreichen sind.

Der demografische Wandel wird in Zukunft auch einen starken Einfluss auf die Mitarbeiterschaft in Banken haben. Die Erwerbsbevölkerung schrumpft, mithin wird der Wettbewerb um die „jungen" Arbeitskräfte härter geführt werden. Der Anteil der 30–40-Jährigen an der Erwerbsbevölkerung etwa wird bis zum Jahr 2010 von gegenwärtig rund 12 Mio. auf dann noch ca. 9. Mio. zurückgehen (− 25 %) *(vgl. Leitl/Rust/Schmalholz, 2001, S. 264)*. Für die Alterstruktur wird dies und auch, dass die Kunden im Durchschnitt älter werden, dazu führen, dass vermehrt wieder ältere Mitarbeiter in Banken arbeiten werden. Der „Jugendwahn" des vergangenen Jahrzehnts wird sich umkehren. Ältere Kunden akzeptieren ältere Berater und Betreuer mehr *(vgl. Wickel, 2004, S. 3)*. Schließlich soll aus einem ganzen Bündel von Trends noch darauf verwiesen werden, dass der Anteil der Bevölkerung aus anderen Kulturkreisen in Deutschland wächst. Hier bestehen für Banken Chancen, z. B. im Bereich „Islamic Banking", neue Kundengruppen zu gewinnen.

Schwierige Zeiten für Regionalbanken

Die demographische Entwicklung in Deutschland vollzieht sich vergleichsweise schnell, regional aber unterschiedlich. Das betrifft insbesondere das Geschäft vieler Regionalbanken.

Die Ursache hierfür sind drei Trends. Zunächst ist die Geburtenrate in Deutschland zu gering. Hinzu kommt die rapide ansteigende Lebenserwartung: Bis 2030 altert die Gesellschaft sukzessive. Wodurch sich die Nachfrage nach Finanzprodukten spürbar verschieben wird.

Bis dahin läuft die Baby-Boomer-Generation wie eine Welle durch die Altersstrukturkurve. Bis zum Jahr 2015 bewirkt das eine anhaltend hohe Nachfrage nach Konsumgütern und Finanzdienstleistungen. Zwischen den Jahren 2015 und 2030 geht diese Generation jedoch in Rente. Bei einer relativ konstanten absoluten Bevölkerungszahl führt dies zu einer alternden Gesellschaft bei sinkendem Bedarf an Bankprodukten.

Zusätzlich wird es weniger Arbeitskräfte geben. Dadurch wird ab dem Jahr 2015 das BIP um einen Drittel Prozentpunkt jährlich sinken. Veraltetes Wissen, nachlassende Flexibilität und höhere Krankenbestände verringern die gesamtwirtschaftlichen Wachstumschancen. Ab dem Jahr 2030 sinkt die Bevölkerung auch absolut.

Der dritte Trend ist das Auseinanderdriften der Regionen. Junge und qualifizierte Einwohner verlassen zunehmend die ländlichen und wirtschaftlich schwachen Regionen. Sie ziehen in die Randzonen der wirtschaftlich starken Gebiete. Eine Binnenmigration vom Ruhrgebiet, der Saar und Thüringen nach München, Berlin, Hamburg, Rhein-Main oder Stuttgart gilt als sehr wahrscheinlich (siehe Grafik). Die Abwanderungsgebiete drohen wirtschaftlich und sozial zu veröden, während es die arbeitsfähigen Bevölkerungsgruppen in die Ballungsgebiete zieht. Dadurch steigt auch die Anzahl der dort ansässigen Unternehmen. Gebraucht wird mehr Wohnraum; außerdem muss die öffentliche Hand die Infrastruktur und das öffentliche Verkehrsnetz ausbauen.

Sorgenkinder: Die Abwanderungsregionen

Für die Banken gilt, dass die Gesamtnachfrage nach Unternehmensfinanzierungen sinken wird. Es ist zu befürchten, dass Betriebe weniger investieren oder in attraktivere, außereuropäische Regionen abwandern. Die weiter sinkende und sich verändernde Nachfrage verschlechtert zudem die Bonität des Mittelstands.

Auch das Kommunalgeschäft bleibt nicht risikofrei. Die wachsende Verschuldung und daraus resultierende Probleme können dazu führen, dass Länder ein schlechteres Rating erhalten. Standard & Poor's stufte das Rating Sachsen-Anhalts 2003 von AAA auf AA- herab.

Da der private Bedarf an Finanzprodukten stark von der jeweiligen Lebensphase abhängt, betreffen die Veränderungen in der gesellschaftlichen Altersstruktur auch das Retail- und Privatkundengeschäft. Das Kreditgeschäft mit Privatkunden wird tendenziell abnehmen. Im Konsumentenkreditbereich sorgen die Baby-Boomer aktuell noch für eine hohe Nachfrage. Doch in der Kundengruppe ab einem Alter von 55 Jahren halbiert sich dieser Kreditbestand. Demnach müssen Banken spätestens ab dem Jahr 2015 mit weniger Geschäften rechnen.

Der Markt für Eigenheime bricht weg

Auch der Immobilienkreditbereich leidet – das Bausparengeschäft eingeschlossen. Sobald die geburtenstarken Jahrgänge etabliert sind, bricht der Markt für Eigenheime weg. Allenfalls in den Zuwanderungsgebieten bleibt dieser Geschäftsbereich weiterhin lukrativ. Der seniorengerechte Wohnungsbau wird die Lücke nicht sofort schließen können – ein steigender Bedarf ist erst in zwei Jahrzehnten zu erwarten.

Zusätzlich gilt es, gezielte Produkt- und Vertriebsstrategien für die alternde Bevölkerung zu entwickeln. Einschnitte in das Geschäftsstellennetz sind aber unumgänglich. In den schwächelnden Regionen wächst der Druck zu Zusammenschlüssen – auch über die Verbandsgrenzen hinaus.

Obwohl die Veränderungen erst ab dem Jahr 2010 eine relevante Größe erreichen, ist den Häusern anzuraten, schon heute ihre individuelle Situation zu analysieren und die Ergebnisse in die Zukunftsstrategie einfließen zu lassen (Rosar 2006, S. 42 f.).

Sparer und Anleger haben heute vielfach höherwertige Ausbildungen und akademische Abschlüsse als früher (für viele im folgenden Steffens, 2002, S. 83). Sie sind insofern (manchmal) kompetenter und selbstbewusster im Umgang mit Banken, sie vergleichen Konditionen und Produkte. Dies und die gestiegene Markttransparenz führt dazu, dass Kunden meist mehrere Bankverbindungen aufrecht erhalten und auch nicht mehr sehr loyal einem Institut die Treue halten: „vagabundierendes Finanzverhalten" (vgl. Rudolf, 2004, S. 1). Kunden sind anders als früher nicht mehr „Eigentum" der Banken und Sparkassen, Hausbankbeziehungen werden in Frage gestellt. Dies bedeutet einen erhöhten Aufwand, um die Kunden zu halten.

Veränderung der Bevölkerungszahl von 1999 bis 2020 in Prozent

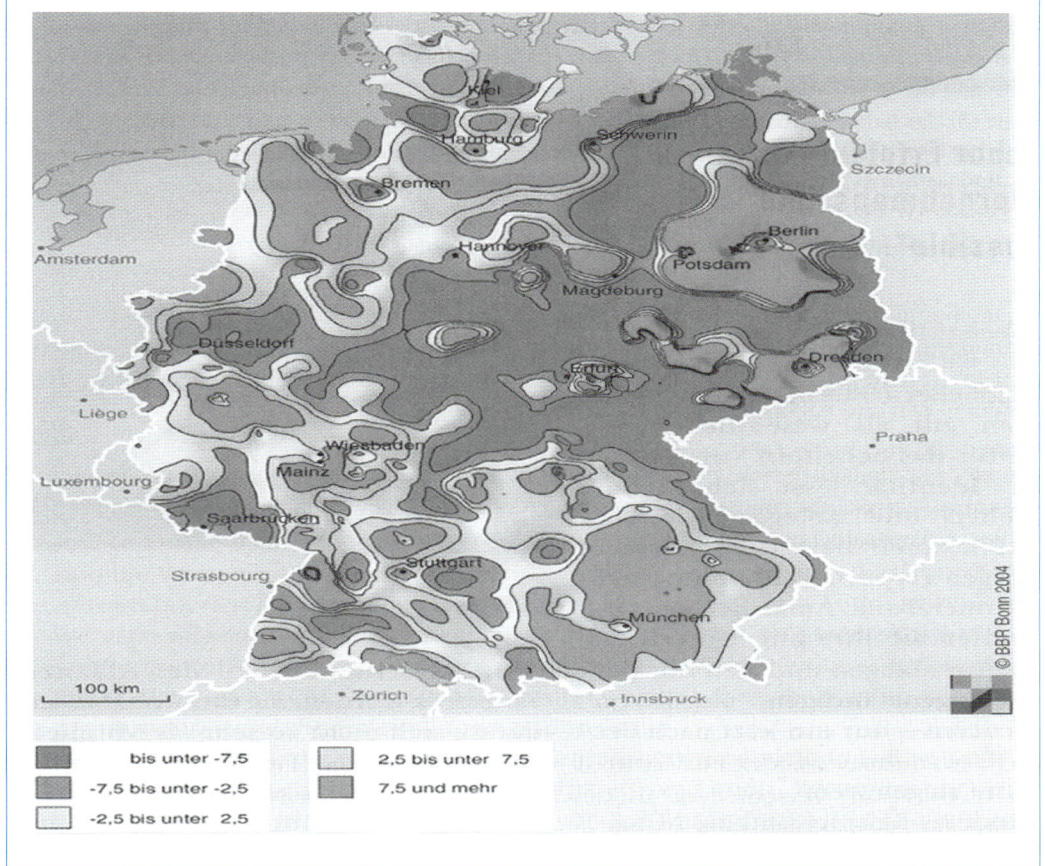

(Quelle: BBR Bonn, 2004)

Daneben findet als weiteres Indiz für sozio-kulturelle Veränderungen eine nur schwer greifbare Individualisierung der Gesellschaft statt. Als ein Beispiel kann die immense Zunahme von Single-Haushalten dienen, was z. B. Einflüsse auf die Entwicklung des Bauspargeschäftes hat (vgl. Priester, 2005, S. 24)

Natürliche Umwelt

Unternehmen stehen in Interaktion mit ihrer natürlichen Umwelt *(vgl. allg. Meadows, 1972)*. Sie benötigen Rohstoffe und Energie, sie erzeugen Abfall und werden für die Folgen ihrer Produktion in zunehmendem Maße verantwortlich gemacht (Internalisierung externer Effekte). Banken als Finanzierungspartner der Unternehmen stehen insofern auch im Fokus des öffentlichen Interesses. Als Beispiel für die Nutzung von Chancen seien hier die Entwicklung von Arzneien im

Biotechbereich oder die verstärkte Beteiligung am Aufbau alternativer Energien wie Wind-, Sonnen- und Wasserkraft und Verbesserungen zur Energieeinsparung genannt. Bankprodukte stellen in diesem Zusammenhang etwa „Ethische Fonds" o. Ä. dar *(vgl. Abschnitt „Unternehmensethik in Banken" in diesem Buch)*. Des Weiteren spielen globale Megatrends wie die Erwärmung der Erde und die damit verbundenen Wetteränderungen und Naturkatastrophen durchaus auch eine Rolle für das Bankgeschäft. Zu nennen wären hier insbesondere der Einfluss der Dürre von 2002 oder der Flut des Jahres 2003 auf die Landwirtschaft und die Finanzierung der Betriebe resp. des Kreditausfallrisikos. Wetterderivate stellen z. B. moderne Finanzinstrumente dar.

Politisch-rechtliche Umwelt

Ökonomie und Politik sind vielfältig verbunden. Dies bezieht sich nicht nur auf Gesetze, Verordnungen, Ge- oder Verbote, Zölle, Steuern etc., sondern auch auf die Stabilität des politischen Umfeldes, die Konstanz der Wirtschaftspolitik und die harmonische Einbindung möglichst vieler Länder in den internationalen Handel.

Um hier nur einige Beispiele aus der Bewältigung der gegenwärtigen Finanzkrise zu nennen, sei etwa auf das zwischenzeitliche Verbot von Leerverkäufen hingewiesen, auf die Gründung von Bad Banks, die Verstaatlichung von Banken, etc. *(vgl. zu einzelnen Maßnahmen Kap. 1)*.

6.1.1 Globalisierung

Das wichtigste, die gesamte ökonomische Entwicklung prägende Momentum ist das Phänomen der Globalisierung. In der öffentlichen Diskussion ist es vielfach mit unterschiedlichen, zum Teil auch unzutreffenden Inhalten belegt worden. Das liegt im Wesentlichen daran, dass der Begriff der Globalisierung **verschiedene Dimensionen** hat. Diese können **volkswirtschaftlicher, politischer** oder auch **ethischer Natur** sein.

Für das Strategische Management von Finanzinstituten geht es bei der Globalisierung im Kern um **Strategien** grenzüberschreitend tätiger Unternehmen, **die Wettbewerbsvorteile** mittels **der weltweiten (globalen) Nutzung** von **Standortvorteilen** und der **Erzielung von Skaleneffekten (Economies of Scale)** realisieren wollen *(Wrona, 1999, S. 123 ff.)*. Ursprünglich war die These der Globalisierung auf die internationale Produktpolitik der Finanzinstitute beschränkt. Nach und nach vollzog sich eine Ausweitung auf den internationalen Marketing-Mix und schließlich die gesamte Unternehmenstätigkeit.

Ein global aufgestelltes Finanzinstitut zeichnet sich dadurch aus, dass es die Welt als einen einheitlich integrierten Markt mit unterschiedlichen regionalen oder nationalen Teilmärkten begreift. Dementsprechend erfolgen auch Einkauf (Sourcing), Produktion (Production) und Abwicklung (Settlement) global.

So ist beispielsweise die *Citigroup* ein Institut, das in seinen Unternehmensbereichen *(Stand: März 2005)*

- Global Consumer Group mit den Produktlinien Cards, Consumer Finance und Retail Banking,
- Global Corporate and Investment Banking Group (Capital Markets and Banking sowie Global Transaction Services),
- Global Investment Management (Asset Management),
- Global Wealth Management (Private Client Services und Private Bank),

global handelt. Lediglich die dem Bereich Global Investment Management zugeordnete und Anfang 2005 verkaufte Produktlinie Life Insurance & Annuities (ehem. *Travelers Group*) ist regional auf die USA fokussiert.

Die *Deutsche Bank* hingegen ist global aufgestellt, soweit es ihr Investment Banking und hier vor allem die Bereiche Trading & Sales, also den Handel mit und den Verkauf von Wertpapieren aller Art und ihren Derivaten, betrifft. Andere deutsche Institute sind nicht global, sondern international aufgestellt.

Eine globale **Unternehmensstrategie** kann jedoch dort **Einschränkungen** erfahren, wo es regionale oder nationale Teilmärkte erfordern. Ein Beispiel hierfür sind die Staaten, in denen der Islam entweder Staatsreligion oder sehr weit verbreitet ist. In diesen Fällen führt das Zinsverbot (Riba) dazu, dass Marketing und Vertrieb von Finanzdienstleistungsprodukten religionsspezifisch zu adjustieren sind (Islamic Banking), denn traditionelle Zinsprodukte wie Kredite usw. sind für den Verkauf ausgeschlossen. Beispielsweise wird als Alternative für eine klassische private Immobilienfinanzierung das Konstrukt der „Ijarah" gewählt *(Lange, 2004, S. 23)*. Die Bank erwirbt dabei das Haus und der Kunde least das Haus von der Bank. Am Ende der Vertragslaufzeit hat der Kunde sein Haus abbezahlt. Der Bank bleibt ein Gewinn, der letztlich der Verzinsung entspricht.

6.1.2 Internationalisierung

Ebenso wie die Globalisierung ist auch die Internationalisierung eine der Determinanten bankbetrieblicher Umfeldbedingungen. Dabei zeigt die Praxis, dass beide Begriffe häufig zu Unrecht gleichgesetzt werden. Im Gegensatz zur Globalisierung hat eine **Internationalisierung** eine **Strategie** zum Gegenstand, die die **Unternehmensentwicklung über das Wachstum** in verschiedene **ausgewählte Auslandsmärkte oder -projekte** gestalten will. Es geht also gerade nicht um ein globales, sondern eher um ein „grenzüberschreitend punktuelles" Modell. Dabei gibt es zwei strategische Ansätze *(Buch/Lipponer, 2004, S. 1 ff.)*:

- Zum einen können die Finanzinstitute, sofern die rechtlichen Voraussetzungen dafür gegeben sind, Dienstleistungen grenzüberschreitend erbringen. Als Beispiele sind die Gewährung von

Krediten an inländische Kunden oder das Angebot von Beratungsleistungen im Ausland zu nennen.

- Zum anderen können Banken auch durch die Errichtung von Niederlassungen im Ausland oder den Erwerb ausländischer Beteiligungen ihre Präsenz vor Ort stärken und ihre Aktivitäten im Ausland auf diese Weise durch Direktinvestitionen ausweiten.

Der empirische Befund belegt, dass die deutschen Banken beide Arten der Internationalisierung ihrer Geschäftsaktivitäten in den letzten Jahren intensiv vorangetrieben haben. So hat sich die Summe grenzüberschreitender Forderungen und Verbindlichkeiten deutscher monetärer Finanzinstitute (ohne die Deutsche Bundesbank) seit Ende 1989 mehr als versechsfacht. Ende November 2004 beliefen sich die Forderungen inländischer Banken an das Ausland auf mehr als 1,5 Billionen EUR, die Verbindlichkeiten auf etwas weniger als 1 Billion EUR *(Deutsche Bundesbank, 2005, S. 30)*.

Die Strategieanalyse deutscher Finanzinstitute zeigt, dass vor allem die *Commerzbank*, die *Dresdner Bank* sowie die *HypoVereinsbank* international tätige Institute sind. Sie verfügen über ein unterschiedlich geknüpftes Netz an Niederlassungen im Ausland, zumeist an den wichtigsten Finanzplätzen (im Fall der *HypoVereinsbank* auch in Mittel- und Osteuropa), und beteiligen sich auch an bestimmten Unternehmens- und/oder Projektfinanzierungen im Ausland. Dasselbe gilt im Grundsatz für die *DZ Bank* sowie die Landesbanken.

Zusammengenommen beeinflussen die globalen Umweltfaktoren den weiteren **Handlungsspielraum**, in dem Banken miteinander in Wettbewerb treten können. Diese Rahmenbedingungen des unternehmerischen Handelns gelten für alle; entscheidend ist, wer hat die bessere Voraussicht und Einschätzung für Entwicklungen dieser Faktoren. Die globale Umwelt ihrerseits ist durch die Banken nicht beeinflussbar.

6.2 Die Wettbewerbsumwelt

Unternehmen konkurrieren in Branchen oder auf Teilmärkten. Dies ist die engere Wettbewerbsumwelt des Unternehmens, die, anders als die allgemeine Umwelt, durch wettbewerbliches Verhalten beeinflussbar ist.

6.2.1 Die Abgrenzung des relevanten Marktes – einige Strukturdaten h h

Notwendige Vorarbeit der Branchenstrukturanalyse ist die **Abgrenzung des relevanten Marktes.** In der Regel orientiert man sich heute am Bedarfsmarktkonzept *(vgl. Abbott, 1958)*. Zur Abgrenzung werden die Produkte (Regionen, Kundengruppen) identifiziert, die aus Sicht der Nachfrager mit den eigenen Produkten vergleich- und austauschbar sind. Die Gesamtheit dieser Substitutionsgüter – hier Bankdienstleistungen und Produkte – bildet den relevanten Markt und alle – hier Institute mit Vollbanklizenz in Deutschland sowie Non- und Near-Banks, die die gleichen Leistungen anbieten –, die diese Produkte und Leistungen erbringen und vermarkten, sind Konkurrenten. Um festzustellen, ob es sich um substitutive, neutrale oder komplementäre Güter handelt, wird in der mikroökonomischen Theorie die **Kreuzpreiselastizität** berechnet *(Besanko/Dranove/Shanley 2000, S. 232)*. Güter mit positiver Kreuzpreiselastizität gelten als substitutiv. Um ein Beispiel zu nennen, können verschiedene Kapitalsammelverfahren wie Fonds, Sparbücher, Lebensversicherungen Substitutionsgüter darstellen.

Formel Kreuzpreiselastizität

$$\eta_{yx} = \frac{\frac{\Delta Q_y}{Q_y}}{\frac{\Delta p_x}{p_x}}$$

η_{yx} = Kreuzpreiselastizität
ΔQ_y = Veränderung der Absatzmenge von Gut y
Δp_x = Veränderung des Preises von Gut x
Q_y/p_x = Absatzmenge von Gut y bzw. Preis von Gut x in t_0

(Quelle: Hungenberg 2000, S. 81)

Die Produkte einer Branche sind häufig nicht homogen, sondern heterogen. Es können **„strategische Gruppen"** gebildet werden. Darunter wird eine Anzahl von Wettbewerbern verstanden, die bei ähnlicher Positionierung im Markt ähnliche Strategien hinsichtlich der Kostenstrukturen, der Preisgestaltung, der Produktlinien, der Vertriebswege oder der Kundensegmentierung anwenden. Ferner haben hier Differenzierungsmerkmale wie Marke oder Image Bedeutung. Als Beispiele können etwa die Hersteller von Automobilen der Luxusklasse wie *Daimler, BMW, Audi* oder *Porsche* dienen oder die deutschen Großbanken *Deutsche Bank, Dresdner Bank, HVB* und *Commerzbank*, die im Vergleich mit weiteren Marktteilnehmern, z. B. Sparkassen, in vielen Segmenten ein ähnliches Angebot und Marktauftreten aufweisen. Andere strategische Gruppen stellen etwa die Gruppe der Direktbanken, die G8-Sparkassen, die Gruppe der kleinen Privatbanken oder die großen Bausparkassen dar.

Der deutsche Bankenmarkt im Jahr 2004 ist so aufgebaut: Es gibt 2.229 Institute *(Sept. 2005; Bundesbank, 2005, S. 23)*, davon sind 477 Sparkassen, 12 Landesbanken und rund 1.340 Kreditgenossenschaften mit zwei genossenschaftlichen Zentralbanken. Der Rest sind 357 Privatbanken, davon 5 Großbanken, 234 Regionalbanken sowie 128 Zweigstellen ausländischer Institute. Ferner 18 Banken mit Sonderaufgaben (z. B. KfW) und weitere Spezialinstitute, z. B. 27 Bausparkassen.

Im Jahr 2007 wurden noch 2.012 Institute gezählt. Für den Rückgang sind weniger Geschäftsaufgaben, denn weiterhin Verschmelzungen von Banken – hier insbesondere im Sparkassen-Genossenschaftssektor – verantwortlich. Die Zahl der Sparkassen ging von 463 im Jahr 2005 auf 446 im Jahr 2007 zurück, spektakulärster Zusammenschluss war die Verbindung der Stadtsparkasse Köln und der Sparkasse Bonn. Bei den Genossenschaftsbanken verlangsamte sich das hohe Fusionstempo, das noch Anfang des Jahrtausends die Zahl von nahezu 1.900 auf rund 1.500 Institute schrumpfen ließ. In den letzten Jahren sank die Zahl von 1.293 in 2005 auf 1.234 in 2007. Zuwachs erfuhr der Bankensektor durch neue ausländische Anbieter, die in Deutschland Zweigstellen eröffneten. Deren Zahl stieg von 88 in 2005 auf 99 in 2007.

Top 5 der Institutsgruppen – Bilanzsumme 2008 in Mrd. EUR

Private Banken		Landesbanken		Sparkassen		Geno-Sektor	
Deutsche Bank	2.202	LBBW	448	Hamburger Spk	36	DZ Bank	427
Commerzbank	625	BayernLB	422	Spk Köln Bonn	31	WGZ Bank	93
HypoVereinsbank	459	WestLB	288	Kreisspk Köln	24	DG Hyp	76
Dresdner Bank	421	NordLB	244	Frankfurter Spk	18	Apo Bank	41
Hypo Real Estate	420	HSH Nordbank	208	Stadtspk München	15	WL Bank	41

(Quelle: die bank, 8/2009, S. 27)

Alle Institute führen rund 38.000 Filialen. Auch hier ist ein Rückgang festzuhalten: Noch 2005 hatten alle Institutsgruppen zusammen rund 41.500 Filialen.

Zweigstellen der Kreditinstitute in Deutschland

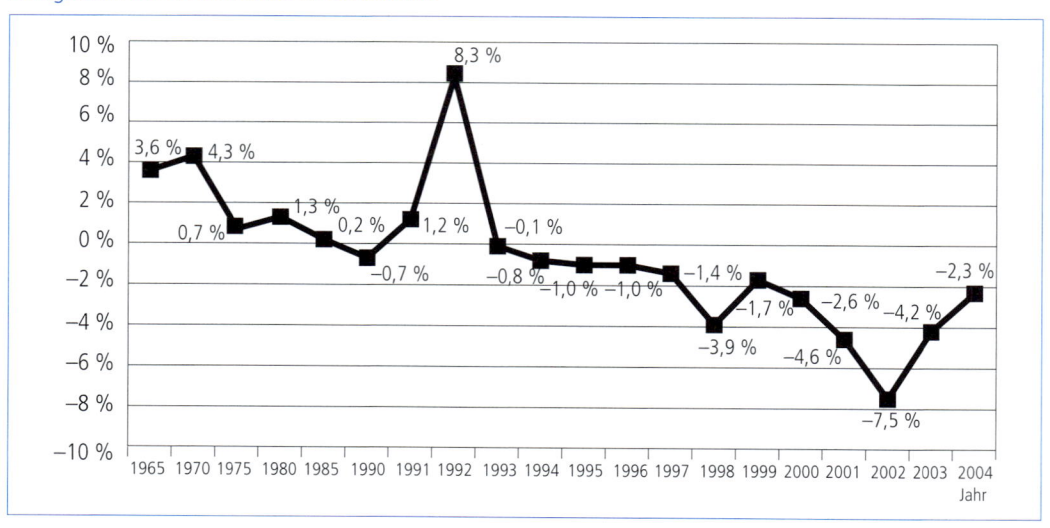

Strukturdaten der deutschen Kreditwirtschaft*)

Bankengruppe	Zahl der Institute[1]			Zahl der Zweigstellen[1]			Zahl der Beschäftigten[2]		
	2005	2006	2007	2005	2006	2007	2005	2006	2007
Alle Bankengruppen	2.088	2.042	2.012	41.362	38.490	37.976	672.500	662.200	662.650
Kreditbanken	276	272	278	14.012	11.548	11.286	[3] 190.700	[3] 186.700	[3] 190.250
Großbanken	5	5	5	11.446	8.879	8.568	*)	*)	*)
Regionalbanken	183	176	174	2.495	2.596	2.628	*)	*)	*)
Zweigstellen ausländischer Banken	88	91	99	71	76	90	*)	*)	*)
Landesbanken	12	12	12	580	496	485	40.200	39.500	39.850
Sparkassen	463	457	446	13.950	13.756	13.624	260.800	257.000	253.700
Genossenschaftliche Zentralbanken	2	2	2	11	11	11	4.950	4.900	4.900
Kreditgenossenschaften	1.293	1.259	1.234	12.722	12.583	12.477	[4] 162.550	[4] 161.200	[4] 160.750
Realkreditinstitute	24	22	22	56	61	64	*)	*)	
Banken mit Sonderaufgaben	18	18	18	31	32	29	[5] 13.300	[5] 12.900	[5] 13.200
Nachrichtlich: Bausparkassen	26	28	25	2.682	1.795	1.801	[6] 19.750	[6] 18.050	[6] 17.000

* Die Ergebnisse für den jeweils neuesten Termin sind als vorläufig zu betrachten – 1 Quelle: Bankstellenstatistik, in: Deutsche Bundesbank, Bankenstatistik, Statistisches Beiheft zum Monatsbericht 1. S. 104. Kreditinstitutsbegriff auf KWG bezogen, insoweit Abweichungen zu Angaben in der „Bilanzstatistik" und der „Statistik der Gwinn- und Verlustrechnungen". – 2 Ohne Deutsche Bundesbank; Quellen: Angaben von Verbänden, Teilzeitbeschäftigte nach „Köpfen" gerechnet. – 3 Beschäftigte im privaten Bankgewerbe, einschl. der Realkreditinstitute in privater Rechtsform. – 4 Nur im Bankgeschäft hauptberuflich Beschäftigte. – 5 Beschäftigte bei öffentlich-rechtlichen Grundkreditanstalten (Realkreditinstitute in öffentlicher Rechtsform) und bei öffentlich-rechtlichen Banken mit Sonderaufgaben. – 6 Nur im Innendienst Beschäftigte.

(Quelle: Deutsche Bundesbank, Monatsbericht September 2008, S. 20)

Bankstellen in Deutschland 2004
(Verteilung in %)

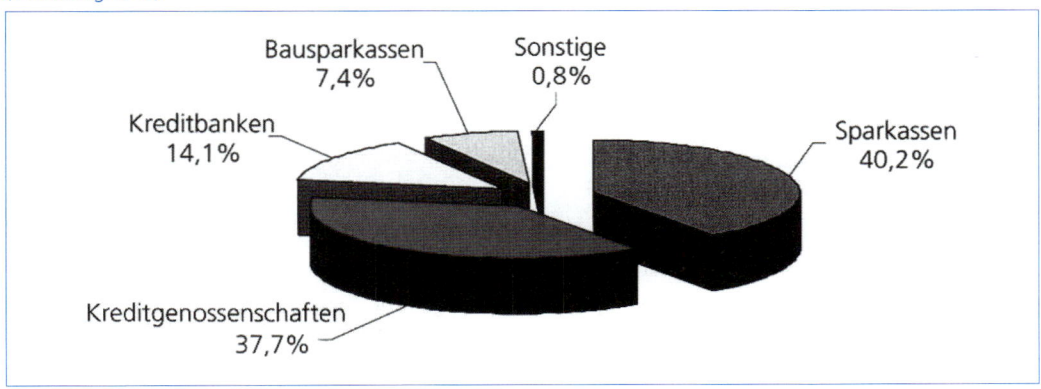

- Sparkassen 40,2%
- Kreditgenossenschaften 37,7%
- Kreditbanken 14,1%
- Bausparkassen 7,4%
- Sonstige 0,8%

(Quelle: Spath u.a., 2006, S. 8)

Der deutsche Bankenmarkt gilt als overbanked (zersplittert) und overbranched (hohe Filialdichte) – die Banken im internationalen Maßstab als zu klein. Pro 30.000 Einwohner gibt es eine Bank, auf ca 1.900 Bürger kommt eine Filiale, als profitabel gilt nach einer Einschätzung von Ernst & Young eine Mindestgröße von 3.800 Einwohnern pro Bankstelle *(vgl. o.V., Quo Vadis, 2003, S. 8)*. Dieses Missverhältnis führt zu erheblichen Overheadkosten, da jeweils Geschäftsleitung, Stäbe, Verwaltung und eigene IT-Systeme vorgehalten werden müssen, hinzu kommt der sehr hohe Anteil der Personalkosten insgesamt aufgrund der Filialdichte (Personalkosten liegen in Summe bei 41,6 Mrd. EUR). Die Cost-Income-Ratio aller Banken und Sparkassen liegt bei durchschnittlich 72,8 % im Jahr 2003, der europäische Vergleichsdurchschnitt liegt bei gemittelten rund 55 % *(vgl. Moormann/Möbus, 2004, S. 29)*. Dafür zeichnet neben der Kostenseite auch die nur mähliche Verbesserung der Erträge verantwortlich, zumindest ab 2004 auch für die Großbanken feststellbar.

Zur wirtschaftlichen Situation der Banken vgl. die folgenden Abbildungen.

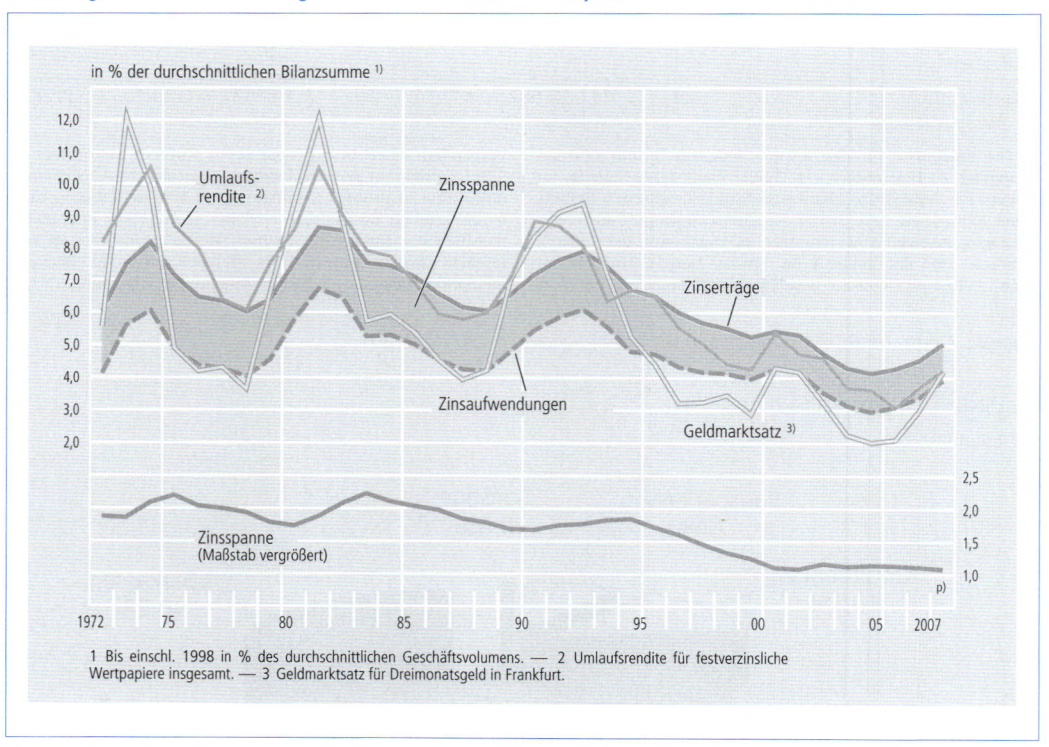

Zinserträge und Zinsaufwendungen der Kreditinstitute im Zinszyklus

(Quelle: Deutsche Bundesbank, Monatsbericht September 2008, S. 17)

Provisionsüberschuss

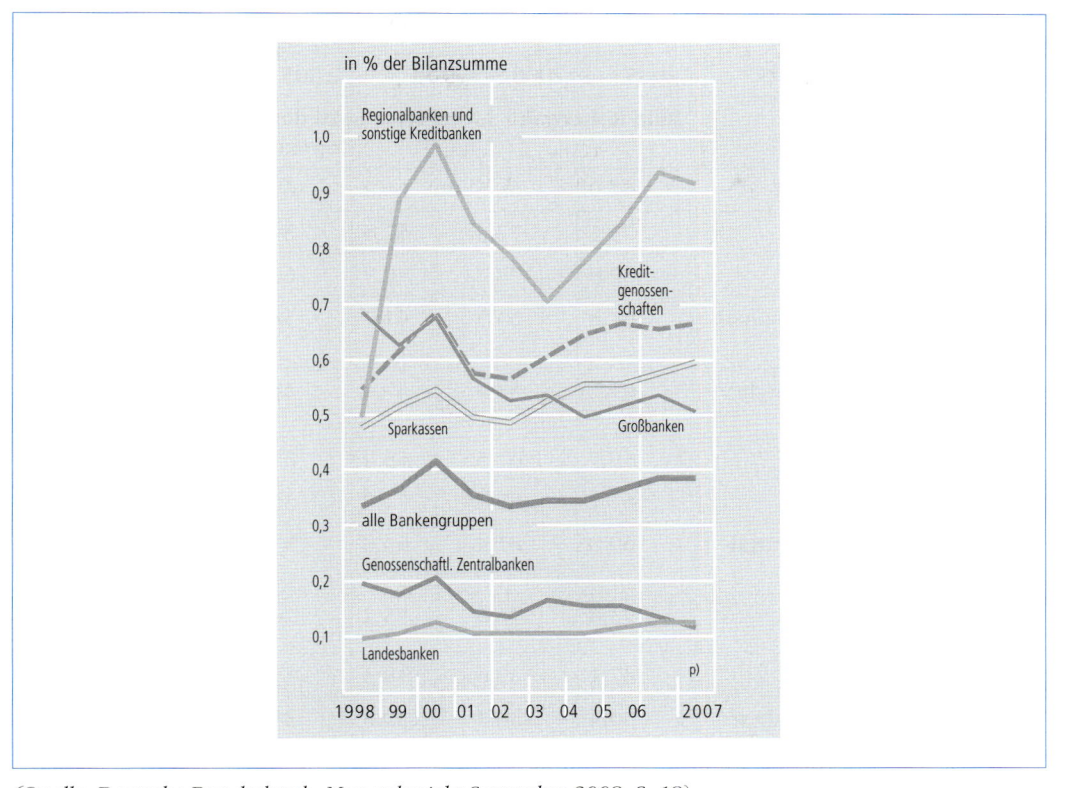

(Quelle: Deutsche Bundesbank, Monatsbericht September 2008, S. 18)

Aufwand/Ertrag-Relation nach Bankengruppen*)

Bankengruppe	Allgemeine Verwaltungsaufwendungen in Relation in %					
	2005	2006	2007	2005	2006	2007
	zum Rohertrag[1)]			zu den Erträgen aus dem operativen Bankgeschäft[2)]		
Alle Bankengruppen	67,9	68,5	66,2	61,0	62,3	65,0
Kreditbanken	73,5	72,3	67,4	59,8	66,0	65,5
Großbanken	80,8	77,2	70,7	60,5	69,0	58,1
Regionalbanken und sonstige Kreditbanken	61,8	63,5	61,7	58,4	60,4	61,2
Zweigstellen ausländischer Banken	61,7	54,3	49,4	58,0	55,3	44,9
Landesbanken	59,7	62,5	55,4	59,3	53,6	61,3
Sparkassen	67,1	67,2	71,7	56,0	65,8	69,5
Genossenschaftliche Zentralbanken	69,8	81,4	64,0	53,9	62,2	89,1
Kreditgenossenschaften	73,6	76,6	75,2	70,0	64,3	70,5
Realkreditinstitute	37,1	39,6	38,3	35,2	38,9	36,0
Banken mit Sonderaufgaben	36,4	38,3	39,8	35,2	35,3	38,3

* Die Ergebnisse für den jeweils neuesten Termin sind als vorläufig zu betrachten. Ohne Bausparkassen, ohne Institute in Liquidation sowie ohne Institute mit Rumpfgeschäftsjahr. — 1 Summe aus Zins- und Provisionsüberschuss. — 2 Rohertrag zuzüglich Netto-Ergebnis aus Finanzgeschäften sowie Saldo der sonstigen betrieblichen Erträge und Aufwendungen.

(Quelle: Deutsche Bundesbank, Monatsbericht September 2008, S. 21)

Ertragslage der Bankengruppen in den Jahren 2006/2007 im Überblick*)

Mio €

Bankengruppe	Betriebsergebnis vor Bewertung[1]		Betriebsergebnis[2]		Jahresüberschuss vor Steuern[3]	
	2006	2007	2006	2007	2006	2007
Alle Bankengruppen	49.207 (0,64)	43.999 (0,54)	35.207 (0,46)	20.484 (0,25)	27.597 (0,36)	20.506 (0,25)
Kreditbanken	18.997 (0,73)	19.790 (0,67)	14.905 (0,57)	14.915 (0,51)	10.144 (0,39)	18.720 (0,64)
Großbanken	11.425 (0,57)	11.887 (0,53)	9.352 (0,47)	9.081 (0,41)	7.520 (0,38)	15.290 (0,68)
Regionalbanken und sonstige Kreditbanken	7.438 (1,27)	7.688 (1,14)	5.429 (0,93)	5.638 (0,84)	2.500 (0,43)	3.231 (0,48)
Zweigstellen ausländischer Banken	134 (0,68)	215 (0,94)	124 (0,63)	196 (0,86)	124 (0,63)	199 (0,87)
Landesbanken	6.626 (0,40)	4.576 (0,27)	7.999 (0,48)	2.461 (0,15)	6.014 (0,36)	788 (0,05)
Sparkassen	9.884 (0,98)	8.513 (0,84)	4.638 (0,46)	4.156 (0,41)	4.421 (0,44)	3.755 (0,37)
Genossenschaftliche Zentralbanken	666 (0,28)	122 (0,05)	555 (0,24)	- 333 (- 0,13)	382 (0,16)	- 375 (- 0,15)
Kreditgenossenschaften	7.503 (1,26)	5.474 (0,89)	3.254 (0,55)	2.772 (0,45)	3.614 (0,61)	2.870 (0,47)
Realkreditinstitute	2.524 (0,29)	2.809 (0,33)	1.457 (0,17)	1.565 (0,18)	568 (0,06)	375 (0,04)
Banken mit Sonderaufgaben	3.007 (0,40)	2.715 (0,34)	2.399 (0,32)	- 5.052 (- 0,63)	2.454 (0,33)	- 5.627 (- 0,70)

* Die Ergebnisse für den jeweils neuesten Termin sind als vorläufig zu betrachten. Ohne Bausparkassen, ohne Institute in Liquidation sowie ohne Institute mit Rumpfgeschäftsjahr. Werte in Klammern in % der durchschnittlichen Bilanzsumme. — 1 Zins- und Provisionsüberschuss abzüglich Allgemeine Verwaltungsaufwendungen zuzüglich Netto-Ergebnis aus Finanzgeschäften und Saldo der sonstigen betrieblichen Erträge und Aufwendungen. — 2 Betriebsergebnis vor Bewertung zuzüglich Bewertungsergebnis (ohne Sach- und Finanzanlagengeschäft). — 3 Betriebsergebnis zuzüglich Saldo der anderen und außerordentlichen Erträge und Aufwendungen.

(Quelle: Deutsche Bundesbank, Monatsbericht September 2008, S. 22)

Eigenkapitalrentabilität einzelner Bankengruppen*)

%

Bankengruppe	2003		2004		2005		2006		2007	
Alle Bankengruppen	0,72	(- 1,45)	4,19	(1,93)	13,00	(9,19)	9,35	(7,51)	6,56	(4,65)
Kreditbanken	- 6,24	(- 6,57)	- 0,42	(- 1,42)	21,82	(15,52)	11,23	(9,12)	19,13	(15,60)
darunter: Großbanken[1]	- 12,85	(-11,99)	- 3,97	(- 3,56)	31,72	(23,12)	14,01	(12,27)	25,97	(21,64)
Regionalbanken und sonstige Kreditbanken[1]	4,53	(2,25)	5,66	(2,16)	8,63	(5,43)	6,99	(4,43)	8,50	(6,33)
Landesbanken[2]	- 4,25	(- 5,17)	1,07	(- 0,83)	6,44	(5,56)	11,40	(9,73)	1,46	(0,94)
Sparkassen	10,89	(4,00)	9,72	(5,03)	10,45	(5,60)	8,94	(4,95)	7,23	(4,20)
Genossenschaftliche Zentralbanken	0,66	(2,30)	2,91	(3,97)	5,25	(5,12)	4,49	(9,51)	- 4,03	(2,94)
Kreditgenossenschaften	10,64	(5,24)	10,32	(5,26)	13,79	(9,00)	11,04	(8,51)	8,12	(5,12)
Realkreditinstitute	5,34	(3,70)	3,32	(1,39)	0,91	(- 0,87)	2,83	(1,85)	1,89	(1,06)

* Die Ergebnisse für den jeweils neuesten Termin sind als vorläufig zu betrachten. Ohne Bausparkassen, ohne Institute in Liquidation sowie ohne Institute mit Rumpfgeschäftsjahr. Jahresüberschuss vor Steuern (in Klammern: nach Steuern) in % des durchschnittlichen bilanziellen Eigenkapitals (einschließlich Fonds für allgemeine Bankrisiken, jedoch ohne Genussrechtskapital). — 1 Ab 2004 Umgliederung der Deutschen Postbank AG von der Banken-Gruppe „Regionalbanken und sonstige Kreditbanken" zur Bankengruppe „Großbanken". — 2 Ab 2004 Umgliederung der NRW.BANK von der Bankengruppe „Landesbanken" zur Bankengruppe „Banken mit Sonderaufgaben".

(Quelle: Deutsche Bundesbank, Monatsbericht September 2008, S. 28)

Der Bankenmarkt insgesamt hat als polypolistisch und nur wenig konzentriert zu gelten, da z. B. im Retail-Bereich oder im Kreditgeschäft *(vgl. o.V., Quo Vadis, 2003, S. 8)* die 5 größten Anbieter gerade einmal 20 % auf sich vereinen, während in anderen europäischen Ländern wie z. B. Schweden, Holland oder Belgien – bei bis zu 90 % Konzentration – oligopolistische Strukturen vorherrschen. Economies of scale, d. h. größere Gewinne aus Stückkostendegression aufgrund großer Absatzmengen sind in Deutschland eher die Ausnahme.

„Banking is still people"

Banken und Sparkassen mit Sitz und Geschäftstätigkeit in Deutschland haben 2007 662.650 Mitarbeiter, etwas mehr als 2006. Damit steigt die Zahl erstmals seit Jahren des Rückgangs wieder an. Verantwortlich dafür war die gute Geschäftsentwicklung im Bereich der großen Privatbanken, die Entwicklung bei Sparkassen und Genossenschaftsbanken ist weiterhin schwach rückläufig *(vgl. Abb. „Strukturdaten der deutschen Kreditwirtschaft" weiter vorn)*. Ob in der Wirtschaftskrise die Gesamtbeschäftigtenzahl auf dieser absoluten Höhe bleibt, darf bezweifelt werden. Ein erster – vermutlich nur zwischenzeitlicher – Rückgang der Beschäftigung in der Branche zeigt sich mit einem Anstieg der Arbeitslosigkeit. So lag die Arbeitslosenquote 2007/2008 noch bei nur ca. 1,5 % (vgl. o.V., AGV, 2008), das ist Vollbeschäftigung. 2009 verschlechterte sich der FRAX (Handelsblatt-Arbeitsmarktindex für die Finanzindustrie in Zusammenarbeit mit der Frankfurt School of Finance & Management) gravierend: Die Zahl der offenen Stellen ging im Vergleich zum Vorjahr um ein Drittel zurück *(vgl. Rudolph, 2009)*. Die Arbeitslosigkeit wird zunehmen.

6.2.2 Die Branchenstrukturanalyse nach Porter

Die Branchenstruktur hat einen starken Einfluss auf das Verhalten der Wettbewerber und bestimmt die Chancen und Risiken des einzelnen Unternehmens *(im Folgenden insbesondere Porter, 1992a, S. 26 ff.)*. Porter hat mit seinem Modell der **Triebkräfte des Branchenwettbewerbs** ein in sich geschlossenes System zur Strukturanalyse von Märkten vorgestellt, was im Folgenden auf den Bankenmarkt angewandt werden soll. Demnach definieren fünf Kräfte und der Faktor Staat die Attraktivität und Rentabilität der Bank-Branche:

Potenzielle Neuanbieter

Die etablierten Banken und Sparkassen werden von potenziellen Markteintritten neuer Anbieter bedroht, die neue Kapazitäten auf den Markt und den Wunsch nach Gewinnen mitbringen. Dadurch werden Gewinne der Etablierten gedrückt oder die Kosten steigen zur Abwehr der Neuanbieter *(Besanko/Dranove/Shanley, 2000, S. 362 f.)*. Die Gefahr des Markteintritts hängt einerseits von den existierenden **Eintrittsbarrieren** ab, andererseits vom **Reaktionspotenzial** der Etablierten. Bei hohen Barrieren oder der wirksamen Androhung von **Vergeltung** – etwa Preiskampf – ist die Gefahr des Eintritts gering. Potenzielle Neuanbieter sind sowohl neue Banken (z. B. aus dem Ausland) als auch Non- und Nearbanks, die mit Bankleistungen oder Substituten an den Markt treten. Eine institutionalistische Eintrittsbarriere besteht etwa im Erwerb einer Banklizenz.

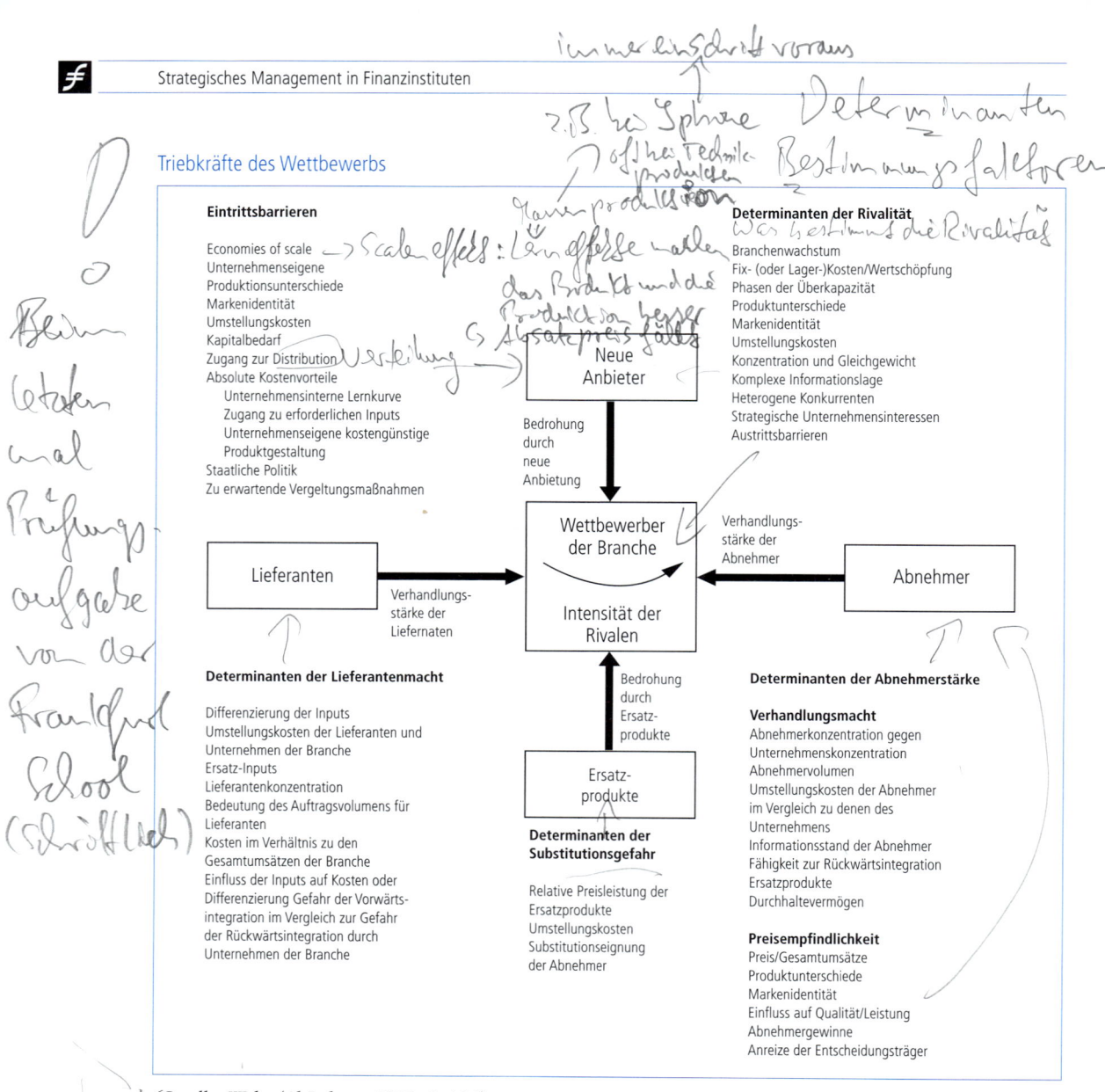

Strategisches Management in Finanzinstituten

Triebkräfte des Wettbewerbs

Eintrittsbarrieren
- Economies of scale
- Unternehmenseigene Produktionsunterschiede
- Markenidentität
- Umstellungskosten
- Kapitalbedarf
- Zugang zur Distribution
- Absolute Kostenvorteile
  - Unternehmensinterne Lernkurve
  - Zugang zu erforderlichen Inputs
  - Unternehmenseigene kostengünstige Produktgestaltung
- Staatliche Politik
- Zu erwartende Vergeltungsmaßnahmen

Determinanten der Rivalität
- Branchenwachstum
- Fix- (oder Lager-)Kosten/Wertschöpfung
- Phasen der Überkapazität
- Produktunterschiede
- Markenidentität
- Umstellungskosten
- Konzentration und Gleichgewicht
- Komplexe Informationslage
- Heterogene Konkurrenten
- Strategische Unternehmensinteressen
- Austrittsbarrieren

Neue Anbieter → Bedrohung durch neue Anbietung → **Wettbewerber der Branche / Intensität der Rivalen**

Lieferanten → Verhandlungsstärke der Lieferanten → Wettbewerber ← Verhandlungsstärke der Abnehmer ← **Abnehmer**

↑ Bedrohung durch Ersatzprodukte

Ersatzprodukte

Determinanten der Lieferantenmacht
- Differenzierung der Inputs
- Umstellungskosten der Lieferanten und Unternehmen der Branche
- Ersatz-Inputs
- Lieferantenkonzentration
- Bedeutung des Auftragsvolumens für Lieferanten
- Kosten im Verhältnis zu den Gesamtumsätzen der Branche
- Einfluss der Inputs auf Kosten oder Differenzierung
- Gefahr der Vorwärtsintegration im Vergleich zur Gefahr der Rückwärtsintegration durch Unternehmen der Branche

Determinanten der Substitutionsgefahr
- Relative Preisleistung der Ersatzprodukte
- Umstellungskosten
- Substitutionseignung der Abnehmer

Determinanten der Abnehmerstärke

Verhandlungsmacht
- Abnehmerkonzentration gegen Unternehmenskonzentration
- Abnehmervolumen
- Umstellungskosten der Abnehmer im Vergleich zu denen des Unternehmens
- Informationsstand der Abnehmer
- Fähigkeit zur Rückwärtsintegration
- Ersatzprodukte
- Durchhaltevermögen

Preisempfindlichkeit
- Preis/Gesamtumsätze
- Produktunterschiede
- Markenidentität
- Einfluss auf Qualität/Leistung
- Abnehmergewinne
- Anreize der Entscheidungsträger

(Quelle: Welge/Al-Laham 1999, S. 194)

Ökonomische Eintrittsbarrieren können insbesondere bestehen bei

- **economies of scale**; das sind Kostendegressionseffekte bei größeren Mengen *(vgl. auch Kap. 8.2.3, Erfahrungskurve)*. Für Deutschland ist aufgrund geringer Marktanteile einzelner Banken eher davon auszugehen, dass z. B. große ausländische Konkurrenten mit hohen Marktanteilen und industrialisierten Prozessen, z. B. Citibank im Retail-Geschäft, schnell und mit niedrigen, wettbewerbsfähigen Preisen auf den Markt treten können. Durch z. B. Preisunterbietung ist ein erfolgreicher Zutritt wahrscheinlich.

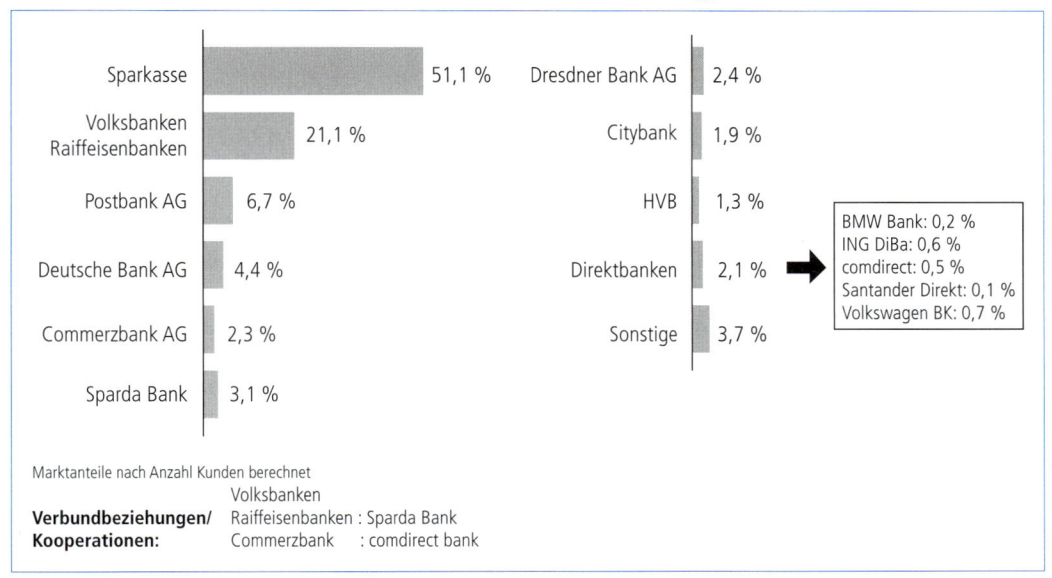

Marktanteile bei Giro-Gehaltskonten: Direktbanken bauen Marktanteile langsam aus

Bank	Anteil		Bank	Anteil
Sparkasse	51,1 %		Dresdner Bank AG	2,4 %
Volksbanken Raiffeisenbanken	21,1 %		Citybank	1,9 %
Postbank AG	6,7 %		HVB	1,3 %
Deutsche Bank AG	4,4 %		Direktbanken	2,1 %
Commerzbank AG	2,3 %		Sonstige	3,7 %
Sparda Bank	3,1 %			

BMW Bank: 0,2 %
ING DiBa: 0,6 %
comdirect: 0,5 %
Santander Direkt: 0,1 %
Volkswagen BK: 0,7 %

Marktanteile nach Anzahl Kunden berechnet

Verbundbeziehungen/ Kooperationen: Volksbanken Raiffeisenbanken : Sparda Bank
Commerzbank : comdirect bank

(Quelle: e-finance lab, Status Quo im Retailbanking in Deutschland 2006, Prof. Dr. B. Skiera, 03.05.2007)

- **Käuferloyalität;** bekannte, alteingesessene Marken, die aus Werbung, Service, hoher Wertschätzung oder Qualität etc. herrühren. Der Aufbau von Markenidentitäten ist für Einsteiger kostspielig *(z. B. Marketingbudget von GE Money Bank für 2005 15 Mio. EUR; vgl. Fuchs, 2005, S. 30)* und riskant. Im Bankenbereich wirkt gerade die regionale Verbundenheit und Identität vieler kleinerer Institute als Eintrittsschranke für Neuanbieter. Die Wechselbereitschaft vieler Kunden wird durch Loyalität und „Hausbankbeziehungen" eingeschränkt. Der Wettbewerb ist nicht nur ein „preislicher", sondern findet auch über die Stärken der Neuanbieter und deren Geschäftsfeldstrategien statt *(vgl. im Überblick Fuchs, 2005, S. 28-33)*.

- **Sunk costs;** müssen für die Entwicklung eines Marktes hohe Investitionen getätigt werden, so können sie für Einsteiger eine hohe Hürde darstellen. Kaum ein Eintrittswilliger kann aus dem Stand diese Investitionen tätigen. Eine Partizipation an solchen Infrastrukturen ist kostspielig und der Einsteiger begibt sich in Abhängigkeit. Im Bankenbereich gilt dies insbesondere für den Aufbau eines flächendeckenden Filialnetzes und/oder eines eingeführten Vertriebssystems. Diese Eintrittsschranke kann z. B. umgangen werden durch Kooperationen mit Zugang zu Kundenstämmen (wenn z. B. Sparkassen Versicherungen oder Bausparprodukte mitvertreiben) oder durch organisatorisch flexible Vertriebsstrukturen wie bei *AWD* oder *DVAG*, die auf den Aufbau von fixkostenintensiven Einheiten verzichten und etwa freiberufliche Mitarbeiter über § 84 HGB (Handelsvertreter) beschäftigen.

- **Umstellungskosten;** der Eintritt in Märkte kann von enormen Umstellungskosten begleitet sein. Darunter können z. B. bei Non und Near Banks etwa Umschulungskosten für Mitarbeiter bei der Einführung neuer (Computer-)Systeme oder Produkte fallen (z. B. Aufbau eines Beraterstammes, um ins Geschäft mit dem gehobenen Privatkunden einzutreten), ebenso wie Verhandlungskosten oder die Gewinnung und Einarbeitung neuer Lieferanten (z. B. auch Outsourcing des Zahlungsverkehrs an Transaktionsbank oder des Kreditgeschäftes an Kreditfabrik). Auf der Absatzseite können die Kosten in wechselbedingten Auftragsausfällen (z. B. Gewöhnung an neue Aufgaben und Kundenverteilung bei neuer Kundensegmentierung o. Ä.) bestehen.

- **eingeschränkter Zugang zu Vertriebskanälen;** Neuanbieter müssen die Kanäle dazu bringen, ihr Produkt zu akzeptieren und zu vertreiben. Instrumente können Preisnachlässe (Einführungspreise) oder gemeinsame Werbung darstellen, was die Gewinne schmälert. Können Etablierte kraft Exklusivrechten (z. B. Gebietsschutz, Vertragshändler etc.) oder Loyalität eine Nutzung der Vertriebskanäle durch Neuanbieter wirkungsvoll einschränken, dann kann die Barriere nur durch Aufbau eines eigenen Vertriebssystems überwunden werden. Dies ist kostspielig. Umgekehrt kann etwa die *Royal Bank of Scotland* auf die Eröffnung von Filialen verzichten, da sie durch die Kooperation mit *Tchibo* ohne Weiteres auf deren Kundenstamm zugreifen kann.

- **andere Kostennachteile;** Etablierte besitzen Patente, Lizenzen oder einmalige Ressourcen, die intangibel sind. Sie haben durch Erfahrungen aus der Vergangenheit gelernt und verfügen über ein ungleich höheres Marktwissen. Sie haben die günstigsten Standorte. So ist die Präsenz etablierter Häuser, insbesondere der Großbanken, im unmittelbaren Zentrum der Innenstädte ein nicht zu unterschätzendes Asset.

Ferner können die Etablierten insbesondere mit Vergeltung durch eine große „Kampfkasse" drohen. Bei Markteintritt senken die Etablierten bspw. die Preise oder nutzen freie Produktionskapazitäten, quersubventionieren die bedrohten Produkte und Märkte und zwingen die Neuanbieter ihrerseits zur Reaktion. Als Beispiel kann hier der Konditionenwettbewerb im Kreditgeschäft herhalten, der dazu führt, dass deutsche Banken, um ausländische von ihrem Markt fernzuhalten, sehr niedrige Margen akzeptieren, bzw. kaum noch „auskömmliche Risikoprämie(n)" *(vgl. o.V., Desaströser Preiskampf, 2005, S. 1)*. Banken können ein Stück weit geringere Erträge etwa durch größere Nachfrageanteile ausgleichen oder auf Zeit spielen, weil sie zumindest einen längeren Atem als kapitalschwache Konkurrenten hat. Neuanbieter gewinnen keine spürbaren Marktanteile.

Für einen Neuanbieter kann der für den Eintritt notwendige **kritische Preis** unterschritten werden. Er läuft Gefahr, zum Grenzanbieter zu werden und so keine Gewinne, sondern nur Verluste zu machen. Auch für die Etablierten ist die Bestimmung eines kritischen Preises lebensnotwendig. Werden in der Branche hohe Preise realisiert und hohe Gewinne eingefahren, so droht immer ein Eintritt. Dies gilt im Prinzip für alle Märkte. Setzt ein Etablierter dagegen einen niedrigeren als den marktkritischen Preis an, so bleiben Eintritte aus *(Baumol/Panzar/Willig 1982)*.

Für den deutschen Bankenmarkt ist festzuhalten, dass die Eintrittsbarrieren wohl eher gering sind. Dafür sprechen insbesondere die fehlenden economies of scale der etablierten Anbieter sowie der hohe Homogenitäts- und Standardisierungsgrad vieler Produkte (leicht zu imitierende Angebote) und Dienstleistungen, die dadurch partiell schwindende Loyalität der Kunden. Alles zusammen kann wie die Realität zeigt, große (industrialisierte) ausländische Banken sowie Non und Near Banks nicht abschrecken.

Non und Near Banks

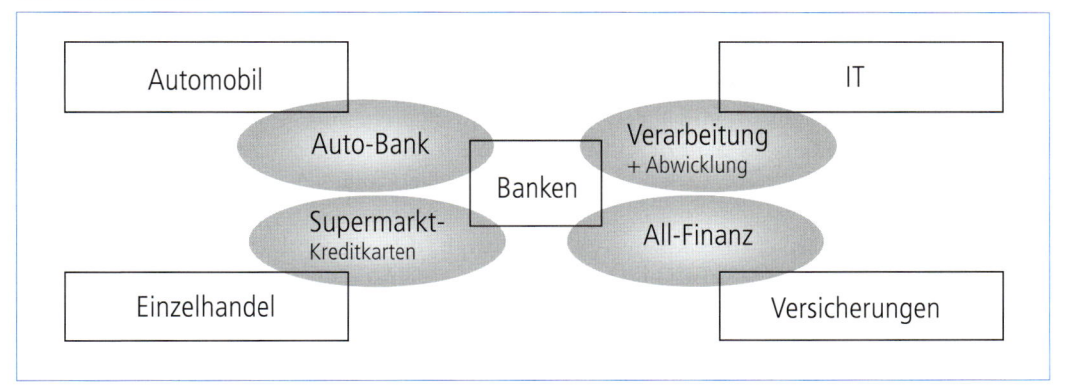

```
Automobil                              IT
    Auto-Bank           Verarbeitung
                        + Abwicklung
              Banken
   Supermarkt-          All-Finanz
   Kreditkarten
Einzelhandel                   Versicherungen
```

(Quelle: Eigene Darstellung)

„Doch auch in Deutschland sind die branchenfremden Finanzdienstleister kein unbeschriebenes Blatt. Die KarstadtQuelle Bank macht den etablierten Geldhäusern schon seit 1990 Konkurrenz. Mit mehr als 1 Mio. Kunden ist auch diese Non-Bank eher ein leiser Spieler auf dem Markt. Das Fundament des Geldhauses sind 1 Mio. Kundenkarten mit Zahlungs- und Kreditfunktion, wobei KarstadtQuelle Deutschlands größter Herausgeber von Kreditkarten der Marke Master Card ist. Das Konzept einer gebührenfreien Kreditkarte mit Revolving-Kreditfunktionalität hatte innerhalb von nur vier Monaten 800.000 Kunden überzeugt ...

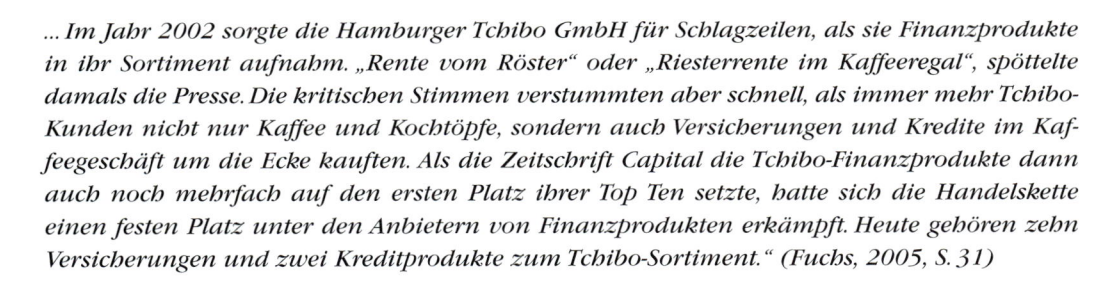

... Im Jahr 2002 sorgte die Hamburger Tchibo GmbH für Schlagzeilen, als sie Finanzprodukte in ihr Sortiment aufnahm. „Rente vom Röster" oder „Riesterrente im Kaffeeregal", spöttelte damals die Presse. Die kritischen Stimmen verstummten aber schnell, als immer mehr Tchibo-Kunden nicht nur Kaffee und Kochtöpfe, sondern auch Versicherungen und Kredite im Kaffeegeschäft um die Ecke kauften. Als die Zeitschrift Capital die Tchibo-Finanzprodukte dann auch noch mehrfach auf den ersten Platz ihrer Top Ten setzte, hatte sich die Handelskette einen festen Platz unter den Anbietern von Finanzprodukten erkämpft. Heute gehören zehn Versicherungen und zwei Kreditprodukte zum Tchibo-Sortiment." (Fuchs, 2005, S. 31)

Rivalität

Rivalität beschreibt, welches wettbewerbliche Verhalten die Anbieter als Folge der Branchenzusammensetzung zeigen. Die Rivalität ist also im Wesentlichen von der Anzahl und Größe der Wettbewerber und vom Marktwachstum abhängig *(Hungenberg 2000, S. 88)*. Zu den Gradmessern der Rivalität zählen insbesondere Preis- und Qualitätswettbewerb, Werbeschlachten, verbesserte Service- und Garantieleistungen sowie die Geschwindigkeit der Einführung neuer Produkte, um Wettbewerbsvorteile zu erringen. Ziel sind in jedem Fall höhere Marktanteile oder eine bessere

Marktdurchdringung. Die Rivaliät im deutschen Bankenmarkt ist hoch, da sehr viele kleinere Institute keine nennenswerten Marktanteile auf sich vereinigen können und der Markt als übersetzt (overbanked) zu gelten hat. Um Marktanteile zu halten und nicht zum Grenzanbieter zu werden, muss man den Wettbewerb annehmen. Dies bedeutet hohe Aufwendungen für z. B. Werbung und/oder Preiswettbewerb und drückt auf den Gewinn. Diese Aussage ist jedoch zu relativieren vor dem Hintergrund, dass in der Fläche nicht polypole oder oligopole Wettbewerbssituationen bestimmend sind, sondern häufig monopolähnliche Stellungen resp. Dyopole aus einer Sparkasse und einer Volksbank. Sehr oft teilen sich zwei Institute den regionalen Markt einer (kleineren) Stadt oder eines Landkreises nahezu vollständig. Die Rivalität ist hier regelmäßig geringer und wird nur durch z. B. die Existenz von Direkt- und oder Onlinebanken gesteigert.

Aufgrund der Nähe herrscht **Reaktionsverbundenheit,** d. h. die Konkurrenten sind beim Einsatz ihrer Wettbewerbsinstrumente und Konditionen wechselseitig voneinander abhängig. Dies zeigt sich insbesondere bei Preiswettbewerb. Vorstöße, z. B. eine Preissenkung, die kurzfristig zu einer Ausweitung des Marktanteils führen, ziehen Preissenkungen der Konkurrenten nach sich. Langfristig kann dies soweit führen, dass wechselseitig bis auf ein gewinnloses Niveau herunter konkurriert wird. Ein illustratives Beispiel aus einer anderen Branche stellt der Wettbewerb im deutschen Einzelhandel dar. Wenn das Rabattgesetz gefallen ist, dann ist mit weiteren Preisvorstößen zu rechnen. Auf einem Markt mit stagnierenden Absatzzahlen wie bei Lebensmitteln kann dies langfristig dazu führen, dass aufgrund von economies of scales der Großen bei Standardgütern kleinere Unternehmen zu Grenzanbietern werden bzw. dass, um im Markt zu bestehen, Fusionen folgen werden.

In wachsenden Angebotsmärkten ist häufig ein geringes Maß an Rivalität zu beobachten, während auf stagnierenden oder schrumpfenden Märkten manchmal mit harten Bandagen gekämpft wird und **Verdrängungswettbewerb** vorherrscht. Wenn die Nachfrage nach Ressourcen größer als das Angebot ist, kann die Rivalität ebenfalls hoch sein. Typische Beispiele sind einige Segmente des Arbeitsmarktes (Investmentbanker bis zum Jahr 2000), auf denen das qualifizierte Angebot knapp war, und nachfragende Unternehmen im „war for talents" höhere Gehälter und zuweilen Handgeld bieten bzw. boten, um sich den Nachwuchs zu sichern.

Andere Faktoren, die das Maß an Rivalität bestimmen, stellen z. B. der Wille von Newcomern dar, unbedingt auf einem Markt Fuß fassen zu wollen, ferner hohe Austrittsbarrieren, z. B. politischer Art im Fall von Sparkassen in öffentlichem Besitz, die sich nicht einfach auflösen; oder auch emotionale Bindung des Managements an Produkte oder Standorte, Verpflichtungen gegenüber Mitarbeitern (z. B. Sozialplan bei AEG), spezialisierte Aktiva in Form von Anlagen oder Standorten (z. B. Bergbau) sowie vorhandene Produktionskapazitäten, die durch eine Mengenausweitung ausgelastet werden sollen. So wird denn nicht selten mit hohen Einsätzen und Energien agiert, um Umsätze und Marktanteile zu erhalten oder auszubauen, was jedoch nicht unbedingt rentabel sein muss.

Druck durch Substitutionsprodukte

Der Absatz und die Rentabilität einer Branche sind häufig bedroht von Substitutionsprodukten. Dies sind Produkte, die die gleichen Funktionen und Bedürfnisse erfüllen. Dabei gilt, dass, je höher die (positive) Kreuzpreiselastizität ist, desto weniger Spielraum für Gewinnsteigerungen aus Preiserhöhungen haben die Hersteller einer Branche, da sonst Substitutionsprodukte nachgefragt werden. Im Finanzbereich sind etwa Aktienanlagen immer bedroht durch Substitute wie Immobilien, Versicherungen, Bundesschatzbriefe und andere Rentenpapiere oder Sparbücher, je nachdem wie die Erwartung hinsichtlich einer Verzinsung bei den Abnehmern ausfällt. Eine Ausweichmöglichkeit besteht darin, Substitute unter einem Dach zu bündeln, wie etwa im Fall eines **Allfinanzkonzerns** *(Allianz/Dresdner Bank)*.

Auf dem Arbeitsmarkt droht etablierten Arbeitsanbietern häufig so genannte Billigkonkurrenz, wenn homogene Qualifikationen nachgefragt werden. Dies ist in Banken und Sparkassen nicht wirklich ein Thema, da der Ausbildungs- und Kenntnisstand der Mitarbeiter die einzige originäre Quelle von Wettbewerbsvorteilen ist. Arbeit kann ferner durch Technik substituiert werden. Als Beispiel können geplante Filialschließungen mit Arbeitsplatzabbau zugunsten der Einrichtung vollautomatischer Bankautomaten etc. dienen. Dies ist durchaus ein Thema vor dem Hintergrund des als notwendig empfundenen Filialabbaus.

Verhandlungsstärke der Abnehmer

Die Rentabilität der Branche ist auch Ausdruck der Verhandlungsstärke der Abnehmer. Kunden können Preise drücken. Sie können höhere Qualität und Service verlangen und über den Grad der Erfüllung ihrer Bedürfnisse stimmen sie mit den Füßen ab. Hier ist die Marktstruktur mitentscheidend. Handelt es sich um einen Käufermarkt oder um eine Vielzahl von Banken, zu denen man wechseln kann, dann muss mit Abwanderung gerechnet werden, wenn preis- oder qualitätssensible Bereiche berührt werden. Die Gewinne der Anbieter sind hier regelmäßig gering. Die Abnehmer realisieren eine **Konsumentenrente**. Ist die Anbieterseite monopolisiert oder teilen sich wenige markenstarke Unternehmen den Markt, dann diktiert der Verkäufer die Bedingungen und streicht den größten Teil des Gewinns als **Produzentenrente** ein. Nachgelagerte Produktionsstufen als Abnehmer können manchmal glaubwürdig mit Rückwärtsintegration drohen. In diesem Fall würden die Abnehmer auf die Leistung der Anbieter verzichten und selbst die Produkte oder Leistungen erstellen.

Bei **monopolistischer Konkurrenz** schließlich kann davon ausgegangen werden, dass die Abnehmermacht im preisunsensiblen Bereich der doppelt geknickten Preis-Absatzfunktion gering ist. Hier kann ein Anbieter aufgrund besserer Qualität, Markttransparenz, Regionalität oder höherer Loyalität der Abnehmer einen höheren Preis und damit eine Produzentenrente realisieren, ohne dass es zu spürbaren Nachfrageeinbrüchen kommt.

Geringe Abnehmermacht – Preisspielräume

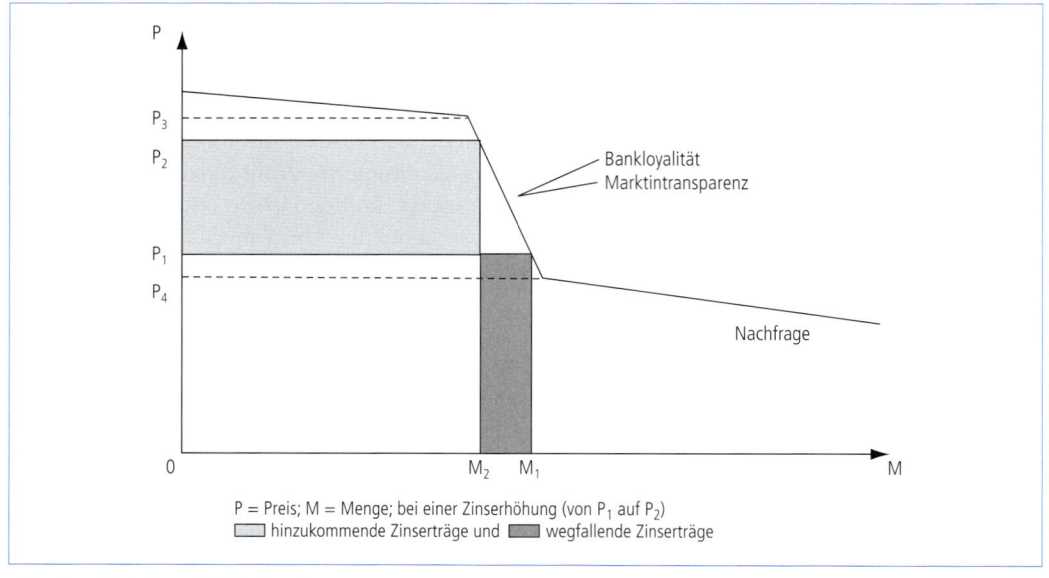

P = Preis; M = Menge; bei einer Zinserhöhung (von P_1 auf P_2)
☐ hinzukommende Zinserträge und ■ wegfallende Zinserträge

(Quelle: Süchting, 1998, S. 13)

Verhandlungsstärke der Lieferanten

Schließlich bestimmt spiegelbildlich zur Abnehmermacht die Verhandlungsstärke der Lieferanten Bestand und Rentabilität der Branche und der einzelnen Anbieter. Lieferanten drohen mit Preiserhöhungen oder Qualitätsabstrichen für ihre Vorprodukte oder Dienstleistungen. Dabei gilt, dass, je wichtiger das Produkt für den Abnehmer, je konzentrierter die Lieferantenseite und je geringer das Drohpotenzial der Abnehmer mit Integration oder der Verwendung von Substititionsprodukten ist, desto höher ist die Macht der Lieferanten.

Lieferantenmacht findet sich im Bankensektor insbesondere bei den Mitarbeitern. Herrscht etwa in einem Arbeitsmarktsegment große Knappheit, dann können höhere Gehälter durchgesetzt werden, bei kollektiven Verhandlungen können Gewerkschaften die Interessen der Lieferanten bündeln und Macht durch Streikdrohung ausüben. Auch IT-Anbieter stellen Lieferanten dar. Deren Macht ist eine Funktion der Höhe der Kosten eines Systemwechsels. Wenn eine Bank – im Fall von Unzufriedenheit mit Lieferanten – glaubhaft damit drohen kann, den Systemanbieter zu wechseln oder faktisch über weitere Anbieter oder Substitutionsmöglichkeiten verfügt, ist die Macht des Lieferanten gering. Umgekehrt, wenn die IT z. B. sehr spezifisch ist und ein Wechsel zu Standardlösungen nicht schnell oder kostensparend vollzogen werden kann, ist die Macht des Lieferanten höher. Gleiches gilt für alle Anbieter – auch auf der Produktebene. Je exklusiver z. B. eine Kunden-Lieferantenbeziehung ist, desto größer ist die Abhängigkeit beider.

Faktor Staat

Die Wirksamkeit der fünf Triebkräfte wird beeinflusst vom Staat, der durch reglementierende Eingriffe mittels des KWG, des GWB, des UWG, des Arbeitsrechts und anderer Gesetze (z. B. Sparkassengesetze) Grenzen des Wettbewerbs durch Verhaltensmaßregeln setzt. Eine Strukturanalyse wird erst durch die Einbeziehung des Staates vollständig – dies ist insbesondere vor der deutschen Sondersituation des Drei-Säulensystems im Kreditgewerbe eine notwendige Bedingung.

Deregulierung

Für das Strategische Management von Finanzinstituten ist auch die fortschreitende Deregulierung bankaufsichtsrechtlicher, kapitalmarktrechtlicher und sonstiger Vorschriften eine zentrale Umfeldbedingung, da sie sowohl die Produkt- als auch die Marketingstrategien der Finanzinstitute maßgeblich beeinflusst. Lange Zeit hat die hohe Regulierungsdichte die deutschen Finanzinstitute bzw. den deutschen Markt abgeschottet und ein hohes Maß an Rückständigkeit verursacht. Das hat sich erst seit Ende der achtziger-, Anfang der neunziger Jahre geändert.

Dabei wurde die Deregulierung im Wesentlichen durch die vier **Finanzmarktförderungsgesetze** vorangetrieben. Hierbei handelte es sich um umfangreiche Kodifikationen, die mehrere Einzelgesetze gleichzeitig änderten. Daher wird hier von sog. Artikelgesetzen gesprochen. Ihnen ist gemeinsam, dass sie teilweise sowohl die Verwirklichung des gesetzgeberischen Willens des Deutschen Bundestages als auch die Umsetzung (Transformation) europäischer Richtlinien (bspw. EU-Insiderrichtlinie) in nationalstaatliches Recht vorsahen. Aber auch das **Kapitalaufnahmeerleichterungsgesetz** mit der Zulassung befreiender Konzernabschlüsse nach den International Accounting Standards (IAS) bzw. International Financial Reporting Standards (IFRS) sowie den US GAAP ist ein weiteres Beispiel.

Das Strategische Management von Finanzinstituten hat aber auch den strukturellen Umfeldbedingungen Rechnung zu tragen. Integraler Bestandteil dessen ist die sog. **Drei-Säulen-Struktur** des deutschen Kreditgewerbes – private Banken, öffentlich-rechtliche Institute sowie Volks- und Genossenschaftsbanken.

Während die Interessenvertretung der privaten Banken, der Bundesverband deutscher Banken (BdB), auf dem Standpunkt steht, dass auch eine säulenübergreifende Konsolidierung möglich sein sollte, ist es für das strategische Management von Finanzinstituten eine besondere Herausforderung, dass sich vor allem der Deutsche Sparkassen- und Giroverband (DSGV) sowie der Bundesverband der Volks- und Raiffeisenbanken (BVR) gegen entsprechende Zusammenschlüsse bzw. Akquisitionen wehren. Das hat die Diskussion über die Privatisierung der Sparkasse der Hansestadt Stralsund und die anschließende Änderung des Sparkassengesetzes von Mecklenburg-Vorpommern anschaulich unter Beweis gestellt. Bemerkenswert ist jedoch, dass umgekehrt sowohl die öffentlich-rechtlichen als auch die genossenschaftlichen Institute bereits private Banken übernommen haben. So erwarb beispielsweise die *Landesbank Baden-Württemberg (LBBW)* die Mehrheit der Geschäftsanteile an der *BW-Bank*; und die *DZ Bank* kaufte die *Norisbank* von der *HypoVereinsbank*.

Der Einfluss des Staates auf die Marktstruktur und damit verbunden auf die Branchenrentabilität über öffentliche Kreditinstitute und Fragestellungen der Bankaufsicht ist in Deutschland immens *(vgl. Meister, 2002, S.7 f.)*. Gerade der hohe Staatsanteil im deutschen Banksektor wird intensiv auf nationaler wie europäischer Ebene *(vgl. für viele Scheerer/Drost, 2004, S. 23)* diskutiert. Er liegt gegenwärtig bei rund einem Drittel der Bilanzsumme in Billionen *(vgl. Drost, 2005, S. 1)*.

Öffentliche Banken stehen an der Spitze

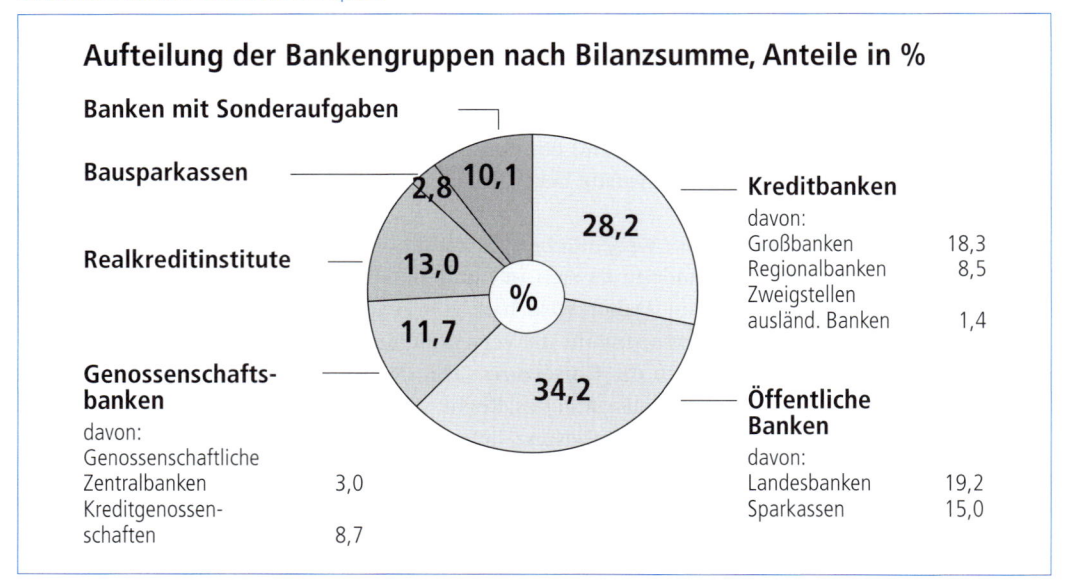

Aufteilung der Bankengruppen nach Bilanzsumme, Anteile in %

Gruppe	Anteil in %
Banken mit Sonderaufgaben	10,1
Bausparkassen	2,8
Realkreditinstitute	13,0
Genossenschaftsbanken	11,7
davon: Genossenschaftliche Zentralbanken	3,0
Kreditgenossenschaften	8,7
Öffentliche Banken	34,2
davon: Landesbanken	19,2
Sparkassen	15,0
Kreditbanken	28,2
davon: Großbanken	18,3
Regionalbanken	8,5
Zweigstellen ausländ. Banken	1,4

(Quelle: Deutsche Bundesbank)

Sparkassen und Landesbanken treten – wenngleich regional aufgestellt und als einzelnes Institut mit vernachlässigbarem Marktanteil – über die S-Finanzgruppe als homogener Block mit weitgehend identischen Produkten und Werbung auf, weshalb von „Sparkasse als Konzernunternehmen" gesprochen wird. Selbst wenn nun die Anstalts- und Gewährträgerhaftung wegfällt bzw. eingeschränkt wird, so hebele doch der fehlende Ausschüttungszwang und die Orientierung an gemeinwirtschaftlichem Prinzip das strukturbildende Wirken von Marktkräften aus. Im Prinzip seien Sparkassen immer noch konkursunfähig. Am Markt bestehen würden nicht die rentabelsten und somit wettbewerbsfähigsten Banken, sondern die „subventioniertesten" *(vgl. o.V., Breuer, S. 16)*. Hier sind insbesondere das Nehmen nicht marktgerechter Risiken und die Möglichkeiten der Rekapitalisierung angesprochen. Dies wird auch von Seiten der EU-Kommission moniert, die eine stärkere zumindest Teilprivatisierung der Landesbanken fordert *(vgl. Scheerer/Drost, 2005, S. 23)*. Auch wird mitunter das Fortwirken des öffentlichen Auftrages in Frage gestellt *(vgl. Möschel, 2000, S. 86: „Es handelt sich dabei heute um ein Märchen")*. Im Ergebnis werde gegenwärtig der Faktor Kapital nicht marktgerecht alloziert, Kommunen und Länder zögen im Gegenteil die öffentlichen Institute zur Durchsetzung von strukturpolitischen Zielen heran. Die Überpräsenz in der Fläche, benachteilige nicht nur private Wettbewerber, sondern verhindere auch den Zutritt ausländischer Konkurrenten. Der Staat solle sich aus dem Bankgeschäft zurückziehen *(vgl. Wittkowski, 2004, S. 33)*. Dem widersprechen die Vertreter der öffentlichen Institute und pochen auf den öffentlichen Auftrag der Sparkassen, die Bevölkerung (regional) mit Bankdienstleistungen zu versorgen. Sparkassen seien die „Schutzmacht des deutschen Mittelstandes" und ein „Hort der Stabilität" *(vgl. Burgmaier, 2004, S. 50)*. Verbandsvertreter drehen sogar den Spieß um und verweisen auf die volkswirtschaftliche Bedeutung der Großbanken, die „too big to fail" wären. Damit ist gemeint, dass auch bei diesen großen Instituten, der Staat mit hoher Wahrscheinlichkeit als „Gewährträger" einspringen würde, wenn eine wirtschaftliche Notlage einträte, die neben der Bank selbst weitere volkswirtschaftlich wichtige Unternehmen in Mitleidenschaft ziehen könnte bzw. bei der eine Vielzahl von Arbeitsplätzen gefährdet wäre *(vgl. Wittkowski, 2004, S. 33)*.

Auf einen besonderen öffentlichen Auftrag können sich die Sparkassen nicht mehr berufen. Die flächendeckende Versorgung der Bevölkerung mit Finanzdienstleistungen ist gleichermaßen durch private Institute – seien es Kreditbanken oder Genossenschaftsbanken – sichergestellt. Auch die Finanzierung des Mittelstandes zählt unverändert zum Kerngeschäft der privaten Institute. Dies zeigt sich insbesondere in den neuen Bundesländern. Hier sind die privaten Banken mit 46 % Marktanteil Hauptkreditgeber der Unternehmen ...

... Vor diesem Hintergrund wird nun stärker betont, die wesentliche Funktion der Sparkasse läge in der Sicherung des Wettbewerbs. Angesichts eines zusammengefassten Marktanteils (bezogen auf das Geschäftsvolumen Ende 2004) der fünf privaten Großbanken von 24 % und regionaler Marktanteile der „S-Finanzgruppe" von weit über 50 % muss auf dieses Argument nicht eingegangen werden. Es sind umgekehrt gerade die Sparkassengesetze, die einen fairen Wettbewerb behindern. Dabei ist nicht nur an das Regionalprinzip zu denken, das – einem Gebietskartell vergleichbar – den Wettbewerb unter den Sparkassen ausschließt und damit zugleich die weitere Entwicklung erfolgreicher Sparkassen behindert. (K. P. Müller, 2006, S. 10)

Sparkassengesetze verhindern Fusionen mit Instituten der anderen Säulen des deutschen Kreditgewerbes. So scheiterte etwa der versuchte Verkauf der *Sparkasse Stralsund* ebenso wie eine Fusion zwischen der *Sparkasse Marktredwitz* und einer örtlichen Volksbank *(vgl. Brost, 2001)*. Erst in jüngster Zeit ist ein neuer Vorstoß der Berliner Landesregierung zur Änderung des Berliner Sparkassengesetzes zu vermerken, der eine Beteiligung oder einen Verkauf der *Berliner Sparkasse* an Private ermöglicht. Ähnliches kann für das Saarland, Sachsen und Schleswig-Holstein folgen *(vgl. Drost, 2005, S. 1)*. Damit – so sind sich sowohl die Vertreter der öffentlichen wie der privaten Institute einig – könnte eine Konsolidierung des deutschen Bankenmarktes und der schon lange geforderte Strukturwandel eingeleitet werden.

Die Analyse der Triebkräfte des Wettbewerbs versetzt Banken in die Lage, ihre eigene Position (Chancen und Risiken) im Verhältnis zur Branche zu bestimmen. Die **Attraktivität einer Branche** wird im Wesentlichen davon bestimmt, welche **Rentabilität** zu erzielen ist.

Allgemein, so zeigt eine Untersuchung *(vgl. Baufeld/Frenkel/Wecke, 2004, S. 15 ff.)*, würde die Änderung der aktuellen Gesetzeslage – säulenübergreifende Fusionen (und Kooperationen) – der Wettbewerbsfähigkeit und Rentabilität der deutschen Bankbranche zugute kommen. Erwartet werden von säulenübergreifenden Fusionen etwa Vorteile auf der Kostenseite (Degression durch größere Marktanteile) und weitere Synergien, 20 % sehen Chancen zur effizienteren Nutzung und Gestaltung ihrer Filialpräsenz. Nicht unterschlagen werden soll jedoch auch, dass rund 20 % der befragten Institute abnehmenden Wettbewerb erwarten – Fusionen könnten zu Monopolstellungen insbesondere in der Fläche führen. Dies täte jedoch der Rentabilität nicht zwingend einen Abbruch, sondern wäre wohl mehr aus Sicht der Kunden bedenklich.

Strukturdaten – Höhere Rentabilität als Folge höherer Marktkonzentration

Kapitalrenditen in Europa	
Durchschnittlicher Vorsteuergewinn in % des Kernkapitals	
Großbritannien	26,3
Schweden	24,4
Belgien	20,5
Frankreich	19,3
Spanien	19,1
Niederlande	17,6
Italien	17,4
Österreich	16,9
Deutschland	6,8
Jeweils alle nationalen Institute unter den Top 1.000	

(Quelle: Die Bank, Franke, S. 460)

Marktanteile bei Sparbuch/-konten: Postbank traditionell stark

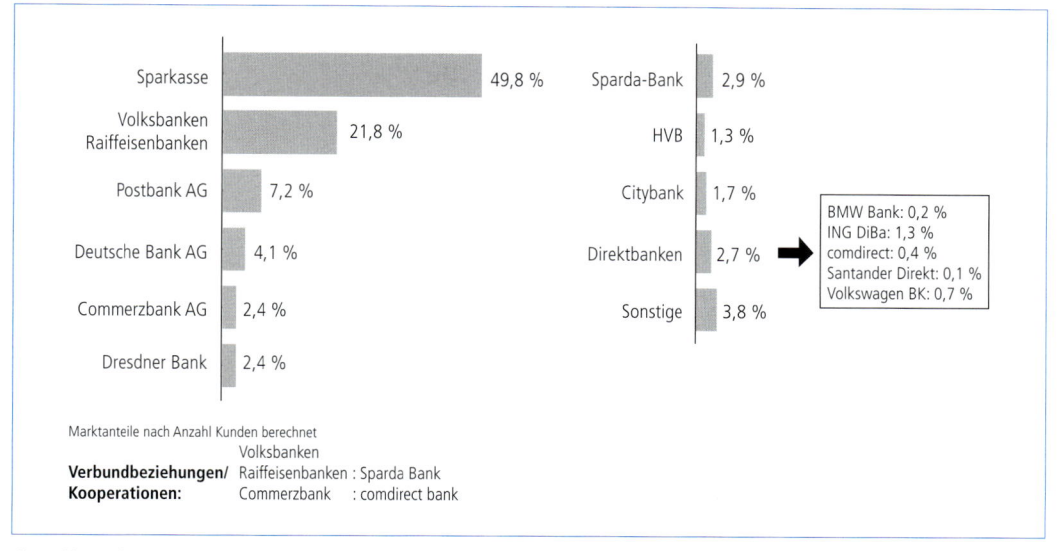

Bank	Anteil		Bank	Anteil
Sparkasse	49,8 %		Sparda-Bank	2,9 %
Volksbanken Raiffeisenbanken	21,8 %		HVB	1,3 %
Postbank AG	7,2 %		Citybank	1,7 %
Deutsche Bank AG	4,1 %		Direktbanken	2,7 %
Commerzbank AG	2,4 %		Sonstige	3,8 %
Dresdner Bank	2,4 %			

BMW Bank: 0,2 %
ING DiBa: 1,3 %
comdirect: 0,4 %
Santander Direkt: 0,1 %
Volkswagen BK: 0,7 %

Marktanteile nach Anzahl Kunden berechnet

Verbundbeziehungen/ Volksbanken Raiffeisenbanken : Sparda Bank
Kooperationen: Commerzbank : comdirect bank

(Quelle: e-finance lab, Status Quo im Retailbanking in Deutschland 2006, Skiera, 2007)

6.3 Lebenszyklusanalyse

Die bisher beschriebenen Analysen waren zeitpunktbezogen. Zeitraumbezogen ist davon auszugehen, dass nahezu jedes Produkt wie ein Mensch einen Lebenszyklus durchläuft. Durch die Betrachtung von Märkten in unterschiedlichen Lebensphasen und durch die Betonung, dass es weniger auf die Marktstruktur denn auf das Verhalten der Wettbewerber im Zeitablauf ankomme, wird die Analyse dynamisch.

Häufig wird der **Lebenszyklus** in vier (oder fünf) Phasen geteilt, die produktabhängig unterschiedlich lange dauern können *(für viele Heuss 1965; Kreikebaum, 1993)*. Eine genaue Zuordnung eines Produktes zu einer bestimmten Phase bleibt mit Unsicherheiten behaftet und ist nur selten exakt vornehmbar. Das Lebenszyklusmodell nach Artur D. Little stellt jedoch ein sehr hilfreiches Instrument dar, um annäherungsweise eine Verortung vornehmen zu können. Es zeigt nach ausgewählten Kriterien, welche Einflussgrößen die Marktstruktur – insbesondere die Zutrittswahrscheinlichkeit – und das Verhalten im Wettbewerb bestimmen.

Die Lebenszyklusanalyse unterstützt die Bestimmung der Attraktivität eines Marktes oder Produktes. Wie das Modell zeigt, weisen die Phasen mit hoher Wahrscheinlichkeit unterschiedliche Rentabilitäten aus, an die Entscheidungen über die zukünftige Vorteilhaftigkeit geknüpft werden können. Üblicherweise differenziert sich im Lebenszyklus das ursprüngliche Produkt/Leistung weiter aus. Die Analyse kann den strategischen Entscheidern ferner Fingerzeige liefern, welche

Märkte durch Produkt- oder Prozessinnovationen angreifbar sind und wie – das ist zentral – die Rentabilität des Marktes sich voraussichtlich entwickeln wird.

Lebenszyklusmodell von Arthur D. Little

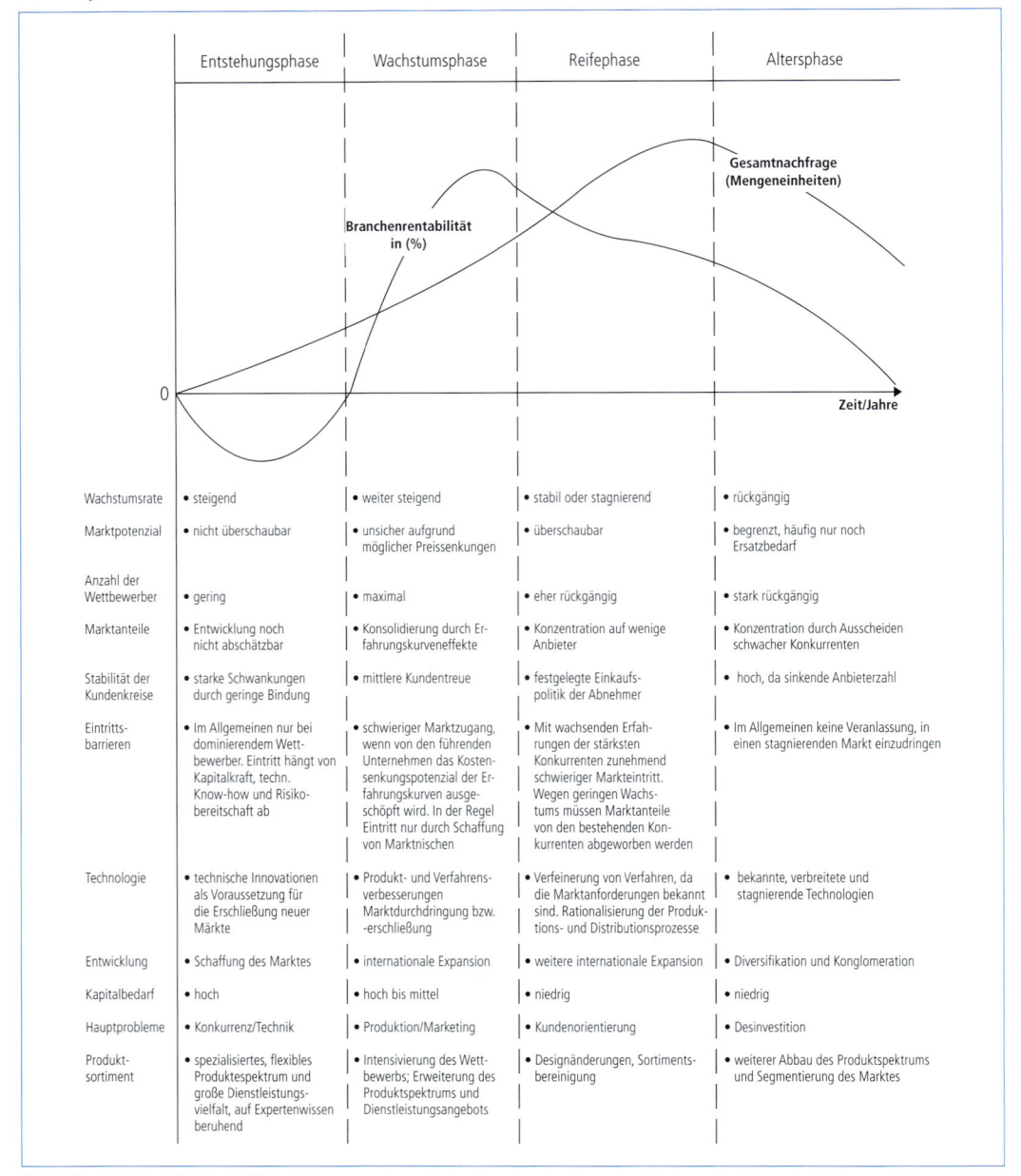

	Entstehungsphase	Wachstumsphase	Reifephase	Altersphase
Wachstumsrate	• steigend	• weiter steigend	• stabil oder stagnierend	• rückgängig
Marktpotenzial	• nicht überschaubar	• unsicher aufgrund möglicher Preissenkungen	• überschaubar	• begrenzt, häufig nur noch Ersatzbedarf
Anzahl der Wettbewerber	• gering	• maximal	• eher rückgängig	• stark rückgängig
Marktanteile	• Entwicklung noch nicht abschätzbar	• Konsolidierung durch Erfahrungskurveneffekte	• Konzentration auf wenige Anbieter	• Konzentration durch Ausscheiden schwacher Konkurrenten
Stabilität der Kundenkreise	• starke Schwankungen durch geringe Bindung	• mittlere Kundentreue	• festgelegte Einkaufspolitik der Abnehmer	• hoch, da sinkende Anbieterzahl
Eintrittsbarrieren	• Im Allgemeinen nur bei dominierendem Wettbewerber. Eintritt hängt von Kapitalkraft, techn. Know-how und Risikobereitschaft ab	• schwieriger Marktzugang, wenn von den führenden Unternehmen das Kostensenkungspotenzial der Erfahrungskurven ausgeschöpft wird. In der Regel Eintritt nur durch Schaffung von Marktnischen	• Mit wachsenden Erfahrungen der stärksten Konkurrenten zunehmend schwieriger Markteintritt. Wegen geringen Wachstums müssen Marktanteile von den bestehenden Konkurrenten abgeworben werden	• Im Allgemeinen keine Veranlassung, in einen stagnierenden Markt einzudringen
Technologie	• technische Innovationen als Voraussetzung für die Erschließung neuer Märkte	• Produkt- und Verfahrensverbesserungen Marktdurchdringung bzw. -erschließung	• Verfeinerung von Verfahren, da die Marktanforderungen bekannt sind. Rationalisierung der Produktions- und Distributionsprozesse	• bekannte, verbreitete und stagnierende Technologien
Entwicklung	• Schaffung des Marktes	• internationale Expansion	• weitere internationale Expansion	• Diversifikation und Konglomeration
Kapitalbedarf	• hoch	• hoch bis mittel	• niedrig	• niedrig
Hauptprobleme	• Konkurrenz/Technik	• Produktion/Marketing	• Kundenorientierung	• Desinvestition
Produktsortiment	• spezialisiertes, flexibles Produktespektrum und große Dienstleistungsvielfalt, auf Expertenwissen beruhend	• Intensivierung des Wettbewerbs; Erweiterung des Produktespektrums und Dienstleistungsangebots	• Designänderungen, Sortimentsbereinigung	• weiterer Abbau des Produktspektrums und Segmentierung des Marktes

(Quelle: Gmür 1998, S.17)

Lebenszyklen dauern unterschiedlich lang. Viele Produkte oder Märkte setzen sich nicht durch und erreichen nie die Wachstumsphase. Im Gegensatz zu Porters Analysemodellen, die von relativ stabilen und langfristig gültigen Marktstrukturen und -verhaltensnormen ausgehen, zeigt die Realität zunehmend kürzere Zyklen, Tendenzen zu eskalierendem Wettbewerb mit sehr schnell erodierenden Wettbewerbsvorteilen und rasch aufeinanderfolgenden Strategieänderungen. Das wird in der Finanzindustrie durch die Homogenität der Produkte und die schnelle Imitierbarkeit stark befördert. Langfristige Eintrittsbarrieren seien kaum noch aufzubauen. Erreichte günstige Positionen werden sofort angegriffen. Dies alles kennzeichne den sog. **Hyperwettbewerb** *(D'Aveni, 1994)* in einer sehr dynamischen Umwelt. Unternehmen sollten insofern nicht auf dauerhafte Vorteile schielen, die „Kämpfer sollten nicht dicke Rüstungen anziehen und Burgen bauen", sondern schnell, überfallmäßig und aggressiv – etwa in Form vom Kampagnen – an den Markt treten, die Konkurrenz „vernichten" und ihre „Zelte" genauso schnell wieder abbauen.

Aufgaben

1. Welche weiteren politisch-rechtlichen Einflüsse auf die Banking & Finance-Branche kennen Sie? Beschreiben Sie Wirkungen dieser Einflüsse anhand von Beispielen aus Ihrem Erfahrungsbereich.

2. Erläutern Sie die Bedeutung von Markteintrittsbarrieren anhand eines Beispiels.

3. Was sind Substitutionsprodukte im Bereich Bank?

4. Diskutieren Sie die Sinnhaftigkeit von Fusionen zwischen Sparkassen und Volksbanken.

5. Erläutern Sie „Hyperwettbewerb" mit Hilfe des Lebenszyklusmodells. Kennen Sie Beispiele für Hyperwettbewerb im Finanzdienstleistungssektor aus der jüngeren Vergangenheit?

7 Unternehmensanalyse – Aufdecken von Stärken und Schwächen

Im Rahmen der SWOT-Analyse gilt es in einem zweiten Schritt, die internen Stärken und Schwächen der Bank oder Sparkasse zu ermitteln und ihre voraussichtliche Entwicklung in der Zukunft zu prognostizieren. Die betriebliche Kosten- und Leistungsrechnung hält eine Fülle von Kennzahlen und Informationen bereit, die selektiert, verdichtet und bewertet werden müssen. Um überhaupt die Güte der internen Ressourcen bestimmen zu können, werden Vergleiche mit den besten Konkurrenten (Benchmarking) notwendig. Gesucht wird grundsätzlich ein Maßstab zur Bestimmung der **„best practise"**. Die als überragend identifizierten Ressourcen versprechen potenzielle Wettbewerbsvorteile gegenüber der Konkurrenz und definieren den Möglichkeitsraum für strategische Vorhaben.

Die Stärken- und Schwächenanalyse kann im Wesentlichen mittels zweier Konzepte durchgeführt werden:

- Modell der Wertkette
- Stärken-Schwächen-Profil

7.1 Analyse der Wertkette

Bei der Betrachtung der Wertschöpfungsprozesse und der Identifikation übergreifender Fähigkeiten und Kompetenzen der Bank werden zunächst die strategischen Ressourcen bestimmt, auf denen der betriebliche Leistungsprozess beruht. *Hofer/Schendel (1978)* betonen, dass dies nicht ausschließlich „harte" Faktoren wie (1) finanzielle Ressourcen (Cashflow, ROI, Kreditwürdigkeit etc.) oder (2) physische Ressourcen (Anlagevermögen, d. h. Gebäude, Anlagen etc.) sind, sondern insbesondere auch (3) Humanressourcen (Führungs- und Fachkräfte), (4) organisatorische Ressourcen (Informationssysteme, EDV, Aufbau- und Ablaufstruktur usw.) und (5) technologische Ressourcen (Qualitätsstandards, Markennamen, Forschungs-Know-how u.a.).

Gerade im Banking-Bereich hat sich in den letzten Jahrzehnten viel verändert. Insbesondere der Einsatz von IT hat das zuvor sehr personalkostendominierte Banking revolutioniert.

Entwicklung der Kostenstruktur in Banken

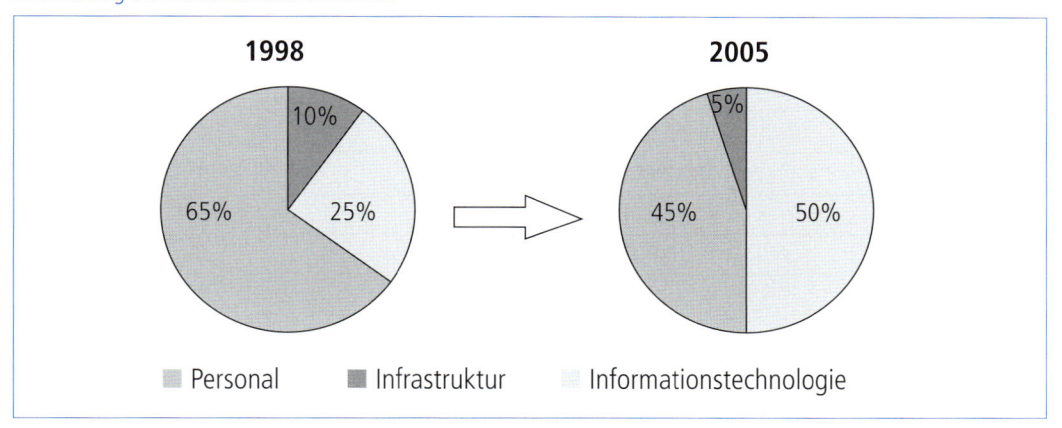

1998
- Personal: 65%
- Infrastruktur: 10%
- Informationstechnologie: 25%

2005
- Personal: 45%
- Infrastruktur: 5%
- Informationstechnologie: 50%

In der Analyse wird dann das Zusammenspiel der betrieblichen Ressourcen und potenziellen Dienste untersucht. Zur Orientierung wird üblicherweise das bekannte Modell der **Wertkette** von *Porter* verwendet und auf die jeweilige Branche übertragen. Es zeigt die Stellung der **primären Aktivitäten** des Wertschöpfungsprozesses von Realgütern, die durch **sekundäre Managementaktivitäten** unterstützt und gesteuert werden. Die Wertkette dokumentiert so den betrieblichen Realgüter- und Managementprozess jedes einzelnen Unternehmens oder eines seiner Geschäftsfelder.

In Analogie dazu kann die Wertkette eines Kreditinstitutes (für GF Retail Banking) so aussehen:

Wertschöpfungsmanagement in Banken

	UNTERNEHMENSSTEUERUNG			GEWINN
	PERSONALMANAGEMENT			
	PRODUKTMANAGEMENT			
	TECHNOLOGIEMANAGEMENT			
AKQUISITION	DISTRIBUTION	AUFTRAGS-BEARBEITUNG	SERVICE	SPANNE

Akquisition	– Identifikation von Kunden/-gruppen – Ansprache/Information potenzieller Kunden – Bedürfnisaufnahme – Angebot von Bankprodukten
Distribution	– Kundenberatung über verschiedene Vertriebskanäle – Entscheidungsprozess (Bonität, Handelsfähigkeit) – Vertragsabschluss – Einbindung Partnergeschäft (Allfinanz, Vermittlergeschäft)
Auftragsverarbeitung	– Technische Verarbeitung der Geschäfte (Middle- und Back-Office)
Service	– Bereitstellung von Informationen und Daten für den Kunden – Entwicklung und Pflege des Customer Relationship Management – Anstoß zur Produktentwicklung und Akquisition
Unternehmenssteuerung	– Strategieentwicklung – Organisation – Schnittstellenmanagement – Controlling – Treasury – Recht – Revision und Compliance – Risikomanagement
Personalmanagement	– Personalbeschaffung und -marketing – Personalentwicklung – Personaladministration – Personalcontrolling
Produktmanagement	– Produkt- und Dienstleistungsvariationen – Produktinnovation – Produkteliminierung
Technologiemanagement	– Entwicklung und Betrieb der Infrastrukturen – Entwicklung und Betrieb von Informationstechnologien

(Quelle: Moormann/Möbus, 2004, S. 278 f.)

Analysiert werden nun die kostenmäßigen Schwerpunkte in der Wertkette *(insbesondere Porter 1992b, 93 ff.)*, denen das Unternehmen besondere Bedeutung beimisst. So kann es beispielsweise sein, dass eine vertriebsorientierte Bank besonderes Augenmerk auf Werbemaßnahmen und Ähnliches richtet. Dies zeigt sich, wenn auch wenig exakt, in häufigen Sitzungen der Unternehmensführung zu diesem Thema, in der Betonung dieser Funktion in der Aufbauorganisation des Unternehmens (z. B. als Zentralstab) oder, besser quantifizierbar, in einem höheren Budget oder größeren Ausgaben für diese Aktivitäten *(vgl. Fachtext „Prozessmanagement" in diesem Kompendium)*.

Ferner interessieren die Verknüpfungen und Verflechtungen zwischen den Wertaktivitäten. Diese Zusammenhänge sind die Quelle von Wettbewerbsvorteilen, zeigen sie doch, wie gut die einzelnen Wertaktivitäten miteinander harmonieren und ob in der Wertkette übergreifende Kompetenzen – **Kernkompetenzen** – bestehen *(Prahalad/Hamel 1998)*. Um Kostenvorteile zu realisieren und die Wertkette zu optimieren, sind die Aktivitäten untereinander abzustimmen.

Jede Wertaktivität hat ihre eigene Kostenstruktur und die Summe aller Kostenstrukturen bestimmt, ob das Unternehmen im Vergleich zu seinen Konkurrenten einen Kostenvorsprung aufweist oder nicht. Zunächst werden die variablen und fixen Kosten den Aktivitäten zugerechnet. Danach wird untersucht, welche zukünftigen Kostenhöhen und Kostenverhalten zu erwarten sind. So können sich **Kostentreiber** herauskristallisieren.

Beispiele für Kostentreiber einer Kapitalanlagegesellschaft

Geschäftsprozess	Kostentreiber
Orderabwicklung	Anzahl der Orders
Storno	Anzahl der Storni
Ausschüttung	Häufigkeit der Ausschüttung
Quellensteuer	Steuerlicher Fondstyp

(Quelle: Moormann/Möbus, S. 350)

Lern- und Skaleneffekte (vgl. Ausführungen zur Erfahrungskurve in diesem Fachtext) sowie der Standort bestimmen wesentlich die Kostentreiber und das Verhalten der Akteure der jeweiligen Aktivität. Die Analyse von Kostenstrukturen wird häufig mittels der **Kostenträgerrechnung** durchgeführt. Zu ermitteln ist der wertmäßige Faktorverbrauch jeder einzelnen Wertaktivität. Damit nicht Ungleichgewichte in der Kostenstruktur aufscheinen – z. B. der Großteil der Kosten plus des Gemeinkostenanteils wie üblicherweise in der Produktion von Gütern und Dienstleistungen verschwindet – geht man im Zusammenhang mit der Wertkette in letzter Zeit häufiger zu einer **Prozesskostenrechnung** über. Dabei wird versucht, die Kosten einzelner Schritte des Wertschöpfungsprozesses, nicht produkt- sondern prozessbezogen zu erfassen. Erst in einem zweiten Schritt werden diese den Produkten zugerechnet.

Die Kontrolle der Kosten und/oder die Neustrukturierung der Wertkette kann die relative Kostenposition des Unternehmens oder Geschäftsfeldes verbessern.

Neben der Kostenanalyse erlaubt die Wertkettenanalyse in einem weiteren Schritt einen Blick auf mögliche **Differenzierungsquellen.** Entgegen der weit verbreiteten Auffassung, Differenzierungen – als Produkt- und/oder Qualitätsunterschiede zur Konkurrenz – seien grundsätzlich und ausschließlich an die Produkte und das Marketing gebunden, können jedoch aus jeder Aktivität der Wertkette Vorteile gezogen werden. Entscheidend ist es, den subjektiven Wert für den Kunden zu steigern. Insofern bedarf es einer genauen Analyse der Kundenstruktur, des Kaufverhaltens und der Zufriedenheit. Hier wird Marktforschung notwendig (z. B. Kundenbefragungen). Zunächst gilt es, Differenzierungsquellen relativ zu den Konkurrenten in der eigenen Wertkette zu identifizieren. Was können wir besonders gut, was machen wir anders und was nehmen unsere Kunden als besonderen Nutzen wahr? Im Bankensektor wird häufig Beratungskompetenz als Differenzierungsmerkmal herausgestellt, gleichwohl können aber die Quellen von Wettbewerbsvorteilen grundsätzlich in jeder Aktivität der Wertkette verortet sein.

Die Kosten einer einmaligen oder besonderen Differenzierungsaktivität bzw. Fähigkeit müssen gleichfalls erhoben werden. Die Differenzierung ist kein Wert an sich, sondern gewinnt erst durch die Beimessung eines besonderen Zusatznutzens durch den Kunden einen Wert. Differenzierungskosten sind nur in einer Höhe gerechtfertigt, die der Kunde auch willens ist, zu bezahlen.

Das Modell der Wertkette weist als Prozessende die **Gewinnspanne** des Unternehmens bzw. des analysierten Geschäftsfeldes aus. Insofern können die Wertaktivitäten der Wertkette als Ganzes abschließend über finanzielle Ergebnisgrößen gemessen werden. Die Höhe des Gewinns oder anderer angestrebter Kennzahlen belegt dann gleichsam als Wirkung, inwieweit die Aktivitäten in der Wertkette effizient aufgestellt und durchgeführt wurden. Die finanzielle Situation des Unternehmens bestimmt deren Investitions- und Handlungsfähigkeit in der Zukunft.

Analysen zur finanziellen Situation, zum Erfolg und zur Wertsteigerung eines Unternehmens werden viele erhoben. Stellvertretend sollen hier die Ergebnisanalyse, die Liquiditäts- und die Liquiditätsflussanalyse, Vermögens- und Kapitalstrukturanalysen genannt werden. Ferner sind insbesondere im Rahmen der Unternehmenswertanalyse der Discounted-Cashflow (DCF-Methode) oder der Economic Value Added (EVA) zu berechnen. Schließlich bietet sich die Möglichkeit mittels der Risiko-Rendite-Analyse, den Wertbeitrag einzelner Geschäftsfelder zu messen. Diese Verfahren sollen jedoch hier nicht weiter vertieft werden (vgl. Fachtext „Wertorientiertes Finanzmanagement").

Ressourcen- bzw. Aktivitätenverknüpfungen, die hohe Beiträge zur Wertschöpfung leisten, sind für das Unternehmen sehr bedeutsam und können zu Wettbewerbsvorteilen führen. Dies gilt insbesondere dann, wenn die Ressourcen nicht nur in einem Geschäftsfeld zur Anwendung kommen können, sondern wenn sie potenziell für das Unternehmen auch in anderen Feldern oder auf anderen Märkten und sogar Branchen zum Tragen kommen können. So kann eine sehr gute Beratungskompetenz beim Verkauf von Bankprodukten an anspruchsvolle Privatkunden durchaus übertragbar sein auf den Verkauf von Versicherungen et vice versa. Zeitungsherausgeber überlegen in letzter Zeit häufig, ob sie ihre Kompetenzen im Versand von Medien und der Bedienung ihrer Leser nicht übertragen können auf Postdienste. Solche Kompetenzen können als Kernkompetenzen eines Unternehmens identifiziert werden *(Hamel/Prahalad 1998)*. Gleiches gilt für Kernprodukte und -verfahren. Um tatsächlich jedoch einen nachhaltigen Wettbewerbsvorteil darzustellen, müssen weitere Bedingungen – kumulativ – erfüllt sein *(vgl. Barney 1991, Moormann/ Frank, 2000, S. 7)*:

- **Einmaligkeit:** Die *Ressourcen* müssen knapp bzw. bedingt einmalig sein. Es gilt, das Alleinstellungsmerkmal einer Bank oder Sparkasse zu identifizieren. Wenn viele Unternehmen über solche Ressourcen verfügen, sind sie kein spürbarer, strategischer Vorteil mehr. Insbesondere Humanressourcen und deren soziale Kontakte sind bedingt einmalig. Im Bankbereich besteht die Alleinstellung z. B. sehr häufig in der Regionalität von nur in der Fläche auftretenden kleineren Instituten.

- **Imitierbarkeit:** Die Ressourcen dürfen höchstens eingeschränkt imitierbar sein. Dies gilt insbesondere, wenn Fähigkeiten undurchschaubar (wegen Teamzusammenhängen), historisch gewachsen oder sozial komplex sind.

- **Substituierbarkeit:** Die Ressourcen dürfen nur schwer substituierbar sein. Wenn es der Konkurrenz gelingt, in vergleichbarer Zeit, mit anderen Ressourcen die gleichen Produkte oder Leistungen zu erstellen, so schwindet der Vorteil.

- **Transaktionsfähigkeit:** Die Ressourcen dürfen aufgrund der oben genannten Bedingungen nur schwer übertragbar sein. Mitarbeiter z. B. müssen sehr unternehmensspezifisch agieren oder eng mit der jeweiligen Kultur der Bank verbunden sein. Wenn bspw. die Konkurrenz ein Investmentbanking-Team ohne weiteres abwerben kann und es bei dem neuen Arbeitgeber nahtlos in gleicher Funktion, mit anderen Arbeitnehmern zusammen und mit dem gleichen Erfolg arbeitet, so kann nicht von einem nachhaltigen Wettbewerbsvorteil der Ausgangsbank die Rede sein. Wegen mangelnder Transaktionsfähigkeit von Ressourcen in andere Kulturen und Arbeitszusammenhänge scheitern viele Fusionen oder Akquisitionen bzw. es kommt in kurzer Zeit zu vielen Personaländerungen. Da Kernkompetenzen sehr oft an Personen bzw. Teams geknüpft sind, fällt so häufig ein entscheidender ökonomischer Grund für die Fusion/Akquisition weg (z. B. Übernahme Bankers Trust durch Deutsche Bank). Bei Regionalbanken ist sehr häufig der Kontext der Sozialisation nicht übertragbar, nämlich z. B. die Mitgliedschaft des Bankmitarbeiters im gleichen Sportverein wie seine Kunden *(vgl. Hönighaus, 2005, S. 25: „Wer ... mit dem Sparkassen-Vorstand kegeln geht, der bleibt der Bank treu.")*, im gleichen Ort, Schule etc. aufgewachsen zu sein, Bekannt-, Freund- und Verwandtschaften sowie gegebenenfalls soziale Nähe durch einen gemeinsam gesprochenen Dialekt oder Gefühle von Landsmannschaft. Dies geht als Vorteil gegenüber Dritten bei einem Wechsel des Mitarbeiters z. B. aus dem Saarland nach Hamburg verloren.

Umgekehrt sollten an Mitarbeiter geknüpfte Kernkompetenzen die Möglichkeit zum Eintritt in eine Fülle von (branchenfremden) Märkten (Business Migration) eröffnen. Wenn eine Bank z. B. besonders profiliert im Bereich der Beratung und Betreuung ist, so könnten Überlegungen zur Ausweitung der Geschäftstätigkeit in neue Bereiche angestellt werden, z. B. Unternehmens-, Immobilien-, Steuerberatung (als Ausgründung). Besteht die überragende Kompetenz etwa in der sozialen Nähe oder der regionalen Verwurzelung des Institutes, so könnten vor Ort andere Dienstleistungen und Produkte angeboten werden, z. B. Reise-, Konzertkartenagenturen etc. Der Betrachtung sind dabei wenig Grenzen gesetzt. Dienstleistungsorientierung als Kernkompetenz einer Bank kann im Extrem soweit gehen, dass z. B. auch Brötchen verkauft werden. Dabei kann die Bank selbst oder mit integrierten Dienstleistern als Kooperationspartnern, etwa als „Shop in der Bank", agieren (vgl. Felzen, 2006, S. 19-24).

- **Wertschöpfung:** Schließlich müssen die Ressourcen hohe Beiträge zur Wertschöpfung des Kreditinstitutes leisten. Der bloße Besitz einmaliger, nichttransaktionsfähiger Ressourcen reicht nicht aus. Sie müssen die Entwicklung und Umsetzung von effektivitätssteigernden Strategien ermöglichen.

Core versus Noncore

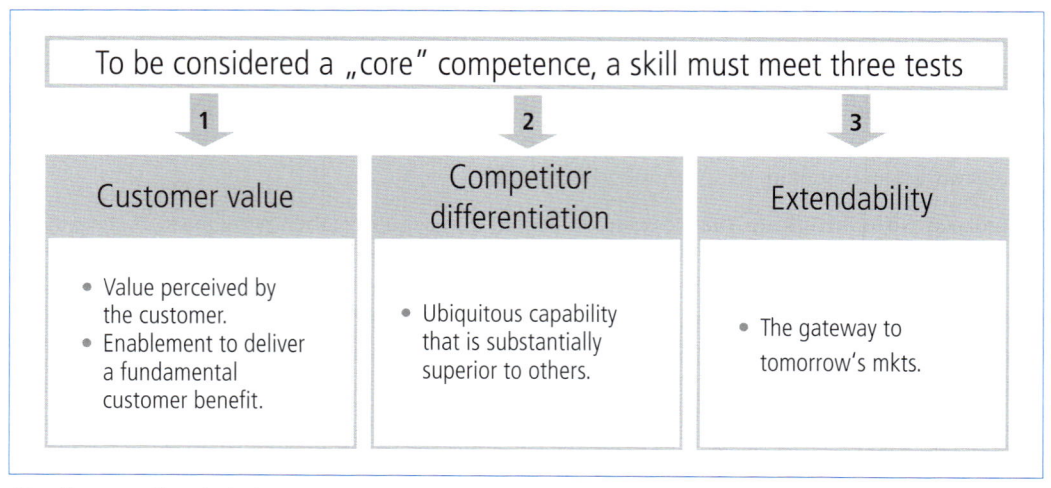

To be considered a „core" competence, a skill must meet three tests		
1	**2**	**3**
Customer value	**Competitor differentiation**	**Extendability**
• Value perceived by the customer. • Enablement to deliver a fundamental customer benefit.	• Ubiquitous capability that is substantially superior to others.	• The gateway to tomorrow's mkts.

(Quelle: Hamel/Prahalad, 1994)

Core competencies in financial services

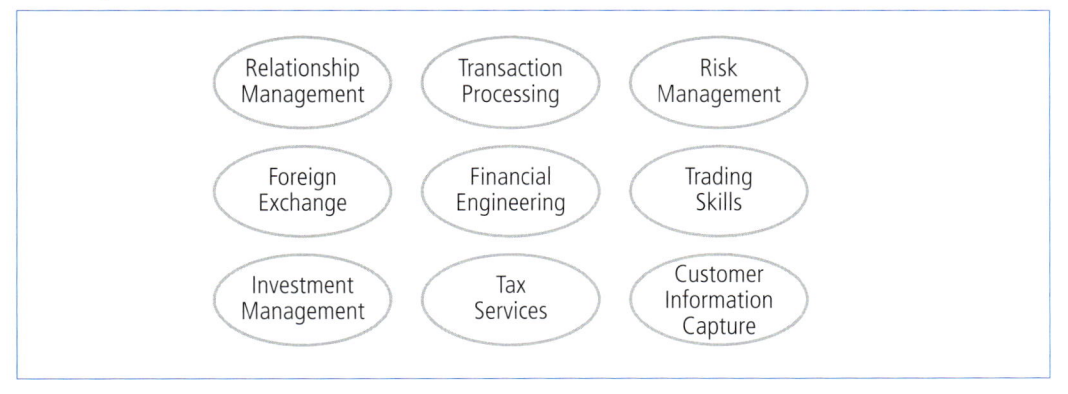

- Relationship Management
- Transaction Processing
- Risk Management
- Foreign Exchange
- Financial Engineering
- Trading Skills
- Investment Management
- Tax Services
- Customer Information Capture

(Quelle: Hamel/Prahalad, 1994)

7.2 Erstellung von Stärken-Schwächen-Profilen

Während der Schwerpunkt der Wertkettenanalyse auf der Bestimmung von Wert- und Kostentreibern liegt, vollzieht sich bei der Erstellung eines Stärken-Schwächen-Profils ein Perspektivwechsel. Im Mittelpunkt steht nun das Nachfrageverhalten der Kunden und betrachtet werden insbesondere **kritische Erfolgsfaktoren,** die die **Kaufentscheidung** maßgeblich beeinflussen können. Diese aus Sicht der Kunden bedeutsamen Wettbewerbsfaktoren kristallisieren sich als **Ergebnis von Kundenbefragungen** und der Wertaktivitätenanalyse heraus.

Die Vorgehensweise bei der Erstellung eines Stärken-Schwächen-Profils:

1. Erstellen einer Liste mit kritischen Erfolgsfaktoren.

2. Auswahl der wichtigsten Erfolgsfaktoren in Absprache mit Externen, idealerweise einer Marktforschungseinheit.

3. Im Anschluss daran wird das eigentliche Stärken-Schwächen-Profil erstellt. Dazu wird von der Marktforschungseinheit z. B. eine Kundenbefragung vorgenommen. Die eigene Position wird im Vergleich zu den stärksten Konkurrenten eingestuft. Der Profilvergleich zeigt deutlich die Stärken und Schwächen.

Ausprägungen von Erfolgsfaktoren

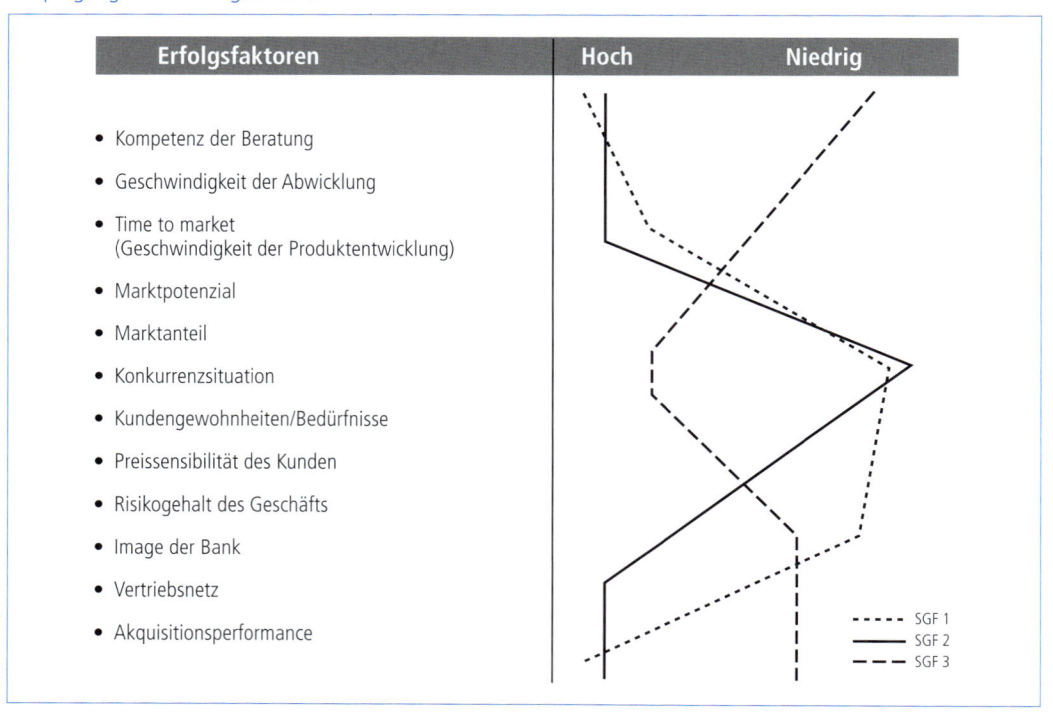

Erfolgsfaktoren	Hoch	Niedrig
• Kompetenz der Beratung		
• Geschwindigkeit der Abwicklung		
• Time to market (Geschwindigkeit der Produktentwicklung)		
• Marktpotenzial		
• Marktanteil		
• Konkurrenzsituation		
• Kundengewohnheiten/Bedürfnisse		
• Preissensibilität des Kunden		
• Risikogehalt des Geschäfts		
• Image der Bank		
• Vertriebsnetz		
• Akquisitionsperformance		

Legende: ····· SGF 1, —— SGF 2, – – – SGF 3

(Quelle: Moormann/Möbus, S. 69)

Das Stärken-Schwächen-Profil kann mit Hilfe des Instrumentes **Benchmarking** gewonnen werden. Unter Benchmarking versteht man einen systematischen Vergleich mit den besten und härtesten Konkurrenten, d. h. den Branchenführern. Es ist ein externer Blick auf interne Aktivitäten, Funktionen und Verfahren, um eine ständige Verbesserung zu erreichen *(Leibfried/MacNair 1992)*. Gegenstand des Benchmarking ist der Blick darauf, was Kunden schätzen, wer die besten Mitbewerber sind und welches Leistungsniveau die Kunden von den Besten erwarten.

Die Ergebnisse des Stärken-Schwächen-Profils bedürfen einer Beurteilung. So kann, wie im obigen Beispiel gezeigt, Qualität als ein kritischer Erfolgsfaktor angesehen werden. Ein Billiganbieter jedoch wird nicht den Anspruch an hohe Qualität haben, genauso wenig wie umgekehrt ein hoher Preis eine Schwäche darstellt, sondern vielmehr Bestandteil einer auf Differenzierung fußenden Vermarktungsstrategie ist. Insofern besteht hier zwischen der Unternehmensanalyse und der Rekonstruktion und Identifikation von strategischen Optionen ein Übergang. Mit Blick auf das Stärken-Schwächen-Profil soll ergänzt werden, dass sich ein Benchmarking insbesondere mit Unternehmen anbietet, die zusammen eine strategische Gruppe bilden oder mit ähnlichen Strategien die Märkte bearbeiten.

Mit der Unternehmensanalyse endet die SWOT-Analyse. Der strategische Planer weiß nun um die Chancen und Gefahren der Umwelt und die Stärken und Schwächen des eigenen Unternehmens. Beides zusammen spannt den Möglichkeitsraum für strategisches Handeln auf. Die Ergebnisse der SWOT-Analyse werden nun im nächsten Kapitel zu strategischen Optionen verdichtet.

Aufgaben

1. Beschreiben Sie die Wertkette Ihres Hauses. Wo sind Differenzierungsvorteile, wo sind Kostentreiber anzunehmen?
2. Sind Kostentreiber automatisch Wettbewerbsnachteile?
3. Hat Ihr Haus eine Kernkompetenz? Was ist die Kernkompetenz Ihres Hauses?
4. Erstellen Sie ein Stärken-Schwächen-Profil (auf der Basis Ihrer eigenen Einschätzung) für Ihr Haus im Vergleich zu Ihrem stärksten Konkurrenten vor Ort. Beginnen Sie mit der Identifizierung der kritischen Erfolgsfaktoren.

8 Strategische Optionen

Die Ergebnisse der Umwelt- und der Unternehmensanalyse, d.h. der SWOT-Analyse, werden zu Szenarien *(vgl. für viele etwa v. Reibnitz 1992)* verdichtet, die die vermutliche Entwicklung des für das einzelne Kreditinstitut relevanten Marktes oder der Branche zeigen. Um auf die voraussichtlichen Marktentwicklungen zu reagieren bzw. neue Entwicklungen anzustoßen, sind die Informationen zu bewerten und alternative Handlungsweisen zu entwerfen. Dabei sind nun Antworten auf die drei grundlegenden strategischen Fragen zu geben *(für viele Schendel/Hofer, 1979, S. 11 f., Steinmann/Schreyögg, 2000, S. 154):*

1. Bezogen auf die Gesamtunternehmensebene: In welchen Geschäftsfeldern wollen wir als Bank oder Sparkasse tätig sein?
2. Bezogen auf das einzelne Geschäftsfeld: Wie wollen wir den Wettbewerb in diesen Geschäftsfeldern führen?
3. Bezogen auf die Kernkompetenzen: Was ist unsere längerfristige Erfolgsbasis?

Daher werden im Folgenden idealtypische strategische Optionen auf

- der Geschäftsfeldebene,
- der Gesamtunternehmensebene

zu formulieren sein. Diese stellen die Möglichkeiten der strategischen Positionierung dar. Idealtypisch heißt in diesem Zusammenhang, dass hier Optionen in Reinform vorgestellt werden. Die Unternehmenspraxis zeigt häufig jedoch Mischstrategien. Die Praxis wird im Kapitel 9 als Beschreibung der Realität in den jeweiligen Geschäftsfeldern beschrieben.

8.1 Strategische Optionen auf der Gesamtunternehmensebene

Ca. 90 % aller Banken besitzen mehrere Geschäftsfelder – und sind demnach als Universalbanken aufgestellt – oder möchten ihre Aktivitäten auf zusätzliche Geschäftsfelder ausdehnen. Es gilt, die strategischen Optionen auf der Gesamtunternehmensebene zu bestimmen. Die Festlegung der Gesamtunternehmensstrategie definiert insofern den Umfang und Komposition der Bank (scope) sowie die Verteilung der Ressourcen auf die Geschäftsfelder. Eine effektive Gesamtunternehmensstrategie macht aus einer gut aufgestellten und diversifizierten Bank oder Sparkasse mehr als die Summe ihrer Teile (**Verbundvorteile** = economies of scope), wenn **Synergiepotenziale** zwischen den Geschäftsfeldern genutzt und wenn organisatorische Verwerfungen oder Fehlallokationen der Ressourcen vermieden werden können. Untersuchungen zeigen jedoch, dass Strategieänderungen auf der Gesamtunternehmensebene eine anspruchsvolle Aufgabe darstellen *(Porter 1987, S. 62 ff.)* und nur in ca. einem Drittel der Fälle erweisen sich gravierende Änderungen als (schnell) erfolgreich. Falsche Strategien, unausgeschöpfte Potenziale oder Fehlallokationen belasten den Börsenkurs und ziehen häufig Merger & Akquisitions nach sich. Die Akteure versprechen sich von einer Übernahme, Sanierung, Neuausrichtung oder Zerschlagung, d. h. einer besseren und marktgerechteren strategischen Positionierung des Unternehmens, Wertsteigerungen und höhere Gewinne.

Keine Vision für die Zukunft

„...Denn anders als bei der Übernahme der Dresdner Bank durch die Commerzbank dürfte im Fall der Postbank eine komplette Eingliederung in das zukünftige Mutterhaus nicht in Frage kommen. Zu unterschiedlich sind die Unternehmenskulturen. Mit ihrem elitären Anspruch zielen die Frankfurter vornehmlich auf die Bessergestellten, während die Bonner jeden Kleinverdiener willkommen heißen, auch wenn sie mehr Arbeit machen als Geld einbringen. Auch das riesige Filialnetz der Postbank ist kaum mit dem des Branchen-Ersten kompatibel ... Große Synergien (...) kann ich nicht erkennen" (Hartmann-Wendels). (Kröger, 2008)

Die Neuausrichtung von Unternehmen geschieht durch die Neuverteilung der Ressourcen auf die Geschäftsfelder (Portfolioansatz und -strategien), im Rahmen des Unternehmenswachstums (z. B. Diversifikation) oder durch Schrumpfung (Schrumpfungsstrategien oder auch Dekonstruktion).

8.1.1 Portfolioansatz und -strategien

Die Ergebnisse der SWOT-Analyse finden sich zusammengefasst nach Analysekriterien in der Portfolioanalyse wieder *(vgl. Branchenattraktivitäts-Wettbewerbsstärken-Matrix von McKinsey)*. Eines der weitverbreitetsten Konzepte des strategischen Managements stellt der **Portfolioansatz** dar. Er dient dem Vergleich von Geschäftsfeldern mit Blick auf ihre Stärken und Schwächen sowie Chancen und Risiken der Marktentwicklung. Aus der Verortung der Geschäftsfelder folgen strategische Optionen, aus diesen resultiert die Zuordnung von Ressourcen bzw. die strategische Komposition der Finanzinstitute.

Die bekannteste Portfoliomatrix wurde in den 70er-Jahren in Form einer Vier-Felder-Tafel von der Boston Consulting Group (BCG) erstellt *(für viele Steinmann/Schreyögg 2005, S. 245; Müller-Stewens/Lechner 2001, S. 227)*. Die **BCG-Matrix** folgt der Logik der Erfahrungskurve, d. h. die Unternehmen mit dem größten Marktanteil gelten wegen der Größendegressionseffekte bei den Kosten als die rentabelsten.

Die verschiedenen Geschäftsfelder werden mit Hilfe von Kreisen vier Quadranten zugeordnet. Der **Kreisumfang** zeigt die Größe des Umsatzes und damit die Bedeutung für den Gesamtumsatz. Die Unternehmensumwelt wird durch den Faktor **Marktwachstum** repräsentiert, die Stärken und Schwächen werden über den **relativen Marktanteil** abgebildet. Dieser ist definiert als

Relativer Marktanteil = Umsatz der Geschäftseinheit/Umsatz des stärksten Konkurrenten

Ein Wert von 3 besagt, dass der Umsatz der Geschäftseinheit dreimal so hoch wie der des stärksten Konkurrenten ist. Ein Wert von 0,2 würde bedeuten, dass der eigene Umsatz lediglich ein Fünftel des Marktführerumsatzes ausmacht.

BCG-Matrix

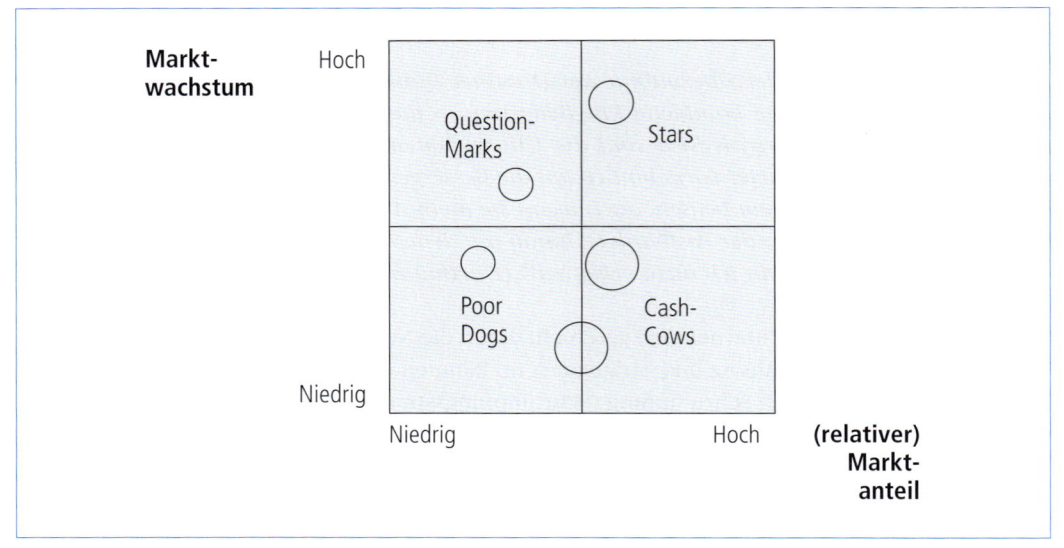

(Quelle: Hungenberg, S. 337)

Die strategische Orientierung und Ausrichtung wird über den Quadranten **zugeordnete Normstrategien** hergestellt:

Stars besitzen einen hohen Marktanteil in schnell wachsenden Märkten. Jedes Unternehmen wünscht sich viele Stars. Empirisch lassen sich ungefähr 10 % aller Geschäftsbereiche diesem Quadranten zuordnen. Der Cashflow ist positiv oder neutral, weil zur Weiterentwicklung des Marktes ähnlich viel Energie aufgewendet wird, wie er Erträge abwirft. Stars werden gefördert und ausgebaut, d. h. es wird in sie investiert. Gegenwärtig kann dies für einige Sparten angenommen werden, z. B. für die Entwicklung des Fondsgeschäftes, Hedge Fonds oder (schon) bei einigen wenigen Banken das Geschäft mit den vermögenden Privatkunden.

Cash-Cows erwirtschaften in Märkten ohne zukünftige Wachstumschancen aufgrund ihrer guten Einführung und Wettbewerbsposition hohe Erträge. Darunter fallen ca. 30 % aller Geschäftseinheiten. Cash-Cows bilden häufig das Rückgrat des Gesamtunternehmens. Die Strategie lautet „melken", der Cashflow ist positiv und hoch. Größere Investitionen werden nicht mehr vorgenommen. Die Erträge werden genutzt, um neue Geschäftsfelder aufzubauen. Als ein solches typisches „Brot-und-Butter"-Geschäft kann in der Industrie etwa das Arzneimittel Aspirin von Bayer bezeichnet werden, im Banking wurde die stabilisierende Bedeutung des Retail-Geschäftes neu entdeckt.

Question-Marks stellen Einheiten ohne merklichen Marktanteil und Umsätze in attraktiven Märkten dar. Sie haben als Chance zu gelten und sind mit Unsicherheit behaftet. Fragezeichen nehmen etwa 15–20 % der Geschäftsfelder ein. Von der Marktentwicklung und der Performance ist es abhängig, ob sich Stars oder Poor Dogs entwickeln. Hier wird nach Ablauf jeder Planungsperiode über das Zukunftspotenzial entschieden. Im Banking – insbesondere bei Genossenschaftsbanken und Sparkassen – gilt das etwa für den Aufbau von Geschäftsfeldern im Geschäft mit den vermögenden Privatkunden. Übertragen auf Großbanken könnte dies z. B. für die Einrichtung eines Geschäftsfeldes „Family Office" gelten, wie es die *Deutsche Bank* mit der Übernahme des alteingessenen Vermögensverwalters *Wilhelm von Finck (vgl. Wanner, 2004, S. 19)* oder die *UBS* mit *Sauerborn Trust AG (vgl. Beck, 2004, S. 25)* getan hat. Der Cashflow im Quadranten Question-Marks ist deshalb zunächst (stark) negativ. Ob jemals Gewinne eingefahren werden, bleibt fraglich – einige erweisen sich als bloße „Cashburner". Die Strategie lautet deshalb: Ausbauen oder Abstoßen bei strenger Beobachtung *(vgl. auch Karrer/Gehner, 2006, S. 32)*.

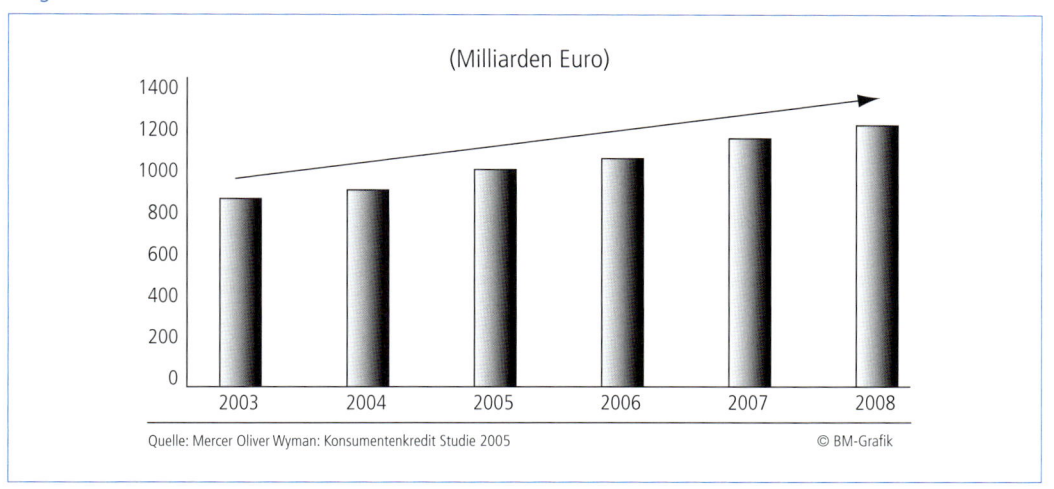

Europäisches Konsumentenkreditgeschäft
Prognose Wachstum Bestandsvolumen 2003–2008

(Quelle: Karrer/Gehner, S. 479)

Poor Dogs zeigen die ungünstigste Einordnung. Es handelt sich um den Quadranten mit niedrigen relativen Marktanteilen und geringem Marktwachstum. Bis zu 40 % der Geschäftseinheiten werden diesem Quadranten zugeordnet. Der Cashflow ist dabei neutral, positiv oder negativ. Es ist zwar nicht nötig, weitere Investitionen zu tätigen, aufgrund der unattraktiven Marktchancen lohnt es jedoch kaum, das Geschäftsfeld zu erhalten. Als Strategie für diese Problembereiche wird Desinvestition resp. Liquidation empfohlen. Unternehmen sollten sich auf andere Bereiche konzentrieren Das klassische Kreditgeschäft wäre mit Blick auf die letzten Jahre in der Logik der BCG-Matrix diesem Quadranten zuordenbar.

Die Beschränkung der BCG-Matrix auf lediglich zwei Dimensionen, den relativen Marktanteil und das Marktwachstum, wurde stark kritisiert. Nahezu alle Nischenanbieter und viele Differenzierer, die keine größeren Marktanteile gewinnen können und/oder in schrumpfenden, stagnierenden bzw. nur schwach wachsenden Märkten agieren, sind nach der BCG-Logik Poor Dogs. Einige Banken oder Sparkassen müssten zu einem Zeitpunkt X alle Bereiche schließen. Die Realität zeigt natürlich ein anderes Bild: Viele Poor Dogs arbeiten rentabel – selbst in schrumpfenden oder stagnierenden Branchen (z. B. Lebensmittel) –, was in der Konsequenz darauf hindeutet, dass weitere Dimensionen in die Betrachtung einzubeziehen sind.

Diesem Umstand versucht die **Branchenattraktivitäts-Wettbewerbsstärken-Matrix** von *McKinsey* Rechnung zu tragen, die ein differenzierteres Bild der Wettbewerbsfähigkeit der Geschäftsfelder im Portfolio zeichnet.

Die McKinsey-Matrix

	schlechter als die Hauptkonkurrenten		besser als die Hauptkonkurrenten
	Selektives Vorgehen	**Selektives Wachstum**	**Investition und Wachstum**
hoch	Spezialisierung Nischen suchen Akquisitionen erwägen	Potenzial für Marktführung durch Segmentierung abschätzen Schwächen identifizieren Stärken aufbauen	Wachsen Marktführerschaft anstreben Investitionen maximieren
	Ernten	**Selektives Vorgehen**	**Selektives Wachstum**
mittel	Spezialisierung Nischen suchen Rückzug erwägen	Wachstumsbereiche identifizieren Spezialisierung Selektiv investieren	Wachstumsbereiche identifizieren Stark investieren Position halten
	Ernten	Ernten	**Selektives Vorgehen**
gering	Rückzug planen Desinvestieren	SGE »aussaugen« Investitionen minimieren Desinvestitionen vorbereiten	Gesamtposition halten Cashflow anstreben Investitionen nur zur Instandhaltung

Attraktivität (y-Achse) / Relative Wettbewerbsposition (x-Achse)

Auszug aus dem Faktorenkatalog Marktattraktivität
a. Marktwachstum und Marktgröße
b. Marktqualität
    Rentabilität der Branche
    Stellung im Markt-Lebenszyklus
    Spielraum für die Preispolitik
c. Energie- und Rohstoffversorgung
    Störungsanfälligkeit
    Existenz von Alternativen
d. Umfeldsituation
    Konjunkturabhängigkeit
    Inflationsauswirkungen
    Risiko staatlicher Eingriffe

Relative Wettbewerbsposition
a. relative Marktposition
    Marktanteil und seine Entwicklung
    Risiko
    Marketingpotenzial
b. relatives Produktpotenzial
    Prozesswirtschaftlichkeit
    Umweltbelastung
    Hardware
    (wie Standortvorteil usw.)
c. relatives F&E Potenzial
    Innovationspotenzial
    Stand der Forschung
d. relative Mitarbeiterqualität
e. relative Qualität der Systeme und Strukturen

(Quelle: Müller-Stewens/Lechner 2001, S. 230)

Dieses Portfolio zeigt 9 Felder. Unterschieden werden drei Strategien, der Aufbau ist ähnlich zur BCG-Matrix:

- Wachstumsstrategien
- Selektive Strategien
- Abschöpfungs- und Liquidationsstrategien

Die Einbeziehung vieler Faktoren macht die Verortung der einzelnen Bereiche zu einer schwierigen Aufgabe, die nur annäherungsweise gelingen kann. Die Praxis behilft sich damit, weniger bzw. unternehmensindividuelle Faktoren zu analysieren, die sich als maßgeblich für die jeweiligen Märkte herausgestellt haben.

8.1.2 Wachstumsstrategien

Die Möglichkeiten des Wachstums einer Bank oder Sparkasse zur Sicherung des Bestandes und zur Steigerung der Rentabilität zeigt die **Ansoff-Matrix.** Wachstum heißt im Grundsatz: Erhöhung des Marktanteils.

Ansoff-Matrix

Produkt	Markt	
	gegenwärtig	neu
gegenwärtig	Marktdurchdringung Konzentration auf den bestehenden Markt	Marktentwicklung Erschließung neuer Märkte
neu	Produktentwicklung Erstellung neuer Produkte für den traditionellen Markt	Diversifikation horizontale, vertikale oder laterale Entfernungen vom angestammten Geschäft

(Quelle: Eschenbach/Kunesch 1996, S. 42)

Ansoff verknüpft Produkte und Märkte miteinander *(Kreikebaum 1993, S. 53 f.)*. Die Kombination des Absatzes bereits existierender Produkte auf bestehenden Märkten ist die **Marktdurchdringung**. Dazu können als Beispiele einerseits alle Fusionen zwischen Konkurrenten auf dem gleichen Markt interpretiert werden, die eine Erhöhung des Marktanteils zum Ziel haben, z. B. Fusion *Stadtsparkasse Köln* und *Sparkasse Bonn (vgl. Weber, 2005, S. 25)* Andererseits fallen hierunter auch alle Bemühungen auf bereits existierenden Märkten, den Marktanteil z. B. durch Werbemaßnahmen und/oder Konditionenwettbewerb zu erhöhen.

Die Ausweitung des Geschäfts mit bestehenden Produkten auf neue Märkte wird als **Marktentwicklung** bezeichnet. Dazu gehören in erster Linie als Eigenaufbau Gründungen und Filialeröffnungen in Märkten (geografisch) wie z. B. *GE Money Bank*. Dazu gehören im Grundsatz ferner auch Neugründungen und der Aufbau von neuen Geschäftsfeldern, wie z. B. der Aufbau des Geschäftes mit dem vermögenden Privatkunden durch einige Sparkassen und Volksbanken *(vgl. dazu Faust, 2003, S. 18 ff.; Wesseling, 2004, S. 759 ff.)*; oder die französische Postbank *La Poste (vgl. Fischer, 2005, S. 19)*, die zusätzlich Standbeine im Immobilienkredit, im Firmenkundengeschäft und in der Vermögensverwaltung aufbaut; oder die deutsche Postbank durch den Zukauf der BHW. Ein klassisches Beispiel für eine Marktentwicklung ist auch der Aufbau einer Exportabteilung resp. der Kauf z. B. einer Bank im Ausland. Dazu zählen als Beispiele etwa der Kauf der *Bank Austria* durch die *HVB*, die Übernahme der *BfG* durch die *SEB* oder die Übernahme des *AWD* durch *Swiss Life*. Dazu zählen auch alle Formen der Kooperation *(vgl. Kary, 2004, S. 11 ff.; Wooler, 2006, S. 19 ff.)* – wie z. B. *Western Union* und *Sparkasse Freiburg-Nördlicher Breisgau* im Bereich des Bargeld-Transfer-Service (Reisebankfunktion) – oder Gemeinschaftsgründungen, sog. Joint Ventures.

Neue Produkte auf bestehenden Märkten beschreiben die **Produktentwicklung.** Als Beispiele können etwa die Entwicklung neuer Fonds, z. B. Hedge Fonds oder auch Instrumente und Produkte wie Wetterderivate, Art Banking, Islamic Banking etc. dienen.

Diversifikation schließlich umfasst den Absatz neuer Produkte auf bislang nicht bedienten Märkten. Produktentwicklung und Diversifikation sind offensive und aggressive Strategien.

Als Gründe und Motive für eine Diversifikation werden häufig genannt:

- der Wunsch, an neuen Wachstumsfeldern teilzuhaben;
- den Unternehmenswert, Shareholder Value zu steigern;
- die Abhängigkeit von zyklischen Entwicklungen zu senken;
- die Abhängigkeit von vor- oder nachgelagerten Produktionsstufen zu senken;
- Machtpositionen auszubauen;
- Gewinne zu reinvestieren;
- Synergien zu erzielen durch gemeinsame Nutzung von Ressourcen;
- Kapazitäten besser auszulasten;
- die Risiken von Marktentwicklungen besser zu verteilen *(vgl. Welge/Al-Laham 1999, S. 436 f.; Müller-Stewens/Lechner, 2001, S. 210)*.

Es gibt Klassifikationen zur Diversifikation. Häufig werden die Optionen unterschieden nach

- dem Verwandtschaftsgrad mit dem angestammten Geschäft sowie
- der Stellung im Wertschöpfungsprozess *(Steinmann/Schreyögg 2005, S. 204)*.

Von einer verwandten Diversifikation **(horizontal)** spricht man, wenn zwischen den alten und den neuen Geschäften enge und klare Verbindungen bestehen. Im Vordergrund dieser Form stehen Synergievermutungen, insbesondere im Produktions-, Technologie- und Vertriebsbereich. Als Beispiel kann hier die strategische Entscheidung von Versicherungen gedeutet werden, Bank- oder bankähnliche Produkte zu verkaufen und vice versa. Dies gilt selbst nach Trennung der Dresdner Bank vom Allianzkonzern noch für die neue „Allianzbank". Auch hier sollen unter dem Dach der Oldenburgischen Landesbank in der „Allianz-Bank" Versicherungsprodukte verkauft werden.

Eine Diversifikation, die lediglich verwaltende bzw. finanzwirtschaftliche Funktionen (Management- oder Finanzholding), sonst jedoch nicht verwandte Geschäftsfelder zusammenführt, wird als unverbundene bzw. **laterale Diversifikation** bezeichnet. Als Beispiele für einen großen deutschen Mischkonzern wird häufig *Oetker* mit *Bankhaus Lampe* angeführt. Große internationale Mischkonzerne sind etwa *General Electric, Philipp Morris, Nestlé* oder *Mitsubishi*.

Die Motive für laterale Diversifikation liegen vornehmlich in der Streuung des Geschäftsrisikos oder im Fall von *Philipp Morris* im Wunsch, sich aus stagnierenden oder schrumpfenden Branchen zurückzuziehen und in Zukunftsmärkte zu investieren. In einem weiteren Sinne können auch größere Beteiligungspakete von Banken an Unternehmen anderer Branchen als laterale Diversifikation interpretiert werden. So hielt bis zum Jahr 2004 etwa die *WestLB* ein großes Aktienpaket an *TUI* und auch am Stahlhändler *Klöco*. Mit der Veräußerung *von TUI* konzentriert sich die Bank nun auf ihr Kerngeschäft *(vgl. o.V., WestLB, 2004, S. 1)*.

Diversifikationen können ferner nach ihrer Stellung in vor- oder nachgelagerten Wertschöpfungsstufen **(vertikale Diversifikation)** unterschieden werden. Hier stehen Produktions- und Kostensynergien neben der Sicherung der Rohstoff- oder Absatzkanäle als Motive im Vordergrund. Wenn ein Geschäft in die Wertschöpfungskette des Unternehmens einverleibt wird, nennt man dies **Integration.** Von einer Diversifikation ist erst dann auszugehen, wenn das integrierte Geschäfte selbst am Markt als Anbieter tätig wird. Als Beispiel einer Rückwärtsintegration kann der Kauf eines Fondsherstellers oder z. B. der Kauf eines Produktes/einer Marke wie der *norisbank (easy credit)* als Hersteller von Konsumentenkrediten durch die Genossenschaftsbankengruppe dienen. Eine Vorwärtsintegration stellt etwa der Aufbau eines eigenen Vertriebsnetzes dar oder der Kauf einer Transaktionsbank, die z. B. den nachgelagerten Zahlungsverkehr oder das Wertpapiergeschäft abwickelt. Ein Beispiel aus dem Jahr 2005 ist etwa der Kauf der *Setis-Bank* durch die *Berliner Effektengesellschaft (vgl. Gericke, 2005, S. 4)*.

Diversifikationen können grundsätzlich auf drei Wegen erfolgen:

- Akquisition/Fusion
- Eigenaufbau
- Kooperation

Akquisition/Fusion

Der am häufigsten eingeschlagene Weg ist die Akquisition, d. h. der Kauf von Banken oder Bankteilen bzw. die Fusion zweier Institute (unter Führung einer Bank). Der Vorteil des **externen Wachstums** besteht hauptsächlich in der Geschwindigkeit und in einer relativen Sicherheit, ein bereits erfolgreiches Geschäft zu übernehmen. Auf einfache Weise können erforderliche Ressourcen oder Kundenstämme zugekauft werden. Beispiele der jüngeren Vergangenheit in Deutschland stellen *Commerzbank/Eurohypo, Unicredit/HVB, Deutsche Bank/Bankers Trust, Allianz/ Dresdner Bank* dar oder im Retailbanking Deutsche Bank/Norisbank.

Die Übernahme von Wettbewerbern senkt den Konkurrenzdruck (und ruft die Fusionskontrolle wegen marktbeherrschender Stellung auf den Plan), weitet Märkte oder ermöglicht überhaupt erst einen Marktzutritt (vornehmlich bei Auslandseintritten). Etablierte Marken und Strukturen können genutzt werden. Größe verspricht zudem Synergien. In der Realität zeigt sich oft ein anderes Bild. Allgemein gesprochen gilt nur ein Drittel der Akquisitionen als wertsteigernd *(Porter, 1987)*, zwei Drittel leiden vornehmlich unter kulturellen Integrationsschwierigkeiten, Grabenkriegen bei personellen Besetzungen und Irritationen bei den Kunden. Manchmal sind die Geschäfte zu ähnlich, es findet lediglich eine Vermehrung statt (double the trouble) und Rationalisierungen bleiben aus. Nicht selten fällt der eigentliche Akquisitionsgrund auf diese Weise weg. Wichtige Personen verlassen die übernommene Bank, Kontakte in den Markt und kulturelle Identitäten gehen verloren. Sie haben sich als nicht übertragbar erwiesen.

Ein Beispiel einer Unternehmensakquisition mit dem Ziel, einen Marktzutritt zu erhalten, stellte die Übernahme der Hypovereinsbank (HVB) durch die italienische Unicredit dar.

Die neue Bank wird 7000 Filialen in 19 Ländern und 28 Mio. Kunden haben. Ihre Bilanzsumme wird sich voraussichtlich auf 733 Mrd. Euro belaufen. Besondere Stärken wird sie in den mittel- und osteuropäischen Märkten haben. Darüber hinaus dürfte ihr eine tragende Rolle in den eng verflochtenen Wirtschaftsräumen Italien, Österreich und Deutschland sowie das verbesserte Risikoprofil durch die auch geographische Diversifizierung zuteil werden. Damit entsteht eine der größten Banken Europas. Zwar wird gegenüber Kunden und Aktionären, Mitarbeitern und Öffentlichkeit stereotyp von einer Fusion gesprochen, juristisch ist es jedoch eine Übernahme.

Aber auch unabhängig davon sprechen die Financial Ratios der Unicredit eine deutliche Sprache: Die Marktkapitalisierung (Stand: 5. Juli 2005) der Unicredit ist mit rund 28 Mrd. Euro fast doppelt so hoch wie jene der HVB (16,4 Mrd. Euro). Ähnliches gilt für das Ergebnis des Geschäftsjahres 2004, das das der HVB um 4,4 Mrd. Euro übersteigt. Die Eigenkapitalrendite 2004 nach Steuern von 17,9 % liegt sogar über dem HVB-Ziel für das Geschäftsjahr 2007 von 15%. Von einer Kosten-Aufwand-Relation von 57 % ist die HVB (66 %) ebenfalls weit entfernt. Demgegenüber sind die Risikoaktiva der HVB 1,6-mal so groß wie jene der Unicredit; die Bilanzsumme sogar 1,8-mal. Diese Verhältnisse zeigen die Expansionsmöglichkeiten für Unicredit, deuten aber auch Risiken an. Das wird daran deutlich, dass die HVB mit 17 Mrd. Euro mehr ungedeckte notleidende Kredite ausweist als Unicredit Eigenkapital (14 Mrd. Euro). Die Übernahme wird für Unicredit deshalb ein Kraftakt. Die Kernkapitalquote sinkt von zuletzt 7,9 % auf 6,2 % in 2005 und soll durch Gewinnthesaurierung wieder auf 7,5 % im Jahr 2007 angehoben werden.

Eigenaufbau/organisches Wachstum

Der Eigenaufbau von Banken oder Geschäftsfeldern wird seltener eingeschlagen. Er ist verhältnismäßig riskant und langwierig. Ob ein Geschäft erfolgreich ist, erweist sich oft sehr spät. Das **Wachstum von innen** heraus gilt jedoch als tragfähiger, Integrationsschwierigkeiten bleiben aus. Gebildete Kernkompetenzen sind marktweit einsetzbar und auf andere Märkte oder Geschäftsfelder übertragbar. Alt eingesessene Banken haben regelmäßig hohe Reputation. Vieles hängt von der Güte der intangiblen personellen Ressourcen, deren Lernfähigkeit und Engagement ab *(Penrose 1959).* Nahezu 60 % der Unternehmen aus der genannten Untersuchung von *Porter,* die diesen Weg einschlagen, wurden als sehr erfolgreich eingestuft. Bekannte Beispiele stellen einige spezialisierte kleine Privatbankhäuser in Deutschland dar. Erfolgreiche Banken dieser Kategorie sind ihrerseits, wenn sie nicht eine höhere Marktkapitalisierung erreichen, schnell Übernahmekandidaten.

Kooperation

Aber auch Kooperationen rücken zunehmend in den Vordergrund strategischer Überlegungen von Finanzinstituten.

> Eine **Kooperation** stellt eine auf Zeit ausgerichtete Verbindung mehrerer wirtschaftlich und rechtlich selbstständiger Banken dar.

Kooperationen werden von der Idee geleitet, in einer befristeten Zeit in abgegrenzten Bereichen eine Zusammenarbeit zu ermöglichen, die durch Akquisition oder Eigenaufbau nicht möglich wäre (Nichtübertragbarkeit, Zeitmangel und/oder Kapitalmangel). Kooperationen finden vornehmlich in den Bereichen Produktion, Vertrieb, und Auslandseintritt statt. Die Vorteile bestehen in der Zusammenführung von Kompetenzen, der höheren Geschwindigkeit, dem Aufbau unmittelbarer Marktmacht und der Überwindung von Eintrittsbarrieren, insbesondere im Ausland. Es bilden sich nach der Intensität der Verbindung verschiedene Formen heraus, die von strategischen Allianzen und längerfristigen Verträgen, **Franchising,** gegenseitigen Beteiligungen bis zu **Joint Ventures** reichen.

8.1.3 Dekonstruktion der Wertkette

Wenn statt ganzen Geschäftsfeldern geschäftsfeldübergreifend Teile der Aktivitäten in der Wertkette ausgelagert werden und die Bank oder Sparkasse sich auf ihre Kernkompetenzen resp. Kernprozesse und -produkte zurückzieht, spricht man von einer Dekonstruktion der Wertkette.

Aktivitäten werden dabei outgesourct, Unternehmensteile oder Funktionen werden ausgegliedert oder verselbstständigt *(Heuskel 1999, S. 76-131)*. Dies kann sowohl mit nationalen wie internationalen Partnern durchgeführt werden. Im grenzüberschreitenden Kontext spricht man von „Offshoring" *(vgl. für viele Maier, 2004)*.

Durch Outsourcing werden Institute kleiner, auf die Kernaktivitäten fokussiert und schlagkräftiger. Ziel dieser Art von Schrumpfung als gegenläufige Bewegung zum Wachstum durch Diversifikation ist es, nur die absolut rentablen Geschäftsfelder in eigener Regie zu führen und den Anteil unterstützender Einheiten möglichst gering zu halten. Dabei gilt, dass etwa ein als selbstständige Tochter ausgegliederter Bereich durchaus marktfähig agieren kann. Das Marktrisiko und die Kosten dieser Einheit werden jedoch vermieden. Fixe Kosten werden für das outsourcende Institut variabilisiert. An Externe ausgegliederte Funktionen oder Töchter können sich ihrerseits im Markt positionieren, spezialisieren und ihr Angebot erweitern.

„Jeder zehnte Bankmanager sieht die Lösung der Kostenprobleme im Franchising der Filialen … Den bisherigen Filialleiter ersetzt ein Franchisenehmer, der die Filialen als rechtlich selbstständige Vertriebsstelle unterhält …

Bei den belgischen Nachbarn ist Franchising schon Realität: Hier macht die Citibank schon seit einigen Jahren gute Erfahrungen. Ein ähnliches Beispiel bietet die Postbank: sie bietet Bankdienstleistungen in ihren Postagenturen an … Hierzulande sind Franchiseprojekte für Banken jedoch schwierig. Anders als in Belgien oder bei Franchises in anderen Branchen wie beispielsweise bei Douglas, Obi oder Mc Donalds muss hier die Bundesanstalt für Finanzdienstleistungsaufsicht (BaFin) jedes Projekt absegnen." (O.V., Mummert, 2004)

Auch hier wird das wirtschaftliche Risiko ausgegliedert. Andere Formen von **Outsourcing** bestehen etwa darin, dass mehrere Unternehmen bspw. die Buchhaltung oder eine andere sekundäre Aktivität ausgliedern und gemeinsam von einem neu zu gründenden Unternehmen führen lassen. Hier sind weitere Kooperationsformen denkbar, wie Zusammenlegung der Backoffice-Bereiche oder der Filialen etc. Outsourcing selbst unterliegt der Bankaufsicht. § 25a, Abs. 2 KWG und ein Rundschreiben 11/2001 der BaFin regeln, welche Funktionen eine Bank erfüllen muss, um eine Bank zu sein. Im Prinzip ist auslagerbar, was nicht als „wesentlich" gilt, d. h. die Steuerung von Risiken aller Art und die Unternehmensführung *(vgl. im Überblick für viele Hanisch, 2004, S. 20 ff. und Szivek, 2004, S. 45 ff. und im Detail am Beispiel der Auslagerung von Aktivitäten aus der Kreditprozesskette Ade/Moormann, 2004, S. 157-172)*.

Sourcing in der Bankwirtschaft – Beispiele

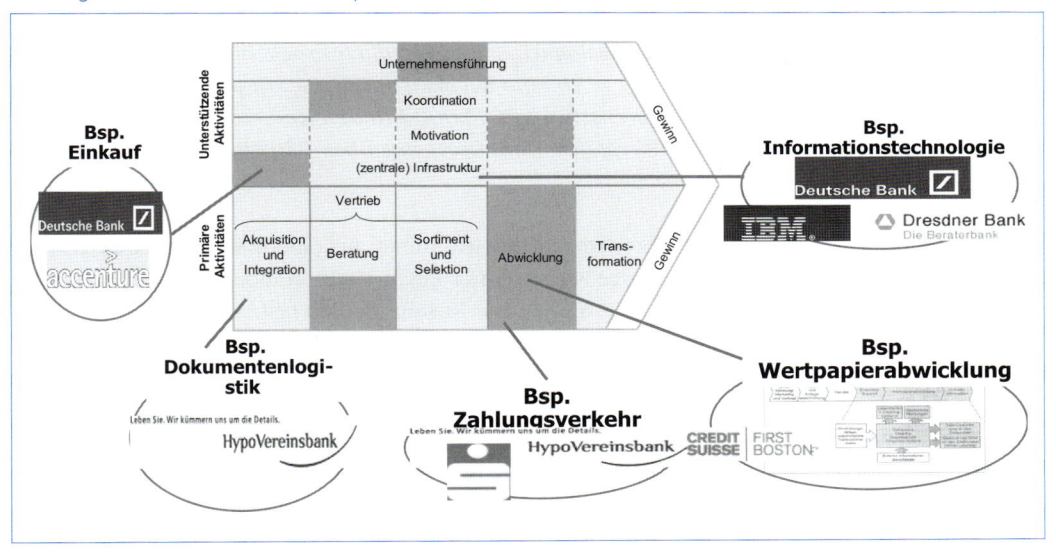

(Quelle: Schober, 2004)

In diesem Zusammenhang wird gerade seit einiger Zeit unter dem Generalthema „Industrialisierung im deutschen Bankwesen" *(Blatter, 2004, S. 18)* vehement diskutiert, dass die Wertschöpfung zu tief sei *(vgl. zu dieser Diskussion im Überblick Achenbach/Moormann/Schober [Hg.], 2004; Weisser, 2004, S.48 ff.)* Im Grundsatz dreht sich die gesamte Diskussion um die Frage: Bricht die traditionelle Sichtweise und Erscheinung einer Bank als Universalbank mit dem Anspruch „alle Leistungen sichtbar und erlebbar für alle" auseinander und entstehen mehr und mehr Spezialinstitute mit eingeschränktem Leistungskanon, die nicht immer ein personalintensives „face to the customer" haben müssen?

„Net Bank setzt konsequent auf Online-Geschäftsmodell

Anrufe von Kunden sind bei der Netbank unerwünscht. Das kleine Kreditinstitut, das sich als erste reine Internetbank Europas versteht, hat zwar ein Call-Center. Aber auf seiner Web-Seite werden Neugierige und Kontoinhaber unmissverständlich aufgefordert, das Telefon nur im ‚Fall einer technischen Störung' des Internets zu benutzen.

... Die großen Online-Broker oder die Direktbank Diba, die alle vom Trend zur Online-Gesellschaft profitieren wollen, kommen zwar ebenfalls ohne Filialen aus. Auf ein Call-Center verzichten sie aber nicht. Bei der Comdirect etwa sitzen 300 Mitarbeiter am Telefon ... . Verkauft werden standardisierte Produkte zu niedrigen Preisen. Um die Kosten im Griff zu halten, treiben Teske und sein Vorstandskollege Ralf Bloß (Netbank) das Outsorcing konsequenter voran als vermutlich jede andere Bank Deutschlands. Das Institut kommt mit gerade einmal 20 Mitarbeitern aus. Nicht nur die Bankgeschäfte wickeln externe Dienstleister ab, auch die Pro-

dukte werden bis auf zwei Ausnahmen – das Girokonto und den Ratenkredit – zugekauft. Bei der Baufinanzierung ist die Aareal Bank der Partner, beim Bausparen die Quelle Bausparkasse. Auch die Verwaltung ist so weit ausgelagert, wie es rechtlich möglich ist. Die Netbank hat weder eine eigene Personalverwaltung noch eine Rechtsabteilung; selbst das Rechnungswesen wird extern erledigt. Freilich zählt das Institut mit 53.000 Kunden und einer Bilanzsumme zu den Winzlingen der Branche. Zum Vergleich: Comdirect hat über 630.000 Kunden ... (Quelle: Auszüge aus o.V., (Netbank), 2004)

Die Entscheidung für oder gegen Dekonstruktion wird immer aus einem **Make-or-Buy-Kalkül** heraus getroffen, d. h. die Kosten und der Nutzen einer Eigen- oder Fremderstellung werden gegenübergestellt *(Edelman/Heuskel 1999, S. 2 ff.)*. Die Kosten werden insbesondere von der **Spezifizität** und der **Häufigkeit** der **Transaktionen** in der Wertkette bestimmt. Grundsätzlich gilt, je seltener eine Leistung erstellt wird, desto höher ist die Wahrscheinlichkeit des Einsatzes der Buy-Option; je spezifischer die Leistung, desto wahrscheinlicher ist die Make-Option. Zu erfassen sind – soweit im Vorhinein möglich – die Total Cost of Ownership, d. h. alle im Zeitablauf anfallenden Kosten einer Eigenerstellung, resp. die Gesamtkosten eines Fremdbezugs zuzüglich aller weiteren Kosten, z. B. Wartung, Materialien. Nutzenbetrachtungen münden in Überlegungen, was andere Banken und Sparkassen vielleicht besser können als man selbst. An deren Leistungen sollte man partizipieren, in dem man Funktionen dorthin verlagert oder in Kooperationen eintritt.

Grundsätzlich ist abschließend darauf hinzuweisen, dass die Gesamtheit aller Märkte parallel immer Wachstums- und Diversifikationsbestrebungen (Insourcing) und Dekonstruktionen (Outsourcing) und Schrumpfungen aufweist. Was wann wie zum Einsatz gebracht wird, ist eine Frage der Stellung von Produkten in ihrem Lebenszyklus und der Dynamik der Märkte und eine anspruchsvolle Aufgabe des Managements. Die Komposition von Banken und Sparkassen, die im Wettbewerb auf dynamischen Märkten stehen, ist insofern immer etwas fließend. Sie sollte jedoch nach allgemeiner Auffassung nicht „rauschend" sein – dafür sind die Kosten von Veränderungen und die Unruhe zu groß –, sondern vielmehr eine eingebaute Flexibilität aufweisen.

Strategien der Internationalisierung

Darunter wird der Eintritt in fremde Märkte verstanden. Für einen solchen Eintritt sprechen im Wesentlichen folgende Gründe: Gewinnung zusätzlicher Marktanteile (Marktentwicklung) und Märkte, gesättigter bzw. uninteressanter Heimatmarkt, niedrigere Produktionskosten oder günstigere Standorte, Ausschalten von Währungsrisiken, Sicherung von Rohstoffbasen, Folgen der Globalisierung von Konkurrenten oder Abnehmern sowie die Wiederverwendung von im Inland ausgemusterten Produktionstechniken in Entwicklungsländern wiederzuverwenden. Der Eintritt in ausländische Märkte kann auf unterschiedlichen Wegen *(Steinmann/Schreyögg 2000, S. 217)* erfolgen:

- **Export:** d. h. als Transfer von Waren und Dienstleistungen in andere Länder. Dies umschreibt den klassischen Außenhandel; im Bankbereich unüblich.

- **Lizenzvergabe:** d. h. durch Verkauf von Rechten an Technologien oder Marken an Unternehmen anderer Länder; im Bankbereich unüblich.
- **Franchising:** d. h. Verkauf eines Programmpakets an Unternehmen anderer Länder (*CitiBank* in Belgien).
- **Strategische Allianzen:** d. h. die Zusammenarbeit auf Zeit mit Banken aus anderen Ländern und z. B. Nutzung von deren Vertriebskanälen, Kundenstämmen, Administration.
- **Direktinvestition:** Aufbau eigener Filialen/Niederlassungen in fremden Ländern.
- **Akquisition oder Fusion:** Erwerb einer ausländischen Gesellschaft (z. B. *Bankers Trust durch Deutsche Bank, BfG durch SEB*) oder Zusammenschluss.

Vergleicht man die Wege der Internationalisierung mit denen der Diversifikation/Akquisition/Fusion, Eigenaufbau und Kooperation, so finden sich viele Ähnlichkeiten. Ein auch bei der Internalisierung häufig zu beobachtender Weg ist die Akquisition, die gerade in den letzten zwanzig Jahren stark zugenommen hat.

Die Wahl des Weges hängt neben ökonomischen Gründen insbesondere von den **rechtlichen** und den **landeskulturellen Restriktionen** des Gastlandes ab.

Strategien von bereits international tätigen Finanzinstituten

Grundsätzlich sind zwei Optionen zu unterscheiden, die in der Literatur häufig noch weiter ausdifferenziert werden *(Meffert, 1989, S. 93 ff.)*:

- Globalisierung (Globalstrategie)
- Fragmentierung (Regionalisierung)

Globalisierung (Globalstrategie)

Unter einer Globalstrategie versteht man die Entscheidung eines Unternehmens, unterschiedliche Länder mit der gleichen Produkt- und Dienstleistungspalette, der gleichen Produktionstechnologie sowie der gleichen Geschäftsfeldstrategie zu bearbeiten. Das Beispiel schlechthin stellt die Citibank dar.

Fragmentierung (Regionalisierung)

Eine fragmentierte Strategie passt sich an die Wettbewerbssituation des jeweiligen Gastlandes an und berücksichtigt nationale Besonderheiten. Die Besonderheiten können rechtlicher, kultureller, ökonomischer oder sozialer Natur sein. Dies bedeutet, dass Unternehmen im Extremfall in jedem Land eine eigene Strategie verfolgen können.

8.2 Strategische Optionen auf der Geschäftsfeldebene

Die Bestimmung der strategischen Optionen auf der Geschäftsfeldebene soll die Grundfrage beantworten: Wie wollen wir den Wettbewerb führen? Um eine Wettbewerbsstrategie in einem Geschäftsfeld zu entwickeln, sollen dabei drei Teilfragen beantwortet werden *(im Folgenden insbesondere Steinmann/Schreyögg 2000, S. 193 ff.)*.

1. Wo soll konkurriert werden? (**Ort** des Wettbewerbes)
2. Nach welchen Regeln soll konkurriert werden? (**Regeln** des Wettbewerbes)
3. Mit welcher Stoßrichtung soll konkurriert werden? (**Schwerpunkt** des Wettbewerbes)

8.2.1 Kernmarkt versus Nische

Die erste Frage richtet sich auf die Möglichkeiten der Marktabdeckung. Zu fragen ist: Ist es von Vorteil, eine Strategie für den ganzen Markt zu wählen oder die eigenen Stärken auf ein Segment des Marktes zu konzentrieren? Entschieden werden muss sich also zwischen **Kernmarkt** oder **Nische** (Teilmarkt).

Wenn sich ein Geschäftsfeld auf eine bestimmte Abnehmergruppe (z. B. Apotheker- und ÄrzteBank oder MLP auf Freiberufler/Akademiker; Kirchliche Zwecke), einen Teil des Produktprogramms (z. B. nur Bausparen, Autobanken) oder einen geographisch eng abgegrenzten Markt (z. B. Volksbanken und Sparkassen) konzentriert, dann handelt es sich um eine Nischenstrategie *(Porter 1992a, S. 67)*.

Die Frauenbank

„Viele Frauen fühlen sich bei traditionellen Banken schlecht beraten. Diese Marktlücke will ab Februar ‚frauenbank.de' schließen."

„Eine Bank von Frauen für Frauen: In München hat sich ein neues Geldhaus gegründet. Männer bleiben draußen.

... Wer beim Info-Abend des Münchner Finanzberaters FrauenVermögen nach den ‚Kunden' fragt, wird gleich eines Besseren belehrt. ‚Hier werden Sie keine Kunden, sondern Kundinnen treffen', mault eine resolute ältere Besucherin dazwischen. Willkommen im lila Geldgewerbe!

Astrid Hastreiter, Chefin und Alleingesellschafterin des am Donnerstag gestarteten MiniFinanzdienstleisters, sieht die Dinge entspannter ... . Und deshalb bietet die Frauenvermögensverwaltungs AG (www.frauenbank.de) Geldberatung von Frauen für Frauen an. In einer zweiten Stufe soll daraus ein richtiges Kreditinstitut werden: die Frauenbank AG ...

Und tatsächlich zeigen Studien, dass Frauen an der Börse im Schnitt ein besseres Händchen haben als Männer ... ‚Ich empfehle, auch wenn ich für Männer Kontakte zu Kreditinstituten herstelle, grundsätzlich weibliche Beraterinnen', ... habe sie die Erfahrung gemacht, dass ‚Frauen ideenreicher und hartnäckiger sind, wenn es darum geht, finanzielle Lösungen für den Kunden zu suchen'."

"Wir haben 45.000 Adressen", sagt die Gründerin, 1.300 Personen hätten ihre Beteiligungsabsicht bekundet ... Der neue Finanzdienstleister verspricht eine unabhängige Beratung, die jeder Kundin das in ihrer Lebenssituation beste Produkt anbietet. So hätten häufig Frauen noch immer eine geringe Altersvorsorge, die durch sinnvollen Vermögensaufbau verbessert werden könnte. Existenzgründerinnen hätten es oft schwer, Kredite zu bekommen. Die Biografien von Frauen verlangten häufig nach flexiblen Anlageformen, da wegen der Familienphasen das Einkommen unregelmäßig sei. Auch wünschten sich viele Frauen ethische und ökologische Geldanlagen."
(Quellen: aus Barek, 2002; Theurer, 2004, S. 51 und Hilberth, 2005)

Die Entscheidung für eine Nischenstrategie bedeutet immer auch den Verzicht auf mögliche Mehrumsätze. Die Konzentration bringt jedoch häufig eine bessere Marktdurchdringung und eine höhere Kundenbindung etwa durch hohe regionale Identifikation mit sich. Eine Nische zu besetzen verspricht immer dann Erfolg, wenn die Anbieter des Kernmarktes aus strukturellen (Technologie, Vertriebssystem, Instandhaltungs- und Serviceorganisation, fehlendes Image oder Akzeptanz wegen fehlender regionaler Einbindung) oder aus finanziellen Gründen (höhere Kosten der Führung einer Filiale bei nicht ausreichender Kundenfrequenz etc.) Nischen nicht mitbedienen wollen oder können. Ein gutes Beispiel stellt z. B. im Handel das Verhältnis von großen Bekleidungseinzelhändlern wie *Karstadt, Kaufhof* oder *Peek & Cloppenburg* zu kleinen Spezialanbietern wie Berufsbekleidungsgeschäften, Designerläden oder Anbietern von Übergrößen dar.

Im Wettstreit um Senioren und Türken

(...) Auch die Sparkassen kümmern sich verstärkt um die Zielgruppe Senioren. Die Stadtsparkasse Düsseldorf hat eine Filiale in einem Wohnstift, in Aachen finden bunte Nachmittage mit Finanzvorträgen für ältere Menschen statt, und die Internetauftritte der Institute werden speziell auf die Generation 50plus ausgerichtet. Der Rheinische Sparkassen und Giroverband (RSGV) kooperiert mit dem Seniorenportal Atlantis City und der Deutschen Seniorenliga. Er stellt auf die Webseiten seiner Sparkassen Reiseberichte und Beiträge über Gesundheit, Tanzen und Verbraucherschutz. Zudem werden an der Volkshochschule Onlinebanking-Kurse angeboten (...).

(...) Neben den Senioren fokussieren sich die Bemühungen der Banken auf die über 7 Millionen Ausländer, die in Deutschland leben. Den Türken kommt aufgrund ihrer Kaufkraft von rund 16 Mrd. EUR eine Schlüsselrolle zu (...). Türkische Mitbürger sparen mit über 20 % ihres Nettoeinkommens doppelt so viel wie Deutsche. Die Summe, die auf türkischen Sparbüchern

ruht, schätzt der Gesamtverband der Deutschen Versicherungswirtschaft (GDV) auf 20 Mrd. EUR.

Die deutschen Kreditinstitute haben die Chancen erst spät erkannt. Die Hypovereinsbank (HVB) und die zum Mutterkonzern Unicredit gehörende Yapi Kredi, die viertgrößte Bank der Türkei, bieten ihre Dienste in Deutschland in mehreren Städten an. Künftig sollen weitere HVB-Filialen eigene Yapi-Corners erhalten. Die Deutsche Bank hat vor zwei Jahren die Marke Bankamiz (türkisch für „unsere Bank") eingeführt und ist an 29 Standorten vertreten. Zweisprachige Berater beantworten Fragen der Altersvorsorge und Geldanlage. Prämien wie Trikots türkischer Vereine, traditionelle Nazar-Boncuk-Motive auf EC-Karten oder der Service, fünfmal kostenlos im Jahr Geld in die Heimat zu überweisen, sollen die Kunden binden (...).

(aus: Fahlbusch, F./Bayer, T. (2007): Bank der Zukunft (Teil 2) – Im Wettstreit um Senioren und Türken)

Nischenstrategien zeichnen sich zuweilen dadurch aus, dass die Nische klein ist und nur wenigen Anbietern ein profitables Überleben neben einer größeren Anzahl von Kernmarktbedienern garantiert *(Besanko/Dranove/Shanley 2000, S. 429 f.)*. Dies ist wiederum typisch für den Modemarkt, auf dem nur wenige Designerläden oder andere Spezialgeschäfte neben den Kernmarktbedienern bestehen können, lässt sich aber auch im Banking feststellen. So war etwa die *Gontard & Metallbank*, die insbesondere Börsengänge von Unternehmen des neuen Marktes organisierte, ein solcher Fall einer kleineren, spezialisierten Bank im Konzert der Großen. Die Konzentration auf Nischen kann Unternehmen, die sich über lange Jahre hinweg spezialisiert und weit differenziert haben, unangreifbar machen. Es ist jedoch gleichzeitig mitunter sehr riskant, da spezielle Angebote in der Regel sehr kostenintensiv sind und das Absatzrisiko in der Nische häufig höher ist, wie auch gerade die Insolvenz der *Gontard & Metallbank* beweist, bei der es sich beim Zusammenbruch des Neuen Marktes unmittelbar rächte, sich einseitig genau darauf ausgerichtet zu haben *(vgl. Sommer, 2005, S. 22)*. In „Mehrfach-Nischen", wie „Ladies-Office", Frauen und Family Office steigt das Risiko dementsprechend *(vgl. Grün/Balks, 2004, S. 24 ff.)*.

So spüren etwa die Autobanken die Wirtschaftskrise, weil sie zwar in den letzten Jahren stark im Bereich der Kundeneinlagen gewachsen waren, ihr Kerngeschäft aber immer noch zu weiten Teilen in der Finanzierung von Autokäufen und Leasing besteht. Die Absatz-Krise der Autobauer wird somit sofort zur Krise der Autobanken und damit wieder für die Hersteller selbst.

Autobanken im Sog der Finanzmarktkrise

Die eigene Bank – das war lange Jahre ein attraktives Nebengeschäft für Automobilhersteller (...). Im vergangenen Jahr (2008) bescherten die Banken ihren Konzernmüttern ansehnliche Gewinne (...). (...) berichtete Ende März, dass die deutschen Autobanken einen Marktanteil von 66 % aller in Deutschland finanzierten oder geleasten Neufahrzeuge hätten (...). Da die Finanzmarktkrise erst später im Jahr 2008 ausgebrochen ist, lassen sich die schlechten Auswirkungen noch durch zuvor sehr erfolgreiche Zeiten kompensieren. Denn: Die Probleme der

Autoindustrie trafen auch die Autobanken selbst. „Wir haben uns analog entwickelt", fasst D. Kupisch, Pressesprecher von Volkswagen Financial Services, zusammen. Damit meint er die analoge Entwicklung von Leasing- und Finanzierungsverträgen im Verhältnis zu Neuzulassungen der Volkswagen (…). Einbußen mussten die Autobanken auch dadurch hinnehmen, dass Autokäufer sich nach und nach mit Finanzierungen zurückhielten (…).

Die Autobanken haben ein klares Ziel. Sie müssen sich günstig refinanzieren und Liquidität schaffen. Die Institute setzen auf ihr Einlagengeschäft. Mit unglaublich attraktiven Zinsversprechen für Tagesgeldkonten überzeugten sie bereits Millionen von Sparern (…). Die Refinanzierung kann jedoch nur zu einem geringen Teil durch das Einlagengeschäft vollzogen werden. „Alle Banken, die kaum klassisches Einlagengeschäft haben, sind derzeit sehr anfällig", sagt Finanzprofessor W. Gerke. Deswegen werben die Autobanken so angestrengt um die Gunst der Sparer. Und Unternehmensberater Gushurst wirft den Instituten vor, sich in der Vergangenheit nicht ausreichend um die Liquiditätssicherung und dauerhafte Refinanzierung bemüht zu haben.

(Quelle: aus Germann, 2009, S. 28 f.)

8.2.2 Veränderung versus Anpassung

Die Frage nach den Regeln des Wettbewerbes soll beantworten, ob man der Struktur des Geschäftsfeldes und dem Verhalten der Mitbewerber folgt (Imitation), d. h. eher reaktive **Anpassung**, oder ob man eine **Veränderung** der Regeln anstrebt, d. h. durch eigene Aktionen (Produkt- oder Prozessinnovation) den Wettbewerb anstößt. Bei der Entscheidung für Anpassung werden die Marktverhältnisse als gegeben angenommen und es gilt, sich „optimal zu platzieren". Wird dagegen Veränderung angestrebt, muss geprüft werden, **inwieweit** (eine Frage der Marktmacht und der Kundenloyalität) und **wie** (z. B. durch Änderungen der Preise, des Marktauftritts, der Produktpalette oder Abläufe, durch Innovation, Kooperation, Fusion, Übernahme der Konkurrenz etc.) die Regeln des Wettbewerbes neu definiert werden können *(vgl. z. B. über das Geschäftsmodell der Quirin Bank, keine Provisionen zu nehmen, Böll, S./Hetzer, J. (2007), S. 178).*

„Verdienen will Schmidt <Quirin Bank> alleine am Erfolg der Anleger. Wer Quirin sein Geld anvertraut, muss 20 % seiner Gewinne an die Bank abgeben. Schaffen die Geldmanager kein Plus oder machen sie gar Verluste, zahlen die Anleger nichts."

Unternehmen, die die Regeln brechen, können (kurzfristig) sehr große Nachfragepotenziale auf sich vereinen (First-Mover-Advantage). Besteht der Regelbruch in einer Produkt- oder Verfahrensinnovation, entsteht etwa sogar ein neuer Markt, kann ein zeitlich begrenztes Monopol verwirklicht werden. Vereinzelt kommt es zu sogenannten **Lock-In-Effekten,** d. h. einer systematischen Verriegelung des Marktes, wenn es dem oder den ersten Unternehmen gelingt, einen so starken Entwicklungs- und/oder Marktanteilsvorsprung zu erarbeiten (*easy credit* im Konsumentenkreditbereich, HSBC-Kooperation mit Tchibo), dass Nachzügler ihn nicht mehr oder nur mühsam aufholen können (z. B. Betriebssystem Windows von *Microsoft* oder das VHS-Videosystem). Die am Markt platzierte Menge führt dazu, dass das Produkt zum Standard wird. Dies gilt jedoch nicht für alle Branchen. Manchmal kann es vorteilhafter sein, quasi als Trittbrettfahrer, die Forschungs- und Startinvestitionen anderen zu überlassen (die Innovatoren versuchen sich mit Patenten und Lizenzen zu schützen) und die Kinderkrankheiten einer Marktentwicklung abzuwarten, um als erster Imitator erfolgreich zu agieren.

Die Lust am Schnäppchen

Die „unschlagbare Kombination" – zwei attraktive dunkelhaarige Frauen – lächelt vom Prospekt. Die eineiigen Zwillinge wecken Sehnsüchte, zumindest bei dem männlichen Teil der Bevölkerung. Für den weiblichen Teil bleibt die schöne karibische Kulisse, bestehend aus azurblauem Himmel, glasklarem Wasser, Palmen, Liegestühlen und Puderzuckerstrand.

Diese Versuchung stammt nicht aus einem Reisekatalog. Beworben wird ein Kombiprodukt, bestehend aus einem Festgeld und einer Anlage in Investmentfonds. Die halbseitige Anzeige ist Teil eines Werbeprospektes, den die Kreissparkasse Ludwigsburg mittlerweile im Zwei-Monats-Rhythmus an alle Haushalte mit Tageszeitung im Geschäftsgebiet verteilen lässt. Der Prospekt gehört zu einer aggressiven Preis und Werbekampagne. Preiskämpfer in der Bankenbranche sind mittlerweile keine Neuheit mehr. Doch der Marktführer im Kreis Ludwigsburg zeigt, wie eine Bank sich von der Masse abheben und ihre Kampagnen erfolgreich publik machen kann. Große, quietschgelbe Störer mit Prozentsätzen, Worte wie „Sonderpreis" und „gültig bis" – diese Merkmale erinnern an Werbestrategien, wie sie im Handel längst an der Tagesordnung sind – die Zwillinge sind übrigens „echte" Mitarbeiterinnen der Kreissparkasse. Ob „Sex sells"-Motiv, mit dem unter anderem Media Markt für Aufregung sorgte oder Kampfkonditionen – die Tricks des Handels sind auch in der Bankbranche kein Tabu mehr. Das DIN A3-Prospektformat des Kreissparkassen-Folders erinnert an die ganzseitigen Aldi-Anzeigen in diversen Tageszeitungen. Und tatsächlich: „Vom Handel lernen heißt verkaufen lernen", so Harald Felzen, Vorstandsmitglied der Kreissparkasse. Deshalb habe man auch das Wort „Vertrieb" durch den Begriff „Verkauf" ersetzt. Schließlich wolle man Kunden anlocken und nicht vertreiben – unter anderem mit Discountpreisen und emotionalisierten Marken ...

Doch wie kann eine Bank ein positives Preisimage aufbauen? Ein Blick in den Handel hilft bei der Planung der operativen Maßnahmen weiter. Die erste Regel lautet: Verbalisiere das Wort „Preis" und belege es mit Emotionen ...

Regel Nummer zwei lautet: Preiserlebnisse müssen inszeniert werden. Preisaktionen wie „alles zum halben Preis" oder „so lange der Vorrat reicht" treiben den Verbraucher in die Filiale – obwohl das Vorratsproblem bei Banken gar nicht besteht.

Die dritte Regel: Kommuniziere Preise bildlich, etwa über Plakate. Dazu gehören auch Preisgegenüberstellungen, bei denen der „Originalpreis" gestrichen und der aktuelle Preis sowie die Ersparnis in Prozent angegeben werden. Eingängige Ziffernfolgen, etwa die sogenannten

Schnapszahlen oder „gebrochene Preise" knapp unterhalb bestimmter Preisschwellen, meist glatter Beträge, suggerieren günstige Preise. (Kraus, 2006, S. 17-20).

Anzeige aus Prospekt der Kreissparkasse Ludwigsburg

(Quelle: Abgedruckt in Kraus (2006), S.16)

Werbung in einer neuen Dimension

… BM: Was halten die Mitarbeiter von dem Konzept – wie waren die Reaktionen zu Beginn?

Felzen: Die Reaktionen waren gemischt – einige Mitarbeiter haben auch anfangs gefragt, ob wir uns mit Aldi in eine Reihe stellen möchten. Meine Antwort: „Wenn wir mit Aldi verglichen werden, ist das ein ausgesprochenes Kompliment." Allerdings müssen neue Konzepte in einem Unternehmen im offenen Dialog diskutiert werden.

BM: Die Produkte des Handels kann der Kunde anfassen, Bankprodukte nicht. Welche Ideen des Handels können Banken übernehmen?

Felzen: Ich sehe ein Regalsystem vor mir. Stellen Sie sich vor, Sie nehmen ein Päckchen Lebensversicherung für 19,99 Eur aus dem Regal – wie eine Packung Cornflakes – und bezahlen an der Kasse. Erste Ansätze für diese Entwicklung existieren bereits. In der Zukunft sollten Banken mit ihren Verkaufsaktivitäten alle Sinne des Kunden ansprechen – wie es der Handel schon seit langem tut. Hier haben Banken eine Menge aufzuholen. (O.V., Interview Bankmagazin, Felzen, 2006, S. 21).

8.2.3 Kostenführerschaft versus Differenzierung

Die dritte Frage schließlich beantwortet, ob der Wettbewerb schwerpunktmäßig über günstige Kosten oder aber über Leistungsdifferenzierung geführt werden soll.

Die **Kostenschwerpunktstrategie** zielt immer darauf ab, gegenüber den Mitbewerbern relative Kostenvorsprünge zu erzielen. Leistungen müssen preiswerter entwickelt, produziert und vertrieben werden, als Wettbewerber dies können *(Müller-Stewens/Lechner 2001, S. 198)*. Die Bank oder Sparkasse mit der günstigsten Kostenstruktur wäre dann der Kostenführer. Dabei sollte fein zwischen Kosten- und Preisführerschaft unterschieden werden. Ein Kostenführer kann Preisführer sein. Dann gibt er, um im Wettbewerb Vorteile zu realisieren, Teile seines Kostenvorsprungs an die Kunden weiter. Fährt er nicht die Strategie eines parallelen Preisführers, so kann ein Kostenführer hohe Gewinne realisieren (z. B. Aldi). Dagegen muss ein Preisführer nicht der Kostenführer sein. Preisführer, die keine Kostenführer sind, laufen im Wettbewerb Gefahr, Verluste zu machen, insbesondere dann, wenn sie in spürbarem Wettbewerb zum Kostenführer stehen, und dieser wirksam damit drohen kann, eine Preisschlacht nach unten zu führen und dies über eine längere Zeit durchhalten kann. Nach einer solchen Preisschlacht ist es für die Banken, die sich nicht über Differenzierung in Produkten und Leistungen im Wettbewerb abheben, sondern Standardprodukte anbieten, äußerst schwierig, erneut höhere Preise am Markt durchzusetzen. Eine ganze Branche kann sich so durch Preis- oder Rabattschlachten auf ein gewinnloses Niveau herunterkonkurrieren. Am Ende überlebt nur der Kostenführer oder die Mitbewerber müssen neue Differenzierungsquellen suchen.

In der Regel wird bei dieser Strategieausprägung ein **Standardgut** mit durchschnittlicher Qualität und Gestaltung angeboten. Im Dienstleistungssektor handelt es sich häufig um beratungsarme Produkte und geringen Service. Dies äußert sich im Filialgeschäft etwa durch den Grad der Dominanz von Geldautomaten im Verhältnis zur Leistungserbringung durch Personal im Allgemeinen und den Anteil beratungsintensiver Produkte im Speziellen. Kostenführerschaft (resp. Kostenorientierung) im Bereich der Banken und Sparkassen kann sich auch durch die Einschränkung von Leistungen äußern. Oder dadurch, dass bestimmte Leistungen nicht mehr von der Bank und deren Mitarbeitern erledigt werden, sondern durch Übertragung der Aufgaben auf die Kunden. Dies ist typisch für Online-Banken, ebenso wie im Nichtbankenbereich z. B. für IKEA. Dort können die Kunden neuerdings sogar ihre Waren an der Kasse selbst einscannen und bezahlen.

Diba – die Aldi Bank

Wie gelingt eine solche Erfolgsstory? Laut Tellings (Chef diba, Deutschland) ganz einfach: „Weniger ist mehr". Seine Marketingabteilung hat sich einen einfachen Vergleich ausgedacht: Bankfilialen sind wie Telefonzellen im Handyzeitalter! Also alt, unbequem, überflüssig. Das versteht jeder (…) es rechnet sich für die Diba. Eine Transaktion per Telefon ist bis zu 60 %, eine übers Internet 99 % billiger als in den Filialen.

Der Köder sind die Zinsen – die gibt's ab dem ersten Euro.

Die Diba gibt einen Teil der Ersparnis an ihre Kunden weiter, etwa über das „Extra-Konto". Dort gibt es 2,5 % Zinsen (2008) ab dem ersten Euro. Daneben wirken die althergebrachten Banken wie Knauser (…).

Im Zinswettlauf mit anderen Direktbanken ist die Diba mit den 2,5 % auf den ersten Blick schon gar nicht mehr die Nummer eins – sieben Institute bieten noch mehr.

(Quelle: o.V., Aldi-Bank, 2008)

Kostenführerschaft zielt auf große Marktanteile. Nur Anbieter, die große Kostendegressionen durch starke Mengenausweitung (Industrialisierung) realisieren können, können sinnvollerweise Kostenführerschaft anstreben. Diesen Zusammenhang verdeutlicht das Konzept der **Erfahrungskurve**.

Die Erfahrungskurve beschreibt die potenzielle Entwicklung der Stückkosten in Abhängigkeit von der produzierten Menge. Die (inflationsbereinigten) Stückkosten (Fertigungs-, Kapital-, Verwaltungs-, Marketingkosten etc.) können sich um 20–30 % mit jeder Verdopplung der kumulierten Produktionsmenge verringern.

Als Ursachen für den Kostendegressionseffekt wird auf zwei Einflussgrößen verwiesen:

- Lerneffekt: Man geht davon aus, dass die Produzierenden mit jeder weiteren Leistung ihre Fertigkeiten sukzessive verbessern, Routinen entwickeln und so Fehler vermeiden oder produktiver werden.
- Economies of scale: Eine proportionale Erhöhung des Inputs führt zu einer überproportionalen Erhöhung des Outputs, da der Fixanteil der Kosten sinkt und niedrigere totale Durchschnittskosten erzielt werden können *(für viele Henderson, 1993, S. 412 ff.; Besanko/Dranove/Shanley, 2000, S. 72 und S. 91 f.)*.

Erfahrungskurve

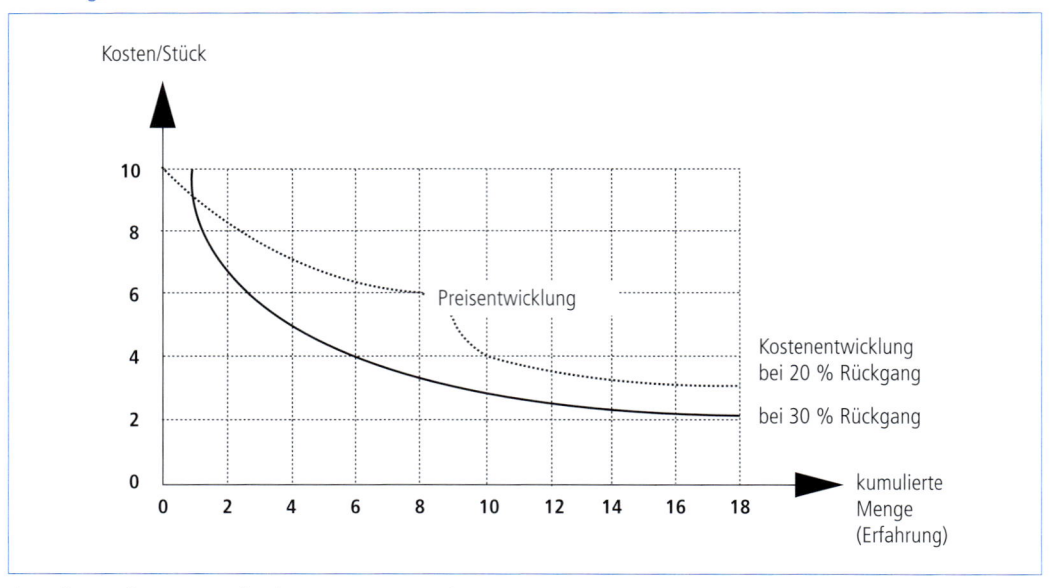

```
Kosten/Stück
  ↑
10 ┊╲
   ┊ ╲  ╲
 8 ┊  ╲   ╲
   ┊   ╲    ╲
 6 ┊    ╲     ╲ Preisentwicklung
   ┊     ╲      ╲
 4 ┊      ╲       ╲ ╲
   ┊        ╲        ╲ Kostenentwicklung
 2 ┊          ╲         bei 20 % Rückgang
   ┊             ╲ ╲ ╲  bei 30 % Rückgang
 0 ┊────────────────────→ kumulierte
   0  2  4  6  8 10 12 14 16 18   Menge
                                  (Erfahrung)
```

(Quelle: Müller-Stewens/Lechner 2001, S. 199)

Die Folgerung aus der Erfahrungskurve besteht schlussendlich in der Annahme, dass der größte Marktanteil die größte kumulierte Menge bedeutet, was zu den niedrigsten Stückkosten führt und insofern die höchste Rentabilität erzeugt. Das Streben nach dem höchstmöglichen Marktanteil entscheidet so den Wettbewerb. Diese Annahme gilt mit Abstrichen insbesondere für homogene Güter, erfuhr in den letzten Jahren jedoch vielfache Kritik. So wird bspw. unterschlagen, dass Wissen in den Branchen diffundiert und die Konkurrenz lernen könnte. Durch Imitation würde der Wettbewerbsvorsprung dagegen schnell erodieren. Die Erfahrungskurve ignoriere zudem Technologiesprünge und verführe Unternehmen zum Aufbau großer Kapazitäten, was zu sinkenden Renditen führen könne. Schließlich wird argumentiert, dass Größe alleine nicht selig mache. Einerseits wird dies damit begründet, dass Größenvorteile häufig schon bei kleinen Mengen erzielt werden können. Andererseits wird darauf hingewiesen, dass mit steigender Größe die Flexibilität leide, mögliche Synergien nur unzureichend genutzt würden und die Bürokratie zunehme. Es wird stattdessen empfohlen, bei der Kostenführerschaftsstrategie auf den gleichzeitigen unbedingten Anspruch auf Marktführerschaft zu verzichten.

Die **Differenzierungsstrategie,** die – nach eigener Aussage – von nahezu allen Finanzinstituten präferiert wird, zielt darauf ab, einen Wettbewerbsvorteil zu erreichen, indem man dem Gut (Produkt oder Dienstleistung) einen **Besonderheitscharakter** verleiht, der sich von der Konkurrenz abhebt. Solche Güter und Dienstleistungen sind quasi einzigartig. Sie erzeugen Loyalität, und Kunden nehmen wegen des Besonderheitscharakters in einem gewissen Maß höhere Preise in Kauf. Die Wahl der Differenzierungsstrategie kann insofern auch immer als Versuch gelten, die Preiselastizität der Nachfrage zu senken. Der Differenzierer möchte, selbst bei starken Preisunterbietungen durch die Konkurrenz, seine loyale Kernnachfrage erhalten. Dafür verspricht er den Kunden den Zusatznutzen eines „besseren" Gutes, d. h. im Banking & Finance bessere Verzinsung des eingesetzten Kapitals resp. bessere Beratung. Differenzierung ist häufig von Kunden- oder Produktsegmentation begleitet.

Differenzierung kann zwei Formen annehmen *(Steinmann/Schreyögg 2005, S. 199 f.)*, entweder durch Produkt- oder Verfahrensentwicklungen, die auf die

- Senkung der Nutzungskosten und/oder
- Steigerung des Nutzungswertes abzielen.

Im ersten Fall hat ein Produkt zwar einen höheren Preis, dieser rechnet sich jedoch über eine längere Nutzungsdauer, weil die Qualität höher ist bzw. weniger Reparaturen oder Reklamationen anfallen. Insbesondere langlebige Konsumgüter wie Automobile, Elektrogeräte etc. können hier als Beispiele genannt werden. So ist etwa ein Auto von *Daimler-Benz* in der Anschaffung teurer als vergleichbare Modelle, es gilt jedoch als weniger anfällig für Reparaturen und „hält länger". Der Ruf einer *Miele*-Waschmaschine ist unerreicht. Gleiches gilt bei Textilien. Qualitativ hochwertige Marken-T-Shirts z. B. weisen im Durchschnitt eine erheblich längere Lebensdauer auf als preiswerte. Ihre totalen Nutzungskosten sind bei längerer Nutzungsdauer niedriger. Im Bereich von Banken und Sparkassen können z. B. Beratungsgebühren für eine Wertpapierberatung anfallen. Verteilt über mehrere Perioden können die Nutzungskosten jedoch geringer sein, wenn die Beratung besser und somit nicht so häufige mit Wertverlusten verknüpfte Wechsel im Portfolio des Anlegers notwendig sind.

Im zweiten Fall wird subjektive Einmaligkeit durch Schaffung eines vermeintlichen Zusatznutzens bewirkt. Der Zusatznutzen resultiert bei Banken und Sparkassen aus besserer Beratung, Service und Betreuung, Kundendienst, Standort, Qualität, Design, Image und Markenname oder breiter Produktpalette, die ein höheres Maß an Auswahl zulässt.

So sieht in der jährlichen Untersuchung Bank & Zukunft (2009) jede vierte Sparkasse in der Herauslösung des Private Banking aus dem Flächenvertrieb ein wichtiges Investitionsfeld im Vertrieb, um sich im Wettbewerb zu differenzieren. In der Gruppe der Genossenschaftsbanken wird dieser Punkt dagegen nur von jeder sechsten Bank genannt (vgl. Spath/Engstler/Praeg/Vocke, S. 25).

Eine Differenzierungsstrategie verspricht Erfolg, wenn die Differenzierung für die Kunden wichtig ist und wenn sie von diesen auch wahrgenommen wird. Die Differenzierung ist regelmäßig mit höheren Kosten verbunden. Güter und Leistungen können so lange differenziert werden, wie der zusätzlich erzielbare Ertrag größer ist als die zusätzlichen Aufwendungen (wirtschaftl. Differenzierung). Ferner macht die bedingte Einmaligkeit eines erfolgreich differenzierten Produktes dieses relativ imitationssicher und wirkt deshalb wie eine Markteintrittsschranke.

Die Gefahren bei Differenzierung lauern zum einen in der geringeren Menge und zum anderen den höheren Kosten. Exklusivität schließt große Marktanteile aus und lebt auch davon. Der spezifische Nutzen eines Family Offices besteht in den Augen der Käufer auch darin, dass nur wenige Nachfrager zum Zug kommen und die Betreuung ebenfalls exklusiv ist. Ferner besteht bei Differenzierung eines Produktes die Gefahr, sich in einer für den Kunden unübersichtlichen Typenvielfalt (unübersichtliches Fondsangebot) zu verzetteln (oder Modellvielfalt bei *Siemens*-Staubsaugern und zugehörigen Staubsaugertüten). Dies führt häufig dazu, dass die differenzierten Produkte oder Leistungen eines Unternehmens sich gegenseitig Konkurrenz machen und „kannibalisieren". Hier findet eine ursprünglich sinnvolle Differenzierung ihre Grenze.

8.2.4 Der strategische Würfel

Die Beantwortung der drei Fragen zu den strategischen Optionen auf der Geschäftsfeldebene kann im Prinzip auf die Rekonstruktion einer Strategie gerichtet sein – dann interessiert die gegenwärtige oder eine frühere Strategie. Sie kann aber auch als Zukunftsprogramm entworfen werden. Wie *Steinmann/Schreyögg* zusammengefasst haben, ergeben die drei Grundfragen mit ihren jeweils bipolaren Ausprägungen acht Optionen (2^3). Diese Optionen kann man, wie die Abbildung zeigt, als einen Würfel darstellen, der wiederum aus acht Würfeln besteht:

Der strategische Würfel

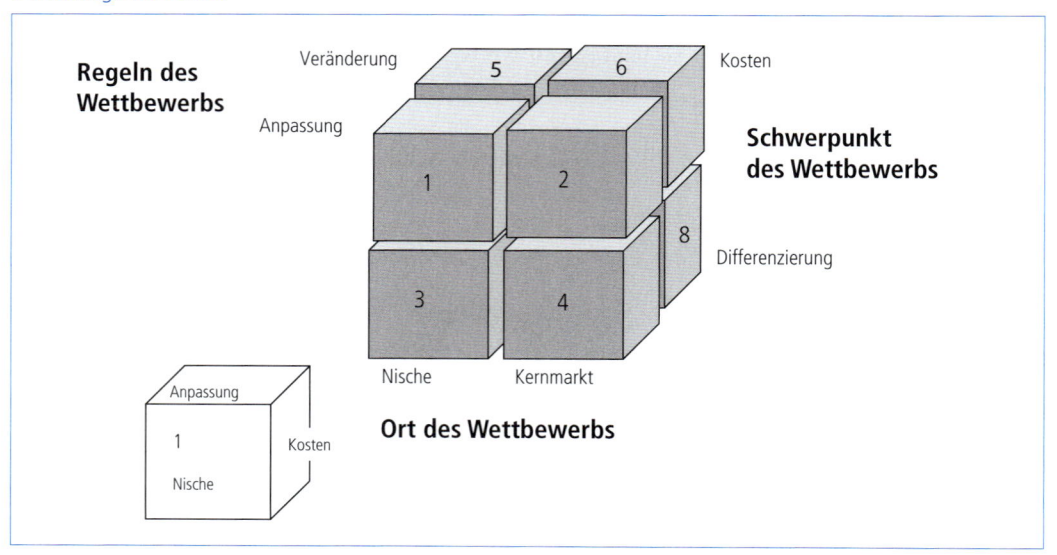

(Quelle: Steinmann/Schreyögg 2005, S. 234)

8.2.5 Mischstrategien

Die oben präsentierten Optionenpaare auf der Geschäftsfeldebene sind alternative Möglichkeiten, die sich jeweils gegenseitig ausschließen. Geschäftsfelder, die bspw. nicht eindeutig auf Kostenführerschaft fokussieren und daneben versuchen, mäßig zu differenzieren, **"sitzen zwischen den Stühlen"** *(Porter 1992a, S. 71 ff.)*. Kostenführerschaft verlangt die Optimierung der Kostenstruktur und führt zu **standardisierten Durchschnittsqualitäten** ohne Extras. Differenzierung bedeutet die Erbringung eines zusätzlichen Leistungsangebotes und ist insofern mit zusätzlichen Kosten verbunden. Bei einer Mischstrategie – z. B. Onlinebank, die dann doch beginnt, Beratungselemente einzuführen – können weder große Mengen abgesetzt werden, noch exklusive Kundengruppen bedient werden. Die Rentabilität ist geringer als bei Fokussierung auf eine Strategie. Es ist klar, dass Banken, die alle eine Differenzierungsstrategie fahren (z. B. aus der gleichen strategischen Gruppe), unterschiedliche Kostenstrukturen aufweisen können und natürlich bestrebt sind, möglichst günstige Kostenrelationen zu realisieren. Kostenführerschaft bedeutet jedoch die branchenweit günstigste Kostenstrukur (**Highlander-Prinzip** – es kann nur einen geben) und dies ist unvereinbar mit Differenzierung.

Zwischen den Stühlen

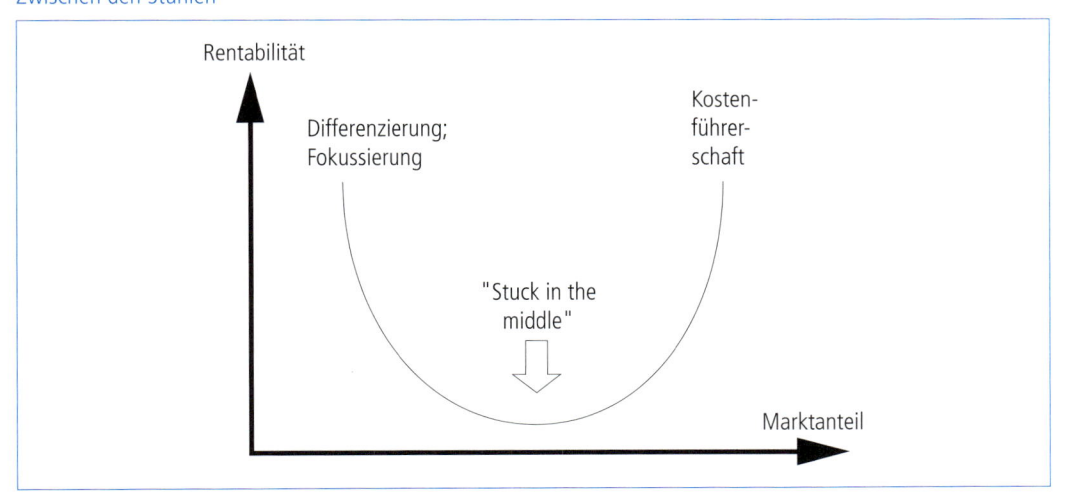

(Quelle: Müller-Stewens/Lechner 2001, S. 204)

Die Unvereinbarkeit der Optionen gilt bezogen auf einen Zeitpunkt *(vgl. im Überblick Fleck, 1995)*. Im Zeitablauf kann es durchaus ratsam sein, eine einmal gewählte Strategie zu ändern, wenn sich bspw. das wettbewerbliche Umfeld ändert. Ein stark gestiegenes oder gesunkenes Marktvolumen löst strategische Änderungen aus. So verschafften sich etwa die japanischen Autobauer (z. B. *Honda*) zunächst in den 70er-Jahren mit dem Versuch der Kostenführerschaft die notwendigen Marktanteile im Klein- und Mittelwagensegment. Später wurde in Differenzierung investiert (durch Entwicklung leistungsfähigerer Motoren mittels Eintritt in die Formel 1), um auch im Segment der gehobenen Mittelklasse Fuß fassen zu können *(Müller-Stewens/Lechner*

2001, S. 201 f.). Ähnliches kann gegenwärtig für den Bereich der Online-Banken beobachtet werden, die zunächst mit günstigen Preisen ohne Beratung einen Kundenstamm aufbauen und sukzessive zu einer Differenzierungsstrategie mit individuellen Beratungsangeboten wechseln. Umgekehrt kann der Wechsel von einer Differenzierungsstrategie zur Kostenführerschaft mit der Reduzierung auf das Kerngeschäft verbunden sein und/oder dem Wunsch, stärker kostenorientiert zu wirtschaften. Eine solche Wendung im Zeitablauf wird als Versuch des **sequentiellen Outpacing** bezeichnet. Der Wechsel zwischen Strategien kann zu Wettbewerbsvorteilen führen, ein zu häufiger Wechsel oder die gleichzeitige Verfolgung mehrerer Strategien verspricht dagegen keinen Erfolg. Für viele Unternehmen ist ein kurzfristiger Wechsel zwischen Strategien aus kulturellen, ressourcentechnischen oder unternehmenshistorischen Entwicklungen regelrecht ausgeschlossen. Als prägnante Beispiele aus anderen Branchen können etwa *Aldi, McDonalds, Porsche, Bang und Olufsen* oder die *Bild-Zeitung* dienen.

„Honigtopf Europa"

Der Kunde wird komplexer, hebt Walter an, er kaufe auf der einen Seite ein Prämienprodukt wie einen Montblanc-Füller und auf der anderen Seite fahre er mit dem Jaguar bei Aldi vor und kaufe dort seine Basisprodukte. Diese Entwicklung hätten die Banken unterschätzt. „Die Banken blieben bei ihrer Aufstellung als Everybody's Darling", sagt Walter.

Die lange Jahre unterschätzten durchindustrialisierten Direktbanken mit ihren günstigen Konditionen für Produkte wie das Null-Euro-Konto auf der einen Seite und die Sparkassen auf der anderen Seite würden sich nun in eine neue Qualitätsdimension vorarbeiten. Jetzt müssten sich die Großbanken sowohl im Prämien- als auch im Basisbanking schnell richtig positionieren, um nicht noch stärker Marktanteile zu verlieren. (Syre, 2006)

Zunächst einmal müssen sie sich wahrscheinlich mit der Vorstellung anfreunden, dass man mit dem Konzept: „Alles für alle unter einem Dach" in Zukunft weniger Erfolg haben wird. Die Nachfrage differenziert sich und fragmentiert sich immer mehr, der hybride Kunde will das Sowohl-als-auch …Das heißt, die Universalisten werden auf einen Teil ihrer Kunden verzichten müssen. Zumindest auf die notorisch Preisorientierten bzw. auf diejenigen, die glauben, dass sie bei einem Spezialisten die besseren Preise bekommen. (Szallies, 2006, S. 41/42).

Drei grundsätzliche Käuferkategorien

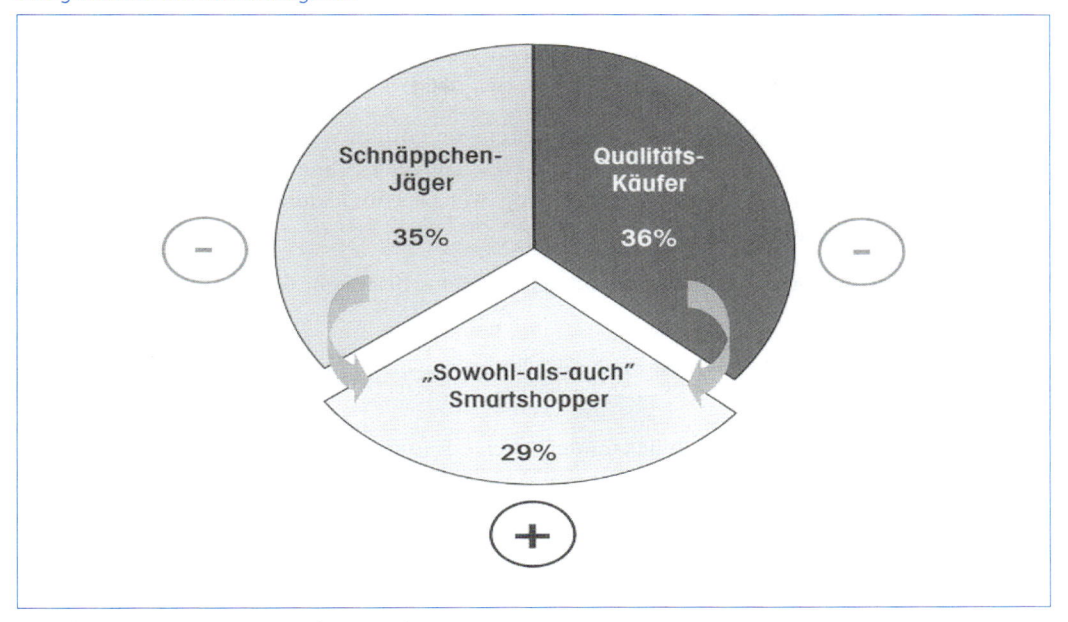

(Quelle: KPMG Consumer Markets, BBE)

Ist mit dem Wechsel der Strategie eine Innovation verbunden und ergibt sich für die Bank oder Sparkasse ein temporäres Alleinstellungsmerkmal im Sinne eines befristeten Monopols, so können durchaus zwei an sich unvereinbar geltende Strategieausprägungen parallel beobachtet werden, wie etwa Differenzierung und Kostenführerschaft. Im Gegensatz zur Porterthese kann in einem solchen Fall durchaus eine hohe Rentabilität festgestellt werden. Diese Ausprägung wird als **simultanes Outpacing** bezeichnet.

Fraglich ist jedoch immer, wie lange das temporäre Monopol aufrechterhalten werden kann. In Banken gilt üblicherweise, dass wegen der Homogenität der Produkte und Dienstleistungen Vorstöße sehr schnell gekontert bzw. imitiert werden können.

Aufgaben

1. Geben Sie Ihnen bekannte Beispiele von lateralen und vertikalen Diversifikationen. Erläutern Sie, was eine verwandte Diversifikation ist.

2. Diskutieren Sie die Verwendungsmöglichkeiten von Portfolios im strategischen Management der Finanzinstitute. Verorten Sie die Geschäftsfelder Ihres Hauses in einer BCG-Matrix und begründen Sie Ihre Entscheidung. Welche Entwicklungen in den Geschäftsfeldern sind geplant?

3. Worin können in Kooperationsbeziehungen Probleme bestehen? Geben Sie Beispiele aus Ihrer Praxis.

4. Diskutieren Sie über eine „Seniorenbank". Entwerfen Sie ein Geschäftsmodell einer solchen Bank.

5. Geben Sie Beispiele für Ihnen bekannte „Regelverletzungen" im Markt für Finanzdienstleistungen (Geschäftsfeldstrategie: Option Veränderung)

6. Sitzen zwischen den Stühlen. Diskutieren Sie anhand eines Ihnen bekannten Beispiels aus der Praxis mögliche Folgen nichtfokussierter Strategien. Verorten Sie Ihr Geschäftsfeld im Porter'schen U und begründen Sie Ihre Entscheidung.

7. Diskutieren Sie Unterschiede zwischen Preis- und Kostenführerschaft am Beispiel des „Smart-Shoppers".

8. Welche Gefahren lauern in Preiskämpfen?

Der strategische Managementprozess wird fortgesetzt mit der strategischen Wahl, welche der Optionen nach Analyse von Stärken und Schwächen sowie Chancen und Risiken weiter verfolgt werden soll. Der Wahl einer günstigen Option schließt sich die Strategieumsetzung an. Begleitet wird der gesamte strategische Managementprozess von einem System der strategischen Kontrolle. Die Ausarbeitung dieser Teile des strategischen Managementprozesses ist Gegenstand des folgenden Fachtextes „Strategieumsetzung" in diesem Kompendium.

9 Literatur

Abbott, L. (1958): Qualität und Wettbewerb, München/Berlin.

Achenbach, W. (2003): Personalmanagement für Führungs- und Fachkräfte, Wiesbaden.

Achenbach, W./Moormann, J./Schober, H. (Hrsg.) (2004): Sourcing in der Bankwirtschaft, Frankfurt am Main.

Achleitner, A.-K. (2002): Handbuch Investment Banking, 3. Auflage, Wiesbaden.

Ade, B./Moormann, J. (2004): Dekonstruktion der Kreditwertschöpfungskette, in: Achenbach, W./Moormann, J./Schober, H. (Hrsg.), Sourcing in der Bankwirtschaft, Frankfurt am Main, S. 153-174.

Afhüppe, S./Müller, P./Köhler, P. (2006): Ultimatum für die Landesbanken, in: www.handelsblatt.com/unternehmen/banken-versicherungen, 05.06.2009, Zugriff 30.06.2009.

Algner, M. R./Bolsinger, H. J. (2005): Wertsteigerunspotenzial für Genossenschaftsbanken: Derivative Mitgliederförderung im Firmenkundengeschäft, in: www.wep.wiso.uni-erlangen.de/entwicklungspolitik/IGT_2004_Algner_Bolsinger.pdf – 21. März 2005.

Andrews, K. R. (1998): The concept of corporate strategy, in: Mintzberg, H./Quinn, J. Brian/Ghoshal, S., ed.: The Strategy Process – Concepts and Context, 2nd ed., Englewood Cliffs.

Aubin, P. (o. J.): Gedanken zum Thema Mitglieder, in: www.iru.de/publikationen_de/ publikationen/courier/3-01/Deutsch-3.html.

Aufterbeck, S. (2006): WGZ Bank hält Fusion mit DZ wieder für möglich, in: Handelsblatt, 15.03.2006, S. 28.

Barck, S. (2002): Zicken zocken nicht, in: www.freitag.de/2002/02/02021801.php.

Barney, J. (1991): Firm Resources and sustained competitive advantage, in: Journal of Management, S. 99-120.

Barney, J. B. (1986): Strategic factor markets: expectations, luck, and business strategy, in: Management Science, Okt. 1986, S. 1231-1241.

Bartmann, D./Penzel, H.-G./Petzel, E. (Hrsg.) (2005): Die Industrialisierung des Bankbetriebs, Weinheim.

Bastian, N./Cünnen, A. (2009): Das Neugeschäft schrumpft, in: Handelsblatt, 04.06.2009, S. 22.

Bastian, N./Köhler, P. (2009): Deutsche Bank forciert Postbank-Übernahme, in: www.handelsblatt.com/unternehmen/banken-versicherungen/deutsche-bank-forciert-postbank-uebernahme, 08.06.2009, Zugriff 30.06.2009.

Baufeld, A./Frenkel, M./Wecke, J. (2004): Über Säulen hinweg denken, in: Bankmagazin, 10/2004, S. 15-22.

Baumol, W./Panzar, J./Willig, R. (1982): Contestable markets and the theory of industrial structure, New York.

Baxmann, U. G. (2005): Direktbanken sind keine vorübergehende Modeerscheinung – Zweitbankverbindungen mit erstklassigen Zuwächsen fordern etablierte Regionalbanken heraus, Börsen-Zeitung vom 11. Oktober 2005, Verlagsbeilage Direct Banking International B1.

Bea, F. X./Haas, J. (1997): Strategisches Management, 2. neubearbeitete Auflage, Stuttgart.

Beck, H. (2004): Viele Family Offices werden unseren Weg gehen, in: FAZ, 10.12.2004, S. 25.

Benders, R. (2009): Ein neuer Name muss her, in: Handelsblatt, 25.06.2009, S. 20.

Bergmann, M. (2009): Deutsche Bank bezahlt Postbank großteils mit eigenen Aktien, in: www.wiwo.de/unternehmer-maerkte/deutsche-bank-bezahlt-postbank-grossteils-mit-eigenen-aktien, 13.01.2009, Zugriff 30.06.2009.

Bergmann, M. (2009): Radikale Lösung für Landesbanken, in: www.wiwo.de/unternehmen-maerkte/radikale-loesung-fuer-landesbanken-399763, 16.06.2009, Zugriff 30.06.2009

Besanko, D./Dranove, D./Shanley, M. (2000): Economics of strategy, 2nd ed. New York u.a.

Blatter, P. (2004): Industrialisierung im deutschen Bankenwesen, in: Zeitschrift für das gesamte Kreditwesen, Beilage: Technik, IT für Finanzdienstleister, 5/2004, S. 18/19.

Blessing, M. (2008): Zuallererst das Vertrauen sichern, in: Bankmagazin, 12/2008, S. 15.

Booz/Allen/Hamilton (2002): Paradigmawechsel im Privatkundengeschäft erforderlich – Von kollektiver Wachstumseuphorie zu konsequentem Kosten- und Komplexitätsmanagement, (Zusammenfassung für Presse-Roundtable), Frankfurt am Main, 25. Juni 2002.

Booz/Allen/Hamilton (2005): Die Wiederentdeckung des Privatkundengeschäfts – Comeback der Filiale, Untersuchung der Kundenerwartungen und der Performance der Banken im Filialgeschäft, Frankfurt am Main, 26. Januar 2005.

Börner, C. (2000): Strategisches Bankmanagement, München.

Boston Consulting Group (2004): The Rich Return to Richer Returns, Global Wealth 2004, November 2004.

Boston Consulting Group (2006): Investment Banking & Capital Markets, Market Report – Fourth Quarter 2005, Edition, New York, Frankfurt, März 2006.

Bower, J. L. (1970): Managing the resource allocation process – A study of corporate planning and investment, Boston.

Breinisch-Schilly, A. (2009): Das Umdenken hat bereits begonnen, Interview mit Schmitz, A., BdB-Präsident, in: www.all4finance.de/index.php;do=show/site=bm/sid=5b838a8e029ad290 e748b, Zugriff 30.06.2009.

Buch, C. M./Lipponer, A. (2004): FDI versus cross-border financial services: The globalisation of German banks, Volkswirtschaftliches Forschungszentrum der Deutschen Bundesbank, Diskussionspapier, Nr. 05/2004.

Burgmaier, S. (2004): Ausreichend versorgt, in: Wirtschaftswoche, Nr. 18/2004, S. 46–55.

Chandler, A. D. (1966): Strategy and Structure – Chapters in the History of the Industrial Enterprise, Cambridge (Mass.).

Christensen, R. C. et al: (1987): Business Policy, 6. Aufl., Homewood/Ill.

Clausewitz, C. von (1991): Vom Kriege – Hinterlassenes Werk des Generals Carl von Clausewitz. Vollständige Ausgabe im Urtext, 19. erweiterte Auflage, Nachdruck, Bonn.

Collins, J. C./Porras, J. I. (1996): Building your company's vision, in: Harvard Business Review, Sept./Okt. 1996, S. 65–77.

Cünnen, A./Drost, F. M./Köhler, P. (2009): Köhler ermahnt Sparkassen, in: Handelsblatt, 17.06.2009, S.18.

D'Aveni, R. A. (1994): Hypercompetition: managing the dynamics of strategic maneuvering, New York.

Dannenberg, M. (2001): Strategisches Bankmanagement, Wiesbaden.

Dash, M. (2001): Tulpenwahn, 2. Aufl., München 2001.

Day, G. S. (1990): Market driven strategies, New York.

Deutsche Bank Research (2004a), Bankerfolg in Europa: Große Fortschritte durch Konsolidierung – mit Ausnahme Deutschlands, Frankfurt am Main, 29. April 2004.

Deutsche Bank Research (2004b): Offshoring: Globalisierungswelle erfasst Dienstleistungen, Frankfurt am Main, 26. August 2004.

Deutsche Bundesbank (2005): Direktinvestitionen und grenzüberschreitende Dienstleistungen deutscher Banken, Monatsbericht Januar 2005, S. 29 ff.

Deutsche Bundesbank (2000): Electronic Banking aus bankaufsichtsrechtlicher Perspektive, Monatsbericht Dezember 2000, S. 43 ff.

Dierickx, I./Cool, K. (1989): Asset stock accumulation and sustainability of competitive advantage, in: Management Science, 35. Jg., S. 1504–1511.

Drost, F. M. (2005): Berlin ändert Sparkassengesetz: Durchbruch für Privatbanken, in: Handelsblatt, 12.04.2005, S. 1

Durstberger, H./Most, S. (1997): Strategieentwicklung in Banken, Wiesbaden.

Edelman, D. C./Heuskel, D. (1999): When to deconstruct, in: The Boston Consulting Group, www.bcg.com/publications.

Eicker, A. (2004): Welt-Liga spielt ohne deutsche Banken, in: Handelsblatt, 19.11.2004.

Eschenbach, R./Kunesch, H. (1996): Strategische Konzepte, 3. Aufl., Stuttgart 1996.

Fahlbusch, F./Bayer, T. (2007): Bank der Zukunft (Teil 2) – Im Wettstreit um Senioren und Türken, in: www.ftd.de, 28.11.2007.

Faust, M. (2003): Ganzheitlich attraktiv, in: BI-Bankinformation, 11/2003, S. 18–22.

Felzen, H. (2006): (Interview mit Harald Felzen): Der Handel ist ein guter Impulsgeber im Retail-Geschäft, in: Bank und Markt, 5/2006, S. 19–24.

Fischer, H. (2005): La Poste mischt Frankreichs Banken auf, in: FTD, 18.05.2005, S. 19.

Fleck, A. (1995): Hybride Wettbewerbsstrategien, Wiesbaden.

Foss, N. J. (Hrsg.) (1997): Resources, firms and strategies, Oxford.

Franke, D. (2006): Größte Banken der Welt: Im Steigflug, in: www.die-bank.de, 03.05.2006, S. 1–6.

Frühauf, M. (2005): Für Hypothekenbanken werden Käufer verzweifelt gesucht, in: Börsen-Zeitung vom 22. März 2005, S. 8.

Frühauf, M. (2004): Wenn Wealthmanager den Koran studieren – Islamic Finance gewinnt an Bedeutung, in: Börsen-Zeitung vom 28. Dezember 2004, S. 2

Fuchs, H. J. (2005): Die neue Konkurrenz, in: Die Bank, 3/2005, S. 2–33.

Gassner, M. (2003): Islamic Finance – Wachstumsmarkt für deutsche Banken, in: Die Bank, 2003, S. 732 ff.

Gericke, U. (2005): Setis-Bank wechselt zur Berliner Effektengesellschaft, in: Börsen-Zeitung, 18.01.2005, S. 4.

Germann, U. (2009): Autobanken im Sog der Finanzmarktkrise, in: Banken + Partner, 3/09, S. 28 f.

Gmür, M. (1998): Strategisches Management, Management-Studium der Bankakademie.

Goedeckemeyer, K.-H. (2005): DZ Bank und WGZ-Bank: Auf dem Weg zur Fusion?, in: Bankmagazin, Heft 5, S. 26–30.

Grün, C./Balks, M. (2006): Ladies' Office – Finanzmanagement und mehr, in: die Bank, 12/2004, S. 24–28.

Hamel, G./Prahalad, C. K. (1995): Wettlauf um die Zukunft – Wie Sie mit bahnbrechenden Strategien die Kontrolle über Ihre Branche gewinnen und die Märkte von morgen schaffen, Wien.

Hanisch, H. (2004): Outsourcing in Banken, in: Zeitschrift für das gesamte Kreditwesen, Beilage: Technik, IT für Finanzdienstleister, 5/2004, S. 20–23.

Häring, N./Ziener, M. (2009): Banker antreten!, in: Handelsblatt, 18.06.2009, S. 2.

Harms, C. (2003): Wertschöpfungsketten und Prozessoptimierung – notwendige Ansatzpunkte einer Kostensenkung, in: Betsch, O./Merl, G. (Hrsg.): Zukunft der Finanzindustrie, Frankfurt, S. 69–91.

Hax, A. C./Majluf, N. S. (1996): The strategy concept and process, 2nd ed., Upper Saddle River.

Henderson, B. D. (1993): Die Erfahrungskurve – Warum ist sie gültig?, in: Das Boston Consulting Group Strategie Buch, Hrsg. von Oettinger, B., Düsseldorf u. a.

Heuskel, D. (1999): Wettbewerb jenseits von Industriegrenzen, Frankfurt/New York.

Heuss, E. (1965): Allgemeine Markttheorie, Tübingen/Zürich.

H+G BANK Heidelberg Kurpfalz eG (o. J.): Unternehmensleitbild, o. O.

Hilberth, I. (2005): Im zweiten Anlauf zur Frauenbank, in: Frankfurter Rundschau, 08.02.2005.

Hinterhuber, H. H. (1992): Strategische Unternehmungsführung, 1. Strat. Denken, 5. Aufl. Berlin/New York.

Höhling, J./Polifka, I./Weidner, E. (2001): Balanced Scorecard als Instrument zur Steuerung des Bankvertriebs, in: Horvath, P. (Hrsg.): Strategien erfolgreich umsetzen, Stuttgart.

Hönighaus, R. (2005): Wenn's um ganz viel Geld geht ..., in: FTD, 19.01/2005, S. 25.

Hofer, C. W./Schendel, E. D. (1978): Strategy formulation: Analytical concepts, St. Paul.

Hungenberg, H. (2000): Strategisches Management in Unternehmen, Wiesbaden.

Jakobs, G. (2002): Stunde der Sanierer, in: managermagazin, 1/2002, S. 94–98.

Kaib, B. (Hrsg.) (2003): Outsourcing in Banken, Wiesbaden.

Kaninke, M./Wiedemann, A. (2004): Balanced Scorecard in Banken und Sparkassen, Schriften des ccfb, Nr. 1, Siegen.

Kaplan, R. S. /Norton, D. P. (1997): Balanced Scorecard – Strategien erfolgreich umsetzen, Stuttgart.

Kaplan, R. S./Norton, D. P. (2001): Die Strategiefokussierte Organisation, Stuttgart.

Karrer, N./Gehner, L. (2006): Geschäftsmodell entscheidet, in: Bankmagazin, 2/2006, S. 32/33.

Kary, H. (2004): Western Union und die Sparkassen: Pilot in Freiburg (Interview), in: bank und markt, 7/2004, S. 11–13.

KfW-Research (2005): Das deutsche Kreditgewerbe im internationalen Vergleich: betriebswirtschaftlich wenig rentabel, volkswirtschaftlich hoch produktiv, Nr. 17, Juli 2005.

Kilgus, E. (1994): Strategisches Bank-Management, Bern u.a.

Köhler, P. (2009): Privatkundengeschäft der Banken läuft an, in: Handelsblatt, 04.06.2009, S. 26.

Kraus, S. (2006): Die Lust am Schnäppchen, in: bankmagazin, 4/2006, S. 16–21.

Kreikebaum, H. (1997): Strategische Unternehmensplanung, 6. überarbeitete und erweiterte Auflage, Stuttgart/Berlin/Köln.

Kring, T. (2003): Erfolgreiche Strategieumsetzung – Leitfaden zur Implementation der Balanced Scorecard in Genossenschaftsbanken, Working Paper, Uni. Münster.

Kröger, M. (2008): Deal perfekt – Deutsche Bank übernimmt Postbank, in: www.spiegel.de/wirtschaft/0,1518,577685,00.html, 11.09.2008, Zugriff, 30.06.2009.

Krumnow, J./Lange, T. A. (2001): eBanking – Strategische Dimension und Kernkompetenz, in: dies. (Hrsg.), Management Handbuch eBanking, Stuttgart, S. 3 ff.

Krumnow, J./Gramlich, L./Lange, T. A./Dewner, T. (Hrsg.) (2002): Gabler Bank Lexikon, 13. Auflage, Wiesbaden.

Landgraf, R. (2009): M & A-Geschäft macht schlapp, in: Handelsblatt, 22.06.2009, S. 23.

Landgraf, R./Nagl, H. G. (2009): Rückkehr der Hausbanken, in Handelsblatt, 17.06.2009, S. 22.

Lange, T. A. (2009): Wirtschaft ist immer noch ein „Bildungsstiefkind", in: Börsenzeitung, Sonderbeilage, Aus- und Weiterbildung in der Finanzbranche, 06.06.2009, S. B6.

Lange, T. A. (2005): Kapitalmarktbasierte Preismodelle für Firmenkundenkredite, in: Lange, T. A./Schulze, H. (Hrsg.), Wertmanagement in Banken, Wiesbaden, S. 113 ff.

Lange, T. A. (2004): Banking in China: Markteintrittsstrategien global tätiger Finanzinstitute, in: Die Bank – Zeitschrift für Bankpolitik und Bankpraxis 2004, S. 16-22.

Lange, T. A. (2004): Islamische Bankgeschäfte gewinnen an Bedeutung, in: Bankmagazin, Heft 11, S. 23.

Lange, T. A. (1999): Internetbanking als Herausforderung für die Kreditwirtschaft, in: Hermanns A./Sauter, M. (Hrsg.), Management-Handbuch Electronic Commerce, München, S. 387-404.

Lange, T. A. (1998): Internetbanking – eine Potentialanalyse, in: Lange, Thomas A. (Hrsg.), Internetbanking – Der Bankvertrieb im Umbruch, Wiesbaden, S. 15-34.

Lange, T. A. (1994): Strategien im Telefon-Banking, in: Banking & Finance 1994, Heft 1, S. 6 ff.

Lange, T. A. (1993): Lean Banking – Leistungsorientierte Organisations- und Prozessoptimierungen im Bankbetrieb, in: Banking & Finance 1993, Heft 6, S. 6 ff.

Lange, T. A./Löw, E. (Hrsg.) (2004): Rechnungslegung, Steuerung und Aufsicht von Banken, Wiesbaden.

Lange, T. A./Schulze, H. (Hrsg.) (2005): Wertmanagement in Banken, Wiesbaden.

Laudi, P. (2002): Fusionen von Genossenschaftsbanken, Bremen.

Lebert, R. (2006): Norisbank verkauft ihre Kunden, in: FTD, 27.04.2006, S. 26.

Leendertse, J. (2009): Zerrüttetes Verhältnis, in: wiwo, Nr. 16, 2009, S. 56 f.

Leibfried, K. H. J./McNair, C. J. (1992): Benchmarking, Freiburg 1992.

Leitl, M./Rust, H./Schmalholz, C. G. (2001): Ohne Talente sehen Sie ziemlich alt aus, in: managermagazin, 10/2001, S. 262-280.

Lindenstädt, S. (2006): BVR-Jahrespressekonferenz: Pleister sieht erhebliches Potenzial, in: Bankinformation, 4/2006, S. 6/7.

Maier, A. (2004): Commerzbank entdeckt Europa, in: FTD, 3.9.2004.

Maier, A. (2004): Commerzbank neigt Privatkunden zu, in: FTD 13.12.2004.

Maier, A. (2005): Unicredit verspricht schnelle Traumrendite, in: FTD, 13.06.2005, S. 3.

Martino, J. P. (1993): Technological Forecasting for Decision Making, 3. Aufl., New York/London.

Meadows, D. L. (1972): Die Grenzen des Wachstums: Bericht des Club of Rome zur Lage der Menschheit, Stuttgart.

Meffert, H. (2000): Marketing, 9. Aufl., Wiesbaden.

Meister, E. (2002): Ist die Bankaufsicht in Deutschland und Europa noch zeitgemäß?, Beitrag zur 7. Handelsblatttagung; „Banken im Umbruch", Frankfurt.

Merrill Lynch, Inc. (2002): German Banks – Turning Japanese?, New York, Frankfurt am Main, 23. September 2002.

Mintzberg, H. (1998): Five Ps for strategy, in: Mintzberg, H./Quinn, J. B./Ghoshal, S. (ed.): The strategy process, London u. a.

Mintzberg, H./Quinn, J. B./Ghoshal, S. (ed.) (1998): The Strategy Process – Concepts and Context, Revised European Edition, Hemel Hempstead.

Moormann, J./Frank, A. (2000): Grenzen des Outsourcing: Eine Exploration am Beispiel von Direktbanken, Arbeitsbericht der HfB, Nr. 24, Frankfurt.

Moormann, J./Möbus, D. (2004): Wertschöpfungsmanagement in Banken, Frankfurt.

Möschel, W. (2000): Die zukünftige Rolle des Staates in der deutschen Kreditwirtschaft, in: die Bank, 2/2000, S. 84–89.

Müller, K.-P. (2006): Banken brauchen freie Märkte, in: die bank, 5/2006, S. 8–13.

Müller-Stewens, G./Lechner, C. (2001): Strategisches Management, Stuttgart.

Narat, I. (2009): Fondsbranche übt Selbstkritik, in: Handelsblatt, 25.06.2009, S. 24.

Neubacher, B. (2006): Interview mit Dow Kim, President Global Markets & Investment Banking, Merrill Lynch, in: Börsenzeitung vom 21. April 2006, S. 4.

Osman, Y. (2009): Koalition beharrt auf Eignungstests für Aufsichtsräte, in: Handelsblatt, 01.07.2009, S. 22.

o. V. (AGV) (2009): AGV Banken, Bundesagentur für Arbeit, in: www.agvbanken.de/AGVBanken/Statistik/index.asp., Zugriff 12.08.2009.

o. V. (Aldi-Bank) (2008): Die Aldi-Bank, in: www.stern.de/wirtschaft/unternehmen/maerkte/:magazin-Die-Aldi-Bank/51155..., Zugriff 15.01.2008.

o. V. (Allianz) (2009): Allianz Bank – Verzögerter Start, in: www.manager-magazin.de/geld/artikel/0,2828,612487,00.html, 10.03.2009, Zugriff am 30.06.2009.

o. V. (Aufsicht) (2005): Aufsicht erwartet mehr Banken-Übernahmen, in: Handelsblatt, 17.11.2005, S. 19.

o. V. (Branchen & Visionen 2010) (2001): Finanzdienstleistungen, Frankfurt.

o. V. (Breuer) (2004): Breuer beklagt „verkrustete Bankenstruktur", in: FAZ, 23.11/2004, S. 16.

o. V. (Bund) (2009): Bund drängt Kleinaktionäre hinaus, www.focus.de/finanzen/boerse/aktien/hypo-real-estate-bund-draengt-kleinaktionaere-hinaus, 08.06.2009, Zugriff 30.06.2009.

o. V. (Bundesbank) (2009): Bundesbank könnte direkt Kredite an die Wirtschaft vergeben, in: www.moz.de/index.php/Moz/Article/category/Wirtschaft/id/286778, 08.07.2009, Zugriff 08.07.2009.

o. V. (Desaströser Preiskampf) (2005): Banken führen desaströsen Preiskampf, in: Börsen-Zeitung, 20.01.2005, S. 1.

o. V. (Deutsche) (2009): Deutsche Bank/Postbank – Übernahme in drei Akten, in: www.manager.magazin.de/unternehmen/artikel/0,2828,601288.html, 14.01.2009, Zugriff 30.06.2009.

o. V. (Dresdner) (2005): Dresdner Bank greift Sparkasse an, in: Handelsblatt, 08.03.2005, S. 23.

o. V. (Ehemalige) (2009): Ehemalige Dresdner Bank Kunden – Allianz-Bank gewinnt zum Start 350.000 Kunden, in: www.handelsblatt.com/unternehmen/banken-versicherungen/allianz-bank-gewinnt, 26.05.2009, Zugriff am 30.06.2009.

o. V. (Gemeinsamer) (2006): Sparkasse und Volksbank: Gemeinsamere Zukunft nicht auszuschließen?, in: bank und markt, 2/2006., S. 6.

o. V. (Genossen) (2009): Genossen steigern Gewinn, in: Handelsblatt, 25.06.2009, S.22.

o. V. (Harte Zeiten) (2009): Harte Zeiten, in Handelsblatt, 01.07.2009, S. 22.

o. V. (Hypo) (2009): Hypo Real Estate gibt Kerngeschäft neuen Namen, www.welt.de/die-welt/article4026824, 30.06.2009, Zugriff 30.06.2009.

o. V. (Kapitalmarkt) (2005): Kapitalmarkt begrüßt den Zukauf der Commerzbank, in: Handelsblatt, 17.11.2005, S. 19.

o. V. (Köhler) (2008): Köhler geißelt „Monster"-Finanzsystem, in: www.manager-magazin.de/unternehmen/artikel/0,2828,553175,00.html, 14.05.2008, Zugriff 23.12.2008.

o. V. (Lafontaine) (2009): Lafontaine wünscht sich viele Bankmanager im Gefängnis, in: www.spiegel.de/politik/deutschland/0,1518,585080,00.html, 20.10.2009, Zugriff 30.06.2009.

o. V. (Landesbanken) (2009): Landesbanken fusionieren bis Ende 2010, in: www.welt.de/wirtschaft/article3861430, 04.06.2009, Zugriff 30.06.2009.

o. V. (Lehmans) (2009): Lehman Brothers, in: http://de.wikipedia.org/wiki/Lehman_Brothers, Zugriff am 30.06.2009.

o. V. (Linker) (2009): Präsidentschaftskandidat Sodann möchte Ackermann im Gefängnis sehen, in: www.spiegel.de/politik/deutschland/0,1518,584455,00.html, 16.10.2008, Zugriff 30.06.2009.

o. V. (Mummert) (2004): Kostendruck bei Kreditinstituten: Bankfiliale wird zum Franchisebetrieb, in: www.innovations-report.de/html/berichte/studien/bericht-30099.html, 11.05.2006, S. 1.

o. V. (Netbank) (2004): Netbank setzt konsequent auf Online-Geschäftsmodell, in: Handelsblatt, 14.09.2004.

o. V. (Neues Denken) (2008): Neues Denken nötig, in: Spiegel, Nr. 46, 2008, S. 64–69.

o. V. (Organisches) (2009): Privatbanken glauben an organisches Wachstum, in: www.all4finance.de, Nachrichten aus Bankmagazin, Zugriff am 30.06.2009.

o. V. (Österreichische) (2004): Österreichische Banken wildern auf dem bayrischen Markt, in: FAZ, 13.12/2004, S. 18.

o. V. (Quo vadis) (2003): Banken in Deutschland: Quo vadis?; Veröffentlichung von Ernst & Young (C. Schweiger), München.

o. V. (Rückenwind) (2006): Rückenwind in Sachen Sparkassengründung, in: Bankmagazin, 5/2006, S. 6.

o. V. (Skandalbank) (2009): Das Ende der Hypo Real Estate ist besiegelt, in: www.focus.de/finanzen/boerse/aktien/skandalbank-das-ende-der-hypo-real-estate, 29.06.2009, Zugriff, 30.06.2009.

o. V. (Sparkassen) (2006): Sparkassen kämpfen für ihr Namensmonopol, in: Handelsblatt, Finanzzeitung, 14.03.2006, S. 23.

o. V. (Übernahme) (2009): Übernahme in Zeitraffer, in: www.focus.de/finanzen/banken/commerzbank-dresdner-bank-uebernahme-in-zeitraffer, 28.11.2008, Zugriff am 30.06.2009.

o. V. (WestLB) (2004): WestLB stößt ihr TUI-Paket ab, in: Handelsblatt, 02.12.2004, S. 1f.

Penrose, E. (1959): Theory of the growth of the firm, Oxford.

Porter, M. E. (1987): Diversifikation – Konzerne ohne Konzept, in: Harvard Manager, Bd. 3, Strategie und Planung, Hamburg, erschienen im engl. Original 1987.

Porter, M. E. (1992a): Wettbewerbsstrategie, 7. Aufl., Frankfurt/New York.

Porter, M. E. (1992b): Wettbewerbsvorteile, 3. Aufl. Frankfurt/New York.

Porter, M. E. (1999): Wettbewerb und Strategie, München.

Potthoff, C. (2004): Eine Branche als Dauerbaustelle, in: Handelsblatt, 23.12.2004, S. 25.

Potthoff, C. (2004):Wettbewerb drückt Preise für Großkredite, in: Handelsblatt, 09.12.2004, S. 17.

Prahalad, C. K./Hamel, G. (1998): The core competence of the corporation, in: The strategy process, ed. Mintzberg, H./Quinn, J. B./Ghoshal, S., London.

Prahalad, C./Hamel, G. (1990): The core competence of the firm, in: Harvard Business Review, 68. Jg., S. 79–91.

Priester, H. (2005): Marktpotenzial durch neues Verbundkonzept, Interview in Bankmagazin, 2/2005, S. 24f.

Raettig, L. R./Steffens, U. (2009): Intellektuelle Infrastruktur muss global mithalten können, in: Börsenzeitung, Sonderbeilage, Aus- und Weiterbildung in der Finanzbranche, 06.06.2009, S. B5.

Rappaport, A. (1996): Creating Shareholder Value, New York.

Reibnitz, U. von (1992): Szenario-Technik: Instrumente für die unternehmerische und persönliche Erfolgsplanung, 2. Aufl., Wiesbaden 1992.

Rettberg, U. (2005): Hedge-Fonds-Geschäft wird riskanter, in: Handelsblatt, 20.04/2005.

Rosar, H. (2006): Schwierige Zeiten für Regionalbanken, in: Bankmagazin 5/06, S. 42 f.

Rudolf, B. (2004): Der unstete Kunde, in: bankmagazin, 10/2004, S. 1.

Rudolph, D. W. (2009): Handelsblatt-FRAX: wenig liquider Arbeitsmarkt für Finanz-Professionals, in: www.karriere.de/beruf/handelsblatt-frax-wenig-liquider-arbeitsmarkt-..., Zugriff am 20.07.2009.

Rumelt, R. P. (1984): Towards a strategic theory of the firm, 1981, wiederabgedruckt in: Lamb, B. (ed.): Competitive strategic management, Englewood Cliffs, S. 556–570.

Scheerer, M./Drost, F. M. (2004): EU stellt Landesbanken neue Bedingungen, in: Handelsblatt, 2.12/2004, S. 23.

Schendel, D. E./Hofer, C. W. (1979): Introduction, in: dies., ed.: Strategic Management, Pittsburgh.

Schober, H. (2004): Outsourcing – Dekonstruktion der Wertkette, Vortrag auf der Sourcing Konferenz des Bankakademie e.V., 12.02.2004.

Schreyögg, G./Steinmann, H. (1985): Strategische Kontrolle, in: Zeitschrift für betriebswirtschaftliche Forschung, 37. Jg., S. 391-410.

Selten, R. (2008): Regulierung der Finanzmärkte ist wichtig, in: Der Spiegel, Nr. 46/2008, S. 66 f.

Siemons, C. (2005): Wertschaffung durch systematischen Vertrieb am Beispiel der Deutsche Bank Privat- und Geschäftskunden AG, in: Lange, Thomas A./Schulze, Heiko (Hrsg.), Wertmanagement in Banken, Wiesbaden, S. 31-57.

Sievers, M. (2009): Die Mega-Hilfe, die Banken und der Steuerzahler, in FR, 04.05.2009, S. 18 f.

Simmert, D. B. (2008): Finanzkrise: Finanzwerte 2009 mit mieser Dividendenperspektive, in: Bankmagazin 12/2008, S. 13.

Sommer, U. (2005): Der Gründerkrach der Moderne, in: Handelsblatt, 18.01.2005, S. 22.

Spath, D. (Hrsg.)/Engstler, M./Praeg, C. P./Vocke, C. (2009): Bank & Zukunft 2009, Stuttgart.

Spath, D./Engstler, M./Praeg, C.-P./Vocke, C. (Hrsg.) (2006): Bank & Zukunft, Stuttgart.

Steffens, U. (2008): Gravierende Schwachstellen im Finanzsystem beheben, in: Bankmagazin, 12/2008, S. 16.

Steffens, U. (2002): Chancen und Risiken der deutschen Banking & Finance Branche, in: Steffens, U./Achenbach, W. (Hrsg.): Strategisches Management in Banken, Frankfurt, S. 79-103.

Steinmann, H./Schreyögg, G. (2005): Management – Grundlagen der Unternehmensführung, 6. Auflage, Wiesbaden.

Steinmann, T. (2009): Bankster in den Landesbanken, in: www.ftd.de/politik/deutschland, 26.06.2009, Zugriff 30.06.2009.

Strutz, E. (2005): Commerzbank: Enabling future success, Cheuvreux German Corporate Conference, Frankfurt am Main, 17. Januar 2005.

Süchting, J. (1998): Die Theorie der Bankloyalität – (immer noch) eine Basis zum Verständnis der Absatzbeziehungen von Kreditinstituten, in: Süchting, J./Heitmüller, H.-M. (Hrsg.): Handbuch des Bankmarketing, 3. Aufl., Wiesbaden, S. 1-25.

Syre, R. (2006): Honigtopf Europa, in: www.manager-magazin.de/unternehmen/artikel/0,2828,410275,00.html, 10.04.2006, S. 1.

Szallies, R. (2006): Der Preis im Retailbanking: zwischen Discountfalle und Qualitätswettbewerb, in: bank und markt, 4/2006, S. 40-43.

Szivek, E. (2004): Sourcing aus aufsichtsrechtlicher Sicht, in: Achenbach, W./Moormann, J./Schober, H. (Hrsg.), Sourcing in der Bankwirtschaft, Frankfurt am Main, S. 45-65.

Terliesner, S. (2009): Genossen, entdeckt eure Mitglieder, in: Bankmagazin, 12/2008, S. 32 f.

Theurer, M. (2004): Die Frauenversteher/Innen, in: FAS, 21.11.2004, S. 51.

Theurer, M./Fehr, B. (2008): Für 9,8 Milliarden Euro – Die Commerzbank übernimmt die Dresdner Bank, in: http://faz.net/s/RubD16E1F55D21144C4AE3F9DDF52B6E1D9/Doc, 31.08.2008, Zugriff 30.06.2009.

Tichy, R. (2009): Neue Banker braucht die Welt, in: www.wiwo.de/politik/, 29.01.2009, Zugriff 30.06.2009.

Tichy, R. (2008): Lernunfähig, in wiwo, Nr. 36, 2008, S. 5.

Treiber, A. (2006): Mc Bank – Ist Franchising eine sinnvolle Alternative für Kreditinstitute?, in: FAZ, Beilage Bank der Zukunft, 05.04.2006, S. B4.

Vahs, D. (1999): Organisation, 3. Aufl., München 1999.

Waigel, T. (2009): Ordnungspolitik als Krisenstrategie, in: Die Politische Meinung, Nr. 475, Juni 2009, S.1-5.

Wanner, C. (2004): Genossenschaftsbanken setzen auf Osteuropa, in: Handelsblatt, 17.12.2004, S. 26.

Weber, J. (2006): Sparda Hessen: Spezialisierung und Standardisierung als Geschäftsmodell, in: bank und markt 4/2006, S. 36-38.

Weber, S. (2005): Eine Fusion mit Signalwirkung, in: Süddeutsche Zeitung, 21.01.2005, S. 25.

Weisser, N. (2004): Das Phänomen der falschen Zahl, in: Die Bank, 12/2004, S. 48-51.

Welge, M. K./Al-Laham, A. (1999): Strategisches Management, 2. Aufl., Wiesbaden.

Wernerfelt, B. (1984): A resorce-based-view of the firm, in: Strategic Management Journal, 1984, S. 171-180.

Wesseling, M. (2004): Private Banking – ein Geschäftsfeld für Sparkassen?, in: Zeitschrift für das gesamte Kreditwesen, 14/2004, S. 759–763.

Wickel, H. P. (2004): Alte Hasen und Junge hüpfen am besten gemeinsam, in: FTD, 06.02.2004, S. 3.

Wit, B. de/Meyer, R. (1999): Strategy Synthesis – Resolving Strategy Paradoxes to Create Competitive Advantage, London.

Wittkowski, B. (2005): Sparkassen im Strategiestau, in: Börsen-Zeitung vom 22. März 2005, S. 8.

Wooler, S. (2006): Western Union: Mit Ethno-Marketing zu breiten Zielgruppen, in: bank und markt, 2/2006, S. 19/20.

Wrona, T. (1999): Globalisierung und Strategien der vertikalen Integration, Wiesbaden.

V Strategieumsetzung

Wieland Achenbach

1 Strategische Planungen verwirklichen 411
   1.1 Einführung 411
   1.2 Interdependenz betrieblicher Teilpläne 414
   1.3 Ziel und Fahrplan des Fachtextes 415
   1.4 Strategieumsetzung in Theorie und Praxis 415

2 Von der strategischen Wahl zur Bestimmung der Erfolgsfaktoren der Strategieumsetzung 418
   2.1 Machbarkeit und Akzeptanz strategischer Vorhaben 418
       2.1.1 Finanzielle Restriktionen und Machbarkeit 418
       2.1.2 Wertvorstellungen des Managements und der Stakeholder 420
       2.1.3 Ethische Vertretbarkeit 420
       2.1.4 Verständlichkeit, Wandelbereitschaft und Kultur 421
   2.2 Erfolgsfaktoren 423
       2.2.1 Unternehmerische Handlungsfelder – das 7-S-Modell 423
            2.2.1.1 Zusammenhänge zwischen Strategie, Struktur und Kultur ... 424
            2.2.1.2 Wirkung der Struktur auf Fähigkeiten 426
       2.2.2 Personal, Kompetenzen – Voraussetzung für Wettbewerbsvorteile und Quelle von Renten 427

3 „Operationalisierung" des strategischen Konzeptes 430
   3.1 Festlegung der Stoßrichtung 430
   3.2 Ableitung strategischer Erfolgsfaktoren 431
   3.3 Festlegung strategischer Schlüsselprozesse 433

4 Entwicklung von Funktionalstrategien: Pläne, Programme, Budgets, Reporting und Maßnahmen 435
   4.1 Hebel der Strategieumsetzung 435
       4.1.1 Operationalisierung des Konzeptes durch Zeit- und Maßnahmenplanung 436
       4.1.2 Finanzplanung und Budgetierung 437
            4.1.2.1 Finanzplanung 437
            4.1.2.2 Budgetierung 440

4.1.3 Reporting und Steuerung der Strategieumsetzung und
Performance-Messung 441
    4.1.3.1 Balanced Scorecard – Entstehung und Perspektiven 441
    4.1.3.2 Ursachen und Wirkungen von Erfolg 442
    4.1.3.3 Kennzahlen, Zielwerte und Maßnahmen 448
    4.1.3.4 Budgetkontrolle 450
    4.1.3.5 Nachhaltigkeit 450

4.1.4 Fragen der Organisation und des Sourcing 451
    4.1.4.1 Strukturfragen 452
    4.1.4.2 Sourcing 456
    4.1.4.3 Abläufe 456

4.1.5 Personalstrategie und Führung 457
    4.1.5.1 Rekrutierung 458
    4.1.5.2 Personalentwicklung – Schulung 459
    4.1.5.3 Mitarbeiterführung 460
    4.1.5.4 Anreizkompatible Vergütung 460

4.1.6 Marketing und Kommunikation 461
    4.1.6.1 Marketing-Mix 462
    4.1.6.2 Kommunikation nach innen 463

5 Strategische Kontrolle 465

6 Fazit 467

7 Literatur 468

*"I keep six honest serving men
(They tought me all I knew);
Their names are What and Why and When;
And How and Where and Who."
(Rudyard Kipling)*

(Quelle: Thompson/Strickland, 1989, S. 346)

1 Strategische Planungen verwirklichen

1.1 Einführung

Die Phase der **Strategieumsetzung** umfasst alle Aktivitäten, die zur Verwirklichung einer Strategie erforderlich sind. Dazu gehört letztlich dreierlei:

1. Auf der sachlichen und zeitlichen Ebene muss die strategische Planung in die **operative Planung** und in die Planung von Einzelmaßnahmen umgesetzt werden.

2. In organisatorischer Hinsicht ist mit der Anpassung der **Aufbau- und Ablauforganisation** die Voraussetzung dafür zu schaffen, dass die gewählte Strategie überhaupt verfolgt werden kann.

3. In personeller Hinsicht müssen die Inhalte und Ziele der Strategie an die Verantwortlichen und Betroffenen kommuniziert werden. Außerdem sind Anreizsysteme zu schaffen, damit die Umsetzung der Strategie nicht durch Widerstände gestört wird.

Die strategische Planung gibt der Umsetzung (synonym **Implementation**) in Form operativer Pläne den Handlungsrahmen vor. Operative Planung konkretisiert, detailliert und vollzieht die strategische Planung. Die Strategie formuliert dabei jedoch oftmals nur eine Zielvorgabe, die operative Umsetzung in solch komplexen Systemen wie Unternehmen verlangt zum einen Kreativität der Umsetzer und führt zum anderen oft zu Lösungen, die Variationen der ursprünglichen strategischen Idee darstellen *(vgl. zu „inkrementalen" Strategien Mintzberg, 2003, S. 5 f.; Steinmann/Schreyögg, 2005, S. 304)*. Insofern sind Umsetzungen von Strategien in der Unternehmenspraxis sehr individuell und in den seltensten Fällen ohne Weiteres übertragbar. Sie stellen ein Muster von Entscheidungen dar *(vgl. Andrews, 2003, S. 73)*, sind aber kein Blueprint für andere.

Die Seniorenbank – wie alles anfängt

Bernd Lockenkötter und Harald Meier treffen sich jetzt schon das dritte Mal innerhalb von 14 Tagen. Lockenkötter, der 60-jährige Bereichsleiter aus dem Privatkundengeschäft einer mittleren Volksbank im Ruhrgebiet hört immer interessierter zu, was sein ehemaliger Vorstand und Mentor berichtet. Der 69-jährige Pensionär Meier – finanziell seit einem Erbe absolut unabhängig und sehr vermögend – wohnt nach dem Tod seiner Frau vor einem halben Jahr in einer betreuten Seniorenresidenz am Rande des Baldeneysees, fernab der Innenstadt von Essen – idyllisch, aber ohne große Infrastruktur. Er muss, wie viele andere Senioren, für jeden Gang zur Bank oder Behörde das Auto nehmen. Das lässt sich der rüstige Rentner aber auch nicht nehmen. Zu gerne schlendert er durch sein „altes Jagdrevier" und ein Besuch bei seinen ehemaligen Kollegen und Mitarbeitern in der Bank ist immer drin – nicht immer nur zur Freude seiner Nachfolger.

Seitdem aber in der Residenz bekannt geworden ist, dass Meier früher Bankvorstand war, kann er sich kaum noch vor Anfragen seiner durchweg vermögenden Mitbewohner retten. Die einen bitten ihn freundlich um Miterledigung von Bankgeschäften bei seinen Ausflügen, andere haben eine Unmenge von Fachfragen zu „Bankangelegenheiten". Es geht keineswegs nur um Überweisungen und Geldabheben, vielmehr um Fragen der Ruhestandsfinanzierung, der Vermögenspflege, oft genug um Nachfolgeregelungen, manchmal um die Gründung einer Stiftung oder ums Vererben. Klar, dass Meier als Vollblutbanker gerne Fragen beantwortet und höflich Rat gibt. Er fühlt sich geehrt und gebraucht. Und es stört ihn auch nicht, für seine Mitbewohner das eine oder andere zu erledigen oder bei seiner alten Bank oder bei der Konkurrenz in die Wege zu leiten. Lockenkötter denkt: „Mein alter Chef ist immer noch der Gleiche; diese Begeisterung; und dass er sich so einspannen lässt ... Sind bestimmt auch viele reizende ältere Damen darunter ..."

Meier: „... und stell dir das mal vor, Bernd, einige in unserer Residenz, die haben so viel Vermögen, das liegt aber auf irgendwelchen schlecht verzinsten Sparbüchern rum. Um die hat sich schon früher kaum jemand gekümmert. Und dann gibt's da ein Ehepaar, die haben sich eine Zweizimmerwohnung mit Blick auf den See gekauft, ihr großes Haus in der Innenstadt haben sie aber auch noch. Vermieten wollen sie das nicht. Das steht leer. Ihr Sohn wohnt in München, hat selber Familie und Haus ... Sag mal: Bietet unsere Bank eigentlich aktiv die Verrentung von Immobilien an?"

Lockenkötter: „Nein, glaube auch nicht, dass wir das machen wollen."

Meier: „Es gibt schon Finanzdienstleister, die Ruhestandsfinanzierung und Vermögensmanagement anbieten, z. B. das ‚Schweizer Vermögenszentrum'. Die Betreuung älterer Kunden ist aber eigentlich viel mehr und für eine Bank, die das schwerpunktmäßig mit ins Portfolio aufnimmt, bestimmt kein Schaden. Man muss auch nicht gleich ein Family Office sein. Das Problem ist meiner Meinung nach, dass die meisten Älteren weniger Vertrauen zu Banken haben als früher. Das liegt, glaube ich, zum einen an den Ereignissen der letzten Jahre, aber auch an den vielen Beraterwechseln und an der manchmal nassforschen Art unserer jüngeren Mitarbeiter, die immer gleich etwas verkaufen wollen oder müssen. Ältere vertrauen eher Älteren. Aber uns alte Hasen gibt's ja kaum noch in den Banken ... Du musst dir auch mal überlegen, Bernd, mit deinen 60 Jahren, was du bald so machst ..."

Lockenkötter: „Ich habe noch fünf Jahre vor mir und bliebe gerne noch länger."

Meier: „Weißt du, eigentlich brauchen diese Leute so eine Art Privatsekretär, mit Betreuung vor Ort. Jemanden, der sie versteht, der sich um sie kümmert und dem sie vertrauen und der dann halt auch berät und Bankgeschäfte erledigt. Und ich meine jetzt aber nicht nur die Vermögenden, geht ja allen Rentnern so. Die bräuchten so was – hab ich neulich mal gedacht – wie eine ‚Bank für Senioren'. Im Vordergrund sollte aber nicht so sehr der Gewinngedanke stehen, ich weiß nicht, wie ich das formulieren soll, aber mir schwebt mehr ein Institut vor, das sich zwar aus dem Geschäft mit sehr Vermögenden selbst trägt, das aber mit Blick auf alle Kunden eher ‚Hilfe anbietet'. Senioren unterstützen Senioren. Was hältst du davon?"

Lockenkötter denkt: „Bank für Senioren. Von Senioren für Senioren. Und dann noch mit einem edlen Anspruch. Na, ob das was taugt?"

Er und Meier verabschieden sich vor dem Café. Lockenkötter verspricht, über die Idee nachzudenken. Nächste Woche wollen sie sich wieder treffen, den Gedanken weiterspinnen ...

Änderungen der Strategie führen zwangsläufig zu Änderungen in der Organisation und im Personaleinsatz. Es ändern sich ggf. aber nicht nur die Ausrichtung und die Strukturen, sondern auch die Abläufe und die Art und Weise, wie etwas getan wird. Sachlich setzt die operative Planung **Maßnahmen** und **Aktionsprogramme**/Kampagnen um, zeitlich gesehen folgt sie der strategischen Planung und definiert für die projekthafte Umsetzung Endtermine. Organisatorisch folgt der strategischen Planung die Festlegung von Strukturen und Abläufen. In kommunikationspolitischer und personeller Hinsicht gilt es, Ziele und Inhalt geplanter Strategien vorzustellen, zu vermitteln und zu begründen, damit Akzeptanz im Unternehmen entsteht. Akzeptanz ist für den Erfolg zentral, da Änderungen, die elementare Bereiche von Unternehmen betreffen, Sicherheitsbedürfnisse der Mitarbeiter berühren und Demotivation entstehen kann. Man stelle sich bitte einmal als Beispiel die möglichen organisatorischen, personellen und motivationalen Verwerfungen vor, die etwa eine Ankündigung der Gebrüder Albrecht in deren Belegschaft mit sich bringen könnte, ihre Aldi-Discounter-Märkte binnen eines Jahres zu einer Feinkostladenkette umzugestalten, weil man entschieden habe, das Geschäftsmodell in Richtung einer Differenzierungsstrategie zu wechseln. Obwohl der Appell, auf drohende Demotivation zu achten, eine oft wiederholte Binsenweisheit ist, so ist es grundsätzlich zu empfehlen, begleitend zur Strategieumsetzung ein Change-Management zu etablieren. Zu oft scheitern die „konsistentesten und chancenreichsten" strategischen Vorhaben leider an der Nichtbeachtung menschlicher Bedürfnisse und an inneren Widerständen. Gerade die Umsetzung neuer Strategien verlangt, dass Ressourcen konzentriert und zielgerichtet zum Einsatz gebracht werden können – und dass möglichst alle Beteiligten an einem Strang ziehen.

Auch Meier und Lockenkötter werden sich noch häufiger treffen müssen, wenn sie ihre Idee konkretisieren und realisieren wollen. Für den Pensionär Meier wird es wichtig sein, Lockenkötter die Angst vor einem so gravierenden Schritt zu nehmen. Die Umsetzung des Vorhabens wird allen beiden viel Kraft abverlangen.

Vgl. auch Kapitel „Organisatorischer Wandel" in diesem Kompendium.

1.2 Interdependenz betrieblicher Teilpläne

Der Übergang vom strategischen zum operativen Plan kehrt die Planung um. Es wird nun nicht mehr gefragt: Machen wir die richtigen Dinge? Das wird im Rahmen der Strategischen Wahl entschieden. Nun geht es um die Umsetzung: „Machen wir die Dinge richtig?" und dabei um den Entwurf eines möglichst geeigneten Handlungsprogramms und um effiziente Durchführung. Dazu ist es notwendig, von der Gesamt- und Geschäftsfeldebene den Blick auf die Funktionalebene zu richten und für die einzelnen Funktionen wie etwa Marketing (Mix aus Preis-/Kommunikations-/Distributions-/Produktpolitik), Vertrieb (Kampagnenmanagement/Break-Even-Rechnung), Personal (quantitative und qualitative Bedarfspläne), Beschaffung (Sourcing, Einkauf, Lagerhaltung), Finanzierung (Budgetierung, Modelle mit Innen-/Außen-, Eigen-/Fremdfinanzierung) etc. Teilpläne zu entwerfen *(vgl. zu den einzelnen Verfahren der operativen Planung im Überblick z. B. Steinmann/Schreyögg, 2005, S. 308–314)*. Dabei wird sofort einsichtig, dass die betrieblichen Teilpläne voneinander abhängig sind. Sie sind in sachlicher und zeitlicher Hinsicht interdependent: Man kann z. B. keine Break-Even-Rechnung erstellen, ohne dass man zunächst die Höhe und Staffelung von Preisen definiert, Einkaufspreise kennt, den Umfang des Services, Werbeaufwendungen sowie weiterer Fixkosten. Da eine simultane und vollständige Totalplanung aller Teilpläne unmöglich erscheint, besteht hier ein massives Problem in der Strategieumsetzung. In der Unternehmenspraxis greift man daher zu vereinfachten Ansätzen und behilft sich mit Sukzessivplanungen, d. h. Planungen bauen nacheinander und aufeinander auf. Dazu werden z. B. **interdependente Pläne** wie Marketing und Vertrieb zuerst abgestimmt und daraus Konsequenzen wie die Budgets und die Finanzierung der Vorhaben abgeleitet. Rein zeitlich betrachtet können hier Mechanismen wie Netzplantechnik oder Balkendiagramme aus dem Projektmanagement zur Unterstützung der Planung herangezogen werden.

Vgl. auch Kapitel „Projektmanagement" in diesem Kompendium.

Um die immense Komplexität weiter zu reduzieren und um Startpunkte für die Teilplanungen zu finden, bedient sich die Praxis einer weiteren Vereinfachung. Zunächst wird die strategische Zielrichtung einer geplanten Veränderung definiert. Im Anschluss wird überlegt, welche strategischen **Erfolgsfaktoren** vorhanden bzw. erfüllt sein müssen. Danach werden daraus die wichtigen und vorrangigen Schlüsselprozesse identifiziert, die streng zu beobachten und zu steuern sind *(vgl. auch Kapitel 3)*. Für diese Schlüsselprozesse werden Maßnahmen in den jeweiligen Funktionen geplant. In diesem Zusammenhang nicht aufgeführte Prozesse oder Teilpläne fallen nicht weg. Sie werden nur erst im Anschluss formuliert und wirken unterstützend zu den **Schlüsselprozessen**. Die sachliche und zeitliche Abstimmung der Teilpläne im Rahmen der Strategieumsetzung stellt insofern für die Banken und Sparkassen eine zentrale Herausforderung dar, der mit größter Aufmerksamkeit und Sorgfalt zu begegnen ist.

1.3 Ziel und Fahrplan des Fachtextes

Das Ziel dieses Fachtextes ist es deshalb, den oben thematisierten Aufgaben- und Problemfeldern folgend, den Studierenden Hilfestellungen zur Umsetzung von strategischen Vorhaben zu geben. Dazu werden nach einem kurzen Einblick in die Praxis zur Sensibilisierung für die Bedeutung der Strategieumsetzung, zunächst – entlang des strategischen Managementprozesses – die **Restriktionen der Strategiewahl** von geeignet erscheinenden Strategien angesprochen.

Vgl. auch Kapitel „Strategisches Management in Finanzinstituten" in diesem Kompendium.

Daran schließt sich die Definition von Erfolgsfaktoren und Schlüsselprozessen an. Dem folgen Planung und Durchführung von Funktionalstrategien als Maßnahmen in der Strategieumsetzung. In diesem Zusammenhang wird die Steuerung und Performance-Messung der Strategieumsetzung mit Hilfe einer **Balanced Scorecard** erläutert und am Beispiel der – oben eingeführten – Seniorenbank beschrieben. Das Ende bilden Ausführungen zur Strategischen Kontrolle. Schon hier sei darauf hingewiesen, dass kein Anspruch auf Vollständigkeit erhoben wird. Es werden nur einige der **Funktionalstrategien**, insbesondere zum Beispiel der Seniorenbank passende, erläutert. Andere Fallbeispiele würden es erforderlich machen, andere Funktional- und Planungsbereiche eingehender zu bearbeiten. Die Strategieumsetzung ist nicht nur anspruchsvoll, sie ist ausgesprochen arbeitsintensiv und umfassend und kann die damit Betrauten sprichwörtlich „Tag und Nacht in Atem halten".

1.4 Strategieumsetzung in Theorie und Praxis

„Umsetzung ist das große nicht-beachtete Thema in der Geschäftswelt von heute."
(Bossidy/Charan, 2002, S. 5 nach Riekhof/Offermann, 2006, S. 31, eigene Übersetzung)

Strategisches Management zur Zukunftsausrichtung und zur Sicherung der Überlebensfähigkeit von Unternehmen ist als betriebswirtschaftliche Disziplin und Methodenlehre nicht nur weitgehend akzeptiert, sondern auch als Instrumentenkasten fein differenziert und standardisiert *(vgl. für viele englischsprachige Standardlehrbücher zum Strategischen Management z. B. De Wit/Meyer, 2004; Thompson, 1997; Wheelen/Hunger, 2004 oder deutsch Hungenberg, 2000; Steinmann/Schreyögg, 2005)*. Auffällig ist jedoch, dass das Hauptaugenmerk in der Literatur auf Fragen der strategischen Analyse und der Formulierung strategischer Optionen gelegt wird. Viele Lehrbücher beschäftigen sich auf Hunderten von Seiten lang und breit mit Branchenstruktur- und Portfolioanalyse, mit Kernkompetenzen und – mitunter reichlich abstrakten und praxisfernen – Konzepten zum Change Management. Vergleichs- und überraschenderweise wenig lässt sich dagegen zur konkreten Umsetzung von Strategien finden. Der Verpflichtung zur Vollständigkeit folgend wird **Implementation** zwar erwähnt, aber in der Regel nicht weiter detailliert. Es beschränkt sich häufig auf Beschreibungen notwendiger Änderungen in der Organisationsstruktur *(vgl. für viele z. B. Thompson, 1997, S. 579–587)*.

Seit rund 15 Jahren wird intensiv in der Wissenschaft und Unternehmensberatungen mit Hilfe der Entwicklung des Balanced-Scorecard-Instrumentariums *(Kaplan/Norton, 1997; Adaption für Deutschland insbesondere durch Horvath & Partner, 2001)* versucht, diese bekannten Schwierigkeiten der Strategieumsetzung zu mildern und der Praxis Hilfestellung anzubieten.

In der beraternahen Literatur und Praxis findet die nur teilweise Beachtung der Herausforderungen der Strategieumsetzung ihre Entsprechung. Strategieberatungen führen dem Grunde nach Analysen des Marktumfeldes und des Unternehmens durch, mit nachfolgender Verdichtung der Ergebnisse zu Handlungsoptionen. Für Beratungen ist typisch, Entscheidungen über diese Handlungsoptionen und deren Umsetzung in die Verantwortung der Unternehmen selbst zu geben. Diese setzen gewählte Optionen in Eigenregie um. Wenn es klappt, gut; wenn nicht, besteht insofern ein neuer Anlass, die Strategieberater ins Haus zu holen. Erst in jüngerer Zeit bieten Beratungen verstärkt auch Unterstützung im Bereich der Umsetzung an. Das Gesagte gilt grundsätzlich für alle Unternehmen, d. h. für Banken und Sparkassen gleichermaßen.

Der Mangel an Hilfestellung für die Umsetzung in der Literatur spiegelt jedoch nur den Stellenwert der Strategieumsetzung in den Unternehmen selbst wider. Entgegen der hohen Bedeutung für den zukünftigen Erfolg scheint Strategieumsetzung dort eben nicht zentrale Aufgabe des Managements zu sein, sondern gilt als „operativ" und als unwichtiger im Sinne von „Dann bleibt es ja nur noch umzusetzen. Die sollen das jetzt mal machen ..." Im Vergleich zu den strategischen Planungen erscheint es auch als „nicht vornehm" und insofern delegierbar. Die Planung ist häufig in vorstandsnahen Stäben angesiedelt, die konkrete Umsetzung findet aber in der Linie statt. Planung und Verantwortung sind so selten in einer Hand, gelungene Kommunikation und Abstimmung eher Glücksache. Zudem hätten die meisten Manager kaum Kompetenzen, was Strategieumsetzung anbelange, weil es – wie beschrieben – ja eben kein explizites Ausbildungsthema ist. Schlimmer noch: Weil mit der Strategieumsetzung auch eine Gefahr des individuellen und sichtbaren Scheiterns verbunden ist, würden Manager quasi reflexhaft und unbewusst diese Aufgaben an nachgeordnete Stellen weiterreichen.

Im Ergebnis, so eine Studie aus dem Jahr 1999, werden mehr als $^2/_3$ der strategischen Pläne und Strategien niemals erfolgreich implementiert. Anderen Untersuchungen zufolge bringen 90 % der eingeführten Strategien nicht den gewünschten Erfolg *(vgl. Riekhof/Offermann, 2006, S. 31-36)*. Dieses Ergebnis stimmt mit Blick auf Bestand, Zukunftsfähigkeit und Rentabilität von Unternehmen, Banken und Sparkassen bedenklich.

Die nachfolgende Abbildung zeigt im Überblick Gründe für das Scheitern von Strategieumsetzungen.

Woran scheitert die Implementation?

Kommunikation
- Ineffektive vertikale und horizontale Kommunikation
- Inadäquate Informationssysteme zur Überwachung der Implementierung
- Unzureichende Informations- und Kommunikationspolitik
- Unzureichende Vermittlung der Strategieinhalte

Implementierungsplanung
- Auftreten größerer im Vorfeld nicht identifizierter Probleme
- Erhöhter Zeitbedarf und damit längere Dauer von Umsetzungsprojekten
- Keine ausreichenden finanziellen Ressourcen
- Keine Überführung der Strategie in konkrete Maßnahmen
- Mangelnde Konkretisierung und Präzisierung von Strategien

Organisationsstruktur
- Schlechte abteilungs- und funktionsübergreifende Koordination
- Strukturelle organisatorische Veränderungen sind unwirksam
- Fehlende instrumentelle Unterstützung
- Keine klare Vorgabe von Verantwortlichkeiten
- Vielstufige, veränderungshemmende Organisation
- Komplexität der Arbeitsabläufe

Personalmanagement
- Unzureichende Führung und Anleitung durch Vorgesetzte, mangelhaftes Training und Einweisung unterer Ebenen
- Mangelnde Unterstützung durch das TopManagement, zu passive Rolle der Entscheider
- Nicht alle Stakeholder unterstützen die Strategie
- Inadäquate Bereitstellung von Anreizen für beteiligte und betroffene Mitarbeiter
- Ängste vor Veränderungen, Macht-, Einfluss-, Image- oder Statusverlusten
- Fehlende Strategieakzeptanz, Widerstände seitens der Mitarbeiter
- Fehlendes Methoden- und Verhaltens-Know-How, unzureichende Kenntnisse und Leistungen der beteiligten Mitarbeiter

(Quelle: Riekhof/Offermann 2006, S. 36)

2 Von der strategischen Wahl zur Bestimmung der Erfolgsfaktoren der Strategieumsetzung

Dass so viele Strategien in der Umsetzung scheitern, liegt nicht etwa an einer fehlenden Güte der Planung, meist auch nicht an fehlendem guten Willen, sondern entweder an der unzureichenden Umsetzung selbst – oder daran, dass die Planung häufig nicht genug auf ihre Realisierbarkeit hin geprüft wird. In der Abfolge des strategischen Managementprozesses beginnt die Umsetzung mit der strategischen Wahl (dem folgen die Formulierung strategischer Programme und anschließend die Phase der Realisation) und insofern mit den dort zu thematisierenden Restriktionen. Insbesondere ethische, finanzielle, technische und kapazitäre **Machbarkeit** sowie die grundsätzliche Akzeptanz von Veränderungen stehen hier im Vordergrund *(vgl. auch Abb. „Der strategische Managementprozess" im Kapitel „Strategisches Management")*.

2.1 Machbarkeit und Akzeptanz strategischer Vorhaben

Die strategische Analyse zeigt der Bank oder Sparkasse gehbare Wege auf: „What a company might do." Hier werden vordergründig die Optionen zugelassen, die den vermeintlich größten ökonomischen Nutzen wie sicheres Überleben, Rentabilität und Unternehmenswertsteigerung versprechen. Die in diesem Zusammenhang vorgenommenen Investitionsrechnungen bleiben jedoch Annäherungen, da die Zukunft insbesondere mit Blick auf Absatzprognosen und Zahlungsströme unsicher bleibt. Gleiches gilt für die Entwicklung von Zinssätzen. Deshalb muss sich die Wahl hier auf eine Grobprüfung des Profitpotenzials der Alternativen beschränken *(vgl. Steinmann/Schreyögg, 2005, S. 264)*.

In der strategischen Wahl ist nun weiter zu prüfen und zu entscheiden, welche der möglichen Strategien zum Unternehmen passen und welche wegen finanzieller und ethischer Restriktionen und Risiken auszuschließen sind: „What a company can or should do." Ferner können sinnvollerweise nur Optionen gewählt werden, die im Unternehmen breite Akzeptanz finden: „What a company wants to do" *(vgl. Andrews, 2003, S. 74)*.

2.1.1 Finanzielle Restriktionen und Machbarkeit

Wichtiges Kriterium für die Umsetzbarkeit ist in erster Linie die finanzielle Ausstattung. Insbesondere gravierende strategische Veränderungen lassen sich nicht nebenher und mit „Bordmitteln" durchführen, zu diesem Zweck bedarf es der Festlegung des Investitionsumfangs und daraus abgeleiteter Budgets. Jedem muss in diesem Planungsprozess bewusst sein, dass Anschubfinanzierung alleine nicht reicht. Strategien bleiben wirkungslos, wenn erforderliche Mittel nicht zur Verfügung stehen *(vgl. Riekhof/Offermann, 2006, S. 39)*. In die Planung zu integrieren ist die Überlegung, dass es im Verlauf der Umsetzung immer wieder zu ex ante unplanbaren Mehrkosten kommen kann, wenn im Rahmen der Strategiesteuerung Maßnahmen erweitert oder verändert werden müssen. Dies betrifft häufig den Bereich des Marketings, da Veränderungen der Produkt-Markt-Konzeption ja an die Zielgruppe kommuniziert werden müssen. Und es ist auch nicht ohne Weiteres zu erwarten, dass jede geplante Maßnahme in den anderen Funktionsbereichen in der Umsetzung gelingt und voll anschlägt. Insbesondere in Markteinführungsprozessen ist doch mangels Erfahrung aus der Vergangenheit mitunter ein **Trial-and-Error** erforderlich. So sind gerade in solchen Prozessen z. B. häufigere Personalwechsel als in stabilen Umwelten zu beobachten. Das kostet zusätzliche finanzielle Einsätze. Jede Prüfung des finanziellen Durchhaltevermögens sollte darum eine Art „Subsistenzmittelfonds" (freie finanzielle Mittel, die auch ohne Umsätze eine Zeitlang das Überleben garantieren) in die Planung mit einschließen. Ist dies wegen fehlender finanzieller Ressourcen nicht möglich, so sollte von der Umsetzung dieser Option Abstand genommen werden, weil man sonst Gefahr läuft, auf halbem Wege stehen zu bleiben bzw. zu „verhungern" droht. Ferner sollte man im Rahmen der Break-Even-Rechnung, die ein möglichst schnelles Erreichen der Gewinnschwelle als Ziel einer strategischen Veränderung formuliert, Vorsicht walten lassen. Die meisten Planungen sind – bei allem Verständnis – meist um eine Periode zu optimistisch, weil die Planer im Wettbewerb um die besten Ideen die Vorteilhaftigkeit einer bestimmten – ihrer – Option herausstellen möchten. Auch hier ist finanzielles Durchhaltevermögen vonnöten, die Planungen werden oft genug zeitlich angepasst. Optionen, die finanzielle Mittel zum Durchhalten mit einrechnen, sind in der Regel die realistischeren. Dies sollten die strategischen Entscheider in ihrer Wahl berücksichtigen.

Die Machbarkeit ist auch von rechtlicher Seite her streng zu prüfen. Optionen, die gesetzliche Vorgaben verletzen (wie z. B. ein Pricing, welches nicht risikoadäquat den Vorgaben des Basel-II-Akkords folgt) oder auch nur auf baldige Änderung von bestehenden Regeln hoffen, haben spekulative Elemente. Hier ist Weitsicht gefordert, aber auch Risikobereitschaft und -bewusstsein.

So war etwa die Idee der Firma Roesch AG, die „nadellose" Injektion für Zuckerkranke und andere medizinische Anwendungen als technische Innovation am Markt einzuführen und zu etablieren, nahezu wegweisend. Sie scheiterte jedoch – jedenfalls bis heute – daran, dass die Krankenkassen den Einsatz quasi dadurch verhindern, dass sie diese, im Verhältnis zu traditionellen Spritzen, teurere Anwendung nicht in ihren Leistungskatalog aufnehmen. Die Roesch AG befindet sich heute in Abwicklung, da selbst der durch einen Börsengang nicht geringe Umfang an finanziellen Reserven nach vier Jahren vergeblichen Bemühens um die Zulassung bei den Krankenkassen aufgebraucht war.

Die Machbarkeit kann ebenfalls durch Ressourcenknappheit beeinträchtigt werden. Unmittelbar einsichtig erscheint, wenn Produzenten der Zugang zu Rohstoffen wie Öl oder Gas verwehrt wird, entweder durch staatliche Verbote oder aber durch prohibitive Preise. Dies gilt auch für den Zugang zu Vertriebskanälen. Insbesondere in Teilen des Einzelhandels ist die Aufnahme ins Sortiment größerer Handelsketten oder Kaufhäuser oft genug eine Bedingung, ohne die Geschäft nicht möglich ist. Das liegt insbesondere an den für eine rentable Produktion notwendigen größeren Produktionsmengen.

Dem Grunde nach gilt diese Einschränkung für alle Ressourcenpositionen. Plant eine Bank etwa den Aufbau eines neuen Geschäftsfeldes „Vermögende Privatkunden", so ist in erster Linie zu fragen, ob die **Attraktivität als Arbeitgeber** hinreichend groß ist, um in kurzer Zeit vom Arbeitsmarkt eine ausreichende Zahl spezialisierter Kräfte zu gewinnen. Ist dies wie z. B. bei Sparkassen – wegen im Vergleich zu privaten Banken unzureichender Möglichkeiten, wettbewerbsadäquate Gehälter zu zahlen – nur schlecht in Kürze umzusetzen, so verbleibt noch die Möglichkeit, selbst diese Ressourcen aus- bzw. fortzubilden (als Financial Planner). In die Planung einzubeziehen ist dann aber der Umstand, dass sich die Einführung des Geschäftsfeldes um ca. 2–3 Jahre verzögern wird und sich bis dahin das Zeitfenster eines erfolgreichen Marktzutritts geschlossen haben kann. Zudem muss die Sparkasse immer mit der Gefahr leben, dass die dann gut ausgebildeten Fachkräfte von anderen abgeworben werden.

2.1.2 Wertvorstellungen des Managements und der Stakeholder

Die Strategiewahl und die daraus abzuleitende Umsetzung muss den Zielen und der visionären Zukunftsausrichtung der Bank oder Sparkasse folgen. Entscheidend ist hier, dass die Wertvorstellungen der „dominant coalition" aus Topmanagement und der Share- und Stakeholder maßgeblich die Strategie bestimmen *(vgl. Cyert/March, 1995, S. 29–31; Achenbach, 2003, S. 16)* und keine erfolgreichen Veränderungen gegen deren erklärten Willen zu erwarten ist. Im Gegenteil gelingen Veränderungen dann, wenn die „dominant coalition" nicht nur die Veränderungen initiiert und/oder anweist, sondern insbesondere, wenn sie dies aktiv unterstützt – besser noch durch Vorangehen und kraft Vorbild des Topmanagements vorlebt. Nur wer als gutes Beispiel vorangeht, kann erwarten, dass die Belegschaft die Wahl einer Strategie und mögliche Veränderungen akzeptiert und hinter einem Vorhaben steht *(vgl. etwa Häusel, 2002, S. 77 f.)*.

2.1.3 Ethische Vertretbarkeit

Auch die ethische Vertretbarkeit ist eine zu prüfende Restriktion der strategischen Wahl. Strategien, die nicht mit dem moralischen Empfinden der Stakeholder, hier insbesondere der Kunden und der Belegschaft, und den gesellschaftlichen Normen und den Interessen künftiger Generationen konform gehen, oder gar unethisches Verhalten der Entscheider und Galionsfiguren mögen kurzfristig rational und gewinnbringend erscheinen, langfristig zerstören sie die Reputation und insofern die Vertrauensbasis für Veränderungen. Sie schlagen oft genug als Bumerang noch im Werden einer Umsetzung zurück.

Vgl. auch Kapitel „Unternehmensethik" in diesem Kompendium.

2.1.4 Verständlichkeit, Wandelbereitschaft und Kultur

Just being able to conceive bold strategies is not enough. The general manager must also be able to translate his or her strategic vision into concrete steps that "get things done".
(Hammermesh zitiert nach Thompson/Strickland, 1989, S. 263)

Schließlich soll auf Unverständlichkeit sowie auf Aspekte der **Wandelbereitschaft** als gravierende Gründe für das Scheitern von Strategien hingewiesen werden. *Kaplan/Norton* begründen in ihrer Einführung der Balanced Scorecard in die wissenschaftliche Diskussion deren Notwendigkeit gerade mit dem Umstand, dass viele Umsetzungen scheitern, weil die Mitarbeiter nicht verstanden haben, was die Änderung der Strategie ist, was von ihnen erwartet wird und worauf sie dann in der Umsetzung zu achten haben *(vgl. Kaplan/Norton, 1997)*. Es ist zudem schlichtweg menschlich, etwas, was man nicht versteht, zumindest zu Beginn unterschwellig von sich zu weisen oder ihm erst einmal abwartend mit Passivität zu begegnen. Oft genug versuchen Menschen Veränderungen zu umgehen bzw. auszusitzen. Für diese Verhaltensweise verantwortlich zeichnet das **Limbische System**, unser „Reptiliengehirn". Das Limbische System bestimmt, dass – anders als es die ökonomische, am vernünftigen Entscheider orientierte, Wissenschaft postuliert – der Großteil unseres Handels „aus dem Bauch heraus" entschieden wird. Der „Bauch" ist hier der genetische Code, der bei geplanten Veränderungen eine Verletzung unseres dominanten Bedürfnisses nach Sicherheit und nach Balance feststellt. Die Standardreaktion bei Bedrohung und Unsicherheit heißt Flucht, Beharrung (im Tierreich „Schockstarre") und Verweigerung. Im Geschäftsleben äußert sich Beharrung regelmäßig dadurch, dass Mitarbeiter versuchen, das „Alte" und sicherheitsstiftende Gewohnheiten zu bewahren *(vgl. Häusel, 2002, S. 53 ff.)* und deren Vorteilhaftigkeit gegenüber Neuem und Veränderung mit großem Aufwand zu begründen. Mitarbeiter neigen dann auch oft genug dazu, mehr Zeit für Begründungen, etwas nicht tun zu müssen, aufzuwenden, als positiv auf Neues zuzugehen und tatkräftig anzupacken. Dies führt eben zu oft zu Ressourcenverschwendung, Zeitverlusten und im schlechtesten Fall zum Scheitern einer Umsetzung.

Ein totes Pferd reiten ...

> **Eine Weisheit der Dakota-Indianer sagt:**
> **Wenn du merkst, dass du ein totes Pferd reitest, steig ab.**
>
> **Doch im Berufsleben versuchen wir oft andere Strategien:**
> - Man besorgt eine stärkere Peitsche.
> - Man wechselt den Reiter.
> - Man gründet einen Arbeitskreis, um das Pferd zu analysieren.
> - Man besucht andere Orte, um zu sehen, wie man dort tote Pferde reitet.
> - Man erhöht die Qualitätsstandards für den Beritt toter Pferde.
> - Man bildet eine Task Force, um das Pferd wiederzubeleben.
> - Man schiebt eine Trainingseinheit ein, um besser reiten zu lernen.
> - Man ändert die Kriterien, die besagen, wann ein Pferd tot ist.
> - Man schirrt mehrere tote Pferde zusammen, damit sie schneller werden.
> - Man macht zusätzliche Mittel locker, um die Leistung toter Pferde zu erhöhen.
> - Man kauft etwas zu, das tote Pferde schneller laufen lässt.
> - Man erklärt, dass unser Pferd besser, schneller und billiger tot sei.
> - Man bildet einen Qualitätszirkel, um eine Verwendung für tote Pferde zu finden.
> - Man überarbeitet die Leistungsbedingungen für tote Pferde.
> - Man richtet eine Kostenstelle für tote Pferde ein.

(Quelle: Bullinger, 2003)

Appelle an die Vernunft bringen wenig, da – wie die psychologische Forschung belegt – Menschen in der Regel nicht vernünftig handeln. Um also die Gefahr drohender reflexhafter Abwehr und Beharrung aus Sicht strategischer Entscheider zu entschärfen und um Akzeptanz zu werben, gilt es nicht nur frühzeitig über geplante Veränderungen zu informieren, sondern auch den Plan, die Inhalte und erforderlichen Maßnahmen zu erklären und Betroffene zu Beteiligten zu machen *(vgl. Häusel, H.-G., 2002)*. Dazu gehört auch, dass sicherheits- und motivationsstiftende Anreize zum Einsatz gebracht werden sollten (z. B. Bestandsgarantien für Arbeitsplätze, Verhältnis von Fixgehalt zu variabler Vergütung, Entwicklungsversprechen und Fortbildung), um die Akzeptanz zu verbessern und um aus Bremsern Treiber zu machen.

Vgl. auch Kapitel „Change Management" in diesem Kompendium.

Auch die traditionelle Motivationstheorie von *Herzberg* etwa brachte die empirische Erkenntnis, dass Versäumnisse in der Kommunikation der Unternehmenspolitik die größte Demotivation bei Mitarbeitern hervorrufen können *(vgl. für viele Steinmann/Schreyögg, 2005, S. 559)*. Hier ist der Hebel anzusetzen.

Die Zusammenführung von nicht zusammenpassenden Kulturen in Folge der strategischen Entscheidung für Fusion oder Kauf kann ebenfalls zum Scheitern führen.

Mit dem Verkauf der Dresdner Bank an die Commerzbank hat die Allianz die strategische Vision eines Allfinanzkonzerns zunächst ad acta gelegt. Zu unterschiedlich waren die Kulturen der mehr im Privatkundensegment auf Beratung spezialisierten Banker und der versierten „Vertriebler" der Allianz. Zu unterschiedlich auch der Umgang mit Risiken: Hier eine auf Sicherheit und langfristige Wertsteigerung bedachte Versicherung, dort eine mit ihrer Tochter Dresdner/Kleinwort/Wasserstein im Konzert der Investmentbanken risikobewusst handelnde Bank. Eine Chance auf Integration der Kulturen und Synergieffekte ergab sich erst in den letzten Jahren im Privatkundenbereich, sie wurde durch den hohen Verlust der Dresdner-Investmenttochter im Zuge der Finanzkrise zunichte gemacht. Heute geht die Allianz in einem zweiten Schritt einen anderen Weg. Sie gründete unter dem Dach der Oldenburgischen Landesbank eine eigene Bank – die Allianz-Bank.

All diesen genannten Einschränkungen der strategischen Wahl im Vorfeld der Strategieumsetzung ist gemein, dass sie überwindbar sind, dass sie jedoch von vornherein in die Entscheidung über eine Umsetzung zwingend mit einzubeziehen sind. Schon eine einzelne im Vorhinein unbeachtete Restriktion kann für Misserfolg verantwortlich sein. Dann ist es auch egal, wie gut die anschließende Umsetzung geplant und gesteuert wird. Gleichwohl muss an dieser Stelle zugestanden werden, dass nicht alles, was kommen kann, vorhersehbar ist. Veränderungen jedweder Art bringen ein Risiko mit sich.

2.2 Erfolgsfaktoren

Wenn in der strategischen Wahl Restriktionen zu beachten sind, so lassen sich im Umkehrschluss positive Anlässe und Vorteile finden, die aus der eigenen Ressourcenposition resultieren. Aber auch dann gilt es abzuschätzen, wie einzelne Ressourcen(-pakete) zusammenwirken und wie Entscheidungen in bestimmten Bereichen andere Bereiche berühren und das spätere Erscheinungsbild des Unternehmens determinieren. Über derlei Ursache-/Wirkungszusammenhänge sollte sich der strategische Entscheider und Umsetzer bewusst sein. Die Bedeutung der Wechselwirkungen für die Strategieumsetzung soll hier anhand von einigen Beispielen erläutert werden.

2.2.1 Unternehmerische Handlungsfelder – das 7-S-Modell

Mit dem Grundkonzept des **7-S-Modells** bietet die Theorie ein gut geeignetes Modell für die Unternehmensführung allgemein sowie für strategische Entscheidungen und deren Implementation im Speziellen *(Pascale/Athos, 1981)*. Es stellt dar, aus welchen Ressourcen Unternehmen bestehen. Diese werden unterschieden in die vornehmlich „harten" Faktoren von Strategie, Struktur und Systemen sowie die „weichen" Faktoren Personal, Kompetenzen, Stil/Kultur und übergeordnete Ziele, d. h. Mission und Daseinszweck des Unternehmens. Die Unterscheidung zwischen den Faktoren beschreibt lediglich die Unterscheidung zwischen mehr technischen Fragen und den unmittelbar an Menschen geknüpften Ressourcenpositionen. Mit Blick auf die Gestaltbarkeit der

7-S stellt sich bei der Umsetzung schnell heraus, dass die weichen Faktoren genauso schwer wie, wenn nicht schwerer als harte Faktoren wiegen.

Das 7-S-Modell nach Pascale/Athos (1981)

```
                    1
                 Strategy

      2                         3
   Structure                 Systems

                    7
              Superordinate
                  Goals

      4                         6
     Staff                    Style

                    5
                 Skills
```

„Harte" Faktoren:
- Strategie,
- Struktur,
- Systeme.

„Weiche" Faktoren:
- Personal,
- Fähigkeiten,
- Stil/Kultur,
- übergeordnete Ziele.

(Quelle: Peters/Waterman, 1982, S.10)

2.2.1.1 Zusammenhänge zwischen Strategie, Struktur und Kultur

Sehr häufig finden strategische Veränderungen als Versuch statt, kurzfristig Marktchancen zu realisieren. Solchen Entscheidungen folgen zunächst Veränderungen in der Organisationsstruktur („structure follows strategy"), danach in weiteren Faktoren, wie etwa der Kultur oder dem Personal („culture follows structure follows strategy"). Entscheidet sich eine Bank z. B. dafür, mehr Geschäftsfelder aufzubauen, um Wachstum zu realisieren und das Risiko zu diversifizieren, so können damit einhergehende Änderungen in der Organisationsstruktur ungeahnte Rückwirkungen hervorrufen. Anstelle einer einheitlichen Kultur bilden sich womöglich Subkulturen mit gänzlich verschiedenen Wert- und Orientierungsmustern heraus *(vgl. Schober, 2006, S. 1078)*. Je heterogener dann eine solche Kultur, desto größer ist die Gefahr, dass das Unternehmen in Krisensituationen Schaden nimmt, insbesondere in den Bereichen Personal, Kompetenzen und in Rückkoppelung über etwa gesunkene Marktanteile, Ansehen und Zukunftspotenzial im Strategiebereich.

Ein solches Phänomen durchleiden gegenwärtig viele Privatbanken, die sich neben ihrer „normalen" Geschäftstätigkeit auch in das Marktsegment des Investmentbankings gewagt hatten. Dabei trennten und divisionalisierten ihre Geschäfte, mitunter sogar in Form von Tochterunternehmen (bei der Allianz/DresdnerBank z. B. Dresdner/Kleinwort/Wasserstein). Das Investmentbanking ist im Vergleich zu den angestammten Bereichen sehr zyklisch, instabil und sehr auf kurzfristige Erfolge konzentriert. Dabei mit einem Stamm an Personal ausgestattet, deren Augenmerk und Handlungsmaxime eben nicht auf der Herstellung und Pflege langfristiger und vertrauensvoller Kundenbeziehungen im klassischen Firmen- und Privatkundenbereich liegen. In guten Jahren werden die Investmentbanker als „Waterwalker" verherrlicht. Ihre sichtbare und symbolhafte „Gamble"-Kultur als Bestverdiener mit „Söldnermentalität" ohne Bindung an andere Bereiche der Bank bestimmt mitunter Auftreten und Ansehen der Bank als Ganzes, da sie phasenweise einen Großteil von Gewinn und Aktiendividende erwirtschaften. Und dienen dann als Vorbild ganzer neuer Generationen von Bankern, die nun nicht mehr im traditionellen Bankgeschäft ihre Karriere suchen möchten, sondern lieber im „Durchlauferhitzer" Investmentbanking. In schlechten Zeiten werden diese Mitarbeiter bildlich gesprochen aber schnell von der etablierten alten Kultur wieder abgestoßen, die Investmentbanker verlassen die Banken, mit ihnen gehen Kompetenzen und Kunden – oft genug auch Erträge und Ansehen. Die Bank reduziert sich in der Folge organisatorisch wieder auf das angestammte Portfolio von Geschäftsfeldern und auf ihre „Kernkompetenzen", etwa das Geschäft mit dem Privatkunden oder das mittelständische Firmenkundengeschäft (diese Position und Kompetenz versucht sie unter Umständen sogar durch Fusion und Kauf auszubauen: Commerzbank/Dresdner Bank; Deutsche Bank/Postbank). Im negativen Fall, wenn die Investmentbanker eben nicht nur für Gewinne, sondern auch für große Verluste der Bank verantwortlich zeichnen – wie das in der gegenwärtigen Finanzkrise festzuhalten ist, bedroht dann der Versuch, Marktchancen quasi im Vorbeigehen mitzunehmen, den strategischen Bestand und die Rentabilität der Bank als Ganzes.

Den Zusammenhang zwischen der Entstehung divisionaler Strukturen als Folge einer Strategieänderung und der Herausbildung von Subkulturen zeigt die folgende Abbildung.

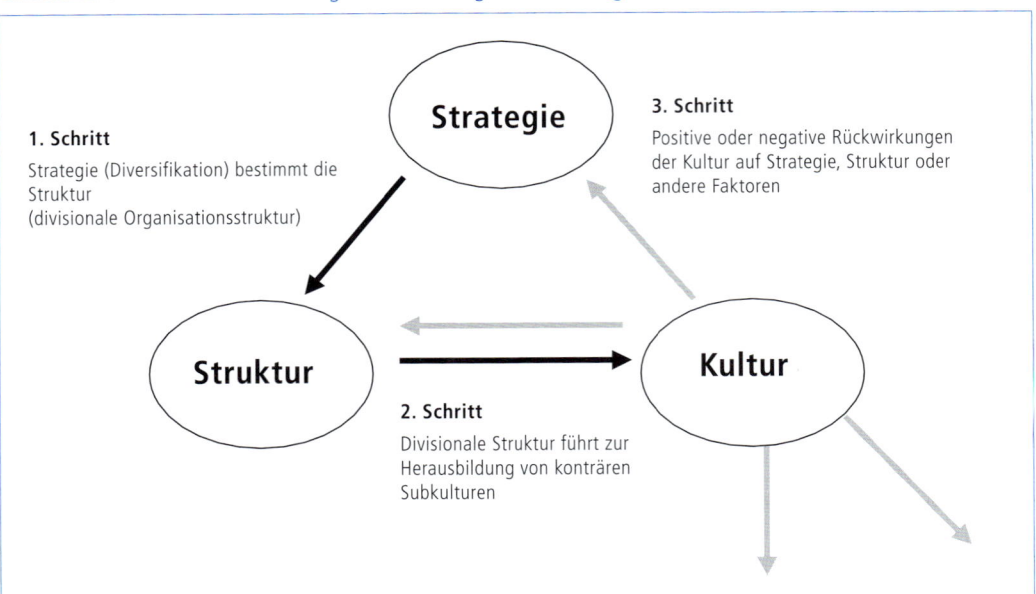

Unmittelbare und mittelbare Wirkungen einer Strategieentscheidung

1. Schritt
Strategie (Diversifikation) bestimmt die Struktur
(divisionale Organisationsstruktur)

3. Schritt
Positive oder negative Rückwirkungen der Kultur auf Strategie, Struktur oder andere Faktoren

2. Schritt
Divisionale Struktur führt zur Herausbildung von konträren Subkulturen

(Quelle: Schober, 2006, S. 1078)

2.2.1.2 Wirkung der Struktur auf Fähigkeiten

Strukturveränderungen beeinflussen aber nicht nur die Kultur, sondern auch andere 7-S-Faktoren. So berührt etwa die Entscheidung für eine Differenzierungsstrategie anstelle von einer Kostenführerschaft die Form der Arbeitsorganisation erheblich. Für den Erfolg der Differenzierung ist es maßgeblich, dass Formen einer „empowerten" Arbeitsorganisation eingeführt werden müssen, d. h. Mitarbeiter arbeiten weitgehend selbstständig, nicht im Sinne von „Dienst nach Vorschrift" und können nur so den Anspruch etwa der kundenindividuellen Betreuung erfüllen. Anders als bei Kostenführerschaft, bei der sich die Wissensaufnahme und Kompetenzbildung der Mitarbeiter oftmals auf standardisiertes Produktwissen und häufig einfache Tätigkeiten beschränkt, welche nahezu personenunabhängig angelernt werden können, sind mit einer Differenzierungsstrategie in der Regel hohe Investitionen in spezialisierender Weiterbildung und Persönlichkeitsentwicklung verbunden. Zur anreizkompatiblen Ausschöpfung der Potenziale der Mitarbeiter, um eben Mehrleistung abzurufen, bedarf es in der Folge auch der Unterstützung durch eine variablere Vergütung. Retailbanking zum Vergleich – als standardisiertes Geschäft mit hoher Kostenorientierung – arbeitet dagegen weitgehend mit Gehaltssystemen, die auf Fixbestandteilen fußen.

Auch im Beispiel der Seniorenbank wird die Form der Arbeitsorganisation eine wichtige Rolle für den Erfolg der Geschäftsidee spielen.

Fortführung Seniorenbank

Bernd Lockenkötter stellt den Cappuccino ab und greift in seine Mappe. Er holt mehrere dicht beschriebene Bögen heraus und legt sie vor sich auf den Tisch.

Lockenkötter: „Also. Ich hab mir die Idee mit der Seniorenbank mal durch den Kopf gehen lassen. Zuerst hab ich gedacht: Wieso denn das? Wenn das eine interessante Option wäre, dann wären doch vielleicht auch schon andere auf die Idee gekommen."

Meier: „Für die meisten unserer Kollegen ist das ganz weit weg."

Lockenkötter: „Genau. Und das liegt, denke ich daran, dass es zum einen kaum noch Mitarbeiter in Banken – und ich spreche auch von den Volks- und Raiffeisenbanken sowie den Sparkassen – in unserem Alter gibt. Und daran, dass der überwiegende Teil der älteren Kunden schon gerne Beratung und Betreuung hätte, dass dies aber im Zuge des Filialabbaus und der Automatisierung grundsätzlich etwas eingeschränkt wurde. Die Bank kommt in den seltensten Fällen zu den Älteren, oft werden diese als Zielgruppe kaum beachtet und bearbeitet. Und passende Produkte gibt es wenige.

Was ich aber eigentlich sagen möchte, ist, dass die Idee mit den betreuenden Bankmitarbeitern steht und fällt. Kann es einen Stamm an Seniorenbetreuern geben? Und wie setzt sich die Gruppe zusammen? Ich denke wegen der Akzeptanz ausschließlich an Mitarbeiter im gleichen Alter wie die Kunden. Wie aber setze ich Anreize für pensionierte Bankmitarbeiter, in den Beruf zurückzukommen, zumindest in Altersteilzeit? Was könnte deren Motivation sein? Die sind doch froh, dass sie nicht mehr jeden Tag in die Bank müssen, nicht mehr verkaufen müssen. Sind ja nicht alle so wie Du, Harald."

Meier: Ein paar schon, denke ich. Wir kennen doch so viele ehemalige Kollegen, auch aus den anderen Häusern."

2.2.2 Personal, Kompetenzen – Voraussetzung für Wettbewerbsvorteile und Quelle von Renten

"*Unfortunately, intangibles can be tough to manage ... it is slow and difficult to build staff morale, a strong reputation, or support from your donors or voters.*" *(Warren, 2003, S. 114)*

Die meisten **Tangibles**, wie Kredite, Produktionskapazitäten oder eine bloße Anzahl von Mitarbeitern sind vergleichsweise leicht zu beschaffen. **Intangibles** *(vgl. Sveiby, 1997, S. 3 ff.)* wie Qualität, Vertrauen und Reputation (erwiesenes Vertrauen), Geschäftsgeheimnisse, Netzwerke und Maß an Unterstützung von Gebern und Stakeholdern sowie positive Mundpropaganda stellen wichtige Ressourcen im Sinne eines **Organisationsvermögens** dar *(vgl. Tomer, 1987).* Diese im Wettbewerb – und gerade in Markteinführungsprozessen – zentralen Ressourcen, die nahezu alleine über den nachhaltigen Erfolg von Ideen und Unternehmen entscheiden, sind:

- nicht von heute auf morgen herstellbar oder beliebig reproduzierbar, weil nur schwer greifbar und messbar *(ursächliche Vieldeutigkeit, vgl. etwa Chi, 1994, S. 273 f.; Barney, 1991)*. Ihre Entwicklung ist „pfadabhängig", d. h. man kann mit Blick auf die Zukunft im Vorhinein kaum von sicheren Ergebnissen sprechen, was die spätere Wertschöpfung angeht *(vgl. Dierickx/ Cool, 1989)*. Investitionen etwa in Humanvermögen in Form von Personalentwicklung sind wie alle Investitionen mit Unsicherheit behaftet. Zudem dauert es, bis die Ressourcen beginnen, produktiv zu werden und Renten abzuwerfen. Aus Sicht der **Pfadabhängigkeit** einer Entwicklung und der Minimierung des Risikos des Scheiterns ist es eine zentrale Managementaufgabe, nicht nur solche wertversprechenden Ressourcen zu gewinnen und aufzubauen, sondern sie auch an sich zu binden *(vgl. Warren 2002, S. 21 f.)*. Erst dadurch werden Tangibles zu wertvollen Intangibles. Gerade im Privatkundengeschäft der Banken und Sparkassen – so zuvor beschrieben – sind z. B. zu häufige Beraterwechsel für die Vertrauens- und Reputationsbildung schädlich. Die Bindung produktiver Mitarbeiter ist insofern Ursache und Voraussetzung für Erfolg, Kundenbindung und -rentabilität die Wirkung. Nur längerfristig an ein Unternehmen gebundene Ressourcen lernen „by doing" durch Anwendung und Wiederholung und bauen im Zeitablauf immer spezifischeres Fach- und Organisationsvermögen auf. In folgenden Perioden werfen diese Erfahrungen überproportionale Renten etwa in Form von Zeitersparnis ab. Es sinken die Kosten der Koordination durch Wiederholung bei gleichzeitig erhöhtem Wissensstand *(Penrose-Rente, vgl. Penrose, 1980, S. 52 f.)* Die Bindung muss über ein adäquates Anreizsystem sichergestellt werden.

- nur bedingt „käuflich". Wegen Teamzusammenhängen *(Composite Quasi Rent, vgl. etwa Alchian, 1987, S. 142)* sowie unterschiedlichen Motivationslagen und Kulturunterschieden kann es dazu kommen, dass personelle Ressourcen in neuen Verwendungen nicht oder nicht schnell genug die gleiche Produktivität entfalten wie in den ursprünglichen Zusammenhängen. Jede Ressource hat eine „erstbeste" Verwendung, die in einem anderen Unternehmen über einen möglichst passgenauen Einsatz in der jeweiligen Arbeitsorganisation sichergestellt wurde. Bei einem Wechsel zu einem anderen Unternehmen droht diese **Quasi-Rente** verloren zu gehen bzw. sich stark einzuschränken *(vgl. Castanias/Helfat, 1991, S. 161; im Überblick zum Rentenpotenzial von Ressourcen auch Achenbach, 2003, S. 17–22)*. So liegt gerade bei Fusionen oder Übernahmen von Unternehmen die Gefahr späteren Scheiterns – oder der Feststellung, dass kein Wertzuwachs feststellbar ist, obwohl rechnerisch große Synergien und Marktvorteile prognostiziert wurden – genau in dem Umstand, dass im Zuge von kulturellen, strategischen, organisatorischen und motivationalen Veränderungen ein Teil des Rentenpotenzials aus der Güte der Ressourcen verloren geht. Insbesondere dann, wenn die Träger der Wertschöpfung aus Enttäuschung und Demotivation nach kurzer Zeit das fusionierte Unternehmen verlassen. Gemeinerweise finden gerade Leistungsträger leicht eine neue Anstellung. Sehr oft fällt dann so der eigentliche Grund für die Fusion und die damit verbundene Aussicht auf Wertsteigerung, Synergien etc. weg. Dies ist das zentrale ökonomische Problem von Unternehmen, die sich an Unternehmen beteiligen, deren Marktwert (Ausdruck für den Wert von Intangibles und

Tangibles wie Gebäuden, Anlagen etc.) ihren Buchwert um ein Vielfaches überschreitet. Hier ist in der Regel gutes Personalmanagement und das Setzen der richtigen Anreize für die Träger der Kernkompetenzen tatsächlich wesentlich für den Erfolg entscheidend. Der „wahre" Wert einer Ressource kann nur annäherungsweise bestimmt werden als momentaner Beitrag zur Wertschöpfung. In der Praxis kann der Wert am ehesten noch über Wiederbeschaffungskosten einer Ressource geschätzt werden, über **Tobin's q** *(vgl. Tobin/Brainard 1977, S. 242; Montgomery/Wernerfelt, 1997, S. 177 ff.)*. D. h. mit Bezug auf Personal, welche Kosten entstünden, wenn der Inhaber einer Stelle diese aufgibt und neu besetzt werden müsste. Als „Krücke" für Werthaltigkeit einer personellen Ressource kann auch die Zahl von Abwerbeversuchen interpretiert werden.

- also die Kernkompetenzen (selten, schlecht imitierbar, nicht substituierbar, wertschöpfend, nicht ohne Weiteres transaktionsfähig, dabei aber als übergreifende Kompetenz auf neue Märkten/Branchen übertragbar); und

- an Menschen gebunden.

- zusammengefasst: die Engpassfaktoren in der Strategieumsetzung. Insofern kommt der Bewirtschaftung der Ressource Personal in der Strategieumsetzung die größte Bedeutung zu. Oft genug wundern sich Unternehmen mit „chancenreichen" strategischen Optionen und „Synergiepotenzialen" darüber, dass eine Fusion oder Übernahme keinen Wertzuwachs erbracht hat. Das liegt eben in der Regel daran, dass personelle Faktoren nicht ausreichend in der Entscheidung berücksichtigt wurden, und an Menschen geknüpfte Wettbewerbsvorteile zerstört wurden.

In unserem Beispiel der „Seniorenbank" steht und fällt die Chance auf Erfolg für H. Meier und B. Lockenkötter mit der Möglichkeit, kompetentes und für die Aufgabe motiviertes Personal zu finden und an sich zu binden. Mit Blick auf die Pfadabhängigkeit und die notwendige Reputation scheidet ein Eigenaufbau junger Mitarbeiter zu Seniorenberatern als First-Best-Lösung aus. Es wäre auch zu zeitintensiv.

An die erfahrenen, älteren Mitarbeiter wird die gesamte Akzeptanz und das Vertrauen in der Kundenzielgruppe geknüpft sein. Zentral wird es insofern sein, dass die Reputation dieser Mitarbeiter aus der Vergangenheit übertragen werden kann auf die neue Bank.

Lockenkötter: „Glaubst du, Harald, dass wir diese Leute finden? Und dass die dann nicht schon nach ein paar Wochen genug haben?"

Meier: „Ja. Wir kennen doch so viele ehemalige Kollegen, auch aus den anderen Häusern. Drei, vier habe ich schon im Auge. Klar, dass wir uns auch eine Menge Absagen einhandeln werden ..."

3 „Operationalisierung" des strategischen Konzeptes

3.1 Festlegung der Stoßrichtung

Den Startpunkt der Überlegungen zur Strategieumsetzung stellt die Festlegung der Strategie selbst dar. Diese Phase im Ablauf des Managementprozesses ist die Planungsphase. Die Stoßrichtung beschreibt dabei die Wahl des Geschäfts, die generischen Entscheidungen zwischen Kostenführerschaft und Differenzierung, zwischen Nische und Kernmarkt sowie die Überlegung, sich als Veränderer am Markt neu zu positionieren oder als Anpasser im Reigen der Mitkonkurrenten aufzutreten *(vgl. Steinmann/Schreyögg, 2005, S. 221-236)*; ferner damit verbundene weitere Ziele und Aktivitäten (und mitunter die Beschreibung zentraler funktionalstrategischer Vorhaben, z. B. Markteintrittsstrategie).

Meier: „Also, fassen wir unser Gespräch kurz zusammen. Wir wollen das machen. Wir gründen die ‚Seniorenbank' in Essen. Wir werden eine Bank sein, nicht nur ein Finanzdienstleister. Wir sehen in der Stadt Essen und Umgebung einen im Trend immer größer werdenden Bestand an potenziellen Kunden. Wir wollen zum zweiten Quartal 2010, d. h. in einem Jahr, unsere Geschäftstätigkeit aufnehmen. Wir planen zunächst einmal nur zwei Filialen im Raum Essen, Mülheim, Gelsenkirchen – in der Nähe von großen Seniorenresidenzen. Unsere Kunden sind vorwiegend die über 60-jährigen (Rentner) mit einem durchschnittlichen Vermögen von > 100 000 EUR in Form von Geldguthaben, Aktienbesitz, Renten, Immobilienbesitz, Firmenvermögen und Beteiligungen. Grundsätzlich sind wir aber offen für alle Senioren. Auch jüngere Kunden werden akzeptiert, sie stellen aber keine aktiv anzusprechende Kundengruppe dar."

Lockenkötter: „Wir bewegen uns in der dreifachen Nische dieser besonderen Kundengruppe und in ausgewählten Produktangeboten in Umgebung der Stadt Essen. Unsere Leistungen umfassen neben allgemeinen Bankdienstleistungen wie Kontoführung, Anlageberatung, Vermögensmanagement, Immobilienrente, Stiftungsberatung, Nachfolgeregelungen auch serviceorientierte Funktionen wie Übernahme finanzbezogener Korrespondenz sowie Abwicklung von Aufträgen an Notare, Rechtsanwälte etc. Daneben besteht das Angebot an unsere Kunden, auch in anderen Bereichen Serviceleistungen zu erbringen, etwa Konzertkartenkauf oder Reisebuchung, Einkäufe, Organisation von Gesundheitsleistungen. Für Retailbankprodukte gehen wir Kooperationen mit örtlichen Banken ein. Erster Ansprechpartner ist unsere Volksbank, daneben eine renommierte hiesige Privatbank."

Meier: „Wir gehen zu den Kunden hin. Unsere Mitarbeiter sind mobile, unabhängige Mitarbeiter. Wir fassen das Angebot an unsere Kunden, die Senioren, zusammen als Funktion des ‚Privatsekretärs'. Dadurch differenzieren wir uns von den anderen Banken und Sparkassen. Wir sehen uns als Mini-Family-Office für kleines Geld und auf Abruf. Unsere (Teilzeit-)Mitarbeiter machen das gerne, weil sie gerne etwas für sich und ihre Mitmenschen in ihrem Alter tun wollen. Sie wollen zwar auch Geld verdienen, wir als Bank wollen aber nicht vordergründig Gewinn maximieren.

Das gilt für die Bank als Ganzes, die als primäres strategisches Ziel Bestandssicherung und Zukunftsfähigkeit definiert. Sie wird sich als Stiftung gründen. Das für den Erwerb einer Banklizenz notwendige Kapital bringen Harald Meier und Bernd Lockenkötter sowie weitere Stifter ein. Eine Banklizenz können wir beantragen, da ich vornehmlich als Geldgeber für die Errichtung eintrete und dafür Hauptstiftungsgeber werde. Gespräche dazu werden geführt. Mitglieder sind alle Mitarbeiter und Stiftungsgeber. Gewinne werden in der Stiftung thesauriert und reinvestiert.

Ein Geschäft in dieser Form in dieser Art und Weise ist neu für den Markt und wir erhoffen uns nicht zuletzt von unserem speziellen Angebot und unserer Herangehensweise, schnell einen hohen Bekanntheits- und Akzeptanzgrad in unserer Zielgruppe zu erreichen."

3.2 Ableitung strategischer Erfolgsfaktoren

Aus der Beschreibung der Stoßrichtung können nun in einem weiteren Schritt **erfolgskritische Faktoren** abgeleitet werden. In unserem Beispiel der Seniorenbank wurde analytisch die Ressource

- mobiler Mitarbeiter
- mit hohem Maß an intrinsischer Motivation,
- mit hoher Erfahrungs-, Sozial- und Fachkompetenz

und insofern Träger der Reputation und Verbindungsglied zu den Kunden als zentraler Engpass identifiziert. Ferner wichtig erscheint für einen erfolgreichen Markteintritt der Bekanntheitsgrad der neuen Bank und die Herstellung einer Wechselbereitschaft unter den Senioren auf der Basis von Vertrauen zu den gleichaltrigen Bankern. Positive Mundpropaganda der ersten zufriedenen Kunden gilt hier als wichtiger Erfolgsfaktor für die Akquise weiterer Kunden.

Neben einer bloßen analytischen Herleitung der Erfolgsfaktoren ist es ratsam, etwa durch Kundenbefragung herauszufinden, welche Faktoren aus Sicht des Marktes ausschlaggebend für den Erfolg sein werden. Eine solche Befragung zeigt stilisiert und zusammengefasst die nachstehende Abbildung.

Strategieumsetzung

Ausprägungen von Erfolgsfaktoren

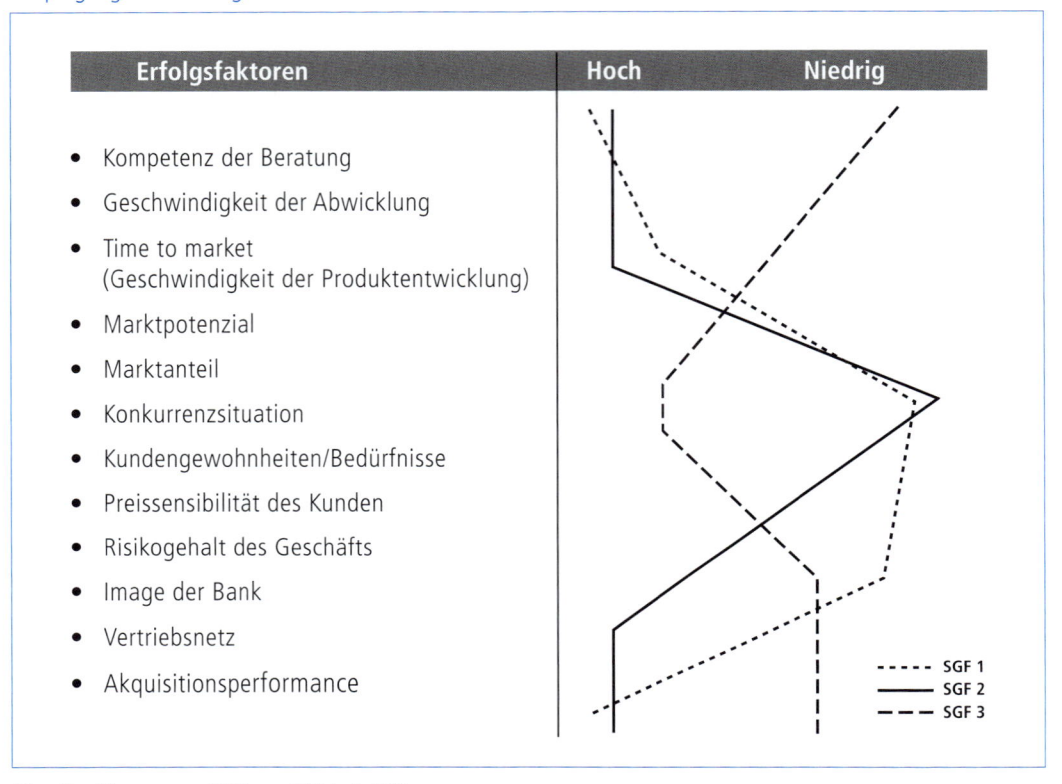

Erfolgsfaktoren	Hoch	Niedrig
• Kompetenz der Beratung		
• Geschwindigkeit der Abwicklung		
• Time to market (Geschwindigkeit der Produktentwicklung)		
• Marktpotenzial		
• Marktanteil		
• Konkurrenzsituation		
• Kundengewohnheiten/Bedürfnisse		
• Preissensibilität des Kunden		
• Risikogehalt des Geschäfts		
• Image der Bank		
• Vertriebsnetz		
• Akquisitionsperformance		

----- SGF 1
—— SGF 2
– – – SGF 3

(Quelle: Moormann/Möbus, 2004, S. 69)

Für den Erfolg kritische Ressourcen können aber nicht nur kundenseitig auftreten. Bei bereits existierenden Geschäften ist ferner auf die Stärken und Schwächen der internen Abläufe und Kapazitäten zu schauen. Hier bedarf es der Analyse und Ursachensuche für Erfolg oder Misserfolg einzelner Prozesse oder Geschäftsvorfälle. Die Bewertung der Güte der internen Ressourcenpositionen kann in einem **Benchmarking,** d. h. im Vergleich zu den Besten (Mitkonkurrenten), geschehen. Aus diesen Erkenntnissen werden dann in einem nächsten Schritt Handlungsbedarfe abgeleitet und Maßnahmen(pakete) zur Verbesserung geplant. Die nachstehende Abbildung zeigt beispielhaft für die Abwicklung eines Wertpapiergeschäftes die Bestimmung von Stärken und Schwächen sowie zu ergreifende Maßnahmen.

Systematische Ursachenanalyse

Prozess	Abwicklung einer Wertpapierorder								
+/– Stärke/ Schwäche	Problemdarstellung			Bewertung			Ursachen	Maßnahmen
	Wo?	Wann?	Wieviel?	Dringlichkeit	Wichtigkeit	Priorität		
+ geringe Stornoquote	Gesamtprozess	immer	< 2 %				Automatische Validierung von Eingaben	Systeme evtl. auch für andere Prozesse nutzen
– lange Durchlaufzeiten	Back-Office	Ultimo	> 1 h	hoch	hoch	hoch	Lange Transportzeiten, verstärktes Orderaufkommen, manuelle Kontrollen	Manuelle Kontrollen reduzieren, zusätzliche Einbindung von Zeitarbeitskräften
– hohe Personalkosten	Back-Office	Ultimo	Personalauslastung + 25 %	hoch	hoch	hoch	Verstärktes Orderaufkommen	Zusätzliche Einbindung von Zeitarbeitskräften
– Mehrfacheingabe gleicher Daten	Erfassung der Orderbelege	immer	3-malige Erfassung	mittel	mittel	mittel	Inkompatible Systeme	Einsatz einer Scanninglösung, Entwicklung von Schnittstellen
– geringe Nutzung des Onlinekanals	Schnittstelle zum Kunden	immer	< 20 % der Orders	niedrig	mittel	mittel	Unzureichendes Marketing	Abstimmung mit Kommunikationsabteilung

(Quelle: Moormann/Möbus, 2004, S. 345)

3.3 Festlegung strategischer Schlüsselprozesse

Aus den identifizierten und definierten strategischen Erfolgsfaktoren werden nun in einem letzten Schritt die zentralen strategischen **Schlüsselprozesse** abgeleitet.

Wenn bei der Gründung der Seniorenbank die Mitarbeiter, das Image und der Bekanntheitsgrad im Vordergrund stehen, so werden vornehmlich und dringlich Maßnahmen in diesen

Bereichen geplant. So ist eine Rekrutierungsstrategie für die Beschaffung der Mitarbeiter auszuarbeiten sowie eine Imagekampagne vorzubereiten. Die Verbindung zwischen diesen beiden Maßnahmenpaketen stellt die Überzeugung dar, dass als weiteren Schlüsselprozess die zu rekrutierenden Mitarbeiter ihrerseits über ausgebaute Netzwerke verfügen und möglicherweise einen ersten kleineren Bestand an Kunden mitbringen. Und sich ggf. aber nicht zu schade sind, um bei Beginn der Markteinführung auch einmal „Klinken zu putzen".

Die nachstehende Abbildung zeigt zusammenfassend noch einmal die Herleitung der Erfolgsfaktoren und Schlüsselprozesse aus der strategischen Stoßrichtung.

Von der strategischen Stoßrichtung zu den Schlüsselprozessen

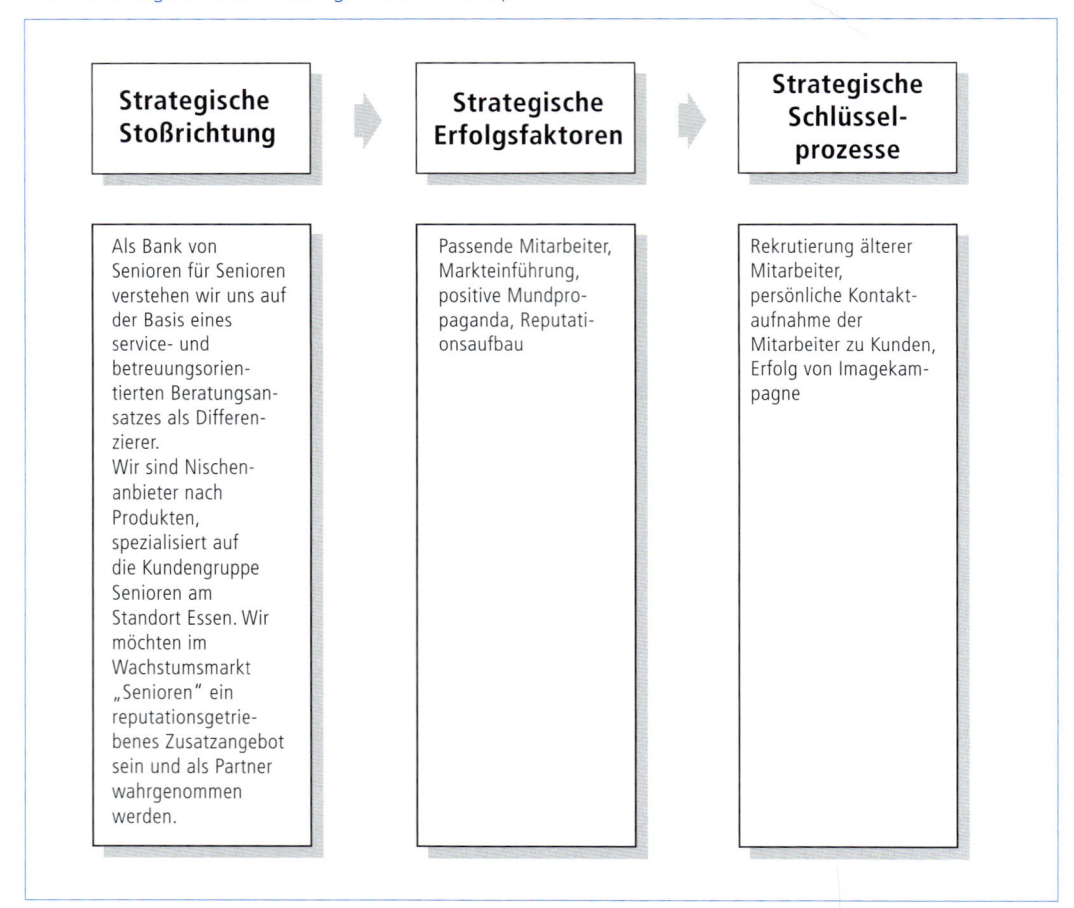

Strategische Stoßrichtung	Strategische Erfolgsfaktoren	Strategische Schlüsselprozesse
Als Bank von Senioren für Senioren verstehen wir uns auf der Basis eines service- und betreuungsorientierten Beratungsansatzes als Differenzierer. Wir sind Nischenanbieter nach Produkten, spezialisiert auf die Kundengruppe Senioren am Standort Essen. Wir möchten im Wachstumsmarkt „Senioren" ein reputationsgetriebenes Zusatzangebot sein und als Partner wahrgenommen werden.	Passende Mitarbeiter, Markteinführung, positive Mundpropaganda, Reputationsaufbau	Rekrutierung älterer Mitarbeiter, persönliche Kontaktaufnahme der Mitarbeiter zu Kunden, Erfolg von Imagekampagne

4 Entwicklung von Funktionalstrategien: Pläne, Programme, Budgets, Reporting und Maßnahmen

Nach Festlegung von Stoßrichtung, Erfolgsfaktoren und Schlüsselprozessen besteht der nächste Schritt darin, das Vorhaben nun bis auf die Ebene der **Funktionalstrategien** herunterzubrechen und operative Maßnahmenplanungen in Form von Aktionsplänen in den einzelnen Funktionen vorzunehmen. Die nachstehende Abbildung zeigt die Ebenen der strategischen Planungen im Überblick. Die Maßnahmen werden auf der Funktionalebene operativ, konkret und in Praxis umgesetzt.

Ebenen der strategischen Planung

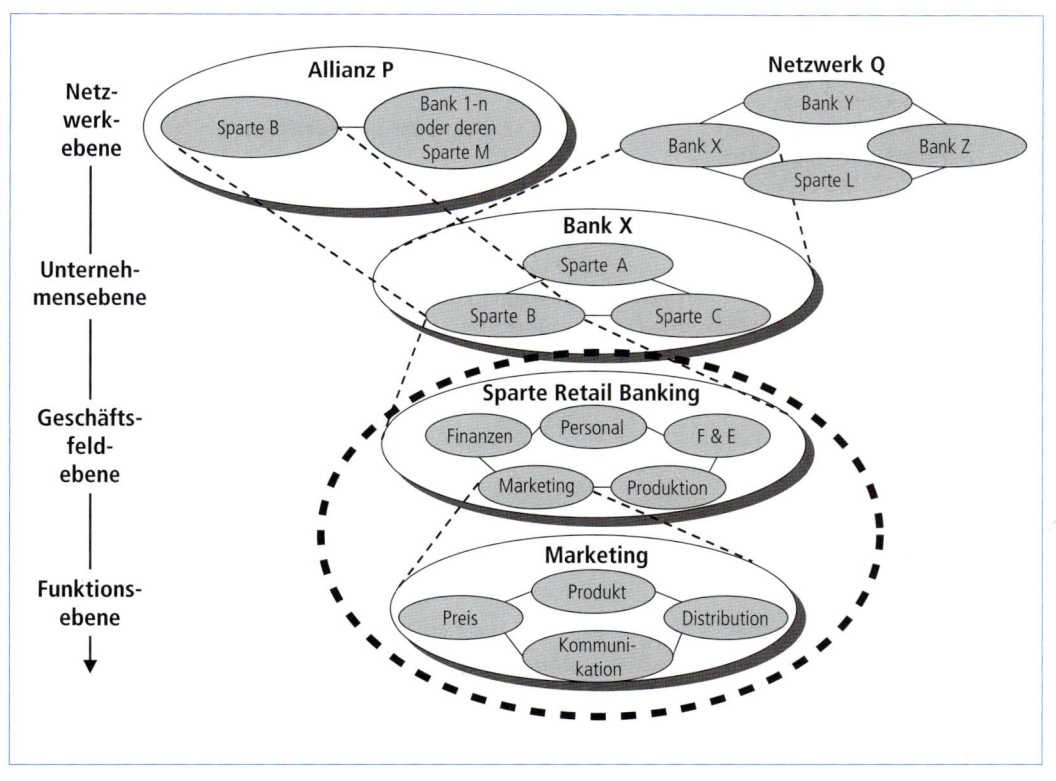

(Quelle: modifiziert nach Wit de/Meyer, 1999)

4.1 Hebel der Strategieumsetzung

Im Folgenden werden systematisch die zentralen Bereiche und Funktionen einer Umsetzung vorgestellt. Die nachfolgende Abbildung zeigt die Hebel der Strategieumsetzung.

Hebel der Strategieumsetzung

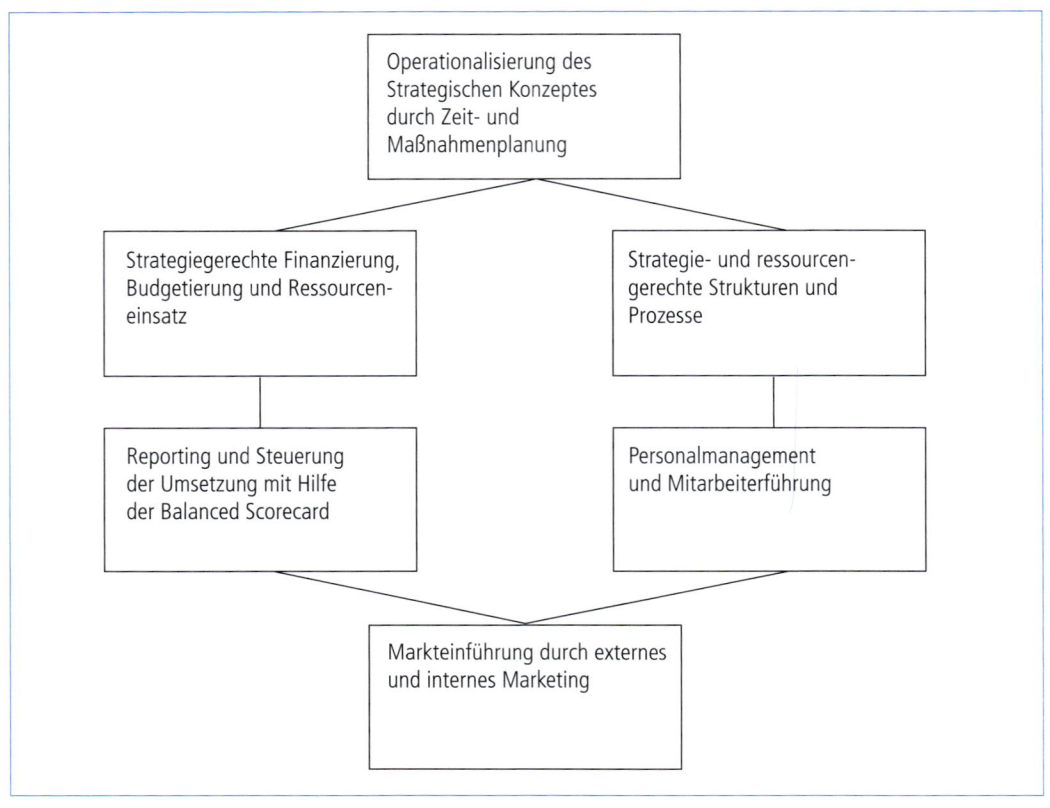

```
                    ┌──────────────────────┐
                    │ Operationalisierung des │
                    │ Strategischen Konzeptes │
                    │ durch Zeit- und         │
                    │ Maßnahmenplanung        │
                    └──────────────────────┘
                      /                    \
┌──────────────────────────┐        ┌──────────────────────────┐
│ Strategiegerechte        │        │ Strategie- und ressourcen-│
│ Finanzierung,            │        │ gerechte Strukturen und   │
│ Budgetierung und         │        │ Prozesse                  │
│ Ressourceneinsatz        │        │                           │
└──────────────────────────┘        └──────────────────────────┘
             │                                     │
┌──────────────────────────┐        ┌──────────────────────────┐
│ Reporting und Steuerung  │        │ Personalmanagement       │
│ der Umsetzung mit Hilfe  │        │ und Mitarbeiterführung   │
│ der Balanced Scorecard   │        │                          │
└──────────────────────────┘        └──────────────────────────┘
                      \                    /
                    ┌──────────────────────┐
                    │ Markteinführung durch │
                    │ externes und internes │
                    │ Marketing             │
                    └──────────────────────┘
```

(Quelle: nach Riekhof/Offermann, 2006, S. 37)

4.1.1 Operationalisierung des Konzeptes durch Zeit- und Maßnahmenplanung

- Erster Schritt zur Operationalisierung der strategischen Planung ist die Zerlegung des Gesamtvorhabens in kleine Pakete, sprich in Teilprojekte bzw. Aktionspläne/-programme in den betrieblichen Teilfunktionen *(vgl. jetzt und im Folgenden Hinterhuber, 2004, S. 208 f.)*.

- Zweiter Schritt ist die Aufstellung eines nach Inhalten getrennten Durchführungsplanes, der die logische und deshalb zeitliche Abfolge von Teilplänen beinhaltet.

- Drittens ist für jedes Teilprojekt ein Verantwortlicher zu benennen.

- Viertens sind die Ressourcen für die Teilprojektleiter zur Verfügung zu stellen, damit die Strategie überhaupt umgesetzt werden kann. Es wird erwartet, dass Mitarbeiter vorhanden sind, die wiessen, wie die Ausführung der Teilprojekte vonstatten gehen soll. Dieses Verständnis ist Voraussetzung für die **Budgetierung** der Teilprojekte und die Ausstattung des Vorhabens. Auch werden in dieser Phase fehlende Ressourcen jedweder Art identifiziert. Über deren Bereitstellung gilt es, Konsens in der Führungsriege herzustellen.

- Fünfter Schritt ist die Festlegung des Zeitrahmens und der prognostizierten Dauer jedes Teilprojektes, z. B. über die Verbindung mit einer Tätigkeitsliste. Beides kann z. B. in einem Netzplan zusammengeführt werden. Der Netzplan zeigt Dauer und Abfolge einzelner Maßnahmen. Ferner können überlappende Tätigkeiten bestimmt werden, Zeitpuffer sowie der kritische Pfad.

- Schließlich wird sechstens zusammenführend der Projektscope, nach Umfang, Requirements, Inhalt und Kosten definiert. Kostenüberlegungen münden in Budgetierung der einzelnen Maßnahmen bzw. Maßnahmenpaketen. Die Teilprojekte werden in einen Gesamtplan integriert und in Geldeinheiten bewertet. So entsteht am Ende der Planungsphase additiv eine Übersicht über das Investitionsvolumen bzw. **Investitionsbudget**.

Der Zeithorizont für die Umsetzung der operativen Planung kann sehr unterschiedlich sein, je nach Dringlichkeit. Klassischerweise umfasst er jedoch den Zeitraum von einem Jahr. Empfohlen wird der rechtzeitige Beginn der Teilprojekte, um unvorhersehbare Störungen der Umsetzung, z. B. Änderungen in der Wettbewerbsumwelt, Krankheit der Teilprojektleiter, Personalwechsel etc. abzufedern. Die Gefahr von Störungen lässt sich grundsätzlich nicht „wegplanen", insofern verbessert erhöhtes Tempo zu Beginn spätere Flexibilität.

Vgl. auch das Kapitel „Projektmanagement" in diesem Kompendium.

4.1.2 Finanzplanung und Budgetierung

Zentrale Prozesse in der Strategieumsetzung stellen die **Finanzplanung** und die daraus abzuleitende **Budgetierung** der betrieblichen Funktionen und Maßnahmen dar. Die Finanzplanung ist sehr umfassend und aufwendig. Sie soll hier nur in Grundzügen dargestellt werden *(vgl. im Detail Perridon/Steiner, 1997, S. 603–648)*.

4.1.2.1 Finanzplanung

Die Finanzplanung setzt die Ergebnisse durchgeführter Analysen und daraus abgeleiteter Vorhaben planerisch in konkrete Zahlen um. Sie setzt sich systematisch aus der Erfolgsplanung (Gewinn- und Verlustrechnung), der (Plan-)Bilanz und dem Liquiditätsplan zusammen *(Nagl, 2005, S. 68)*. Sie wird üblicherweise für einen Zeitraum von 3 bis max. 5 Jahren vorgenommen. Spätere Jahre, Jahre 3–5, gehen mit deutlich größeren Unschärfen und schlechteren Eintrittswahrscheinlichkeiten in die Planung ein, da die Zukunft ungewiss ist.

Die **Erfolgsplanung** dient dabei der Abschätzung von Gewinnen und Verlusten der zu planenden Perioden. Die **Planbilanz** stellt die Vermögenslage des Unternehmens zum Ende der einzelnen Planungsperioden nach Mittelherkunft und -verwendung dar. Als besonders wichtig – gerade für Neugründungen – wird die **Liquiditätsplanung** erachtet, da sie die zur Verfügung stehenden Geldmittel den Auszahlungen gegenüberstellt. Bei Unterfinanzierung muss dann entweder nachfinanziert werden oder es droht bei bleibender Unterdeckung Illiquidität und Insolvenz, sodass das Unternehmen nicht fortgeführt werden kann. Wichtigste Kennzahl der Liquiditätsrechnungen – neben der Abschätzung des Break-Even-Umsatzes, der bei Neugründungen einer Faustregel zufolge, spätestens nach drei Jahren erreicht sein sollte – ist der **Cashflow** (periodisierter Zahlungsmittelüberschuss) als Maßzahl für die Innenfinanzierungskraft. Ein positiver, „guter" Cashflow signalisiert der Unternehmensleitung, dass Zahlungen, z. B. Zinsen, Kredittilgung, Aufwendungen für Personal etc. jederzeit in voller Höhe möglich sind. Ein negativer Cashflow stellt die sogenannte **Cashburn-Rate** dar, d. h. den Abfluss liquider Mittel während des Betrachtungszeitraums (z. B. Monat). Das Verhältnis schließlich zwischen verfügbaren liquiden Mitteln und der Burn-Rate ergibt die für Neugründungen streng zu beobachtende zentrale Größe der „**Time to out of cash**", d. h. den verbleibenden Zeitraum für den die liquiden Mittel bei aktuellem Verbrauch noch reichen *(Nagl, 2005, S. 82 f.)*. Unternehmensgründer und Investoren achten insofern auf die Eigenkapitalquote inklusive des Rücklagenanteils. Von Beginn an unterfinanzierte Gründungen drohen leicht und schnell zu überschulden. Die Eigenkapitalquote als Ausdruck für die Subsistenzmöglichkeit, das finanzielle Durchhaltevermögen, sollte bei Start-Ups nicht unter 20 % liegen.

Die nachstehende Abbildung zeigt die Bestandteile eines Finanzplans im Überblick.

Komponenten der quantitativen Unternehmensplanung

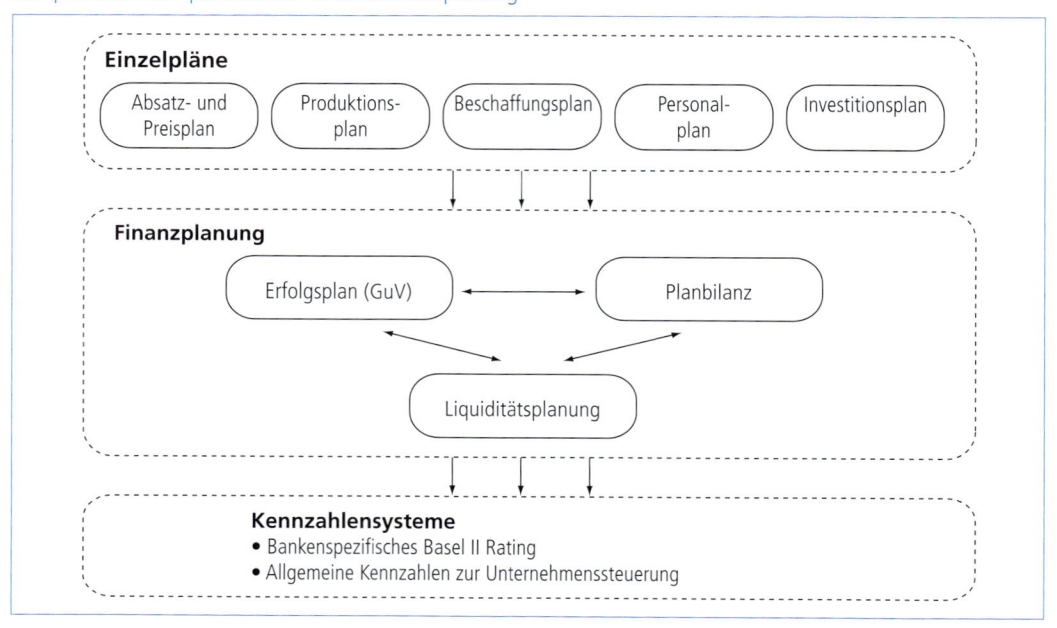

Einzelpläne
- Absatz- und Preisplan
- Produktionsplan
- Beschaffungsplan
- Personalplan
- Investitionsplan

Finanzplanung
- Erfolgsplan (GuV) ↔ Planbilanz
- Liquiditätsplanung

Kennzahlensysteme
- Bankenspezifisches Basel II Rating
- Allgemeine Kennzahlen zur Unternehmenssteuerung

(Quelle: Nagl, 2005, S. 69)

Die Finanzplanung ist Ergebnis der Zusammenführung von Teilplänen. Am Beispiel der Seniorenbank soll ein fiktiver „Personalplan" erstellt werden. Es beginnt mit der Planung der Stellen und der Zahl der Mitarbeiter.

Mitarbeiterplan

Mitarbeiter	1. Quartal 2010			2. Quartal 2010			3. Quartal 2010			4. Quartal 2010		
	Jan	Feb	Mrz	Apr	Mai	Jun	Jul	Aug	Sep	Okt	Nov	Dez
Geschäftsführer	2	2	2	2	2	2	2	2	2	2	2	2
Justiziar	1	1	1	1	1	1	1	1	1	1	1	1
Sekretariat	2	2	2	2	2	2	2	2	2	2	2	2
Buchhaltung	1	1	1	1	1	1	1	1	1	1	1	1
IT/Facility	2	2	2	2	2	2	2	2	2	2	2	2
Vertrieb	2	2	2	3	3	3	4	4	4	5	5	5

(Quelle: Eigene Darstellung, nach Nagl, 2005, S. 73)

Den Stellen werden nun Jahresgehälter zugeordnet, der jeweilige Zusatzaufwand an Lohnnebenkosten in % geschätzt.

Gehälter und Nebenkosten

Mitarbeiter	Löhne und Gehälter	Nebenkostensatz
	(in Tausend Euro)	
Geschäftsführer	60	10 %
Justiziar	60	20 %
Sekretariat	24	30 %
Buchhaltung	30	30 %
IT/Facility	30	30 %
Vertrieb (halbe Stellen)	24	30 %

(Quelle: Eigene Darstellung, nach Nagl, 2005, S. 77)

Schließlich können die monatlichen Personalkosten aus der Zahl der Stellen, multipliziert mit dem monatlichen Gehalt, multipliziert mit dem Nebenkostenfaktor, errechnet werden.

Personalkosten (in Tausend Euro)

Mit-arbeiter	1. Quartal 2010			2. Quartal 2010			3. Quartal 2010			4. Quartal 2010		
	Jan	Feb	Mrz	Apr	Mai	Jun	Jul	Aug	Sep	Okt	Nov	Dez
Geschäfts-führer	11	11	11	11	11	11	11	11	11	11	11	11
Justiziar	6	6	6	6	6	6	6	6	6	6	6	6
Sekretariat	5,2	5,2	5,2	5,2	5,2	5,2	5,2	5,2	5,2	5,2	5,2	5,2
Buchhal-tung	3,25	3,25	3,25	3,25	3,25	3,25	3,25	3,25	3,25	3,25	3,25	3,25
IT/Facility	6,5	6,5	6,5	6,5	6,5	6,5	6,5	6,5	6,5	6,5	6,5	6,5
Vertrieb	2,6	2,6	2,6	3,9	3,9	3,9	5,2	5,2	5,2	6,5	6,5	6,5
Summe	34,55	34,55	34,55	35,85	35,85	35,85	37,15	37,15	37,15	38,45	38,45	38,45

(Quelle: Eigene Darstellung, nach Nagl, 2005, S. 77)

4.1.2.2 Budgetierung

Die Budgetierung ist der Finanzplanung nachgelagert und hat die Umsetzung der Teilpläne in konkrete Ergebnisse zum Gegenstand. Nun werden die geplanten Aktionsprogramme/Maßnahmen mit finanziellen Ressourcen ausgestattet; üblicherweise werden für einen Zeitraum von einem Jahr geplante Maßnahmen in monetäre Größen gegossen. Budgets dienen der Steuerung der Vorhaben *(vgl. im Überblick Steinmann/Schreyögg, 2005, S. 392 ff.; Stark, 2006, S. 37)*. Sie zeigen zu einem Zeitpunkt X durch ihre Ausschöpfung, wie weit die konkrete Finanzierung einzelner Maßnahmen bereits fortgeschritten ist. Über den Umsetzungserfolg der Maßnahmen zeigen sie jedoch nichts. Das bleibt der Bestimmung durch die Unternehmensleitung durch den Soll-Ist-Vergleich im Rahmen der Ergebniskontrolle vorbehalten.

Budgets können Top-Down vorgegeben werden, sie können Bottom-Up von den ausführenden Stellen entwickelt werden oder in einer Kombination beider Ansätze in einem sog. Gegenstromverfahren zusammengeführt werden *(vgl. Steinmann/Schreyögg, 2005, S. 400–402)*. Alle Verfahren haben Vor- und Nachteile, der Budgetierungsprozess ist auch ein politischer. Knappe Budgets führen unter Umständen zu schneller Ausschöpfung und einem hohen Anspannungsgrad *(vgl. Greiner, 2004, S. 118)*. Dieser wird in der Literatur jedoch nicht als zwingend demotivierend oder negativ angesehen, sondern es wird erwartet, dass knapp bemessene Budgets eher zu mehr Aufmerksamkeit, Kreativität, einem deutlich höherem Maß an Eigeninitiative und kostenwirksamen Verhalten anspornen. Wenn objektiv Mittel fehlten und Veränderungen in der Umwelt oder der Planung den Einsatz weiterer Mittel angezeigt sein lassen, könne die Unternehmensleitung immer noch die Budgets erweitern *(vgl. ebenda)*.

Zu gut ausgestattete Budgets führten, so die Mehrheitsmeinung, eher zu Verschwendung und zum Aufbau stiller Reserven („budgetary slacks") *(vgl. Steinmann/Schreyögg, 2005, S. 395)*. Diese seien nur dann gerechtfertigt, wenn bei Störungen oder zum Ausgleich falscher Prognosen die Mittel dann doch noch zielgerichtet zum Einsatz kämen *(vgl. auch Hofstede, 1970)*. Die Praxis versucht sich den Anforderungen an eine bessere Budgetierung durch verfeinerte Verfahren des **Forecastings** zu nähern *(vgl. Stark, 2006, S. 41)*, letztlich sind jedoch viele Entwicklungen, die Anpassungen von Budgets erfordern, unvorhersehbar. Die permanente Beobachtung, Kontrolle und Anpassung von Budgets bleibt insofern eine klassische Aufgabe des Managements, sprich der Geschäftsleitung.

4.1.3 Reporting und Steuerung der Strategieumsetzung und Performance-Messung

What gets measured gets done.
(Vgl. Riekhof/Offermann, 2006, S. 41)

Die Strategieumsetzung – und wie gesehen, die Steuerung der Umsetzung über Budgets – bedarf zur Bestimmung ihres Verlaufs und ihres Erfolges der Messung. Schwierig ist es insbesondere, strategische und qualitative Ziele zu messen. Die meisten Messpunkte für Erfolg liegen traditionell nach der Durchführung und sind zudem in der Regel reine finanzielle Größen. Es ist so, als wenn man beim Fahren eines Autos nicht auch nach vorne oder zur Seite schaut, sondern ausschließlich in den Rückspiegel.

4.1.3.1 Balanced Scorecard – Entstehung und Perspektiven

Ein sehr pragmatisches Instrument, das die oben beschriebenen Probleme – Fokussierung auf finanzielle Ergebnisse, Vergangenheitsorientierung – zu beheben versucht, einerseits zur Vermittlung strategischer Vorhaben, andererseits zur begleitenden Erfolgskontrolle der Strategieumsetzung, stellt die Balanced Scorecard (BSC) *(vgl. Kaplan/Norton, 1997)* dar. Die Balanced Scorecard ist eine Möglichkeit, Strategien zu konkretisieren und überblicksartig deren Umsetzung zu steuern. Sie verfolgt das Ziel, die Umsetzungswahrscheinlichkeit beabsichtigter Strategien zu erhöhen *(vgl. Horvath & Partner, 2001, S. 9)*. Der Hintergrund der Entwicklung durch *Kaplan/Norton* in den frühen 90er-Jahren lag im Umstand begründet, dass sich sehr starke Kritik an den herrschenden Managementsystemen und dem dazugehörigen Berichtswesen entfachte, die Erfolg zu einseitig an rein finanziellen Größen erklärten. Das aber sei nur die Wiedergabe von Wirkungen, an die Ursachen von Erfolg und dessen Gestaltung käme man auf diese Weise nicht heran. Das ursächliche und komplexe Zusammenwirken von Inputgrößen ließe sich mit der Erweiterung der Perspektiven auf Kunden, Prozesse und insbesondere Mitarbeiter im Rahmen der Balanced Scorecard besser nachvollziehen und im Vorhinein besser steuern.

Die Balanced Scorecard hat noch einen weiteren, manchmal unterschätzten Vorteil: Qualitative Ziele werden nicht nur allen Beteiligten transparent und erklärlich, sondern auch messbar, Rückschritt und Fortschritt in der Umsetzung unmittelbar erkennbar. Auf diese Weise ist es der Bank oder Sparkasse möglich, die eingeschlagene Strategie an die Mitarbeiter zu kommunizieren und an jeden Einzelnen Erwartungen hinsichtlich seines Beitrages zu formulieren.

Voraussetzung für den Einsatz dieses Instrumentes ist die Existenz einer Vision, die in eine Strategie mündet. Daraus sind die bereits erwähnten strategischen Erfolgsfaktoren abzuleiten und in konkrete zu erreichende Ziele zu gießen. Die BSC versammelt dann, nach vier Perspektiven getrennt, Kennzahlen zur Messung des Umsetzungserfolges.

Die deduktive Entwicklung der BSC

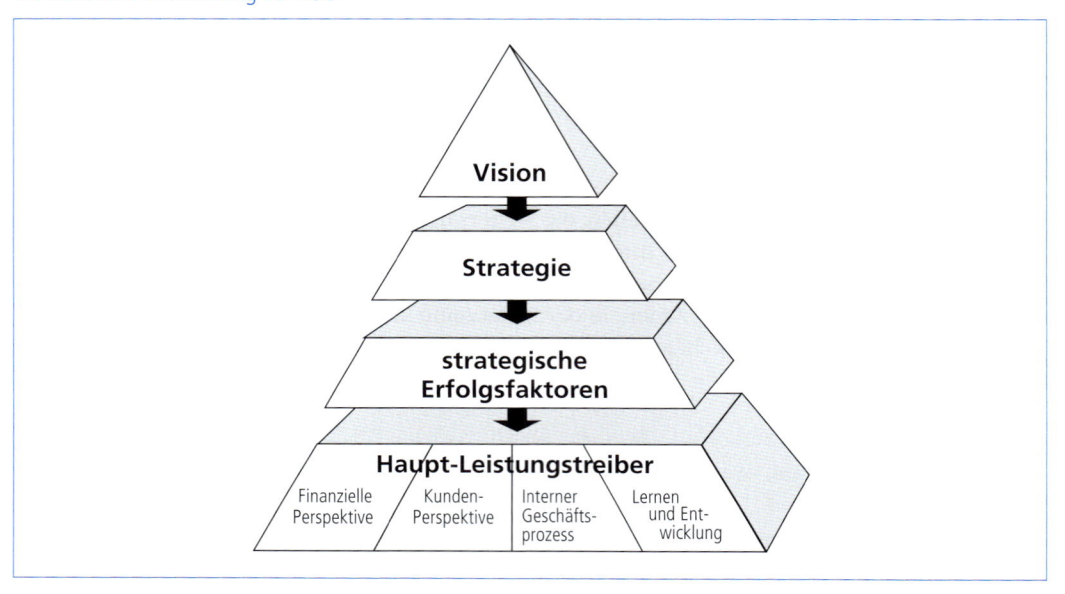

(Quelle: Kaplan/Norton, 1997)

4.1.3.2 Ursachen und Wirkungen von Erfolg

Die vier Perspektiven

- Finanzen,
- Kunden,
- interne Prozesse,
- Lernen/Entwicklung

zeigen im Überblick die wesentlichen Bezugsgrößen erfolgversprechender Handlungen in Finanzinstituten bezogen auf die Umsetzung der Strategie. Eine einseitige, an finanziellen Größen orientierte Erfolgsmessung greift zu kurz. Sie ist vergangenheitsbezogen und zeigt lediglich Wirkungen. Zentraler sind die Ursachen und die in den anderen Perspektiven zu ergreifenden Maßnahmen. In der Logik der BSC ist die **Lern-und Entwicklungsperspektive** als Erstes zu betrachten. Im Mittelpunkt stehen hier alle Maßnahmen, die kundenorientierte Banken und Sparkassen ergreifen, um die Qualifikation und Motivation ihrer Mitarbeiter zu steigern *(vgl. Kaninke/Wiedemann, 2005, S. 2)*. Die interne **Prozessperspektive** betrachtet Maßnahmen zur Steigerung der Produktion qualitativ hochwertiger Produkte und Dienstleistungen. Hier geht es jedoch nicht nur um die Optimierung von Durchlaufzeiten oder die Verkürzung der Bearbeitungszeit von Beschwerden, sondern auch um die Innovationsfähigkeit der Bank oder Sparkasse. Neue, attraktive Produkte sowie die Neugestaltung interner Prozesse können Wettbewerbsvorteile gegenüber der Konkurrenz begründen.

Die **Kundenperspektive** schließlich stellt die Steigerung der Kundenzufriedenheit in den Mittelpunkt der Maßnahmen. Da jedoch die Zufriedenheit der Kunden kein Selbstzweck ist – das Unternehmen hat mit Blick auf die Finanzkennzahlen Bestand und Rentabilität zu sichern – ist diese Perspektive regelmäßig in der Praxis mit der Messung und Berechnung der **Kundenrentabilität** verknüpft.

Die nachstehende Abbildung zeigt die vier Perspektiven im Überblick:

Die vier Perspektiven der Balanced Scorecard

Finanzwirtschaftliche Perspektive
Messgrößen z. B.
- Economic Profit
- ROI

Kundenperspektive
Messgrößen z. B.
- Marktanteil
- Anteil Neu-Kunden
- Kundenzufriedenheit und -bindung
- Anzahl Reklamationen

Vision und Strategie

Lern- und Entwicklungsperspektive
Messgrößen z. B.
- Mitarbeiterproduktivität
- Mitarbeiterzufriedenheit und -bindung
- Anteil neuer Produkte
- Verbesserungsvorschläge

Interne Prozessperspektive
Messgrößen z. B.
- Durchlaufzeiten
- Fehlerquoten
- Aufwandsrentabilität

(Quelle: nach Kaplan/Norton 1997, S. 9)

Zwei Balanced Scorecards, eine für die ehemalige Deutsche Bank 24 und im Überblick für eine fiktive Genossenschaftsbank, sollen beispielhaft illustrieren, wie sich eine Strategie in Kennzahlen übersetzen und auf diese Weise kommunizieren lässt *(Höhling/Polifka/Weidner, 2001, S. 39 ff.; Kring 2003, S. 55)*. Die strategische Vision der Deutschen Bank 24 im Privat- und Geschäftskundenbereich bestand in einer Wachstumsausrichtung durch die Verfolgung einer Differenzierungsstrategie. Die zentralen Stellschrauben sind Serviceorientierung und die Kompetenzen der Mitarbeiter. Diese allgemeine Orientierung wurde über eine Analyse der Ursache-Wirkungs-Zusammenhänge auf die folgenden strategischen Erfolgsfaktoren zugespitzt:

- Wertschaffung durch hohe Profitabilität, d. h. Steigerung des Unternehmenswertes durch profitables Wachstum und durch Verbesserung der Effizienz
- Wachstum durch Qualitäts- und Serviceführerschaft
- hohe Effektivität von Vertrieb und Service Center
- konsequente Weiterentwicklung der Ressourcen, an die die Kompetenz geknüpft ist, d. h. Verbesserung von Personalmanagement und Informationstechnologie sowie Optimierung von Kapitaleinsatz und Bilanzstruktur.

Zu diesen Erfolgsfaktoren passende Kennzahlen sind in der folgenden Abbildung zusammengestellt:

Balanced Scorecard der Deutschen Bank 24

Finanzperspektive	Kundenperspektive
☐ Ergebnis in Relation zum allokierten Buchkapital	☐ Netto-Kundenzuwachs
☐ Ergebnis vor Steuern	☐ Kundenbindung
☐ Anteil profitabler Kunden	☐ Cross-Selling-Quote
☐ Vertriebsergebnis	☐ Marktbekanntheit

Interne Geschäftsprozesse	Lern- und Entwicklungsperspektive
☐ Anteil der Online-Kunden	☐ Netto-Wertschöpfung pro MAK
☐ Investitionen für Neu- und Weiterentwicklung/IT Gesamtaufwand	☐ Mitarbeitermix
☐ Effektivität des Back-Office	☐ Mitarbeitermotivation, -commitment und -identifikation
☐ Anteil gut oder sehr gut bewerteter Testkundenkäufe	☐ Nutzungsgrad der Feedback-Instrumente

(Quelle: Höhling/Polifka/Weidner 2001, S. 43)

Im Beispiel der Balanced Scorecard für eine Genossenschaftsbank sind die vier Perspektiven um eine „Finanzverbundsperspektive" erweitert. Dadurch soll kommuniziert werden, wie wichtig im Genossenschaftsbankenverbund eine erfolgreiche Kooperation mit den Zentralinstituten ist.

Balanced Scorecard der Genossenschaftsbank – Fragen im Rahmen der Kommunikation

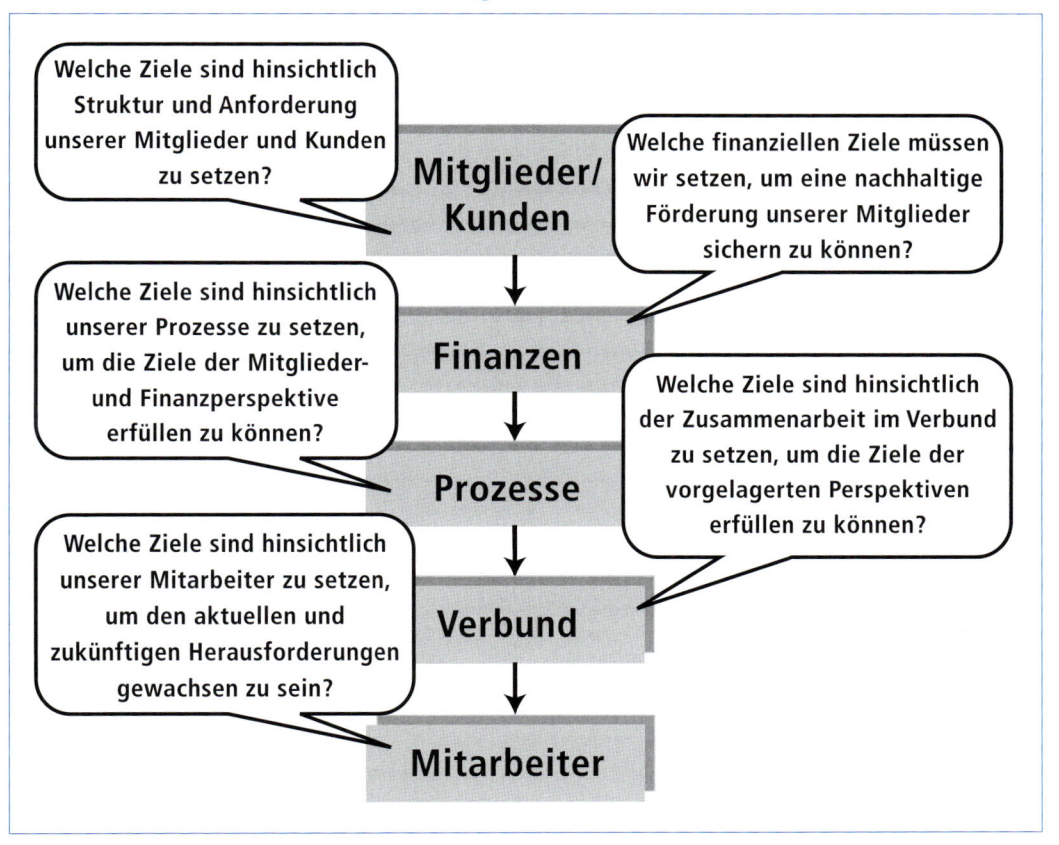

Mitglieder/Kunden
- Welche Ziele sind hinsichtlich Struktur und Anforderung unserer Mitglieder und Kunden zu setzen?
- Welche finanziellen Ziele müssen wir setzen, um eine nachhaltige Förderung unserer Mitglieder sichern zu können?

Finanzen

Prozesse
- Welche Ziele sind hinsichtlich unserer Prozesse zu setzen, um die Ziele der Mitglieder- und Finanzperspektive erfüllen zu können?

Verbund
- Welche Ziele sind hinsichtlich der Zusammenarbeit im Verbund zu setzen, um die Ziele der vorgelagerten Perspektiven erfüllen zu können?

Mitarbeiter
- Welche Ziele sind hinsichtlich unserer Mitarbeiter zu setzen, um den aktuellen und zukünftigen Herausforderungen gewachsen zu sein?

(Quelle: Kring, 2003, S. 51)

Mit der Konstruktion eines konsistenten Kennzahlensystems *(zur Konstruktion von Kennzahlen für den HR-Bereich vgl. insbes. Klingler, 2007)* ist bislang jedoch nur die Hälfte der Arbeit an einer Balanced Scorecard verrichtet. Es gilt in der Folge, die strategischen Ziele und die daraus abgeleiteten Kennzahlen mit Zielwerten zu versehen und schließlich mit Maßnahmen zu verknüpfen. Die folgende Abbildung zeigt die innere Logik einer solchen Verknüpfung von **Ursache-Wirkungs-Ketten**. Dabei stellen die Perspektiven „Lernen und Entwickeln" sowie „Interne Prozesse" vornehmlich die Ursachenbereiche dar, die Perspektiven „Kunden" und „Finanzen" zeigen die Wirkungen.

Ursache-Wirkungs-Ketten

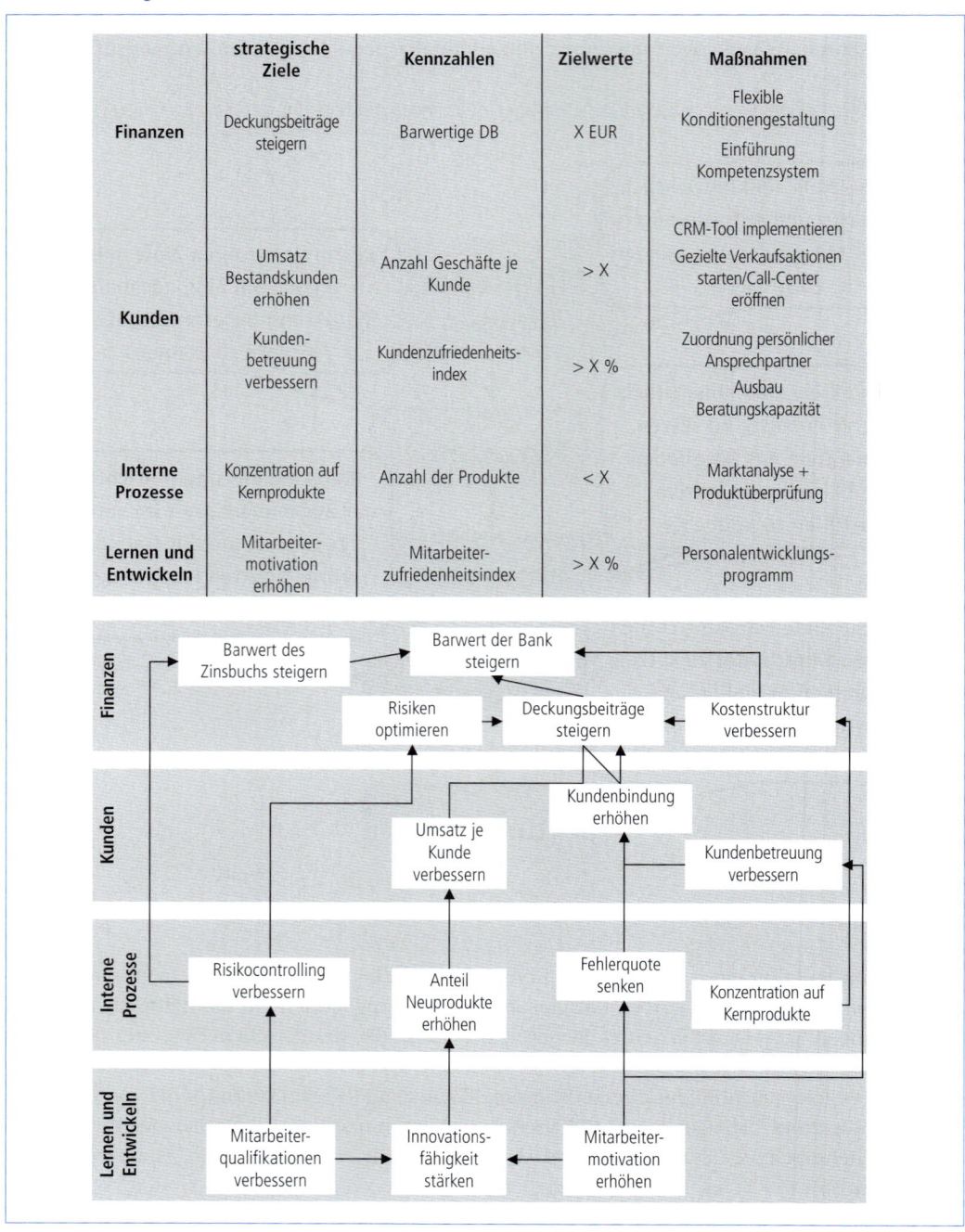

	strategische Ziele	Kennzahlen	Zielwerte	Maßnahmen
Finanzen	Deckungsbeiträge steigern	Barwertige DB	X EUR	Flexible Konditionengestaltung / Einführung Kompetenzsystem
Kunden	Umsatz Bestandskunden erhöhen	Anzahl Geschäfte je Kunde	> X	CRM-Tool implementieren / Gezielte Verkaufsaktionen starten/Call-Center eröffnen
	Kundenbetreuung verbessern	Kundenzufriedenheitsindex	> X %	Zuordnung persönlicher Ansprechpartner / Ausbau Beratungskapazität
Interne Prozesse	Konzentration auf Kernprodukte	Anzahl der Produkte	< X	Marktanalyse + Produktüberprüfung
Lernen und Entwickeln	Mitarbeitermotivation erhöhen	Mitarbeiterzufriedenheitsindex	> X %	Personalentwicklungsprogramm

Finanzen: Barwert des Zinsbuchs steigern → Barwert der Bank steigern ← Kostenstruktur verbessern; Risiken optimieren → Deckungsbeiträge steigern

Kunden: Kundenbindung erhöhen; Umsatz je Kunde verbessern; Kundenbetreuung verbessern

Interne Prozesse: Risikocontrolling verbessern; Anteil Neuprodukte erhöhen; Fehlerquote senken; Konzentration auf Kernprodukte

Lernen und Entwickeln: Mitarbeiterqualifikationen verbessern → Innovationsfähigkeit stärken ← Mitarbeitermotivation erhöhen

(Quelle: Kaninke/Wiedemann, 2004, S. 4 f.)

Denn im Kern geht es nicht nur um Transparenz, sondern um Verbesserung durch Handlung und um die Nutzung der Balanced Scorecard als **Frühwarnsystem**, wenn in der Umsetzung von Strategien der Fortschritt ausbleibt bzw. erkennbar wird, dass an der einen oder anderen Stelle Ziele nicht oder nur durch massive Änderungen verwirklicht werden können. Werden die Maßzahlen im geplanten Zeitraum nicht erreicht, so kann über Änderung der Maßnahmenplanung oder der Budgets gegengesteuert werden. Der Vorteil der Steuerung der Umsetzung über die Balanced Scorecard ist nun gerade der, dass der Erfolg nicht erst im Nachhinein festgestellt werden kann, sondern eben bereits während der Umsetzung.

Die Abbildung unten soll demonstrieren, dass die BSC nicht nur eine allgemeine Darstellung über die gesamte Bank oder Sparkasse erlaubt. Sie kann von oben nach unten bis in einzelne Geschäftsfelder und Abteilungen heruntergebrochen werden. Es ist im Grundsatz denkbar, sogar für einzelne Mitarbeiter Scorecards *(vgl. zu HR-Scorecards etwa Becker/Huselid/Ulrich, 2001)* einzurichten.

Mit Blick auf das Beispiel der Seniorenbank würde sich ein auf den einzelnen Mitarbeiter heruntergebrochenes Tableau an Erfolgsmessungen zu Beginn der Geschäftstätigkeit in den Perspektiven Kunden und Prozesse anbieten, da die Geschäftsleitung auf diese Weise Kennzahlen etwa zur Nettoberatungszeit, zur Neukundenakquise und zur Weiterempfehlungsrate beraterindividuell erheben könnte (siehe Abbildung „BSC der Seniorenbank" weiter hinten).

Hierarchisches Scorecard-System

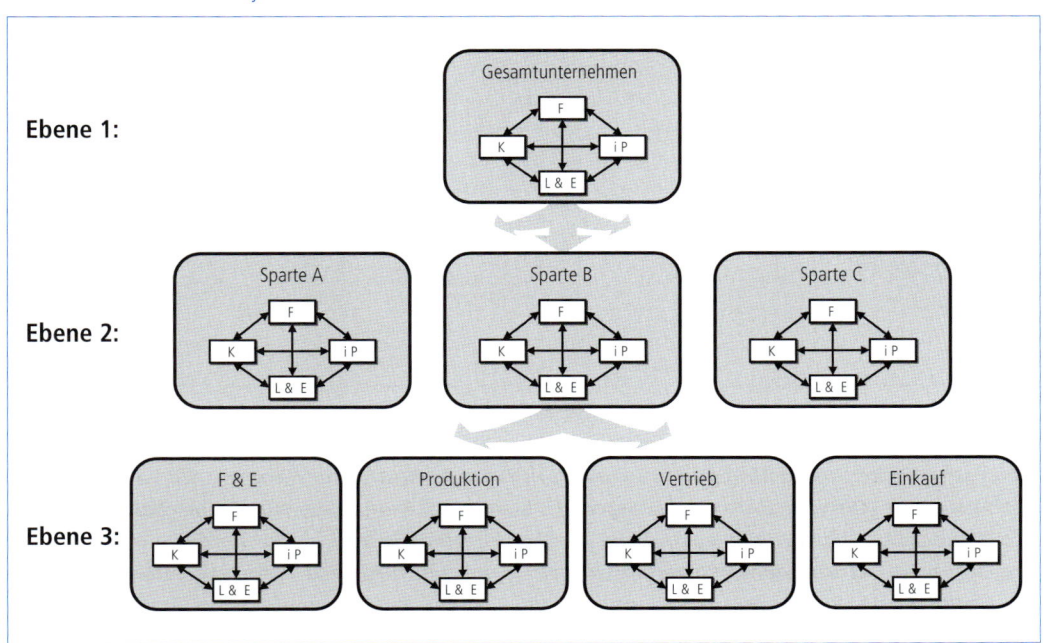

(Quelle: nach Kaplan/Norton, 1997)

4.1.3.3 Kennzahlen, Zielwerte und Maßnahmen

Sukzessive werden nach der Definition der strategischen Ziele und der daraus abgeleiteten strategischen Erfolgsfaktoren in den einzelnen Perspektiven im Anschluss zunächst Kennzahlen entwickelt, danach Zielwerte bestimmt und schließlich Maßnahmen bzw. Aktionsprogramme benannt, die der Umsetzung dieser Ziele dienen sollen.

Die nachstehende Abbildung zeigt beispielhaft eine solchermaßen entwickelte Scorecard für ein Unternehmen der Chemie-Branche.

Die Balanced Scorecard misst die Zielerreichung und stößt die Umsetzung an

Auszug aus einer BSC im Chemie-Bereich (verändert, verkürzt)

Balanced Scorecard	Strategische Ziele	Maßgrößen	Zielwert	Aktionsprogramm
Finanzielle Perspektive: Was wollen wir unseren Kapitalgebern bieten?	- Renditeansprüche der Eigentümer erfüllen oder übertreffen - Profitabilität - Schnelles Wachstum - Cash-flow > Investment	- DCF-Rendite - Umsatzrentabilität DB POK - Umsatzwachstum - Cash-flow	≥ 10% 15 % 100 Mio DM 20 % 200 Mio DM	 - Kauf von 3 Unternehmen in Asien - 1 Joint-venture in Europa
Kundenperspektive: Wie sollen uns unsere Kunden wahrnehmen?	- Kundenerwartungen kennen und erfüllen - Neue Kunden gewinnen - A/B Kunden Focus - Wettbewerbsfähige Preise (Leadership)	- CSI - Umsatzanteil Neukunden - Umsatzanteil A/B Kunden - Preisindex	+++ 20% 90% 0,9	- Kundenzufriedenheits-Projekt - Akquisitionsprogramm - Focus-Programm - Preis-Monitor einführen
Prozeßperspektive: Bei welchen Prozessen müssen wir Hervorragendes leisten?	- Cross selling über optimierte Marketing- und Vertriebsprozesse - Kurze Entwicklungszeiten - Wettbewerbsfähige Produktions- und Logistikprozesse - Kunden über kostengünstigste Distributionskanäle bedienen	- Cross Selling Ratio - # first to market Produkte - Kosten - Distributionskosten	25 % 5 - 20 Mio DM - 20 Mio DM	- Prozeßoptimierung Marketing und Vertriebsprozesse - Prozeßoptimierung FuE-Prozesse - Komplexitätsreduktionsprojekt - Rabattsystem ändern
Potentialperspektive: Wie gewährleisten wir langfristig unseren Erfolg?	- Innovative Produkte entwickeln - Zugang zu strategischen Informationen schaffen (Branche, Wettbewerber, Kunden, Markt) - Empowerment der Mitarbeiter - Kontinuierliche Verbesserung	- Umsatzanteil neuer Produkte - # verfügbarer strategischer Informationen - Mitarbeiterzufriedenheit, Anteil interner Beziehungen - Kostensenkung, DLZ-Verbesserung, Veränderungsrate (HLT)	20 % 100 ++ 3 % 10 %, 20 % 50 % /Jahr	- Aufbau Datenbank - Schulungsprogramm, Job Rotation-Programm - KVP einführen

absatz wirtschaft

(Quelle: Horvath & Partner 2009, o. S.)

Meier und Lockenkötter sind ganz zufrieden mit dem Verlauf ihrer Planung. Sie haben sich ihr Vorhaben mit Hilfe der Balanced Scorecard visualisiert. Klar, vieles an Kleinarbeit fehlt noch: Die juristischen Aspekte der Gründung der Seniorenbank sind ausgeblendet – auch Fragen der Organisation und der Personalrekrutierung müssen noch beantwortet werden, aber was die Umformung von Zielen in Pläne und Maßnahmen betrifft sowie deren Erfolgsmessung, wissen sie sich auf einem guten Weg. Sie schauen auf ihre Scorecard im Überblick, den die nachstehende Tabelle zeigt.

Scorecard der Seniorenbank im Überblick

Die „Seniorenbank"	BSC Perspektiven	Strateg. Ziele	Erfolgsfaktoren	Kennzahlen	Zielwerte	Maßnahmen	Umsetzung	
							Maßnahmen	Verantwortung
Wir gründen die Seniorenbank am Standort Essen. Beginn der Geschäftstätigkeit 2. Q 2010. Geplant sind zunächst 2-3 Filialen, in räumlicher Nähe zu Seniorenrichtungen.	Finanzen	- Variable Kosten decken - Bestand nach 3 Jahren - Effizienter EK-Einsatz - Anlagen über Depot A - Rentable Kundenbeziehungen	- Neugeschäft - DB3 BE > 0 - Einlagen - Eigenkapitalquote - Wert Volumen der Kunden, Obligo größer als 100.000 EUR	DB1 EUR Eigenkapitalquote Anteil der rentablen Kunden/aller Kunden	> 0 30–40 Mio EK-Quote 8 % 80/20	Controlling		
Unsere Kunden sind vorwiegend die über 60-Jährigen (Rentner) mit einem durchschnittlichen Vermögen von > 100.000 EUR in Form von Geldguthaben, Renten, Immobilienbesitz, Firmenvermögen, Beteiligungen; Grundsätzlich aber alle Rentner	Kunden	- Wechselbereitschaft herstellen - Aufbau eines Kundenstamms - Hoher Anteil „Missionare" - Hoher Anteil alter Kunden - Vertrauensaufbau durch Transparenz	- Neukundenakquise - Nachhaltige Kundenbindung - Empfehlung, positive Mundpropaganda - Räumliche Nähe zum Kunden - Leicht verständliches Produkt	- Neukunden - Bekanntheitsgrad in Gesamtbevölkerung - Weiterempfehlungsrate - Zufriedene Kunden/Unzufriedene Kunden	> 800 > 25 % > 30 % > 9:1	Offensive Werbung, Infoveranstaltung in Seniorenzentren, Zeitung, Persönliche Besuche, + Kontakte, Ansprache Verwandte/Bekannte Apothekenumschau, Golfplatz		
Wir verstehen uns als Differenzierer, als Nischenanbieter in der Kundengruppe und den Produkten.	Prozesse	- die Beratung ist intensiver und mehr an den Bedürfnissen der Kunden ausgerichtet - Wir gehen/fahren zum Kunden - Hoher Servicelevel und hohe Kundenorientierung	- Wir müssen mit unserem Produktangebot sehr schnell am Markt sein (Time to market) - Mehr Zeit am Kunden - Hohe Mobilität	- Quote der angebotenen Produkte ab dem 1. Q. 2010 - Nettoberatungszeit - Verhältnis Besuch Kunden/Filialbesuchen	> 90 % > 66 % > 70:30	- Produktentwicklung und Leistungsdefinition - Erstellung Katalog der Leistungen/Pricing - Definition schlanker Prozesse durch Festlegung von Beraterbezogenen Tätigkeiten und Back-Officetätigkeiten - Festlegung Quote der Kundenkontakte		
Unser Produktangebot richtet sich auf die Bedürfnisse der Zielgruppe. Neben allg. Bankdienstleistungen insbes. auch z. B. „Privatsekretär", Immobilienrente, Verknüpfung mit anderen DL wie Notar, GesundheitsDL.	Mitarbeiter	- Mitarbeiter vom Alter und von der Lebenserfahrung passend zu Kunden gewinnen	- Hohe DL-Orientierung - Mitarbeiter mit sozialen Netzwerken - Generalisten mit großer Berufserfahrung - MA mit möglichst langjährigen Kundenverbindungen - Mobilität - Flexible Arbeitszeiten, Teilzeitarbeit - Hoher Fixgehaltssockel	- Anteil der MA mit Berufserfahrung > 25 Jahren - Anzahl Bewerbungen/ offene Stellen - Anzahl mitgebrachter Kundenverbindungen - Anteil mobiler Berater (z. B. Führerschein)/allen Beratern	> 80 % 5:1 Ø 20 > 80 %	- Rekrutierungsgespräche Unter Einschaltung auch von Executive Search - Anzeigen schalten, persönlich Bekannte ansprechen		

4.1.3.4 Budgetkontrolle

Die Balanced Scorecard als Instrument deckt keine Risikobetrachtungen ab. Sie leistet auch keinen Beitrag zur Bestimmung der **Ressourcenverteilung**. Dies bleiben unmittelbare Aufgaben des Managements. Die Balanced Scorecard ersetzt nicht die Budgetierung, sie dient zur Unterstützung und zur Herstellung von Transparenz hinsichtlich der Zielsetzung. Das Management muss nicht nur streng die Entwicklungen der Maßnahmen und die **Budgetausschöpfung** beobachten und anpassen, es hat Entscheidungen eben zur Ausweitung oder Kürzung von Budgets vorzunehmen. Freigaben von Budgets müssen der eingeschlagenen Strategie gerecht werden. Lassen sich Maßnahmen und Aktionsprogramme nicht eindeutig der strategischen Zielumsetzung zuordnen, ist die Freigabe von Geldern im Zweifel zu versagen bzw. deren Sinn zu diskutieren.

Teilprozesse und Verantwortlichkeiten können dann kaskadenartig auf nachgeordnete Instanzen in den jeweiligen Perspektiven der Balanced Scorecard delegiert werden. Die Zielerreichung sollte dann im Ablauf der Umsetzung in den einzelnen Perspektiven bzw. in einem hierarchisch gegliederten, auf Abteilungen oder Mitarbeiter herunter gebrochenen Scorecardsystem bestimmt werden. Die Zusammenführung von Einzelergebnissen und die Frage der Einhaltung von Maßnahmen-Budgets können dann dazu dienen, auch die strategischen Ziele zu hinterfragen *(vgl. Greiner, 2004, S. 235 f.)*

4.1.3.5 Nachhaltigkeit

Bei der Einführung einer Balanced Scorecard kommt es zu Beginn nicht auf die unbedingte Perfektion an. Es wäre zu aufwendig, tatsächlich alle wesentlichen Größen der Unternehmenssteuerung und Prozesse in das Tableau aufzunehmen. Pragmatisch ist es deshalb, sich auf die zentralen Erfolgsfaktoren zu beschränken, ebenso auf eine nur begrenzte Anzahl von Kennzahlen. Eine Richtschnur besagt „twenty is plenty", d. h. pro Perspektive sollte man der Handhabbarkeit halber nicht mehr als 4–5 Kennzahlen erheben, besser weniger *(vgl. auch Kaplan/Norton, 1997, S. 156 f.)* Nachhaltigkeit in der Verwendung der Balanced Scorecard entsteht insbesondere durch die Zahl der Messpunkte. Die normale Menge der Messpunkte liegt in vielen Praxisanwendungen bei max. 2–3 Messungen pro Jahr. Im Beispiel der Gründung der Seniorenbank empfiehlt es sich, häufiger zu messen, etwa alle 2–3 Monate im Sinne von „Meilensteinen". Diese höhere Häufigkeit soll eben auch dazu führen, dass Budgets unterjährig und deutlich zeitnäher angepasst werden können *(vgl. Horvath & Partner, 2001, S. 286)*. Dies soll helfen, Veränderungsnotwendigkeiten schnell zu erkennen und in die Fortführung von Planung und Umsetzung zu integrieren.

Noch wichtiger ist jedoch nach Einschätzung von Experten, dass das Management die Balanced Scorecard „lebt". Sie darf nicht nur einmalig aufgestellt werden. Sie muss auch nachgehalten werden und Teil des Alltags sein. Eine Möglichkeit, dies auch mit Blick auf die Mitarbeiter zu realisieren, wird darin gesehen, die Zielerreichung mit individuellen Zielvereinbarungen (z. B. MbO) und etwa einer variablen Vergütung zu koppeln. Mitarbeiter können so ihren Beitrag zur Strategieumsetzung teilweise selbst steuern *(vgl. Horvath & Partner, 2001, S. 286 und 305 ff.)*.

4.1.4 Fragen der Organisation und des Sourcing

Besonderer Klärung bedürfen in der Abfolge der Strategieumsetzung Fragen der Organisation und des Personaleinsatzes. Sie stellen in der Etablierung eines Geschäftes elementare Funktionen dar. Ihre Bedeutung im Rahmen der Abfolge des Managementprozesses wird in untenstehender Abbildung dargestellt.

Der Managementprozess

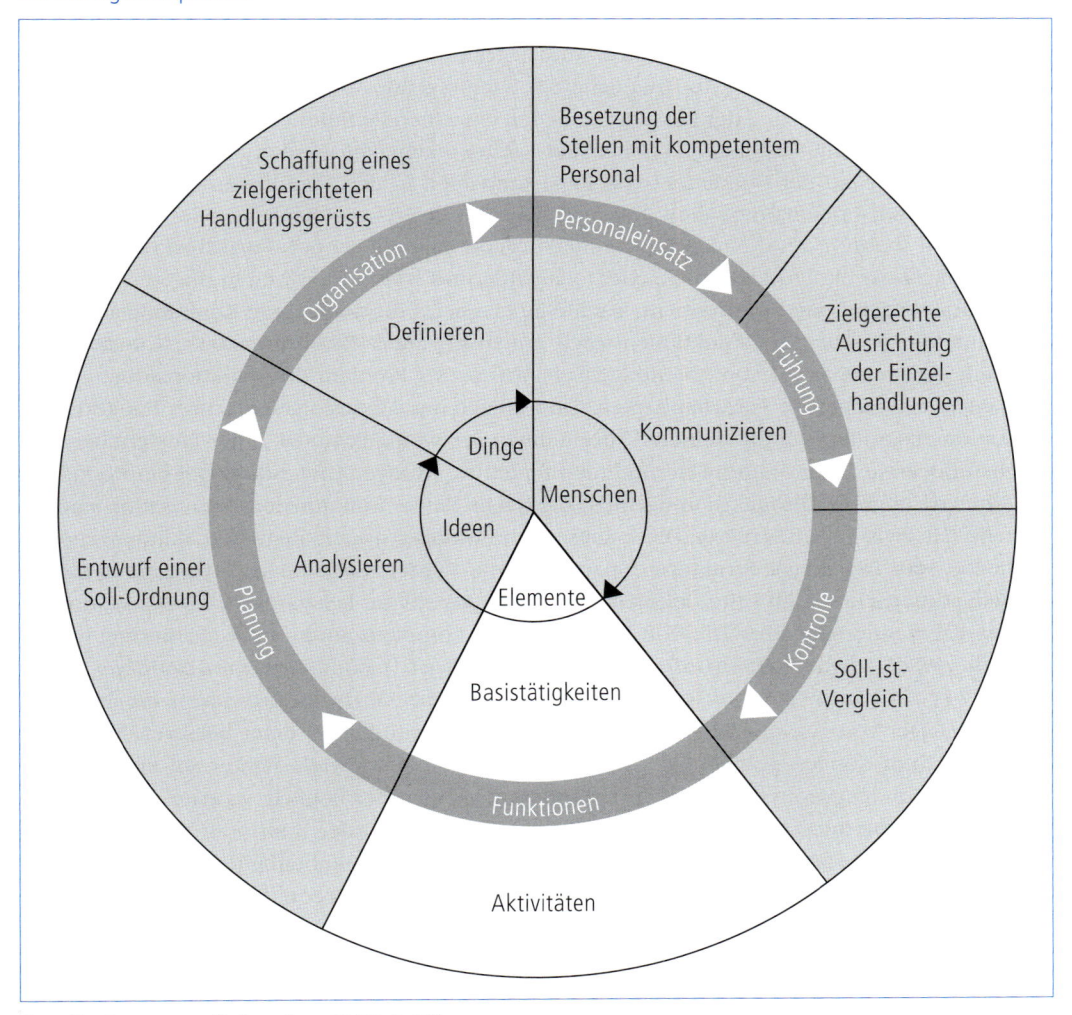

(Quelle: Steinmann/Schreyögg, 2006, S. 13)

Die Organisation vollzieht die strategischen Planungen und Vorgaben. Zu klären sind neben der Frage einer Aufbauorganisation auch der organisatorische Umfang – die Komposition des Unternehmens zwischen Eigen- und Fremderstellung der betrieblichen Leistung. Ferner müssen im Rahmen der Organisation Abläufe definiert werden.

4.1.4.1 Strukturfragen

Als lange Zeit dominante Ansicht – zurückgehend und beginnend mit den Studien von *A. Chandler (1966)* – galt die Annahme, dass die Struktur in Aufbau und Ablauf der Strategie folge, d. h. die Organisation sei bei strategischen Veränderungen an die neue Stoßrichtung anzupassen. Im Grundsatz bestehen für die Gestaltung der Aufbaustruktur zwei (drei) Ausrichtungen. Zum einen ein nach Funktionen sortierter Aufbau (siehe z. B. nachfolgende Abb.) mit dem Vorteil der effektiven und effizienten Nutzung der Ressourcen in den einzelnen Funktionen. So können etwa in der Funktion Beschaffung Kostendegressionseffekte geltend gemacht werden (economies of scale), ferner sind aufgrund der Bündelung von Expertenwissen in den Funktionen spezifische Problemlösungen auf hohem Know-how-Niveau sowie Synergien zwischen gleichen Verrichtungen bezogen auf mehrere Produkte wahrscheinlich (economies of scope). **Funktionalorganisationen** erleichtern die Produktion gleicher Qualitäten und weisen den Weg in die Strategie einer Kostenorientierung oder -führerschaft. Nachteilig erscheint die mangelnde Kommunikation und Koordination zwischen den Funktionen sowie ein ausgeprägtes Ressortdenken („Königreiche"), das eine Zusammenarbeit von Abteilungen erschwert. Als Problem der Funktionalorganisation wird auch die mangelnde Zurechenbarkeit von Erfolgen und Misserfolgen erachtet. Funktionalorganisationen sind typisch für kleinere Unternehmen mit wenig Personal in der Entstehungs- und Wachstumsphase. Bei größeren Unternehmen finden sie häufiger Anwendung bei Einproduktunternehmen mit großer Produkthomogenität. Die Nachteile der funktionalen Organisation sind die Vorteile der divisionalen Struktur. Diese kann nach Produktgruppen, Regionen, Kundengruppen gegliedert sein. Divisionale Strukturen, Sparten, „Profit Center" etc. sind selbstbestimmte Einheiten wie „Unternehmen im Unternehmen", die für die komplette Leistungserstellung verantwortlich sind, d. h. innerhalb einer Division findet sich eine komplette funktionale Gliederung wieder *(vgl. zu verschiedenen Organisationstypen im Überblick insbes. Moormann/Möbus, 2004, S. 118–141 und Vahs, 2007; dort auch Ausführungen zur Matrixorganisation als Mehrliniensystem).* Der Vorteil einer Divisionalisierung wird insbesondere in einer besseren Nähe zum Markt und zum Kunden gesehen, da die einzelnen Divisionen jeweils stärker auf einzelne Produkt- oder Kundengruppen konzentriert sein können. Ferner ermöglicht es eine differenzierte Marktbearbeitung in unterschiedlichen Bereichen. Zudem wird der Kauf oder Verkauf von Unternehmensteilen erleichtert, da Divisionen in sich geschlossene Einheiten (business units) sind. Nachteilig ist die Duplizierung und **Nichtteilbarkeit von Ressourcen**, da in jeder Division alle Ressourcen vorgehalten werden müssen. Insofern verwundert es auch nicht, wenn bei der Fusion von Divisionen immer auch das Synergiepotenzial in der Zusammenlegung von Ressourcenpools betont wird. In der Realität dominieren wegen der Heterogenität der Produkte und Geschäfte häufig divisionale Strukturen, die von Zentralbereichen/Stäben/Funktionsabteilungen unterstützt werden – mithin Mischformen. Mischformen zeigen sich häufig als **Divisionalorganisation**, die zusätzlich von Zentralfunktionen unterstützt werden und nach der Zweckbeziehung getrennt sind.

Stilisierte Beispiele für eine funktionale, eine divisionale Unternehmensstruktur sowie für eine Mischform zeigen die Abbildungen unten und auf der folgenden Seite.

Funktionale Unternehmensstruktur

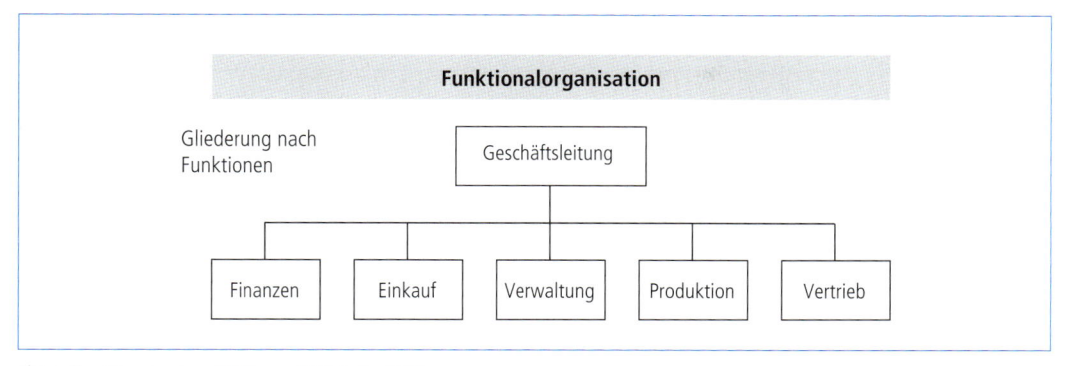

Funktionalorganisation

Gliederung nach Funktionen — Geschäftsleitung
- Finanzen
- Einkauf
- Verwaltung
- Produktion
- Vertrieb

(Quelle: Moormann/Möbus, 2004, S. 125)

Divisionale Unternehmensstruktur

Objektorganisationen im Überblick

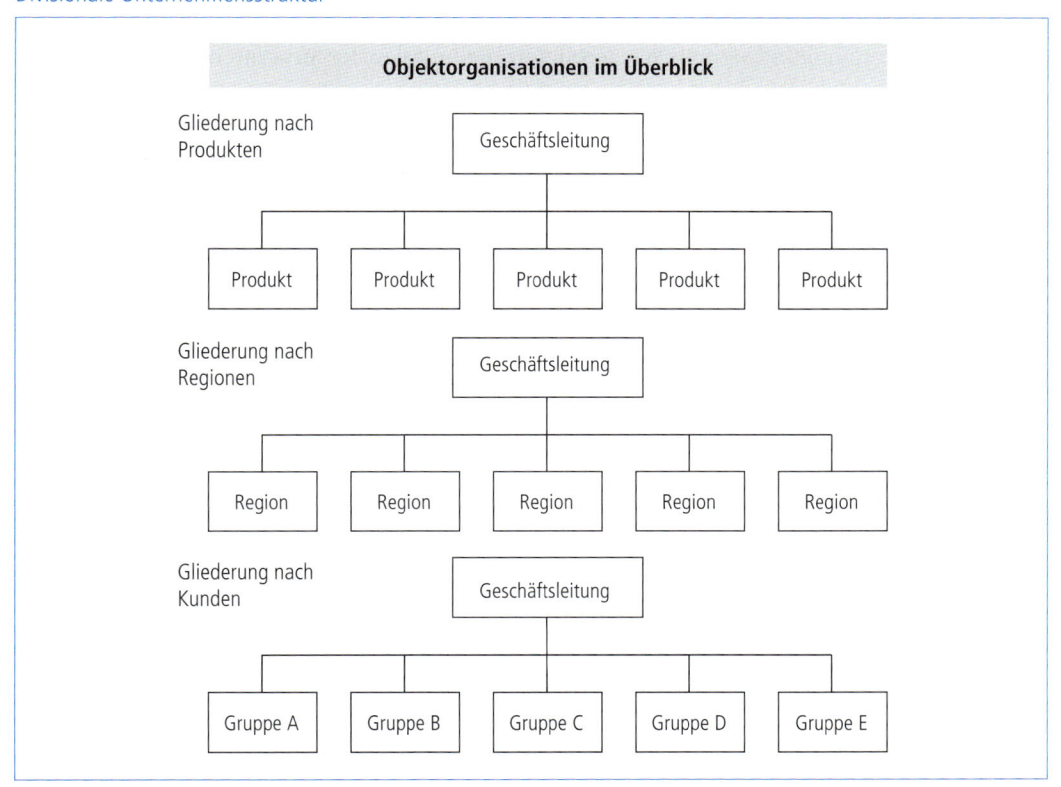

Gliederung nach Produkten — Geschäftsleitung
- Produkt
- Produkt
- Produkt
- Produkt
- Produkt

Gliederung nach Regionen — Geschäftsleitung
- Region
- Region
- Region
- Region
- Region

Gliederung nach Kunden — Geschäftsleitung
- Gruppe A
- Gruppe B
- Gruppe C
- Gruppe D
- Gruppe E

(Quelle: Moormann/Möbus, 2004, S. 127)

Mischform aus funktionaler und divisionaler Unternehmensstruktur

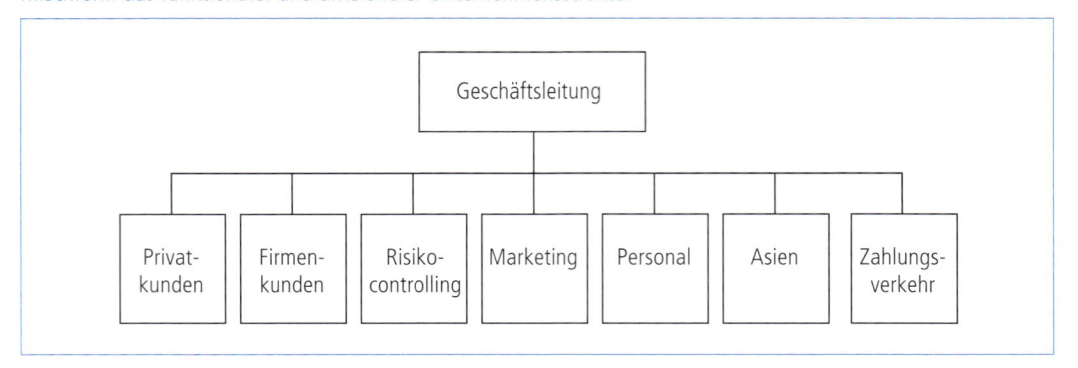

```
                    Geschäftsleitung
    ┌──────┬──────┬──────┬──────┬──────┬──────┐
  Privat-  Firmen- Risiko- Marketing Personal Asien Zahlungs-
  kunden   kunden  controlling                       verkehr
```

(Quelle: Moormann/Möbus, 2004, S. 129)

Die Erfahrungen von Chandler belegen in der Realität organisatorische Strukturen, die besser mit den jeweils gewählten Strategien zusammenpassen als andere. Generell und verkürzt kann gesagt werden: Je größer die Unternehmen sind bzw. werden, desto wahrscheinlicher wird eine Divisionalisierung, damit die höhere Komplexität der Geschäfte besser verarbeitet werden kann. Die Besinnung auf Kernkompetenzen, das Abschmelzen auf wenige Kerngeschäftsfelder bringt in der Regel auch eine zumindest partielle Wiedereinführung funktionaler Strukturen mit sich.

Die bloße Aufgabe einer Ableitung organisatorischer Strukturen aus Vorgaben der Strategie wurde schon früh kritisiert. Die Studie von *Bower (1970)* belegt, dass die Initiative für Strategien sehr häufig aus der Organisation selbst, nämlich von den Führungs- und Fachkräften kommt. Dies würde die überragende Bedeutung von Ressourcen und vorhandenen Aufbau- und Ablaufstrukturen betonen und es kann insofern auch der umgekehrte Ansatz: „Strategie folgt der Struktur als ein in der Realität zu beobachtendes Phänomen" angenommen werden. Im Kern heißt dies, dass nur Strategien erdacht und gewählt werden, die zu den bereits vorhandenen Strukturen bzw. zu den handelnden Personen passen. Im Extrem gilt dann sogar: „Strategie folgt der Struktur, folgt dem Personal", was bedeutet, dass an die Personen, die die Bank oder Sparkasse führen oder als Kompetenzbündel prägen, die Auswahl bestimmter Strategien geknüpft ist.

Auch im Beispiel der Seniorenbank stehen Meier und Lockenkötter vor der Frage, wie sie ihr Geschäft aufbauen und welche Strukturen sie setzen möchten.

Harald Meier schnauft. Auch an die Organisation müssen wir noch denken. Ich finde aber, Bernd Lockenkötter übertreibt ein wenig.

Meier: „Bernd, ich denke: Wir brauchen zunächst keine großen Strukturen. Du und ich stellen die Geschäftsleitung. Ich übernehme die kaufmännische Leitung und werde mich mit einem Sekretariat um die Buchhaltung, die (Personal-)Beschaffung, die IT, Juristisches und um die Errichtung der Filialen kümmern. Du übernimmst alle Produkt-, Marketing- und Vertriebsaufgaben. Im Vertrieb findet sich auch das Gros der neuen Mitarbeiter. Ich möchte, so wie du, auch noch manchmal selbst raus zum Kunden. Sollten wir uns hier am Markt in Essen etablieren und wachsen, dann werden wir die Organisation weiter spezialisieren, aber erst dann. Bist du einverstanden?"

Lockenkötter: "Ja, einverstanden, aber wir müssen uns auch über etwaigen Fremdbezug von Leistungen unterhalten. Wir können und wollen doch gar nicht alles selbst herstellen, uns doch nur auf wenige Produkte und Dienstleistungen einlassen. Außerdem müssen wir einige zentrale Abläufe klären – ich meine insbesondere die Organisation des Vertriebs."

Meier: "Das wird sich wohl sehr danach richten müssen, was die neuen Mitarbeiter für Fachkenntnisse bezogen auf unsere Leistungen mitbringen…".

Aufbaustruktur der Seniorenbank

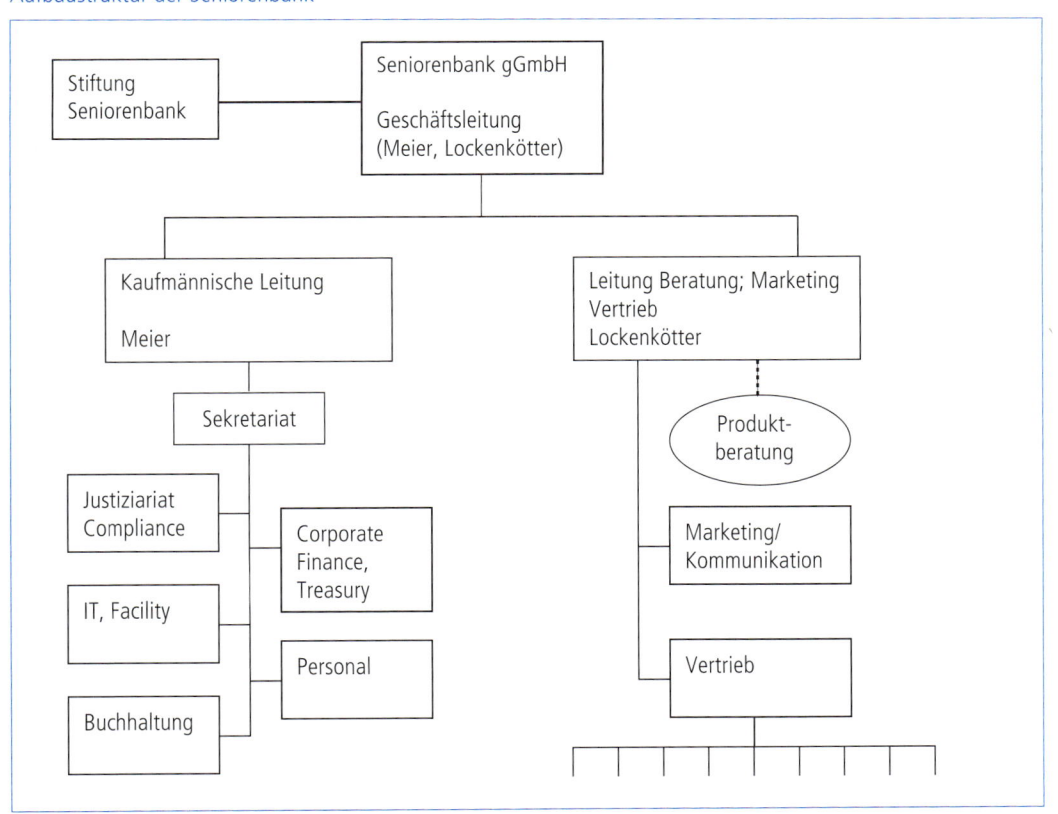

```
                    Seniorenbank gGmbH
    Stiftung  ───── Geschäftsleitung
    Seniorenbank    (Meier, Lockenkötter)
                            │
            ┌───────────────┴───────────────┐
    Kaufmännische Leitung           Leitung Beratung; Marketing
                                    Vertrieb
    Meier                           Lockenkötter
            │                               │
       Sekretariat                    Produkt-
            │                         beratung
    ┌───────┤                               │
    Justiziariat   Corporate          Marketing/
    Compliance     Finance,           Kommunikation
                   Treasury
    IT, Facility                      Vertrieb
                   Personal                 │
    Buchhaltung                    ┌──┬──┬──┬──┬──┐
```

4.1.4.2 Sourcing

Zu klären ist ferner, ob die Bank oder Sparkasse die bankbetrieblichen Leistungen und Produkte alle selbst herstellt, oder ob man sich der Dienste von Fremdherstellern oder Verbundpartnern bedient *(vgl. zu Vor- und Nachteilen sowie der Ausgestaltung des Sourcing für viele im Überblick Achenbach, 2004; Achenbach/Moormann/Schober, 2004).* Gerade kleinere Häuser sind regelmäßig auf Partner angewiesen. Dies begründet sich zum einen aus der nur unzureichenden Kosteneffizienz der Produktion kleiner Mengen sowie der mangelnden Häufigkeit von Transaktionen, zum anderen können bessere Kompetenzen der Partner genutzt werden. Auch sollten die **Gesamtkosten der Eigentümerschaft** (Total cost of ownership) von Anlage- oder Umlaufvermögen betrachtet werden, d. h. deren weitere Betriebs- und Erhaltungskosten, nicht nur deren Anschaffungskosten. Es kann unter Umständen schon von dieser Warte aus angezeigt sein, Leistungen nach Bedarf einzukaufen, d. h. **Fixkosten zu variabilisieren,** bzw. Vermögensgegenstände zu leasen oder etwa auch mit kurzen Kündigungsfristen zu mieten. Dies gilt besonders für Unternehmen in Gründung.

Vgl. auch Kapitel „Strategisches Management in Finanzinstituten" in diesem Kompendium.

Bernd Lockenkötter ist in Gedanken schon weit in der Zukunft. Heute überlegt er, welche Produkte und Dienstleistungen die Seniorenbank überhaupt selbstständig anbieten soll und wo man Kooperationen mit anderen Banken und Anbietern eingehen könnte. Er möchte als Dienstleistungen im Kern nur die Betreuung und Beratung anbieten („Privatsekretär", Unternehmensnachfolge, Beteiligungsmanagement, Stiftungsberatung), für alle daraus abgeleiteten Produktfragen werden Partner einbezogen. Gleiches gilt für die Produkte. Für standardisierte Bankleistungen wie Kontoführung, Schalterdienste etc. werden Partner gesucht. Die Seniorenbank bietet als eigene Produkte eine Immobilienrente sowie Vermögensverwaltung und -anlage an.

4.1.4.3 Abläufe

Ein Unternehmen besteht aus vielen einzelnen Prozessen. Der bürokratische Aufwand, alle erfassen und definieren zu wollen, wäre sehr groß *(vgl. zu Fragen des Prozessmanagements für viele Moormann/Möbus, 2004).* Deshalb werden – insbesondere zu Beginn einer Geschäftstätigkeit – nur die zentralen Abläufe beschrieben und in ihrer Schrittabfolge festgelegt. Inhaltlich gilt es, Übereinkünfte und Vorgaben für die Organisation zu machen in Hinsicht auf die Effizienz der Abläufe, die koordinierte Zusammenarbeit von Menschen in Gruppen, die Berücksichtigung von Mitarbeiterbedürfnissen im Rahmen der inhaltlichen, arbeits(schutz)technischen und zeitlichen Arbeitsgestaltung.

Vgl. auch Kap. „Prozessmanagement" in diesem Kompendium.

Die Koordination der Seniorenberater erscheint Bernd Lockenkötter eine große Herausforderung. Die Berater werden nur Teilzeit arbeiten, sie werden mobil eingesetzt und sind nicht verpflichtet, viel Zeit in den Filialen zuzubringen. Sie sind weitgehend frei in der Entscheidung, wann und wie sie arbeiten, die Philosophie und die Führungsgrundsätze des Hauses werden vorgegeben. Ansonsten werden kundenindividuelle Lösungen angestrebt, über die die Berater (unter Einhaltung von Entscheidungsgrenzen) frei entscheiden (job enrichment und empowerte Organisation). Einzelne Berater können sich aber bei Fachfragen an den (virtuellen) Stab „Produktberatung" wenden, der sich wiederum aus Kollegen zusammensetzt, die als Experten für einzelne Produkte Auskunft geben und im Bedarfsfall zu einer Kundenberatung hinzugezogen werden können („Tandem"). Wissensaustausch und voneinander Lernen ist ausdrücklich erwünscht, der Stab Produktberatung dokumentiert Erfahrungen aus Kundenberatungen, die allen zugänglich gemacht werden. Zweimal im Monat gibt es einen Jour Fix in einer der Filialen, um über die abgelaufenen Beratungsprojekte zu sprechen und Absprachen und Vorgaben hinsichtlich neuer Anfragen zu treffen. Die Filialen selbst sind klein, nur jeweils drei bis vier Räume, und dienen sowohl zur Zusammenkunft der Berater und der Bankleitung als auch – nach Vereinbarung – zur Kundenberatung.

4.1.5 Personalstrategie und Führung

Die Personalstrategie vollzieht die Vorgaben der strategischen Planung und der Organisation des Geschäftes – „personell policy follows organization follows strategy". D. h. die beschriebenen und festgelegten Stellen werden nun mit Personal besetzt, es werden Übereinkünfte getroffen und Anweisungen gegeben, **wer was wann wo** macht.

Vgl. auch Kapitel „Personalmanagement" in diesem Kompendium.

Die folgende Abbildung zeigt für die Personalfunktionen in ihren Teilpolitiken typische Fragen, deren Beantwortung als Leitplanke für die Personalarbeit dienen kann. Die individuelle Beantwortung dieser Fragen einer Bank oder Sparkasse drückt aus, wie üblicherweise neue Mitarbeiter ins Unternehmen kommen und wie Entscheidungen hinsichtlich Einstellung, Entwicklung, Karriere und Vergütung getroffen werden.

Im Beispiel der Seniorenbank wird angenommen, dass dem Faktor Personal, und insbesondere seiner besonderen Güte, die zentrale Rolle in der Markteinführung, der Kundenansprache und der Akzeptanz der neuen Bank zukommt. Insofern ist hierauf großes Augenmerk zu richten. Da die Bank neu gegründet werden soll, gilt es einen Bestand an Mitarbeitern von null aufzubauen. Unmittelbar einsichtig ist, dass in erster Priorität geeignete Mitarbeiter vom Arbeitsmarkt bzw. wegen des Alters potenzieller Kandidaten aus dem Ruhestand zu rekrutieren wären. Um den Geschäftsbetrieb starten zu können, ist also kontinuierliche Personalentwicklung als Aufbau von Fachkompetenz nicht prioritär, dagegen wohl aber die Vermittlung spezifischen Produktwissens sowie der Philosophie des Hauses. Die erfolgreiche Akquise des geeigneten Personals erscheint in besonderem Maße auch von der Form der Anreizgestaltung sowie der Art der Mitarbeiterführung abhängig.

Typische Fragen, die ein Personalmanagement beantworten sollte

Rekrutierung	• Welche Schlüsselhumanressourcen werden benötigt, um die eingeschlagene Strategie zu unterstützen?
Auswahl, Personalpolitik	• Wie rekrutieren wir diese Ressourcen? • Auf welchen Teilmärkten rekrutieren wir diese Ressourcen? Intern, extern oder auf dem betriebsnahen Arbeitsmarkt? • Wie ausgefeilt und formalisiert soll unser Auswahlsystem sein? Wählt eine Führungskraft persönlich Mitarbeiter aus? • Wie führen wir neue Mitarbeiter ins Unternehmen ein? • Wollen wir überhaupt personalpolitische Grundsätze haben und leben?
Personalentwicklung und Karrieresystem	• Was müssen unsere Mitarbeiter in Zukunft können? • Wie können wir uns und unsere Mitarbeiter auf die Anforderungen der Zukunft vorbereiten? • Wie können wir die Entwicklung unserer Mitarbeiter unterstützen? • Wen fördern wir und warum?
Vergütung und Anreize	• Welche Vergütung ist für das, was wir verlangen, adäquat? • Wie können wir gute Leute motivieren und an uns binden? • Wie interpretieren und hinterfragen wir den Erfolg unserer Bindungsbemühungen mit Blick auf Bezahlung, Anreizsetzung, Erfolg des Unternehmens und Senioritätspolitik?
Evaluation, Disziplin und Kontrolle	• Wie oft evaluieren wir die Leistungen unserer Mitarbeiter? Formal, diskret? • Welche Schritte ergreifen wir bei schlechten Leistungen und mit welcher Konsequenz? • Wie wollen wir zwischen Einzel- und Gruppenbewertung von Leistungen vorgehen? Was für Auswirkungen kann das für Vergütung haben?

(Quelle: angelehnt an Pearce/Robinson, 2000, S. 377; eigene Übersetzung und teilweise Ergänzung)

4.1.5.1 Rekrutierung

Grundsätzlich stehen drei Rekrutierungswege zur Verfügung, der externe, der interne sowie der betriebsnahe Arbeitsmarkt *(vgl. auch Achenbach, 2003)*. Für die Seniorenbank erscheint es sinnvoll, dass Meier und Lockenkötter zunächst versuchen werden, ihre privaten und beruflichen Kontakte (betriebsnaher Arbeitsmarkt) auszuschöpfen. Zu diesem Zweck werden sie viele persönliche Gespräche mit potenziellen Kandidaten ihrer Alters- und Berufserfahrungsgruppe zu führen haben. Dies ist so lange möglich, wie Kontakte bestehen. In der Unternehmenspraxis können fehlende persönliche Kontakte ersetzt werden durch die Netzwerke von Headhuntern und Personalberatungen, mitunter durch Empfehlung von Stakeholdern wie etwa Bei- oder Aufsichtsräten.

Interne Rekrutierung scheidet in unserem Beispiel zunächst aus, da es sich um eine Neugründung handelt. Gleichwohl gehen Meier und Lockenkötter davon aus, dass beide selbst auch Mitarbeiter und Berater der neuen Bank sein werden, zumindest in der Aufbauphase.

Bliebe noch die externe Rekrutierung: Diese kann – wenn nicht in ausreichendem Maß Kontakte genutzt werden können – zusätzlich zur betriebsnahen Rekrutierung verwandt werden. Sie ist jedoch in der Wahl der Wege im Beispiel Seniorenbank nur second best. Wenn externe Rekrutierung zusätzlich eingesetzt wird, so bietet es sich in unserem Beispiel an, Stellenanzeigen in der regionalen Presse zu schalten, ggf. anonymisiert unter Einschaltung einer Personalberatung, um etwaige Konkurrenten nicht auf das Vorhaben aufmerksam zu machen. Die Markteinführung der Seniorenbank wird – neben vielen anderen Gründen – auch deshalb besser gelingen können, je weniger und je später potenzielle, bereits am Markt etablierte Konkurrenten davon erfahren.

Von der inhaltlichen Seite her betrachtet wird es im Beispiel der Seniorenbank wichtig sein, zunächst Mitarbeiter zu rekrutieren und an sich zu binden, die neben Netzwerken und Kontakten zudem über ein Höchstmaß an Fachkompetenz verfügen. Diese Mitarbeiter werden zu Beginn ihrer Tätigkeit teilhaben an der Entwicklung und Positionierung der Produkte und Dienstleistungen. Parallel dazu bzw. später sind sie diejenigen, die weitere Mitarbeiter auf die Fachanforderungen schulen werden.

4.1.5.2 Personalentwicklung – Schulung

Personalentwicklung *(vgl. für viele im Überblick, Becker, 2005)* beschäftigt sich entweder mit der Anpassung des Wissens der Mitarbeiter an veränderte Rahmenbedingungen und Fachinhalte, z. B. technologische Veränderungen, oder mit der Aufstiegsentwicklung, d. h. mit der Vermittlung von zusätzlichem, in der Regel dann auch Führungswissen.

Im Bereich der Personalentwicklung bei der Seniorenbank steht als Anpassung die Schulung der Mitarbeiter auf die spezifischen Produkt- und Dienstleistungsversprechen im Vordergrund. Es gilt, den erfahrenen Bankmitarbeitern die Differenz zu ihren angestammten Tätigkeiten nahezubringen, sowohl mit Bezug auf die Produkt- und Fachkenntnisse als auch auf die Vermittlung der Philosophie und der Art und Weise, wie die Bank ihr Geschäft betreiben möchte. Gerade Letzteres ist eine Herausforderung, der auch mit ausreichend Zeit zu begegnen sein wird. Insofern ist es sinnvoll, die Schulungen zeitlich weit vor dem eigentlichen Geschäftsbeginn zu starten. Auch dann wird es in der ersten Phase der Aufnahme des Geschäftes hilfreich sein, dass Meier oder Lockenkötter jeweils im Tandem mit einem neuen Mitarbeiter zum

Seniorenkunden geben. Auf diese Art kann das notwendige Wissen im Sinne eines Coachings als Learning by Doing vermittelt werden. Hier korrespondiert das Personalmanagement mit der Organisation des Vertriebs.

Sollte die Bank sich etablieren und wachsen, so kann diese Form der Mitarbeitereinführung und -entwicklung weiter auf neue Mitarbeiter übertragen werden, in einem dritten Schritt dann womöglich auch auf jüngere Kolleginnen und Kollegen.

4.1.5.3 Mitarbeiterführung

Verkürzt gesagt: Ein System der Mitarbeiterführung muss Antworten geben auf Fragen nach der sachlichen und zeitlichen Einbindung der Mitarbeiter sowie deren Stellung und Handlungsspielräumen in der Hierarchie *(vgl. für viele etwa Albert, 2007; Drumm 2008; für Personalführung in Kreditinstituten vgl. Barthel/Bernitzke/Fliegner, 2005)*. Außerdem muss es das Verhältnis und die Abstimmung zwischen Vorgesetzten und Mitarbeitern mit Blick auf Anregungen, Anweisungen und Richtlinien regeln; ferner Formen der Leistungsbeurteilung definieren *(vgl. ausführlich als Beispiel der Praxis zu Grundsätzen der Mitarbeiterführung bei Aldi Süd: o.V., „Führung und Organisation", 2004)*.

Vgl. auch Kapitel „Führung" in diesem Kompendium.

Lockenkötter denkt: „Der Mitarbeiterführung im Vertrieb der Seniorenbank kommt eine zentrale Rolle zu. Wir wollen erfahrene, reife Mitarbeiter beschäftigen, die weitgehend selbstständig und mobil arbeiten. Wir delegieren Aufgaben und Verantwortung für die Umsetzung an die Mitarbeiter (vgl. nach dem Reifegradmodell von Hersey/Blanchard für viele Barthel/Bernitzke/Fliegner, 2005, S. 75 ff.). Fachliche Führung zu unserer Philosophie und zum Leistungsprogramm bieten wir über Coaching und Schulung an. Letzteres top-down als Verhaltensanweisung. Das Ausmaß der direkten persönlichen Führung im Arbeitsalltag bleibt dagegen gering und beschränkt sich auf die Festlegung von Richtlinien zum Umgang mit den Kunden und Regelungen zu Unterschriftsbefugnissen (Management by Exception, MbE). Die Leistungsbeurteilung orientiert sich an quantitativen Kriterien, die mit den Mitarbeitern vereinbart werden (Management by objectives, MbO) und den qualitativen Beiträgen zur Strategieumsetzung, die in der Balanced Scorecard definiert wurden, insbesondere Nettoberatungszeit pro Kunden, Neukundenakquise, Kundenbindung und positive Mundpropaganda."

4.1.5.4 Anreizkompatible Vergütung

Die anreizkompatible Vergütung verfolgt zwei Ziele: Zum einen wird unmittelbar leistungsbezogene Arbeit, d. h. etwa gemessen an Umsätzen oder Abschlüssen, anerkannt und bezahlt, zum anderen dient die Vergütung der weiteren Motivation und Bindung der Mitarbeiter. Die Vergütung muss einen Ausgleich zwischen der Bedienung eines Sicherheitsbedürfnisses (Erhalt des Arbeitsplatzes) und dem Versuch des Ansporns zu Mehrleistung und der Differenzierung unter den Mitarbeitern finden *(vgl. für viele im Überblick Drumm, 2008, S. 485 ff.)*. In der Praxis zeigt sich deshalb oft ein Mix aus Fixgehalt und variablen Bestandteilen. Dabei gilt grob: Je standardisierter und weniger beeinflussbar die Leistung ist und je niedriger Mitarbeiter in der Hierarchie angesiedelt sind, desto höher ist der Anteil des Fixgehaltes (Zeitlohn). Je individuell gestaltbarer Arbeitsinhalt, -menge (Akkordlohn, Provision für Verkauf), -zeit und -erfolg sind, je höher die Stellung in der Hierarchie, die damit verbundene Verantwortung für den strategischen Unternehmenserfolg und die damit verbundene Übernahme des Geschäftsrisikos, desto höher kann der Anteil der variablen Vergütung (Prämienlohn, Boni, Tantieme etc.) sein.

„Das mit der Vergütung wird schwierig", glaubt Harald Meier. „Am Anfang kann die Seniorenbank eigentlich kaum Fixgehälter bezahlen. Zeitlöhne würden uns ohne großen Kundenstamm einen hohen Personalkostensockel einhandeln. Besser wäre es, die Mitarbeiter auf reiner Provisionsbasis, d. h. völlig variabel vergütet, arbeiten zu lassen. Aber werden wir dann überhaupt Mitarbeiter – und gefragt sind ältere und erfahrenere Personen mit einer Lohngeschichte, die gegen Ende ihrer Laufbahn hohe Gehälter realisiert haben – finden, die sich darauf einlassen? Im Gegenteil, wir verlangen viel Zeit und gute Beratung am Kunden und möchten ja gerade nicht klassische Verkäufer. Die kämen bei unserer Klientel nicht gut an. Und wir wollen für Vertrauen in uns werben. Die schiere Kopplung des Lohns an „Verkaufsabschlüsse" ist da eher schädlich. Entspricht auch nicht unserer Philosophie der vertrauensvollen Dienstleistungen für Senioren von Senioren. Wir wollen langfristig Reputation aufbauen, beraten, Services leisten, helfen. Wenn die Senioren über unser Vergütungssystem den Eindruck bekommen, auch uns ginge es nur um Abschlüsse und Gewinn, das wäre nicht gut. Dann hieße es gleich wieder: Typisch Banker. Bauernfänger. Jetzt gehen sie schon an die Rentner. Das wollen wir aber doch gar nicht …

Und ältere Mitarbeiter: Sollen wir die überhaupt unter Verkaufsdruck stellen? Das wollen die nicht. Ich jedenfalls möchte es nicht. Und für mich würde das System ja auch gelten. Und was die Gehaltskosten angeht. Da werden wir halt erst mal nur mit wenigen Mitarbeitern starten."

Meier spricht mit Lockenkötter. Sie einigen sich darauf, dass sie es zunächst mit einer Variante 50 % Fixgehalt (100 % wären zunächst anhand der Anforderungen zu bestimmen)/50 % leistungsbezogene Vergütung probieren und mit dieser Vorstellung auch in Einstellungsgespräche gehen möchten. Die leistungsbezogene Vergütung soll sich wiederum je zur Hälfte auf Geschäftsabschlüsse und auf erfolgreiche Beiträge zur Strategieumsetzung aufteilen.

4.1.6 Marketing und Kommunikation

Marketing umfasst die auf Absatzmärkte gerichtete Planung, Koordination und Kontrolle der Maßnahmen und Aktionsprogramme mit dem Ziel, Kunden langfristig zu begeistern und an sich zu binden *(vgl. allgemein zum Marketing insbes. Bruhn, 2002; Kotler/Armstrong/Saunders/Wong,*

2007; Meffert/Bruhn 2006; Pepels, 2004; zur Vertriebssteuerung in Banken und Sparkassen Wimmer/u. a., 2007). Marketing soll nur dem Grundsatz nach kurz dargestellt werden.

Operative Maßnahmen in der Umsetzung nach *Nagl, 2005, S. 45 ff.* sind:

- Kundensegmentierung
- Bestimmung der kurzfristigen Absatzziele, ausgedrückt in Umsatz- und Marktanteilen
- Festlegung und Abstimmung der Marketinginstrumente im Einzelnen
- kurzfristige Budgetplanung und Durchführung der Maßnahmen
- Einteilung des Einsatzgewichts, der Häufigkeit und der Einsatzzeiten der einzelnen Maßnahmen auf konkrete Zeiträume oder -punkte
- Überprüfung und ggf. Anpassung der Pläne, Rückkopplung mit anderen interdependenten Teilplänen (Vertriebsplan), Genehmigung des Planes als Teil des Finanzplanes.

Vgl. auch Kapitel „Vertriebsmanagement" in diesem Kompendium.

4.1.6.1 Marketing-Mix

Im Rahmen der Definition von Marketingmaßnahmen und der Instrumentenbestimmung orientiert sich die Praxis am Marketing-Mix, d. h. es werden auf den Zielmarkt bezogene Vorgaben festgelegt in den Bereichen Produkt- und Leistungspolitik, Preis- und Konditionenpolitik, Distributions- und Vertriebspolitik sowie Kommunikationspolitik.

Im Marketing-Mix anwendbare Instrumente zeigt die nachstehende Abbildung.

Marketinginstrumente

Produkt	Preis
– Qualität – Zusatzoptionen – Produktlinien/Sortiment – Service – Garantieleistung – ...	– Listenpreis – Rabatte – Preisdifferenzierung – Mengenzu- und -abschläge – Zahlungsziele – ...
Distribution	**Kommunikation**
– Absatzkanäle – Absatzmittler – Standort – Organisation – Logistik – ...	– Werbung, Branding Imageaufbau und -förderung – Verkaufsförderung – Öffentlichkeitsarbeit – Messen – ...

(Quelle: Nagl, 2005, S. 46, ergänzt)

4.1.6.2 Kommunikation nach innen

Neben dem externen Marketing für die Produkte und Dienstleistungen gilt es, Änderungsprozesse auch nach innen zu vertreten und durch interne Kommunikation Klarheit über die Erwartungen an die Mitarbeiter sicherzustellen. Dies erscheint elementar, da viele Umsetzungsvorhaben an menschlichen Widerständen und Vorbehalten scheitern. Die Unternehmensführung gibt nicht nur Richtlinien zu allgemeinen Verhaltensmustern heraus, sie lebt den Stil, die Philosophie des Hauses für ihre Mitarbeiter vor. Formuliert werden Übereinkünfte in Bezug auf das Auftreten nach innen und außen, die Leistungsbeurteilung, die Leistungen des Unternehmens gegenüber den Mitarbeitern, den Umgang untereinander, moralisches Verhalten, To-Dos and Not-to-Dos. Die interne Kommunikation soll rechtzeitig, klar, vollständig und angemessen sein. Soweit möglich, um Standards zu setzen und gleichgerichtetes Verhalten wahrscheinlich zu machen, ist insbesondere bei der Weitergabe komplexer und detaillierter Informationen, die viele Mitarbeiter betreffen, die Kommunikation zu verschriftlichen *(vgl. Hinterhuber, 2004, S. 214)*.

Das Gesamtbild des so entstehenden Zusammenlebens bildet die Kultur des Unternehmens als gemeinsam getragene Werte, Überzeugungen und Handlungsweisen. Es stellt die **Corporate Identity** dar. Alle Mitarbeiter des Hauses, angefangen von den Galionsfiguren der Geschäftsleitung bis zu allen anderen Mitarbeitern, werden so zu Botschaftern. Der Umgang miteinander und das vom Unternehmen angebotene Leistungspaket, inkl. Betriebsklima, bestimmt dann auch die Attraktivität des Unternehmens als potenzieller Arbeitgeber und kann begründend für einen positiv besetzten **Employer Brand** wirken.

5 Strategische Kontrolle

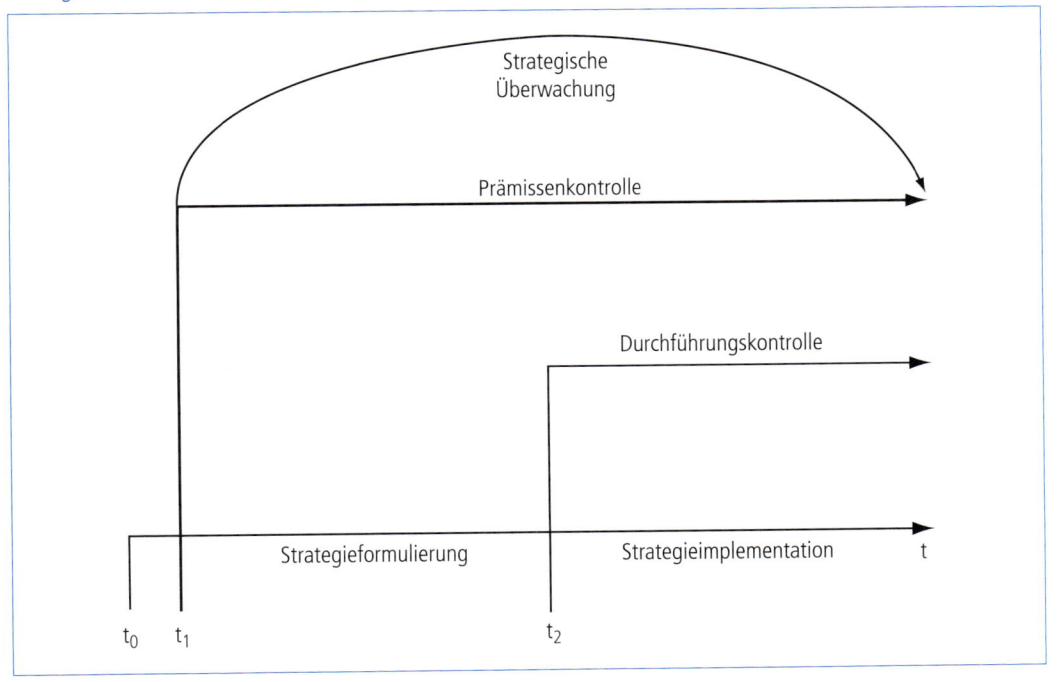

In den strategischen Managementprozess als Ganzes und insofern auch im Bereich der Strategieumsetzung ist ein System der **strategischen Kontrolle** zu integrieren. Diese ist jedoch keineswegs als eine Ex-Post-Ergebniskontrolle zu verstehen, sondern soll den gesamten Prozess von der Strategischen Analyse und Strategieformulierung bis hin zur Umsetzung strategischer Vorhaben begleiten *(vgl. Schreyögg/Steinmann, 1985, S. 397 f.; Pearce/Robinson, 2000, S. 443 ff.)*.

Strategische Kontrolle

(Quelle: Steinmann/Schreyögg, 2005, S. 277)

Im Rahmen der strategischen Kontrolle werden z. B. folgende Fragen gestellt *(Pearce/Robinson, 2000, S. 443, eigene Übersetzung)*:

- Bewegen wir uns in die richtige Richtung? Laufen Schlüsselprozesse richtig? Sind unsere Annahmen und Schlüsse über Trends und Umweltveränderungen (noch) korrekt? Machen wir die kritischen Aktionsprogramme/Prozesse richtig? Sollten wir unsere Strategie anpassen oder abbrechen?
- Wie ist unsere Performanz? Werden Ziele erreicht, Verfahren/Budgets eingehalten? Verlaufen Kosten, Erträge und Cashflow in den geplanten Korridoren? Müssen wir etwas daran ändern, wie wir operativ vorgehen?

Die Analyse etwa der Bankenumwelt und der konkurrierenden Banken und Sparkassen liefert zeitpunktbezogene Daten, die strategische Kontrolle erfolgt zeitraumbezogen und den strategischen Managementprozess begleitend. Es wird dabei im Kern geprüft, ob die getroffenen Annahmen über die Umwelt und die Entwicklung von Märkten noch ihre Gültigkeit besitzen (Prämissenkontrolle), ob und inwieweit die getroffenen Maßnahmen zur Strategieumsetzung die Anforderungen der Unternehmensstrategie erfüllen helfen (Durchführungskontrolle und Verbindung durch die BSC) und schließlich eine Überwachung des Gesamtprozesses (strategische Überwachung). Letztere tritt an mit dem Wunsch, schwache Signale aus der Umwelt zu empfangen, wie z. B. Indikatoren für eine Konjunktureintrübung, die Veränderungen von Kundenpräferenzen, baldige Knappheit an qualifiziertem Personal oder an Nachwuchskräften etc. Nur frühzeitig wahrgenommene Veränderungen der Umwelt und deren Eingang in das Planungssystem können sicherstellen, dass Strategien nicht schon vor der Einführung oder in der Durchführung zum Scheitern verurteilt sind.

So wird z. B. der Aufbau der Seniorenbank nur sehr schwierig bzw. sehr langwierig gelingen können, wenn dem Institut keine oder nur wenige gut ausgebildete Berater zur Verfügung stehen. Dazu könnte es kommen, da entgegen der optimistischen Annahme von Harald Meier kaum ehemalige Bankmitarbeiter Interesse zeigen, „für kleines Geld" viel Zeit mit Senioren und deren Bankproblemen zu verbringen. Und die, die es anfangs tun, verlassen die Seniorenbank schnell wieder. Eine solche Erkenntnis im Rahmen der Strategieumsetzung könnte dann dazu führen, dass man entweder auf jüngere Mitarbeiter zugeht oder dass der Umfang der geplanten Geschäftstätigkeit eben auf die wenigen zur Verfügung stehenden Kräfte eingeschränkt wird. Im Zweifel kann es auch die Aufgabe des Vorhabens bedeuten.

Eine Abschätzung gerader solcher Ressourcenprobleme und der Verhältnisse auf dem Arbeitsmarkt ist insofern eine zwingende Voraussetzung für die erfolgreiche Umsetzung der Strategie, ebenso wie die Beobachtung der Entwicklung der entscheidenden Arbeitsmarktsegmente eine permanente Aufgabe im Rahmen der strategischen Kontrolle darstellt.

Dem Konzept der strategischen Kontrolle liegt demnach die Einsicht zugrunde, dass eine den Prozess des strategischen Managements begleitende Kontrolle die Möglichkeit strategischer Planung im Wechselspiel mit der Strategieumsetzung überhaupt erst begründet.

6 Fazit

Am Beispiel der „Seniorenbank" konnte gezeigt werden, dass in den einzelnen Funktionsbereichen in der Praxis noch deutlich mehr Detailplanungen vonnöten sind, als im Rahmen des Fachtextes als Grundlegung der Strategieumsetzung darstellbar wäre. Bei der Seniorenbank – als Neugründung einer Bank – standen organisatorische und personalwirtschaftliche Aspekte im Vordergrund, bei der Umsetzung anderer Strategien kann die Fokussierung auf andere betriebliche Funktionsbereiche notwendig sein.

Strategisches Management ist mehr als die Analyse des Marktumfeldes, der Binnensituation und die Ableitung strategischer Optionen. Die eigentliche Arbeit beginnt erst hier: Der strategische Managementprozess setzt sich fort mit der Strategiewahl und der Umsetzung in konkrete Handlung. Erst hier erweist sich die Güte der Planung, Weitblick und Geschick der Unternehmensleitung. Die Umsetzung von Strategien ist sehr komplex und eine zentrale, vornehme Aufgabe der Unternehmensleitung. Sie nimmt Zeit und Ressourcen in großem Umfang in Anspruch. Sie ist existentiell für den Bestand, die zukünftige Effizienz und die zukünftige Rentabilität der Unternehmen, der Banken und Sparkassen.

7 Literatur

Achenbach, W. (2003): Personalmanagement für Führungs- und Fachkräfte, Wiesbaden.

Achenbach, W. (2004): Zukünftige Entwicklung des Outsourcing im Personalmanagement, in: Achenbach, W./Moormann, J./Schober, H. (Hrsg.): Sourcing in der Bankwirtschaft, Frankfurt 2004, S. 309–324.

Albert, G. (2007): Betriebliche Personalwirtschaft, 8. Aufl., Ludwigshafen.

Alchian, A. A. (1987): Rents, in: Eatwell, J./Milgate, M./Newman, M. (eds.): The New Palgrave, 4. Jg., London 1987, S. 141–143.

Andrews, K. A. (2003): The Strategy Concept, in: Mintzberg, H./Lampel, J./Quinn, J. B./Ghoshal, S. (ed.): The Strategy Process, 4th.ed., Harlow, 2003, S. 72–79.

Barney, J. (1991): Firm Resources and Sustained Competetive Advantage, in: Journal of Management, 1991, S. 99–120.

Barthel, E./Bernitzke, F./Fliegner, M. (2005): Personalführung in Kreditinstituten, 2. Aufl. Frankfurt.

Becker, B. E./Huselid, M. A./Ulrich, D. (2001): The HR Scorecard, Boston/Mass.

Becker, M. (2005): Personalentwicklung, 4. Aufl., Stuttgart.

Bower, J. L. (1970): Managing the Ressource Allocation Process – A Study of Corporate Planning and Investment, Boston.

Bruhn, M. (2002): Marketing, 6. Aufl., Wiesbaden.

Bullinger, H.-J. (2005): Innovationsbeschleuniger für Erfolg und Wachstum, Vortrag Stuttgarter Strategieforum, o. S.

Castanias, R. P./Helfat, C. (1991): Managerial resources and rents, in: Journal of Management, 17. Jg., 1991, S. 155–171.

Chandler, A. D. (1966): Strategy and Structure, Cambridge (Mass.).

Chi, T. (1994): Trading in strategic resources: necessary conditions, transaction cost problems, and the choice of exchange structure, in: Strategic Management Journal, 15. Jg., 1994, S. 271–290.

Cyert, R. M./March, J. G. (1995): Eine verhaltenswissenschaftliche Theorie der Unternehmung, 2. Aufl., Stuttgart.

de Wit, B./Meyer, R. (2004): Strategy, 3rd ed., London.

Dierickx, I./Cool, K. (1989): Asset stock accumulation and sustainability of competitive advantage, in: Management Science, 35. Jg., 1989, S. 1504-1511.

Drumm, H. J. (2008): Personalwirtschaft, 6. Aufl., Berlin/Heidelberg.

Greiner, O. (2004): Strategiegerechte Budgetierung, München.

Häusel, H.-G. (2002): Think Limbic, 2. Aufl., Freiburg u. a.

Hinterhuber, H. (2004): Strategische Unternehmensführung, Bd. 2., 7. Aufl., Berlin/New York.

Höhling, J./Polifka, I./Weidner, E. (2001): Balanced Scorecard als Instrument zur Steuerung des Bankvertriebs, in: Horvath, P. (Hrsg.): Strategien erfolgreich umsetzen, Stuttgart.

Hofstede, G. H. (1968): The Game of Budget Control, Assen.

Horvath & Partner (Hrsg.) (2001): Balanced Scorecard umsetzen, 2. Aufl., Stuttgart.

Horvath & Partner (2009): o. Titel, in: www.absatzwirtschaft.de/pdf/as990104.pdf, Grafik 1, Zugriff am 07.04.2009.

Hungenberg, H. (2000): Strategisches Management in Unternehmen, Wiesbaden.

Kaninke, M./Wiedemann, A. (2004): Balanced Scorecard als Instrument des Bankcontrolling, Arbeitspapier, Siegen.

Kaplan/Norton (1997): Balanced Scorecard, Stuttgart.

Klingler, U. (2007): 100 Personalkennzahlen, 2. Aufl., Wiesbaden.

Kotler, P./Armstrong, G./Saunders, J./Wong, V. (2007): Grundlagen Marketing, 4. Aufl., München u. a.

Kring, T. (2003): Erfolgreiche Strategieumsetzung – Leitfaden zur Implementation der Balanced Scorecard in Genossenschaftsbanken, Working Paper, Münster.

Meffert, H./Bruhn, M. (2006): Dienstleistungsmarketing, 6. Aufl., Wiesbaden.

Mintzberg, H. (2003): Five P's for Strategy, in: Mintzberg, H./Lampel, J./Quinn, J. B./Ghoshal, S. (ed.): The Strategy Process, 4th ed., Harlow, 2003, S. 3-9.

Montgomery, C. A./Wernerfelt, B. (1997): Diversification, Ricardian Rents and Tobin's q, in: Foss, N. J. (ed.): Ressources, Firms and Strategies, Oxford.

Moormann, J./Möbus, D. (2004): Wertschöpfungsmanagement in Banken, Frankfurt.

Nagl, A. (2005): Der Businessplan, 2. Aufl., Wiesbaden.

O. V. (Führung und Organisation) (2004): Grundsätze der Unternehmensgruppe Aldi Süd, o. O.

Pascale, R. T./Athos, A. G. (1981): Geheimnis und Kunst des japanischen Managements, München.

Pearce, J./Robinson, R. (2000): Strategic Management, 7th ed., Boston u. a.

Penrose, E. T.: The Theory of the Growth of the Firm, 2nd ed., Oxford 1980.

Pepels, W. (2004): Marketing, 4. Aufl., München/Wien.

Perridon, L./Steiner, M. (2007): Finanzwirtschaft der Unternehmung, 14. Aufl., München.

Peters, T. J./Waterman, R. H. (1982): In search of excellence, New York.

Riekhof, H.-Ch./Offermann, L. (2006): Hebel zur wirksamen Implementierung von Strategien, in: Riekhof, H.-Ch. (Hrsg.): Strategien der Personalentwicklung, 6. Aufl., Wiesbaden 2006, S. 31-55.

Schober, H. (2007): Integrative Strategie- und Unternehmensentwicklung, in: Bankakademie (Hrsg.): Kompendium Management in Banking & Finance, 5. Aufl., S. 1065-1089.

Schreyögg, G./Steinmann, H. (1985): Strategische Kontrolle, in: Zeitschrift für betriebswirtschaftliche Forschung, zfbf, 37. Jg., S. 391-410.

Stark, P. (2006): Das 1x1 des Budgetierens, Weinheim.

Steinmann, H./Schreyögg, G. (2005): Management, 6. Aufl., Wiesbaden.

Sveiby, K. E. (1997): The New Organizational Wealth, San Francisco.

Thompson, J. L. (2001): Strategic Management, 3rd ed., London u. a.

Thompson, A. A./Strickland, A. J. (1989): Strategy Formulation and Implementation, 4th ed. Boston.

Tobin, J./Brainard, W. (1977): Asset Markets and the Cost of Capital, in: Balassa, B./Nelson, R. (eds.): Economic Progress, Private Values, and Public Policies: Essays in Honor of William Fellner, New York 1977.

Tomer, J. F. (1987): Organizational Capital, New York.

Vahs, D. (2007): Organisation, 6. Aufl., Stuttgart.

Warren, K. (2002): Competitive Strategy Dynamics, Chichester.

Warren, K. (2003): The Critical Path, London.

Welge, M. K./Al-Alham, A. (Hg.) (2000): Praxis des strategischen Managements, Wiesbaden.

Wheelen, T. L./Hunger, J. D. (2004): Strategic Management and Business Policy, 9th ed., Upper Saddle River.

Wimmer, K. u. a. (2007): Wertorientierte Vertriebssteuerung in Banken und Sparkassen, 2. Aufl., Heidelberg.

Strategieumsetzung

VI Strategische Repositionierung

Rolf Ernst Pfeiffer

1 Vision, Strategie, operative Planung 475

2 **Vorgehensweise der Strategischen Repositionierung** 476
   2.1 Überprüfen der Attraktivität der Geschäftsfelder 476
   2.2 Strategische oder operative Weichenstellungen 477
   2.3 Verbesserung der strategischen oder operativen Situation
       eines Unternehmens 478
   2.4 Von der Analyse zur Umsetzung 479

3 **Entwicklungsmöglichkeiten der Geschäftsfelder** 480
   3.1 Chancen zur Umsatzsteigerung innerhalb der Geschäftsfelder 480
   3.2 Kostensenkungspotenzial innerhalb der Geschäftsfelder 480
   3.3 Attraktivität der Geschäftsfelder 481
   3.4 Risikoabschätzung der Geschäftsfelder 481
   3.5 Verknüpfung der Balanced Scorecard mit dem Firmenlebenszyklus-
       Modell in der strategischen Repositionierung 483

4 **Wesentliche Erklärungsfaktoren für den Erfolg oder Misserfolg
   einer strategischen Repositionierung** 485

5 Literatur 486

Inhalt

1 Vision, Strategie, operative Planung

Unternehmen schreiben sich in aller Regel den Zweck ihres Handelns in Form einer Vision auf die Fahnen. Diese Vision gibt das Ziel vor, das die Unternehmenslenker vor Augen haben und mit den Mitteln des Unternehmens zu erreichen gedenken. Um den Einsatz dieser Mittel richtig zu steuern (Ressourcenallokation), bedarf es einer **Strategie**, d. h. eines bewussten Plans, wie dieses Ziel, diese Vision erreicht werden soll. Die Strategie beschreibt, in welchen Markt- oder Kundensegmenten, mit welchen Produkten und/oder Dienstleistungen, gegen welche Wettbewerber das Unternehmen antreten wird. Die **operative Planung** hingegen legt im Detail fest, wie die übergeordneten Ziele im Einzelnen erreicht werden sollen, sie begibt sich also auf das Niveau einer Maßnahmenplanung nach dem Muster „wer macht was bis wann mit welchen Mitteln, und wie kontrollieren wir die Erreichung der Ziele und Meilensteine".

Strategie, ihre Entwicklung und Weiterentwicklung ist kein statischer, sondern ein dynamischer Vorgang: Erstens weil sich das Umfeld, in dem ein Unternehmen agiert, permanent verändert; zweitens weil sich Voraussetzungen, die für die Festlegung der Strategie als gegeben angenommen worden sind, verändern können; drittens weil Wettbewerber durch den Erfolg einer Strategie auf den Plan gerufen werden können oder ihre angestammten Märkte verteidigen werden. Hier findet ein Gedanke von Kenichi Ohmae seine richtige Verwendung, die Unterscheidung von strategischem Planen einerseits und strategischem Denken andererseits: Während das **strategische Planen** wie oben beschrieben die Verwendung der Ressourcen einer Organisation bestimmt, ist das **strategische Denken** darauf ausgerichtet, die Strategien der Wettbewerber zu verstehen und ihre Antwort auf die eigenen Strategien zu antizipieren.

Wenn Strategie ein dynamischer Prozess ist, dann wird er sich in regelmäßigen Abständen wiederholen, und jede Wiederholung kann den Charakter einer **strategischen Repositionierung** annehmen, von der man sprechen kann, sobald sich an der strategische Positionierung eines Unternehmens etwas verändert (also der Kombination aus Markt- oder Kundensegmenten, Produkten und/oder Dienstleistungen, wichtigsten Wettbewerbern etc.).

2 Vorgehensweise der Strategischen Repositionierung

Ausgangspunkt der strategischen Repositionierung ist die Frage, wie das Unternehmen positioniert ist, denn nur von dieser Feststellung aus kann sich eine Weiterentwicklung ergeben. Diese Analyse bewegt sich auf zwei Ebenen, der Zusammensetzung des Portfolios an Geschäftsfeldern einerseits (Portfolioanalyse) und der strategischen Situation der Geschäftsfelder andererseits (Geschäftsfeldanalyse). Portfolioentscheidungen werden in aller Regel aus den Entscheidungen über die Geschäftsfelder abgeleitet, deshalb soll hier die Betrachtung der Geschäftsfelder im Vordergrund stehen.

2.1 Überprüfen der Attraktivität der Geschäftsfelder

Ein Ansatz der Überprüfung der Attraktivität von Geschäftsfeldern ist ein Matrixmodell, das unabhängig voneinander sowohl von McKinsey als auch von Arthur D. Little (ADL) entwickelt worden ist. Es setzt die Wettbewerbsposition eines Geschäftsfeldes ins Verhältnis zu seiner sogenannten strukturellen Attraktivität.

Die McKinsey-Matrix

	schlechter als die Hauptkonkurrenten		besser als die Hauptkonkurrenten
hoch	**Selektives Vorgehen** Spezialisierung Nischen suchen Akquisitionen erwägen	**Selektives Wachstum** Potenzial für Marktführung durch Segmentierung abschätzen Schwächen identifizieren Stärken aufbauen	**Investition und Wachstum** Wachsen Marktführerschaft anstreben Investitionen maximieren
mittel	**Ernten** Spezialisierung Nischen suchen Rückzug erwägen	**Selektives Vorgehen** Wachstumsbereiche identifizieren Spezialisierung Selektiv investieren	**Selektives Wachstum** Wachstumsbereiche identifizieren Stark investieren Position halten
gering	**Ernten** Rückzug planen Desinvestieren	**Ernten** SGE »aussaugen« Investitionen minimieren Desinvestitionen vorbereiten	**Selektives Vorgehen** Gesamtposition halten Cashflow anstreben Investitionen nur zur Instandhaltung

Attraktivität (vertikal) / Relative Wettbewerbsposition (horizontal)

Auszug aus dem Faktorenkatalog Marktattraktivität
a. Marktwachstum und Marktgröße
b. Marktqualität
 Rentabilität der Branche
 Stellung im Markt-Lebenszyklus
 Spielraum für die Preispolitik
c. Energie- und Rohstoffversorgung
 Störungsanfälligkeit
 Existenz von Alternativen
d. Umfeldsituation
 Konjunkturabhängigkeit
 Inflationsauswirkungen
 Risiko staatlicher Eingriffe

Relative Wettbewerbsposition
a. relative Marktposition
 Marktanteil und seine Entwicklung
 Risiko
 Marketingpotenzial
b. relatives Produktpotenzial
 Prozesswirtschaftlichkeit
 Umweltbelastung
 Hardware
 (wie Standortvorteil usw.)
c. relatives F&E Potenzial
 Innovationspotenzial
 Stand der Forschung
d. relative Mitarbeiterqualität
e. relative Qualität der Systeme und Strukturen

(Müller-Stewens/Lechner 2001, S. 230)

Um diese Matrix nutzen zu können, ist es zunächst wichtig, die wesentlichen Erfolgsfaktoren (Key Success Factors) des Geschäftsfeldes zu kennen bzw. zu bestimmen, denn die Positionierung des Geschäftsfeldes relativ zu seinen Wettbewerbern bestimmt sich auf Basis dieser Erfolgsfaktoren. Hierzu sind umfassende Informationen über die Wettbewerber nötig, damit die Entscheidungen nicht im luftleeren Raum getroffen werden.

Der erste Schritt ist also die zielgerichtete Sammlung wesentlicher Daten, wobei es wie bei jeder Datensammlung darauf ankommt, nicht eine unüberschaubare Menge von Daten zu sammeln, sondern die richtigen Daten zusammenzutragen und zielgerichtet auszuwerten. Zu diesen Daten gehören mit Sicherheit Informationen über die Umsätze, die Herstellungskosten, die Kosten der Nachfragegenerierung, die Attraktivität des eigenen Angebots an Produkten oder Dienstleistungen, die Perzeption des eigenen Unternehmens im Markt, die Kundenloyalität und -bindung sowie Veränderungstendenzen der genannten Indikatoren im Zeitablauf.

Diese Daten können sinnvoll miteinander verbunden und dann analysiert werden (z. B. die Höhe der Ausgaben der Nachfragegenerierung im kurzfristigen/langfristigen Bereich relativ zu den Wettbewerbern verglichen mit der tatsächlichen Wettbewerbsposition; der Einfluss der langfristigen Kundenbindung auf die Wirksamkeit der kurzfristigen Produktverbesserungen etc.). Aus dieser Analyse ergibt sich die Wettbewerbsposition des Geschäftsfelds, die in der vorbeschriebenen Matrix auf der Horizontalen abgebildet ist.

Die zweite Komponente der Analyse, die Bestimmung der strukturellen Attraktivität des Marktsegments, wird in der Regel auf Basis der historischen Daten über das Geschäftsfeld sowie mittels Projektionen seiner weiteren Entwicklung bestritten. Hierbei spielen u. a. die Wachstumserwartungen, die Profitabilität und deren antizipierte Entwicklung, die Technologieattraktivität, die Gefahr der Substitution durch andere Produkte/Dienstleistungen eine Rolle. Hier ist die Five Forces-Analyse nach Michael Porter ein sinnvolles Instrument. Das Ergebnis dieser Analyse wird auf der vertikalen Achse der Matrix abgetragen.

Aus der Kombination der beiden Analysebestandteile ergibt sich eine Positionierung, die einer von drei generischen Handlungsempfehlungen zuzuordnen ist: Natürliche Weiterentwicklung des Geschäftsfelds (Investition, Wachstum, selektives Wachstum); selektive Entwicklung einiger Bestandteile des Geschäftsfelds; intensives Investment oder komplette Desinvestition (Ernten).

2.2 Strategische oder operative Weichenstellungen

Wenn die Strategie eines Unternehmens anhand einer Analyse wie der oben beschriebenen auf den Prüfstand gestellt wird, ist es unerlässlich, über Veränderungen sowohl der Strategie als auch der operativen Abläufe des Unternehmens nachzudenken (es sei denn, man befindet sich in der extrem seltenen Situation, seine Märkte zu dominieren und zu wissen, dass dies auch noch eine Weile anhalten wird).

Die Implementierung einer Unternehmensstrategie verlangt eine spezifische Denkweise. Wenn jemand versucht, einen Wettbewerbsvorteil über einen gefährlichen Wettbewerber zu erlangen oder zu erhalten, funktioniert das Gehirn anders, als wenn das Ziel der Arbeiten die Verbesserung interner Indikatoren (Kosten, Auslastungen etc.) ist. Es ist der Unterschied zwischen einer kriegerischen Auseinandersetzung einerseits und dem Starten einer Diät andererseits (Kenichi Ohmae, Übersetzung durch den Verfasser).

Letztlich wird es darum gehen, die einmal bestimmte Strategie weiterzuentwickeln, um den nachhaltigen Erfolg des Unternehmens sicherzustellen. Veränderungen der Strategie müssen also garantieren, dass die Wettbewerbsposition eines Unternehmens deutlich verbessert wird, um einen Wettbewerbsvorteil genießen zu können.

Veränderungen der operativen Abläufe haben in der Regel zum Ziel, Effizienzgewinne zu realisieren und das Unternehmen schlanker zu machen. In solchen Situationen ist die strategische Ausrichtung prinzipiell stabil, es geht aber darum, den eingeschlagenen Weg entweder konsequenter zu beschreiben oder operative Abläufe zu straffen sowie unnötige Aktivitäten zu eliminieren. Überragendes Ziel ist es, mit den gleichen Mitteln mehr zu erreichen oder, anders herum gesagt, das gleiche Ergebnis mit weniger Mitteleinsatz zu erreichen.

2.3 Verbesserung der strategischen oder operativen Situation eines Unternehmens

Etwas konkreter formuliert: Es gibt, basierend auf den oben beschriebenen Ansätzen, umfangreiche Möglichkeiten, die Positionierung eines Unternehmens zu verbessern. Hier seien einige Beispiele unter den Überschriften „Strategische Verbesserung" und „Operative Effizienz" angeführt.

Strategische Verbesserung kann erreicht werden durch:

- Optimierung der Portfoliozusammensetzung durch Ausbau der starken und Abbau/Verkauf der schwachen Geschäftsfelder, vor allem in Situationen, in denen die Attraktivität der einzelnen Geschäftsfelder schwer einzuschätzen ist oder unklare Ergebnisse liefert;

- stärkerer Fokus auf den Wettbewerb, vor allem wenn es Schwierigkeiten bereitet, entweder die wesentlichen Wettbewerber akkurat zu identifizieren bzw. die Art des Wettbewerbs festzustellen, auf den man sich einrichten muss;

- genauere Wettbewerbsbetrachtung, um treffsicher zu identifizieren, woraus genau der Wettbewerbsvorteil der schärfsten Konkurrenten besteht.

Die **operative Effizienz** eines Unternehmens kann u. a. durch folgende Maßnahmen gesteigert werden:

- Stärkere Konzentration auf die wesentlichen Wettbewerbsfaktoren sowie auf die gesamte Kostensituation;
- verbesserte Kundenorientierung vor allem in solchen Situationen, in denen es schwer fällt festzustellen, weshalb genau die Kunden bereit sind, ein bestimmtes Produkt eher zu kaufen als ein anderes bzw. einen bestimmten Preis zu bezahlen;
- geschärftes Verständnis der kritischen Erfolgsfaktoren für den Unternehmenserfolg.

Eine exzellente Zusammenfassung der Notwendigkeit, auf beiden beschriebenen Dimensionen klare Stärken zu entwickeln, liefert nachfolgendes Zitat von *Hamel* und *Prahalad*:

Die Fähigkeit, die Entwicklungen einer Branche vorauszusehen, garantiert noch keinen Unternehmenserfolg. Andererseits reicht die Fähigkeit, Strategien hervorragend umzusetzen, ohne jedoch Entwicklungen voraussehen zu können, auch nicht dazu aus. Beides aber zu erlangen ist gleichermaßen schwierig (Übersetzung durch den Verfasser).

2.4 Von der Analyse zur Umsetzung

Wenn die Analysephase abgeschlossen ist und generische Alternativen bei der Strategiefestlegung (ggf. im Lichte der Situation modifiziert) zur Anwendung gekommen sind, geht es an die Realisierung der tatsächlichen Repositionierung. Hier werden zunächst die „großen" Maßnahmen Kauf und Verkauf von Geschäftsfeldern oder Aktivitäten diskutiert: Verkäufe können zur Fokussierung oder zur Mittelbeschaffung dienen (im Sinne einer verbesserten Kapitalallokation), Käufe können – wenn sie richtig getätigt und umgesetzt werden – helfen, die Ziele der Repositionierung schneller zu erreichen. Abgesehen von den erwähnten Maßnahmen Kauf oder Verkauf von Geschäftsfeldern, wird die Repositionierung aber im Wesentlichen aus folgenden Arbeiten bestehen:

3 Entwicklungsmöglichkeiten der Geschäftsfelder

Grundsätzlich können Geschäftsfelder in sich selbst entwickelt und Gewinne gesteigert werden,

- indem die Umsätze gesteigert werden (Wachstumsstrategie),
- indem die Kosten gesenkt werden (Kostenführerschaft),
- indem Risiken sorgfältig gemanagt werden.

3.1 Chancen zur Umsatzsteigerung innerhalb der Geschäftsfelder

Umsatzwachstum kann aus einer beliebigen Kombination von zwei Elementen bestehen: Mengenwachstum und/oder Preiswachstum. Die Realisierbarkeit der Alternativen hängt sehr stark von der Position des Segments im Lebenszyklus ab. Hierbei ist es sinnvoll, in letzter Konsequenz immer drei Kenngrößen zu beachten: Umsatz, Cashflow und Gewinne.

Auf dieser Basis arbeitet die bekannte BCG-Matrix, die Segmente auf zwei Dimensionen beschreibt: relatives Marktwachstum einerseits und relative Marktposition des Unternehmens in diesen Segmenten andererseits. Hierbei liegt die Kunst in der Ermittlung der Referenzwerte, wobei Daten z. B. aus PIMS sehr hilfreich sein können, relativ zu denen sich ein Unternehmen positioniert.

Aus den Informationen, die unter Zuhilfenahme des ADL-Lebenszyklus-Modells und der BCG-Matrix gewonnen werden, lässt sich das Wachstumspotenzial im Sinne der verkauften Menge oder neuer Produkte relativ gut abschätzen.

Der nächste Schritt ist der Blick auf die Preiselastizität der Nachfrage. Welche Preissteigerungen sind ggf. durchsetzbar, ohne die abgesetzten Volumina zu stark zu gefährden? Wo wird ggf. durch falsche Preisgestaltung Umsatz „verschenkt"?

Sobald klar ist, welches Mengenwachstumspotential und welche Preiselastizität pro Segment vorliegen, können die Chancen zur Umsatzsteigerung relativ sicher eingeschätzt werden. Dabei obliegt es dem Management eines Unternehmens zu entscheiden, auf welche Kombination von Mengenwachstumspotenzial und Preisentwicklung der Fokus der Geschäftsentwicklung gelegt werden soll. Daraus lassen sich möglicherweise generische Strategien nach Porter ablesen (Qualitätsführerschaft, Kostenführerschaft, Differenzierung). Diese können genauso gut als Anleitung oder Hilfestellung bei der Strategie-Entwicklung genutzt werden.

3.2 Kostensenkungspotenzial innerhalb der Geschäftsfelder

Die zweite Seite des Gewinnsteigerungspotenzials ist das Kostensenkungspotenzial. Denn vom Kostenmanagement hängt es ab, wie viel vom (zusätzlichen) Umsatz tatsächlich als Gewinn in den Kassen des Unternehmens verbleibt. Es gibt sehr viele Möglichkeiten, Kosten zu senken – so viele, wie es Kosten gibt (z. B. durch verbessertes Einkaufsmanagement, optimierte Logistik und Lagerhaltung, optimierte Geschäftsprozesse, gutes Forderungsmanagement etc.). Die beiden wichtigsten Arten der Kostensenkung sind – neben der Verschlankung des Unternehmens durch Abbau unnötiger Aktivitäten – die Erfahrungskurve und die Skaleneffekte.

Die Kernfrage ist also, in welchem Ausmaß in den vorhandenen Geschäftsfeldern Kosten durch Skaleneffekte bzw. durch Ausnutzen von Erfahrungseffekten gesenkt werden können. Skaleneffekte werden vor allem dann genutzt, wenn Produktionsvolumina gesteigert werden und dadurch die Gemeinkosten auf mehr Einheiten als vorher verteilt werden. Erfahrungseffekte werden durch die Investition in Prozessverbesserungen sowie die Qualifikation der Mitarbeiter realisiert.

3.3 Attraktivität der Geschäftsfelder

Die gesamte Attraktivität der Geschäftsfelder leitet sich nun aus der Kombination der beiden vorher untersuchten Größen (Umsatzsteigerungschancen und Kostensenkungspotenzial) her. Es ist von großer Bedeutung, diese Einschätzungen sorgfältig zu machen, denn von ihnen hängt in der späteren Entscheidungsfindung sehr viel ab. Gleichzeitig darf man sich nicht darauf verlassen, dass die Situation, in der eine Entscheidung getroffen worden ist, über lange Zeit unverändert bleibt. Hier spielt die gesamte „Geschwindigkeit" eines Marktes oder einer Branche eine Rolle. Extrembeispiele sind das Internet mit seinen eng verbundenen Geschäftsmodellen einerseits und die Flughafen- oder auch die Kraftwerksbranche andererseits, in denen Planungshorizonte von 30 Jahren keine Seltenheit sind. Dies führt uns zum nächsten Element der Strategieentwicklung, der Risikoabschätzung für die einzelnen Segmente.

3.4 Risikoabschätzung der Geschäftsfelder

Die Kehrseite der Chancen, die bisher im Fokus standen, sind die damit einhergehenden Risiken. Jede Chance birgt ein Risiko, so dass erst eine saubere, bewusste Abschätzung dieser Kombinationen eine Einschätzung ermöglicht, welche strategischen Entscheidungen für ein Unternehmen angemessen sind.

Drei wesentliche Risikokategorien sind:

- das **Kapazitätsrisiko**, d. h. die Frage, wie riskant es ist, in erweiterte Kapazitäten zu investieren, denn diese Investition rechnet sich nur, wenn die gesteigerte Menge an Produkten bzw. Dienstleistungen auch zahlende Abnehmer findet;
- das **Qualitätsrisiko**, also die Frage, wie wahrscheinlich es ist, durch gezielte Investitionen in die Produkt- bzw. Dienstleistungsqualität einen deutlichen und haltbaren Vorsprung vor den Wettbewerbern zu erzielen;

- das **Technologierisiko**, also die Frage, in welche Technologien investiert werden soll, weil sie eine Zukunftsperspektive zu bieten scheinen.

Risiken können immer aus zwei Perspektiven betrachtet werden. Es ist mit Risiko behaftet, eine Investition z. B. in erweiterte Kapazitäten zu tätigen, weil selten hinreichend genau bekannt ist, ob die zusätzliche Menge an Produkten bzw. Dienstleistungen auf eine entsprechende Nachfrage stoßen wird. Der Rückgriff auf das Lebenszyklusmodell kann diese Entscheidung erleichtern. In einem stark wachsenden Markt, der sich noch in einer frühen Phase seiner Entwicklung befindet, ist dieses Risiko vergleichsweise gering, wenn die Vorhersagen über die Marktentwicklung hinreichend belastbar sind. In reifen Märkten sieht diese Entscheidung wahrscheinlich anders aus.

Nun zur anderen Perspektive: Es kann genauso mit Risiko behaftet sein, eine bestimmte Investition nicht oder nicht in ausreichendem Maße zu tätigen. Wenn ein Markt schnell wächst und andere Marktteilnehmer aggressiver in Kapazitäten investieren, kann das eigene Unternehmen trotz einer generell richtigen Entscheidung (nämlich in erweiterte Kapazitäten zu investieren) zurückfallen, weil die Entscheidung nicht mutig genug war (andere bauen höhere, wachstumsadäquatere Kapazitäten auf).

Es reicht also nicht aus, die eigene Risikoabschätzung zu erstellen – es ist genauso erforderlich, die Intensität des Wettbewerbs einzuschätzen (also eine belastbare Vermutung darüber zu treffen, wie die Wettbewerber in dieser Situation agieren werden). Im Ergebnis kommt es darauf an, den kleinen Vorsprung vor den Wettbewerbern auszubauen bzw. zu halten.

Neben der akkuraten Risikoabschätzung spielt auch die Messung der Entwicklung eines Geschäftsfelds anhand ausgewählter Kennzahlen eine Rolle. Hierzu bietet sich u. a. die Balanced Scorecard an.

Balanced Scorecard

Finanzwirtschaftliche Perspektive

Messgrößen z.B.
- Economic Profit
- ROI

Kundenperspektive

Messgrößen z.B.
- Marktanteil
- Anteil Neu-Kunden
- Kundenzufriedenheit und -bindung
- Anzahl Reklamationen

Vision und Strategie

Lern- und Entwicklungsperspektive

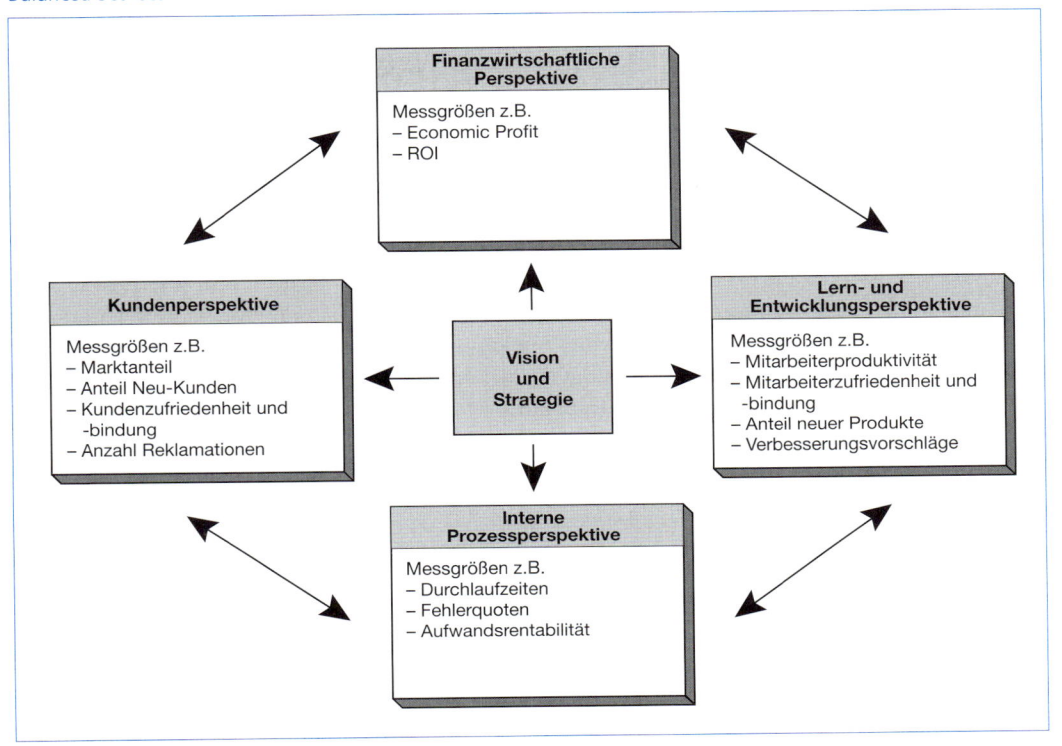

Messgrößen z.B.
- Mitarbeiterproduktivität
- Mitarbeiterzufriedenheit und -bindung
- Anteil neuer Produkte
- Verbesserungsvorschläge

Interne Prozessperspektive

Messgrößen z.B.
- Durchlaufzeiten
- Fehlerquoten
- Aufwandsrentabilität

(Quelle: In Anlehnung an Kaplan/Norton, 1997, S. 9, 42)

3.5 Verknüpfung der Balanced Scorecard mit dem Firmenlebenszyklus-Modell in der strategischen Repositionierung

Die vier wesentlichen Steuerungskategorien der BSC – finanzielle Ergebnisse, Prozesseffizienz, Marktstellung, Innovationskraft – können sehr gut für die Bewertung der eingeschlagenen Veränderungen eingesetzt werden, denn sie liefern mitunter sehr schnell klare Aussagen über die Wirksamkeit der Maßnahmen.

Hierbei wird es von Unternehmen zu Unternehmen zu unterschiedlichen Gewichtungen der einzelnen BSC-Bestandteile kommen: In Unternehmen mit sehr innovativen, unternehmerischen Zügen sollte in der Ergebnismessung den Finanz- und Prozesskennzahlen große Bedeutung beigemessen werden, weil diese leicht „unter die Räder" geraten. Die Erfahrung zeigt, dass solche Unternehmen eher in Schwierigkeiten geraten, weil sie vor lauter Innovation das Geldverdienen zu vergessen drohen, als dass es an der Innovationskraft oder der Marktorientierung mangeln würde. Oder weil ihre internen Prozesse nur sehr wenig entwickelt sind, weil sie alle ihre Energie auf die Markt- und Kundenbearbeitung konzentrieren.

Umgekehrt ist bei großen, zu starren Strukturen tendierenden Unternehmen ein Schwerpunkt auf die Messung von Innovationsverhalten und Marktfokus zu legen, weil vor lauter Prozessreengineering und Reporting-Anforderungen das Marktgeschehen nur allzu gerne aus dem Zentrum der Managementbetrachtung verschwindet. Hier ist die Gefahr einer Informationsparalyse nicht zu unterschätzen.

Eine weitere Verknüpfung bietet sich auf der Finanzierungsseite an: Unternehmen, die sich durch hohen Fremdkapitaleinsatz charakterisieren lassen, gehen damit in der Regel ein hohes Risiko ein, denn Zins und Tilgung müssen aus dem laufenden Geschäft verdient werden. Dies lohnt sich nur, wenn die Ertragschancen aus den mit Fremdkapital finanzierten Geschäften so überragend sind, dass auch zukünftig das Unternehmen eine starke Marktstellung haben wird. Werden jedoch die Geschäfte der „Vergangenheit" mit hohem Fremdkapitaleinsatz finanziert – was vor allem daran sichtbar ist, dass Unternehmen trotz niedrigem Eigenkapitalniveau in sich entwickelnden Märkten und Geschäftsfeldern unterrepräsentiert sind – bedeutet dies ein signifikantes Risiko für die Zukunft eines Unternehmens.

4 Wesentliche Erklärungsfaktoren für den Erfolg oder Misserfolg einer strategischen Repositionierung

Das Geschick der Unternehmensleitung, die strategischen Ansätze mit der „richtigen" Messung zu verbinden, wird einen großen Teil des Erfolgs oder Misserfolgs einer strategischen Repositionierung entscheiden.

Weitere wichtige Faktoren sind die richtige Auswahl der zu bewertenden Daten; ihre richtige Einschätzung; die Auswahl der zum Vergleich heranzuziehenden Wettbewerber; die Fähigkeit, auch über Branchengrenzen hinweg geeignete Ideen zu finden und zu inkorporieren; die Fähigkeit zur Abstraktion vom Tagesgeschäft, ohne hingegen die Bindung zur Umsetzung der strategischen Ideen zu verlieren; die Fähigkeit, sich immer wieder auf die Kernkompetenzen der Organisation zu besinnen und diese zielgerichtet weiterzuentwickeln.

Nicht zuletzt wird auch die Frage von Bedeutung sein, ob die Segmentierung – einmal vorgenommen – noch aktuell ist. Segmente – als Kombination aus Produkten/Dienstleistungen; Kundensegmenten; Märkten – können sich durch Markt- und Technologieentwicklungen verändern und deshalb einer Anpassung bedürfen, um noch marktadäquate Grundlagen der strategischen Entscheidungsfindung zu liefern.

5 Literatur

Hamel, G./Prahalad, C. K. (1995): Wettlauf um die Zukunft – Wie Sie mit bahnbrechenden Strategien die Kontrolle über Ihre Branche gewinnen und die Märkte von morgen schaffen, Wien.

Kaplan, R. S./Norton, D. P. (2001): Die strategiefokussierte Organisation, Stuttgart.

Müller-Stevens, G./Lechner, C. (2001): Strategisches Management, Stuttgart.

Ohmae, K. (1985): Macht der Triade. Die neue Form des weltweiten Wettbewerbs, Wiesbaden.

Porter, M. E. (1999): Wetttbewerbsstrategie. Methode zur Analyse von Branchen und Konkurrenten, 10. durchges. und erweiterte Aufl. Frankfurt/New York.

Stichwortverzeichnis Band 1

A

Agent 202
Akquisition/Fusion 372
Aktienmarktkapitalisierung 85
Ansoff-Matrix 369
Arbeitsteilung, internationale 74
Asienkrise 87
Asset Backed Securities 225
Attraktivität als Arbeitgeber 420
Außenhandel, deutscher 81

B

Balanced Scorecard 212
Bankenaufsicht 247
Banken-Ethikmanagement-Matrix 170
Bankgeschäftskontext 133
Bankloyalität 225
Basel II 248
BCG-Matrix 365
Benchmarking 362, 432
Branchenattraktivitäts-Wettbewerbsstärken-Matrix 368
Branchenstrukturanalyse 309, 339

C

Capital Asset Pricing Model (CAPM) 204
Cash-Cows 366
Compliance-Ansatz 160
Corporate Bonds 223
Corporate Governance 215
Corporate Identity 463
Culture Change 25
cutoff-rate 208

D

DCF-Verfahren 203
Dekonstruktion der Wertkette 374
Deregulierung 201, 347
Deutscher Corporate Governance-Kodex 215

Devisengeschäfte 86
Devisenreserven 94
Differenzierung 384
Differenzierungsquellen 358
Differenzierungsstrategie 386
Direktinvestition 49, 88
diseconomies of bureaucracy 274
diseconomies of cultural clash 274
Disintermediation 201, 220
Diversifikation 370
Divisionalorganisation 13
Drei-Säulen-Struktur 347
Due Diligence 270, 276

E

economies of diversification 274
economies of scale 273, 340
economies of scope 274
Emerging Markets 88
Emissions-Rating 243
Employer Brand 464
Entity-Ansatz 202
Entwicklungstendenzen, gesellschaftliche 28
Equity-Ansatz 202
Erfolgsfaktoren 362
erfolgskritische Faktoren 431
Ersparnis 83
Ethik 105, 107
   – -Beauftragter 175
   – -Kodex 174
   – -Kommission 175
   – -Training 175
Ethik-Audit-System 170
Ethikmanagement 147
Ethikmanagementsystem 169
ethische Entscheidungsfindung 148
Euro 87
Expertenmacht 153
Exportexternalitäten 82

Export-led-Growth-These   82
Exportquote   80
Exportwachstum   84
externe Effekte, negative   112
externe Rechnungslegung   233
Extra-firm-Konflikte   124

F
Finanzierungsarten   199
Finanzierungsstrukturen   247
Finanzinnovationen   201, 219
Finanzintermediär   220, 257
Finanzkrise   45, 58, 291
Finanzmarketing   253
Finanzmarktförderungsgesetze   347
Finanzmarktforschung   256
Finanzmarktkrise   75, 78
finanzpolitische Instrumente   256, 258
Fiskalpolitik   91
Fixkosten, Variabilisieren der   456
Flexibilisierung   29
Fragmentierung (Regionalisierung)   377
Führungstypen   19
Führungsverhalten, Dimension   19
Funktionalorganisation   13
Funktionalstrategien   435
Funktionen einer Strategie   12

G
G20-Gipfel   66
Geldmarktemissionen   86
Geldpolitik   91
Gesamtkosten der Eigentümerschaft   456
Geschäftsfeldebene   378
Gesellschaftskultur   26
globale Produktion   48
globale Umwelt   321
Globalisierung   45, 58, 84, 201, 218
Globalisierung, Auswirkungen der   54
Globalisierung (Globalstrategie)   328, 377
Gruppen   32, 34
  – Entstehung von   32
  – Merkmale von   32
  – Prozesse in   34
  – Rollentypen in   33, 34

H
Handel
  – intra-industrieller   80
  – intra-regionaler   81
Hausbankprinzip   223
Haushaltssaldo   93
Humanressourcen   16

I
IASB   238
IFRS   238
Implementierungskonzepte   160
Informationspolitik, kapitalgeberorientierte   231
Informationsprodukte   250
Informationstechnologie   219
Institutionen   215
Integrationsmanagement   275
Integritätskultur   178
Integrity-Ansatz   164
Inter-firm-Konflikte   123
Inter-Gruppen-Konflikte, Ursachen für   36
International Accounting Standards   237
International Financial Reporting Standards   238
Internationalisierung   29, 30, 329
Internationalisierungsstrategien   30, 31
Intrapersonelle Konflikte   121
Investitionen   83
Investitionsquoten   82
Investor Relations   232, 253, 254, 258, 259, 279

K
Kapitalmarktinformation   216
Kapitalmarktorientierung   216
Kapitalmarkttransaktion   216
Kaufkraftparitäten-Dollar   77
Kernfunktion des Managements   12
Kernmarkt   378

Kommunikationspolitik 258
Komplementärverhältnis 119
Konfliktbearbeitung 37
Konflikte 35
Konflikt-Vorzugsregel 149
Konjunkturpaket 93
Konjunkturprogramme 75
Konsumentenrente 345
Korruption 144
Kostenführerschaft 384
Kostenschwerpunktstrategie 384
Kostenträgerrechnung 357
Kreuzpreiselastizität 331
Krisenanfälligkeit 90
Kulturebene 22, 23
Kulturpathologie 25
Kulturtransformation, Phasen der 26
Kulturtypen 23

L

Lebenszyklusanalyse 351
Leistungsbilanzdefizite 83
Leistungsbilanzsalden 94
Leistungsbilanzüberschüsse 83
Leitbild 317
Liberalisierung 74
Lock-In-Effekte 381

M

Machbarkeit 418
makroökonomische Umwelt 322
Makroorganisation 14, 15
Management 5, 7, 9
 – Aufgaben 5
 – Bezugsgruppen 9
 – Felder 9
 – Träger 7
Managementberatung 10
Managementforschung 10
Managementmode 11
Managementpraxis 10
Management-Prozess 6
Managerrollen 8

Managerverhalten 7
Marktdisziplinierung 240
Marktdurchdringung 369
Marktentwicklung 369
marktorientierter Ansatz 309
marktorientierte Strategielehre 309
Marktwert des Eigenkapitals 202
Matrixorganisation 13
McKinsey-Matrix 368, 476
Mergers & Acquisitions 264, 279
Mikroorganisation 15
Mischstrategien 389
Mitarbeiterführung 19
Mitarbeiterkontext 133
moderner Strategieansatz 118
Moral 105
Moral-Controlling 150
Motivation 16

N

Nettokapitalzufluss 88
Netzwerkorganisation 14
Nische 378

O

Organisation 9, 22
Organisationsgestaltung 13
Organisationskultur 22
 – Konsistenz 24
 – Merkmale 22
 – Prägnanz 24
 – Verankerung 24
 – Verbreitung 24
Organisationskulturen, positive Effekte 24
Organisationsmodell 13
organizational blocks 152

P

Performance 279
Performancedruck 199, 209, 231
Personalmanagement 16
Personalmanagement als Geschäftsprozess 16

Personalmanagement, gesellschaftliche Rahmenbedingungen 18
Personalmarketing 18
Petrodollar 94
Poor Dogs 367
Portfolioansatz 365
Portfoliokapitalzuflüsse 88
Post-Merger-Integration (PMI) 276
Principal 202
Produktentwicklung 370
Produzentenrente 345
Projektorganisation 14
Pro-Kopf-Einkommen 77
Protektionismus 69
Prozesskostenrechnung 357
Prozessorganisation 14
Publizität 233

Q
Qualifikation 16
quantitative Anreiz- und Bewertungssysteme, Gefahren 155
Question-Marks 367

R
Rating 232, 242, 247, 279
Rating-Kultur 247
Rechnungslegung 233, 234
Regionalorganisation 13
Relationship Management 262
relevanter Markt, Abgrenzung 330
Reputation 247
Reservewährung 86
Ressortdenken 153
ressourcenorientierter Ansatz 310
Restriktionen 7

S
Schlüsselprozesse 433
Schuldverschreibungen, internationale 86
Securitization 201, 218, 220, 279
Shareholder Value 202, 203, 279
situative Führungskonzepte 20
Skalenerträge 82
Sonderfonds Finanzmarktstabilisierung (SoFFin) 62, 92
Sourcing 375
Sozio-kulturelle Umwelt 324
Spannungsverhältnis von Recht und Ethik 116
Staatsanleihen 85
Staatsverschuldung 92
Stabilisierung 29
Stabilitätspakt 92, 93
Stakeholder 279
Stakeholder Value 209
Standard-Ansatz 248
Standortwettbewerb 49
Stärken-Schwächen-Profile 361
Stars 366
Strategiebegriff 303
Strategien der Internationalisierung 376
strategische Optionen 364
strategische Planung, Ebenen der 307
strategischer Managementprozess 312
strategischer Würfel 388
strategisches Management, Basiskonzepte 309
strategisches Management, Dimensionen 13
strategische Unternehmensführung 303
Superleadership 20
SWOT 312
SWOT-Analyse 320, 354
Synergien 272

T
Technologisierung 201
Transaktionsbeziehung 19
Transaktionsmotive 266
transformationale Führung 21
Transparenz 279
Transparenzdruck 199, 231
Trial-and-Error 419
typisierte Konfliktfelder 121

U

Umweltanalyse 320
Umwelt, natürliche 327
Umwelt, politisch-rechtliche 328
Umwelt, technologische 323
Universalbank 222
universelle Organisationskultur 27
Unternehmen, multinationale 26
Unternehmensanalyse 354
Unternehmensanleihen 85
Unternehmensbewertung 272
Unternehmensethik 107

V

Verbriefungsinitiative 229
Verbundvorteile = economies of scope 364
Verfahren der Unternehmensbewertung 272
Verhaltensgitter der Führung 20
Vertrauensgüter 250
Vision 315
Vorsichtsprinzip 235

W

Wachstumsstrategien 369
Währungsrisiken 81
Wandelbereitschaft 421
Weighted Average Cost of Capital (WACC) 205
Welthandel 76, 79
Weltsozialprodukt 75
Werte 105
Wertkettenanalyse 309
wertorientiertes Finanzmanagement 199, 201
wertorientierte Unternehmensführung 201
Wertschöpfungsmanagement in Banken 356
Wettbewerberverhalten 258
Wettbewerbsumwelt 330
Wirtschaft 107
Wirtschaftsethik 107
Wirtschaftswachstum 84
Wirtschaftswunder, asiatisches 76

Z

Zentralbank Chinas 94
Zielsystem der Institutsgruppen 305

Stichwortverzeichnis

Autorenverzeichnis Band 1

Prof. Dr. Wieland Achenbach Prodekan und Professor für Organisation und Personal an der International School of Management (ISM), Dortmund/Frankfurt/München

Dr. Joachim Bonn Generalbevollmächtigter Westdeutschland Bankhaus Lampe KG, Düsseldorf

Prof. Dr. Andreas Horsch Lehrstuhl für Allgemeine Betriebswirtschaftslehre mit dem Schwerpunkt Investition und Finanzierung, Technische Universität Bergakademie Freiberg

Prof. Dr. Volkmar Kese Hochschule für öffentliche Verwaltung und Finanzen, Ludwigsburg

Prof. Dr. Bernd Lahno Professor für Philosophie, Frankfurt School of Finance & Management, Frankfurt a. M.

Prof. Dr. Thomas A. Lange Vorstandssprecher der National-Bank AG, Essen, und Direktor des Instituts für Bankrecht und Bankwirtschaft, Universität Rostock

Prof. Dr. Horst Löchel Professor für Volkswirtschaftslehre an der Frankfurt School of Finance & Management und der China Europe International Business School (CEIBS) sowie Direktor des German Centre of Banking and Finance in Shanghai, China

Rolf Ernst Pfeiffer Geschäftsführer, Leadership Choices GmbH, Frankfurt a. M.

Prof. Dr. Marc Piazolo Professsor für Geld, Kredit und Außenwirtschaft an der Fachhochschule Kaiserslautern, Standort Zweibrücken sowie Gastprofessor an H-B-B School of Business & Administration, University of the Incarnate Word, San Antonio (USA)

Prof. Dr. Udo Steffens Präsident und Vorsitzender der Geschäftsführung der Frankfurt School of Finance & Management, Frankfurt a. M.

Dr. Markus Thomae Projektleiter K & C Unternehmensberatung AG/Frankfurt a. M./Wien